TINA BROWN

LADY DIANA CHRONICLES

Traduzione di Romina Tappa
e Monica Ferrari

CORBACCIO

Titolo originale: *The Diana Chronicles*
Traduzione dall'originale inglese
di *Romina Tappa* e *Monica Ferrari*

www.corbaccio.it

ISBN 978-88-7972-915-4

A Harry, sempre.

RINGRAZIAMENTI

Uno degli aspetti più piacevoli dello scrivere questo libro per me è stata l'opportunità di trascorrere così tanto tempo a Londra, dopo ventidue anni di vita a New York, in cui ho compiuto solo brevi viaggi nel mio paese natale, proprio come una vera *campanilista americana*, come avrebbe detto Diana. Questo mi ha consentito di riallacciare amicizie risalenti ai tempi della rivista *Tatler* all'inizio degli anni '80, quando seguivamo l'ascesa della diciannovenne Lady Diana Spencer con interesse ossessivo, e di crearmi numerose nuove amicizie sia tra le persone che, nel corso degli anni, hanno avuto a che fare con la principessa sia tra quelle che hanno scritto cose interessanti su di lei.

Negli ultimi diciotto mesi, ho intervistato più di 250 uomini e donne – appartenenti alla cerchia degli intimi di Diana, persone che hanno condiviso la sua vita pubblica e partner della sua opera filantropica – e sono riconoscente a tutti per le loro testimonianze e opinioni. Di seguito riporto e ringrazio queste persone una a una, tranne coloro purtroppo che hanno scelto di restare anonimi. Queste persone sanno che sto parlando di loro e hanno la mia stima.

Il primo ministro Tony Blair è stato tanto gentile da accettare di incontrarmi e condividere con me le sue riflessioni su Diana. Inoltre ringrazio i suoi collaboratori Jonathan Powell e Alastair Campbell. Sono stata fortunata poiché l'inizio della mia inchiesta sulle polemiche intorno alla morte di Diana ha coinciso con le indagini formali condotte da Lord Stevens, ex commissario della Polizia di Londra, che si sono concluse con la pubblicazione del rapporto *Operation Paget Inquiry* alla fine del 2006. Sono grata a Lord Stevens per la sua intervista illuminante e al suo collaboratore Mike Hargadon per essere rimasto in contatto con me per tutta la durata dell'inchiesta. Il rapporto *The Operation Paget Inquiry* è un'opera formidabile che rappresenterà un punto di riferimento irrinunciabile per tutti coloro che decideranno di occuparsi della vita di Diana in futuro.

Tuttavia, nessun documento, per quanto dettagliato, potrà mai sostituirsi all'esperienza diretta sul posto. Uno dei giorni più produttivi della mia ricerca è stato quello in cui mi sono recata a Parigi per un sopralluogo approfondito sul luogo dell'incidente nel tunnel del Pont d'Alma con Jean-Michel Caradec'h, un tempo cronista e corrispondente di guerra per *Paris Match* e *L'Express*. Il libro di Caradec'h del 2006 sulle ultime ore della principessa, *Lady Diana: L'enquête criminelle*, è una splendida analisi dell'indagine francese che si è conclusa nel 1999. Gli sono riconoscente poiché mi ha aiutata a chiarire molti punti, così come sono grata al minuzioso resoconto di Martyn Gregory, *Diana: The Last Days*.

Sono stata fortunata quando Sally Bedell Smith, autrice di un'autorevole biografia nel 1999, *Diana: In Search of Herself*, mi ha indirizzata verso Jacqueline Williams, ricercatrice inglese dal talento eccezionale e coproduttrice di documentari televisivi, che ha lavorato con autori estremamente illustri quali Robert Lacey, Ted Morgan e Peter Evans. La Williams ha la capacità di fondere rigore intellettuale e tenacia giornalistica con un vero occhio clinico per i dettagli significativi. Inoltre è un genio dell'organizzazione. Collaborando a quello che è il mio primo saggio di questa ampiezza, ha imposto un livello di qualità tale che non ho potuto fare altro che seguirla. Jackie, ti sarò per sempre riconoscente per i contributi che hai dato a questo libro, per tutto quello che mi hai insegnato e per il piacere della tua compagnia.

La sorte mi ha nuovamente arriso quando Brian Hitchen, ex direttore del *Daily Star* e del *Sunday Express*, mi ha presentato Philippa Kennedy. In qualità di cronista giornalistica esperta e di ex direttrice della *Press Gazette* di Londra dal dicembre 1999 al novembre 2002, mi è stata indispensabile per comprendere gli anni vissuti dal giornalismo inglese durante l'epoca di Diana, specialmente quelli successivi alla mia partenza dal Regno Unito. Sono stata baciata dalla fortuna anche quando mi è stata data la possibilità di consultare il vastissimo Rolodex di talenti del signor Hitchen e per aver avuto a disposizione la competenza in materia di reali dell'ex giornalista del *Daily Express* Ashley Walton. Le sue e-mail di risposta alle mie domande di solito arrivavano nel tempo di un cappuccino da Starbucks. In diverse occasioni nel corso del lavoro ho ricevuto delle ricerche interessanti da parte di Sallyann Kleibel, Robert Pursley, Rosie Atkinson e dell'instancabile Andrew Kirk. I lavori investigativi del giornalista e ricercatore Garrick Alder sul web riguardo le registrazioni dello Squidgygate mi hanno stimolata a indagare in modo più approfondito su questo bizzarro episodio di spionaggio reale. Lo ringrazio per avermi dato la possibilità di accedere alla versione integrale inedita delle sue scoperte. Mentre indagavo su questi misteri, l'esperto in comunicazioni John Nelson, amministratore delegato della Crew Green Consulting Ltd, si è dimostrato estremamente tollerante nei confronti della mia ignoranza tecnica.

Inoltre, la carriera di Jacqueline Williams come ricercatrice di documentari per la Atlantic Productions mi ha portata ad Anthony Geffen, suo direttore generale e produttore esecutivo, il cui precedente lavoro su un progetto riguardante Diana mi ha condotto a diverse piste interessanti. Un altro produttore di documentari di talento, Phil Craig, realizzatore di *Diana: Story of a Princess*, mi ha generosamente passato i suoi contatti e le sue trascrizioni. Il libro di cui il signor Craig è coautore insieme a Tim Clayton, basato su una serie TV, è pieno di ottimo materiale.

La mia escursione preferita dopo Parigi è stata una visita al Blairquhan Castle nell'Ayrshire in Scozia per vedere Stephen Frears, che stava girando il memorabile film *The*

Queen, al lavoro con il cast e la squadra di produzione nel tentativo di dare vita alla brillante sceneggiatura di Peter Morgan sulle conseguenze della morte della principessa di Galles. Nel corso delle loro ricerche per il film, hanno raccolto molte opinioni che hanno condiviso con me. Osservare la metamorfosi di Helen Mirren che da una ripresa all'altra si trasformava da attrice moderna e irriverente in una sovrana che non fa trasparire le proprie emozioni non ha fatto che aumentare la mia stima nei confronti del suo talento da Oscar. «L'Inghilterra fu fondata su scarpe come queste», commentava mentre infilava ai piedi degli scarponi da passeggio reali.

Ciò che sappiamo di Diana lo dobbiamo in gran parte agli scritti di Andrew Morton, tra i quali il suo libro *Diana: Her True Story* e la versione dello stesso libro che riporta le parole testuali della principessa, *Diana: Her True Story – In Her Own Words*, uno dei maggiori scoop editoriali mai pubblicati. Mi è stato di grande aiuto. Così come l'opera di Patrick Jephson, *Shadows of a Princess*; i suoi ricordi degli otto anni trascorsi come assistente personale e poi segretario privato di Diana sono pieni di osservazioni curiose e di punti di vista interessanti di un addetto ai lavori che si è occupato di una principessa diventata un fenomeno globale. Ken Wharfe MVO, ex agente della sicurezza personale di Diana, mi ha concesso il suo tempo e spesso ho fatto riferimento alla sua eloquente biografia, *Diana: A Closely Guarded Secret*. Anche le due biografie di Paul Burrell sono degne di nota per i loro dettagli commoventi.

I biografi reali sono persone estremamente altruiste. Ho ricevuto aiuto e incoraggiamento da titani del calibro di Robert Lacey, Anthony Holden, Kenneth Rose CBE, Hugo Vickers, Jonathan Dimbleby e Ingrid Seward. La biografia di Gyles Brandreth, *Charles & Camilla: Portrait of a Love Affair*, viene apprezzata sia per il suo umorismo sia per il bagaglio di informazioni che offre. Ci sono così tanti libri su Diana che, verso la fine della mia ricerca, è stato un sollievo affidarmi alle valide osservazioni contenute nella biografia di Sarah Bradford, *Diana*. Raccomando in assoluto *The Spencers: A Personal History of an English Family* e *Althorp: The Story of an English House* di Charles Spencer, in cui la conoscenza in prima persona della storia della sua famiglia si accompagna a una cultura da storico e a uno stile piacevole. Per un ritratto benevolo di Frances Shand Kydd non c'è niente di più istruttivo di *Frances: The Remarkable Story of Princess Diana's Mother* di Max Riddington e Gavan Naden. Un elenco completo della bibliografia di questo libro è riportato alle pagine 630-634.

Sono grata a India Hicks per avermi permesso di citare una lettera privata scritta a suo zio Lord Brabourne in cui si rievoca il terribile giorno dell'assassinio di suo nonno, il conte Mountbatten. Lady Sarah Berry è stata estremamente generosa a fornirmi la sua testimonianza sul periodo antecedente la nascita di Diana. Andrew Tilberis ha gentilmente acconsentito a farmi citare una lettera che Diana scrisse alla sua ultima moglie, la leggendaria redattrice di *Harper's Bazaar* Liz Tilberis. Parte del materiale utilizzato in *The Diana Chronicles* è apparso in articoli sulla famiglia reale scritti per la rubrica «Style» del *Washington Post* (2003-2005). Ringrazio Deborah Heard, la mia editrice in Inghilterra, e il *Washington Post* per avermi concesso di includere quel materiale nel libro.

Mi ha aiutato moltissimo il fatto di essere stata direttrice di Condé Nast per diciotto anni a Londra e a New York. Ringrazio caldamente i miei ex colleghi Stephen Schiff, Bob Colacello, John Lahr, Brenda Phipps, Caroline Graham, Adam Gopnik, Simon Schama, Christina Garrett, Jane Sarkin e Wayne Lawson. Il mio ex collega di *Tatler*, Nicholas Coleridge, che ora è uno scrittore di romanzi bestseller nonché amministratore delegato di Condé Nast UK, e Geordie Greig, l'attuale direttore di *Tatler*, mi hanno dato un aiuto fantastico fornendomi numeri di telefono e indirizzi e-mail che altrimenti non avrei mai trovato, oltre che con le loro osservazioni. Parte del materiale per il capitolo *Dynasty Di* era apparso in precedenza su *Vanity Fair* nell'articolo che scrissi nell'ottobre 1985 IL TOPOLINO CHE RUGGIVA, e apprezzo che mi sia stato concesso di citarlo in questo libro.

Un saggio di questa portata, le cui ricerche sono state condotte principalmente in un altro paese, è un progetto costoso e delicato, e i miei viaggi a Londra non sarebbero stati tanto comodi e non avrei alloggiato in alberghi così centrali e alla moda se Ian Schrager non avesse messo a disposizione una stanza per me nel suo favoloso Sanderson Hotel a Berners Street, ogniqualvolta arrivavo in città. Il giovane staff dell'hotel lavora con l'energia di New York e le buone maniere di Londra, una combinazione perfetta per una scrittrice esigente con un computer lunatico. A questo proposito, ho perso il conto di tutte le volte che i miei guru del computer Chris e Ryan Cuddihy si sono presentati a casa Evans-Brown a Quogue, Long Island, alle ore più improbabili della notte per compiere qualche miracolo su una macchina bloccata. Non finirò mai di ringraziare entrambi.

La mia gratitudine va anche ai bibliotecari e al personale della British Library, della New York Public Library e del British Library Newspapers di Colindale Avenue. Attingo costantemente a quel gioiello di risorse che sono gli *Hans Tasiemka Archives* fondati da Edda Tasiemka (meglio conosciuta come *The Human Google*) e il suo ultimo marito Hans. Edda attualmente si fa aiutare dalla sua fedele assistente Heidi Raj.

Durante l'ideazione e la stesura di *Lady Diana Chronicles*, ho ricevuto consigli preziosi dal mio caro amico e agente letterario Ed Victor. Il suo supporto come scrittore è andato ben oltre le mere clausole del contratto. Sono grata a Gail Rebuck, direttore generale di Random House, per il suo entusiasmo spontaneo e al responsabile editoriale Mark Booth, così abilmente supportato dalla sua assistente Charlotte Haycock. È stato un piacere lavorare con loro e Katherine Fry, che ha svolto un meticoloso lavoro di revisione del manoscritto.

È patetico quanto gli scrittori dipendano dall'incoraggiamento. Nei momenti in cui ero tormentata dai dubbi, sono stata estremamente grata alla mia amica, la biografa britannica Julie Kavanagh, per le sue critiche costruttive; grazie anche a Gabé Doppelt, capo dell'ufficio di Los Angeles della rivista *W*, e a Sir Peter Stothard, che è stato direttore di *The Times* negli anni '90, a Craig Raine, curatore letterario e poeta, e a Hendrik Hertzberg, il mio vecchio (ma sorprendentemente giovanile!) consigliere del *New Yorker*. Mio fratello, Chris Brown, ha scelto un momento perfetto per arrivare dall'Australia e leggere il manoscritto, ciò mi ha permesso di dare una prima sistemata al testo. Il leggendario ex direttore di Simon & Schuster, nonché autore, Michael Korda è stato così gentile da offrirmi il suo giudizio esperto quando ho avuto bisogno di un punto di vista obiettivo; devo davvero molto alla sua disponibilità, che è arrivata in un momento in cui lui stesso era sotto pressione per una consegna.

Sembra che io sia benedetta da un eccezionale gruppo di amiche capaci di sostenermi e di coinvolgermi in chiacchierate scherzose quando sono a terra: le ringrazio tutte, una per una. Ringrazio umilmente i miei due figli, George e Izzy, non solo per il loro incoraggiamento entusiasta, ma anche per la loro pazienza. Prometto che non mi tapperò mai più in una stanza d'albergo per un'intera vacanza in famiglia.

Non potrò mai ringraziare abbastanza Kara Simonetti, la mia devota, instancabile e straordinariamente organizzata assistente, che ha sgobbato su ogni singola pagina di questo manoscritto durante le sue innumerevoli e snervanti metamorfosi, e che ha sottoposto ogni singolo fatto e dettaglio a una revisione accuratissima.

Per ultimo, anzi no, per primo, anzi dall'inizio alla fine e ancora dall'inizio, devo ringraziare mio marito, Harry Evans, che ha dimostrato la pazienza di un santo, senza il suo aiuto, sostegno e affetto non sarebbe stata scritta neanche una parola di questo libro. Vorrei che la povera principessa Diana avesse potuto provare un amore simile all'interno della sua famiglia.

Ringraziamenti e riconoscimenti a: professor Michael Adler, Barry Allsop, Charles Anson, Lady Elizabeth Anson, Dickie Arbiter LVO, Joe Armstrong, Harry Arnold, Margaret Aro, Jacques Azagury, Ann Barr, Andrew Barrow, Mikhail Baryshnikov, Tony Benn, Edward Berry, Lord Birt, Michael Birt, Manolo Blahnik, Sir Ian Blair e Lady Blair, Amy Bloom, Chris Boffey, Mark Bolland, Noel Botham, Hamish Bowles, Lord Bragg, Stephen Brasher, Pat Breen, Marie Brenner, Tom Brokaw, Danae Brook, Joan Juliet Buck, William F. Buckley, Major Colin Burgess, Charlie Campbell, Duncan Campbell, professor David Cannadine, Cindy Cathcart, Miles Chapman, Jimmy Choo, Mary Clarke, Wensley Clarkson, Max Clifford, Michael Cole, dottor James Colthurst, Richard Compton Miller, Chris Connelly, Jasper Conran, Shirley Conran, Alison Croose, Tessa Dahl, Phil Dampier, il conte di Dartmouth, Alain de Botton, Maxine de Brunner, Anne de Courcy, onorevole Lord Deedes, Nigel Dempster, Lord Donoughue, Diana Donovan, Sue Douglas, Ervin Duggan, Mike Dunlea, Nell Dunn, Dominick Dunne, Victor Edelstein, Arthur Edwards, Robert Edwards, Michael Eisner, Elizabeth Emanuel, Sally Emerson, Nikki English, Robin Esser, Meredith Etherington-Smith, Joanna Farrell, Mohamed Al Fayed, Anna Fels, Bert Fields, Oliver Foot, Amanda Foreman, Teddy Forstmann, Chris Fortunato, Grainne Fox, James Fox, Debbie Frank, Sarah Frank, Lady Antonia Fraser, Lady Fiona Fraser, Jason Fraser, Sir David Frost OBE, Stephen Fry, Charlotte Gerard, Garth Gibbs, Emma Gilbey, Sarah Giles, Barbara Gilmour, Lord Glenconner, Lady Anne Glenconner, Clive Goodman, Lord Gould, Eileen Graham, John Graham, Tim Graham, Roy Greenslade, Sir Jeremy Greenstock KCMG, Betty Greif, Sir Ronald Grierson, David Griffin RVM, Pamela Gross, Jennifer Guerini-Maraldi, Barbara Guggenheim, Sabrina Guinness, Ali Gunn, Graeme Hall, Tony Hall, Alan Hamilton, Belinda Harley, Colleen Harris, Robert Harris, Paddy Harverson, Nicky Haslam, Selina Hastings, Veronica Hearst, Marie Helvin, Reinaldo Herrera, Nicola Hewitt, Robert Higdon,

John Hockenberry, Warren Hoge, Sandra Horley, onorevole Sir Robin Janvrin KCVO CB, onorevole Lady Jay, Simon Jenkins, Paul Johnson, Dafydd Jones, Tessa Jowell, Dmitri Kasterine, Sean Kavanagh-Dowset, Richard Kay, Douglas Keay, Sara Keene, Alan Keyes, Mary Killen, Jeremy King, dottor Henry Kissinger, Andrew Knight, Phillip Knightley, Cynthia Knights, Steve Kroft, Dominic Lawson, Leon LeCash, Jeffrey Leeds, Annie Leibovitz, Ken Lennox, il 5° conte di Lichfield, Marguerite Littman, Sir Nicholas Lloyd, Brian MacArthur, Ross MacGibbon, colonnello Allan Mallinson, Karyn Marcus, Jon Marder, Aretha Marinzeck, Candice Marks, Bob Marshall, Frederic Martel, Victoria Mather, Ghislaine Maxwell, Cynthia McFadden, Peter McKay, Susan Mercandetti, Jon Michaud, George Milburn, Edward Mirzoeff, l'onorevole Rosa Monckton, Derry Moore, Patrea More Nesbitt, Peter Morgan, Piers Morgan, Susan Nagel, Andrew Neil, Louise Nicholson, Jamie Niven, John Norman, Katherine O'Hearn, Bruce Oldfield, Susie Orbach, John Overton, Harry Page, Lord e Lady Palumbo, Vivienne Parry, Nicky Perry, Holly Peterson, Tom Petrie, Maggie Phillips, Erin Pizzey, Amanda Platell, Shaun Plunket, David Pogson, Eve Pollard, Gerald Posner, generale Colin L. Powell USA (ora a riposo), Lord e Lady Puttnam, Cindy Quillinan, Maggie Ray, Lord Rees-Mogg, James Reginato, Lynda Resnick, Sebastian Rich, Andrew Roberts, Edward Roberts, Geoffrey Robertson QC, Mary Robertson, Ruth Rogers, dottor Isadore Rosenfeld, Lord Rothschild OM GBE FBA, Penny Russell-Smith, Marcus Rutherford, Carol Ryan, Zoe Sallis, Hitesh Shah, William Shand Kydd, Alice Shaw, Michael Shea CVO, Beverly Sills, Simone Simmons, Sir Roger Singleton CBE, Wayne Sleep, Liz Smith, Jon Snow, Emma Soames, Jesper Soeresen, Raine contessa Spencer, Robert Spencer, Lady Stevens, Sir Jocelyn Stevens CVO, Richard Stott, Alice Straw, Chris Sullivan, Ben Summerskill, Janice Sutherland, Mimi Swartz, Camilla Swift, Hugo Swire, Andre Leon Talley, William Tallon RVM, David Tang, Colin Tebbutt MVO, Ian Telford, Mario Testino, Barbara Timms, Steve Torrington, John Travolta, professor Donald Trelford, Brittany Trevenen, Linda Van, Marjatta van Boeschoten, Lucia van der Post, Kate Waddington, Judy Wade, Simon Walker, Christine Ward, Lord Weidenfeld, Lady Weinberg, il conte di Westmorland, James Whitaker, Michael White, John Whitehead, Kim Willsher, Steve Wood, Mervyn Wycherley, Hassan Yassin, Lucy Yeomans, Peter York, Biography Channel, Christie's Auction House, ITN Factual, ITV, Metropolitan Police Public Access Office, Vintage Magazine Shop e Women's Entertainment Network.

Un tunnel a Parigi

Se avessi avuto Diana con me l'avrei portata
nella giungla, non al Ritz.
(Lo zio di Dodi Fayed, Hassan Yassin, 2006)

Parigi, 31 agosto 1997. L'auto che sfrecciava nel tunnel del Pont d'Alma a mezzanotte e ventitré minuti trasportava la donna più famosa del mondo. L'icona bionda seduta con le gambe accavallate sul sedile posteriore della Mercedes nera era giunta al termine di una serata caotica e non era di buon umore. È possibile cogliere il suo disappunto dall'espressione tesa del volto, catturata dalla telecamera di sicurezza a circuito chiuso mentre spingeva con forza le porte girevoli dell'uscita posteriore dell'hotel Ritz su rue Cambon.

Arthur Edwards, il numero uno dei fotografi reali, conosceva bene quello sguardo. Ne è ancora turbato quando ci ripensa. Per sedici anni non c'è stato un solo stato d'animo della principessa che non sia stato catturato, registrato, attentamente studiato, ingrandito e inviato a tutte le agenzie di stampa del pianeta, ed Edwards, il *cockney* del *Sun* scompigliato e afflitto da una calvizie incipiente, era stato testimone della maggior parte di quegli stati d'animo. Era stato lui a scattare la primissima foto rubata di Lady Diana Spencer a una partita di polo nel Sussex, un anno prima che sposasse il principe Carlo, e fu uno dei primi fotografi reali britannici a raggiungere i cancelli di Pitié-Salpêtrière a Parigi quando Diana morì. L'ultima volta che aveva visto quell'espressione preoccupata fu durante la visita al Great Ormond Street Hospital for Children nel febbraio del 1992. Il suo umore abbattuto era stato una brutta sorpresa per i giornalisti appostati in attesa: Diana rifiutò di guardare l'obiettivo mentre usciva. Edwards e i suoi colleghi furono ripagati solo quando un muratore fischiò in segno di apprezzamento e la principessa non poté fare a meno di rispondergli sollevando il capo. *Scattata*. Come qualsiasi altro fotografo a Fleet Street attivo negli anni '80 e '90, Edwards viveva per il – e grazie al – sorriso di Diana.

In quell'ultima notte a Parigi con Dodi Fayed, la principessa sapeva che la situazione era fuori da ogni controllo. Edwards oggi rievoca questi fatti in un bar di Londra. Lui era il preferito di Diana. La sua faccia bonaria è segnata dal rimpianto, quasi come se credesse che se fosse stato là avrebbe potuto fare qualcosa. « Voleva andare a casa. Voleva vedere i ragazzi. Non era una pop star. Era una principessa. Era abituata agli ingressi principali, al tappeto rosso. Tutto quello che circondava Dodi – macchine civetta, entrate posteriori – non apparteneva allo stile di Diana. »[1]

Su questo punto Edwards si sbaglia. Il caos di quell'ultima notte era sempre più spesso lo stile di Diana, sin dal divorzio che l'aveva trasformata da principessa reale protetta in fluttuante celebrità globale. Il fatto che si trovasse in giro per Parigi con un qualunque playboy come Dodi alla fine di agosto ne è la prova. Né l'ambasciatore britannico né tantomeno le autorità francesi sapevano che lei fosse in città. In agosto la maggior parte dei parigini altolocati si sposta a nord di Deauville per giocare a polo e assistere alle corse ippiche, oppure nei freschi boschi delle tenute di campagna nella Loira o a Bordeaux. Dodi poteva usufruire di un lussuoso appartamento in un edificio di proprietà del padre in rue Arsène-Houssaye affacciato sugli Champs-Elysées, quindi che bisogno avevano di una suite in hotel? Quella notte si trovavano al Ritz unicamente perché Dodi voleva mostrare a

Diana ogni singolo trofeo che la prodigiosa ricchezza del padre poteva offrirle. Diversamente, una persona inseguita dai paparazzi non avrebbe certo scelto un luogo simile per nascondersi. L'hotel più prestigioso di Parigi in quel periodo dell'anno brulica di turisti e curiosi muniti di macchina fotografica. Al termine della stagionale fuga dalla città, persino le aree più esclusive dell'hotel, come il ristorante L'Espadon, hanno un'aria losca e stravagante impossibile da definire. Sotto il *trompe-l'œil* del soffitto opulento si vedono accompagnatrici sudamericane in compagnia di loschi operatori dei mercati emergenti e ricche signore attempate con nipoti famelici intenti a leggere la lista dei vini. Una cena per due costa la bellezza di 400 sterline.

Questo era esattamente il genere di atmosfera che Diana non sopportava. Lo dimostra il fatto che aveva appena messo all'asta da Christie's a New York tutti gli abiti sontuosi e scintillanti appartenenti alla sua vecchia vita, e donato il ricavato in beneficenza. Quando Diana attraversò l'Atlantico per l'inaugurazione nel luglio del 1997, io e Anna Wintour, la direttrice di *Vogue*, pranzammo con lei al Four Seasons, il ristorante in Park Avenue che fungeva da mensa non ufficiale per i dirigenti di Condé Nast. «Ho tenuto poche cose», disse Diana in merito all'asta che stava per iniziare. «Avete presente lo stile Catherine Walker con tutte quelle perline di vetro? La gente in Inghilterra non indossa più quel genere di vestiti.»[2]

Quello che mi colpì durante il pranzo fu quanto la celebrità stessa avesse trasformato l'aspetto di Diana. Sono arrivata a pensare che essere sempre osservati in modo ossessivo da gente sconosciuta può davvero cambiare i lineamenti e il corpo di una persona – non solo, come è ovvio, accentuando la sua sensibilità per la moda o rendendola più affascinante e sicura di sé, ma anche fisicamente. Le teste delle celebrità di livello mondiale sembrano dilatarsi, letteralmente. Quella di Hillary Clinton, ad esempio, si è ingrandita enormemente rispetto al tempo in cui era semplicemente la moglie del governatore dell'Arkansas. Quando parla, la sua testa si muove come un palloncino che fluttua nell'aria durante una parata nel Giorno del Ringraziamento. Gli anni sotto le luci dei riflettori avevano gonfiato la circonferenza del cranio di Jackie O al punto che sembrava che il suo vero viso fosse nascosto sotto una maschera di Halloween troppo larga. Guardandola dritta negli occhi la si poteva intravedere là dentro, da qualche parte, che gridava.

Nel caso di Diana, era come se ogni cosa fosse stata allungata e colorata a mano. La ragazza inglese alta e dalle morbide guance rosate che avevo incontrato la prima volta all'ambasciata americana nel 1981, quando era una sposa novella, sembrava emettere una luce fosforica come fosse un cartone animato. Mentre attraversava l'ampio salone del ristorante Four Seasons, con lunghe falcate sui suoi sette centimetri di tacco, era maestosa come Barbarella. Il suo abito di Chanel era color verde intenso, la sua abbronzatura così perfetta che pareva esserle stata spalmata addosso. La pelle lievemente arrossata del suo viso non solo era liscia come quella di una pesca, era più soffice di un pupazzo di velluto a forma di coniglio. Non stupisce che avesse un impatto così forte sui bambini malati quando si recava al loro capezzale. Arrivava come se fosse avvolta in un alone vivido e doveva apparire come un angelo sceso sulla terra per alleviare le loro pene. Il suo desiderio di trasferirsi in America era indovinato. Giunta a quel punto, si sarebbe sentita a casa soltanto in quella cultura che aveva costruito una fama grande quanto la sua. «Quando gli americani arrivano a luglio per Wimbledon, si può percepire l'energia che aumenta», mi confidò con una punta di nostalgia.

Durante quel pranzo, Diana si stava già preoccupando di dove sarebbe potuta andare in agosto. Prendere il sole su una sdraio nello spazioso giardino di Kensington Palace non era esattamente una prospettiva allettante per una persona che nutriva una vera avversione per i libri. Inoltre, si sarebbe sentita sola. «Sarà così difficile senza i ragazzi», diceva. Per una principessa divorziata, durante il mese in cui gli impegni mondani si rarefanno, il senso di solitudine del suo nido, già di per sé vuoto a causa di una tradizione pedagogica aristocratica che impone di mandare i bambini in collegio all'età di otto anni, si amplificava enormemente. Per i suoi due figli, William e Harry, agosto significava Balmoral con il padre; per la loro madre, vacanze di lusso. Tutte le persone che facevano parte della sua vita passata si ritiravano nelle spartane residenze di famiglia delle ridenti campagne scozzesi o nelle ville tutte nicchie e corridoi della Toscana, a giocare a Monopoli con i figli e a leggere romanzi di Frederick Forsyth. Diana, che non era più Sua Altezza Reale, non era molto benvoluta all'interno di quei circoli ora che aveva reciso i suoi legami con la famiglia regnante. D'altra parte, nemmeno i personaggi facoltosi e mondani appartenenti alla cerchia dei suoi amici londinesi più recenti si precipitavano a chiederle di restare in agosto. Chi avrebbe affrontato i pettegolezzi? Sarebbe stato peggio che avere Madonna come ospite. Non perché Diana stessa fosse viziata o esigente. Al contrario, il suo concetto di edonismo la portava a stirare personalmente i propri vestiti e quelli delle sue ospiti. («Ho finito di stirare i miei vestiti. Volete che stiri i vostri?» gridò dal pianterreno a Lady Annabel Goldsmith e Jemima Khan quando andò con loro in visita privata in Pakistan nel febbraio del 1996.)[3] Una cosa era godersi il lusso di avere la principessa di Galles a cena a Londra, tutt'altra cosa sopportare le sue esigenze di ospite per più di un weekend. Ormai era necessaria una fortezza sicura come Colditz per tenere a bada la stampa e i fanatici. Un'altra conseguenza era quella di avere i paparazzi a frugare nella propria spazzatura in cerca di indizi che valesse la pena pubblicare. Solo il padre di Dodi, Mohamed Al Fayed, era abbastanza astuto e ricco da sopportare le circostanze aggravanti di questa situazione. Il mercante egiziano, che nel 1985 aveva acquistato la Mecca dello shopping londinese, Harrods, nella speranza di creare scompiglio nell'establishment britannico, sognava ancora di poter intrecciare delle relazioni con la famiglia reale. Il suo yacht, la sua tenuta a strapiombo sul mare nel sud della

Francia, il suo Ritz a Parigi erano i nuovi castelli in aria di Diana. «Possiede tutti quei balocchi», confessò a un'amica.[4]

Il risultato fu che le sue ultime due settimane con Dodi furono come una sorta di versione per la TV della luna di miele con il principe Carlo nel 1981. Al posto dello yacht reale *Britannia* con la banda della Marina reale e il suo equipaggio di oltre 220 persone, c'era lo *Jonikal* di Mohamed Al Fayed, risistemato in fretta e furia, acquistato per 12 milioni di sterline il giorno dopo che Diana accettò l'invito, e per di più con la musica di Julio Iglesias in filodiffusione. Invece di cenare in abito da sera a bordo del *Britannia* con il presidente egiziano Anwar Sadat e sua moglie Jihan, in presenza del suo segretario personale Francis Cornish, Diana si sbaciucchiava con il playboy egiziano Dodi Fayed tra caviale e candele, serviti dal maggiordomo René Delorm, in cerca di celebrità. Invece che nella privacy composta di una residenza reale altamente sorvegliata, si trovava nel bel mezzo di una crociera che toccò tutte le località più rinomate del Mediterraneo, tormentata da un mare di paparazzi-squali. I loro teleobiettivi erano puntati verso le finestre del *Jonikal* giorno e notte.

Ma esistono anche delle analogie tra il primo e l'ultimo uomo della sua vita. Erano entrambi succubi di padri potenti. L'erede di Harrods, come il principe di Galles, iniziò a corteggiare Diana principalmente perché suo padre lo aveva spinto a farlo. Persino le due guardie del corpo a bordo con loro, Trevor Rees-Jones e Alexander «Kez» Wingfield, non riferivano a Dodi ma a suo padre. «Se Dodi faceva qualcosa che andava contro il volere di suo padre, io dovevo comunicarlo», raccontava Rees-Jones.[5] Era già tutto predisposto per il matrimonio di Dodi con una modella di Calvin Klein di nome Kelly Fisher il 9 agosto 1997, finché – il giorno della presa della Bastiglia, il 14 luglio – suo padre lo convocò da Parigi e gli intimò di unirsi alla prima vacanza con la principessa, prospettandogli il corteggiamento come un obbligo assoluto. La sconcertata signorina Fisher fu tenuta alla larga da sguardi indiscreti a Saint-Tropez, a bordo della nave di categoria B degli Al Fayed, un ex yacht a un solo albero della US Coastguard, il *Cujo*. Dodi andava a trovarla di nascosto durante la notte finché la ragazza mangiò la foglia e tentò di citarlo in tribunale per inadempimento del contratto.

La differenza, in questa crociera da nuova luna di miele, era che a Diana non importava affatto che Dodi fosse il burattino di suo padre, a patto che rispettasse l'etichetta e fosse gentile nei suoi confronti. A una delle sue confidenti, Lady Elsa Bowker, un'affascinante nonnina cosmopolita vedova del diplomatico britannico Sir James Bowker, Diana raccontò che con Dodi si sentiva « riempita di attenzioni ».[6] Era proprio quello di cui Diana aveva bisogno. In luglio, il principe Carlo aveva dato una festa di grande risonanza pubblica per il cinquantesimo compleanno di quella che era la sua amante da ventiquattro anni, Camilla Parker Bowles; tra tutti i posti immaginabili, aveva scelto proprio Highgrove, nel Gloucestershire, la residenza che aveva condiviso con Diana durante il loro matrimonio. Quello stesso mese, l'uomo che era l'amante della principessa da due anni, il cardiochirurgo pakistano Hasnat Khan, mise in chiaro che non intendeva sposarla, nonostante la sua devozione per lei. Dopo aver subito queste due batoste, Dodi era l'antidoto perfetto: affascinante, premuroso dal punto di vista sessuale, intellettualmente non pericoloso – e provvisorio. « Non pretende niente da me », spiegò Diana con aria felice alla sua amica, la stilista Lana Marks.[7] Un'altra amica di Diana, la nobile del partito laburista Margaret Jay, riassunse l'avventura sentimentale con questa perla di saggezza femminile: « Tutte abbiamo avuto il nostro Dodi Fayed ».[8]

Nell'agosto del 1997 Diana stava cercando di sostituire la vita che aveva avuto quando era ancora una principessa sposata con una versione da superstar della stessa: una vita in isolamento sorvegliato. Aveva barattato la rigida schiera di cortigiani e domestici dell'alta società con l'equivalente di Hollywood, la categoria dei servitori delle celebrità: guaritori, astrologi, agopuntori, parrucchieri, irrigatori del colon, aromaterapisti, disegnatori di calzature e stilisti di moda; i quali, al giorno d'oggi, conducono loro stessi vite talmente sfacciate da indurli a trattare i loro clienti da pari a pari. Queste figure riempivano totalmente le giornate di Diana fornendole una sorta di psicoterapia, come un gruppo di madri sostitutive pronte a consolarla. Persino la liquidazione da 17 milioni di sterline che aveva ottenuto con il divorzio poteva essere messa a dura prova da una rete di supporto in continua espansione. A volte aveva anche quattro trattamenti terapeutici al giorno da 200 sterline l'uno. Paul Burrell, il suo maggiordomo a Kensington Palace, e sua moglie Maria furono tra i pochi a passare dalla sua vecchia corte a quella nuova. Un tempo costretto a un'ossequiosa distanza appresa durante gli anni passati al servizio della regina, dopo il divorzio di Diana, Burrell si trasformò con entusiasmo da domestico reale in assistente personale di una celebrità.

C'era un'enorme differenza tra i due ruoli: un domestico viene dimenticato, un assistente personale viene ricordato; a un domestico vengono impartiti ordini, con l'assistente personale si condivide qualcosa. Burrell non si limitava a portarle il vassoio della colazione e ad aprire la porta ai suoi amici. Faceva schioccare la lingua in segno di dissenso quando non approvava le scelte della principessa in fatto di abbigliamento, provocando il suo stupore. Le porgeva fazzolettini di carta mentre guardavano insieme qualche film strappalacrime, quando erano soli nel palazzo.[9] Si comportava come un intermediario nella sua relazione segreta con Khan. Inoltre origliava le sue telefonate, sparlava dei suoi colleghi, si presentava alla stampa come l'uomo che Diana chiamava «la mia roccia».* («Quello che in realtà gli diceva era: 'Indossi il mio abito'**»,[10] sbottò l'ex membro dello staff della Regina Madre, esasperato dal modo in cui Burrell ostentava il suo ruolo nella vita della principessa.)

Ora il problema di Diana era che il suo nuovo entourage poteva salvaguardare il suo ego, ma non la sua persona. Sic-

* «*My rock*» in inglese (*N.d.T*).
** «*You're wearing my frock*» in inglese (*N.d.T.*).

come rifiutava con ostinazione la scorta messa a disposizione dalla famiglia reale, considerando gli addetti alla sicurezza come spie del nemico, fu costretta a cercare la protezione di ricchi paranoici. «Dal giorno del suo divorzio», raccontò l'autista ed ex addetto alla sicurezza reale Colin Tebbutt, «l'automobile reale ci fu tolta. Quella fu la cosa peggiore che il governo potesse fare».[11] L'offerta della vacanza con Dodi sembrava una soluzione perfetta per la sua protezione. Mohamed Al Fayed ha sempre mantenuto un costoso apparato di guardie del corpo, telecamere di sorveglianza e informatori. Durante i suoi viaggi personali a Parigi, era scortato da otto guardie del corpo e veniva prelevato all'aeroporto Le Bourget da una Mercedes blindata, con una vettura di riserva dotata di attrezzature mediche. Dodi, a quanto pare, aveva ereditato l'ossessione del padre. Una sua ex ragazza, la modella hawaiana Marie Helvin, era al tempo stesso seccata e divertita dal fatto che una serata con Dodi era sempre contraddistinta dalla presenza di questi «buffoni» della sicurezza con le tasche piene di «bustarelle», come chiamavano le mazzette di contanti che ricevevano per risolvere qualunque tipo di problema, e che comunicavano tra loro via walkie-talkie per segnalare l'imminente arrivo o partenza di Dodi, neanche fosse un capo di stato con un lungo elenco di nemici pericolosi anziché un *viveur* affabile e un po' disperato, circondato da un vasto stuolo di corteggiatrici amorevoli. Per Diana, inseguita dai media, questo sistema di sicurezza rappresentava una tentazione quasi irresistibile, così come l'atmosfera giocosa della famiglia allargata degli Al Fayed. Alienata da se stessa, si sentiva rilassata, avvolta da quel calore e da quella ricchezza.

Per le donne che hanno oltrepassato i trentacinque anni, il fascino deve superare una via crucis di tre tappe: negazione, dissimulazione e compromesso. Quando entrò nel suo trentasettesimo anno, Diana si disse che voleva trovare l'amore. Ma quello che stava davvero cercando era un tizio con un Gulfstream. In quel momento i suoi bisogni erano più simili a quelli di dive di secondo piano come Elizabeth Hurley che non a quelli di un qualunque residente di Balmoral. Stava arrivando al punto in cui non avrebbe più potuto illudersi che uomini di grande serietà e mezzi modesti – come il dottor Hasnat Khan, o persino il suo primo amore, il fascinoso ufficiale delle guardie reali James Hewitt – sarebbero stati capaci di rapirla dalla notorietà e portarla in salvo in una sobria normalità. Con entrambi si era goduta avventure frivole che funzionavano solamente per il fatto di essere segrete. Hewitt aveva l'abitudine di portare Diana nel Devon, dove aiutava sua madre a lavare i piatti nel piccolo e accogliente cottage. Khan arrivava a Kensington Palace, nascosto sotto una coperta nell'auto di Paul Burrell, con del Kentucky Fried Chicken per una cenetta a due con la principessa. Quando la portava fuori, lei indossava una parrucca scura e un paio di occhiali e fremeva dall'eccitazione all'idea di stare in fila allo Scott's jazz club senza che nessuno la riconoscesse. Una volta, mentre si trovava fuori dal club, chiamò la sua « terapista » Simone Simmons e le confidò quanto le piacesse stare in piedi in fila, ammettendo di non averla mai dovuta fare prima di allora. « Sto facendo la coda! », gridava felice come un bimbo al cellulare. «È fantastico! Si incontrano così tante persone diverse in coda! »[12] Diana viveva tutto questo come un preludio alla sua futura vita con Khan. Ma, come egli stesso riconobbe, erano cose da Maria Antonietta, un castello in aria destinato a dissolversi a contatto con la realtà. Nell'epoca multimediale era impossibile ridurre la sua notorietà. Senza contare che sarebbe morta di noia.

E così Diana, come il suo modello Jackie che cercava di ricreare l'impenetrabilità della residenza presidenziale con i giocattoli di Aristotele Onassis, nei suoi ultimi giorni era alla ricerca di un nuovo tipo di principe, uno che fosse in grado di soddisfare i bisogni di una celebrità globale. A bordo del *Jonikal*, quando tutti la credevano immersa nel sogno di diventare la signora Fayed, Diana stava invece pensando al futuro, valutando i curriculum dei corteggiatori che potevano offrire prospettive a lungo termine migliori di quelle del povero Dodi, costretto a riverire il padre per qualsiasi cosa.

Chiamava ancora Khan a casa e gli lasciava dei messaggi perché lo amava e non poteva farci niente, ma si teneva in serbo altre possibilità, come il finanziere di New York Theodore Forstmann, il quale non solo possedeva un velivolo Gulfstream, ma anche la compagnia che lo fabbricava. Dallo yacht intratteneva fitte conversazioni con un suo amico, l'imprenditore cinese David Tang, che la stava aiutando a programmare un viaggio di tre giorni a Hong Kong previsto per settembre. Tang, conosciuto tra i suoi amici come «Tango», un carismatico catalizzatore sociale della scena di Londra, stava organizzando le apparizioni di Diana agli eventi di beneficenza e i suoi incontri con i funzionari del governo. Tang non era un fidanzato, ma il nuovo interesse di Diana per la Cina era alimentato anche da Gulu Lalvani. Questo imprenditore cinquantottenne, attivo nel settore dell'elettronica di Hong Kong, era il fondatore e amministratore delegato di Binatone, una compagnia il cui valore nel 2003 è stato stimato intorno ai 300 milioni di sterline. Il lunedì prima dell'incidente, a bordo del *Jonikal* la principessa stava programmando di incontrare Lalvani al suo ritorno a Londra. Avevano festeggiato insieme la vittoria di Tony Blair alle elezioni nel maggio 1997 e si erano visti un paio di volte la settimana. «Non c'era niente che non mi avrebbe confidato o che io non le avrei confidato», affermò Lalvani nel dicembre successivo alla sua morte.[13] L'ingresso di Lalvani nella sua vita in gennaio fu la causa, nella primavera del 1997, dell'ennesima frattura con la madre, la quale la rimproverò al telefono per le sue «relazioni con uomini musulmani». In realtà Lalvani era un sikh del Punjab, ma per la signora Shand Kydd si trattava semplicemente di un «uomo di colore», il che era intollerabile. Gli amici lo chiamavano «il cratere della tranquillità» per via del suo carattere mite e della sua pelle butterata.[14] In giugno Diana portò Lalvani a ballare all'Annabel, il nightclub in Berkeley Square, nella speranza di fare ingelosire Hasnat. Non capiva che era proprio questo tipo di esposizione che il suo medico rubacuori derideva e temeva. Se lo avesse capito, forse si sarebbe trovata sul ponte di una nave con l'uomo che amava veramente, non con il suo rimpiazzo. Nel vedere la valanga di squallide fotografie del *Jonikal*, l'onesto Khan deve essere stato pervaso più dal sollievo di non far parte di quella follia che dal dispiacere. Era stata proprio la prospettiva che quel genere di fotografie avrebbe potuto rovinargli la carriera a farlo fuggire due mesi prima.

Agli occhi di Diana, il quarantaduenne Dodi Fayed era il tipo perfetto per una vendetta sentimentale contro l'ex amante e l'ex marito. «Voleva fare infuriare il più possibile la gente a Balmoral», mi disse il suo amico Lord Palumbo, il multimilionario collezionista d'arte.[15] L'agente provocatore che aveva scelto, in realtà, era un'anima sensibile, la cui infanzia in Egitto e nei costosi collegi europei era stata tanto solitaria quanto quella del principe Carlo. I genitori di Dodi divorziarono quando lui aveva due anni, e gli Al Fayed ottennero la custodia definitiva, ma il padre non era quasi mai a casa. «Viziava Dodi, che non è lo stesso che essere lì per lui», disse il produttore cinematografico e ora membro del partito laburista David Puttnam.[16] Dodi era quel tipo di solitario che è sempre circondato da gente. Amava cucinare piatti mediorientali con il suo maggiordomo, profumava il suo appartamento con candele aromatiche al lillà, adorava le star del cinema e assumeva cocaina. All'età di ventiquattro anni, Fayed lo sistemò in una compagnia cinematografica chiamata Allied Stars, il che significava avere l'opportunità di frequentare le attrici e potersi definire un produttore esecutivo. Ebbe fortuna con il suo primissimo film *Momenti di gloria* di Puttnam, vincitore di un premio Oscar, nel quale suo padre investì 2 milioni di sterline. Questo gli aveva consentito di gironzolare sul set fino a quando Puttnam si sbarazzò di lui per aver distribuito cocaina al cast. In seguito non ebbe altrettanto successo, ma la natura incerta dell'attività cinematografica si addiceva al suo temperamento amorfo. La casa di Dodi a Beverly Hills era il centro delle feste, una vera calamita per scrocconi, arrampicatori sociali e furbastri che sfruttavano la sua ingenua generosità. In media dava quattro feste alla settimana. « Era bravo a essere ricco », ricorda Marie Helvin con affetto. « Mi spediva sempre rose a gambo lungo e scatole di mango. »[17] Nel corso della loro relazione di sei settimane, Dodi ricoprì Diana di regali: un braccialetto di perle intrecciato con una chiusura a forma di testa di drago incastonata di gemme, un orologio da polso rettangolare Jaeger-LeCoultre tempestato di diamanti, una cornice d'argento con una scritta romantica e un anello d'oro ricoperto di diamanti che Diana portava al dito al momento dell'incidente.

Il denaro di Dodi proveniva dal padre, non dal suo successo negli affari. Come molti consumatori di cocaina, era estremamente indeciso. Il suo maggiordomo, René Delorm, una volta restò tre mesi in un appartamento in Svizzera in attesa che Dodi decidesse se voleva vivere a Parigi, Londra o Gstaad. Le fidanzate restavano sedute tutto il giorno con i bagagli pronti ad aspettare che passasse a prenderle per portarle a Los Angeles sul suo aereo privato. Questo faceva infuriare Marie Helvin, così come il suo atteggiamento galante nei confronti delle signore che li invitavano alle loro feste a Londra. Quando veniva invitato a cena, Dodi aveva dei modi da ristorante: aveva l'abitudine di disdire all'ultimo minuto, come se si trattasse di una prenotazione a un bistrot. Uno dei gorilla dei Fayed spiegò all'autista di Diana, Colin Tebbutt: « Quello che devi ricordarti è che ci sono tre tipi di tempo da queste parti: il tempo inglese, il tempo arabo e il tempo di Dodi ».[18] Durante la vacanza con i due, le guardie del corpo di Dodi, Kez Wingfield e Trevor Rees-Jones, osservavano i suoi atteggiamenti altalenanti con crescente costernazione. Anche quando le cose andavano per il meglio, lavorare per Dodi era un incubo. Racconta Rees-Jones: « Era seduto in macchina nel mezzo di un ingorgo all'ora di punta e diceva: 'Perché sei andato da questa parte?' Odiava stare fermo nel traffico, voleva sempre superare, passare da una corsia all'altra, tentare di arrivare da qualche parte più velocemente. Mi ordinava di accelerare quando sapevo che stavamo per incrociare una telecamera per il controllo della velocità ».[19] Durante una caotica serata, all'ancora a Montecarlo, Dodi improvvisamente decise di far arrivare un tender per portare la principessa a fare una passeggiata, per poi far perdere le loro tracce ai paparazzi con una lunga e faticosa scarpinata su per una collina. Gli obiettivi dei fotografi di tutti i tabloid del mondo stavano ammassati a una fermata dell'autobus cercando di capire dove fossero finiti Dodi e Diana. Rees-Jones iniziò a dispiacersi per la principessa: era convinto che si meritasse di meglio. In occasione della prima vacanza di Diana nella tenuta di Saint-Tropez degli Al Fayed a luglio, con William e Harry, Rees-Jones rimase colpito dalla spensieratezza e dalla serenità che irradiava mentre gironzolava per un luna park e andava sulle giostre con i ragazzi, finché non arrivò la stampa a rovinare tutto. « Era deliziosa e i suoi bambini erano fantastici... Per amor del cielo, meritava un uomo di gran lunga migliore di Dodi », osservò .[20]

Il principe William condivideva l'opinione di Rees-Jones. Egli sentiva crescere lo sgomento per la relazione di sua madre con Dodi e si sentiva a disagio di fronte allo spettacolo dei vistosi sprechi degli Al Fayed. Disse agli amici che durante la vacanza di luglio si era sentito come « sotto esame »: « Improvvisamente un gruppo di persone che conosceva a malapena si stava comportando come una specie di famiglia sostitutiva ».[21] Le immagini dei trastullamenti di sua madre a bordo del *Jonikal*, in agosto, lo fecero litigare con lei durante una telefonata. Il principe quindicenne temeva il giudizio dei suoi compagni di scuola quando sarebbe ritornato a Eton per il semestre autunnale. Non sappiamo se Dodi avrebbe potuto sopportare a lungo la disapprovazione di William, né se Diana stessa avrebbe tollerato i segni dell'ennesimo abuso di droga da parte di Dodi, cosa che lei detestava. L'inaffidabilità la infastidiva, di qualunque tipo fosse. Nel suo ruolo di principessa, era assolutamente risoluta e puntigliosa nel rispettare gli impegni presi.

Dove era finita l'altra Diana durante questa prolungata follia estiva? Quando avevamo pranzato insieme a New York, in luglio, era così sicura di sé, aveva le idee chiare. Vedeva l'elezione di Tony Blair a primo ministro come una ventata di aria fresca che avrebbe spazzato via la sua vecchia vita dandole l'incarico di una missione umanitaria. Blair mi confessò che pensava a Diana per lanciare il progetto Africa, incentrato sugli aiuti internazionali e sull'azzeramento del debito, che divenne la campagna del millennio. Lui e Cherie avevano invitato Diana e William a pranzo al Chequers e avevano giocato a calcio sul prato. Solo pochi mesi prima di partire per la crociera di piacere a bordo del *Jonikal*, Diana aveva intrapreso la missione più coraggiosa della sua vita: partecipare a una campagna di protesta contro le mine antiuomo.

Non più tardi dell'8 agosto, si era recata in Bosnia-Erzegovina con Lord Deedes, il venerabile ex direttore del *Daily Telegraph*, il quale rimase impressionato dalla sua «calma composta, da come fosse brava ad ascoltare e a gestire il dolore, semplicemente allungando una mano per avere un contatto, mostrando la calma tranquillizzante che era il suo marchio di fabbrica».[22] Spesso Diana era riuscita a convincere anche i membri più scettici della stampa con la sua empatia contagiosa. In gennaio, la corrispondente di guerra del *Sunday Times*, Christina Lamb, incontrò Diana di persona durante la visita alle vittime delle mine antiuomo in Angola e fu colpita da come riusciva a non voltare mai la testa di fronte a ferite tanto raccapriccianti che lei stessa non era in grado di guardare, nonostante anni di servizi sul Terzo Mondo. «Aveva qualcosa che prima di allora avevo visto solo in Nelson Mandela, una sorta di aura che faceva venire voglia alla gente di stare con lei e una capacità del tutto naturale, che le veniva dritta dal cuore, di portare speranza a coloro che sembravano avere poche ragioni per vivere», scrisse la Lamb.[23]

Ora, solo tre settimane dopo la sua brillante impresa in Bosnia, eccola qui in una calda notte di agosto, immersa nel bagliore della dolce vita, inseguita dalle motociclette scoppiettanti della stampa internazionale. Dalle 15.20 di quel pomeriggio, quando il Gulfstream 4 dei Fayed era atterrato all'aeroporto Le Bourget dopo novanta minuti di volo dalla

Sardegna, sette paparazzi pedinavano il piccolo corteo delle due automobili di Diana e Dodi (la Mercedes e la Range Rover di riserva per i bagagli). Per liberarsi di loro, Dodi ordinò al suo autista di accelerare e di non portarli al Ritz come pianificato ma in un altro possedimento dei Fayed, la ex residenza del duca e della duchessa di Windsor nel Bois de Boulogne. Mostrare questa casa alle ragazze era uno degli espedienti romantici standard di Dodi. Proprio il mese prima ci aveva portato Kelly Fisher.

La residenza, una villa di quattordici stanze del XIX secolo con un giardino fitto di alberi, era uno dei tanti simboli dell'infinita riverenza di Mohamed Al Fayed nei confronti del mito reale. Cresciuto ad Alessandria, figlio di un ispettore scolastico, all'epoca in cui l'Egitto era ancora assoggettato al governo britannico, Al Fayed, un uomo massiccio con un fisico da pugile, era sempre stato ossessionato dall'idea di trovare un modo per realizzare le sue fantasie infantili di gloria imperiale. Il suo sforzo per essere accettato dall'establishment di Londra rifletteva un'immagine dell'aristocrazia britannica che non era lusinghiera né per loro né per lui, e, peggio ancora, rappresentava un monito di quanto lo snobismo e il razzismo coloniale riescano a deformare sia la psiche degli artefici sia quella delle vittime. Senza dubbio egli sognava di riuscire un giorno a elevarsi alla Camera dei Lord e, per tutta risposta, molti dell'élite provavano un piacere quasi sadico nel rifiutarlo. (*Private Eye* lo schernì definendolo « Il faraone fasullo ».)

Nel corso degli anni Al Fayed reagì a questi rifiuti, inizialmente con disillusione e poi con rabbia. Traeva soddisfazione nell'acquistare istituzioni britanniche di prim'ordine o nel rimproverarli aspramente quando non rispettavano gli standard che si aspettava da loro, che si trattasse di Harrods, della veneranda rivista umoristica *Punch* o della famiglia reale. (Quando Geoffrey Robertson avanzò la sua teoria sulle motivazioni di Al Fayed all'interessato stesso, si illuminò dicendo: « Ah! Lei ha capito il mio idealismo ».)[24] Nell'ottobre del 1994, sotto il governo conservatore di John Major, Al

Fayed lanciò una notizia bomba divulgando quello che divenne noto come lo scandalo *cash-for-questions*. Rivelò sfacciatamente che, durante la sua battaglia per l'acquisizione di Harrods nel 1985, aveva pagato i membri del parlamento, compreso Neil Hamilton, viceministro del Dipartimento del Commercio e dell'Industria, per ottenere delle interrogazioni in parlamento. Pare che il lobbista Ian Greer, che fu reclutato da Al Fayed per presentare le interrogazioni, gli disse: « Si può noleggiare un taxi, un taxi londinese, e si può noleggiare un membro del parlamento ».[25] Al Fayed si servì del quotidiano di sinistra *Guardian* per rendere pubbliche le sue accuse di corruzione proprio nel momento giusto, subito dopo la promessa fatta da Major alla Camera dei Comuni di eliminare la corruzione. Ciò che spingeva Al Fayed era la vendetta. Sentiva che il governo conservatore lo aveva tradito quando aveva ordinato al Dipartimento del Commercio e dell'Industria di investigare sui suoi appoggi finanziari per l'acquisto di Harrods. Il fatto che dopo tre anni sperava ancora di ricostruire dei legami con la famiglia reale potrebbe quasi apparire commovente, se solo Fayed non avesse perseguito le sue aspirazioni sociali con un evidente atteggiamento manipolatorio. L'inchiesta del DTI appurò che egli aveva mentito riguardo ai suoi beni, all'ambiente sociale da cui proveniva e persino sulla sua data di nascita.

L'acquisizione del diritto ad affittare villa Windsor a Parigi fu un altro dei tentativi di Al Fayed di appropriarsi a tutti i costi di un baluardo dell'establishment, ma come sempre si sbagliò di grosso. Le Bois, dove il duca e la duchessa di Windsor in esilio si erano trasferiti nel 1953, era un simbolo non dello stile regale bensì di ostracismo e fallimento. Forse Al Fayed inconsciamente si identificava con la condizione da paria della signora Simpson. Le eleganti stanze della villa erano pervase dai ricordi di quello che il duca aveva perso abbandonando il suo incarico: la dignità, la famiglia, il paese che amava. Contrariamente a quanto dichiarò il portavoce di Al Fayed ed ex corrispondente per il tribunale della BBC, Michael Cole, a due giornalisti americani che lavoravano per la rivista *Time*, Diana, il 30 agosto, difficilmente poteva aver avuto il tempo di incontrarsi con un non meglio identificato designer italiano e di gironzolare per la casa con lui ispezionando ogni stanza e ogni credenza, infatti la registrazione dimostra che la principessa si è trattenuta là solo per 31 minuti.[26] Trovarsi in un esilio reale mentre i suoi figli erano custoditi al sicuro dalla famiglia Windsor a Balmoral e lei andava in giro in barca per le località di svago del Mediterraneo, come Wallis Simpson, la toccava troppo in profondità. Diana trovava la situazione «inquietante» e rimase solo per dieci minuti. I fantasmi risvegliati dal giro turistico di casa Windsor contribuirono solamente ad aumentare il desiderio di Diana di uscire dall'inferno di Parigi e tornare a casa.

Quella sera, tuttavia, stava per consumarsi l'ultimo atto di questo mito da manicomio. Diana stava per essere spinta in una sciarada postuma che avrebbe fatto di lei la fidanzata di Dodi Fayed per l'eternità. Mentre Diana, dopo essere stata inseguita da un gruppo di paparazzi esaltati, si riprendeva mettendo in piega i capelli nella suite imperiale del Ritz, Dodi era fuori, impegnato nell'ennesimo tentativo di fare colpo su di lei: l'acquisto di altre pietre preziose dal gioielliere dei sogni, Repossi, di fronte all'hotel in place Vendôme. Fu ricevuto dal proprietario in persona di questo sontuoso negozio, Alberto Repossi, e da sua moglie Angela. Nella fantasia di Mohamed Al Fayed, Diana e Dodi avevano scelto un anello di fidanzamento di una collezione denominata in modo evocativo *Tell Me Yes* («Dimmi di sì») nella filiale di Repossi a Montecarlo, con l'intenzione di farlo tagliare a misura e confezionare a Parigi. In realtà, l'eterno indeciso Dodi non sapeva cosa voleva. Pareva che avesse un vago ricordo di un anello che lui e Diana avevano intravisto nella vetrina del negozio di Montecarlo, sebbene le guardie del corpo in seguito non ricordassero questo particolare. L'impaziente Repossi, per suo diletto, gli mostrò un assortimento luccicante di orologi, anelli e braccialetti, ma non c'era nulla che andasse a genio a Dodi. Dopo aver afferrato una brochure con altri gioielli che forse avrebbero potuto piacere a Diana, uscì dalla gioielleria nel tempo record di sette minuti e ventisette secondi.[27] E allora dov'era il leggendario anello di fidanzamento che voleva offrire alla principessa per chiederla in sposa? Era al dito dell'intraprendente Angela Repossi. Meno di trenta minuti dopo l'uscita di Dodi, entrò il direttore del Ritz, Claude Roulet, per ritirare i gioielli selezionati in precedenza. Roulet notò che la signora Repossi indossava un anello che avrebbe potuto corrispondere alla descrizione iniziale di Dodi. La donna si sfilò l'anello, lo pulì e Roulet lo comprò per sottoporlo all'approvazione del suo capo. Questa sarà la prima volta in cui Dodi sentirà nominare un anello di fidanzamento chiamato *Tell Me Yes*.

Forse Dodi aveva davvero intenzione di farle la fatidica proposta – il suo maggiordomo René Delorm lo ha confermato – ma è improbabile che Diana avrebbe ritrattato così rapidamente la posizione che aveva ribadito in privato sia con Paul Burrell sia con Rosa Monckton prima che Dodi le regalasse una fedina di Bulgari a bordo del *Jonikal*. Confessò alla sua amica Rosa: « Mi ha regalato un braccialetto. Mi ha regalato un orologio. So che il prossimo regalo sarà un anello ». Poi rise e disse: « Rosa, quell'anello finirà sicuramente sul quarto dito della mia mano destra »,[28] una chiara volontà di non assumersi nessun impegno, confermata anche da Burrell nel suo libro *The Way We Were*. È anche improbabile che Mohamed Al Fayed (che ci metteva i soldi) e il signor Repossi avrebbero consentito a Dodi di fare la proposta di matrimonio alla principessa con un gioiello acquistato in un modo del tutto improvvisato. L'anello di fidanzamento di Diana, le cui fotografie sarebbero state pubblicate da tutti i media del mondo, sicuramente sarebbe stato un gioiello più stravagante, con un diamante grande come... diciamo grande come il Ritz. Alla sua conferenza strappalacrime del 14 agosto 1997 a Los Angeles, Kelly Fisher mostrò l'anello di fidanzamento di zaffiri e diamanti che le aveva regalato Dodi, valutato 118.000 sterline: la principessa valeva forse meno della ex fidanzata di Dodi? Poi c'era la questione importantissima di riuscire a primeggiare sui Windsor. Persino la parsimoniosa regina Elisabetta II aveva sborsato circa 28.500 sterline al gioielliere reale Garrard per l'anello di zaffiri e diamanti che Carlo donò a Diana per il fidanzamento. Qualcuno pensa veramente che Al Fayed avrebbe tollerato di farsi superare per una questione di dettagli? Inoltre, lo stesso signor Repossi, nella prima intervista rilasciata al produttore televisivo Martyn Gregory, aveva dichiarato che l'anello venduto a Dodi quella notte non era un anello di fidanzamento.[29] Solo più tardi cambiò la sua versione insistendo che lo fosse – e bisogna tenere presente che i clienti dell'hotel Ritz erano alcuni dei migliori clienti di Repossi.

Oggi l'anello di non-fidanzamento può essere ammirato nella vetrinetta d'esposizione in commemorazione di Dodi e Diana da Harrods, insieme al bicchiere di champagne proveniente dalla suite imperiale, una fontana zampillante e due cammei della coppia appesi di fianco alle candele bianche sempre accese. Il fatto che l'anello esposto da Harrods non corrisponda alla descrizione di Repossi di quello che Dodi aveva comprato per Diana è solo un altro dei misteri del fumoso mondo di Mohamed Al Fayed, fatto di commercio e simulazione.

In ogni caso, come sappiamo, Diana non lo indossò mai. Quello che seguì al suo acquisto fu il crescendo di una notte di follia. Dodi era ricaduto nell'abitudine della cocaina che lo aveva fatto sbattere fuori dal set del film di David Puttnam? Gli amici di Diana hanno raccontato che lei stava iniziando a insospettirsi per le frequenti puntate di Dodi al bagno.[30] Tuttavia non fu trovata nessuna traccia di cocaina nelle analisi del sangue eseguite su Dodi dal patologo durante l'autopsia del 1997 a Londra. (Lord Stevens, ex membro della commissione della Polizia di Londra e capo di Scotland Yard, responsabile dell'indagine istruttoria britannica, mi disse categoricamente che non c'erano tracce di cocaina nel sangue di Diana o nell'auto.) Forse l'agitazione di Dodi e le istruzioni vaghe di quella notte erano semplicemente quelle di un uomo che non si sentiva per nulla all'altezza della situazione, gettato nel panico dal peso di essere diventato il Romeo più in vista del mondo.

Il conto alla rovescia verso il disastro si svolse come un film che scorre a doppia velocità. Analizzate la sequenza.

19.00. In uno sciame di paparazzi, i due amanti escono dal Ritz in direzione dell'appartamento di Dodi in rue Arsène-Houssaye. La principessa è infastidita dalle grida e dagli spintoni dei fotografi all'esterno. Perché non sono rimasti nella suite a sorseggiare champagne?

21.35. I due si gettano nella folla per andare a cena, che avrebbero potuto tranquillamente farsi servire a casa. Tagliano per gli Champs-Elysées in testa a un convoglio ronzante di giornalisti. Le guardie del corpo nella macchina che li segue sono furiose, non con i giornalisti che li inseguono, ma con il loro capo. Sono pagati per proteggere Dodi e Diana, ma non gli è stata data nessuna indicazione di dove stiano andando. Dodi dice al suo autista di portarli al Benoît, un bistrot chic nei pressi del Centre Pompidou. Ha mandato avanti il signor Roulet del Ritz per assicurarsi un'accoglienza a cinque stelle. Le moto e gli scooter dei giornalisti braccano la Mercedes «come dei veri demoni», secondo le parole testuali di un testimone. Diana è abituata alla loro insistenza, che invece getta Dodi nel panico. Non è in grado di gestire un reale peggioramento della situazione, solo quelli ipotetici. Ciò che lo fa infuriare è che i paparazzi sbucano da tutte le parti, non solo dietro di loro. Decide di lasciare perdere il Benoît, al diavolo Roulet e il fermento che sta preparando per il loro arrivo.

21.45. Dodi ordina all'autista di tornare al Ritz, alla fine ceneranno là. Questa è una cattiva notizia per il *maître* dell'Espadon, il ristorante del Ritz. La sala è piena zeppa ed è un incubo rimediare un tavolo nei quindici minuti concessigli da Dodi. Il figlio del proprietario e la principessa di Galles rischiano di non avere un posto a sedere!

21.53. Diana entra nell'hotel seguita da Dodi. La coppia non viene fatta scendere davanti all'entrata posteriore su rue Cambon, più discreta, ma davanti all'ingresso principale inevitabilmente pieno di gente. L'addetto alla sicurezza notturna, François Tendil, è così allarmato dalla calca dei fotografi che convoca il capo della sicurezza del Ritz, Henri Paul, che è fuori servizio. Nel frattempo, due fotografi sbucano dal nulla e importunano Diana. Dodi perde le staffe con Tendil – tutta questa cosa, urla, «è una merda». La coppia si dirige verso la sala del ristorante. Dodi rimprovera Kez Wingfield per ciò che Wingfield ricorda come «la madre di tutte le stronzate»: non essere andato in avanscoperta a sgombrare la strada e a contenere il putiferio dei giornalisti, un'impresa impossibile per la guardia del corpo per cui l'intera notte è stata un surreale tour del mistero.[31] Finalmente seduta al tavolo della sala da pranzo preparato in fretta e furia, anche Diana si lascia andare. Una delle immagini più toccanti delle sue ultime ore è quella di una bellissima donna che piange in modo sommesso sotto lo sguardo dell'intera clientela del ristorante Espadon.

22.10. La coppia, dopo aver ordinato la cena, non si ferma a consumarla al ristorante. Si allontana dagli sguardi indiscreti della gente e chiede di farsi portare la cena nella suite imperiale che ha lasciato tre ore prima. Mentre cenano, le loro due guardie del corpo li aspettano al bar dell'hotel, il Vendôme, dove li raggiunge Henri Paul. Paul si scola due bicchieri di una bevanda giallastra che le guardie del corpo pensano sia succo d'ananas, ma che in seguito verrà identificato come il pastis Ricard, uno dei liquori preferiti del francese. All'esterno, l'ingresso principale dell'hotel è ormai sotto assedio. Dopo aver appreso dalla televisione che Diana si trova al Ritz, centinaia di fan curiosi si sono uniti al battaglione dei paparazzi. Ogni volta che una bionda entra o esce dall'hotel, si sollevano grida chiassose di acclamazione, come sul tappeto rosso la notte degli Oscar. Che Diana e Dodi non siano rimasti chiusi nella loro suite fin dall'inizio per una tranquilla serata romantica – e che, una volta rientrati in quel paradiso, non restino lì per la notte ma preferiscano immergersi nel vortice dell'esasperazione dei media per una terza volta, come stanno per fare – fa pensare a un bisogno quasi compulsivo di essere visti.

Era un bisogno che sembrava condiviso da entrambi. Si dà il caso che uno degli zii di Dodi, l'uomo d'affari saudita Hassan Yassin, alloggiasse all'hotel. Dodi lo aveva invitato a conoscere Diana e a bere qualcosa con loro al bar. Yassin era in ritardo e, quando arrivò, i due erano già ripartiti per il loro ultimo viaggio verso l'appartamento di Dodi. L'opinione di Yassin oggi: «Entrambi avevano la mania della pubblicità. Se avessi avuto Diana con me l'avrei portata nella giungla, non al Ritz».[32]

Ma ci sarebbe andata? Questo è il punto. Dodi era un principiante nel gioco dei media, ma Diana era la professionista più abile sulla faccia della terra. Diana aveva capito in netto anticipo rispetto ai suoi contemporanei che nel mondo del futuro la celebrità sarebbe diventata, per così dire, *la moneta del regno*. Oggi siamo abituati al fenomeno delle star del cinema che monopolizzano i mezzi di comunicazione per esprimere le loro opinioni sul Darfur o sull'ambiente. Giornalisti, artisti ed esperti di politica estera si mettono in lista per essere patrocinati da un Brad Pitt o da un George Clooney, se vogliono che le loro idee vengano prese in seria considerazione da quelli che contano, proprio come i loro equivalenti del XVII secolo restavano ad aspettare il patrocinio del conte di Southampton. Aristocratica lei stessa, Diana sapeva bene che il fatto di essere nobili di nascita al giorno d'oggi è irrilevante. Tutto quello che conta è il prestigio dato dalla visibilità.

Il problema era che, a causa dei suoi trambusti sentimentali, Diana aveva abusato di questa esposizione. La macchina fotografica era la sua attrazione fatale. Aveva un sesto senso che le permetteva di sentirla quando era inquadrata persino quando non poteva vederla. La macchina fotografica aveva creato l'immagine che le aveva dato così tanto potere, e lei dipendeva dalla sua magia, anche se a volte ne veniva ferita. L'ossessione della sua vita era tentare di tenere sotto controllo il genio che aveva liberato. Per tutta la vacanza aveva condotto un gioco pericoloso con la stampa. Quando venne a sapere della festa organizzata da Carlo per il compleanno di Camilla a Highgrove, disse a Lady Bowker: «Elsa, sai cosa ho pensato l'altro giorno? Non sarebbe un'idea fantastica se io mi nascondessi dentro la torta di compleanno in costume da bagno e saltassi fuori all'improvviso?»[33] Fu più o meno quello che fece. Lo scatto delle sue gambe lunghe e del suo corpo avvolto in un costume intero azzurro pallido in procinto di eseguire un elegante tuffo dal *Jonikal* aveva allietato i cuori dei direttori dei quotidiani di tutto il mondo. Dopo la sua morte si venne a sapere che le immagini più sensazionali della sua ultima estate – per esempio, la famosa copertina del *Sunday Mirror*, intitolata IL BACIO, che mostrava una fotografia di Diana immortalata in un abbraccio con Dodi a petto nudo al largo della costa della Corsica e per la quale il giornale aveva pagato il fotografo, Mario Brenna, un quarto di milione di sterline – erano il risultato diretto degli indizi forniti da Diana stessa. Quando furono pubblicate, la principessa chiamò il fotografo Jason Fraser, che lavorava con Brenna, non per protestare, ma per chiedergli perché fossero così sgranate.[34] Durante l'ultima notte a Parigi, Diana chiamò Richard Kay, suo confidente al *Daily Mail*, al suo negozio di cellulari a Knightsbridge per scoprire cosa stava succedendo nelle redazioni dei giornali e gli rivelò che tremava all'idea dell'uscita dei quotidiani domenicali.[35] Non le venne in mente di ignorarli.

Ma aveva sottovalutato la smania di Mohamed Al Fayed stesso di stare sotto la luce dei riflettori. Per tutta la vacanza aveva monitorato ogni giorno i movimenti di suo figlio e di Diana, tenuto al corrente i giornalisti di gossip come Nigel Dempster del *Daily Mail* e pagato un agente pubblicitario, Max Clifford, affinché spacciasse l'avventura estiva come l'amore del secolo. L'inganno si rivelò una bomba.

Le ultime ore di Diana sono state analizzate così tante volte alla luce del prisma delle recriminazioni che è facile dimenticarsi il motivo principale per cui Diana aveva accettato di andare in vacanza con i Fayed: credeva che le offrissero protezione. Eppure sembra che sia morta perché gli uomini dell'impero di Al Fayed non si presero cura di lei. Né Dodi, i cui progetti erano caotici quanto lui; né Al Fayed, se approvò l'assurda idea del figlio di interpellare il capo della sicurezza del Ritz, Henri Paul, per farsi accompagnare con Diana in macchina, invece di un autista qualificato;* neppure lo stesso Henri Paul, nel sangue del quale fu rinvenuto un tasso alcolico tre volte superiore al limite consentito dalla legge. Non sorprende che l'immenso dolore di Mohamed Al Fayed per la perdita del figlio gli abbia causato forti sensi di colpa.

Mezzanotte e quattordici minuti. Penso a Diana in quell'ultima ora, con il suo blazer ben tenuto, i suoi pantaloni estivi bianchi sopra la caviglia e le scarpe con il tacco di Versace mentre attraversa velocemente il corridoio pieno di boutique del Ritz. Nota appena le vetrine scintillanti di foulard di Hermès, orologi con lustrini, lingerie provocante e spille vistose che pubblicizzano la vita lussuosa dell'ozio *eurotrash*. Si sposta insieme a Dodi e alle guardie del corpo nell'imponente salone che porta all'eccentrico bar Hemingway e all'elegante locale notturno, il Ritz Club. Poi, sul marciapiede vicino all'entrata posteriore dell'hotel in rue Cambon, dove il parcheggiatore ha già portato la Mercedes di Henri Paul, l'uomo tarchiato che i suoi colleghi definivano *triste et solitaire*, pronto per portarla via, lontano dalla tempesta elettrica della celebrità. In quel momento sta pensando ai suoi figli che dormono in un castello scozzese? Mentre scivola velocemente sul sedile posteriore della Mercedes in quell'afosa notte parigina, improvvisamente sente forse la mancanza della fresca pioggia inglese?

Spesso si è detto che nell'estate del 1997 Diana era entrata in una spirale di autodistruzione. Io preferisco pensare alle sue ultime settimane contraddistinte dall'esibizionismo come a una ricaduta, il gesto di una persona ferita che vuole fe-

* La guardia del corpo Kez Wingfield nel corso dell'inchiesta francese ha testimoniato che Dodi affermò che suo padre aveva approvato il piano. Mohamed Al Fayed lo nega.

rire a sua volta, innescato dall'ennesimo crollo di tutte le sue speranze romantiche. È una delle ironie più tristi della sua vita il fatto che, proprio quando è stata sul punto di sbarazzarsi degli elementi più tossici della cultura della celebrità e di utilizzare la sua fama per stimolare audaci campagne sociali, la morte l'abbia rinchiusa in una cornice immutabile di fascino mortale.

Il brusio in sottofondo rivela che i paparazzi hanno scoperto il sotterfugio dell'uscita posteriore. A mezzanotte e venti, con Henri Paul al volante, la Mercedes si allontana dal bordo del marciapiede e, con una sgommata, parte inseguita da quelle furie alla volta dell'appartamento di Dodi in rue Arsène-Houssaye, passando per il tunnel del Pont d'Alma.

Una vita in mostra

Cari mamma e papà, [...] sono andata a dormire con una candela accesa nella mia stanza.

(Diana ai suoi genitori, 1966)

Un tempo non era famosa. Un tempo era la fanciulla dai capelli biondi che si vede nello schizzo a matita esposto ad Althorp, la sua antica casa nel Northamptonshire, seduta su una seggiola con una gonnellina grigia plissettata, intenta a cullare la sua bambola. La vita di Diana, principessa di Galles, si è spenta in modo così prematuro che i ricordi della sua infanzia suscitano una particolare tenerezza. Dietro le vetrine di Althorp si possono ammirare oggetti come il suo primo album di fiori pressati; il ripiano in vimini bianco proveniente dalla sua camera da letto sul quale è esposta la banale collezione di animaletti in porcellana che lei adorava; un grosso libro bianco per adolescenti intitolato *Learning to Swim and Dive*; le sue scarpe da tip tap; la scatola contenente una biblioteca di «gusci di noce» in miniatura; il piccolo blazer rosso dell'uniforme scolastica con il suo foulard rosso e giallo; la cartella scolastica con la scritta D. SPENCER con accanto una fotografia che ritrare una magrissima Diana a nove anni, mentre carica la cartella nel bagagliaio della macchina per andare a scuola a Riddlesworth. Si può ancora sentire lo scricchiolio della ghiaia, il fragoroso sbattere delle porte, le volate in casa in cerca di una mazza da lacrosse smarrita, tutta la confusione di ogni rientro a casa dal collegio.

Le sue lettere semplici e infantili riecheggiano dal passato. «Cari mamma e papà, spero che abbiate fatto buon viaggio e che vi stiate godendo la vacanza. Lunedì è andata via la corrente e sono andata a dormire con una candela accesa nella mia camera», scrive in una delle prime lettere da Park House nel 1966.[1] Perché queste parole trasmettono una sensazione di solitudine? Forse perché sappiamo che presto si abbatterà su di lei una profonda tristezza per la partenza di sua madre.

Il matrimonio dei genitori di Diana iniziò a guastarsi due anni prima che lei nascesse nel luglio del 1961, ma la rottura definitiva ebbe luogo quando Diana aveva sei anni. Suo padre Johnnie, l'8° conte Spencer, e sua madre, Frances Fermoy, erano sposati da quattordici anni quando Frances se ne andò e, in un divorzio pieno di risentimento, perse la custodia di Diana e dei suoi tre fratelli. Oggi, le fotografie e i filmini amatoriali della sua famiglia realizzati dal conte Spencer non mostrano alcuna traccia di quel dramma. Raccontano, invece, in modo assolutamente fedele la tranquillità apparente della loro vita a Park House, Sandringham, il solenne palazzo vittoriano sui terreni della tenuta della regina. La famiglia Spencer visse laggiù per diciotto anni prima che il padre di Diana ereditasse l'imponente proprietà di Althorp. Diana è cresciuta associando la cinepresa all'amore.

Dopo anni di racconti dei tabloid, ogni aspetto riguardante l'infanzia di Diana è stato interpretato come un preludio al disastro o a un'inevitabile notorietà, ma nessuna delle persone vicine alla famiglia li ricorda in questo modo. Per loro era una vita come tutte le altre, tradizionale, protetta, piena degli stessi privilegi fortuiti presenti anche in tutte le altre residenze vittoriane e medievali dell'Inghilterra degli anni '60. Le bobine dei filmati di Johnnie Spencer si svolgono e si riavvolgono all'infinito in quella che un tempo era la scuderia e che oggi ospita l'esposizione *Diana: A Celebration* ad Althorp. Il pubblico sosta nella sala di proiezione buia, ipnotizzato dalle immagini sfarfallanti dei momenti di vita familiare ormai perduti per sempre.

Diana neonata: un battesimo di paese nella chiesa di St Mary Magdalene a Sandringham, il 30 agosto 1961. Gli Spencer e i Fermoy sono molto eleganti e circondati da vari personaggi autorevoli di Northampton che gironzolano all'esterno socializzando tra loro. Prima che Mary Quant e Biba rivoluzionassero ogni cosa, le giovani donne sposate dovevano ancora vestirsi come le loro madri. La venticinquenne Frances, decisamente troppo giovane per essere già madre di tre figli, ha un'aria impeccabile con i capelli raccolti e fissati nella sua riccia acconciatura bionda. Indossa un vestito celeste in tinta con il cappello, una collana di grosse perle color crema e guarda in basso con un sorriso pieno di orgoglio verso i grandi occhi blu della piccola Diana che borbotta; una madre che nessuno avrebbe mai pensato capace di buttare tutto all'aria per un colpo di fulmine.

Diana a nove mesi circa: la protettiva sorella, Jane, porta un fiocco nei capelli e indossa dei pantaloncini estivi mentre la solleva verso l'alto; sotto l'albero nel giardino di Park House una carrozzina fuori moda. Il primo ricordo di Diana fu l'odore della plastica della capottina della sua carrozzina.[2] Jane era la sorella assennata, responsabile, tranquilla e studiosa, dai capelli castani e dall'aspetto anonimo. Sarah, la sorella maggiore, era la ribelle del trio, vivace, disordinata, una rossa lunatica quanto lo è oggi suo nipote, il principe Harry.

Diana a due anni: con i suoi ciuffetti biondi si arrampica coraggiosamente con i fratelli sullo scivolo di plastica del giardino oppure corre all'impazzata da un lato all'altro del prato calzando degli adorabili stivaletti rossi. Una festicciola a base di tè organizzata sul prato con bicchieri e piatti di carta e una caraffa di limonata per un branco di bambini indisciplinati è il mondo perfetto di Winnie the Pooh. Johnnie Spencer amava organizzare feste per i suoi bambini. I loro compleanni erano famosi in tutta la contea per le corse con i pony, gli zoo per bambini e il minigolf. Fu altrettanto generoso con la generazione successiva. A una festa memorabile, cui parteciparono William e Harry, fece allestire in giardino dei negozi in miniatura, realizzati da Harrods, e ai bambini vennero distribuiti sacchetti di soldi di cioccolato da spendere in giocattoli.

Diana a cinque anni: l'idillio si sposta al mare con i quattro bimbi che costruiscono castelli di sabbia. Gli Spencer possedevano una casetta sulla spiaggia a Brancaster, sulla costa nord di Norfolk, a circa venti minuti in macchina. Durante le vacanze estive, la famiglia faceva spesso dei picnic su quelle ampie spiagge bianche. Frances, ancora con i capelli perfetti color platino, è sdraiata sulla schiena con indosso dei calzoncini corti che mettono in mostra le gambe lunghe e slanciate. Diana fa dei versi mentre cerca di tenersi in equilibrio precario sui piedi della madre.

Diana a nove anni: ormai Diana è diventata alta. Frances non si vede. Le tate si sono fatte più carine. In America, un Kennedy sarebbe già andato a letto con delle baby-sitter belle come queste.

Diana a undici anni: posa in costume appoggiata al recinto del giardino, con la testa chinata all'indietro, come una modella in ammirazione di se stessa. La sua posizione da passerella mostra delle gambe che sembrano arrivare alle orecchie, come quelle di Bambi. Balla felice con un asciugamano rosso, imitando in modo teatrale le mosse di un matador. Guardatemi! Il vecchio filmato dei primi anni '70 ronza in modo spettrale nella silenziosa sala di proiezione mentre la giovane bellezza esegue un tuffo perfetto e scattante nella piscina di Park House.

In queste immagini del passato, dove sono i segni, che avrebbero dovuto essere così evidenti, di un matrimonio destinato a disintegrarsi, di una ragazzina sola che stava preparandosi a eventi che l'avrebbero portata verso un futuro da icona e verso una violenta sofferenza? Un'amica di Diana, Rosa Monckton, fece la seguente considerazione: « I bambini passano dalla felicità all'infelicità in un attimo, perché sostanzialmente quello che vogliono fare è sopravvivere ».[3]

Diana trovò il suo personale modo di sopravvivere.

Donne difficili

Le cose peggiori capitano in mare, miei piccoli marinai.

(La nonna di Diana, Lady Fermoy, ai suoi nipoti, 1967)

Lady Diana Spencer proveniva dall'ultima infornata di ragazze inglesi privilegiate, parcheggiate in scuole amene e poco impegnative e autorizzate a non specializzarsi in nulla se non nella ricerca del marito ideale. Ma in questa specializzazione lei si impegnava seriamente. La sua vera educazione era sentimentale e consisteva in una totale immersione adolescenziale nelle scoppiettanti bolle di stucchevoli romanzi rosa, l'equivalente letterario delle soap opera pomeridiane. I libri che più di tutti catturavano la sua giovane mente, saturandola di zucchero, erano quelli della « regina dei mancamenti » Barbara Cartland. Famosa per il fard pesante, la predilezione per il rosa, l'acconciatura da meringa e le ciglia finte delle dimensioni di una coppia di condor, la Cartland era capace, se infastidita, di beccare un critico a morte – un'abilità molto utile per una scrittrice con all'attivo 723 fantasie romantiche dettate da una *chaise longue*, per un totale di un miliardo di lettori, alcuni dei quali non ammetterebbero mai di averle lette.[1] Una reticenza non condivisa dalla sognatrice Diana: la prima volta che l'ex parlamentare conservatore Gyles Brandreth incontrò la principessa, nei primi anni '90, iniziarono a conoscersi parlando della sua devozione giovanile per i romanzi della Cartland. Lei gli disse: «In quei racconti c'erano l'uomo dei miei sogni e tutte le mie speranze».[2]

La tipica fantasia di redenzione della Cartland segue uno schema immutabile: uomo alpha coraggioso, rude e affascinante (ma sotto sotto amorevole) incontra ragazza dolce e poco appariscente che, prima di andare a letto, «scioglie i capelli con un solo gesto». L'eroe non può essere calvo, fulvo, basso o tedesco. (La Seconda guerra mondiale, nella quale la Cartland aveva perso due fratelli, era un fardello pesante per lei.) L'eroina deve essere in età da marito, di solito tra i ventidue e i ventiquattro anni, ed eventualmente può già avere un figlio illegittimo (ma ovviamente non per colpa sua!); e non può essere superiore all'uomo dal punto di vista sociale, intellettuale o finanziario; deve portare un nome insolito e pseudogreco come Novella, Udda o Sita. Alla fine della storia, la timida e poco appariscente ragazza conquista il cuore e la fortuna del principe o dell'equivalente del principe. Uno dei libri preferiti di Diana era *Sposa del re*: «C'era una tenerezza nella sua voce che la indusse a premere la guancia contro la sua spalla... Poi lui disse 'Stanotte, tesoro mio, tu sei solo una bambina e non ancora una donna, per questo voglio che tu mi veda come il principe del tuo cuore, proprio come io ti considero la regina del mio'. 'Ti amo', sussurrò lei mentre la sua testa ricadeva sui morbidi cuscini». In breve, una prosa che fa marcire il cervello.

I bambini sottoposti a una profonda sofferenza emotiva spesso si aggrappano a un personaggio di fantasia o a un amico immaginario. Ci volle un intero villaggio di fantasie per sostenere Diana. La dipendenza dai romanzi rosa divenne una sorta di diabete per l'anima che inquinò in modo permanente il suo spirito di fantasie sdolcinate. Avrebbe potuto essere la lettrice «a rischio» descritta da George Eliot nel suo saggio del 1856, *Silly Novels by Lady Novelists*. Diana si aggrappava così tenacemente ai suoi sogni da farli diventare un ostinato atto di inconsapevolezza: nel farfallone James Hewitt vedeva unicamente l'avvenente ufficiale di cavalleria; nel serio e riservato cardiologo Hasnat Khan vedeva il dottore rubacuori che sarebbe stato al suo fianco nelle missioni alla Florence Nightingale; nel navigato playboy Dodi Fayed vedeva lo sceicco arabo dagli occhi luminosi che l'avrebbe portata via su un tappeto volante.

Forse una figura di riferimento avrebbe potuto compensare le distrazioni dei suoi genitori, ridimensionare i voli pindarici di Diana e darle una lavata di testa. Ma nella sua infanzia non c'era alcuna figura femminile che potesse supplire alla mancanza della madre. La migliore del gruppo era l'adorata nonna Spencer, Lady Cynthia, una delle donne più dolci del Northamptonshire; purtroppo, come osservò il suo conoscente Lord Glenconner, lei veniva costantemente «surgelata» dalla tirannia del nonno, il misantropico 7° conte Spencer. Diana era pertanto nelle mani della nonna Fermoy, Ruth, che era una snob manipolatrice ed egocentrica, e della sua matrigna, Raine, ex Lady Dartmouth, nella quale vedeva unicamente un'odiata usurpatrice. Per ironia della sorte, Raine era la figlia di Barbara Cartland. Il destino stava mostrando a Diana il lato perverso nascosto dietro alla sua stessa favola.

Molti bambini aristocratici con genitori assenti venivano confortati sul morbido seno della fedele bambinaia di famiglia, che restava a servizio fino al termine dell'adolescenza. (Ponendo un pittoresco cappello in stile edoardiano sulla testa di Camilla Parker Bowles si resterebbe colpiti dalla sua somiglianza con l'adorata tata del principe Carlo, Mabel Anderson.) Le bambinaie di Diana si arresero tutte troppo presto. Questo non sorprende. Lei si liberava della sua rabbia repressa per l'uscita di scena della madre tormentandole. Le tattiche includevano chiudere in bagno la giovane donna furiosa e gettare dalla finestra la sua biancheria intima con una stridula risata da iena. Una volta infilzò degli spilli nel cuscino sulla sedia della bambinaia; ovviamente, non appena tentò di sedersi, la malcapitata si rialzò con un balzo urlando per il dolore. E con un gesto veramente diabolico, gettò l'anello di fidanzamento di un'altra in un tombino.[3] La bambinaia Janet Thompson, che nonostante tutte le difficoltà tenne duro per quattro anni, disse che Diana non poteva essere definita una bambina difficile, ma che poteva essere ostinata «semplicemente ostinata. Semplicemente non collaborava. Probabilmente vedeva come si comportava la sua sorella maggiore, Sarah, e la imitava».[4] Sarah era l'unica che poteva rappresentare una guida per Diana. Ma era una ragazza sconsideratamente ribelle, anche se estremamente divertente: una volta entrò, in sella al suo cavallo, nel soggiorno di Park House unicamente per irritare la spocchiosa Lady Fermoy. Sarah fu espulsa dal collegio perché fu scoperta ubriaca e nella sua adolescenza sviluppò una grave forma di anoressia. Solo Mary Clarke, un'assennata e schietta ragazza del Norfolk scelta dal padre di Diana con un approfondito colloquio in stile Mary Poppins, portò un certo equilibrio in quel disordine emotivo. Ma Mary se ne andò dopo due anni con la famiglia quando il fratello più giovane di Diana, Charles, partì per il collegio.

La storia della famiglia di Diana era piena di caratteri turbolenti. «Gli Spencer sono difficili», commentò una volta la Regina Madre con un'amica, usando un termine pregno della semantica tipica delle classi più abbienti.[5] Lei sosteneva che gli uomini avevano un pessimo carattere, eccentrico e collerico, mentre le donne non avevano contegno. Il temperamento instabile andava mano nella mano con la loro carnagione accesa, il «rosso» della barba fluente del *Red Earl* edoardiano (che morì di apoplessia), e il rossore delle guance tonde di Diana. La Regina Madre avrebbe aggiunto che i Fermoy erano «difficili» almeno quanto gli Spencer, dando i natali a donne dalla volontà implacabile e dalle ambizioni feroci. Unendosi in matrimonio, la famiglia che sulla carta appariva come l'alleanza reale ideale si ritrovò costantemente in guerra contro se stessa e contro chiunque altro.

La madre di Diana, Frances Roche, diventava molto autoritaria se qualcuno osava disubbidirle. «Quando ti fissava con quei grandi occhi azzurri era più regale dei reali stessi», disse di lei una volta un ex collaboratore del principe Carlo. Poteva permetterselo perché era così avvenente. «Non era bella nel senso stretto del termine», spiega la sua compagna di scuola Barbara Gilmour, «ma era molto attraente e bionda e sexy, piena di gioia di vivere e di allegria.»[6] Se ha fallito come madre con Diana, questo va ascritto ai suoi stessi genitori molto più che al suo carattere. La sua capacità di allevare i figli fu deformata dai privilegi di classe, dalle aspettative che gravavano su di lei e dai suoi tentativi di sfuggire a entrambi.

I Fermoy potevano vantare origini meno nobili dell'antica famiglia Spencer, ma possedevano più denaro. Il padre di Frances, Maurice, fu allevato a New York da sua madre, una ricca ereditiera americana che era stata abbandonata dal marito, il secondo figlio fallito del barone irlandese Fermoy. Maurice si aspettava di continuare a vivere la sua vita come un qualunque americano di Park Avenue, quando ritornò dalla Francia dopo la Prima guerra mondiale, ma una serie di decessi provvidenziali fecero di lui lo spaventato erede del titolo dei Fermoy. Nel 1921, con una laurea ad Harvard e un vasto patrimonio americano, si imbarcò per l'Inghilterra per reclamare il titolo di barone.

Il nuovo Lord Fermoy era un uomo esuberante, con un'apertura mentale tipicamente americana e una carenza di presunzione che si adattò sorprendentemente bene alle soffocanti dinamiche della vita aristocratica britannica. Per tre elezioni consecutive conquistò un seggio come parlamentare conservatore a King's Lynn nel Norfolk. Era inoltre un eccellente tiratore e divenne l'ospite preferito del figlio minore di re Giorgio V, il silenzioso duca di York, il quale si univa alle battute di caccia che si svolgevano nella sua tenuta di Norfolk, Sandringham. Il suo incorreggibile debole per l'altro sesso rappresentava una spina nel fianco per la donna che stava per sposare, Ruth Gill, figlia di un moralistico colonnello scozzese di Aberdeen. «Maurice allungava molto le mani», ricorda Lady Glenconner. «Lo temevo parecchio.»[7]

Durante il suo matrimonio con Ruth, durato ventisei anni, Maurice mantenne almeno un'amante che gli diede un figlio nel vicino villaggio di Sandringham e concepì una figlia al di fuori del vincolo matrimoniale con una donna di nome Edith Travis, incontrata su un treno per San Francisco nel 1917 e che continuava a frequentare nei suoi viaggi in America. La figlia americana, Edith Howitt Hodgins, che ora ha circa ottantacinque anni e vive a Marin County, California, ha pubblicato il resoconto della devozione, durata tutta una vita, di sua madre per l'aristocratico donnaiolo in un libro del 2004, *Lilac Days*, oggi spudoratamente ignorato dalle famiglie Spencer e Fermoy. Le ultime affettuose lettere di Edith a Lord Fermoy si accumularono senza essere aperte per ben quattro mesi dopo la sua morte, prima di essere raccolte in un sacco e bruciate per volere di Ruth. Successivamente un segretario spedì una concisa lettera di tre righe a Marin County per informare la vecchia amante della morte del suo amato Maurice.[8]

Le donne aristocratiche britanniche della generazione prebellica erano tenaci come vecchi scarponi. Avevano usato la parola «ubbidire» nelle loro cerimonie nuziali e questo significava essere disposte a sopportare molto. Cresciute in gelide tenute di campagna, provviste di un'educazione di second'ordine, sempre relegate in secondo piano rispetto ai loro fratelli, coltivavano l'intraprendenza e la capacità di vivere in mondi privati. Ciò le preparava a una vita povera di emozioni e a mariti impegnati a mostrarsi distratti. Le attività sociali, dopo il matrimonio, ruotavano intorno agli eventi sportivi riservati agli uomini, che costringevano le mogli a ciondolare in giro sotto la pioggia ai concorsi ippici o a essere lasciate a casa tutto il giorno durante le battute di caccia, anche se ci si aspettava comunque da loro che si cambiassero per il pranzo, per il tè e per la cena. «Gli uomini non lo notavano mai ma le donne si cambiavano lo stesso», mi disse un nobile attempato. Era proprio questo «non notarle» che alienava agli uomini le simpatie femminili; il loro aggressivo sguardo da gufo è dovuto agli anni passati a occuparsi di uomini incuranti.

Nel caso di Lady Fermoy, c'era il talento per la musica a consolarla. Il suo viso aperto e cordiale e i suoi straordinari capelli color rame catturarono per la prima volta l'attenzione del corpulento quarantaseienne Fermoy a Parigi, quando lei aveva vent'anni e studiava pianoforte classico al conservatorio con il grande maestro Alfred Cortot. Era fidanzata con il fratello gemello di Fermoy, Frank, ma i sani principi morali di Ruth erano pari solo al suo rigido desiderio di avere successo nel mondo. Si accasò con Maurice non appena apprese che lui era il gemello più vecchio che possedeva il titolo. « Era una donna che possedeva un'enorme sicurezza », disse di lei sua figlia Frances, « assolutamente convinta di avere sempre ragione, il che era davvero frustrante. »[9] Sposare un Don Giovanni impenitente per Ruth significava doversi costruire un'impenetrabile seconda pelle, una maschera affascinante e resistente. Non capì mai perché sua nipote Diana fosse così puerilmente riluttante a vivere un matrimonio che in fondo non era altro che un accordo, proprio come lo era stato il suo.

Il fatto che Fermoy frequentasse altre donne stimolava ancora di più le aspirazioni sociali di Ruth. La infastidiva il fatto che il titolo di Maurice non comprendesse un patrimonio terriero, ma presto l'amicizia con il duca di York diede i suoi frutti. Il duca convinse suo padre, re Giorgio V, a lasciare riscuotere ai Fermoy la rendita della loro *guest house* nella tenuta di Sandringham. Nel 1935 si trasferirono a Park House, una bella residenza in pietra grigia accoccolata dietro a un maestoso bosco di querce, faggi e abeti al margine dei terreni reali con viste spettacolari sullo splendido parco e sul campo da cricket. Là, Ruth diede alla luce una seconda figlia la notte in cui Giorgio V morì. (Un altro figlio ed erede del patrimonio, Edmund, seguì tre anni più tardi.)

Il destino delle grandi famiglie inglesi è strettamente legato alla loro vicinanza al trono o al cuore della politica. La più grande occasione di ascesa sociale che si presentò ai Fermoy fu la crisi dell'abdicazione del 1936. Quando il figlio maggiore di re Giorgio V, Edoardo VIII, rinunciò al trono per sposare la divorziata americana Wallis Simpson, il timido compagno delle battute di caccia di Maurice Fermoy, Bertie, e sua moglie Elizabeth diventarono improvvisamente il nuovo re e la nuova regina d'Inghilterra. Il legame che univa le coppie si era rinsaldato durante il dramma dell'abdicazione. Maurice Fermoy rappresentava un confidente calmo e riservato per il tormentato duca di York e le due donne erano accomunate dal disgusto per Edoardo e la signora Simpson.

Una volta che i Fermoy si furono introdotti nei circoli reali, Lady Fermoy ebbe un unico obiettivo, ovvero sistemare le sue due figlie, Frances e la sua sorella maggiore Mary, con i migliori partiti del regno. Dietro all'eleganza delle loro facciate, negli anni '50 e nei primi anni '60 l'obiettivo delle ragazze dell'alta società di accalappiare un marito titolato, preferibilmente con delle proprietà terriere, era un affare crudele gestito con una tenacia calma ma spietata dalle loro madri. Gli intrallazzi per la ricerca di un marito si svolgevano nelle sedici settimane tra la fine di marzo e i primi di giugno, quando la stagione di Londra era in piena fioritura. Questo rituale di riunire ragazze e ragazzi dell'alta società in elenchi selezionati e cacciarli in una maratona di balli, feste e gare veniva inaugurato ogni anno con la presentazione a corte, al cospetto del monarca. Le debuttanti indossavano abiti da pomeriggio in seta, cappelli ornati di piume e guanti bianchi. Quando la debuttante si trovava a cospetto dei reali, faceva un profondo inchino e iniziava una delicata e complessa coreografia: una camminata a ritroso provata scrupolosamente in cui doveva guardare avanti con sicurezza mentre si spostava indietro con nonchalance per raggiungere il posto assegnato (forse una metafora delle macchinazioni sociali che sarebbero seguite per trovarle un marito). L'ultima presentazione a corte delle debuttanti si svolse nel 1958. «Abbiamo dovuto porre fine alla cosa», disse la principessa Margaret. «Ormai qualsiasi sgualdrina riusciva a entrare.»[10]

Nessuno era più attivo sul mercato dei matrimoni di convenienza di Ruth Fermoy. Ancora prima che Frances finisse la scuola, Ruth passò all'azione come una Mrs Bennet ad alto voltaggio in *Orgoglio e pregiudizio*. Rendendosi conto che accasare la meno attraente figlia maggiore Mary (descritta da uno dei suoi compagni di ballo come «incredibilmente alta, giunonica e stralunata») sarebbe stata un'impresa più ardua, ella concentrò le sue speranze sulle prospettive di Frances e rimandò il ballo di presentazione di Mary fino a quando non fu in grado di prendere due piccioni con una fava sommando il valore di entrambe.

Nei primi anni '50, non c'era partito più appetibile del padre di Diana, Johnnie. L'immagine dell'8° conte Spencer resterà per sempre quella del vecchio imbecille con la faccia pesta che accompagnò sua figlia lungo la navata della cattedrale di St Paul con artificioso orgoglio. Ma quando Frances Roche pose per la prima volta gli occhi su Johnnie Spencer, vide un giovane alto, affascinante e desiderabile. In qualità di visconte Althorp, figlio maggiore del 7° conte, era il presunto erede di Althorp House, un sontuoso palazzo da 121 stanze con 14.000 acri di ondulati terreni agricoli nel Northamptonshire, nel Warwickshire e nel Norfolk, completo di cottage, fattorie e villaggi. La famiglia era più antica di 250 anni di quella di re Giorgio I, lo straniero della casa degli Hannover del XVIII secolo, i cui discendenti rappresentano l'attuale Casa di Windsor. Gli Spencer possono far risalire la nascita della loro famiglia al 1469, quando erano un rispettato clan di benestanti allevatori di ovini del Warwickshire, già in condizione di prestare soldi alla monarchia. Nel 1603, Giacomo I rimborsò i debiti reali con la tradizionale carta *Get Out of Jail Free*, un titolo baronale conferito all'abbiente Robert Spencer, che quarant'anni dopo incluse anche la contea di Sunderland.

Nel 1699, gli Spencer intrecciarono il loro illustre albero genealogico con quello della famiglia Churchill quando la figlia del primo duca di Marlborough, generale-eroe della battaglia di Blenheim, sposò Charles Spencer. Il risultato fu un rinomato ramo della famiglia: quello degli Spencer-Churchill, i quali risiedevano in una delle residenze nobiliari più spettacolari d'Inghilterra, Blenheim Palace. Il momento di gloria degli Spencer fu il XVIII secolo. Diventarono esponenti molto influenti del partito Whig, impegnati a frenare il potere della monarchia e sostenitori della successione protestante; nel XIX secolo si unirono ai parlamentari liberali, rivali dei Tory. Erano potenti, ma operavano dietro le quinte. Contribuirono a spianare la strada all'ascesa al trono del principe di Hannover che divenne re Giorgio I. Non c'era alcun paradosso nel fatto che sette o otto generazioni di Spencer erano stati cortigiani leali e servitori della Corona. Servivano la monarchia che *sceglievano* loro. Si vedevano non come cortigiani ma – letteralmente – come *kingmakers*, creatori di re, in contatto con il popolo ma lontani dagli arricchiti. Nel 1765 Giorgio III trasformò la loro baronia in una contea.

Althorp House si trasformò da rifugio del primo conte, in mattoni rossi e cinto da un fossato, in una residenza principesca che poteva vantare una superba collezione di arredi del XVIII secolo, una biblioteca famosa in tutto il mondo e una collezione di opere d'arte con capolavori di Sir Joshua Reynolds, Thomas Gainsborough, Sir Anthony Van Dyck, Sir Peter Paul Rubens e George Stubbs. A detta di uno dei più importanti storici dell'aristocrazia, David Cannadine: «Gli Spencer erano la personificazione della bellezza e della magnificenza, di alto rango e con uno stile di vita elevato».[11]

Al funerale di Diana, quando suo fratello Charles Spencer, l'attuale conte, tenne quel discorso indimenticabile dal pulpito dell'abbazia di Westminster sul futuro bisogno dei figli di Diana della loro «famiglia di sangue», questo fu percepito, dagli sbalorditi Windsor e dall'intera congregazione, come una fredda folata di arroganza Whig proveniente dal passato.

In qualità di erede dei titoli degli Spencer e di Althorp, Johnnie era indiscutibilmente degno della carica, ma al suo fascino contribuivano enormemente anche Eton, Sandhurst, il servizio in Europa durante la Seconda guerra mondiale nei Royal Scots Greys, senza contare i tre anni come aiuto sul campo del governatore dell'Australia meridionale. Meglio ancora, aveva servito come dignitario di corte re Giorgio VI e per due anni anche la giovane regina Elisabetta. «Allora era estremamente attraente», testimonia un'amica di Frances. «Aveva un fascino distaccato e trasognato.»[12] Lord Glenconner era solito unirsi a lui nelle scorribande da un club all'altro alla ricerca di ragazze attraenti, per poi finire al Gargoyle di Mayfair, un posto alla moda frequentato da Lucian Freud e Cyril Connolly dove, a detta di Glenconner, «potevi vedere un sacco di intellettuali che si urlavano in faccia».[13] Certamente Johnnie si dava da fare, ma nel mercato dei matrimoni era già impegnato. Era ufficiosamente fidanzato con Lady Anne Coke, ora Lady Glenconner, la slanciata e brillante diciannovenne figlia del conte di Leicester, un vicino di Norfolk, proprietario della sontuosa Holkham Hall e amico dei Fermoy, che Ruth accompagnava al piano nelle sue esibizioni di violino. Un annuncio ufficiale era atteso da un momento all'altro.

Né questa circostanza né l'amicizia con i genitori di Anne distolsero Lady Fermoy dal suo evidente intento ad accaparrarsi il futuro conte Spencer per la propria figlia Frances. Stando a quello che mi ha raccontato Lady Glenconner, nella primavera del 1952, mentre era ospite della sorella maggiore di Frances, Mary, nella Crescent House dei Fermoy a Wilton, Lady Fermoy la incoraggiò a invitare il suo «giovanotto» per un drink. Quando Johnnie Spencer arrivò, Ruth gli stava addosso ed era molto ansiosa di sapere quando avrebbe richiamato la sua fidanzata. Durante la successiva visita di Johnnie ad Anne, quello stesso anno, Lady Fermoy annunciò che sua figlia adolescente Frances era inaspettatamente tornata a casa dal collegio e che si sarebbe unita a loro.

Whoomph! Questa fu l'espressione usata da Frances per descrivere a Barbara Gilmour l'attrazione immediata che provò per Johnnie Spencer. La Gilmour se lo ricorda chiaramente perché Frances usò di nuovo lo stesso termine quindici anni dopo, quando si innamorò pazzamente dell'erede di un impero della carta da parati, Peter Shand Kydd. A quindici anni, Frances stava attraversando quella affascinante età di transizione da studentessa a personaggio dell'alta società, ma la sua altezza la faceva sembrare molto più grande. «E improvvisamente», ricordava Anne, «mi resi conto che Lady Fermoy stava facendo di tutto per mettere in luce Frances. 'Ti piace il tennis, Johnnie? Oh, Frances *adora* il tennis, non è vero Frances? Ti piace nuotare? Oh, Frances semplicemente adora il nuoto, non è vero, Frances?' e Frances stava semplicemente lì in piedi con un sorriso sciocco sulle labbra. Più tardi Johnnie mi disse 'Frances è davvero una ragazza meravigliosa!' e io non ci pensai più di tanto. Ma durante il nostro successivo incontro mi disse: 'Mi è arrivato il più bel paio di calze, fatte a maglia per me da Frances a scuola!' Può ben immaginare di chi fosse stata l'idea!» Presto Anne inziò a percepire una certa freddezza nel suo fidanzato. «Quando Johnnie mi lasciò ero distrutta dal dolore» ammise. «Mi mandarono in America sulla *Queen Elizabeth*, apparentemente per vendere ceramiche di Holkham, ma in realtà per superare la cosa. A volte mi chiedo se non fossi abbastanza ricca.»[14]

Il reddito personale di Frances era sicuramente allettante, ma Johnnie era infatuato. Per corteggiarla ufficialmente, doveva attendere due anni finché lei avesse compiuto diciassette anni (quando avrebbe «debuttato in società»), ma in privato la relazione amorosa andava a gonfie vele. Un'amica che divideva la camera con Frances al termine della scuola, ricorda come lei sgusciasse frequentemente fuori dal letto per le telefonate erotiche a Johnnie, «durante le quali si agitava come un'ossessa». «È sempre stata una ragazza molto sexy», dice la sua amica. «Johnnie ovviamente era al settimo cielo.» Anne Coke non poteva competere con il sesso telefonico.

Lady Fermoy era molto soddisfatta delle sue manovre per sabotare il fidanzamento Coke/Spencer. Dietro alla sua frivolezza, la stagione era un business, un'elaborata parata ritualistica fatta di potere, opulenza, buone maniere, bellezza, possedimenti e idoneità, concepita per mettere in mostra non solo le buone maniere e l'educazione delle ragazze, ma anche le ben più materiali risorse della famiglia: arredi antichi, ritratti, argenteria e gioielli. L'obiettivo del ballo per il debutto in società di Frances e Mary, organizzato dai Fermoy l'anno seguente, era quello di concretizzare i propositi matrimoniali. Il 21 maggio 1953 intrattennero 450 ospiti nella splendida cornice di Londonderry House. « Alle due in punto » riferiva lo *Standard*, « le danze scozzesi e i quartetti fecero sobbalzare la sala da ballo. Intorno alle tre le luci nella sala da ballo vennero spente e gli ospiti continuarono a danzare nell'oscurità, illuminati solo dalla luce esterna. » Lord Fermoy, che indossava un frac bianco, aprì le danze con la Regina Madre sulle note di *It's a Lovely Day Today*. Quando la minuta regina entrò nella sala da ballo alle 23.15 con indosso un abito da sera in organza rosa e argento e una tiara di diamanti, la musica tacque e tutte le signore presenti si profusero in un lento e frusciante inchino.[15] L'affascinante bellezza di tutto questo convinse definitivamente il giovane dignitario in ascesa Johnnie Spencer, il quale ballò tutta la sera con Frances nel suo bianco abito da ballo in organza tempestato di gemme artificiali. Per lui non c'era migliore afrodisiaco dei legami con i reali.

Le forze sociali che portarono i genitori di Diana all'altare erano un presagio di ciò che sarebbe accaduto a lei come principessa di Galles. In un'eco del dilemma che avrebbe vissuto la figlia trent'anni più tardi Frances osservò: « Quando incontri qualcuno a quindici anni e ti fidanzi solo cinque mesi dopo aver terminato la scuola a diciassette, guardandoti indietro ti chiedi: 'Ero adulta?' Certamente allora ero convinta di esserlo ».[16]

Sfortunatamente per Frances, il giovane visconte di Althorp non era l'uomo sicuro che sembrava. Proprio come il principe Carlo, era dominato da suo padre e messo nelle condizioni di attendere in eterno la propria eredità. Il suo ufficiale in comando diceva di lui: «Non era certo il più brillante degli uomini. Tutto quello che faceva veniva calpestato da un padre dominante».[17] Il vecchio conte, Jack Spencer, aveva «un carattere alquanto bizzarro» a detta della sua stessa sorella, Lady Margaret Douglas-Home. «Non concepiva nemmeno l'esistenza della gente comune.»[18] Il fratello minore di Diana, Charles, ricorda il nonno come «una figura che metteva soggezione. I suoi baffi si drizzavano. Il suo stomaco straripava dai giganteschi pantaloni e aveva l'aria di un uomo inflessibile che non aveva tempo per le sciocchezze».[19] Era talmente taciturno che bandì ogni discorso superfluo; in un'occasione, che il suo staff ricordava con un certo divertimento, ordinò all'autista della Rolls di fermarsi per dargli la possibilità di liberarsi dietro a un albero. Una folata di vento chiuse con violenza la portiera della macchina e l'autista pensò che Sua Signoria fosse risalito e lo stesse come al solito guardando in cagnesco dal sedile posteriore. Ripartì senza guardarsi indietro, abbandonando il suo furibondo capo sulla A40.

Il conte ridicolizzava l'intelligenza di suo figlio Johnnie e gli passava una rendita tanto bassa da risultare imbarazzante. Negli anni '50, buona parte della fortuna degli Spencer era investita in immobili piuttosto che in banca. Diversamente da molti suoi contemporanei, il vecchio era troppo orgoglioso e troppo possessivo nei confronti dei suoi tesori per aprire la casa avita al pubblico, strada intrapresa invece dai suoi pari più avvezzi allo *showbusiness* per altre grandi tenute come Beaulieu, Longleat e Woburn; questi tennero a galla i loro possedimenti trasformandoli in parchi tematici aristocratici. La soluzione di Jack Spencer era un'avara e fastidiosa frugalità: lavava a mano le porcellane, spolverava i libri della biblioteca e la sera si rilassava lavorando al merletto i cuscini delle sedie.

Il più raffinato dei possedimenti era sua moglie e madre di Johnnie, Lady Cynthia, figlia del duca di Abercorn. Osservandone il ritratto ad Althorp, si può avere la sensazione di fissare le guance rosate e i sinceri occhi azzurri della sua famosa nipote. Ma la somiglianza con Diana non finisce qui. Cynthia era famosa nel Northamptonshire per la compassione che dispensava sfrecciando avanti e indietro per la contea nella sua piccola e malandata Morris, facendo visita ai bisognosi. Diana la considerava una persona dalla gentilezza divina. Dopo la morte della sua nonna preferita, gran parte del castello di fantasie che consolava l'undicenne Diana si resse sulla convinzione che Lady Cynthia la proteggeva dal mondo degli spiriti. Sfortunatamente, questa santa donna non fu in grado nemmeno di badare a se stessa e abbandonò Diana. La sua resa alla spietata volontà del conte fu un orrendo esempio di sottomissione femminile. Sfuggì alla meschinità del marito lavorando per qualche giorno come dama di compagnia della regina. Mi è stato detto che uno dei molti piccoli fastidi che il conte era solito infliggerle era quello di cancellare le istruzioni che lei aveva dato all'autista per farsi venire a prendere alla stazione di King's Lynn quando tornava dal servizio a palazzo, unicamente per il piacere di costringerla a telefonare nuovamente e ad aspettare in giro. «Sembrava uno smeraldo slavato che ha perso il suo colore», afferma Lord Glenconner.[20]

Questa abietta sottomissione della madre trasmise a Johnnie una visione contorta del sesso femminile. Era attratto dalle donne in grado di difendersi, ma odiava quando lo facevano. Suo padre gli aveva inculcato l'idea che generare un erede doveva essere la sua priorità principale. La giovane moglie avrebbe dovuto affrontare sei gravidanze in nove anni prima di riuscire a partorire un maschio. La prima figlia, Sarah, nacque nel 1955, concepita in viaggio di nozze. Alla morte del padre di Frances, quello stesso anno, Lady Fermoy offrì ai giovani sposi la tenuta di Park House, un atto generoso che li liberò dalla tirannia di Jack, ma gettò i semi delle prime tensioni matrimoniali, perché mise Johnnie nelle condizioni di dipendere da Frances e dalla sua rendita personale. Nella nuova casa, Frances diede alla luce la seconda figlia, Jane. Inga Crane, una bambinaia, disse che Frances appariva come una giovane madre appagata e felice a Park House: « Lady Althorp rideva sempre. Davano moltissime feste e di sera la casa era sempre piena di gente, risplendendo di luci e di calore ».[21]

Tutto quello che mancava agli Spencer era un erede. Nel 1960, Frances credette di toccare il cielo con un dito quando nacque il piccolo John. Ma la sua gioia non sarebbe durata. I dottori diagnosticarono gravi problemi al neonato. Reprimendo crudelmente i suoi sentimenti, in un modo che riflette la visione paternalistica dell'ostetricia dominante all'epoca, il visconte Althorp decretò che non bisognava permettere a sua moglie di vedere o tenere in braccio il bambino. Anni dopo Frances ricordò la spaventosa scena di come si trascinò fuori dal letto e prese disperatamente a pugni la porta chiusa a chiave. «È una cosa che nessun essere umano dovrebbe essere costretto a sopportare. Il mio bambino mi fu portato via e non vidi mai il suo viso. Né quando era vivo, né quando morì. Nessun parlò mai di quello che era accaduto. »[22] Non molto tempo dopo, Frances scoprì cosa c'era scritto sul certificato di morte del neonato: « Malformazione estesa ».[23]

Il trauma della morte del bambino sembrò intaccare l'amor proprio di suo marito e la capacità di Frances di amarlo. A ciascuno dei successivi parti di Frances, il vecchio conte teneva pronti dei falò ad Althorp per celebrare l'imminente nascita di un erede. Quando concepì di nuovo e abortì spontaneamente, Frances glielo tenne nascosto. La nascita di una terza figlia dopo questo fatto fu più un tormento che una benedizione.

Diana Frances Spencer nacque alle 19.45 del 1° luglio 1961 a Park House, nella stessa stanza da letto in cui la nonna Lady Fermoy aveva dato alla luce sua madre. Nacque velocemente e senza difficoltà in quella calda sera di luglio proprio mentre dal Sandringham Cricket Club si levò un grande applauso. Il poliziotto locale aveva appena segnato. « Trovai molto bello », ricordava sua madre, « che entrasse nel mondo accompagnata da un applauso. »[24] Ma la famiglia non riservò alcun applauso alla madre di una terzogenita. I genitori di Diana non diedero un nome alla nuova figlia per una settimana e annunciarono la nascita sul *Times* con dieci parole che difficilmente avrebbero potuto essere più di circostanza: «Sabato la viscontessa Althorp ha dato alla luce una bambina».[25] Le cerimonie di battesimo delle sue due sorelle maggiori, Sarah e Jane, erano state allietate da madrine e padrini illustri. La Regina Madre era la madrina di Sarah, il duca di Kent il padrino di Jane, ma solo la stimata moglie del colonnello di Norfolk e diversi vicini di contea compaiono nei filmini di Johnnie girati al battesimo della futura principessa di Galles.[26]

I mesi che seguirono la nascita di Diana furono tra i peggiori del matrimonio degli Spencer. Johnnie si trasformò in una specie di Enrico VIII in una giornata nera; insistette affinché Frances si facesse visitare da una serie di medici della fertilità, i quali la sottoposero a un'umiliante batteria di test per scoprire come mai riuscisse a partorire solo femmine. Era come se il lato bonario di Johnnie si stesse ritirando e lui perseguisse l'ossessione di concepire un erede con la stessa fredda insensibilità che il 7° conte aveva inflitto a sua madre. Solo nel 1964 i falò di Althorp finalmente divamparono. Charles Edward Maurice, il futuro 9° conte Spencer, fu battezzato nella nobile magnificenza della cappella di Enrico VII dell'abbazia di Westminster con la regina Elisabetta II in persona come madrina.[27] Frances aveva assolto al suo compito lasciando che il matrimonio scivolasse in un equilibrio estremamente precario.

L'inconsapevole prima infanzia di Diana fu un omaggio al tradizionalismo cortese: la trascorse dando da mangiare alle trote del lago del parco reale, cercando uova di piccione, arrampicandosi sugli alberi o facendo scherzi alle sue sorelle a bordo piscina. Suo padre fu la prima conquista di Diana. Il conte trovò in lei il soggetto fotografico più disponibile: lo guardava di sottecchi con occhi seducenti mentre costruiva i suoi castelli di sabbia e sorrideva sbattendo le ciglia mentre attraversava barcollando il prato in sella al triciclo. Nelle loro escursioni con la bambinaia e lungo i sentieri sui quali spingevano la grande e cavernosa carrozzina di Charles, le piccole Spencer a volte incontravano la regina a cavallo quando risiedeva a Sandringham, e lei si fermava e chiacchierava con loro. Di tanto in tanto venivano invitate alla Big House a giocare.

Il principe Andrea, il secondogenito della regina, era sempre stato considerato colui che avrebbe sposato Diana. « Mi sto conservando per lui », scherzava Diana con il maggiordomo, Mr Pendrey.[28] La tata Janet Thompson racconta che una volta, sbirciando nel soggiorno di Sandringham, scoprì la regina che giocava a nascondino con il piccolo Andrea, sei anni, e una festosa Diana di cinque anni. Secondo il suo racconto, all'ora del tè nella stanza entrò il principe Carlo, diciassettenne, e chiese: « Tutto bene? Vi state proprio divertendo, vero? »[29] Una breve apparizione che con il senno di poi può persino commuovere, se si pensa al giovane erede al trono dalle orecchie a sventola pieno di buone intenzioni, al suo atteggiamento protettivo da fratello maggiore e alla sua futura moglie bambina che ride nascosta dietro a una pesante tenda di seta.

Frances, comunque, dopo gli anni passati a sfornare figli, era insoddisfatta e risentita. « Sono davvero stufa di inaugurare feste di paese », confidò a un'amica poco dopo la nascita di Jane nel 1957.[30] Desiderava recarsi in città più spesso, andare ai concerti, dedicarsi a qualche causa filantropica. Persino le signore di campagna non erano immuni alle irrequiete correnti che si fecero strada nei movimenti di liberazione femminili degli anni '60. I battibecchi con Johnnie a causa dei suoi viaggi a Londra si fecero sempre più frequenti. L'ormai maturo visconte Althorp stava perdendo il suo fascino, sfoggiava delle guance flaccide e aveva perso lo smalto di un tempo. Egli desiderava trasferirsi ad Althorp, ma ora Frances temeva quel giorno. Quando si recavano là, lei si sentiva come se fosse imprigionata in un museo dopo l'orario di chiusura. « Mi ha sempre spaventato molto. Quella casa sembra pregna di un'enorme tristezza. »[31] Forse l'inquietudine di Frances nasceva anche dalla sensazione che la madre di Johnnie appassisse progressivamente sotto il peso dell'atteggiamento severo del vecchio conte.

Quando le due figlie maggiori iniziarono a frequentare la scuola, Frances cominciò a dedicarsi a se stessa e ad andare in città ogni volta che voleva. La rendita della sua famiglia le garantiva indipendenza e, a soli ventotto anni, era persino più attraente di quando era stata una giovane sposa, più disinvolta, più brillante nella conversazione e più aperta all'avventura. Voleva gustare la *Swinging London* ed esistevano moltissime opportunità. Era arrivata all'apice sessuale di tutte le altre *casalinghe disperate* dell'aristocrazia, pronta per lunghi pranzi alla *Causerie* di Claridge e disponibile ad accettare l'offerta di un pomeriggio divertente. Forse era inevitabile che si innamorasse. Nell'estate del 1966, il suo vicino di tavolo a un party di Londra cui partecipò con Johnnie era il brillante e disordinato ammaliatore Peter Shand Kydd, quarantun anni, intervenuto con la moglie, Janet, un'arredatrice d'interni. Questi aveva ereditato una discreta fortuna grazie alla vendita dell'industria di tappezzerie della sua famiglia e negli ultimi anni aveva vissuto la vita del romantico vagabondo, allevando pecore in Australia. Le due coppie andavano così d'accordo che decisero di trascorrere insieme una vacanza sulla neve a Courchevel, sulle Alpi francesi.

Whoomph! Le scintille che volarono tra Peter e Frances durante quella vacanza nel febbraio del 1967 avevano un potenziale esplosivo che mal si adattava alle seggiovie panoramiche e alle intime cene a base di fonduta. Ciononostante, nei successivi cinque mesi Johnnie sembrò – o preferì – non accorgersi di nulla. Oppure, come puntualizzò amaramente Frances, «non mostrava pressoché alcun interesse per la giovenca che aveva partorito il prezioso vitello».[32] Entro aprile, Frances e Peter erano coinvolti in una relazione segreta e sempre più intensa consumata in un appartamento in affitto. A settembre, quando le due figlie maggiori partirono per il collegio, Johnnie affrontò Frances, mettendola a parte dei suoi sospetti di tradimento, e lei lo sbalordì chiedendogli la separazione legale.

«Fu un fulmine a ciel sereno e lo distrusse», commentò l'amico di Johnnie, Sir Julian Loyd.[33] Frances aveva agito in un modo assolutamente incomprensibile per il figlio dell'obbediente Lady Cynthia e della sua stoica generazione. Johnnie non era assolutamente consapevole dell'insoddisfazione della moglie. «Quanti di quegli anni sono stati felici? Fino al momento in cui ci separammo, ero convinto che lo fossero stati tutti» affermò più tardi.[34] Era così stupefatto che non protestò quando lei portò Diana e Charles con sé in un appartamento in affitto in Cadogan Square e li iscrisse a una scuola diurna di Londra.

Lady Fermoy era infuriata. Il disgraziato bisogno di Frances di confessare era per Ruth raccapricciante quanto la relazione stessa. Era convinta che la futura contessa Spencer, che presto sarebbe diventata la signora di una delle tenute più prestigiose d'Inghilterra, avrebbe sicuramente dovuto agire in modo più prudente e gestire i suoi amori post-procreazione in privato, e tenere vivo il suo matrimonio, se non altro in apparenza. Inoltre lei adorava Johnnie. «Ho sempre pensato che anche lei fosse un po' innamorata di lui», osservò Lady Glenconner.[35]

Incoraggiato dalla sua sempre più risoluta suocera, il visconte, solitamente insicuro, fece una mossa decisiva. Riuscì a ottenere dal tribunale che Norfolk venisse riconosciuta come la residenza permanente di Diana e Charles, e mise Frances davanti al fatto compiuto al termine di una tesa vacanza in famiglia a Park House, nel Natale del 1967. I tribunali erano chiusi per le festività e Frances non poteva fare niente. Non che questo facesse qualche differenza. Il rango e il titolo di Johnnie avrebbero comunque prevalso. Egli aveva già iscritto Diana e Charles alla Silfield School di King's Lynn. Quando Frances se ne andò sconvolta senza di loro, dopo Natale, ai bambini venne detto che sarebbe tornata presto. Questa fu la prima delle grandi bugie emozionali che erosero la fiducia di Diana nei confronti del mondo reale. Più tardi Diana confidò alla sua amica Cosima Somerset che l'uscita di scena della madre aveva rappresentato: «l'avvenimento più doloroso della sua vita; nessuno spiegò a noi bambini perché se ne stesse andando per sempre».[36] Charles Spencer rimase egualmente sconvolto da quella menzogna. Quel giorno, improvvisamente, la domestica di sua madre, Violet Collison, era diventata molto occupata. Diana gli raccontò che si era imbattuta in Mrs Collison e nella madre mentre stavano preparando i bagagli con tutti i suoi vestiti, e che la madre disse: «Sarò di ritorno molto presto!»[37] Ad Andrew Morton raccontò che la bambina di sei anni che era stata «stava seduta tranquilla in fondo alle fredde scale di pietra della sua casa di Norfolk, stringendo la ringhiera in ferro battuto mentre tutto intorno a lei c'era un gran trambusto. Poteva sentire suo padre che caricava valigie nel bagagliaio della macchina, poi Frances attraversare il cortile coperto di ghiaia, il rumore sordo della portiera della macchina che sbattteva e dopo il rombo del motore che andava su di giri per poi scemare lentamente, mentre sua madre usciva dal cancello di Park House e dalla sua vita».[38] Diana restò seduta su quegli scalini settimana dopo settimana, sola e triste, a sognare il momento in cui sua madre sarebbe tornata a vivere con loro.

Frances aveva giocato d'azzardo e aveva perso. «È assolutamente ingiusto che Frances sia stata definita 'una fuggitiva'», disse Barbara Gilmour. «Non si sarebbe mai aspettata di perdere i suoi figli.»[39] Strappata via la crosta della facciata aristocratica che l'aveva protetta sino a quel momento, la vulnerabilità femminile di Frances rimase terribilmente esposta. Quando tornò a Park House nel nuovo anno per tentare di riprendersi Diana e Charles, «la porta mi fu sbattuta in faccia, io urlavo al maggiordomo di farmi entrare... La casa era talmente grande che i bambini dall'interno non potevano sentire che li chiamavo. Probabilmente passò molto tempo prima che intuissero la verità, che non li avevo abbandonati».[40] Il suo destino come madre si compì nell'aprile 1968 quando la moglie di Shand Kydd, Janet, vinse la causa di divorzio contro Peter sulla base del suo adulterio. Frances si ritrovò indiscutibilmente dalla parte del torto. Nel dicembre 1968 chiese il divorzio lei stessa, facendo infuriare Johnnie citandolo per crudeltà. Lui respinse tali accuse e presentò una controdenuncia citandola per adulterio. Si dibatte ancora oggi se effettivamente esistano delle colpe ascrivibili a Frances. La famiglia Spencer non ha alcun desiderio di pubblicare le testimonianze sigillate delle udienze del tribunale che contengono i particolari del caso. L'attuale conte Spencer sembra rigettare con veemenza le accuse di crudeltà di sua madre, interpretandole come uno stratagemma messo in atto sul momento per rinforzare le sue argomentazioni e ottenere la custodia. La mia opinione è che Johnnie si comportò più da bullo che da combattente. La sua condotta, come osservato anche da altri, richiama piuttosto quei violenti accessi d'ira e quelle piccole crudeltà sociali tipici di uomini limitati che temono l'intelligenza vivace delle loro mogli. Lady Sarah Spencer-Churchill ricorda una cena a Park House durante la quale Johnnie si comportò in modo talmente offensivo nei confronti di Frances che lei ne fu talmente «sdegnata e mortificata da precipitarsi fuori piena di rabbia giurando che ne aveva abbastanza».[41]

Diana, la cui sensibilità era sintonizzata sulla frequenza del disastro, più tardi ricordò come, all'età di cinque anni, ascoltava con angoscia le violente liti dei suoi genitori, nascosta dietro alla porta del soggiorno di Park House. Sua sorella maggiore Sarah di solito alzava il volume del mangianastri per coprire le urla.[42] Sospetto che la paura segreta di Diana bambina fosse che le liti degenerassero in violenza fisica. Durante il matrimonio con il principe Carlo, lei origliava in continuazione alle porte cercando conferme alle sue peggiori paure.

Il visconte Althorp vinse la causa di divorzio il 15 aprile 1969,[43] e un mese più tardi Frances sposò Shand Kydd con una mesta cerimonia civile, lontana anni luce dallo sfavillante «matrimonio dell'anno», stipato di personalità, con il visconte Althorp nell'abbazia di Westminster quindici anni prima. Johnnie ottenne la custodia dei figli. Furono le dichiarazioni a suo favore di una clamorosa testimone a sorpresa a ribaltare il verdetto contro Frances: la sua stessa madre Ruth, Lady Fermoy. «La testimonianza della madre fu un duro colpo per lei, la ferì profondamente. Era anche molto arrabbiata oltre che ferita», dichiarò Barbara Gilmour.[44] Per spiegare il motivo che indusse Lady Fermoy a rinnegare la figlia, un amico di famiglia, Brodrick Haldane, sostiene l'ipotesi che se Frances «avesse lasciato Johnnie per il duca di Rutland non sarebbe stato un problema, ma il fatto che lo avesse lasciato per Mr Shand Kydd era più di quanto lei potesse sopportare».[45] A suo dire, uno dei timori di Ruth era che Shand Kydd, avendo perso la custodia dei tre figli, portasse i piccoli Spencer a vivere in un ranch in Australia e che questi potessero tornare a casa con uno spiacevole accento australiano.[46] Forse un giudizio ingiusto, ma è difficile non arrivare alla conclusione che Ruth, in questa occasione, era spinta dalle stesse inflessibili dinamiche sociali che anni prima l'avevano indotta a buttare Frances tra le braccia di Johnnie. Il divorzio era considerato un tale anatema a corte, dopo le ripercussioni del caso della signora Simpson, che Ruth si sentì costretta a tradire la figlia per preservare la propria reputazione. Alcuni elementi della sua testimonianza contro Frances erano offese gratuite. Mi è stato riferito che parte delle rimostranze di Frances nei confronti del marito verteva sul fatto che Johnnie non la soddisfava sessualmente. Ruth asserì che, al contrario, Frances aveva sempre affermato di essere pienamente soddisfatta del suo matrimonio dal punto di vista sessuale.

La frattura tra Frances e la madre, creatasi durante le udienze per la custodia, non si rinsaldò mai. Inoltre, essa fece nascere in Diana un sentimento ambiguo nei confronti dell'establishment. Sua madre ora era esclusa dai circoli reali, in parte proprio a causa dell'influenza di Lady Fermoy. Apparentemente, per essere membri del club bisognava sacrificare ogni tipo di sentimento. La piccola Diana scalciò e urlò quando il padre annunciò che lei e suo fratello erano stati invitati a Big House dalla regina per unirsi al principe Andrea, al principe Edoardo e ad altri per una festa. Il contrariato Johnnie ebbe l'ingrato compito di telefonare a Sandringham per declinare l'invito della regina. Lady Fermoy, molto infastidita da questi capricci, disse a un'amica che in un rapporto scolastico la piccola Diana Spencer era stata definita, a soli sei anni, «la bambina più manipolatrice» che l'insegnante avesse mai incontrato.[47]

Durante i weekend che i bambini trascorrevano con la madre, Frances era sempre inquieta. «Ogni sabato sera, come procedura standard lei iniziava a piangere», ricordava Diana. «'Che cosa succede, mamma?' 'Non voglio che domani ve ne andiate via'.»[48] Diana era sempre triste e confusa dopo questi scambi. Mary Clarke arrivò a temere il «passaggio di consegne» alla stazione di Liverpool Street con l'imponente e aristocratica madre, che si dimostrava glaciale a causa del suo risentimento nei confronti della tata usurpatrice. «La madre parlava molto poco», ricordava, «e si rivolgeva a me tramite Diana.»[49] Niente battute pungenti, ma fredde istruzioni concise ed economiche come l'agopuntura. Durante il discorso che Charles Spencer tenne al funerale di Diana, egli rievocò come Diana non fosse cambiata dai giorni nei quali «sopportava con me quei lunghi viaggi in treno per spostarci da un genitore all'altro nei fine settimana».[50] Ben presto i viaggi diventarono sempre più lunghi. Dopo la battaglia finale per la custodia, gli Shand Kydd si trasferirono lontano dagli occhi incapaci di perdono di Norfolk e dai bisbigli della società londinese e si stabilirono in una fattoria di mille acri sull'isola di Seil, costantemente spazzata dal vento, lungo la costa occidentale della Scozia. Per Diana si trattò di un'altra perdita. «State allegri, sorridete e sopportate», diceva Lady Fermoy ai suoi scoraggiati nipoti. «Le cose peggiori accadono in mare, miei piccoli marinai.»[51]

I due giovani Spencer non erano i soli a essere turbati. La gioia se n'era andata da Park House insieme ai mobili di Frances. La rassegnazione di Johnnie Spencer ricordava quella del disperato Tony Last nel romanzo di Evelyn Waugh *A Handful of Dust*. Gli uomini inglesi interpretano questo ruolo meglio di chiunque altro. Il quarantatreenne visconte si rifugiò nel suo studio, parlava a monosillabi con l'autista e l'amministratore della tenuta e restava seduto imbronciato per ore a guardare fuori dalla finestra. Cercò consolazione tra le braccia delle sue amiche a Londra, ma nessuna di esse sembrava essere quella giusta. A corto di denaro, prigioniero della sua interminabile attesa dell'eredità, il visconte Althorp, un tempo tanto attraente, stava assumendo quello che Lord Glenconner definì « uno spiacevole aspetto da salsiccia cruda ».[52]

Ma lui faceva del suo meglio. Essere un aristocratico padre single nel 1969 faceva di Johnnie una specie di rarità. Ogni mattina lasciava Diana e Charles a Silfield e ogni pomeriggio andava a riprenderli. Alzava la voce se non trovava i loro stivali di gomma o i loro impermeabili. Li controllava quando prima di andare a letto consumavano uno spuntino a base di pane e marmellata e un bicchiere di latte nella nursery. Tuttavia, non era tagliato per fare l'allegro padre new age. La sua stessa infanzia formale lo portò irrimediabilmente ad adottare il distaccato stile paterno tipico dell'aristocrazia. Diana e Charles mangiavano sempre insieme alla tata nella nursery mentre lui cenava in sala da pranzo in splendida solitudine. « Non conosco più nessuno che cresca i figli in quel modo », ha osservato Charles Spencer.[53]

Più tardi i giornalisti scrissero con entusiasmo della « educazione di alto livello » ricevuta da Diana, ma in realtà per i bambini la vita a Park House era disperatamente limitata, vergognosamente locale. C'era una ragione se, come principessa di Galles, Diana non usò mai la sua posizione, come invece fece Jacqueline Kennedy Onassis, per invitare persone interessanti a cene fastose. Socialmente si sentiva inadeguata. Suo padre fraternizzava con i più ottusi proprietari terrieri, i figli dei quali rappresentavano per lei amici di bassa levatura. La madre assente poteva organizzare spensierate vacanze in barca a vela lungo la costa, ma non poteva fare molto per allargare gli orizzonti dei figli o per rafforzare la loro fiducia in se stessi. La cerebrale nonna, Lady Fermoy, faceva pochi sforzi – come l'amica, la Regina Madre, con suo nipote il principe Carlo – per mettere i piccoli Spencer in contatto con idee e persone stimolanti o incoraggiarli calorosamente a sviluppare i propri interessi.

Diana aveva avuto il ruolo più sfortunato in questo melodramma familiare. Con le due sorelle maggiori in collegio, lei si sentiva in dovere di essere per suo padre l'angelo consolatore. Quando non era impegnata a tormentare le bambinaie che sostituivano la madre, lo andava a cercare, gli preparava una tazza di tè e si offriva di cucinargli una torta. Sembra che le sue ben più corazzate sorelle spesso dicessero ai vicini che chiedevano dove fosse Diana: «Oh, Di è con papà. A lei piace stare a casa ad aiutarlo».[54] «Aiutarlo» era il modo in cui lei esprimeva il suo bisogno di essere amata, esattamente come per il conte lo era l'abitudine di fotografarla. Suo cugino, l'ex ufficiale dell'esercito Robert Spencer, rimase impressionato dalla tenerezza con cui trattava Charles. A suo dire, «lei è sempre stata la più graziosa tra le ragazze, ma ciò che rendeva stare con loro una vera gioia era vedere che meravigliosa sorella maggiore fosse».[55] La notte, di solito, stava nel suo letto ad ascoltare i penosi lamenti, provenienti dal salone, del fratello che piangeva: «Voglio la mia mamma». Voleva scendere a confortarlo, ma sgattaiolare per il corridoio le faceva paura e così restava a letto, triste e piena di sensi di colpa.[56] Forse perché a casa tentava sempre di fingere che le cose andassero meglio di quanto non accadesse in realtà, a scuola Diana si fece la reputazione di inventarsi le cose e fare tragedie per ogni nonnulla. Aveva capito l'antifona. Per ottenere quello che voleva, sbatteva le palpebre con il padre e sommergeva di lacrime e di sensi di colpa la madre.

I suoi sogni contemplavano matrimoni tradizionali e famiglie felici. La bambinaia Mary Clarke, quando incontrò Diana per la prima volta, si trovò di fronte a una ragazzina loquace e affabile, ma ossessionata dall'idea dell'amore romantico. «Ricordo che diceva: 'Mi sposerò solo quando sarò sicura di essere innamorata. Così non divorzieremo mai' e questo divenne una specie di chiodo fisso per lei».[57] Oggi

Mary Clarke vive in un minuscolo cottage che sembra una casa delle bambole a Winterton-on-Sea, Norfolk. È una bionda riservata e con i piedi per terra, la cui vita privata ruota intorno ai suoi cani e ai cavalli. Sembra ancora molto triste per la piega che ha preso la vita di Diana e rimprovera aspramente alla famiglia reale il fatto di aver trasformato quella ragazzina affettuosa e alla mano in «una persona incapace di gestire se stessa, per poi riscrivere la storia della sua infanzia per giustificarlo».

Nulla era più lontano dai sogni romantici di Diana del modo che scelse suo padre per soddisfare i suoi. La donna che entrò nella vita del padre – «apparentemente in incognito»,[58] a detta di Diana – era Raine Legge, la moglie del 9° conte di Dartmouth. Persino ai suoi amici più stretti Raine appariva come una figura appassita e improbabile: la voce stridula e snob, il continuo tamburellare delle unghie rosse, l'acconciatura aerodinamica pettinata come una sorta di rigido elmetto cotonato, la sua arrogante insistenza a cambiarsi tre volte al giorno per il pranzo, per il tè e per la cena formale. Anche Raine stessa aveva dovuto sopravvivere a un inferno domestico. Sua madre, Barbara Cartland, l'autrice dei polpettoni commerciali che Diana divorava, per lungo tempo aveva tenuto banco sul palcoscenico dell'imbarazzo dei tabloid. La Cartland vestiva in versione Belgravia della dama Edna Everage, trascinandosi dietro nuvole di chiffon rosa e applicando un numero inaudito di strati di rossetto fucsia. Sciami di piccoli barboncini rumorosi con collari tempestati di gemme artificiali la seguivano dovunque andasse. Credeva fermamente nelle medicine alternative e nella chirurgia estetica fatta in casa, ottenuta sollevando in alto il suo mento con del nastro adesivo.

Il padre di Raine, Alexander McCorquodale, era il figlio alcolizzato di un *tycoon* della carta stampata che si trovò un'amante e fuggì dalla famiglia. La battaglia per il divorzio fu aspra e lasciò la Cartland senza soldi e disperatamente impegnata a salvare le apparenze. Assurdamente snob, la Cartland allevò Raine come una bambina prodigio delle dinamiche sociali, spingendola sotto la luce dei riflettori non appena fu in grado di agitare un sonaglio. Un momento particolarmente orribile fu il «ballo del grammofono» che la Cartland diede nella sua casa di South Street, Mayfair nel 1947, una delle tre feste organizzate per il debutto in società di Raine. Con una mossa previdente, la Cartland invitò alla cena solo uomini affascinanti e titolati che avrebbero potuto essere mariti idonei per sua figlia. Uno di questi ammiratori era il futuro Lord Glenconner. Raggiunse l'indirizzo della Cartland per partecipare alla festa ma non riuscì ad andare oltre gli scalini dell'ingresso. Il conte di Dartmouth, a quanto sembra, aveva appena fatto la sua proposta. «La madre di Raine era in piedi in cima alla scalinata in un lungo abito da sera color acquamarina. Urlò giù: 'Non salite! Raine si è appena fidanzata!'», mi raccontò.[59]

Considerata la teatralità di sua madre, è sorprendente che Raine non sia diventata una fallita. Al contrario, dimostrò di possedere una ferrea disciplina, che la caratterizza ancora oggi. Era intelligente ed energica e interamente votata alle sue crociate personali. «Una donna in grado di portare a termine le cose» era il motto di Raine.

All'età di ventiquattro anni Raine era già uno stimato membro del Westminster City Council. Durante un viaggio a Parigi nel novembre del 1954, si conquistò la prima pagina dei giornali dichiarando, dopo una visita al caffè dell'aeroporto londinese di Heathrow: «Non ho mai visto un tale sudiciume in tutta la mia vita».[60] Il commento alzò un polverone tale che vennero presentate delle interrogazioni in parlamento. Raine tornò a Heathrow dodici giorni più tardi per verificare i miglioramenti ottenuti grazie alla sua pubblicità e offrirsi trionfante all'obiettivo dei fotografi. «È tutto pulito e curato. Devo congratularmi con tutti quanti», dichiarò, mettendo così fine alla crisi igienica nell'aeroporto nazionale.[61]

Fin dall'inizio, il mix di energia e adulazione di Raine risultò straordinariamente convincente per il sesso opposto. «Era l'unica donna che conoscevamo ad avere un segretario e ad andare agli appuntamenti», mi riferì un anziano aristocratico con ammirazione.[62] Nel 1970, lo storico d'arte e direttore di museo Sir Roy Strong si trovò a essere in debito con lei perché era riuscita a fare inserire la National Portrait Gallery nell'elenco degli edifici storici per salvaguardarlo dalla demolizione: «A quel tempo non riuscivo assolutamente ad associare quel figurino adornato di lustrini a una persona anche solo lontanamente efficiente. Ma lei mi dimostrò immediatamente che avevo torto», scrisse nel suo diario.[63]

Forse il personaggio estremo interpretato da Raine era la distorsione di una donna costretta a incanalare la sua intelligenza innata e le sue capacità di comando nelle noiose limitazioni tipiche della sua epoca e della sua classe sociale. Se avesse frequentato Oxford invece di partecipare a duecento balli delle debuttanti avrebbe potuto essere Margaret Thatcher (alla quale peraltro assomigliava non poco, se non altro per la sua arroganza). Invece lei fece dell'Essere impossibile il suo marchio. Lord Glenconner ricorda con affetto la partecipazione di Raine a una festa che si svolse negli anni '70 nella sua casa di Glen, in Scozia, quando era ancora Lady Dartmouth. Quando scoprì che l'armadio nella sua stanza era troppo basso per contenere il suo lungo abito da sera, mandò a chiamare il falegname della tenuta e lo incaricò di smantellare l'interno in modo che lei potesse appendere il suo abito senza sgualcirlo.[64]

La sua terrificante efficienza, a quanto sembra, si estendeva anche alla sfera sessuale. «Johnnie era ossessionato dal sesso, e lo stesso vale per Raine», ricorda un amico comune. «Raine strillava: 'Oh, sei fantastico! Sei così sexy!' Quando era sposata con il conte di Dartmouth era solita dire timidamente: 'Gerald ha i suoi diritti.'»[65] La scintilla scoccò quando i due collaborarono a un pamphlet pubblicato nel 1975 per l'Historic Buildings Board, di cui lei era la presidentessa, intitolato *What About Our Heritage?*. Raine adulava Johnnie: sapendo che lui si considerava un fotografo, gli chiese di fare le fotografie per l'articolo. Questo le diede l'opportunità di visitare Althorp e di partire alla conquista del vecchio conte, che era ancora in vita. Durante quella prima visita, lei commise la gaffe di sedersi sul suo cuscino ricamato preferito. «Non può sedersi lì», la rimproverò lui rabbiosamente.[66] Ma lei rimediò in fretta mostrandosi affascinata dalla storia di Althorp, offrendogli insistentemente dei cioccolatini, per i quali lui aveva un debole, e cercando assiduamente nuovi bastoni da passeggio per la sua collezione.[67] La conquista del padre fu una vittoria importante; e ben presto anche il figlio si innamorò perdutamente.

Johnnie era un cinquantunenne appassito e Diana una tredicenne quando, il 9 giugno 1975, il vecchio conte Spencer morì di polmonite all'età di ottantatré anni. Questa fu una svolta decisiva nella saga della famiglia Spencer, anche per via del cambiamento che provocò nel loro padre. Il «povero sacco di patate» Johnnie, visconte Althorp, all'improvviso era diventato l'8° conte Spencer. (Un titolo di conte senza l'articolo «di» è notevolmente più prestigioso dei titoli che lo contegono; il marito di Raine ad esempio, il conte di Dartmouth, veniva sminuito da quel «di».) Inoltre, il proprietario di una tenuta delle dimensioni di Althorp ha bisogno di una padrona di casa. Il fatto che il suo primo marito, un uomo affascinante ma mai preso troppo sul serio, con il quale ebbe quattro figli, avesse un titolo ma non possedesse una residenza signorile aveva sempre afflitto Raine. Dopo ventotto anni di matrimonio con Dartmouth, Raine intravide la sua occasione. «Lei voleva sposare papà», raccontò Diana ad Andrew Morton. «Quello era il suo unico obiettivo.»[68]

Per i quattro figli, abituati ad avere il padre tutto per loro, ogni nuova fidanzata rappresentava una specie di incubo, ma questa superava ogni più nera previsione. I bambini dell'aristocrazia sono piuttosto aggressivi nel difendere il loro rango. Dai genitori ereditano lo snobismo alla rovescia tipico della loro classe sociale, volto a far perdere le tracce agli intrusi e a frustrare i loro tentativi di intrufolarsi. Più sei nobile e più dissimuli. Per i ragazzi era inconcepibile che il loro padre sottotono e vecchio stampo ora ammirasse in tal modo una donna che sembrava infrangere tutte le restrittive regole di ingresso. Il loro disgusto per lei fu istantaneo. «Di solito faceva cose come venire a cercarci o fingere di trovarci casualmente da qualche parte e riempirci di regali», disse Diana, «ma noi tutti la odiavamo profondamente perché eravamo convinti che stesse per portarci via papà.»[69] Sarah Spencer abitava a Londra e lavorava come assistente di Barbara Timms, la responsabile dei contenuti di *Vogue*. Pertanto le orecchie di Sarah captavano ogni pettegolezzo del gossip e fu lei a comunicare la notizia della nuova fidanzata del padre ai suoi fratelli più giovani. Diana mise alla graticola Mary Clarke, e quando Raine si presentò a Park House per il suo primo invito a cena, l'intera tribù era al corrente di come stavano le cose. Sarah interruppe i formali tentativi di conversazione emettendo un sonoro rutto. Lo sconvolto Althorp la rimproverò con un severo: «Sarah!», al quale lei replicò: «Nei paesi arabi questo è considerato un segno di apprezzamento». Diana proruppe in una risatina sciocca. Ma Spencer era talmente inorridito che intimò a Sarah di lasciare il tavolo. Nella stanza calò un assordante silenzio quando Sarah spostò bruscamente la propria sedia e uscì. Suo padre zittì con rabbia Diana quando lei tentò di difendere la sorella.[70]

Diana era profondamente ferita dal cambiamento che era avvenuto in suo padre con l'arrivo di Raine. Le sue sorelle ormai avevano diciannove e diciassette anni e perciò furono lei e Charles a subire i colpi più duri. Qualunque fossero state le sue mancanze come padre single e depresso, era comunque sempre stato presente, fornendo a Diana la sua sicurezza quotidiana. Lei gli scriveva fedelmente dal collegio. Ora che passava molto tempo a Londra, si struggeva per lui quando era a casa, stava in ansia e si preoccupava per le sue assenze. Probabilmente la paura per la reazione di Diana, che stava attraversando la delicata e vulnerabile età dei quindici anni, indusse suo padre a commettere un imperdonabile atto di vigliaccheria paterna, che produsse una ferita insanabile. Il 14 luglio 1976, sei settimane dopo il divorzio di lei dal conte di Dartmouth, il conte Spencer sposò Raine con una piccola cerimonia nella Caxton Hall senza preventivamente informare i figli.

Charles Spencer venne a sapere del matrimonio dal preside del suo collegio la sera seguente. Rimase sbalordito. Diana e le sue sorelle invece lessero la notizia sui giornali. «Non siamo stati invitati. 'Non abbastanza nobili'», dichiarò Sarah Spencer a un reporter.[71] Il conte e la nuova contessa Spencer celebrarono l'evento con uno scintillante ballo e un migliaio di ospiti ad Althorp. Di nuovo, i figli non furono invitati. Significativamente, questi decisero che sarebbe stata Diana a infliggere la punizione al padre. Persino allora, dovevano avere ben chiaro che la loro timida e affettuosa sorella minore disponeva di un bagaglio di rabbia sufficiente per attuare una vendetta adatta a esprimere la rappresaglia collettiva. Diana affrontò il padre ad Althorp. Il conte pensava che la sua figlia preferita gli stesse andando incontro per baciarlo, invece lei ritirò la mano e gli diede un sonoro ceffone. «Questo è da parte di tutti noi, per averci ferito», gli urlò. Poi uscì a testa alta dalla stanza sbattendo la porta. Suo padre si infuriò e la seguì. La prese per il polso e la costrinse a voltarsi: «Non rivolgerti mai più a me in questo modo», le disse tremando. «Be', tu allora non farci mai più una cosa del genere», replicò Diana e se ne andò.[72]

La campagna di Diana per contrastare l'ascendente della nuova contessa Althorp fu una replica della guerriglia messa in atto contro le sue prime bambinaie. Incaricò un'amica di scuola di scrivere una lettera velenosa a Raine. La molestava con telefonate anonime, riagganciando non appena Raine rispondeva. Secondo il maggiordomo, il signor Pendrey, poiché non era autorizzata a usare l'impianto stereo presente in casa, Diana alzò le assi del pavimento e scollegò i fili in modo che nessuno potesse utilizzarlo.[73] Era pericoloso ferirla. Per tutta la vita di Diana, le sue ripicche vendicative sono state molto più delle crisi isteriche di una bambina viziata. Lo storico e commentatore Kenneth Rose trovò un'atmosfera «spaventosa» ad Althorp quando vi si recò come ospite nel

1977: «Era la prima volta che incontravo Diana. Pensai che era straordinariamente bella. Aveva dei grandi occhi azzurri e profondi e un bel colorito. In quell'occasione erano presenti tutte e tre le sorelle e tra Raine e le ragazze l'aria si poteva tagliare con un coltello. Durante un pasto, dissi a Jane: 'Vieni qui spesso?' e lei rispose: 'Quando me lo chiedono'. Non rivolgevano mai la parola a Raine. Johnnie ovviamente era a disagio. Aveva sempre vissuto immerso nei conflitti familiari: quasi diseredato dal proprio padre, esiliato a Norfolk, poi tutto quell'astio di Frances».[74]

Molti vecchi amici di Johnnie del Northamptonshire si eclissarono quando iniziò l'era Raine. A uno dei suoi vicini fu chiesto se sarebbe andato al grande ballo che Raine aveva organizzato ad Althorp. Egli replicò: «Noi non riconosciamo Raine», come se si trattasse di un governo illegittimo o di un'usurpatrice.[75]

Quello che gli amici nobili e i conoscenti di Johnnie a Norfolk non tolleravano era che il fascino di Raine stava riportando la famiglia Spencer sulla cresta dell'onda. Il Northamptonshire era sempre stato un lembo di terra stranamente isolato dei *Lower Midlands*. Lo spiacevole carattere eccentrico del nonno di Diana, il 7° conte, isolò la famiglia ancora di più. Quando arrivò Raine, il vecchio conte ossessionava ancora la psiche di Johnnie e quelle dell'intero staff di Althorp. Johnnie trovava allarmante che i suoi dipendenti avessero ancora soggezione del fantasma di suo padre. Ma lui aveva preoccupazioni ben più concrete; nello specifico, due milioni e mezzo di sterline per la successione, senza contare le ottomila sterline all'anno solo per le spese della casa. Per risparmiare, il vecchio conte aveva accettato di vivere senza le comodità moderne. «Durante la mia prima visita era come una qualsiasi casa di campagna», disse Kenneth Rose. «Un cameriere ti portava una brocca di acqua tiepida. C'era una specie di riscaldamento centralizzato primitivo che gorgogliava durante la notte.»[76] Raine utilizzò la sua formidabile energia per salvare Althorp. Persuase Johnnie ad aprire la casa al pubblico per la prima volta. Il personale fu ridotto all'osso; il cuoco, il cameriere e l'amministratore delle campagne furono tutti licenziati. Come parte dell'apertura della casa ai visitatori paganti, l'edificio in pietra calcarea che ospitava le stalle fu trasformato in un negozio di tè e souvenir. Un intervento illuminato e necessario, ma trattandosi di Raine, lei si spinse oltre, arrivando a coinvolgere i suoi progettisti e i suoi pittori per imporre il suo stile personale alla casa. Sfortunatamente, questo stile non si accordava con l'atmosfera e l'aspetto classico di Althorp. Un ospite ricordava: «Scelse una decorazione puntinata per la biblioteca, invece di pitturarla di avorio o di bianco come avrebbe dovuto essere. Nella casa c'erano anche dei bellissimi pavimenti di legno coperti con tappeti persiani, ma lei fece ricoprire tutto con della moquette. Partridge, il commerciante di antichità di Bond Street, la aiutò a vendere molta di quella roba».[77] Un po' per volta sparirono diversi ritratti di Gainsborough, molti arredi georgiani e tabacchiere, i refrigeratori per il vino in oro dell'epoca Marlborough, risalenti al XVII secolo, più di quaranta cottage della tenuta degli Spencer e diversi documenti di famiglia. Le violazioni di Raine erano ancora più gravi considerando che venivano perpetrate dall'autrice di *What About Our Heritage?*. Ma per suo marito quello doveva essere parte del divertimento. Non serve Sigmund Freud per interpretare la passività di Johnnie nei confronti dei restauri e delle spoliazioni attuate dalla moglie come l'ultimo atto di fosca ribellione contro la cieca tirannia di suo padre. E inoltre: per la prima volta in assoluto, la casa diventò confortevole.

C'erano fotografie radiose di Johnnie e Raine ritratti sullo sfondo della nuova e moderna Althorp in ogni rotocalco e rivista di gossip. Johnnie, ben lontano da sfuggire a tanta notorietà, la adorava. L'aspetto peggiore della sua dipendenza da Raine, per quanto riguarda i suoi figli, era proprio il fatto che aveva tutto il diritto di aspettarsi che fossero contenti di vedere quanto fosse felice. Raine lo rendeva più sicuro di sé. Lei lo faceva ridere. I ragazzi Spencer reagirono indignati quando finalmente scoprirono cosa stava accadendo alla loro eredità. «Detestavano quello che lei faceva ad Althorp», disse un cugino degli Spencer. «Era tutto troppo perfetto, troppo elegante e troppo lucente. Lei controllava la sua vita e spendeva i suoi soldi.»[78]

Come aveva potuto permettere tutto questo l'amato padre di Diana? La sua infanzia le aveva fornito una galleria di figure maschili deludenti almeno quanto quelle femminili: un nonno vendicativo e fanatico del controllo; un fratello minore bisognoso di protezione, e ora il suo adorato padre, improvvisamente smascherato come un codardo succube della moglie. Non meravigliava che la madre se ne fosse andata. Fortunatamente, Diana in cuor suo sapeva che, un giorno, un bellissimo principe su un cavallo bianco l'avrebbe portata via e l'avrebbe salvata. Era determinata a fare in modo che accadesse. Come osservò Lady Glenconner, Diana ereditò da Lady Cynthia Spencer la dolcezza e da Lady Fermoy la scaltrezza e la forza.

Una sloane fuori dal comune

Sono proprio dura di comprendonio!
(Un motto di Diana)

Al giorno d'oggi, non è più il massimo della vita per le ragazze dell'alta società essere prive di aspirazioni come lo era Diana negli anni '70. Dei quattro figli degli Spencer – Sarah, Jane, Diana e Charles – solo Charles aveva ricevuto un'istruzione di prim'ordine, avendo frequentato Eton e Oxford. Gli equivalenti moderni di Diana frequentano invece le migliori università della Gran Bretagna. Suo figlio, il principe William, ha incontrato la sua prima fidanzata ufficiale, Kate Middleton, alla St Andrews University, dove la ragazza studiava storia dell'arte. Gli *Sloane Rangers*, come erano conosciuti gli amici di Diana negli anni '80 per via del fatto che tutti vivevano e facevano feste nella zona di Sloane Square a Londra, ora sembrano appartenere a un lontano passato quanto gli abiti pomposi.

L'istruzione ufficiale di Diana seguì un percorso che sarebbe quasi inconcepibile oggi. Ma fino agli anni '70, per la facoltosa figlia di un conte era normale lasciare la scuola a sedici anni per lavorare come baby-sitter e addetta alle pulizie come fece Diana, senza alcun titolo accademico, a meno che non si decida di considerare quello ottenuto per la cura dei criceti. In questo senso, il percorso educativo di Diana differì a malapena da quello della madre e replicò esattamente quello delle due sorelle maggiori. La differenza stava nel fatto che, nel suo caso, nulla di quel poco che veniva insegnato in quelle aule così raffinate sembrava entrarle in testa, nonostante la madre a scuola fosse sempre stata la migliore in tutte le materie e che entrambe le sorelle si fossero dimostrate studentesse brillanti. Sarah, quando si comportava bene,[1] era anche un'abile pianista e cavallerizza; Jane era una leader a scuola. Le due sorelle e il fratello erano soliti zittire Diana se la conversazione sconfinava in argomenti di un certo spessore intellettuale. Lei stava sulla difensiva per le sue basse capacità intellettuali e ci rideva sopra. «Sono proprio dura di comprendonio!» la si sentiva dire spesso. Tuttavia, con il tempo, il suo complesso d'inferiorità divenne una delle sue più grandi risorse.

Diana aveva nove anni quando il conte Spencer la mandò in collegio, Riddlesworth Hall, una struttura piccola e accogliente che ospitava novanta bambine vicino a Diss, nel Norfolk, a due ore da Park House. Qui si realizzavano tante composizioni floreali e veniva data grande enfasi alle arti, alle abilità manuali e alla «cordialità». L'atmosfera gioiosa sembra fosse quasi interamente dovuta alla personalità della preside, Elizabeth Ridsdale, nota per le sue enormi esposizioni floreali, che cullava le ragazze sul suo prosperoso seno materno. Fu uno dei periodi più felici della vita di Diana. Vinse tutte le gare di nuoto, di tuffo e il concorso di bellezza, oltre che il premio *Leggat* per la disponibilità verso il prossimo. Vinse anche quello che forse si può considerare il premio banale più accattivante mai conferito: il premio per il porcellino d'India meglio curato. A scuola, la sua seconda famiglia composta dai venti pupazzi, che teneva sul letto a Park House, venne ridotta a un componente, un ippopotamo verde al quale aveva dipinto gli occhi con una vernice fosforescente, in modo che potesse proteggerla durante la notte.[2]

A dodici anni era ancora una scolaretta qualunque con una leggera tendenza alla paffutezza, anche se un occhio perspicace poteva già intravedere la bellezza in cui si sarebbe trasformata. Suo cugino, lo scapolo Robert Spencer, ricorda «la sua pelle chiara, il suo sorriso indimenticabile e i suoi denti straordinariamente belli» quando si incontrarono brevemente poco dopo il suo dodicesimo compleanno nel 1973. «Era ormai ovvio che sarebbe diventata una donna splendida. Era arrivata a un'età in cui era molto curiosa nei confronti della sorella maggiore, Sarah, che si recava ai balli.»[3] Il ballo delle debuttanti di Sarah Spencer quell'anno fu un evento costoso che si tenne a Castle Rising nel Norfolk, un ex porto di mare difeso da un austero forte normanno. Gli ospiti arrivavano in macchina e scendevano lungo un sentiero illuminato dalla luce fiammeggiante delle torce. Johnnie Spencer era goffamente vestito da Enrico VIII e Sarah era tutta agghindata con un costume da Anna Bolena che Raine – prima che i piccoli Spencer capissero che non si trattava di una semplice amica del padre – si era fatta procurare, dopo aver mosso cieli, terra e Hollywood, dai produttori del film *Anna dei mille giorni*.[4] Benché in costume, la maggiore degli Spencer danzò tutta la sera e uscì chiassosamente di scena rombando via con il regalo di compleanno del padre, un'automobile sportiva British Racing Green MGB GT.

Diana seguì Sarah e Jane alla West Heath, un collegio nel Kent. Si trattava di un piccolo e accogliente rifugio per figlie della piccola nobiltà inglese e scozzese, in una bella residenza del XVIII secolo circondata da trentadue acri di terreno. La *Good Schools Guide* la descriveva come «un luogo sicuro per le figlie di genitori tradizionali di buona famiglia per i quali il risultato sociale è più importante di quello accademico», e la brochure diceva la verità. All'età di diciassette anni, le sue allieve uscivano da scuola per lavorare alla reception di Sotheby o rispondere con voce suadente al telefono di un'agenzia immobiliare della zona di Belgravia. I modesti obiettivi della scuola e il torpore delle sue ambizioni accademiche non erano un mistero per nessuno. L'unico requisito di ammissione era possedere una «calligrafia pulita». Persino la West Heath rilevò l'assenza di precisione e di curiosità intellettuale di Diana. «Mancavano le basi» disse Ruth Rudge, l'insegnante principale. «Si perdeva in sogni a occhi aperti, proprio come fa chi ha sempre qualcos'altro per la testa.»[5]

Diana incanalava il suo entusiasmo nel nuoto e nella danza classica. Nella piscina all'aperto, indossava la cuffia in lattice obbligatoria che la faceva sembrare calva come il manichino di un grande magazzino e, per una volta, anche un *egghead.** Il suo costume intero, con una piccola applicazione in lycra sul lato anteriore per coprire il cavallo, era studiato per evitare di stimolare la fantasia dei ragazzi della scuola di Sevenoaks. Le sue abilità nel nuoto le fecero presto vincere coppe che finirono per diventare ornamenti di casa. Poiché era troppo alta per la danza classica, si unì a un gruppetto di ragazze che seguivano corsi settimanali di tip tap della durata di mezz'ora; vinse due coppe e fu considerata la favorita dell'insegnante di danza classica più famosa dell'alta società, Madame Vacani, per la quale portava diligentemente a passeggio nei vasti prati il pechinese.

I membri della West Heath vedevano Diana come una persona disponibile, «dolcissima» con i suoi criceti Little Black Muff e Little Black Puff.[6] Era popolare e simpatica, cosa che compensava la sua totale inettitudine dal punto di vista scolastico. Con l'aumento dei divorzi negli anni '70, molti figli di genitori single erano stati parcheggiati in questa bucolica scuola, e questo faceva sì che Diana non si sentisse fuori posto. La domenica, quando erano permesse escursioni, la sala da tè era gremita di ragazzine che le famiglie non erano venute a prendere. Diventò amica per la pelle di Carolyn Pride, che occupava il letto accanto al suo nel dormitorio, anche lei figlia di genitori divorziati. «Non è che ci struggessimo dal dolore o che ci ritirassimo in un angolo a piangere», disse Carolyn in modo spiccio.[7] La direttrice

* Letteralmente «testa d'uovo», il termine viene utilizzato in inglese anche col significato di «intellettuale» (*N.d.T.*).

Violet Allen commentò: «Molte delle ragazze provenienti da famiglie con genitori divorziati piagnucolavano quando arrivavano. Non vidi mai piangere Diana. Probabilmente si teneva tutto dentro».[8] Era così. Il suo rimedio personale contro la tristezza era raggiungere furtivamente la grande sala, di notte, mettere la sua musica e ballare per ore da sola, persa nelle sue fantasie. «Mi permetteva di superare la forte tensione che avevo dentro di me» confidò ad Andrew Morton.[9]

Geordie Greig (ora direttore di *Tatler*) si trovava a Eton quando la teenager del West Heath venne a far visita al compagno etoniano James Bone. «Era una persona assolutamente normale. Sembrava una ragazza qualunque che serviva cene a base di spaghetti a Fulham», mi disse Greig.[10] Quando suo padre ereditò la contea nel 1975, quella ragazza ordinaria si trasformò in Lady Diana Spencer e nell'inquilina di un palazzo signorile (le sorelle diventarono Lady Sarah e Lady Jane, mentre suo fratello Charles, figlio maschio ed erede del titolo, divenne visconte Althorp di Great Brington). Il mattino in cui Diana sentì il notiziario, attraversò di corsa il corridoio di West Heath facendo svolazzare la vestaglia e urlando: «SONO UNA LADY! Adesso sono *Lady* Diana!»[11]

Oggi, ripensando a Diana tendiamo a rievocare quanto ripetuto negli anni '90 sulla sua personalità, universale, brillante, catalizzatrice dei mass media. Ma fu il fatto di essere una Spencer, forse più che quello di essere una principessa e poi una celebrità mondiale, a plasmare il carattere e la vita di Diana. Althorp era un luogo di ispirazione romantica. Si abbandona il XXI secolo non appena si oltrepassa la vasta periferia del paese di Great Brington e si svolta nel lungo viale alberato che conduce alla grande casa. Si avverte un immediato senso di armonia bucolica. Persino le pecore punteggiano il parco con una gradevole asimmetria, come le fantasie suscitate da una finestra in stile Regency. La vita di Diana è stata tormentata dal caos e dalla precarietà delle moderne regole sociali, ma in ognuna delle stanze stipate di tesori della residenza della famiglia Spencer respirava i valori gerarchici del passato.

A causa della continua guerra tra Johnnie Spencer e il padre, quando il vecchio conte era ancora in vita, i figli si riunivano raramente nella grande residenza come una famiglia. Erano cresciuti senza quasi essere coscienti del loro patrimonio: la storia dei tesori in mostra ad Althorp, i libri che facevano la magnificenza della sua biblioteca, gli splendidi quadri appesi alle pareti con delle catene. « Non sapevo di avere alcun titolo finché cominciai a ricevere lettere intestate 'all'Onorevole Charles Spencer' », ha ricordato il fratello di Diana.[12] Diana ora era pienamente consapevole dell'importanza nobiliare della sua famiglia, e di quanto quella grandezza si fosse ridotta nel tempo. Le preoccupazioni economiche del padre alimentarono in lei l'impressione che ci fosse uno splendore della famiglia Spencer che doveva essere salvato.

Con le due Spencer maggiori ormai proiettate verso le loro vite indipendenti a Londra, Diana, quattordici anni, e Charles, undici, vagabondavano insieme nelle poco familiari sale di Althorp, fredde persino in piena estate. A Diana piaceva intrufolarsi nelle cucine a chiacchierare, mangiucchiare qualcosa e ascoltare i pettegolezzi. Betty Andrews, un'addetta alle pulizie di Althorp nel 1975, ricordò: « Diana cucinava addirittura per il personale. Adorava preparare pane e burro per noi e dolci di riso o latte per se stessa ». Si occupava anche della biancheria del fratello: « Metteva le sue cose in lavatrice e poi gliele stirava ».[13] Quando era principessa di Galles, confidava incautamente i segreti coniugali allo staff del palazzo e ai camerieri poiché questo era quello che era solita fare a casa sua, dove c'erano ben poche altre facce amichevoli con cui parlare. C'erano solo gli inquietanti volti del passato degli Spencer.

Nella galleria di quadri (talmente lunga che molte tra le donne di Althorp del passato l'avevano utilizzata per la loro passeggiata tonificante del mattino) i suoi antenati e i loro contemporanei fissavano Diana dalle ampie cornici dorate.

Una fila di bellezze incurvate dagli occhi umidi, votate a soddisfare l'ego degli uomini della famiglia, di funzionari politici sicuri di sé nascosti sotto folte parrucche da disinvolti. A un'estremità si trova un gruppo di amanti di Carlo II, dipinte dall'artista di corte Sir Peter Lely, con palpebre dal trucco pesante e scollature invitanti pronte a ricordare a Diana che il potere può anche essere un dominio degli uomini ma che si può sempre ottenere con altri mezzi. C'è qualcosa di sconvolgente nell'uniforme vivacità delle amanti e delle cortigiane di queste pareti. Sarah, antenata di Diana del XVII secolo, l'impulsiva duchessa di Marlborough, tramava continuamente affinché suo marito, il primo duca (vincitore della battaglia di Blenheim), facesse carriera, e per migliorare la sua stessa posizione a corte in qualità di favorita della sovrana (forse lesbica), la regina Anna. Nella sala da pranzo al piano superiore è esposto un suo ritratto, commissionato da lei, nel quale tiene in mano le lunghe trecce recise dei suoi capelli castano-ramati. Lei stessa scrisse che era pervasa da una «collera velenosa» a seguito di una lite con il duca che la spinse a tagliare di netto le crocchie che lui adorava. Più tardi si sarebbe commossa scoprendo che il duca aveva conservato le ciocche di capelli in una scatola in cui riponeva i suoi averi più preziosi.

L'altra celebre antenata di Diana, Georgiana Spencer, figlia del primo conte Spencer, sposò uno degli scapoli più ambiti di tutta l'Inghilterra, il 5° duca del Devonshire, e diventò influente dal punto di vista politico come sostenitrice del partito Whig. Per sua sfortuna, il marito altolocato era uno dei pochi uomini in Inghilterra a non essere innamorato di lei. Portò la sua amante, Lady Elizabeth Foster (che era anche la migliore amica di Georgiana), a Chatsworth, la loro signorile residenza nel Derbyshire, dove vissero un inquieto *ménage à trois* per molti anni. Esattamente come Diana, Georgiana si trasformò da timida ingenua a star della mondanità che dettava le regole della moda. Possedeva un magnetismo unico che era in grado di illuminare una stanza. La sua schiettezza disarmante conquistò cuori ovunque, ma il suo senso di abbandono la fece cadere nel vizio del gioco d'azzardo, frequentare compagnie dissolute e subire l'influenza volubile di parrucchieri, costumisti e ciarlatani. Per Lady Diana Spencer, Althorp era piena di profetici fantasmi di famiglia. Per sottrarsi ai loro occhi, praticava ossessivi esercizi di danza, sola nel grande atrio bianco e nero.

Nei suoi sogni romantici vedeva il volto del ritratto che teneva appeso nel dormitorio della scuola: un vero principe azzurro, un *action man* del quale ammirava in televisione o leggeva sui giornali le gesta audaci sul campo da polo e sulle piste da sci, o come si lanciava intrepido con il paracadute da un aereo da combattimento. Il volto dello scapolo più ambito dell'intero Regno Unito, il 21° principe di Galles. Tutti gli studenti delle scuole reali si erano uniti ai milioni di spettatori dello splendido spettacolo all'aperto per la sua investitura nel 1969 nel castello di Caernarvon, risalente al XIII secolo. Con quale grazia il suo eroe, il ventenne erede al trono, aveva chinato il capo per ricevere dalla regina le insegne regali, la corona d'oro, il mantello, l'anello, lo scettro e la spada, in una cerimonia che riecheggiava quelle dedicate al Principe Nero!

Fu la sorella Sarah a far entrare il vero Carlo nella sua vita. Nell'estate del 1977, sei mesi dopo aver lasciato la Royal Navy, il principe Carlo incontrò Sarah durante la festa annuale di Royal Ascot a Windsor. Sarah era ancora sotto shock per essere stata lasciata, due anni prima, da Gerald Grosvenor, il ricco erede stravagante del ducato di Westminster, proprietario di trecento acri della più esclusiva zona commerciale e residenziale di Londra (incluso il terreno su cui sorge l'ambasciata americana a Grosvenor Square). Il fatto era accaduto poco dopo le nozze del padre con Raine, e questo era stato troppo per Sarah. Aveva smesso di mangiare ed era ricaduta nell'anoressia.

In retrospettiva appare curioso che Carlo, il quale si mostrerà così esasperato dalla bulimia di Diana, fosse tanto comprensivo nei confronti di Sarah per le sue sofferenze legate all'anoressia. Il fatto che lui le gironzolasse intorno era un piacevole premio di consolazione per Sarah dopo che Grosvenor le aveva spezzato il cuore. Riceveva fiumi di lusinghieri inviti a Windsor e Balmoral. Nel novembre dello stesso anno, Sarah si sentiva abbastanza tranquilla da invitare il principe a partecipare a una battuta di caccia con il padre ad Althorp. Era presente anche Diana, che andava ancora a scuola. Il radar di Carlo la registrò solo come la sorella minore di Sarah, «allegra e vivace»[14]; al contrario, per la sedicenne Diana incontrare per la prima volta il principe Carlo, eroe della sua infanzia, in carne e ossa fu un vero colpo di fulmine. Non appena vide lo scapolo reale numero uno attraversare a lunghi passi un campo arato con il suo Labrador, con fucili, frustini e segugi, seppe che nessun altro avrebbe potuto conquistare il suo cuore all'infuori del ventottenne Charles Philip Arthur George, Sua Altezza Reale, principe di Galles, duca di Chester, duca di Cornovaglia, duca di Rothesay, conte di Carrick, barone Renfrew, signore delle Isole e Principe e Grande Steward di Scozia (o «Arthur», come amava essere chiamato durante l'orgasmo, stando alle parole della sua focosa ex fiamma colombiana, Cristabel Barria Borsage).[15]

Al termine della battuta di caccia, Diana non poté più dimenticare la sua personalità poliedrica ed elettrizzante. Come avrebbe potuto? I reali erano impressi da secoli nell'idea che gli Spencer avevano di se stessi. La famiglia era cresciuta grazie alla monarchia. La fonte della loro ricchezza e influenza era il legame con la Corona. Diana poteva anche aver detestato le visite a Sandringham da bambina, ma la sua immaginazione era ancora imbevuta dell'idea del magico potere redentore dei principi. Anche quindici anni dopo, nel settembre del 1992, nei video girati dal suo maestro di dizione, Peter Settelen, sembrava riuscire ad assaporare il suo trionfo su Sarah. Il principe si rivolse a lei, non a sua sorella, per farsi mostrare i tesori della galleria di quadri di Althorp, indispettendo Sarah a tal punto che disse a Diana di togliersi dai piedi. «Ricordo che mi sentivo terribilmente dispiaciuta per lui [Carlo], mia sorella gli stava avvinghiata al collo, ma era proprio una bella gatta da pelare», disse Diana a Settelen.[16] Miao.

Quando Diana tornò dal weekend di quella festosa battuta di caccia ad Althorp nel novembre 1977 sprizzava eccitazione da tutti i pori. «L'ho incontrato!» annunciò all'insegnante di pianoforte, Penny Walker. «L'ho incontrato, l'ho incontrato, finalmente!»[17] Con grande disappunto di Sarah, la sua sorellina cenerentola figurava tra gli invitati al ballo del trentesimo compleanno del principe Carlo nel novembre 1978. Si trattava di uno dei più illustri ricevimenti privati che la famiglia reale avesse organizzato dagli anni '30, quando l'allora principe di Galles, il futuro Edoardo VIII, era nel fiore degli anni. Il dissoluto argentino Luis Basualdo, un amico di Carlo che giocava a polo, accompagnò Diana nella galleria dei quadri per assistere allo spettacolo di cabaret delle *Three Degrees*, un gruppo vocale composto da sole donne di Philadelphia (il loro pezzo forte, nel 1974, era stato *When Will I See You Again*).* Basualdo la trovò «molto timida, molto ingenua ma piuttosto carina».[18] Diana, dalla galleria di quadri, gettava intense occhiate in direzione dell'elettrizzante ed elegante principe, che danzò tutta la sera, a volte con Sarah, a volte con le altre incantevoli e sofisticate donne della sua vita, tutte più disinvolte e più affermate di lei: Lady Leonora Lichfield, la bella sorella di Gerald Grosvenor; Lady Jane Wellesley, la figlia freddina del duca di Wellington; la prosperosa attrice televisiva Susan George; Lady Tryon, l'affascinante australiana moglie di Anthony, il compagno di caccia di Carlo; e una partner di ballo con la quale sembrava particolarmente in confidenza, la sicura, esilarante bionda Camilla Parker Bowles.

Diana riteneva di poter difficilmente competere con queste donne. Aveva lasciato West Heath nel dicembre 1977 senza superare nessuno degli esami *O-level*, non una volta ma ben due. Come poteva conquistare il cuore di Carlo se

* «Quando ti rivedrò» (*N.d.T.*).

aveva realizzato così poco? Mentre rigirava tra le mani i fogli degli esami le si rivoltava tutto dentro; era semplicemente incapace di ricordare qualunque cosa avesse imparato. Penny Junor ricorda che anche gli amici di Diana si lamentavano per la sua assoluta pigrizia; ciononostante, nessuno la rimproverava mai per questo.

In realtà lei un talento lo aveva e a West Heath lo aveva già individuato. Era dotata di una grande intelligenza emotiva. Una compassione istintiva, ereditata da nonna Spencer o dono della spontanea intimità di nonno Fermoy, Diana dispensava il suo calore a chiunque, senza distinzione di razza, credo o nazionalità. Un filo invisibile di gentilezza la collegava alle persone che si aspettavano il minimo, pur avendo bisogno del massimo. L'illustre storico Paul Johnson sostiene che l'empatia di Diana fosse un dono raro. «Pensava di non sapere nulla e si riteneva molto stupida», mi disse. «Era impossibile criticarla perché diceva: 'Sono molto stupida e ignorante'; io rispondevo: 'Non penso assolutamente che lei sia stupida', perché, pur non avendo grandi conoscenze, aveva qualcosa che davvero in pochi possiedono. Era dotata di un'intuizione straordinaria ed era in grado di individuare le persone di cuore, affezionarsi e socializzare con loro. Sono davvero poche le persone che possono essere paragonate a lei da questo punto di vista.»[19]

Il *Sevenoaks Voluntary Service* reclutava le scuole per visitare Darenth Park, un grande ospedale per portatori di handicap fisici e psichici, situato a Dartford. Muriel Stevens, la direttrice dell'ospedale, organizzò le visite di West Heath. Ogni martedì e giovedì un pulmino trasportava all'ospedale un gruppo di teenager pieni di vita. In un batter d'occhio venivano privati della loro effervescenza: si trovavano di fronte uno scoraggiante, enorme, tetro edificio gotico vittoriano circondato da alte mura, necessarie per isolare i soggetti con i disturbi più gravi. Per la maggior parte delle ragazze, inclusa Sarah, la sorella di Diana, la gita rappresentava un calvario. «Li ricordo mentre aprivano gli enormi portoni di legno come in un castello medievale; sa, quelli per cui sarebbe servito un ariete», ricordava Sarah. «C'era puzza di disinfettante e pipì... e vedevi questo mare di persone malate venirti incontro.»[20]

I pazienti aspettavano le ragazze della West Heath in un salone dal soffitto alto, luminosissimo, con un'acustica che rendeva assordante l'eco di quelle voci.[21] Le ragazze erano tenute a ballare con i pazienti. Stando alle parole di Sarah: «Tentavamo di ballare in cerchio ma gli uomini volevano ballare stretti a noi... erano tutte persone con disturbi mentali, gravi disturbi mentali. Non avevamo mai visto prima un posto come quello: eravamo tutte ragazzine cresciute nella bambagia».[22] Anche Muriel Stevens era cosciente di quanto l'esperienza potesse essere traumatizzante e quello che raccontò sulla visita di Diana merita di essere citato nel dettaglio.

«Era sicuramente spaventoso camminare in quel posto enorme con quel rumore assordante e vedere persone con problemi gravissimi... Alcuni di loro erano sulla sedia a rotelle. Altri stavano sulle sedie ma necessitavano di aiuto per alzarsi... erano talmente felici di vedere tutte queste fanciulle che si precipitavano a toccare i loro capelli, afferrare le loro mani. Se non si è abituati a tutto questo, può anche far paura. Diana non si è mai spaventata. Era estremamente rilassata in quell'ambiente, cosa che, per una persona di quell'età, aveva dell'incredibile.»[23]

Dopo tutti questi anni, la Stevens ricorda ancora alla perfezione un suono difficilmente associabile a un ospedale psichiatrico: la risata dolce e confidenziale di Diana che scherzava in mezzo ai suoi nuovi amici. «Quella risata incredibile! Quel suono gioioso! Era meraviglioso perché in realtà non sapevi perché lei stesse ridendo, non potevi assolutamente avere un'idea di cosa la stesse divertendo tanto, ma soltanto a sentire quella risata ti ritrovavi anche tu a sorridere e, se ti avvicinavi per captare qualche parola, venivi contagiato da quell'allegria. Era un suono straordinario...»[24]

I presenti assistettero anche a un momento commovente e indimenticabile. Lo staff dell'ospedale incitava le ragazzine a relazionarsi con i pazienti sulla sedia a rotelle, a chinarsi alla loro altezza e a tenere loro le mani. Non erano in grado di alzarsi per ballare, ma gli piaceva farsi trasportare dalla musica. La maggior parte dei volontari si limitavano a spingerli da dietro nel modo più ritmico possibile, cosa non semplice da fare con delle sedie a rotelle così poco maneggevoli. Il corpo agile di Diana e l'allenamento nella danza classica le diedero un vantaggio, e un'idea. Stando in piedi di fronte alla sedia, si sporgeva ad afferrare le maniglie e poi ballava *all'indietro*, trascinando la sedia a rotelle e il paziente in giro con lei. «Era una cosa intelligentissima, lei mostrava un'incredibile agilità e non ci sono molte persone in grado di mantenere quell'equilibrio. In più riusciva anche a tenere estremamente bene il ritmo.» [25]

Diana rifioriva in presenza dei disabili e dei malati. In seguito sarebbe stata in grado di passare in un secondo da principessa insofferente o egocentrica a un livello di contatto profondo del tutto diverso con le persone che mostravano i loro bisogni o il loro coinvolgimento verso i bisognosi.

«Era una qualità indefinibile, qualcosa di davvero raro e bello», disse un suo parente. «Non mi sorpresi, anni dopo, quando emersero le sue doti di grande comunicatrice. Sin da piccola aveva uno strano modo di farsi capire dalla gente.»[26] Il talento di Diana come principessa di Galles era quello di riuscire a *comunicare* con la gente comune, nonostante in realtà avesse sempre meno contatto con loro. Alla sua terapista Simone Simmons, capitò di abitare sopra un supermercato Tesco a Hendon, nel nord di Londra. Si accorse che Diana era affascinata dalle sue descrizioni della vita di strada[27] come se stesse descrivendo la vita su Marte. La principessa Margaret mostrava la stessa curiosità. Il suo sogno era di viaggiare in incognito su un bus londinese a due piani.[28] La differenza consisteva nel fatto che quando Diana lasciava il suo mondo per il reparto di un ospedale o un ricovero per senzatetto, non lo fece mai con l'accondiscendenza tipica dei reali. Nell'ultima intervista prima della sua morte dichiarò a

Le Monde: «Mi sento molto più vicina alle persone dei ceti bassi che a quelle dell'alta società».[29]

All'epoca, non venne mai in mente né a lei né ad altri che l'empatia di cui era dotata potesse costituire un potenziale prezioso quanto quello di tipo intellettuale. In Inghilterra, le ragazze più intelligenti della piccola borghesia andavano all'università da diverse generazioni ma in poche, nella cerchia di conoscenze di Diana, avevano preso in considerazione questa possibilità. Nessuno si sarebbe sognato di suggerire a Diana di studiare per una professione nel sociale. Probabilmente le scelte della sua cerchia riguardo alla carriera da farle intraprendere dopo la scuola sarebbero state leggermente diverse, se la sua esperienza si fosse conclusa con vari riconoscimenti scolastici. Jane, la perspicace sorella maggiore, dopo gli studi condusse una vita che rappresentava una naturale conseguenza del suo percorso scolastico, esattamente come accadde per Diana, e nel caso di Jane questo significò trovarsi un'occupazione leggera presso *Vogue* dove le cosiddette *trustafarian*, di solito assunte dalle riviste di Condé Nast per le loro conoscenze, avrebbero potuto restare a galla fino a quando si sarebbe presentato il signorotto giusto. (Jane adescò il tranquillo Robert Fellowes, in seguito segretario privato della regina, figlio del fidato vicino degli Spencer che abitava in fondo al viale di Park House, l'amministratore dei terreni di Sandringham, Sir William Fellowes.) Sarah lavorò prima per *Vogue*, poi in un'agenzia immobiliare e quindi trovò un lavoretto part time presso *Universal Aunts*, un'agenzia di lusso che offriva servizi di baby-sitting e accompagnamento per bambini, che le lasciava una grande quantità di tempo libero da sfruttare per i lunghi party dei weekend. Nel maggio del 1980, all'età di venticinque anni, sposò l'imprenditore agricolo della contea del Lincolnshire, Neil Edmund McCorquodale.

Nel 1978, il conte Spencer mandò la sedicenne Diana a studiare buone maniere nella cittadina svizzera di Gstaad, presso l'istituto Alpin Videmanette, un'accademia *di affinamento dello stile* simile a quella che avevano frequentato la madre e le sorelle. Ci si aspettava che tornasse con un francese fluente e diplomi di cucina francese allettanti per i potenziali mariti. Diana, però, era troppo sicura delle sue abilità linguistiche per mettersi a parlare il francese e trascorse la maggior parte del tempo a sciare e scrivere lettere nostalgiche. La sua esperienza nella scuola di bon ton terminò dopo tre mesi. Tornò subito a trovare le sue amiche a West Heath, e in quell'occasione la direttrice Violet Allen la trovò molto dimagrita.[30]

Quando Diana compì diciotto anni nel 1979, il panorama sociale era talmente cambiato che l'ultima cosa che voleva era un ballo sfarzoso come quello organizzato per Sarah sei anni prima. Diana stava diventando adulta in un mondo in cui lo snobismo dell'aristocrazia femminile era quasi completamente scomparso. Il *coming out** aveva già iniziato ad assumere connotazioni differenti e più moderne rispetto a quello di tradizionale rituale in cui le ragazze più titolate trascorrevano il loro diciottesimo anno di vita frequentando balli, party e corse ippiche. Negli anni '70 ormai solo i nuovi ricchi, desiderosi di entrare nell'alta società potevano pensare di farsi pubblicità partecipando a tutti gli eventi della stagione. Alcune ragazze, le cui madri insistevano affinché non abbandonassero i vecchi riti, raccontavano agli amici di frequentare queste feste «solo per dovere», e si presentavano ai balli di beneficenza in motocicletta con coloratissime creste punk. Era in atto una recessione che avrebbe condotto alla sconfitta dei Laburisti e portato la signora Thatcher a Downing Street. I proprietari terrieri, sempre attenti a non provocare lotte di classe, avevano addirittura meno voglia del solito di ostentare le loro ricchezze. Al contrario, andavano di moda i balli *gang bang* multi-generazionali; una moda lanciata dalla regina nel 1970 quando, in un exploit di generosità, riunì il settantesimo compleanno della Regina Madre, di Lord Mountbatten, della principessa Alice di Athlone e del

* L'espressione *coming out*, «debutto in società», può indicare anche una «dichiarazione di omosessualità» (*N.d.T.*).

duca di Beaufort in un unico affollatissimo ricevimento con ottocento invitati al castello di Windsor. Il duca di Marlborough rispose per le rime nell'estate del 1976 con un altro ballo-abbuffata che si tenne a Blenheim Palace, festeggiando nella stessa occasione il suo cinquantesimo compleanno, il ventunesimo del figlio e il debutto in società della figlia Henrietta. Grazie al triplice pretesto, quando l'orchestra iniziò a suonare, gli invitati poterono lanciarsi nelle danze sfoggiando gioielli per un valore di venti milioni di sterline senza rimorsi di coscienza.

Diana era irrequieta, non essendo abbastanza emancipata per sfidare schemi ormai sempre più obsoleti, ma ancora abbastanza moderni da far venire voglia di rifuggirli. Le capitò tra le mani un articolo del *Daily Telegraph* che sembrava rivolgersi proprio a lei, trattando di fallimenti scolastici che con gli anni si trasformavano in successi strepitosi. Diana, la terza figlia che avrebbe dovuto essere un maschio, la bionda un po' ingenua che era sempre stata il bersaglio preferito delle scherzose manifestazioni di superiorità dei suoi fratelli più perspicaci, segretamente desiderava mostrare al mondo che era una star. Dietro il suo schivo tradizionalismo si intravedevano segnali di crescente determinazione. Pinzò con una graffetta i fogli dell'articolo del *Telegraph*, li fece scivolare sotto la porta del padre e cominciò ad assillarlo con la richiesta di trasferirsi dal Northamptonshire a Londra.[31] Tre mesi dopo abbandonò il suo temporaneo lavoro come babysitter presso degli amici in campagna e si trasferì a Londra, dove condivise l'appartamento di Knightsbridge della madre con due coinquiline.[32]

Il passo successivo consisteva nel trovarsi un lavoro umile, il più umile possibile. La scelta di vivere in un ambiente degradato faceva anch'essa parte del sistema di valori rovesciato degli *Sloane Rangers*, poiché rappresentava un modo per dichiarare che non si dipende dal proprio lavoro né per il denaro né per lo status. A dirla tutta, il lavoro doveva esse re palesemente insulso. *Tatler*, l'*house magazine* dell'alta so cietà, pubblicò un articolo nel 1984 intitolato: NOBS WITH

YOB JOBS [Ricconi con lavori inutili], che parlava di tutte le Lucinda e le Henrietta attualmente occupate a portare a spasso cani o a consegnare telegrammi cantati. Unico requisito necessario per accettare il posto: l'orario flessibile. La madre di Diana, che si stava ancora lamentando delle mancate abilità culinarie che la figlia avrebbe dovuto acquisire nella scuola di bon ton, la sollecitò a iscriversi a un corso di *haute cuisine* della durata di tre mesi. Il fatto che Frances continuasse a spingere Diana verso lo stesso tipo di vita che aveva annoiato a morte anche lei durante gli anni vissuti come moglie del conte Spencer, fa capire quanto fosse ancora forte l'attaccamento ai valori sociali del passato.

Diana viaggiava ogni giorno in metropolitana da Sloane Square fino alla casa di Wimbledon di Elizabeth Russell, una geniale reliquia vivente che istruiva le figlie della nobiltà sulla giusta consistenza delle salse, sulla morbidezza dei soufflé e sull'arte ormai perduta della leggerezza del pan di spagna con la marmellata.[33] Diana tenne duro per tutti e tre i mesi, andandosene con un bel diploma e con qualche chilo in più. Questa full immersion culinaria avrebbe dovuto portare a un anno o due di «Cucina per manager», lo strumento ideale per le ragazze che sognavano una carriera di mogli di uomini abbienti della City, ma Diana rimediò solo un paio di lavoretti per rifornire di qualche antipasto i party delle sue amiche.

«Avevo sempre le dita immerse in qualche salsa», ricordò.[34] A James Whitaker, futuro corrispondente mondano per il *Daily Star*, Diana sembrò « un po' tozza » quando la conobbe al matrimonio della sorella Jane con Robert Fellowes nell'aprile del 1978 alla Guards Chapel a Londra. Indossava « un brutto vestito rosa », ma lui notò la « luminosità dei suoi occhi blu cobalto » quando lei osservò, in modo piuttosto furbo: « Io la conosco... lei deve essere il perfido signor Whitaker, vero? Io sono Diana ».[35] La prebulimica Diana adorava il cibo, senza la complicazione che « ricomparisse più tardi »,[36] come disse una volta crudelmente il principe Carlo. Quando si sentiva ansiosa, era solita precipitarsi in strada a «divorare un'enorme porzione di pollo».[37] Il suo amico Rory Scott una volta vide Diana spazzolare un sacchetto da mezzo chilo di caramelle mentre giocava a bridge.[38] «Diana non aveva mai dato segni di instabilità o di disturbi alimentari prima. Era golosa e amava i dolci, il cioccolato e i biscotti. Ma questo è dovuto al fatto che era una simpatica ragazza di campagna»[39], riferisce Mary Clarke.

C'è qualcosa di incredibilmente toccante in questi anni così poco appariscenti di Diana, la «ragazza di campagna» persa in una vita apparentemente senza scopo nella zona SWI. Sapendo bene quale sarà il suo destino, possiamo interpretare quell'interludio come avrebbe fatto anche lei, ovvero come l'ultimo periodo di quiete trasognata prima che divampasse il futuro. Lo storico dell'aristocrazia David Cannadine suggerisce che gli aristocratici, vedendo dissolversi le loro riserve di manodopera a basso costo, si rivolsero alle proprie figlie per riempire il vuoto. Diana trascorse il suo diciottesimo e diciannovesimo anno di vita come una vera e propria cenerentola, facendosi trascinare da un lavoro temporaneo all'altro: incarichi poco stressanti e non impegnativi adatti al suo carattere accomodante, come occuparsi delle pulizie e accudire i bambini. La sua vita dopo West Heath rappresentava una semplice estensione della sua esistenza da clausura del periodo scolastico. Aveva conosciuto le coinquiline e gli amici in collegio o nel Norfolk; con loro condivideva la passione per i ristoranti italiani senza pretese, la musica pop di gruppi in voga come i Police e gli Abba e l'abbigliamento (gonne e cardigan tweed, camicie di Laura Ashley con volant increspati, scarpe basse con décolleté, capelli dal colore naturale). Come disse Peter York, vero e proprio barometro sociale della rivista *Harpers & Queen*, «Diana era una *sloane* a tutti gli effetti».[40]

L'insistenza di Diana sul fatto di essere intellettualmente inadeguata era perfettamente coerente con la volontà degli *sloanes* di non mettersi in mostra. Continuare a ripetere «Che stupida che sono» esprimeva un'ansia demografica di mantenere un profilo basso per evitare di attirare invidie.

Nella cultura delle celebrità di oggi, dove ci si aspetta che persino gli uomini della nobiltà si pavoneggino, tutto questo suona come la lingua perduta delle gru. «Queste ragazze ora sono molto più ambiziose» secondo il giudizio di York, il quale dovrebbe saperne abbastanza in proposito, avendo letto la loro bibbia, *The Official Sloane Ranger Handbook*. «Persino il più ignorante degli *sloanes* oggi pensa che ci sia qualcosa oltre la collina, anche se si tratta di Primrose Hill.»[41] Lungi dall'essere *ambiziosa*, la vita sociale di Diana si fondava sulla premessa di un'approfondita conoscenza. I nuovi incontri in genere cominciavano con un lungo scambio di nomi. Tu non sei il cugino di Henry Hambledon? Tuo fratello non andava a scuola con mio cugino Billie? E non eravamo tutti a quello stupido party con i fuochi d'artificio dieci anni fa, quando il cane dei Butler-Warings ebbe un infarto?

Le amiche appartenenti alla sua cerchia parlavano tutte con lo stesso accento, utilizzando uno slang serrato, non melodico, mangia-vocali che i ragazzi della nobiltà del nuovo millennio hanno nel frattempo rimpiazzato con uno slang da finti calciatori per nascondere la loro provenienza sociale. «House» era «hice». «Yes» era «yah». «Prince Charles» era «Pris Chos». Le persone noiose erano «pesanti»; una persona anziana noiosa era un «pasticcione»; i party in cui si rischiava di essere coinvolti in conversazioni di politica o di attualità erano definiti «terribilmente adulti». Il posto in cui si pensava di passare il weekend veniva indicato con il nome della contea, non con quello della località; si diceva: «Questo venerdì penso di andare nel Wiltshire», e mai: «Penso di andare a West Stowell». Gli *sloanes* non si arrabbiavano mai, potevano diventare «davvero furibondi» ma non per cose importanti. Una dimostrazione di sentimento genuino, soprattutto durante una discussione, sarebbe stata accolta con una frase di sorpresa del tipo: «Scusa, non pensavo ci tenessi così tanto».

Il *curriculum vitae* di Diana, privo di eventi di rilievo, offre occasionalmente dei misteri affascinanti che sono l'equivalente di basso valore dei mesi persi da George Bush nella Guardia Nazionale; nel suo caso, la domanda è cosa accadde alla sua carriera come insegnante di danza. Nel gennaio 1979, di nuovo su suggerimento della madre, firmò un contratto di tre anni come insegnante apprendista presso lo studio di Kensington gestito da Madame Vacani, la *grande dame* che aveva lasciato il segno ballando a West Heath. Nel suo nuovo lavoro, Diana doveva dare lezioni di *plié* e piroette a più di una dozzina di bambini di due anni. In teoria si trattava di una situazione ideale, perché combinava il suo amore per la danza classica con la sua affinità con i bambini più piccoli. Tuttavia, lei sperava anche che Madame Vacani notasse le sue qualità da star, lanciandola verso il successo. Dopo tre mesi smise di andare al lavoro. Senza spiegazioni. Smise semplicemente di andarci. Un resoconto riferisce che Diana si era strappata i legamenti in un incidente sulle piste da sci. Secondo un'altra versione, l'infortunio alla gamba non fu così grave. Giustificò la sua assenza dallo studio della Vacani dicendo che si era fatta male al piede e non era più in grado di insegnare danza. La verità, probabilmente, è che Cenerentola si era stancata di aspettare la carrozza di vetro e aveva perso interesse. Così abbandonò le fantasticherie sulla celebrità a favore di un rinnovato servilismo domestico simile alla trance.

Nel luglio del 1979 andò a vivere al numero 60 di Coleherne Court, un isolato composto da villette a schiera nel raffinato ma non appariscente quartiere di South Kensington (più vicino alla zona di Earls Court che a quella centrale e alla moda di South Ken), con ascensori in mogano e giardino in comune. Sarah aveva trovato l'appartamento con tre camere da letto per lei mentre lavorava nell'agenzia immobiliare di Savills, e Diana lo divideva con altre tre *sloanes*: Carolyn Pride, Virginia Pitman e Anne Bolton. Il suo acquisto fu finanziato con le 50.000 sterline di un lascito dalla ricca bisnonna americana, madre di Lord Fermoy, Fanny Work.[42] Parlando con un reporter dei tabloid delle sue compagne di appartamento, Diana disse: «Pagavano l'affitto a me». La sua apparente ingenuità rivelava comunque che lei era la proprietaria della casa e non una semplice inquilina.[43] La scrittrice e giornalista Danae Brook, che abitava al piano di sotto, descrive Coleherne Court come « quel posto in cui i genitori possono stare tranquilli perché le figlie sono al sicuro. C'era una lista di attesa per gli appartamenti. Era quasi come un club esclusivo. » Le madri delle debuttanti lasciavano là le figlie mentre studiavano stenografia o lavoravano in un asilo nido in attesa di sposarsi. In quei giorni di agonia del vecchio sistema sociale, disse Brook, Diana era semplicemente una delle tante ragazze che andavano e venivano.[44]

Diana mantenne un profilo basso a Coleherne Court. Si fece carico dei lavori domestici e preferiva alzarsi prima della fine del pasto per sparecchiare la tavola piuttosto che sopportare la vista dei piatti sporchi. Il fotografo Dmitri Kasterine andò a cena da loro, su invito di una delle sue coinquiline e a metà della cena Diana rientrò da un appuntamento galante. « Pensai quanto fosse strana quella ragazza. Aveva questo modo furbetto e al contempo timido di guardarti, riusciva a malapena a guardati in faccia; e anche se non aveva cenato con noi, si precipitò al lavandino e cominciò a lavare tutti i piatti. Era totalmente anonima. »[45] Diana amava lavare e stirare le camicie per i suoi amici. In un umiliante gesto di compassione fraterna, Sarah Spencer la assunse per una sterlina all'ora per pulire l'appartamento che divideva con un'altra ragazza, Lucinda Craig Harvey. Quando Diana si fidanzò con il principe Carlo, rispose alla lettera di congratulazioni di Lucinda: « Sono passati i giorni del Cif e degli strofinacci. Mia cara, li vedrò ancora in vita mia? »[46]

Nell'autunno del 1979, Diana trovò uno dei due lavori part time che avrebbe svolto: fu assunta come assistente presso l'asilo nido di Young England a Pimlico, gestito da Kay Seth-Smith, diplomatasi a West Heath anni prima. Era situato nella modesta sala di una chiesa con un pianoforte stonato, ma era l'asilo preferito per i bimbi privilegiati come il nipote dell'ex primo ministro Harold Macmillan o il figlioletto del futuro ministro dell'agricoltura Peter Walker. Dall'altra parte della strada c'era la scuola pubblica di Pimlico, dove spesso sostavano i ragazzi della classe operaia per scaccolarsi davanti alle educatrici disgustate o fare le fusa alle Bentley allineate all'esterno del piccolo asilo.[47] Sei mesi dopo Diana si presentò all'agenzia per baby-sitter *Occasional and Permanent Nannies* a Beauchamp Place rendendosi disponibile per due giorni la settimana, con la consapevolezza che non si sarebbe avventurata in ambienti estranei, al di fuori della «zona verde» di Sloane Square/Belgrave Square. I patti prevedevano anche che non avrebbe mai lavorato come baby-sitter di sera e che avrebbe avuto i fine settimana liberi per socializzare. Fu assunta da una famiglia americana, i Robertson.

«Quando si presentò alla mia porta a Belgrave Square pensai che era molto carina ma paffutella e piuttosto in carne, con i capelli spessi e ben truccata», mi disse la signora Robertson quando mi raggiunse per un pranzo a New York da Millbrook, l'esclusiva cittadina nel nord dove attualmente vive.[48] È quel tipo di mamma solida, brillante e concreta, ora in pensione, completamente diversa dalle donne della cerchia protetta degli Spencer. Il figlio di nove mesi dei Robertson, Patrick, si affezionò subito a Diana. «Era meglio di tutte le altre ragazze che si erano presentate per il posto, un fenomeno come baby-sitter. Amava i bambini, parlava e vestiva bene. Aveva i piedi per terra, era felice di sbrigare commissioni e di lavare i piatti. Sembrava le piacesse realmente dedicarsi alle faccende domestiche. Diceva sempre di essere un po' stupida.»[49] Non appena arrivava e vedeva Patrick, Diana si sedeva sul pavimento con lui e giocava in un modo così semplice e affettuoso che la madre del bambino andava al lavoro a cuor leggero.

Quando l'assunse, la signora Robertson non immaginava assolutamente che Diana fosse la figlia di un conte o che la sorella, Jane Fellowes, grazie al lavoro del marito come segretario privato della regina, vivesse in un appartamento messo a disposizione gratuitamente dalla sovrana a Kensington Palace e potesse usufruire per le vacanze di un villino nella proprietà di Balmoral. «Non ci diceva mai dove andava nei weekend. Diana diceva: 'Porto Patrick da mia sorella che vive a Kensington', ma non diceva mai 'che vive a Kensington Palace'. Era molto riservata. Neanche a me rivolse mai domande personali.»[50] La signora Robertson non poteva nemmeno immaginare che quando le diceva di andare in Scozia per stare con la sorella, sarebbe andata nella proprietà di Balmoral e che sarebbe stata coinvolta in attività regali con il principe Carlo.

«La routine di Diana con Patrick era giocare sul pavimento con giocattoli e costruzioni e fare molte, lunghe passeggiate all'aria aperta. Al mattino lo salutava sempre con un abbraccio e lo stringeva a sé prima di andarsene la sera. Lo imboccava a colazione e a pranzo, gli dava gli omogeneizzati, lo yogurt o le uova strapazzate finché non fu in grado di masticare. Raramente il bambino faceva un sonnellino.» Patrick amava farsi raccontare storie, per questo Mary stabilì una routine che Diana continuò a seguire. «Gli leggeva o cantava le filastrocche e gli chiedeva, 'Dov'è il coniglietto?' oppure 'Dov'è il cagnolino, l'albero, la casa, il gatto?' o altro ancora. E lui con il suo splendido sorriso indicava con il dito la figura giusta sulla pagina.»[51] L'unico disaccordo che la signora Robertson ebbe con la sua tata perfetta si era verificato una volta, prima di cena. In uno dei suoi attacchi aggressivi di fame nervosa, Diana spiluccò e finì tutto lo stufato lasciato sul fornello a bollire per la cena. La Robertson trovò il gesto «un po' strano» e lasciò un biglietto di rimprovero.[52] Me ne parlò in questi termini: «Le dissi che non era un problema, che era più che benvenuta per ogni cosa in casa ma la pregai almeno di avvisarmi quando finiva qualcosa, in modo da poter rimediare prima della chiusura dei negozi». Diana, «sempre gentile e accomodante», rispose: «Certamente, signora Robertson, sono davvero dispiaciuta di avere creato questo inconveniente».[53] Poco dopo, la Robertson trovò sul divano un assegno emesso da una delle banche più prestigiose di Londra, Coutts, che riportava l'intestazione *Lady Diana Spencer* nell'angolo in basso a destra. Bene. Fu in questo modo che Diana fece sapere alla padrona di casa che, dopotutto, lei non era solo e semplicemente la sua baby-sitter.[54]

La signora Robertson attese una o due settimane prima di dirle con nonchalance: « Bene, bene, così ho dovuto capire chi sei dal nome sull'assegno ».[55] Diana sorrise, fece un gesto di indifferenza con la mano e disse: « Ah, quello ».[56] Una volta chiarito lo status sociale, si può fingere che non abbia una grande importanza. Quando la signora Robertson si mostrò interessata a visitare Althorp, Diana la sorprese con un commento fortemente dispregiativo, dicendole che ora aveva l'aspetto di un bordello. Raine si era conquistata un posto sempre più importante negli affetti del conte Spencer; lui riteneva che lei gli avesse salvato la vita quando aveva avuto un'emorragia cerebrale nel settembre 1978. Tra furiose litigate con i figli all'ospedale, assunse il comando usando la sua formidabile agenda degli indirizzi per procurarsi un farmaco miracoloso non ancora sul mercato. Incoraggiata dalla gratitudine del marito, decise di togliere quel velo di cortesia che nascondeva l'ostilità con i suoi irritanti figli. « Sono davvero stufa di questa pagliacciata della matrigna cattiva », disse a Jean Rook dell'*Express*. « Non potrò mai apparire come un essere umano perché alla gente piace vedermi come la madre di Dracula. »

Ora che era venuta a conoscenza del pedigree di Diana, la signora Robertson considerava ammirevole ma sconcertante la sua volontà di occuparsi dei lavori domestici. Diana non aveva dato nessun segnale di ribellione del tipo che la Robertson si sarebbe aspettata di incontrare nel suo paese, negli anni del postfemminismo. Come americana, era sbalordita da « quanto fossero antiquate » le donne britanniche, secondo lei in ritardo di una generazione. « Non c'erano donne assunte nella banca dove lavoravo. Diana si occupava di compiti così incredibilmente umili. E, paradossalmente, il lavoro da baby-sitter a casa mia era molto meno umiliante che pulire gli appartamenti degli amici di Sarah. »[57]

Nello stesso periodo in cui Diana si trasferì a Coleherne Court, io passai alla redazione di *Tatler* con l'incarico, all'età di venticinque anni, di far rivivere la fortuna avuta dalla rivista *Hello!* di Gosford Park. Nell'estate del 1980, il team di *Tatler* stava cercando delle donne dai capelli rossi per un servizio di moda e, visti i riccioli rosso carota acceso di Lady Sarah Spencer, ipotizzarono che anche la giovane sorella Diana avesse i capelli rossi. La responsabile del settore moda di *Tatler*, Gabé Doppelt, ora direttrice della rivista *W* di Los Angeles, ha ancora gli appunti relativi a questa ricerca. Accanto al nome e all'indirizzo di Diana Spencer a Coleherne Court, la Doppelt annotò: « No. In realtà è bionda e ha detto di essere timida ».[58]

A *Tatler*, eravamo affascinati quanto la signora Robertson da come Diana apparisse socialmente antiquata. Prima che tutta la stampa si occupasse di lei, il nostro staff editoriale era impegnato a fare la cronaca dell'ascesa di un modello di donna diametralmente opposto: le anti-debuttanti metropolitane, ragazze provenienti dagli stessi ambienti delle cugine campagnole ma più sveglie, più influenzate dai media, più ambiziose di fare carriera.

Sembra che tutte le ragazze su cui erano puntati i riflettori di *Tatler*, allora, stessero girando piccole parti in film artistici o decollando per lo Sri Lanka per concedersi un anno di vacanza prima di entrare a Oxford o Cambridge, oppure posando per l'*Interview* di Andy Warhol. L'evento sociale che chiuse gli anni '70 fu la sfrenata, eclettica e fantasiosa festa in costume nell'Hampshire per celebrare il quarantesimo compleanno di Nicky Haslam, un mondano decoratore di interni. Haslam, vestito di seta bianca come un rajah indiano, accolse gli ospiti che andavano da mitiche figure dell'alta società come Lady Diana Cooper e Sir Cecil Beaton a celebrità come Mick Jagger, Rupert Everett e Joan Collins. Il fratello di Camilla Parker Bowles, Mark Shand, si presentò insieme a uno stuolo di cugini con trucco bianco e bombetta alla Malcolm McDowell di *Arancia meccanica*. Lady Lambton, moglie del politico conservatore che perse il posto nel Gabinetto nel maggio 1973 per la sua relazione sadomaso con una prostituta, si presentò vestita da principessa-ranocchio in muta subacquea. «Si può sempre distinguere un gentleman dalla qualità delle droghe di cui fa uso», mi disse un esuberante Lord Hesketh mentre facevamo la fila per il buffet. Nessuna traccia di Lady Diana Spencer o della sua famiglia.

Il suo carattere docile fu immortalato in due pagine di *Tatler* appena prima del suo fidanzamento con il principe Carlo. Vi si leggeva: «In Gran Bretagna, sono rimaste davvero in poche le ragazze che non sono state a letto con Jasper Guinness o con il principe Stash Klossowski [due uomini di mondo di quel periodo] e tutte sono amiche di Lady Diana Spencer». Sotto l'articolo comparivano le fotografie e brevi biografie delle coinquiline e degli amici di Lady Di. Virginia Pitman, ventun anni, una ragazza di campagna con i capelli castani mossi: «Dopo aver lasciato la scuola di Hatherop Castle, e dopo un breve periodo dietro il bancone di Asprey, ha seguito un *Corso di cucina per cuoche provette* e un *Corso di cucina per manager in città*», si leggeva nella sua biografia. «Sta per iniziare un corso di cucito cinese. Il pesce rosso Battersea, accoccolato tra le alghe di plastica dell'acquario di Harrods, è un argomento costante di conversazione.» Le altre brevi descrizioni degli amici di Diana parlavano di Caroline Harbord-Hammond, vent'anni, con informazioni sulle sue «settimane bianche a Mirabelle... e sei mesi di lavori temporanei; non ricordo dove»; del rampollo di una famiglia di viticoltori, Simon Berry, ventitré anni, «famoso a Eton per la sua precoce produzione di *Winnie the Pooh* di A.A. Milne»; Mary Ann Stewart-Richardson, vent'anni, «estremamente rilassata, trotterella sui terreni paludosi dell'East Anglian sul pony della casa di campagna dei genitori, Creake Abbey»; e Sophie Kimball, che «si divide tra le battute di caccia nel maniero di Great Easton, nella brughiera di Altnaharra, Lairg, e le passeggiate a guardare le vetrine lungo Sloane Avenue».[59] Dietro le nostre didascalie si poteva avvertire un tono malizioso e ironico, ma le ragazze delle fotografie non ne erano consapevoli. *Tatler* era la loro rivista preferita e il fotografo del *Daily Express*, Steve Wood, in seguito usò la sua collaborazione da libero professionista con la nostra testata come biglietto da visita per avere accesso a Coleherne Court. In un'occasione si presentò astutamente portando in dono fotografie patinate delle compagne di appartamento di Diana, nella speranza di riuscirle a scattare una foto al volo. Gli dissero che lei era troppo afflitta dal dolore per farsi vedere: Battersea, il pesce rosso, era morto e lei era in un mare di lacrime.[60]

Mary Robertson non trovò alcuna traccia di un amico speciale nella vita della sua baby-sitter, ma Diana era davvero così moralmente integra e pura come appariva? Lady Colin Campbell, nel suo fumoso libro *The Real Diana*, cita un paio di compagni di letto anonimi che parlano di Diana come di una partner sessuale passionale, che amava le effusioni dopo l'amore, ma nessuno ha mai fornito una dichiarazione convincente, documentata, di aver avuto rapporti sessuali con lei prima di Carlo. Sono più propensa a pensare che Diana avesse costruito uno scudo protettivo intorno alla fantasia del suo principe azzurro, nella quale aveva riposto tutte le sue scorte di amore e dolore. Frequentava prevalentemente il tipo di ragazzi che il comico Harry Enfield definiva «*Tim Nice-but-Dim*» (bellocci ma un po' tonti) che provenivano direttamente dalle sue conoscenze dell'infanzia.[61] «Non ho mai sentito alcuna testimonianza a proposito di sesso prematrimoniale di Diana; la cosa è improbabile quanto il fatto che un cavallo a dondolo faccia la cacca», disse un vecchio amico.[62] Un altro ammiratore, Rory Scott, un tenente di polizia della Life Guard, all'epoca trovava Diana dotata di «molto sex-appeal. Avrei desiderato che la nostra relazione non fosse esclusivamente platonica, come, invece, fu fino alla fine. Diana sembrava sempre distante, dava sempre l'impressione di avere dentro di sé qualcosa che non si sarebbe mai svelato».[63] Ciò che Scott non sapeva era qualcosa che le sue bambinaie di Park House invece avevano imparato a proprie spese, e cioè che era pericoloso respingere Diana. James Gilbey, erede bello e muscoloso di un impero del gin, pagò caro il fatto di averla bidonata in occasione di un appuntamento. Per vendetta, Diana preparò una pastella di uova e farina con l'aiuto di una compagna di appartamento, Carolyn Pride, e la versò sulla sua Alfa Romeo.[64] Per quanto riguarda Gilbey, la storia con Lady Diana Spencer era chiusa, finché non la incontrò ancora nel 1989 a casa dell'amica Julia Samuel.[65] In quel momento il matrimonio di Diana era in caduta libera e lei era in cerca di una preda, e desiderosa di concludere l'affare che avevano lasciato in sospeso.

Iniziò un'amicizia duratura con un allegro studente di medicina, James Colthurst, secondo figlio di un baronetto irlandese, la cui famiglia risiedeva a Blarney, luogo depositario dell'omonima pietra magica (e sembrava averne ereditato il fascino loquace). Lo incontrò durante una vacanza sulla neve in uno chalet in Val Claret, sulle Alpi francesi; lui era con Simon Berry e un gruppo di amici di Eton. Quando si procurò quel misterioso infortunio alla gamba e fu costretta a fermarsi una settimana, Diana saltò da uno chalet all'altro e trascorse il resto della vacanza tra allegre serate in discoteca e dormite sul loro divano letto. Quando tornavano dalle piste, gli sciatori trovavano Diana a servire tè e biscotti. «Penso che la 'ferita' alla gamba fosse solo una scusa per non sciare», disse Colthurst sorridendo.[66]

Tornati a Londra, Colthurst divenne un frequentatore abituale delle cene a Coleherne Court e iniziò ad accompagnare Diana a teatro. «La portai a vedere *My Fair Lady* e lei ne rimase completamente incantata. Dopo lo spettacolo volle andare a vedere il vero Covent Garden e così alcuni di noi uscirono in punta di piedi alle quattro del mattino e tornarono con una scatola di arance.»[67] Alle quattro del mattino? No, mi dispiace: questo non è indice di una notte di sesso. Oggi il dottor Colthurst è risoluto nell'affermare di non avere avuto nessuna relazione fisica con Diana, anche se divenne il suo confidente dopo il matrimonio con il principe Carlo. Fece da intermediario quando Diana era alla ricerca di una persona di fiducia cui dettare la storia del suo matrimonio per il libro di Andrew Morton. Il dottor Colthurst non riesce ancora a spiegarsi perché, nonostante la loro amicizia intima, sia stato escluso dal matrimonio di Diana con il principe Carlo nella cattedrale di St Paul; i compagni di appartamento di Coleherne Court, tutti inclusi nella lista degli invitati, gli chiesero di partecipare alla loro festa postmatrimonio.

Altri partecipanti a quella vacanza sulla neve a Val Claret ricordano che rimasero sbigottiti quando, una sera, Diana annunciò che aveva intenzione di sposare il principe Carlo: «Non disse: *voglio* o: *mi piacerebbe*, ma: *ho intenzione di*». La dichiarazione era tanto più insolita dal momento che l'aveva incontrato solo nei campi di Althorp. Incuriositi le chiesero perché ne fosse così sicura, e Diana rispose: «È l'unico uomo sulla faccia della terra che non può chiedermi il divorzio».[68] Simon Berry dice che, tornati a Londra, a volte la portava in giro in macchina la sera. «Una volta passammo davanti a Buckingham Palace. Ricordo che disse: 'Giraci intorno ancora un paio di volte'. Era tarda notte. Mi chiedeva: 'Che ne pensi? Che ne pensi? Pensi che io abbia delle speranze?' Io risposi: 'Mi sembra che ci siano molte più probabilità che tu possa diventare una ballerina'. E lei disse: 'Potrebbe essere divertente. Come Anna Bolena o Ginevra!' Io risposi: 'Mi auguro proprio di no'.»[69]

Il dottor Colthurst rivela che secondo lui Diana era sempre tra le nuvole. «Era trasportata dalla forza dei sogni e in seguito, quando si misero in moto gli ingranaggi della stampa e il palazzo prese il sopravvento, trasformando tutto in questa grande favola, lei poté finalmente rilassarsi, privandosi di ogni responsabilità. Era più grande di lei.»[70]

Diana non confidò alla signora Robertson le sue fantasie sul matrimonio con l'erede al trono, ma era ovvio che fosse affascinata da lui. Nel settembre del 1980, dopo essere stata fotografata la prima volta con il principe, la signora le chiese se stava nascendo qualcosa. «Non proprio» rispose Diana. «Dopo tutto, lui ha trentun anni e io solo diciannove. Non mi ha mai presa sul serio.»[71] La Robertson, non convinta dalla risposta evasiva, fu abbastanza lungimirante individuando nelle letture di Diana i segni di qualche contraddizione. Quando Diana si presentò al lavoro con un romanzo rosa di Barbara Cartland infilato sotto il braccio, la Robertson sperò che non si trattasse del suo genere preferito di letture. Come potrebbe andare bene per Carlo, si chiese, un uomo conosciuto per le sue letture pesanti, come i libri di Carl Jung e del guru dei viaggi mistici Laurens van der Post? La signora Robertson, diplomaticamente, suggerì a Diana di elevare il livello delle sue letture e magari anche di «dare una sfogliata al *Times* o al *Daily Telegraph* ogni giorno, per essere un po' più aggiornata sui fatti di attualità se vuoi tenere il passo con il principe Carlo».[72] Era preoccupata che l'infatuazione di Diana per il «meraviglioso, perfetto» Carlo «fosse basata su un'immagine romantica di lui, e non sull'uomo che era veramente».

Nel 1993, all'età di novantadue anni, la stessa Barbara Cartland dichiarò: «Gli unici libri che ha letto nella sua vita sono i miei e non erano assolutamente adatti per lei».[73]

L'ascesa della bestia

Hai appena fatto una cosa estremamente stupida.
(Il principe Carlo a Lady Sarah Spencer, marzo 1978)

Poco prima che Diana Spencer irrompesse in modo tanto prorompente sulla scena pubblica, una sorta di «surriscaldamento globale» del giornalismo stava cominciando ad alterare l'ecoequilibrio fra la stampa britannica e la famiglia reale. Le luci della ribalta, che all'inizio Diana aveva gradito, mettendosi in posa e sorridendo per i fotografi, si fecero sempre più calde e impietose. Il progressivo surriscaldamento degli imperativi di una stampa invadente si scontrava sempre più spesso con il mite bisogno umano di riservatezza; le piogge sparse lasciarono il passo a violenti acquazzoni e poi a uragani spettacolari quanto, in definitiva, mortali. La vera tragedia del disastro del tunnel di Parigi nel 1997 fu che Diana stessa aveva accelerato il cambiamento climatico che finì per renderle la vita letteralmente impossibile.

Per gli americani, abituati alle blande testate locali omogeneizzate dagli aridi monopoli delle grandi catene e privi di quotidiani nazionali, a eccezione dell'asettico *USA Today*, della pacata edizione nazionale del *New York Times* e del sobrio *Wall Street Journal*, il volume e la varietà della carta stampata britannica trasmette una sensazione di sconcertante promiscuità. Nel 1980 i dieci quotidiani nazionali vendevano venti milioni di copie, più copie pro capite che in qualunque altro paese del mondo. La loro collocazione relativa lungo lo spettro del sensazionalismo è rimasta la stessa, ma lo spettro in sé si è spostato bruscamente verso l'estremo scandalistico, una tendenza accelerata dal ricorso al giornalismo prezzolato: l'abitudine di comprare fonti regolarmente denunciate e regolarmente sostenute. Nonostante l'avvento di Internet, i britannici restano voraci lettori di quotidiani e ne acquistano spesso più di uno. Questo fatto, insieme alla compattezza del paese e alla ben radicata cultura delle edicole, rende impossibile ignorare il giornaliero infuriare di titoloni, immediatamente ripresi dalla televisione. Quando tutti i giornali si scagliano contro qualche personaggio pubblico, il che al giorno d'oggi avviene di continuo, ti invadono la vita. Sono pubblicizzati a ogni edicola. Ti attraversano lo schermo come fulmini. Ti ronzano in testa tutto il giorno come una febbriciattola. Paradossalmente, sono proprio il talento della stampa scandalistica britannica e il suo spettacolare slancio professionale a renderla così temuta dai suoi soggetti e bersagli. Per mettere in scena le quotidiane crocifissioni vengono utilizzati articoli di qualità e le presentazioni più teatrali. Viene messa in campo una grande quantità di orgoglio professionale e di competizione per trovare l'aggettivo più micidiale.

La famiglia reale, un tempo, era immune dalle offese di routine. Ma in trent'anni il trattamento dei reali da parte dei rotocalchi si trasformò da benevolo a malevolo senza passare per la magnanimità.

Il 2 giugno 1953, il giorno in cui la giovane regina Elisabetta venne incoronata, la stampa popolare seria salutò una nuova era elisabettiana, una gioiosa rinascita della grandezza britannica. La sua incoronazione, la prima mai trasmessa in televisione, fu contemporanea alla notizia che una squadra britannica aveva conquistato l'invincibile Everest facendo sventolare la bandiera britannica sulla vetta (e poco dopo Roger Bannister batté il record dei quattro minuti nella corsa del miglio). Dopo l'austerità degli anni di guerra, il razionamento del cibo terminò nel 1954, i prezzi erano bassi, così come il costo del lavoro, e l'economia era in ripresa. Nel 1950 la maggioranza dei laburisti in parlamento si ridusse a soli cinque seggi e diciannove mesi dopo l'anziano ma ancora eroico Winston Churchill riconquistò il ruolo di primo ministro con una maggioranza di conservatori. Il periodo del lutto per la morte di re Giorgio VI fu seguito dall'esplosione dell'esuberanza nazionale fino ad allora repressa, della quale beneficò la nuova regina Elisabetta II. L'anno della sua incoronazione fu una vera esplosione di gioia, con feste di strada nell'East End e scintillanti feste da ballo a ripetizione a Mayfair. Le debuttanti di quella stagione parteciparono a baccanali a rotta di collo, a base di uova di gabbiano in nidi di paglia, colazioni all'alba con champagne e torte alte un metro e venti, illuminate da candeline elettriche d'argento. Per chi vive nella superficiale cultura odierna, fatta di meteore che indossano gioielli presi in prestito e calpestano il tappeto rosso passando a fianco a un irridente zoo di paparazzi che si spintonano e inveiscono, è difficile immaginare un'era dal fascino così elitario o così evidentemente privato. L'assenza di una qualunque copertura mediatica che non fosse positiva consentiva una spontaneità che ora non sarebbe possibile. La stampa in queste feste trasgressive era selezionatissima e sempre adulante, e giornalisti di quotidiani popolari come l'*Evening Standard* godevano di una facilità di accesso per la quale, oggi, molti loro colleghi sarebbero disposti a uccidere. Non esistevano problemi di sicurezza né si temevano eventuali tradimenti da parte della stampa.

Reali giovani e alla moda giravano per tutta la città con una libertà straordinaria. Non venivano braccati, non avevano guardie del corpo, le loro parole non erano riportate in modo errato. Se vi fosse capitato di partecipare a un qualunque evento importante nell'anno dell'incoronazione, avreste potuto incrociare la vivace Regina Madre (all'epoca appena cinquantunenne) in tiara di diamanti. «Sembrava muoversi sempre in punta di piedi», mi disse l'ex idolo delle debuttanti Shaun Plunket. «Aveva un atteggiamento assolutamente naturale, anche con indosso i gioielli più eleganti, aveva la capacità di essere se stessa, e non dava mai l'impressione di aver preso in prestito il corpo di qualcun'altra per una grande occasione.» Oppure avreste potuto vedere la sensuale ventiduenne principessa Margaret vestita di tulle bianco o, evento ancora più emozionante, sua sorella maggiore, la luminosa, seria, flemmatica giovane regina in persona, che ballava il valzer vestita di raso cangiante con il principe Filippo. «Tutti gli occhi erano puntati su Sua Maestà» raccontava Plunket. «Era così giovane ed era così tanto tempo che non avevamo una regina sul trono. E le sole cose che avessimo mai letto su di lei erano positive.»[1]

È proprio questo il punto. Nessun reale da allora ha potuto conservare il suo mistero così straordinariamente intatto. C'è qualcosa che ancora non sappiamo sul principe Carlo, compreso il fatto che desidera reincarnarsi in un assorbente interno? All'epoca, la regina non poteva sbagliare, e con lei tutta la famiglia reale. La rabbia manifestata contro uno storico conservatore, Lord Altrincham, fu immensa quando questi, in un'oscura pubblicazione, suggerì che Sua Maestà era troppo attaccata alle classi superiori e che era una donna che dava l'impressione di essere come «il perfetto capitano di una squadra di hockey, recentemente candidato a essere riconfermato».[2] Il duca di Argyll insistette che Altrincham andava impiccato, sventrato e squartato; la BBC eseguì l'equivalente moderno di questa sentenza rimuovendo prontamente Altrincham dal programma *Any Questions*, il suo forum simbolo dedicato ai dibattiti pubblici. Fu schiaffeggiato per strada. I membri dei club si ritraevano nell'angolo opposto della sala da tè appena entrava. Altrincham, che poco dopo si trasformò nel comune cittadino John Grigg, osservò: «C'era un'atmosfera di deferenza quasi servile da parte di chiunque detenesse una posizione di autorità, fossero politici, prelati, editori di giornali, direttori d'impresa. Avevano tutti questa sorta di atteggiamento di accettazione acritica di qualunque cosa venisse fatta dalla famiglia reale».[3]

Il tristemente famoso Altrincham, che in realtà credeva

molto nella monarchia come istituzione, scosse profondamente l'establishment, ma fu un membro della famiglia reale ad aprire la prima crepa nella cultura di massa della deferenza. La scheggia impazzita fu la principessa Margaret, la sorella minore e più salace della regina. Sconvolta dalla morte del padre, cercò conforto non solo nelle preghiere nella chiesa di St Paul a Knightsbridge, ma anche nella compagnia di un uomo che aveva ricoperto un'alta carica alle dipendenze di suo padre, un eroe di guerra della campagna di Bretagna, un uomo di diciassette anni più vecchio di lei che aveva incontrato quando ne aveva ventuno: il capitano di brigata Peter Townsend. Una perfetta storia d'amore? Purtroppo no. Il matrimonio era fuori discussione. Townsend era divorziato (come Wallis Simpson) e, cosa forse ancora peggiore, era un membro dello staff. In base alla legge reale sui matrimoni del 1772, nessun principe o principessa reale poteva sposarsi prima dei venticinque anni senza il permesso del monarca e del parlamento.

Margaret e Townsend furono scorti in atteggiamenti confidenziali all'incoronazione della regina Elisabetta da una giornalista dagli occhi di falco del *Sunday Mirror*, Audrey Whiting. Il suo direttore rifiutò di pubblicare alcunché al riguardo. Non voleva «rovinare la giornata delle signore».[4] L'atteggiamento protettivo che la gente aveva all'epoca nei confronti della famiglia reale era reso evidente dal fatto che i pettegolezzi sulla nuova storia d'amore di Margaret fiorivano da settimane nella stampa europea e americana senza che una parola arrivasse sui giornali o nelle trasmissioni britanniche. Ma fu il *Daily Mirror*, il cui battagliero direttore editoriale gallese, Hugh Cudlipp, decise di prevaricare sui suoi capi, che ebbe l'impudenza – un vero oltraggio! – di trasformare la questione della vita amorosa di Margaret in una crociata populista. Il *Times* si era già assunto il supponente ruolo di voce della Gran Bretagna, dichiarando che la famiglia reale era un simbolo della vita familiare e che sarebbe stato un danno per la monarchia se la sorella della regina avesse sposato un uomo divorziato. Ma per Cudlipp il suo giornale rappresentava il nuovo coraggioso britannico che aveva superato due guerre mondiali e al quale non interessava più «sapere che posto gli spetti nell'ordine di beccata della società». Il suo *Daily Mirror* lanciò un sondaggio per sapere se Margaret e Townsend dovessero sposarsi, rivolgendosi a una principessa reale con un vernacolo da strada: SU, MARGARET, DECIDITI![5]

Una tale intrusione nella vita privata di un membro della famiglia reale fu considerata profondamente offensiva, un fremito di potere della folla travestito da democrazia. Provocò la prima protesta presso il Consiglio della stampa, un organo «dei grandi e dei buoni» di nuova creazione che aveva il compito di tenere sotto controllo le intemperanze della stampa utilizzando la forza morale, e il Consiglio della stampa censurò, com'era opportuno, il *Daily Mirror*. Violare la privacy in questo modo, dichiarò, era «contrario alle migliori tradizioni del giornalismo britannico».[6]

La principessa pervenne a una decisione dopo una riunione di famiglia durante la quale il principe Filippo, chiedendosi sarcasticamente dove la disgraziata coppia avrebbe potuto vivere una volta cacciata da Buckingham Palace, commentò: «Non è impossibile comprare casa di questi tempi». Un atteggiamento sleale nei confronti di una principessa di sangue blu che aveva girato per le strade dei villaggi d'Inghilterra e del Commonwealth stringendo mani sin dall'età di sedici anni. Così lei si recò dall'arcivescovo di Canterbury per dirgli che dopo tutto non avrebbe avuto bisogno dei suoi consigli spirituali. «Consapevole degli insegnamenti della Chiesa in base ai quali il matrimonio cristiano è indissolubile, e conscia dei miei doveri nei confronti del Commonwealth, ho deciso di porre queste considerazioni al di sopra di tutte le altre» dichiarò. Rinunciò all'amore della sua vita. «Lo Spirito Santo è davvero meraviglioso», replicò l'arcivescovo.[7] Anni dopo, Margaret commentò a modo suo il clima ostile che si era creato nei suoi confronti, quando incontrò Sir Alan (Tommy) Lascelles, segretario privato della regina, che si recava a imbucare una lettera dai suoi alloggi a

Kensington Palace. Secondo il suo autista, gli ordinò di investire quel bruto![8]

I detentori del potere, quelli dell'epoca, avrebbero dovuto permettere a Margaret di sposare Townsend. In fondo si trattava di un veterano di guerra, di un gentiluomo, un uomo intelligente, educato e rigido che avrebbe rappresentato un innesto tutt'altro che sgradevole nella compagine reale. Lo scandalo, ancorché senza precedenti, sarebbe stato blando per gli standard della generazione successiva. Forse avrebbe agito come un vaccino, risparmiando ai Windsor (e a tutti noi) le rapide frenesie degli anni di Diana. Come minimo, Margaret non avrebbe insistito per imbarcarsi in un matrimonio e per farlo poi naufragare in un divorzio. Il suo sacrificio per la regina e per la patria si rivelò del tutto vano. Le procurò una vita infelice e non le fruttò alcuna tregua con la stampa. Al contrario, l'aumento delle tirature dovuto alle sue tribolazioni fece sentire per la prima volta ai rotocalchi l'odore del sangue.

Li eccitò anche l'inaspettato soffio di sensualità che aleggiava intorno ai reali, una caratteristica che Margaret, con le sue curve alla Elizabeth Taylor e la sua grande bocca da stella del cinema, possedeva in abbondanza. Come Diana, Margaret era un'esca irresistibile per i fotografi a caccia di fascino; e come Diana, si ritrovò al contempo a colludere con loro e a rifuggire dalle loro attenzioni.

Avendo poco da fare, a parte andarsene in giro, Margaret veniva scortata di notte per la città da una parata di uomini patinati. Fu fotografata all'uscita del sofisticato club Les Ambassadeurs all'alba, in pelliccia di visone e diamanti. Fumava usando un lungo ed elegante bocchino. Mentre i suoi genitori si erano sempre premurati di andare in vacanza nei possedimenti di campagna del loro stesso regno, Margaret si concedeva vacanze da jet-set nei Caraibi e tornava abbronzata. Frequentava un gruppo di attori, scrittori, ballerini e drammaturghi di dubbio rango. Faceva notizia. Quando, sette anni dopo la rottura con Townsend, sposò il fotografo della *Swinging London* Anthony Armstrong-Jones (nobilitato con il titolo di primo duca di Snowdon un anno dopo le nozze), Margaret si tuffò nel mondo del marito, popolato da frequentatori di locali alla moda, spostando decisamente la famiglia reale da una regale alterigia a una disponibilità da mondo dello spettacolo. I confini della stampa venivano travalicati dall'esuberanza e dal fascino di Margaret tanto quanto dalle licenze che si prendeva la stampa stessa; una cosa che non le piaceva ammettere. («I giornalisti di moda insistono nel trattarla come avevano fatto con me, come se fossimo personaggi inventati appena usciti da *Dynasty*» ebbe a dire di Diana venticinque anni dopo.)[9]

Il muro di deferenza stava iniziando a franare. John Lahr, il critico teatrale, al suo arrivo a Londra nel 1963 aveva constatato con sorpresa che alla fine di ogni rappresentazione nessuno poteva correre verso l'uscita perché il pubblico si alzava riverente per l'esecuzione di *Dio salvi la regina*. Poi una sera andò a vedere *The Bedsitting Room* di Spike Milligan. Mi disse: «Quando ci alzammo tutti per l'inno nazionale non successe niente. Ma dalle quinte, come in sordina, sentimmo il riconoscibile ritmo dell'inno. Milligan si presentò al pubblico e disse: 'Se vi alzate per quello, vi alzerete per qualunque cosa'. Il pubblico non seppe trattenersi dal ridere».[10]

L'intensità delle scosse crebbe con l'arrivo a Londra del giovane (aveva trentotto anni) e irriverente Rupert Murdoch. Arrivato dall'Australia, batté Robert Maxwell nell'acquisto della più importante testata domenicale, il pruriginoso *News of the World* («Tutta la vita umana è qui»). Murdoch sconvolse i benpensanti fin da subito. La sua prima mossa fu la riesumazione della rovinosa storia fra la squillo Christine Keeler e il segretario di Stato per la guerra John Profumo. Murdoch acquistò le memorie della Keeler per pubblicarle a puntate sul *News of the World* e questo fu percepito come una sconvolgente violazione del britannico senso del *fair play*. Profumo aveva passato gli ultimi sei anni redimendosi con lavori socialmente utili, così Murdoch si vide trasformato in un paria da un giorno all'altro, condannato dal Consiglio della stampa e fatto a pezzi, con suo sommo dispiacere, da un instancabile David Frost sul canale London Weekend Television. (Frost racconta che quando Murdoch se ne andò dallo studio disse a un giornalista: « London Weekend Television si è fatta un nemico pericoloso stasera ».)[11]

Il bello dell'essere un paria, peraltro, è che sei libero. Se tutti sono furibondi, che importa se li fai infuriare ancora di più? Un anno dopo aver acquistato il *News of the World*, Murdoch arraffò un traballante quotidiano di grande formato di nome *Sun* – tristo discendente del *Daily Herald*, già voce militante del partito laburista – e lo rilanciò sotto forma di chiassoso e strafottente rotocalco che ogni giorno aveva in copertina modelle dai seni scoperti. E fece sapere ai redattori che quando si trattava di parlare dei reali, cosa che fa aumentare la tiratura, bisognava lottare senza guantoni. Fu un giornalista del *Sun*, Harry Arnold, a seguire i pettegolezzi sui problemi coniugali della principessa Margaret nei primi anni '70. Si sussurrava che fosse in vacanza sull'isola di Mustique còn Roddy Llewellyn, un uomo di mondo molto più giovane di lei. Ricordando il suo scoop, Arnold disse con nostalgia: « Invitai [Roddy] a bere un caffè e per la cifra di circa venti *penny*, mi raccontò l'intera storia riguardante lui e Margaret ». Fu scioccante, semplicemente scioccante quando il *News of the World* di Murdoch pubblicò le fotografie dei due che saltellavano insieme in costume da bagno. « Fu incredibile » disse Arnold. « A quei tempi e in quell'epoca i reali erano ancora molto puri, si comportavano bene, non erano infedeli e non avevano relazioni extraconiugali. E poi arrivò questo – insomma, non era molto diverso dall'essere un *beatnik*. »[12] In realtà Roddy era un dolce, affettuoso e maturo hippy un po' disperato, un architetto di giardini di talento che offrì gentilezza a Margaret in un momento in cui suo marito, Lord Snowdon, la trattava generalmente con indifferenza. L'immagine di Margaret sulla stampa, però, era già irrevocabilmente definita: irresponsabile, pacchiana e, peggio ancora, periodicamente in fuga dal clima inglese.

Lady Diana Spencer comparve sulla scena in un momento di malcontento nazionale, creato da uno stato sociale sclerotico che aveva smarrito i suoi obiettivi, e dalla concorrenza sempre più agguerrita della stampa per le storie sui reali. I rotocalchi popolari – il *Sun*, il *Mirror* e lo *Star* – non erano più i soli in campo. Sotto la guida del gradasso direttore David English, il *Daily Mail* passò al formato tabloid nel 1971 e presto eclissò un appassito *Daily Express* soffiandogli il ruolo di indiscussa bibbia del *Middle England*; il successore di English, Paul Dacre, non ha fatto che accrescerne il potere. (Nel 2006 il *Mail* era arrivato a vendere oltre due milioni di copie al giorno.)[13] La formula magica del *Mail* era una combinazione di voyeuristica invidia di classe e stridente politica destroide, con il piccante apporto del più velenoso redattore della rubrica dei pettegolezzi di tutta Londra, Nigel Dempster, i cui scoop sui più alti ranghi della società venivano letti a colazione da ogni famiglia delle classi superiori come fossero richieste di riscatto. Dempster instaurò un trentennale regno del terrore finché non fu stroncato dalla sua salute cagionevole. Era un vero artista dell'umiliazione a mezzo stampa. La sua energia quasi demoniaca sembrava permettergli di essere ovunque nello stesso momento: in macchina guidava sempre a centottanta all'ora suonando il clacson (come scoprii io stessa durante una corsa della morte a rotta di collo andando con lui nel Derby). Era azzimato, diabolicamente ben introdotto, abbagliante nel raccontare aneddoti e aveva la fortuna di possedere una memoria da elefante.

Il *Mail* si nutriva del malcontento nazionale e lo fomentava giorno dopo giorno con gli scandali. Alla fine degli anni '70 la fiducia nelle istituzioni britanniche era in picchiata come il cambio della sterlina. Il governo laburista del primo ministro James Callaghan stava cadendo a pezzi, assediato dai bellicosi scioperi durante «l'inverno dello scontento» del 1979. Ogni volta che si accendeva la TV, qualche grasso leader sindacale stava uscendo dal n. 10 di Downing Street facendo velate minacce sulla necessità di discutere con i colleghi dirigenti per decidere se il giorno successivo la gente avrebbe potuto prendere il treno o l'autobus per andare al lavoro, o se sarebbe stato possibile leggere il giornale. Il *Times* e il *Sunday Times* rimasero chiusi e non uscirono per un anno intero, con i loro nuovi terminali informatici coperti e ancora imballati, in attesa che i sindacati accettassero quella che veniva definita con scherno nuova tecnologia.

A Oxford, dove studiavo, la tendenza per tutti gli anni '70 era di accettare con sarcasmo il declino nazionale. LA SITUAZIONE È DISPERATA MA NON È SERIA, è un titolo che potrebbe sintetizzare alla perfezione quello che si provava a essere inglesi all'epoca: *Non facciamone un affare di Stato, ma sembra che stiamo tutti scivolando su uno slittino diretto all'inferno.* L'Oxford Union propose di aprire un dibattito sull'argomento: «Questa società ritiene che le isole britanniche stiano affondando nel mare».

Tutto quello che riguardava l'Inghilterra assomigliava sempre più a una barzelletta, a un disastro, a uno strafalcione. Per questo tutti noi adoravamo il *Monty Python's Flying Circus*, con il suo concorso per «L'aristocratico più scemo dell'anno», i suoi negozianti truffaldini e i suoi volgari presentatori di quiz televisivi, nonché il suo «Ministero delle camminate ridicole». Nella serie televisiva post-Python della BBC *Fawlty Towers*, il personaggio interpretato da John Cleese, Basil Fawlty, l'albergatore ignorante, rappresentava alla perfezione il sentimento nazionale: un uomo imponente, minaccioso ma inefficace, pieno di pose e di manierismi stile impero, con una dizione e dei modi pomposi che regolarmente lo tradivano. Era tipico dei tempi perché era fallimentare e furioso contemporaneamente.

Ma Cleese e gli altri Python rappresentavano un punto di vista elitario oxford-cambridgiano sulla nuova impotenza britannica. Per le strade stava accadendo qualcosa di diverso. Il tasso di disoccupazione fra i giovani inglesi era ai massimi storici, e nulla di quanto produceva il mondo culturale poteva parlare alla loro rabbia esplosiva, né gli scricchiolanti polpettoni che l'industria cinematografica britannica stava producendo (*Assassinio sul Nilo* o *Quell'ultimo ponte*) né le narcisistiche artificiosità di David Bowie e dei Roxy Music. Ci volle l'ispirazione di un imprenditore neomarxista di nome Malcolm McLaren per raccattare un muratore disoccupato (e musicalmente inetto) di nome John Lydon, ribattezzarlo Johnny Rotten e lanciare i Sex Pistols: un'espressione cinicamente costruita, ma assolutamente perfetta, dell'emergente odio dei britannici per se stessi. A differenza del movimento punk che stava nascendo simultaneamente in America, il punk britannico non era artistoide, apolitico e alla moda. Era antimoda, antiarte e soprattutto antibritannico. «Dio salvi la regina» fu trasformato in un inno di guerra, e, che piacesse o meno, tutti nella piccola Inghilterra recepirono il messaggio.

L'industria del pettegolezzo fiorì sulle macerie dell'autostima della nazione. L'apoteosi dello stile e dell'umore britannico era il quindicinale *Private Eye*. Nato come raccolta di barzellette di cattivo gusto per ragazzini e pubblicato come foglio clandestino negli anni '60, colse la voglia di satira per adulti di quegli anni e ne affilò il taglio. Le sue copertine da fotoromanzo prendevano in giro i potenti mettendo loro in bocca le parole, utilizzava acido al posto dell'inchiostro, e i soprannomi offensivi che affibbiava alle celebrità erano così comicamente adatti che divennero i tormentoni delle conversazioni alla moda. Sir James Goldsmith diventò Goldenballs, il primo ministro Harold Wilson divenne il primo ministro Wislon e Lyndon Johnson era Loony Bins Johnson.

L'*Eye* distrusse l'aura di mistero della famiglia reale facendo la cronaca delle loro vite come se fosse un teleromanzo a puntate settimanali. Non che i reali fossero il loro unico bersaglio. Semplicemente, li trattavano come tutti gli altri, il che rappresentava già un cambiamento. La regina veniva chiamata Brenda, il principe Filippo, Keith, la principessa Margaret era Yvonne, Carlo era Brian, e la fidanzata sposata con la quale parlava sempre al telefono era Venetia Barkworth Smythe. La rubrica «Grovel» tenuta da Nigel Dempster e Peter McKay sguazzava nei pettegolezzi, nelle rivelazioni e nelle dicerie più ardite e campate in aria, che non sarebbero mai state pubblicate dalla stampa tradizionale. La cosa funzionava in entrambi i sensi. Spesso storie nate da segnalazioni anonime a «Grovel» trovavano in questa rubrica un banco di prova per la loro vita futura su testate più «rispettabili». E il tono dell'*Eye* si modificava insieme alle storie. Insegnò ai giornalisti britannici a considerare i personaggi di rango essenzialmente come materiale comico e a vivere qualunque sentimento di deferenza come pretenzioso o assurdo.

Grazie a Dempster e ai suoi compari del *Private Eye*, le cronache mondane nei giornali non erano più il resoconto quotidiano delle persone alla moda presenti agli incontri alla moda della sera precedente, ma una guerra di paragrafi sparati come frecce avvelenate fra i rotocalchi. «Ai vecchi tempi, la condizione sociale della persona di cui parlava l'articolo era l'aspetto più importante della storia», mi disse nel 1979 Peter Tory, il giornalista che teneva la rubrica di William Hickey sul *Daily Express*. «Lo status è ancora importante, ma solo a condizione che la storia valga qualcosa.»[14] E qual era una storia valida? Qualunque cosa negativa o imbarazzante capitata ai nobili o ai ricchi. Come disse proprio Dempster: «Il mio cuore si sente in vacanza quando scopro un altro matrimonio che va a rotoli».[15]

Le rivelazioni di Dempster sia in «Grovel», sia sul *Daily Mail* ebbero un effetto duraturo sui costumi sessuali delle classi elevate. Ad esempio, Lady Antonia Fraser, la bella e bionda autrice di biografie storiche vincitrici di premi, si godeva da tempo un piacevole matrimonio con l'aristocratico scozzese Sir Hugh Fraser; fu un chiaro segno della nuova mentalità della stampa inglese il fatto che Dempster pubblicò una lista dei vari amanti famosi che avevano popolato la vita extraconiugale della signora, compreso l'aneddoto apocrifo secondo il quale aveva rifiutato il critico australiano Clive James dicendo: «Vado a letto solo con la nazionale di calcio».[16] La successiva rivelazione di Dempster sul *Daily Mail* nell'aprile del 1975 che Lady Antonia ora intratteneva una relazione con il drammaturgo Harold Pinter, a sua volta sposato, mise efficacemente fine a entrambi i matrimoni.

I membri più anziani del bel mondo che avevano vissuto entrambe le epoche erano attoniti per la mancanza di rispetto con la quale venivano improvvisamente trattati. «Sono così vendicativi, così poco galanti al giorno d'oggi» mi disse la matura duchessa di Argyll nel 1979, indicando tristemente una montagna di raccoglitori pieni di amorevoli celebrazioni della sua vampiresca bellezza. «Perché non mi lasciano in pace? Sono uomini piccoli e malati.»[17]

Con queste ghigliottine mediatiche in funzione, non sorprende che alla fine del decennio l'aristocrazia avesse assunto uno dei suoi periodici atteggiamenti da struzzo. Le tasse di successione, aggiunte a quelle sulle donazioni, stavano creando un putiferio. Come aveva scoperto il padre di Diana, il conte Spencer, quando ereditò il pozzo senza fondo di Althorp, la sopravvivenza dipendeva dall'abilità dei proprietari delle tenute signorili di conservare questi antichi gruzzoli. Di fronte alla spietatezza della nuova stampa scandalistica i personaggi veramente importanti dovevano mettersi al riparo dalla pervasiva influenza dell'invidia. Tutti furono stupefatti quando il duca di Argyll irruppe sulla stampa con un annuncio difensivo riguardo al numero di kilt in suo possesso (solo un kilt per la mattina e uno per la sera, asserì in tono di sfida). O quando il conte di Warwick arrivò al punto di fuggire dall'antica residenza di famiglia, il castello di Warwick, per rifugiarsi in un appartamento di New York, portando con sé un tesoro di opere di antichi maestri che la nazione si aspettava rimanessero esattamente dov'erano. «Il castello puzza di scarpe consunte, calze vecchie e impermeabili bagnati», proclamò Warwick dall'esilio con un candore abbastanza ammirevole. «Come disponiamo del suo contenuto è una questione del tutto personale.»[18]

La famiglia reale non aveva né voglia né bisogno di controversie di questo genere. Sin dal fiasco dell'abdicazione, per la monarchia era sempre stato molto più prudente essere noiosa, e la regina faceva del suo meglio per mantenere questo stato delle cose. La sua vita sociale era sempre cauta e poco avventurosa. Amici d'infanzia, persone di rango, famiglie di corte. Nessuno poteva veramente invidiare quei picnic reali sotto la pioggia a Balmoral, quei corgi alienati, quelle serate piene di spifferi passate a fare giganteschi puzzle o a giocare alle « pulci » dopo una briosa giornata trascorsa massacrando animali selvatici.

Il problema era che in un'epoca in cui i media erano tanto spavaldi, tutta questa discrezione li faceva sembrare mummificati. La monarchia stava prendendo il sapore stantio e rappreso di un panino al formaggio delle ferrovie britanniche. Le fotografie di una principessa Margaret di mezza età che roteava maestosamente nel suo caffettano sulle piste da ballo di Mustique smuovevano ben poco le vendite. Non c'era ancora nulla di scurrile da dire sulla principessa Anna e sul suo matrimonio, all'epoca ancora tranquillo, con l'ufficiale dell'esercito capitano Mark Phillips (del quale Lady Diana Cooper disse: « È una perfetta rappresentazione di Krishnamurti, ma ripulita da ogni forma di pensiero »).[19] Il principe Andrea era solo un sorridente giovanotto arruolato in Marina e il principe Edoardo era troppo giovane. Il principe Carlo, scapolo, era l'unico bersaglio disponibile.

Quando la regina partì per uno dei suoi viaggi reali successe l'impensabile: nessuno ne parlò. Nessun canale televisivo, nessun giornale, nemmeno il servizio telegrafico dell'Associazione della stampa (che non aveva più un corrispondente fisso a corte). Il palazzo lo interpretò come un segnale preoccupante, sulla base del fatto che la sola cosa peggiore dell'esposizione mediatica è non essere considerati affatto. Richard Stott, all'epoca direttore del *Daily Mirror*, espresse l'angoscia sottaciuta: « Se nessuno parla della famiglia reale, essa diventa irrilevante, e se diventa irrilevante morirà ».[20]

Per tutti gli anni '70, giocare a indovinare la vita amorosa del principe di Galles fu la sola fonte di eccitazione per i media. Una banda di segugi reali, che avrebbero poi giocato un ruolo importante nella vita di Diana, erano pronti a fiutare qualunque traccia per trovare la ragazza che chiamavano *The One*, «quella giusta», ovunque conducesse, senza preoccuparsi dei confini tradizionali. Nel fare questo, si trasformarono essi stessi in personaggi famosi con un proprio soprannome, il *Rat Pack*. «I reali e la gente di corte ci consideravano semplicemente rettili o feccia. Finimmo col chiamarci fra noi 'la crema della feccia'» spiega Ashley Walton del *Daily Express*. Erano i benvenuti per la macchina reale nei viaggi ufficiali all'estero, molto meno quando inseguivano i membri della famiglia reale in vacanza giù per le piste di Davos e Klosters, quando si nascondevano sotto le palme da cocco per rubare fotografie con il teleobiettivo o quando, muniti di occhialoni e canne da pesca, adottavano travestimenti da campagnoli alla Clouseau per poter varcare abusivamente i confini di Sandringham e Balmoral. Erano una banda tenace e irriverente di compagni in guerra fra loro, e nell'intimo erano fan dei reali. Fra di essi, Harry Arnold era il più tenace dei giornalisti del *Sun*. Sempre elegante, in un modo che ricordava il migliore Burton, era furbo come una faina e non si faceva mettere in soggezione dalla pompa e dalle cerimonie reali. (È andato in pensione nel 2003 e di recente ha iniziato a sfoggiare delle basette da hidalgo spagnolo.) Il giornalista Arnold faceva coppia con il gioviale fotografo Arthur Edwards, il quale preparava gli scoop sui reali come un generale che pianifica un assedio. A Sandringham, il principe Filippo una volta rispose all'allegro «*Buon anno*» di Edwards con un secco: «Palle!»[21]

La squadra del *Sun* giocava contro il corpulento James Whitaker e il fotografo Ken Lennox del *Daily Star*. Whitaker apparteneva all'élite dei mercenari reali e aveva lavorato per ogni rotocalco di Fleet Street. «Mr Whitaker», come Diana si preoccupava sempre di chiamarlo, aveva avuto un'educazione sufficientemente raffinata da potersi spacciare per giovane cadetto della nobiltà terriera. Ce la metteva tutta con le sue camicie di Savile Row e le cravatte con il nodo alla Windsor. Una volta apparve sulle piste con una tuta da sci rossa, meritandosi da Diana il soprannome di Grosso

Grasso Pomodoro. Oggi vive in Spagna dei ricavati delle sue memorie reali e, dopo un passaggio al reality show televisivo *Celebrity Fit Club* (noto anche come *Celebrity Fat Club*), è più snello che in passato. Gli anni di Diana sono stati il suo periodo di massimo splendore. Nel novembre dopo la sua morte del 1997, quando il direttore del *Mirror* Piers Morgan gli disse che avrebbe dovuto rinunciare al ruolo di corrispondente reale, scoppiò in lacrime.[22] Quello che Whitaker amava di più era l'inseguimento, strisciare nel sottobosco di un qualche luogo di svago reale con la sua spalla fotografica Lennox, uno scozzese forte e segaligno che perfezionò l'arte dello scatto «rubato» senza essere visto utilizzando una Leica miniaturizzata nascosta sotto la giacca.

Il periodo formativo dell'educazione mediatica di Diana ebbe luogo quando i signori della stampa stroncarono la relazione del principe Carlo con sua sorella maggiore, Sarah. Al culmine della loro storia d'amore nel febbraio del 1978, Sarah aveva accompagnato Carlo in una vacanza sulla neve a Klosters. I giornalisti li scovarono, il che alla sciocca Sarah parve abbastanza divertente. Tornata a Londra, commise il micidiale errore di uscire a pranzo con due dei nuovi amici che aveva conosciuto sulle piste, Nigel Nelson del *Daily Mail* e James Whitaker, assicurandosi in tal modo la pubblicazione in simultanea dei suoi commenti da kamikaze. Chiacchierò giuliva con loro della sua abitudine di bere a scuola: «Buttavo giù qualunque cosa, whisky, Cointreau, gin, sherry o, il più delle volte, vodka, perché gli insegnanti non riuscivano a sentirne l'odore. E non ero l'unica peccatrice!» Approfondì il tema della sua espulsione da West Heath e delle sue battaglie contro l'anoressia: «Mi lasciai con il mio fidanzato un mese dopo essere tornata dall'Australia e poi smisi semplicemente di mangiare. Giocavo con un paio di foglie di insalata e se mi costringevo a mandar giù un pasto lo facevo semplicemente ritornare su».[23] Nell'era pre-Oprah, tali informazioni erano semplicemente eccessive.

Sarah stessa si rese conto dell'errore non appena pronunciate queste parole. Intorbidì ulteriormente le cose cercando di ridurre i danni, insinuando che l'intervista di Whitaker era stata ottenuta con metodi scorretti. Non funzionò molto bene. Gli scribacchini di Fleet Street, anche i più scalcagnati, serrano le fila quando ritengono che la loro confraternita venga attaccata ingiustamente. Nel giro di pochi giorni, Whitaker, utilizzando uno dei suoi numerosi pseudonimi, Jeremy Slazenger, pubblicò una versione integrale e senza tagli della sua esclusiva su Sarah su *Woman's Own*. « Non c'è la minima possibilità che io sposi il principe Carlo. È una persona meravigliosa ma non ne sono innamorata », affermò Sarah secondo Whitaker, alias Slazenger. « E non sposerei mai qualcuno che non amo, che si tratti di uno spazzino o del re d'Inghilterra. Se me lo chiedesse direi di no. Il principe Carlo è un uomo romantico che si innamora facilmente. Ma vi posso assicurare che se avesse dovuto esserci un fidanzamento fra me e il principe Carlo sarebbe già successo. Sono una donna impulsiva, non una persona alla quale interessa un noioso e lungo corteggiamento. Il nostro rapporto è totalmente platonico. »[24] Nientemeno. La parte sullo « spazzino » fu particolarmente infelice. Ma chi si credeva di essere questa Sarah? Eliza Doolittle? Sapendo che *Woman's Own* stava per andare in stampa, cercò di rappezzare le cose in anticipo avvertendo il principe Carlo di quello che stava per accadere.

Cancellare le persone è una delle cose che alla famiglia reale riesce meglio. Amano calibrare le loro risposte passando da una cordiale affabilità a un sottile e gelido distacco se si superano i limiti. Un commento fuori luogo, un filo di confidenza di troppo e il colpevole sociale, fino a quel momento salutato gentilmente, non esiste più. La principessa Margaret amava destabilizzare i suoi ospiti passando nel giro di pochi secondi da conversazioni confidenziali e rilassate al tavolo da pranzo a un'improvvisa manifestazione del suo rango. Se qualcuno inavvertitamente parlava di « suo padre », veniva subito ammonito: « Intendete dire Sua Maestà il re ».

Le migliori cesure reali, peraltro, furono le più sottili. Avvenivano con una rapida e tacita unanimità concordata fra i diversi casati, ed erano permanenti. Quando Lady Sarah Spencer disse al principe Carlo che aveva concesso un'intervista alla stampa riguardo al loro rapporto, egli replicò con micidiale freddezza: «Hai appena fatto una cosa estremamente stupida».[25] Nel giro di poche ore il ponte levatoio del castello di Windsor si sollevò.

Alla ricerca di una sposa vergine

Che bell'animale che avete, signore.

(Camilla Shand al principe Carlo, estate 1971)

Nell'ottica del XXI secolo, la ricerca alla fine degli anni '70 di una vergine idonea per convolare a nozze con il principe Carlo, ora appare anacronistica e misogina quanto la pratica africana della clitoridectomia. All'epoca suonava quasi altrettanto bizzarra. Solo una persona rétro come la diciottenne Lady Diana Spencer poteva dichiarare cose come queste: «Sapevo di dovermi conservare per quello che mi aspettava».[1]

Intatta? Quella era l'epoca postpillola, prima dell'Aids, l'era del sesso preconiugale: sfrenato, frequente, avventuroso e non necessariamente troppo selettivo. Con le ragazze che giravano senza reggiseno sotto le camicie gitane, i ragazzi con i jeans attillati e i riccioli lunghi alla Byron, la musica degli Stones sullo stereo, il nudo messo in mostra quotidianamente in tutti i cinema locali, praticamente non esisteva alcun inglese (o americano o europeo) senziente tra i dodici e i cinquant'anni che non avesse in testa il sesso. La gente fantasticava su tutto, ma ben poche donne sognavano di salvaguardare la propria castità in vista di un matrimonio con il principe azzurro. La contessa Mountbatten, che era una dama di corte, osservò: «Carlo è stato sfortunato a nascere in un'epoca storica in cui le ragazze e le donne in generale sono diventate così emancipate e conducono delle vite tanto libertine».

Sfortunato? Be' insomma, non proprio. Nel circolo aristocratico del principe le ragazze erano veloci quanto le automobili. Erano felici di farsi ospitare nelle sue stanze a Buckingham Palace dopo una cena andata per le lunghe o di farsi scarrozzare sulla sua Aston Martin M3 coupé per un weekend segreto a Broadlands, la casa nell'Hampshire di Lord Louis Mountbatten, zio del principe Filippo nonché devoto prozio e mentore del principe Carlo, conosciuto all'interno della famiglia come «zio Dickie».

Il principe è sempre stato più affascinante di persona che nelle fotografie, nelle quali le sue orecchie a sventola tendono a notarsi di più. È la cura del suo aspetto quello che lo rende affascinante, la piega perfetta dei suoi pantaloni, gli abiti di sartoria Savile Row che cadono alla perfezione sulle sue spalle possenti, o i polsini inamidati delle sue camicie Turnbull and Asser. Di solito ha una leggera abbronzatura, acquistata andando a cavallo o a sciare, che rende i suoi occhi più azzurri di quanto ci si aspetti. Con qualsiasi tipo di abito da cerimonia l'effetto è ancora più intenso, in particolare quando è seguito dal brusio ossequioso dei servitori di corte e da un piccolo distaccamento di poliziotti muscolosi. Ho potuto sperimentarlo di persona in occasione di un piccolo concerto all'Ashmolean Museum di Oxford, quando Carlo ha fatto il suo ingresso solenne nell'auditorium con indosso la toga accademica scarlatta e un'espressione di altezzosità sexy sul viso, diversa dai cipigli beffardi che si incontrano nelle conversazioni sul tappeto rosso. Deve averne sopportate tante di queste conversazioni da aver sviluppato un'incredibile esperienza nei discorsi sintetici. È un maestro nelle buone maniere, così come nel mettere gli altri a loro agio. (Il suo amico, l'attore e commediografo Stephen Fry, crede che la maestria dei reali nel conversare con dei perfetti estranei sia dovuta all'abilità di trasformare ogni risposta in un'altra domanda. Per esempio: «Allora, signor Doe, dove vive attualmente?», «In America, signore.» «In America? È dall'altra parte dell'Oceano Atlantico. Quando vi siete trasferito laggiù?» «Nel 1986, signore.» «1986? Due anni dopo il 1984», ecc.)[2] A differenza degli altri reali, Carlo non sembra solo ricco, lo è davvero. Le sue entrate annuali dal ducato di Cornovaglia ammontano a circa 14 milioni di sterline, esentasse.[3] Il ducato di Cornovaglia si estende su circa 54.850 ettari di terre, la maggior parte delle quali si trovano nel sud-ovest del paese.

Durante gli anni passati a Cambridge e in Marina, il principe ha frequentato attrici, modelle, celebrità mondane, signore delle colonie di passaggio, membri del Corpo di Pace, donne sposate intraprendenti e figlie degli amici dei suoi genitori, ma tra loro non c'era una sola vergine. Furono i pilastri dell'establishment britannico a introdurlo nel mondo del sesso. Perse la verginità grazie all'aiuto del preside del Trinity College di Cambridge, «Rab» Butler, illustre ex cancelliere, segretario degli Esteri e segretario degli Interni, che fece avere le chiavi di un ingresso laterale dei suoi appartamenti alla sua bella ricercatrice, Lucia Santa Cruz, figlia dell'ambasciatore cileno alla corte di St James, di modo che il principe potesse incontrarsi con lei in privato.[4] Lo «zio Dickie» gestiva dei fondi neri per liquidare le conquiste del principe che avrebbero potuto creare dei problemi. Secondo Nigel Dempster, i fondi erano depositati alle Bahama e venivano amministrati da un avvocato britannico attraverso una banca privata a Nassau. Si dice che tra il dicembre 1974 e il luglio 1979 siano stati firmati due, forse tre, contratti per cifre a sei zeri.[5]

Tra le ex di Carlo girava voce che il principe non fosse un amante eccezionale. «Nemmeno bravo», rivelò una modella che campava grazie a un un «rapporto occasionale» con Carlo negli anni '70. «Era terribilmente timido e riusciva a farlo solamente nella posizione del missionario e a luci spente.»[6] Preferiva partner libertine perché sapevano incoraggiarlo a superare le sue inibizioni. Il bersaglio ideale della sua lussuria erano ragazze come la bionda americanissima Laura Jo Watkins, figlia di un ammiraglio che aveva incontrato quando la sua nave attraccò a San Diego; oppure, più seriamente, la prorompente Davina Sheffield, figlia di un maggiore dell'esercito che lavorava in un orfanotrofio in Vietnam, proprio sopra l'ingresso Vietcong della città.

Quanti di questi incontri di seduzione del principe Carlo nascondevano un vero interesse per le donne coinvolte? Una delle sue assistenti è convinta che in realtà si trattasse unicamente di galanteria ritualistica: «Ho sempre pensato che il principe non fosse uno da matrimonio», raccontava l'assistente. «Era uno scapolo fatto e finito. Andava a caccia, adorava sparare e scriveva lettere interminabili. Comprava e spediva molti fiori, ma non sono sicura che ci fosse molto altro sotto.»[7] La sua assistente pensava che Carlo fosse un'anima persa, molto più di quanto lasciasse intravedere, sempre in cerca di quel tipo di vita carica di emozioni che non poteva sperimentare a casa.

La regina Elisabetta II, completamente assorbita dai suoi doveri verso la nazione, era una madre formale e spesso assente, chiusa nelle sue «stanze rosse» per sbrigare l'inarrestabile fiume di incombenze degli affari di Stato e di governo. Salire al trono all'età di soli venticinque anni era un fardello impossibile da sostenere per una giovane donna sposata il cui primo figlio, Carlo, aveva solo tre anni. Elisabetta è destinata a essere ricordata per sempre come la madre che, in una fotografia scattata al suo rientro da un viaggio nel Commonwealth nel 1954, salutò solennemente il suo bambino di cinque anni stringendogli la mano. Non c'è molto spazio per la spontaneità quando l'unico modo di vedere i genitori è prendere appuntamento. Un cameriere raccontò all'autore Brian Hoey che il principe Andrea gli diceva: «'Voglio vedere la regina. Puoi vedere se è disponibile?', non 'Voglio vedere mia madre'. E dovevano vestirsi di tutto punto prima di vedere i loro genitori, anche se era solo per pochi minuti».[8] L'eccezionale isolamento dovuto al suo ruolo di monarca si combinava con la stoica riservatezza che la contraddistingue. Margaret Rhodes, la cugina della regina, è convinta che la capacità della sovrana di esprimere emozioni sia stata congelata dal matrimonio con Filippo, piuttosto che dal dovere. «Forse è così perché ha sposato una persona come Filippo, deve essere difficile continuare a esprimere emozioni se hai accanto una persona così fredda», mi ha confidato. «Con il tempo ti accorgi che non sei più capace di esprimere amore.»[9] È risaputo che la regina è sempre stata follemente innamorata del marito, fin dal giorno nel 1939 in cui era la tredicenne «Lillibet», figlia maggiore di Giorgio VI, e passeggiava per il Royal Naval College a Dartmouth accompagnata da quel vichingo diciottenne pieno di slancio, principe di Grecia e Danimarca. Ma essere la moglie del vichingo, o suo figlio, non deve essere un compito facile.

L'altezza minacciosa del duca, la sua grande sicurezza e il suo spiccato fiuto indagatore sono stati fonte di apprensione per uomini ben più coraggiosi del principe Carlo. Filippo era cresciuto nella rigida tradizione germanica che considerava la cultura in decadenza (una volta, parlando di una scultura di Henry Moore, la definì come «il calcolo biliare di una scimmia») e ha sempre considerato il suo sensibile figlio maggiore come un progetto da plasmare. Come disse un ex segretario personale: «Filippo è un uomo molto intelligente ma senza il vantaggio di un'istruzione, manca la disciplina necessaria per contenere l'arroganza che si accompagna all'intelligenza. Prende facilmente posizioni basate su pregiudizi senza avere la conoscenza necessaria per farlo e non può essere persuaso in alcun modo a cambiare idea».[10] Un altro ben informato membro dello staff della famiglia reale, una volta in privato, gli fece delle domande in merito al suo atteggiamento ostile nei confronti del primo ministro laburista australiano Gough Whitlam, licenziato in modo discutibile dal governatore generale nel 1975. Fu sorpreso dalla rapidità con cui Filippo alzò la voce, si adirò e rispose che era «uno stronzo socialista» con il quale non avrebbe mai più voluto avere a che fare.[11] In realtà Filippo non diede mai del suo meglio nel territorio del Commonwealth. In Canada nel 1969 esclamò: «Non veniamo qui per la nostra salute. Possiamo farci venire in mente altri modi per divertirci».[12]

Filippo fa discorsi sgarbati pieni di stereotipi, ma è una persona più profonda di quanto non riveli il suo personaggio pubblico. Inoltre, si è ammorbidito molto nel corso degli anni da quando Diana è morta. Tuttavia si porta dietro i segni di un'infanzia dolorosa, come principe di Grecia deposto, condannato a un esilio di vagabondaggio quando aveva appena un anno: prima in Italia, senza il becco di un quattrino, poi a Londra e a Parigi. Suo padre, il principe Andrea, lo abbandonò per andarsene a vivere con la sua amante a Monaco. Sua madre, la principessa Alice, ebbe un esaurimento nervoso e si ritirò in Svizzera e, in seguito, si fece suora sull'isola greca di Tino. Filippo non ebbe mai una casa finché non sposò Elizabeth Windsor. Una volta sposato, sacrificò senza lamentarsi la sua carriera personale in Marina e qualcuno ha messo in dubbio la sua virilità per il fatto di aver accettato di camminare sempre due passi dietro a sua moglie in pubblico. Trovò un modo di incanalare le sue energie in alcune attività benefiche. Il suo impegno, che perdura ormai da quarantasei anni, a favore del World Wildlife Fund deriva da un interesse autentico per le questioni ambientali che ha trasmesso al figlio maggiore. L'ex addetto stampa della regina, Michael Shea, racconta come durante un viaggio nel Golfo un principe kuwaitiano si presentò al duca con queste parole: «Sono il ministro dell'Ambiente», solo per sentire Filippo rispondere: «Avete ucciso tutti gli animali del Kuwait» e poi andarsene.[13] Ma la maggior parte dei membri dello staff di Filippo lo rispettano perché è leale quanto diretto. Rimase sconvolto quando il capo del Royal Protection Squad, il comandante Michael Trestrail, fu costretto a dare le dimissioni dopo la rivelazione esplosiva sulla sua frequentazione con un gigolò gay che lo aveva marchiato come un pericolo per la sicurezza. Il duca arrivò al punto di scrivere un'accesa protesta al ministro del partito dei Conservatori William

Whitelaw. In seguito, Filippo si assicurò sempre che Trestrail continuasse a essere invitato agli eventi mondani di palazzo. La regina raramente prende decisioni importanti senza chiedere il parere di suo marito. «Cosa ne pensa mio marito?», chiede al suo segretario personale e, nel caso questi non lo sappia, rinvia la decisione. Filippo ha passato la sua vita a difendere la regina da ogni tipo di fastidio («Non spintonate la regina!», urla ai giornalisti che si avvicinano troppo), ma a volte i suoi toni bruschi possono anche metterla in imbarazzo. «A volte, quando Filippo è scortese nei suoi confronti, la sua strategia è confondergli le idee», riferiva un funzionario di palazzo allo scrittore Graham Turner del *Daily Telegraph*. «Lei cambia argomento e inizia a parlare per enigmi. Alla fine lui si ritrova ad aver perso il filo, a cercare di capire di cosa diavolo sta parlando.»[14]

Quello che frustrava il principe Carlo non era tanto il fatto che i suoi genitori non provassero sentimenti, quanto quello che non fosse concesso esprimerli. Una sfumatura che fa un'enorme differenza ma che un bambino non è in grado di cogliere. L'unico vero calore che sperimentò fu quello della nonna, la Regina Madre, che lo ospitò nella sua residenza scozzese, Birkhall, e lo incoraggiò a parlare con lei di libri, musica e teatro. «Adesso prendi un altro dolcetto», gli diceva durante il tè, rimpinzandolo con la versione scozzese dei croissant.[15] La Regina Madre si oppose fermamente all'insistenza di Filippo per iscrivere Carlo al collegio militare di Gordonstoun, sulla costa settentrionale della Scozia invece che a Eton, dove il percorso educativo è maggiormente basato su una formazione umanistica. Proprio come temeva, Carlo si sentiva ancora più emarginato in una scuola dove ficcare la testa di un compagno dentro il gabinetto era considerato un innocuo scherzo da burloni. Chiunque fosse vagamente gentile con il principe veniva visto come qualcuno che tentava di arruffianarselo. Quando si lamentava, suo padre gli diceva di non essere così «maledettamente piagnucolone». Il conduttore della BBC Jeremy Paxman, racconta che durante un soggiorno con il principe Carlo e Camilla a

Sandringham, rimase stupito quando un'ospite, che si era alzata dal suo posto per andare a prendere un'altra tazza di tè, suscitò in Carlo la seguente reazione: «Oh, non andare! Mi è sempre successo, fin dai tempi della scuola, che le persone si allontanassero da me perché non volevano essere etichettate come dei leccapiedi».[16] Gordonstoun è passata alla storia come la decisione più dura di Filippo, tuttavia le motivazioni del duca all'epoca non erano così insensate.

Era convinto che a Eton, che si trovava a un tiro di schioppo dal castello di Windsor, l'erede al trono avrebbe incontrato solo figli di persone che conosceva, mentre a Gordonstoun, lontano dalle cure della corte, e isolato da Fleet Street, Carlo avrebbe avuto più possibilità di sviluppare una certa fiducia in se stesso. Alla luce di quanto è finora trapelato sulla sua vita privata, il timore del duca che il figlio diventasse un damerino viziato a distanza di tempo non suona più così bizzarro.

Carlo trovò la guida che non avrebbe mai potuto ricevere da suo padre in Mountbatten, lo zio Dickie, che il principe adorava come un eroe per la sua vita raffinata e avventurosa e per la sua disinvoltura elegante. La carriera di Mountbatten era stata un'ascesa inarrestabile: comandante del cacciatorpediniere *Kelly* al servizio di Sua Maestà nella Seconda guerra mondiale, supremo comandante alleato del fronte nel Sudest asiatico, sovrintendente per la riconquista della Birmania contro i giapponesi, famoso viceré dell'India incaricato della creazione di una nazione indipendente nel 1948 e nel 1959 ai massimi livelli di comando della Marina in qualità di *First Sea Lord*. Niente di tutto ciò lo fece diventare un pallone gonfiato. Il matrimonio di Mountbatten con la brillante, bella e ricca contessa Edwina Mountbatten (nata ad Ashley) era stato scandalosamente libertino: entrambi avevano avuto, per dirla con parole moderne, «una marea di compagni di letto». Edwina era instancabile nella passione amorosa quanto nella filantropia: uno dei suoi tantissimi amanti, o quanto meno ammiratori, fu Pandit Nehru; mentre Dickie si distingueva per la particolarità di avere amanti sia femminili sia maschili, uno dei quali fu Noel Coward. *Private Eye* aggiunse un nuovo appellativo al lungo elenco di titoli di Mountbatten soprannominandolo il «*Mountbottom** della flotta». Gradiva moltissimo l'influenza che aveva su Carlo, con grande disappunto del principe Filippo e della Regina Madre, i quali lo consideravano un ambizioso ficcanaso mondano, cosa che in effetti era. In una delle affettuose lettere indirizzate a Carlo nel febbraio 1974, Mountbatten gli consigliava: «Ritengo che, in un caso come il tuo, un uomo dovrebbe darsi da fare e avere quante più relazioni possibili prima di sistemarsi...»

Il giovane principe di Galles seguì il suo consiglio alla lettera. La combinazione di ricchezza, sangue reale e adulazione rischiava di fare diventare Carlo pericolosamente viziato, proprio come il padre aveva sempre temuto. Nonostante la sua sensibilità verso altre questioni, Carlo si aspettava che le fidanzate attendessero pazientemente tutto il giorno di ricevere le sue attenzioni come delle *groupie*, mentre lui faceva ginnastica o andava a cavallo o era impegnato in un'altra delle sue attività. Tutte le donne ronzavano intorno allo scapolo più ambito d'Inghilterra e questo di certo non migliorava il suo carattere. Egli respinse una delle sue fiamme, Jane Ward, ex moglie di un ufficiale ussaro e vicedirettore del Guards Polo Club, mandandole un detective sul campo da polo con uno stringato messaggio.

Una delle sue prime fidanzate, Georgiana Russell, la figlia straordinariamente attraente dell'ambasciatore britannico Sir John Russell, espresse il suo malcontento quando raggiunse Carlo a Balmoral per un weekend romantico e si ritrovò seduta sulla riva del fiume al freddo per tutto il giorno a guardarlo mentre pescava. Carlo era famoso per presentarsi a un evento con una ragazza e andarsene con un'altra, a volte con tutt'e due. Dopo aver danzato insieme a lei per ore a un ballo nel giugno 1977, invitò l'esotica bellezza colom-

* Gioco di parole che allude in modo dispregiativo alle sue relazioni gay (*bottom* = sedere) (*N.d.T.*).

biana Cristabel Barria Borsage a rientrare in macchina con lui a Londra e fece accomodare la ragazza con cui aveva appuntamento, la sorella di Diana, Sarah, sul sedile posteriore della sua Aston Martin coupé, livida di rabbia.[17]

Non solo i mentori, anche i mariti favorivano la vita sessuale del principe. Per tutti gli anni '70, Carlo si alternava tra ragazze single, prostitute di alto borgo e uno stuolo di donne sposate ma disponibili. I loro mariti facevano finta di niente per le stesse ragioni per cui lo facevano le mogli, non per un *droit de seigneur*, ma per qualcosa di medievale e moderno al tempo stesso: lo status. La chiara fama della fiducia della famiglia reale aveva la meglio su emozioni antiquate come la gelosia, l'umiliazione o la possessività. Una donna molto disponibile era la bionda australiana Dale Tryon, sposata con uno degli amici più intimi della cerchia sportiva frequentata da Carlo, Lord Tryon. Era una donna dal sorriso cordiale e dalla stretta di mano rassicurante. Il principe amava la sua gioviale franchezza coloniale e spesso si presentava senza preavviso a casa dei Tryon a Londra in Walton Street oppure andava a pescare con loro nel cottage in Islanda. Carlo era attratto dalle donne sposate perché il loro bisogno di segretezza le rendeva «sicure». Qualsiasi ragazza di Carlo diventava il bersaglio principale dell'attenzione ossessiva dei giornalisti, sempre in agguato. «All'epoca eravamo tutte poco abituate ai media e la famiglia reale non ci proteggeva in alcun modo», mi raccontò Sabrina Guinness, figlia del banchiere commerciale James Guinness, a proposito di un weekend passato con Carlo a Balmoral nel settembre 1979. «Si limitava a incolparci se venivamo beccate dalla stampa. Quando fui invitata a Balmoral, qualcuno fece trapelare la notizia ai media. Non io. Non volevo che nessuno lo scoprisse, poiché sapevo quanto la famiglia reale odiasse tutto ciò. Ma quando atterrai all'aeroporto in Scozia fui immediatamente assediata dai giornalisti. La famiglia era furiosa con me. Si comportavano come se fosse colpa mia. Il principe Carlo era solamente imbarazzato.»[18]

Quasi settimanalmente la stampa tirava fuori dal cilindro

un nome nuovo per la futura regina d'Inghilterra. Setacciavano le liste dei reali europei per trovare una sposa adatta per il principe Carlo, come se fossero i messaggeri del XVI secolo della buona regina Bess, in cerca di alleati contro la Spagna imperiale. La principessa Carolina di Monaco era in cima alla lista (quando aveva solo quindici anni era stata segretamente infatuata di Carlo), ma era diventata troppo spigliata e mondana per i suoi gusti campagnoli. Il *Daily Express* si inventò una storia d'amore con la principessa Marie Astrid di Lussemburgo, poi smentì la storia adducendo la motivazione che il principe di Galles non avrebbe mai potuto sposare una cattolica romana.

Ci fu anche un tentativo di mettere in piedi una versione distorta della relazione speciale con Tricia Nixon, la figlia minore del presidente Richard Nixon, più tardi caduto in disgrazia. Durante una visita alla Casa Bianca nel 2005, Carlo, notando le recenti congetture sulla possibilità che Lauren Bush, l'attraente nipote del presidente, potesse rappresentare una sposa adatta per il principe William, rifletté sul fatto che i pettegolezzi di questo tipo fossero una «caratteristica prettamente ereditaria».[19]

Il gioco della stampa consisteva prima nell'additare una ragazza come la futura regina d'Inghilterra per poi scoprire gli scheletri nell'armadio che l'avrebbero screditata. Fiona Watson, la prosperosa figlia di un proprietario terriero, era una possibile candidata, finché un conturbante servizio fotografico su *Penthouse* trasformò la sua carrozza di vetro in una zucca. Dei giornalisti da strapazzo inseguirono l'incantevole Davina Sheffield fin dentro ai bagni per signore di Heathrow in cerca di una testimonianza sulle imprese sessuali con il suo ex fidanzato, James Beard, pilota offshore e designer. Il sangue freddo di Lady Jane Wellesley, l'acuta figlia del duca di Wellington, li disorientò quando, nel 1974, i reporter si accamparono davanti alla sua casa di Fulham e le chiesero se stesse per diventare la principessa di Galles; lei replicò in modo scanzonato: «Non ho bisogno di un altro titolo, ne ho già uno».[20] Nei momenti di calma tra una fidanzata e l'altra, un giornalista tappabuchi di una testata importante pagava una modella espansiva affinché, durante una vacanza all'estero, si prestasse a comparire in una fotografia fasulla di lei che, uscita dall'acqua, si baciava in modo piccante con l'erede al trono.

La volgarità di questo concorso di bellezza per future spose e le assordanti congetture della stampa si fecero sempre più fastidiose per i membri più anziani della famiglia reale. L'idea della Regina Madre di una futura sposa per il principe Carlo era identica a quella della regina: una vergine, il più presto possibile. La Regina Madre credeva di essere più qualificata di chiunque altro per stabilire quali fossero i requisiti di una futura regina. (Quando sentì del fidanzamento tra la stupenda e ricchissima Lady Leonora Grosvenor e Lord Lichfield nel 1975, commentò: «Che peccato, la stavamo conservando per il principe Carlo».)[21] La Regina Madre, al secolo Elizabeth Bowes-Lyon, la figlia minore di un nobile scozzese, il 14° conte di Strathmore, era una ragazza virtuosa proprio come Diana quando sposò l'introverso e insipido principe Alberto, duca di York (detto «Bertie»), nel 1923. Il suo sostegno di moglie, dopo la scioccante abdicazione del fratello maggiore Edoardo, fu cruciale per il balbettante duca per trasformarsi nel distinto monarca Giorgio VI che guidò la nazione britannica attraverso il trauma della Seconda guerra mondiale. In Carlo lei scorgeva molte delle caratteristiche «recessive» di Giorgio VI, ed era convinta che lui avesse disperatamente bisogno di una moglie abbastanza forte da sopportare le pressioni della vita a corte e raddrizzargli la spina dorsale. «Alcune piante devono essere annaffiate. Hanno bisogno di rafforzarsi.»[22] A quanto pare era questa l'opinione che aveva del suo principesco nipote.

La sua opinione fu cruciale. Dietro alla sua apparenza accomodante e amabile, la Regina Madre era una donna d'acciaio nelle questioni di Stato e di condotta morale. «Un dolce preparato con una saldatrice», la definì una volta Cecil Beaton.[23] Nessuno aveva una memoria tanto lunga per i rancori. Non appena diventò regina, mise per sempre nella lista nera Lady Emerald Cunard, l'ereditiera americana e nota organizzatrice di eventi mondani a Londra, per aver regolarmente intrattenuto rapporti con Wallis Simpson e Edoardo VIII prima della sua abdicazione. Portava avanti il suo ruolo con un'energia assoluta. («Trentasei ore filate quasi senza un minuto per prendere fiato», fu il commento di Roy Strong sul frenetico ritmo sociale di un weekend trascorso come ospite della Regina Madre.)[24] I membri del suo nucleo familiare erano incoraggiati a non ritirarsi mai, con loro grande disappunto. Come osservò Hugo Vickers, lei adottò il «lodevole ma duro atteggiamento che o sei vivo o sei morto, e se sei vivo allora devi darti da fare».[25] Dominava sottilmente la sua devota figlia. Un anziano uomo di corte disse a Douglas Keay che, quando era bambina, il ritornello della regina era sempre lo stesso: «Importa solo la mamma. Non dobbiamo fare nulla che ferisca i sentimenti della mamma».[26]

I sentimenti della Regina Madre di sicuro furono alquanto scossi quando vide le indecorose macchinazioni messe in atto dallo zio Dickie per far sposare al principe Carlo la sua nipotina, Amanda Knatchbull, e iniziò subito attivamente a cercare un'altra candidata. Mountbatten, l'ultimo pro-pronipote della regina Vittoria, era imparentato con la maggior parte delle famiglie reali d'Europa e coltivava egli stesso ambizioni dinastiche. La Regina Madre, con la sua memoria da elefante per gli sgarbi subiti, non gli aveva mai perdonato il fatto di essere stato il migliore amico dell'ex duca di Windsor, che accompagnò in un viaggio in India nel 1922, benché avesse sostenuto suo marito durante la crisi. Rimproverava a Mountbatten di aver incoraggiato Carlo così a lungo a darsi da fare da averlo indotto a sviluppare un senso di irresponsabilità. Nella sua lettera «sulla vita sregolata», lo zio Dickie era arrivato ad affermare: «Tu [Carlo] per moglie dovresti prenderti una ragazza adatta e dal carattere docile, prima che lei incontri qualcun altro e si innamori».[27] Una definizione che si adattava come un guanto a sua nipote Amanda. Era di nove anni più giovane di Carlo e senza passato, per quanto se ne sapesse.

La Regina Madre era impegnata a boicottare questa relazione, interpretandola non come un gesto d'affetto ma come uno stratagemma per aumentare il prestigio della famiglia Mountbatten. Quante arie si davano questi Mountbatten! In occasione del matrimonio di suo nipote Philip Mountbatten con Elisabetta, aveva persino tentato di convincere la casa reale di Windsor a cambiare il proprio nome in casa reale di Mountbatten! La preoccupavano sia la sua ambizione sia la sua abilità. Come viceré dell'India, inviato dal governo laburista per costruire l'indipendenza, aveva tentato di convincere con le buone maniere i principi indiani a sottomettersi agli Stati dell'India e del Pakistan. Ora scopriva che stava architettando un piano per accompagnare il principe Carlo, durante il suo primo viaggio in India all'inizio del 1979, per gettarlo tra le braccia della fiorente Amanda una volta giunti a destinazione. Tutto questo rendeva la necessità di un altro nome ancora più pressante.

Carlo stava facendo del suo meglio per resistere ad Amanda. Dopo una vacanza a Eleuthera nelle Bahama con Mountbatten, la figlia e il genero, Patricia e John Brabourne, più o meno nel periodo in cui Camilla si sposò, Carlo aveva confessato a Mountbatten che aveva iniziato a trovare Amanda, allora quindicenne, «alquanto inquietante».[28]

Negli ultimi mesi, ora che lei aveva vent'anni, si erano susseguiti appuntamenti sempre più frequenti e calde effusioni. I genitori di Amanda intelligentemente le negarono il permesso di andare in India – temendo che al ritorno sarebbe stata divorata viva dalla stampa – ma Mountbatten, abituato a decidere del destino di milioni di persone, non si arrese, ritenendo che decidere il destino di Carlo e Amanda fosse compito suo. Aumentò le sue allarmistiche richieste a Carlo, bersagliandolo con una nota dell'aprile 1979 in cui diceva che stava diventando «sgarbato e imprudente».[29] Un'altra lettera impaziente sulla condotta morale del principe, scritta in precedenza, occultava la vera ragione dell'irritazione dello zio Dickie, ovvero che il principe avrebbe dovuto decidersi a chiedere la mano ad Amanda. Era talmente frustrato da utilizzare con Carlo un nome molto temuto dalla famiglia, rievocando lo spettro dell'inetto «zio David» (Edoardo VIII). «Non vorrei che tu stessi imboccando la china discendente che ha distrutto la vita di tuo zio David e che portò alla sua scandalosa abdicazione e alla sua frivola vita successiva», inveì.[30] Nell'aprile 1979, Carlo scrisse a un amico, soffocando uno sbadiglio: «Sta iniziando a preoccuparmi alquanto tutto questo parlare del fatto che sono un egoista e che peggioro di anno in anno. Mi viene detto che il matrimonio è l'unica cura per me, e forse è vero! I media non mi prenderanno sul serio finché non mi sposerò e non diventerò responsabile, almeno in apparenza».[31]

A metà agosto del 1979, il principe di Galles finalmente si preparò psicologicamente per fare la proposta di matrimonio ad Amanda Knatchbull. I due si trovavano a bordo dello yacht *Britannia* durante la crociera annuale della famiglia reale nelle isole occidentali della Scozia. Provocandogli un grande dolore (e forse anche un segreto sollievo) l'ammirevole giovane donna lo respinse. Così come per Jane Wellesley, il fatto che avesse la strada già spianata costituì un deterrente. Le ragazze più adatte a rivestire il ruolo di future spose di Carlo conoscevano fin troppo bene gli oneri e la noia della vita reale e non erano sufficientemente colpite dai benefici derivanti dallo status di principessa per cercare di ottenerne il ruolo. La madre di Amanda diede un'altra spiegazione: «Nessuna scintilla».[32] Forse la signorina Knatchbull sapeva bene dove era rivolto il vero interesse di Carlo.

Non era proprio un segreto. Dalla prima volta in cui la incontrò in quell'inizio estate del 1971, Carlo aveva trovato in Camilla Shand, la magnetica bionda dalla risata facile e un rilassato senso dello humour, la donna che non avrebbe mai potuto dimenticare. Le donne che amano i cavalli solitamente amano il sesso. Non è un caso che l'inizio della pubertà per le ragazze sia spesso accompagnato da un'ossessione per la carne di cavallo. La caccia, l'altra attività ricreativa di Carlo, è da sempre considerata un afrodisiaco. L'adrenalina, l'aria fresca, l'euforia delle grida di incoraggiamento ai cani sono tutti grandi stimolatori della libido, per non parlare della pulsante vitalità naturale del cavallo al galoppo tra le cosce. Le donne che amano la caccia amano il rischio tanto quanto gli uomini e di norma mariti e mogli raramente vanno a caccia insieme. Non c'è un orario stabilito che costringa a rientrare a casa prima che faccia buio, di conseguenza la giornata sportiva si può protrarre eroticamente fino all'imbrunire fornendo sempre un alibi intoccabile.

Camilla Shand i cavalli li amava davvero. Un membro della Beaufort Hunt la descrisse come implacabile a cavallo. «Avvicinandosi a una staccionata la si sente spesso gridare. 'Porca miseria! Togliti dalle palle!' »[33] Era la figlia di un affascinante eroe di guerra, Major Bruce Shand, e di un'ammaliatrice di alto rango, l'onorevole Rosalind Cubitt. La famiglia Shand era tanto cordiale e affiatata quanto non lo era la famiglia Windsor. Camilla era la più grande di tre figli. (Con la sorella Annabel e il fratello Mark, i tre erano noti come i *sexy Shands.*) Fu cresciuta in un ambiente sportivo ma anche cultore delle arti. L'aura della bisnonna, Alice Keppel, amante preferita del re Edoardo VII, contribuì a circondare Camilla di un alone di sensualità. Sir Harold Acton scrisse della signora Keppel: «Nessuno può competere con il suo fascino nell'organizzazione dei ricevimenti mondani. Avrebbe potuto interpretare la *Britannia* in un *tableau vivant* e farla sembrare reale».[34]

Tuttavia, lo stile di vita preferito da Camilla aveva ben poco in comune con quello della metropolitana Alice. Mentre la Keppel si spostava tra la sua suite al *Ritz* e *L'Ombrellino*, una villa meravigliosa sulle colline fuori Firenze, Camilla andava su e giù per la campagna inglese. Non dava molta importanza all'abbigliamento, al trucco e fare shopping non rientrava nei suoi passatempi. Veniva da corsi di toelettatura per cavalli, portava i capelli crespi arruffati e le unghie delle dita erano quelle di una donna abituata a lavorare nell'orto. Si dava una sistemata solo quando andava a cavallo con i suoi cani da caccia, esibendo la padronanza di questo sport mentre schioccava la frusta in aderenti calzoni da equitazione, un foulard bianco come schiuma e un'elegante retina nera sui capelli. Marie Helvin, che prima di conquistare Dodi Al Fayed, frequentava il fratello di Camilla, Mark Shand, ricorda il fascino terra terra di Camilla durante i weekend in campagna. « Arrivava con quegli stivali infangati, con i suoi capelli spettinati e la sua pelle acqua e sapone e, in qualche modo, si presentava benissimo. »[35]

Gli uomini hanno sempre amato Camilla. Possiede una di quelle personalità dirette, ruspanti, capaci di una spontanea franchezza. Essere schietti non implica necessariamente essere confidenziali (parola temuta, con tutte le sue connotazioni da brivido, dalla famiglia reale dopo il sincero sfogo di Diana con Martin Bashir della BBC). Ed essere schietti non è esattamente la stessa cosa di essere prevedibili. Tutte le congetture dei tabloid sulla storia del loro idillio porterebbero a pensare che la mossa con cui Camilla conquistò il cuore del principe fu dirgli: « Sapete, signore, la mia bisnonna era l'amante del vostro bisnonno... come la mettiamo? »[36] Una cosa che sta a metà tra l'estremamente improbabile e l'assolutamente inconcepibile. Per una ragazza esperta come Camilla, non sarebbe stato per niente di classe sfoggiare il suo lignaggio pochi secondi dopo l'incontro con l'erede al trono britannico. Il principe Carlo sapeva perfettamente chi erano gli Shand e i Cubitt; e « Come la mettiamo? » è un'esclamazione elegante quanto « Capperi! »

Ciò che Camilla disse realmente quel giorno al principe Carlo fu qualcosa di ben più sottile e suggestivo di quella frase tanto spesso citata. Valutando il suo cavallo con occhio esperto, disse al principe con la sua calda voce baritonale: « Che bell'animale che avete, signore ».[37] E il « bell'animale » che era in Carlo reagì con un balzo di intimo riconoscimento. Camilla Shand, poi Parker Bowles, diventò l'amore della sua vita.

Non era un segreto che Camilla si fosse abbandonata a un paio di intense relazioni nel periodo da postdebuttante. La sua esperienza la aiutava a fare in modo che Carlo si rilassasse di più a letto, come quando lo incitava a « fingere di essere uno stallone».[38] (Gli uomini della famiglia reale non scappano quasi mai dalla nursery). Tuttavia, proprio quelle esperienze impedivano al principe di porre la domanda fatidica, o anche solo di discuterne, alla donna che lo faceva impazzire.

Invece, dopo sei mesi idilliaci di inseguimenti per le campagne, di balli «inguine-a-inguine» all'Annabel, il nightclub di Mayfair, di cene con dessert in camera dopo i concerti all'Opera, Carlo s'imbarcò sulla fregata HMS *Minerva* per otto solitari mesi, sperando in cuor suo che Camilla lo aspettasse. Durante un intenso weekend di commiato con lei a Broadlands, nel dicembre del 1972, le dichiarò il suo amore ma non le chiese la mano.

L'anziano John Brabourne disse a Gyles Brandreth che Carlo «fece male i suoi calcoli» non chiedendole la mano quel weekend, ma la vedova Brabourne, Patricia Mountbatten, sostiene che non avrebbe fatto alcuna differenza. «Non sarebbe andato comunque da nessuna parte» disse. Il matrimonio con Camilla nel 1973 «non sarebbe stato possibile, non in quel momento. Camilla aveva *un passato*, e non si voleva una donna con un passato alle spalle. Inoltre non era nobile. E nessuno sposa una che non è nobile».[39]

Una questione più importante, tuttavia, è capire se lei avrebbe accettato qualora lui glielo avesse chiesto. Dal mio punto di vista, il grande amore di Camilla non era il principe Carlo ma il primo uomo che sposò: Andrew Parker Bowles. Era un uomo sicuro di sé, di trentatré anni, maggiore della Blues and Royals, un prestigioso reggimento dell'Household Cavalry e figlio di un caro amico della Regina Madre, il proprietario terriero e sceriffo di Berkshire, Derek Parker Bowles. Sembra essere stato (ed essere ancora) uno di quegli uomini in grado di tirare fuori il lato peggiore più delizioso da ogni donna che incontra. Lo stesso valeva per suo padre. Minette Marrin scrisse a proposito della famiglia dei Parker Bowles: «In quell'ambiente l'alcol scorreva a fiumi in modo sorprendentemente libero, il linguaggio era colorito e gli argomenti di conversazione terra terra».[40] Andrew adorava le donne.

Gli piaceva correr loro dietro e, come confermano anche i suoi amici, era raro che non le avesse in testa, era una specie di *groupie* reale. Una delle sue prime distrazioni fu una relazione passionale con la giovane principessa Anna, la quale, nonostante i suoi modi rigidi, aveva sempre amato rotolarsi nel fieno. Ci fu una romantica rievocazione di *La Ronde* sulla pista da ballo di Annabel una sera nel 1971, quando divenne chiaro che la principessa Anna era innamorata di Andrew Parker Bowles, che anche Camilla ne era innamorata, e che Carlo a sua volta era innamorato di Camilla.[41]

Camilla riuscì a portare Andrew all'altare. Le nozze si celebrarono nella Guards Chapel di Wellington Barracks a Londra, il 4 luglio del 1973, solo cinque mesi dopo l'imbarco di Carlo sulla *Minerva*. La sposa aveva compiuto ventisei anni da tredici giorni. Fu un matrimonio mondano in tutto e per tutto. Sia la Regina Madre sia la principessa Anna parteciparono alla cerimonia e la principessa Margaret li raggiunse al ricevimento a St James Palace.

Il principe Carlo fu sconvolto quando, nell'aprile del 1973, scese a terra ad Antigua e scoprì cosa stava accadendo. In una lettera privata del 27 aprile, indirizzata a un amico, il principe si lamentò di come il fato avesse stabilito che «una relazione tanto piena di luce, serena e felice per entrambi come la nostra durasse soli sei mesi... Presumo che alla fine mi libererò da questa sensazione di vuoto».[42]

Quando si celebrarono le nozze, Carlo era ancora imbarcato. Meglio così; altrimenti avrebbe visto quanto Camilla apparisse felice e raggiante nel suo vestito di seta bianca e organza e un velo di tulle tenuto insieme da un diadema di diamanti, accompagnata da sei damigelle d'onore e dieci paggetti.

Camilla ci aveva messo così tanto per conquistare Andrew perché lui era un incallito Don Giovanni che si dava molto da fare con le donne. Lord Wyatt, il famoso giornalista ed esperto di mondanità, annotò nel suo diario che il cugino della Regina Madre, John Bowes-Lyon, gli aveva raccontato che, mentre Andrew tentennava ancora sul matrimonio, i genitori di Camilla ne erano così entusiasti che pubblicarono a sorpresa un annuncio del loro fidanzamento sul *Times*. Visto l'annuncio pubblico, Andrew pensò di non poter più tirarsi indietro.

Il flirt di Camilla con Carlo era stato divertente, lusinghiero e sexy, ma le sue amiche avevano sempre saputo che il suo cuore ardeva per Andrew. E questa fu la ragione per cui lei riuscì a manipolare Carlo così bene. Come ogni donna sa bene, è molto più facile condurre il gioco quando si tiene il coltello dalla parte del manico.

La cosa stupefacente dei ventidue anni di matrimonio dei Parker Bowles è che l'infedeltà si instaurò praticamente da subito, e inizialmente non da parte di Camilla. Andrew aveva avuto altre relazioni durante tutto il fidanzamento e non smise certo dopo il matrimonio. Una volta Camilla descrisse a un'amica, Carolyn Benson, una scena alla *Bridget Jones* quando entrò nell'appartamento di Andrew con le sue chiavi e lo trovò «chiaramente a disagio». Un rapido controllo dell'appartamento portò alla scoperta di una bellezza sposata «accovacciata dietro al divano che singhiozzava in silenzio».[43] Nel 2004, Lucian Freud dipinse un significativo ritratto integrale di Andrew Parker Bowles intitolato *The Brigadier* («Il generale di brigata», che poi diventò) in posizione seduta, sprofondato in una poltrona di pelle e con indosso un'uniforme blu scuro ornata di medaglie, con polsini rosso-oro e i pantaloni con una fascia laterale. Il suo giro vita da uomo di mezza età sporge leggermente dalla giacca slacciata, ma l'espressione sul suo volto paffuto trasmette più maestosa indifferenza che trascuratezza.

Le conquiste di Andrew sembravano sempre perdonarlo e Camilla non faceva eccezione. Poteva anche trascorrere il weekend a Londra correndo sfacciatamente dietro a una delle amiche di Camilla, ma passando per una breve visita dai Parker Bowles la domenica mattina nel loro maniero del Wiltshire avreste trovato Andrew che faceva colazione e Camilla che, soddisfatta, correva da un lato all'altro della cucina con una camicia da uomo extralarge o seduta in braccio ad Andrew a giocare affettuosamente con i suoi capelli. Nei weekend in campagna trascorsi con loro verso la fine degli anni '70, Marie Helvin notò quanto la coppia Parker Bowles fosse « affiatata ». Quando avevano ospiti per le loro brillanti cene, spesso si parlavano animatamente tra gli invitati. Helvin non riuscì mai a capire se fu il ben noto fare da donnaiolo di Andrew o il principe Carlo a incidere pesantemente sul loro matrimonio. Lei, Mark Shand, Camilla e Andrew trascorrevano spesso del tempo insieme a casa degli Shand, il maggiore Bruce e Rosalind, nella loro residenza nel Sussex. Tutti i quotidiani della domenica venivano sparsi sul tavolo della colazione, come d'abitudine nelle case di campagna. Durante gli anni di Diana, il più delle volte, si poteva leggere qualcosa di intrigante su Carlo e Camilla, ma nessuno osava toccare l'argomento. Helvin disse: « A volte Rosalind si irrigidiva mentre leggeva un articolo, ma non se ne discuteva. Mai ».[44]

Durante i primi anni di matrimonio di Camilla, quando il marito si assentava per tutta la settimana per sbrigare i suoi affari a Londra, era senza dubbio un piacevole stimolo che il principe di Galles la chiamasse così spesso e continuasse a confidarsi con lei riguardo alle sue relazioni da scapolo. Un ex membro dello staff della regina sostiene che per tutta la durata del matrimonio di Camilla con Parker Bowles, fu l'intensità dei sentimenti di Carlo a tenere in vita quest'amicizia romantica.[45] Camilla dava per scontata l'eterna devozione del principe e, allo stesso tempo, si accertava che nessuna nuova arrivata si appropriasse illecitamente del suo posto. Un amico di Camilla sostiene che il legame tra i due si sarebbe allentato se Carlo non fosse stato il principe di Galles.[46] Nei weekend spesso il principe sbucava nella cucina dei Parker Bowles in cerca di un tè o di comprensione. In cambio, Camilla poteva condividere con lui le sue patetiche storie sullo spirito donnaiolo di Andrew. Una delle sue prime fiamme, Rupert Hambro, ricordò la masochistica soddisfazione con la quale Camilla gli raccontò delle situazioni imbarazzanti che spesso la vita amorosa di Andrew creava. « Nonostante tutto, spesso riusciva a vedere il lato divertente delle cose», disse Hambro.[47]

O fingeva di farlo. I compromessi coniugali di Camilla resero l'adulterio parte del suo nuovo stile di vita. Fu iniziata da Parker Bowles. In qualche modo, il dolore dei suoi tradimenti andava ridimensionato, bisognava riderci sopra.

Fu la morte dell'amato zio di Carlo, lo zio Dickie, il 27 agosto del 1979 a gettare nel caos l'equilibrio emotivo del principe e a ravvivare la sua relazione con Camilla. Fu un omicidio di un'efferatezza indicibile. L'affetto che Mountbatten nutriva per i vicini irlandesi della sua residenza estiva, Classiebawn Castle a Mullaghmore nella contea di Sligo sulla costa occidentale dell'Irlanda, e l'affetto che essi, a loro volta, provavano per lui creò un'occasione per l'attentato. La piccola nave da pesca di Mountbatten, la *Shadow V*, era incustodita. Era appena salpato dal porto quando una bomba nascosta a bordo fu fatta esplodere a distanza. Oltre a lui persero la vita il nipote quindicenne, Nicholas Knatchbull, che era anche il figlioccio del principe Carlo, e il conducente della barca, Paul Maxwell, quindici anni. Sua figlia e il genero, Lord e Lady Brabourne e Timothy, il fratello gemello di Nicholas, rimasero gravemente feriti. L'ottantaduenne vedova Lady Brabourne morì il mattino seguente all'ospedale della contea di Sligo in seguito alle ferite riportate.

Il principe Carlo era in Islanda a pescare con Lord e Lady Tryon il giorno dell'omicidio. Quando atterrò a Heathrow vide venirgli incontro il suo inserviente, Stephen Barry, pallidissimo. Da Heathrow si recarono a Windsor dove Carlo si sedette abbattuto in giardino, impietrito e silenzioso, cercando di venire a patti con la tragedia. Sul suo diario, il 27 agosto 1979, scrisse: «Mi assalì un misto di emozioni disperate; agonia, incredulità, una sorta di infelice intorpidimento, e subito dopo fui assalito dalla rabbia e da un incrollabile determinazione a fare qualcosa per risolvere la questione dell'IRA».[48]

Lo shock di quel tremendo mattino risuona ancora nella mente della nipote di Mountbatten, India Hicks. Ventisei anni dopo l'omicidio, nel 2005, ritornò per la prima volta sul luogo dell'accaduto e poi scrisse allo zio Lord Brabourne:

All'improvviso su quelle dune, con quel meraviglioso sole irlandese, si affacciò un ricordo e mi afferrò per la gola. All'improvviso mi ritrovai di nuovo undicenne ed esplose una bomba...

Ero andata a pescare gamberetti con il nonno il giorno prima. «Decibel», ordinava (ricordi? Ero la più giovane di dieci nipoti e avevo la tendenza a parlare a voce un tantino alta), «porta i retini!» e io mi dirigevo a passo incerto verso di lui su quegli scogli scivolosi.

Quel lunedì 27 agosto era una limpida giornata di sole che invogliava alla solita escursione di pesca, ma avendo trascorso così tanto tempo in acqua il giorno prima, decisi di restare a casa con la speranza di ricavarne un giretto per comprare caramelle. Il nonno entrò nel salone, mi disse di «stare attenta al cane» e si diresse verso il porto. Stavo guardando Stanlio e Olio con Ashley in biblioteca quando udimmo l'esplosione. In seguito, per anni ho sobbalzato senza motivo ogni volta che veniva sbattuta una porta o che scoppiava un palloncino. La polizia che aveva seguito la barca fino a riva arrivò su per la stradina con uno stridore di freni. «Solo per raccogliere i binocoli e godersi il panorama», dissero. Ma noi sapevamo, Ashley e io, ne sono sicura.

Seguirono pastiglie di valium e interrogatori. Ero così confusa. Il nonno era morto, Nicky era disperso in mare e tutti gli altri furono trasportati di corsa all'ospedale di Sligo. Perché un poliziotto mi stava *interrogando*, con Ashley ed Edwina che aspettavano fuori il loro turno, e dov'era il cane del nonno? Avrei dovuto occuparmene io.

Mi nascosi per un po' sugli scogli in riva al mare. Mi trovò qualcuno ma non ricordo chi. Avevo undici anni e non avevo mai sentito parlare di un omicidio politico prima di allora. Quanto al resto, tutto diventa complicato, funerale dopo funerale, incubo dopo incubo, ero stata privata di una parte della mia infanzia. Edwina, Ashley e io fummo trasportati a Barons Court in un elicottero della British Army qualche giorno dopo, o forse addirittura il giorno dopo, non ricordo nemmeno questo. Ma io avevo il cane del nonno e questo era quello che contava. Mi ricordo che cercai di mettergli le cuffie alle orecchie invece di infilarle sulla mia testa e un soldato rimise gentilmente a posto le cose.[49]

La regina non mandò alcun biglietto di condoglianze alle due figlie di Mountbatten, Patricia, seconda contessa Mountbatten e Lady Pamela Hicks, la madre di India. Questo non perché non fosse scossa dalla tragedia ma perché lo era troppo. Per lei era più sopportabile mostrare il suo dolore tramite i canali ufficiali. Quel weekend un membro dello staff del palazzo, che ebbe l'ingrato compito di comunicare alla regina che Mountbatten era stato assassinato, ricorda: «Lei non disse niente tranne 'Grazie molte', ma più tardi quella sera, verso le 21.00, mi telefonò e disse: 'Hai passato una giornata molto difficile. Dovresti andare a letto'. Una cosa insolita, dal momento che non è una persona che mostra affetto o gratitudine».[50]

Ciò di cui Carlo aveva bisogno ora non era lo stoicismo da Windsor, ma il forte sostegno di Camilla dall'altra parte del telefono. Lei lo aveva chiamato per offrirgli sostegno a Broadlands, dove alloggiava, e lui sfogò tutta la sua confusione e il suo dolore. Quattro mesi dopo l'omicidio di Mountbatten, il tenente colonnello Andrew Parker Bowles partì per la Rhodesia con Lord Soames, l'ultimo governatore britannico, una coincidenza davvero fortunata per Carlo. Parker Bowles sarebbe stato lontano quattro mesi per supervisionare il passaggio all'indipendenza, lasciando Camilla nel Wiltshire con i loro due bambini. Quando Camilla venne a sapere per vie traverse che tra il rampante tenente colonnello e la figlia di Soames, Charlotte, stava nascendo una tenera amicizia, seppe dove cercare consolazione.

Bisogna riconoscere a Camilla che ha sempre saputo come inscenare le proprie ritorsioni sessuali. Oppure, come notò un amico, «solo Camilla Parker Bowles poteva trovare il modo di riscaldare una minestra già vecchia».[51]

Nell'aprile del 1980, quando il principe si recò in Sud Africa per presiedere alle celebrazioni per il Giorno dell'Indipendenza che formalizzavano la trasformazione della Rhodesia nello Zimbabwe, Camilla viaggiò con Carlo, non con Andrew, che era stato in Inghilterra per una breve visita qualche giorno prima. A Buckingham Palace regnava una grande costernazione per i resoconti giornalistici su Carlo che si stava portando nello Zimbabwe «la sua vecchia fiamma», Camilla Parker Bowles, come accompagnatrice ufficiale. Il fatto che Andrew Parker Bowles fosse tornato nello Zimbabwe non fece che rendere la questione ancora più spinosa e creò un «paradosso» che fu necessario giustificare con un briefing. «Buckingham Palace ha sempre preferito vedere Carlo in compagnia di donne felicemente sposate, perché questo tipo di compagnia non può dare adito a pettegolezzi»[52], questa era l'ingegnosa versione ufficiale. In volo verso lo Zimbabwe, Carlo e Camilla si appartarono, mentre l'equipaggio imbarazzato faceva del suo meglio per cercare di ignorare le urla gioiose che trapelavano dalla cabina reale non adeguatamente insonorizzata. Durante una cena a Government House il 16 aprile, Carlo stava così palesemente flirtando con Camilla sotto gli occhi di Andrew Parker Bowles, che il suo segretario personale, Edward Adeane, lasciò la stanza.[53]

Whoomph. Al ballo inaugurale del Cirencester Polo Club a Stowell Park, alla fine del giugno 1980, tra Carlo e Camilla sprizzavano scintille. Il principe si trovava lì con la sua ultima conquista, la bella e focosa bionda venticinquenne Anna Wallace, figlia di un proprietario terriero scozzese. Per un periodo Carlo era stato profondamente infatuato della Wallace ed era corsa addirittura voce che le avesse chiesto la mano. James Whitaker, di pattuglia sulle rive del fiume Dee in Scozia dove Carlo andava a pescare, lo colse in flagrante, sdraiato su una coperta con la Wallace. «Pochi attimi prima che la reale fiamma si attizzasse, ci vide strisciare sulla pancia con macchine fotografiche e binocoli. Saltò in piedi e corse a nascondersi tra i cespugli, lasciando poco galantemente la povera Anna a coprirsi da sola», sghignazzava Whitaker.[54] Whitaker non pubblicò la storia (un favore che senza dubbio intendeva riscattare), e lo stesso fecero tutti gli altri membri del *Rat Pack*. Ma la bestia più aggressiva della giungla, Nigel Dempster, ammonì che se provocato non sarebbe stato tanto magnanimo. «Solo nel caso in cui Carlo decidesse, in preda al panico, di fare una proposta formale», scrisse Dempster sul *Daily Mail*, «ho delle gustosissime novità per lui. È in circolazione una fotografia piccante di Anna, e io ne possiedo una copia.»[55] Anna poteva anche essere un po' appannata come sposa, ma poteva ancora rimpiazzare Camilla come prima amante. Era soprannominata *Whiplash Wallace* («Frustino Wallace») per la sua bravura nella caccia, e Camilla sapeva esattamente cosa significava. L'amante a lungo termine del principe aveva bisogno di dimostrare, in pubblico come in privato, di avere il potere di riprendersi il principe di Galles a proprio piacimento e farlo capire anche a quel donnaiolo di suo marito. Quando Carlo invitò Camilla a ballare, i due restarono a labbra incollate per metà della sera. «Andarono avanti a... sbaciucchiarsi, a scambiarsi baci alla francese, ballo dopo ballo. C'era davvero da impallidire», ricordò uno degli invitati.[56] Infuriata e abbandonata, Anna prese la macchina della padrona di casa e fuggì via.

Questo esibizionismo spudorato da parte di Camilla sembra puro trionfalismo. Persino la madre di Camilla, presente al ballo, era turbata da questa esibizione di flagrante adulterio, soprattutto perché il marito era presente. Ma questo presumibilmente era solo una parte del problema – ossia che Andrew fosse presente, fingendo, nei loro coniugali giochi senza fine, di essere indifferente al fatto che la moglie amoreggiava con l'erede al trono sotto i suoi occhi. «Sua Altezza Reale è entusiasta di mia moglie... E lei sembra essere entusiasta di lui», sussurrò Andrew a un ospite mentre assisteva alla performance di Camilla con il principe.[57]

Il tenente colonnello non sembrava infelice, come lo sarebbero stati altri uomini, del fatto che sua moglie ricevesse le attenzioni del principe di Galles. Nel 1987 fu promosso ufficiale in comando del Household Cavalry Mounted Regiment, un grande onore al quale seguì l'appropriato titolo cerimoniale di *Silver-Stick-in-Waiting* di Sua Maestà la regina Elisabetta II. Al matrimonio di Carlo e Camilla, nell'aprile del 2005, sedeva raggiante sul banco della chiesa, neanche fosse la madre della sposa.

Per la famiglia reale, l'ossessione di Carlo per Camilla non era più un'avventura tollerabile, ma un serio ostacolo al matrimonio. In più stava suscitando disdicevoli pettegolezzi. Il segretario personale della regina l'aveva già informata che gli alti ufficiali della Household Cavalry erano piuttosto seccati del fatto che il principe di Galles intratteneva una relazione molto pubblica con la moglie di un collega ufficiale. La regina non disse nulla ma studiò a fondo le possibili implicazioni, e non le piacquero. Era ormai chiaro che c'erano delle ragioni sentimentali più profonde se la scarpetta fatata non calzava nessun piede. La questione andava ben oltre la disponibilità o il lignaggio. La cosa imbarazzante era che l'erede al trono, come suo zio Edoardo VIII, era perdutamente innamorato di una donna sposata. Carlo aveva trentun anni, e aveva ormai superato l'età in cui aveva sempre promesso che si sarebbe sposato. Bisognava trovare una sposa, e presto. Ma chi? I possibili nomi di ragazze non impegnate e presumibilmente vergini ormai si stavano esaurendo. Donne ancora vergini dell'età di Carlo esistevano solo nelle sitcom. Con ben poche eccezioni, persino le ragazze più giovani si mostravano, ahimè, aperte alla sperimentazione. «Questo fattore aveva sempre fatto parte della strategia di Diana», disse il suo amico Simon Berry. «Chi altra avrebbe potuto sposare?»[58]

Nel 1980, se Diana non fosse esistita avrebbero dovuto inventarla. In effetti, è quello che fecero. Suzanne Lowry, redattrice della rubrica «Living» dell'*Observer*, trovò una segretaria dall'aspetto nobile di nome Sarah, la intervistò e poi la fotografò con un diadema in testa e un abito da sera di Hardy Amies che le lasciava le spalle scoperte. L'*Observer* la promosse come LA VERA PRINCIPESSA, con tanto di blasone. In uno stile che ricordava quello del sondaggio del *Mirror* sulla principessa Margaret, il giornale suggeriva: «Prendila, Carlo, è tua. E nostra, ovviamente». Questa principessa «amava gli animali, era vegetariana, odiava il polo e gli sport violenti, non amava le pettinature vistose», scrisse Lowry in seguito. «Aveva l'immacolata purezza che piace alle masse.»[59] Era una descrizione perfetta della perfetta principessa generica. E, abbastanza curiosamente, la descrizione si adattava come un guanto all'ancora sconosciuta Lady Diana Spencer.

Diana fu inserita nella lista delle ragazze da tenere d'occhio della Regina Madre all'aristocratico matrimonio della sorella Jane Spencer con Robert Fellowes, ora segretario personale della regina, celebrato nella Guards Chapel nell'aprile del 1978. Diana era una delle tre damigelle d'onore e fu poi vista flirtare e parlare con gli ospiti con un'ingenuità affascinante. In seguito, nel contingente reale si sollevò un brusio di commenti su quanto la giovane Spencer stesse diventando bella (nonostante l'osservazione di James Whitaker sul suo «brutto vestito rosa»). Era vivace e fresca ma anche elegante, con le sue lunghe gambe e quei modi impeccabili. Al ricevimento di nozze a St James Palace, la Regina Madre si complimentò con il compiaciuto conte Spencer per l'eccellente lavoro che aveva fatto crescendo Diana. «Ma ora ti aspetta la parte più difficile», disse con un sorriso che la diceva lunga. «Devi pensare alla sua futura sistemazione.» «Forse il suo consiglio non era generico come credevo», rivelò in seguito Lord Spencer.[60]

Durante i festeggiamenti per il trentesimo compleanno del principe Carlo nove mesi dopo, il fascino senza pretese della diciassettenne Diana Spencer si fece notare ancora. La Regina Madre pensò che «la sua dolcezza, la sua modestia e la sua volontà di adeguarsi facevano di lei la persona ideale per ricoprire il ruolo di principessa di Galles», ricordò Lord Charteris.[61] Inoltre gli Spencer, una delle più importanti famiglie aristocratiche del paese, sulla carta erano perfetti per diventare parenti dei reali. Nelle loro vene scorreva parecchio sangue blu, che si poteva far risalire a svariati discendenti illegittimi di Carlo II e Giacomo II. Il padre di Diana, per grazia di Dio, era stato dignitario sia di Giorgio VI sia di Elisabetta II. Le due nonne della ragazza, Cynthia e Ruth, e due delle prozie Spencer avevano lavorato al servizio della Regina Madre. Lady Fermoy era ancora molto presente in qualità di dama di compagnia e stimata «consulente culturale» della Regina Madre. Grazie alla sua formazione da pianista, organizzava per lei piacevoli diversivi musicali nella Royal Lodge e spesso si esibiva personalmente in concerti privati nelle feste dei fine settimana (a volte, accompagnata da un amico, il celebre direttore d'orchestra Sir David Willcocks, dopocena si esibiva in duetti del periodo vittoriano, che si concludevano con le loro mani incrociate sulla tastiera).[62] Dopo quarant'anni di presenza, Ruth era profondamente inserita nella vita extralavorativa della Regina Madre, portando serenità alle cene reali, con i suoi capelli bianchissimi e il suo sorriso discretamente snob. L'ascesa reale di Diana, inoltre, sarebbe stata una perfetta vendetta sociale dell'imbarazzo creato da sua figlia Frances, rea di essere «fuggita» dal matrimonio con il conte Spencer undici anni prima. «Tutto quello che Ruth Fermoy desiderava era vedere sua nipote diventare la futura regina d'Inghilterra», disse Lady Edith Foxwell, un'amica della principessa Margaret e di altri membri di secondo piano della famiglia reale. A sua volta, la Regina Madre durante un pranzo nella primavera del 1980 consigliò al suo desiderabile nipote: «Non lasciarti sfuggire Diana Spencer».

Diana cominciò a ricevere fiumi di inviti alle feste alle quali partecipava il principe di Galles. Mentre Carlo portava avanti la sua relazione con Camilla, quegli inviti iniziarono ad aumentare. Lady Fermoy, ad esempio, coinvolse prontamente la nipote in un'uscita con il principe per assistere al *Requiem* di Verdi all'Albert Hall il 3 maggio 1980.

Uno degli aspetti amaramente ironici della storia di Diana era che più aumentava l'innamoramento del principe Carlo per la sua amante, più cresceva l'urgenza del palazzo di trovare qualcuno per rimpiazzarla. La curva ascendente di Diana nella vita di Carlo restò sempre intrecciata alla curva ascendente di Camilla. Quello che nessuno riusciva a comprendere allora, e meno che mai la diciottenne futura sposa, era che anche per Camilla il matrimonio tra Diana e Carlo poteva essere vantaggioso. Le donne come Anna Wallace erano fin troppo risolute, mondane e dirompenti. Stando alle parole del cognato di Camilla, Richard Parker Bowles: « [Camilla] inizialmente incoraggiò la relazione tra Carlo e Diana perché considerava Diana un po' tonta. Non vide mai Diana come una minaccia... Camilla sapeva che, in quanto donna con un passato, non sarebbe mai stata accettata come moglie di Carlo. Ma riteneva anche che Diana fosse una persona che lei avrebbe potuto manipolare... Non aveva mai desiderato sposare Carlo. Voleva continuare a essere semplicemente la sua amante, la sua intenzione era quella di continuare a essere la moglie di Andrew... Voleva due cose dalla vita: mantenere la sua relazione speciale con il principe di Galles e il matrimonio con qualcuno che le piaceva davvero ».[63] La più giovane degli Spencer era una ragazzina così dolce. Camilla era sicura che fosse tranquilla, remissiva e docile. Come avrebbe potuto rappresentare un problema?

Il cacciatore e la preda

Ora in tutta la zona non si parla d'altro che
degli incontri di mezzanotte di Carlo.

(*Sunday Mirror*, novembre 1980)

Mentre la Casa di Windsor era sempre più assorbita nella ricerca di una sposa malleabile per l'erede al trono, in grado di soddisfare le esigenze dinastiche e di venire a patti con la tradizione, Lady Diana Spencer stava vivendo il suo film personale, il suo grande sogno. Un principe era innamorato di lei! Con il tempo si era trasformata in una bellezza genuina, modesta e tipicamente inglese, con quei suoi bellissimi occhi blu e quella carnagione morbida e vellutata. « Quando era bambina non avevo realizzato che sarebbe diventata così bella » disse sua sorella maggiore Sarah. « Tutti i miei amici, maschi e femmine, ne parlavano praticamente come di un brutto anatroccolo, e ripetevano che sarebbe diventata splendida. Loro riuscivano a intravederlo. Ma uno non lo nota nelle proprie sorelle. » [1]

Oh, davvero? In verità Sarah lo aveva notato eccome; non solo quando la sua sorellina (e inizialmente addetta alle pulizie) vide comparire misteriosamente il proprio nome nell'elenco degli invitati al ballo per il trentesimo compleanno di Carlo, ma anche quando era stata invitata a Sandringham nel gennaio dell'anno precedente. Mentre Sarah pagava i propri debiti sociali partecipando a una lunga e ardua cavalcata attraverso sentieri ghiacciati e fangosi con la regina, Diana era occupata a fingere di essere entusiasta della caccia e a flirtare senza ritegno con l'erede al trono. Mentre Carlo puntava il mirino sui fagiani, lei puntava il mirino su di lui.

In luglio Diana ricevette un altro sorprendente invito, questa volta per partecipare a un ricevimento a New Grove, la residenza del comandante Robert e di Philippa de Pass nel Sussex. Il loro figlio Philip le suggerì, in modo apparentemente del tutto casuale, di fermarsi « per un paio di notti a Petworth poiché avremmo qui il principe di Galles ». Quindi, con un'appropriata e disinvolta ostentazione virile, aggiunse: « Tu sei sangue giovane, potresti divertirlo ».[2]

Che meraviglia! Diana non immaginava certo che l'invito a soggiornare nella stessa casa del principe di Galles era tutt'altro che improvvisato. Il padrone di casa, il comandante Robert de Pass, giocava a polo con il principe Filippo; sua moglie era una dama di compagnia della regina. Un vecchio assistente di palazzo sosteneva che ci fosse la Regina Madre dietro gli inaspettati inviti sociali di Diana; tuttavia, la reazione del principe Filippo quando scoprì che Sabrina Guinness, ex fiamma del principe Carlo, era tra gli invitati suggerisce che l'invito a Diana probabilmente ebbe origine in seno alla famiglia.

La signorina Guinness stessa era estremamente sorpresa dell'invito a unirsi al principe Carlo alla festa dei de Pass, considerando che il principe l'aveva scaricata nove mesi prima per Anna Wallace. Nonostante fosse la figlia di un banchiere ben introdotta nell'alta società, la ventiseienne Guinness fino a quel momento non aveva certo condotto una vita della massima discrezione. Aveva vissuto una fase da « quasi famosa » girando il mondo al seguito dei Rolling Stones. Aveva frequentato Jack Nicholson e, in una più raffinata interpretazione da jet-set di Sloanedom, aveva ottenuto un lavoro nell'epicentro delle feste come bambinaia di Tatum O'Neal a Los Angeles. In qualità di sedicente « pollastrella del rock », la Guinness, durante quella visita a

Balmoral, aveva subìto la disapprovazione regale dei genitori di Carlo, in quanto, atterrata all'aeroporto di Aberdeen, non era riuscita a eludere la stampa. Giunta un po' trafelata al castello, osservò che l'automobile che era venuta a prenderla alla stazione sembrava una *Black Maria*.* «Tu dovresti sapere tutto sulle *Black Maria*» le rispose il principe Filippo.[3]

Nondimeno, la elegante Guinness si era già leggermente allarmata quando il padrone di casa le aveva suggerito di arrivare alle 19.00 in modo da non incrociare il principe Filippo, che sarebbe partito alle 18.00. Sfortunatamente questa strategia per salvare le apparenze fallì perché il bisbetico reale ritardò la propria partenza. E lui diede l'impressione di essere terribilmente contrariato quando la signorina Guinness entrò ancheggiando in soggiorno. «Mi prese da parte e disse: 'Cosa ci fai qui? Non voglio che tu venga vista in pubblico con mio figlio'. Vorrei essere stata la donna che sono oggi, perché sarei stata in grado di ribattere; invece questo scosse la mia sicurezza.» [4] Il principe Carlo, apparentemente incurante, chiese alla Guinness se sarebbe andata a vederlo giocare a polo a Cowdray Park. Lei declinò l'invito dopo il violento attacco di Filippo, sapendo che il campo da gioco sarebbe stato brulicante di giornalisti.

Lady Diana Spencer non doveva preoccuparsi di certe limitazioni e poté unirsi all'allegro gruppo che stava partendo per Cowdray Park per ammirare il principe di Galles in sella al suo cavallo. Il reporter del *Sun* Harry Arnold e il fotografo Arthur Edwards la notarono, una ragazza acqua e sapone con una lettera D dorata appesa al collo che riconobbero vagamente e che sembrava fare parte della comitiva reale. Il previdente Edwards scattò alcune fotografie per il suo archivio, nel caso servissero.[5]

Le donne che sono state respinte da un uomo raramente ammettono quanto inizialmente siano state impazienti di

* *Black Maria*: termine popolare inglese usato per indicare i furgoni della polizia adibiti al trasporto di prigionieri (*N.d.T.*).

averlo. Il racconto di Diana ad Andrew Morton, in cui sosteneva che quel weekend Carlo «non aveva occhi che per lei» e la trattava in modo «non troppo distaccato», non coincide con i ricordi della Guinness e degli altri invitati.[6] Dai loro resoconti si evince che era Diana a «non avere occhi che per lui», non il contrario. «Lei flirtava e rideva come una sciocca. Alla sera durante il barbecue era seduta sulle sue ginocchia, e alzando lo sguardo gli disse: 'Io non ho otturazioni dentali né fessure. Credi che sia importante?'» ricorda la Guinness. «Stava disperatamente cercando di attirare la sua attenzione, e continuava a dire quanto amasse cavalcare.» Inoltre, la Guinness era contrariata, e ne aveva tutte le ragioni, per come erano state assegnate le camere da letto per la notte: la sua era molto distante da quella del principe Carlo, quella di Lady Diana Spencer proprio accanto, la medesima stanza in cui la stessa Sabrina era stata ospitata durante la sua visita ai de Pass l'anno precedente.[7]

Quella notte fu una delle rare occasioni in cui le attese di Diana, della Casa di Windsor e della stampa erano tutte allineate sotto la stessa speranzosa stella. La più giovane delle ragazze Spencer poteva anche avere un carnet di conoscenze più fitto dell'archivio dell'università, ma il suo radar emotivo funzionava a piena potenza. La prima volta che vide Carlo sui campi arati di Althorp, nonostante l'eccitazione che lo circondava, lei aveva notato una certa malinconia interiore. «Dio, che uomo triste!»[8] fu il pensiero che rievocò per Morton parlando di quell'incontro. Si trattava di una percezione molto acuta. Aveva percepito quella che Barbara Cartland avrebbe definito «un'inconfondibile aria di malinconica vulnerabilità». Seduta accanto a Carlo su una balla di fieno, e sapendo che lui aveva appena rotto con Anna Wallace, giocò il suo asso: «Sembravi così triste mentre percorrevi la navata al funerale di Mountbatten», gli disse in modo accalorato. «È stata la cosa più tragica che avessi mai visto. Il mio cuore sanguinava per te mentre ti guardavo. Ho pensato che eri così solo; dovresti stare con qualcuno che si prenda cura di te.»[9] Diana aveva percepito con chiarezza che per penetrare il riserbo reale dell'erede al trono doveva fare appello alla sua grande riserva di compassione per se stesso. Più tardi affermò: «Carlo praticamente si avventò su di me», il che è credibile; ma l'affermazione che trovò il comportamento di lui «molto strano» e che non era «del tutto sicura di come affrontare la cosa» è una spudorata bugia.[10]

Diana gestì la situazione alla perfezione, specialmente quando rifiutò il cauto invito del principe, che si era offerto di riaccompagnarla a Londra in macchina. Era troppo astuta per lasciarsi coinvolgere in quello che era l'abituale scenario delle relazioni di Carlo: delle folli corse con l'Aston coupé per consumare un fugace amore di una notte presso gli scavi reali. Declinò anche la sua proposta successiva. «Ho del lavoro a Buckingham Palace», disse lui. «Devi venire a lavorare con me.» No, replicò lei al principe, sarebbe stato davvero scortese da parte sua nei confronti dei padroni di casa eclissarsi in quel modo. «Non ero certo frigida» ricordava orgogliosa. «Ma quando si arrivava al dunque potevo diventarlo.»[11] Aveva dimostrato a Carlo che poteva trasformarsi in un attimo da una fanciulla che amava flirtare in una donna piena di empatia in grado di comprendere il suo dolore. Inoltre, gli mostrò che i suoi tacchi non erano così arrotondati come lui aveva immaginato. Adesso tutto quello che doveva fare era aspettare.

La convocazione arrivò all'inizio di agosto. L'andamento della nascente storia d'amore tra Diana e Carlo era legato a filo doppio al culmine degli eventi sociali della tarda estate. All'inizio di agosto c'era la *Cowes Week*, la settimana annuale di regate che si svolgeva a Cowes sull'isola di Wight, sede del Royal Yacht Squadron. Il segretario privato di Carlo, Oliver Everett, condusse Diana a Portsmouth per raggiungere il principe a bordo del *Britannia* per gli allegri festeggiamenti nautici. Gli uomini della famiglia reale, accomunati dal loro passato di ufficiali di Marina, erano presenti in forze: il principe Carlo, il principe Filippo (il quale di solito pilotava uno yacht da regata del 1930 lungo sessantatré piedi, il *Bloodhound*), il cugino di Filippo, l'esiliato re Costantino di Grecia, e una serie di altri uomini di mare tedeschi, imparentati con i reali: *Hons* e *Vons*, come li descrisse un ufficiale di Cowes.

Durante il viaggio Everett notò quanto Diana sembrasse giovane, con la sua allegria e i suoi commenti sulle belle cose che intravedeva nelle vetrine dei negozi accanto ai quali passavano. «Si comportò in modo spensierato tutta la settimana»,[12] commentò. Gli osservatori la trovarono timida e disinvolta allo stesso tempo, incredibilmente bella e gentile con l'equipaggio, il quale gradiva molto la sua compagnia. All'inizio Carlo non sembrò fare caso a lei, sebbene i suoi occhi lo seguissero ovunque.[13] Diana era come un telo bianco su cui ognuno aveva iniziato a proiettare le proprie speranze. Diana fu più enigmatica: «I suoi amici mi stavano appiccicati come un brutto eczema».[14]

A fine agosto, la «Gloriosa Dozzina» si apriva come le ali dei piccoli di gallo cedrone che frullavano nelle brughiere coperte d'erica delle Highland scozzesi. Mentre passava le sue giornate a Belgravia a infilare le tutine del figlioletto della signora Robertson nell'asciugatrice, Diana si preparava anche per imbarcarsi alla volta di Balmoral Castle su invito della regina.

L'evento che si celebrava erano i *Braemar Games*, che offrivano agli spettatori l'opportunità di osservare uomini scozzesi in kilt lanciare pesanti oggetti con le gambe pelose al vento, come avevano fatto per alcuni secoli quando i cavalieri inglesi bramavano le loro paludi di torba. Diana non aveva mai soggiornato all'interno del castello.

Nelle sue visite precedenti aveva alloggiato con sua sorella e suo cognato nella loro casa nella tenuta di Balmoral. Era stata là con i Fellowes ai primi di agosto, e per coincidenza il principe Carlo si trovava a pochi passi, a casa della Regina Madre, ai margini del maestoso Glen Muick a circa nove miglia dal castello. Diana era riuscita a guadagnarsi alcune lunghe e amichevoli passeggiate con il suo eroe e un agognato invito a uno dei grandi picnic organizzati dalla Regina Madre «Oh, questa è la vita che fa per me! Dov'è il cameriere? » cinguettò quando furono portati i tovaglioli, le posate d'argento e i menu.[15]

Essere invitata di nuovo per i *Braemar Games* alla presenza della regina era una gran cosa. A Balmoral l'attività è frenetica quando arriva la sovrana per la sua annuale vacanza estiva, che trascorre ogni anno nello stesso posto e nello stesso periodo dell'anno, fin dalla prima estate della sua vita nel 1926. Il castello e i suoi 50.000 acri di terreno vengono disinfestati dai turisti in un batter d'occhio. Tre giorni prima del suo arrivo, sessanta suonatori di cornamusa cominciano a provare un assordante benvenuto. Non appena la Rover verde scuro della regina appare sul lungo e maestoso viale, l'intero staff della tenuta – inclusi diciassette giardinieri, cinque cuochi e quattro addette alla cucina – si mettono in fila come il cast di un musical di Busby Berkeley per accoglierla al di là del cancello d'ingresso. Ogni singolo asparago, ogni bacca di uva spina e ogni pomodoro nell'orto del castello viene coltivato in modo da maturare esattamente in quei due mesi regali in cui è possibile cacciare il gallo cedrone. Ma i fruscii nell'erica non sono prodotti solo da uccelli. Entro ventiquattro ore dall'arrivo di Sua Maestà, le riserve di caccia e i campi brulicano di invisibili forze di sicurezza, polizia diplomatica e soldati del Reggimento della regina, e al grido « cuck-cuck-cuck » del gallo cedrone si aggiunge il guaire della muta dei corgi reali.

La regina e la sua famiglia erano soliti passare la prima parte della loro vacanza estiva a Balmoral sullo yacht reale; questo finché un governo guastafeste non confiscò i milioni di sterline necessari per le spese di manutenzione del *Britannia* nel 2002. I sovrani navigavano attorno alla costa delle isole scozzesi occidentali fino ad Aberdeen, gettando l'ancora lungo il percorso a Caithness, presso il castello di Mey, risalente al XVI secolo, altra residenza della Regina Madre, per un picnic multigenerazionale. Un ospite ricorda di aver visto l'abbozzo di una comunicazione navale tra la Regina Madre e il *Britannia*: « Carissima Lillibet, porta i limoni, sono rimasta senza ».[16] (Quando ancora tutti si parlavano, il

Britannia faceva anche una tappa presso la residenza della madre di Diana, Frances Shand Kydd, a Oban. La regina, il principe Filippo, Carlo e Diana, i principi William e Harry andavano tutti in coperta e salutavano Frances, in piedi ai bordi del suo giardino affacciato sull'oceano. «Guarda, stanno salutando la nonna!» disse Frances a un'amica. «Non è carino?»)[17]

Diana era terrorizzata dalla sua prima visita a Balmoral. Lo spirito della regina Vittoria aleggia ancora sulla tenuta acquistata per lei dal principe Alberto. A nessuno è permesso sedersi sulla sedia preferita dalla defunta sovrana, ancora posizionata nel punto del soggiorno che prediligeva. È possibile scorgere l'influenza di Ludwig II di Baviera sul principe Alberto nelle visionarie torri e guglie del castello, adagiato all'ombra del lago Lochnagar come un piccolo pezzo di Baviera caduto in una foresta scozzese fra sbuffi di nubi: il *pianeta Zog*, come lo chiama uno degli assistenti del principe Carlo.

Quando sono presenti tutti i più stretti membri della famiglia reale, la più privata delle residenze della regina si trasforma nel più elegante comune del mondo. «Volevo comportarmi nel modo giusto» disse Diana a Morton.[18] Per un ospite alla sua prima esperienza, un soggiorno di un weekend è un vero e proprio campo minato. Non è la più facile delle situazioni imbattersi improvvisamente nell'indistinta figura del principe Filippo vestito di un ondeggiante kilt mentre esce da un bagno pieno di spifferi, come scoprì anche la moglie del primo ministro, Cherie Blair, quando accompagnò il marito nelle sue visite forzate «troppo orribili da descrivere». Sviluppò una reazione allergica alle pellicce e alle piume degli animali impagliati e dei trofei di caccia che adornano le pareti di Balmoral e le si ribaltò lo stomaco quando un corgi vomitò sul pavimento e un domestico lo scortò fuori per sistemare il problema con un'apposita paletta. Si bruciò immediatamente la sua occasione di compiacere la cupa principessa Anna quando le propose di chiamarla «Cherie». «Senta, preferirei non andare in quella direzione. Continuiamo con 'Signora Blair', Le dispiace?»

replicò Anna. La regina, da parte sua, non era affatto entusiasta del «fastidioso tono da avvocato» della signora Blair e del suo deciso rifiuto a inchinarsi, un requisito richiesto a ogni ospite.[19]

Ogni aspetto della routine di Balmoral, dal frastuono delle cornamuse che dà la sveglia agli ospiti alle sei di mattina alla scelta dei luoghi per i picnic, resta immutato anno dopo anno. Quando la regina è presente, la vita al castello è governata dalla puntuale osservanza delle regole, alle quali tutti devono aderire. Sabrina Guinness, nella sua sfortunata visita al principe Carlo, aveva quasi subito irritato la sovrana sedendosi sulla sacra sedia della regina Vittoria.[20] Esiste un codice di abbigliamento che viene fatto rispettare rigorosamente, senza alcun riguardo per l'età, il quale vieta i pantaloni alle signore. (La Regina Madre si disse «umiliata» quando Cherie Blair indossò i pantaloni per il pranzo durante la sua prima visita.) Dagli ospiti ci si aspetta che sfoggino continuamente abiti diversi, passando da un abbigliamento informale per la colazione a un abbigliamento sportivo per uscire a caccia, per poi cambiarsi ancora per il tè del pomeriggio e infine indossare qualcosa di lungo e raffinato per la cena. (Il ritmo era addirittura ancora più intenso nella residenza di Birkhall della Regina Madre, la quale insisteva affinché i suoi ospiti la sera si vestissero di tutto punto compresi i gioielli, anche se si trattava solo di alcuni vecchi amici.)

L'ironia è che questa è la famiglia reale al culmine del relax. Questo è il massimo della spensieratezza disinibita che i suoi membri possono permettersi. Se non altro, non hanno impegni ufficiali, tranne la chiesa a Craithie la domenica mattina e certi inviti a pranzo obbligatori di «personalità di rilievo», come il capo della Chiesa di Scozia.

Per Diana, Balmoral avrebbe potuto essere deprimente – «Me la facevo sotto!»[21] confidò a Morton – ma le offriva il prezioso dono della vicinanza di Carlo. Quando lui aveva l'impulso di uscire per una passeggiata e le telefonava nella sua stanza, lei poteva raggiungerlo in un soffio. Poteva mostrare il suo apprezzamento per la dispensa reale infilando le salsicce nelle focaccine preparate ogni giorno per il picnic pomeridiano e insaporendo le bistecche che emergevano da un carrello appositamente progettato per essere grigliate dal principe Filippo in persona, con la regina che si spazientiva per l'attesa. Diana poteva mostrare le sue doti domestiche e il suo spirito di squadra aiutando a ripulire e a lavare i piatti dopo il barbecue, organizzato ogni giorno in un podere diverso. Più che i piatti, a Diana interessava seguire Carlo sugli argini del fiume Dee per una pesca dei salmoni a due. Nella pesca con la mosca, lanciare la lenza è un'arte, ma naturalmente lo è anche scegliere la mosca giusta e infilzarla sull'amo. Diana stava seduta per ore sull'argine del fiume, come se la sua vita dipendesse dal penetrare questi misteri, ammirando le dimostrazioni di abilità del suo paziente insegnante, il principe Carlo. Ben agganciato, Signore!

Il fatto che appariva così felice di camminare per quelle lande fradicie era un enorme punto a favore di Diana. La regina la trovò deliziosa e appropriata. Senza le credenziali che si guadagnò nella vita all'aria aperta, Diana non avrebbe mai convinto nessuno di loro, né il principe di Galles, né i suoi genitori, né il suo onnipresente circolo di amici, una possessiva cricca di rudi signorotti vestiti di tweed e di proprietari terrieri tradizionalisti di mezza età che si conoscevano da sempre. Nei mesi successivi, sarebbe arrivata a conoscerli tutti fin troppo bene: il campione di sci Charles Palmer-Tomkinson e la sua ciarliera moglie anglo-argentina Patti; Nicholas «Grasso» Soames, nipote di Winston Churchill ed ex scudiero del principe, un uomo abituato a dividere la gente che detesta in «imbucati» (grandi seccatori) e «cretini» (quelli che praticano la masturbazione); gli assillanti snob van Cutsem, Hugh e sua moglie Emilie; Lord e Lady Tryon (lui un «imbucato», e sappiamo perché lei si trovi lì); Lord e Lady Tollemache (infiniti discorsi sulle piante da parte della moglie, una giardiniera paesaggista); e sempre, sempre, i Parker Bowles. Tutti molto «adulti» (cioè anziani) se paragonati agli amici di Diana. «Io ero di gran lunga la più giovane» disse.[22] (Grandi sbadigli quando si arriva al dunque!) Sfortunatamente, Carlo sembrava chiedere la loro opinione su tutto, pertanto bisognava conquistarli.

Quel fine settimana lei sicuramente riuscì nell'intento con una coppia di ospiti, i Palmer-Tomkinson. «Siamo andati a stanare la selvaggina insieme» ricordava Patti. «Eravamo accaldati, eravamo stanchi, lei cadde nel pantano, si coprì di fango e rise a crepapelle. Era una sorta di meravigliosa studentessa inglese che era sempre della partita, giovane certo, ma anche dolce e determinata ed entusiasta di lui, lo voleva così tanto.»[23]

Un chiaro indice di quanto Diana fosse pazza di Carlo è il fatto che mostrasse un interesse tanto verosimile per la caccia, i fucili e la pesca; requisiti indispensabili persino per essere una seria candidata come amante. Basta chiederlo a Dale Tryon, la ragazza australiana con cui Carlo passava i suoi momenti di svago. Lei sapeva tutto sullo stare in piedi per ore, a volte con l'acqua gelida che lambiva le cosce, tenendo in mano una canna da pesca. Lo stesso vale per Camilla, con i suoi tè da caccia e i suoi capelli da barboncino. Un ospite a Balmoral ricorda che perfino un uomo sofisticato come Lord Snowdon ritenne necessario frequentare una scuola di caccia prima di rischiare un fine settimana a Balmoral con la principessa Margaret. Il principe Filippo, disse l'ospite, chiedeva sempre a Snowdon di andare a pesca. «Non sono bravo, signore» ammise Snowdon, al che Filippo replicò: «Non sia ridicolo. Vada a fare pratica sul prato». Così andò a sedersi in mezzo al prato di Balmoral e cominciò a gettare la lenza sul manto erboso. Il principe Carlo uscì e gli chiese con uno sguardo sconcertato: «Perché sta gettando la lenza sul prato? Dovrebbe farlo al cinema».[24]

Gli aggettivi che tutti i testimoni utilizzarono entusiasticamente per descrivere Diana in quei primi giorni della sua frequentazione con Carlo erano: «semplice», «allegra» e «accomodante». Gli ospiti della regina erano incantati quanto il principe Carlo. Lord Charteris, l'ex segretario personale di Elisabetta II, fu incuriosito da quello che interpretò come il «meraviglioso istinto» di Diana quel fine settimana a Balmoral. « Lei giocò la sua partita con il principe alla perfezione. Si teneva quanto più possibile nel suo raggio d'azione. Aveva sempre un aspetto grazioso e dignitoso. Era sempre allegra. Era astuta di natura e aveva capito che pochi uomini possono resistere a una bella ragazza che li adora apertamente, specie se ha la risata pronta e un buon senso dell'umorismo... [Era] disponibile e mandava chiarissimi messaggi di adorazione. Il principe era lusingato e incantato. »[25]

Cosa accadde in seguito alla Diana di quei mesi di corteggiamento? Praticamente sin dal momento in cui si sposò, quella Diana non riuscì più ad agire. L'allegria, la malleabilità e lo humour che aveva dimostrato in mezzo a pressioni che avevano stroncato un reggimento di ragazze prima di lei non potevano essere del tutto falsi (tranne forse per il ricamo a cui aveva lavorato diligentemente a casa della Regina Madre quando tornò a Balmoral in ottobre). Un'altra amica di Carlo, Lady Romsey, la moglie del nipote di Mountbatten, Norton Romsey, riteneva che Diana si fosse innamorata dell'idea più che dell'uomo. Ricorda una conversazione in cui Diana aveva usato la frase: « Se sarò abbastanza fortunata da diventare la principessa di Galles ».[26] Palmer-Tomkinson invece concordava con sua moglie riguardo a Diana e Carlo: « Sembravano una casa in fiamme », asseriva con entusiasmo. « C'era passione tra loro. Condividevano lo stesso buffo senso dell'umorismo. Avevano un temperamento molto simile. Amavano tutti e due la vita di campagna. » Tuttavia, subito dopo Palmer-Tomkinson espresse un'idea totalmente opposta che rispecchia l'atteggiamento di tutti gli amici di Carlo nei confronti di Diana: « Poche settimane dopo lui iniziò a chiederci se ritenevamo che dovesse sposarla », continuò infatti Palmer-Tomkinson. « Noi eravamo tutti orripilati. Si conoscevano appena. Era evidente che non avevano niente in comune. »[27] Come? Fino a un momento prima non sembravano fatti l'uno per l'altra? Palmer-Tomkinson fece marcia indietro tanto repentinamente perché conosceva una verità parallela? Certo, lei era allegra, perfetta, dolce ecc., ma gli amici erano senza dubbio al corrente di altri fattori che avrebbero potuto rendere il matrimonio con una donna così giovane tutt'altro che raccomandabile; in particolare la sua relazione con un'altra ospite di Balmoral quel fine settimana, la moglie di Andrew Parker Bowles.

In ogni caso, ben presto l'opinione degli amici non avrebbe più rivestito l'importanza che avrebbe potuto avere in altre circostanze. Fuori di lì c'era un altro potere ben più forte da coltivare, se solo la spensierata ragazza di campagna avesse imparato a farlo: la stampa.

Questo era un terreno infido. Un'esposizione prematura, e certamente ogni forma di ricerca di pubblicità, sarebbe stata ben peggio che infilzare sull'amo la mosca sbagliata. D'altra parte, le persone che mostravano una marcata ostilità nei confronti della banda degli avidi corrispondenti reali si attiravano tremende rappresaglie: immagini in pose goffe, titoli sarcastici (una forma d'arte nell'ambiente dei tabloid), umilianti vessazioni negli aeroporti. Un trio di osservatori attenti a ogni nuova relazione reale quel fine settimana attendeva le fotografie scattate ai *Braemar Games*: Arthur Edwards, tuttora in forze al *Sun*; James Whitaker, corrispondente reale per il *Daily Star*; e il fotografo dagli occhi piccoli come spilli Ken Lennox, anche lui dello *Star*.

Nella speranza di sorprendere il principe Carlo ad amoreggiare con una nuova bionda, avevano piantonato il luogo di pesca preferito da Sua Altezza Reale sul fiume Dee. Furono ben presto ricompensati con la breve apparizione sull'argine di una ragazza alta in equipaggiamento da pesca. Ma lei notò l'appostamento, schivò gli occhi indiscreti nascondendosi dietro un albero senza mostrare il suo viso e, per essere una giovane inesperta, eseguì una manovra da maestri: tirò fuori uno specchietto, osservò il trio che cercava di metterla a fuoco senza permettere loro di vedere il suo viso e poi raggiunse con un balzo l'automobile del principe parcheggiata lì accanto. Tutto quello che il fotografo Lennox ottenne furono degli scatti del suo didietro. Whitaker fu impressionato dalla sua astuzia. «Questa ci darà del filo da torcere» disse.[28] Ma chi era «questa»? Edwards spremette le sue fonti ai

Giochi. Sentì il nome «Diana», e dedusse che poteva trattarsi della ragazza immortalata durante l'incontro di polo che indossava la collana con la D. Edwards chiamò l'ufficio e disse ai colleghi di recuperare le fotografie di Lady Diana Spencer scattate all'incontro di polo di Cowdray. Il rivale Whitaker trovò il nome per conto suo interrogando un contatto nella polizia, ma fu mal ripagato per la sua impresa dalla redazione, la quale seppellì la sua storia a pagina sette dello *Star*. Al contrario il «travolgente *Sun*» fiutò lo scoop di Edwards e pubblicò la notizia in prima pagina. La caccia era aperta!

James Whitaker attendeva Diana all'aeroporto di Aberdeen quando lei si imbarcò per volare verso sud e tornare a essere una bambinaia part time e maestra d'asilo che aspetta una telefonata da un principe con una scarpetta d'argento. Whitaker si avvicinò furtivamente e le chiese se si fosse divertita con il suo piccolo trucco con lo specchio. Lei arrossì profondamente, proprio come ci si aspetterebbe da una ragazza di campagna.[29] L' 8 settembre il *Sun* pubblicò la storia con uno «strillone»: DI NUOVO INNAMORATO! LADY DI È LA NUOVA RAGAZZA DI CARLO, guadagnandosi così l'onore di essere il primo giornale a riferirsi a Diana come «Lady Di». In seguito sarebbe diventata «Shy Di», Diana la timida, per la sua risatina nervosa e la testa costantemente abbassata.

Quando iniziò a comparire sui giornali scandalistici, occhieggiando da sotto la sua sottile frangetta, la maggior parte di noi la considerava solo una sorta di «tappabuchi» prima della successiva *hot girl* di Carlo. Una fotografia pubblicata sull'*Evening Standard* il 17 settembre 1980 cambiò tutto. Quella mattina presto, John Minihan bussò alla porta del Young England Kindergarten e chiese di poter scattare una sola fotografia di Diana, promettendo che poi se ne sarebbe andato. La preside, Kay Seth-Smith, lo prese in parola e sollecitò Diana ad acconsentire, nella futile speranza che questo avrebbe indotto tutta la squadra di fotografi a levare le tende. La dolce immagine della giovane maestrina bionda che tiene un bimbo in braccio e un altro per mano avrebbe potuto essere soltanto un bel momento come tanti altri se Diana non avesse avuto il dono di essere memorabile. Mentre posava fuori dalla scuola materna con i bimbi, il sole fece capolino tra le nuvole e illuminò da dietro la sua leggera gonna di cotone, rivelando con chiarezza la completa estensione delle sue sbalorditive gambe. Era uno di quei momenti incantevoli e decisivi che fanno di una fotografia un'icona. Kay Seth-Smith ricordava la reazione di Diana, quando più tardi, quel pomeriggio, vide la fotografia sbattuta in prima pagina sullo *Standard* sotto il titolo: ECCO LA RAGAZZA A CUI RONZA INTORNO IL *MOSCONE* REALE. «Diede uno sguardo all'articolo, arrossì e si coprì il volto con le mani, assolutamente inorridita.»[30] La Seth-Smith temeva che la sua insistenza avesse mandato a monte i sogni di Diana. Era vero il contrario, perché l'immagine era fin troppo chiaramente una seducente dimostrazione di inesperienza. Il pubblico britannico rimase letteralmente folgorato da quella deliziosa miscela di messaggi femminili: modestia, sensualità e amore per i bambini. Era una storia perfettamente inglese, nella sua atmosfera dimessa e lamentosa, voluta e desiderata. Inoltre non compromise in alcun modo il rapporto di Diana con il principe Carlo. «Sapevo che le tue gambe erano belle, ma non mi ero accorto che fossero così spettacolari», commentò lui.[31]

Dopo lo scatto alla scuola materna, tutti volevano saperne di più sulla bionda collegiale arrivata dalla campagna con le unghie pulite e corte, le scarpe dal tacco basso e la gonna ornata di un fronzolo il cui destino sembrava essere quello di guidarla verso un matrimonio reale. James Whitaker, appostato per conto del *Daily Star* all'esterno del condominio in cui si trovava il suo appartamento a Coleherne Court, chiese alla misteriosa ragazza: «È vero che sei innamorata del principe Carlo?»[32] Diana arrossì, non disse nulla, e se ne andò più in fretta che poteva con la Renault di sua madre.

Tutta questa reticenza era autentica? La stampa andò in cortocircuito per scovare un ex fidanzato. I giornalisti spazzarono ogni centimetro della piccola vita di Diana alla ricerca di indiscrezioni. Tutto quello che trovarono furono pochi commenti galanti di alcuni corteggiatori delusi. Il mercante di vini Simon Berry fece questa scioccante rivelazione: « Molti hanno tentato di conquistarla, spedendole fiori e implorando un appuntamento, ma lei ha sempre educatamente rifiutato ».[33] Un giovane scrittore che si occupava di giardinaggio chiamato, in modo abbastanza appropriato, l'onorevole George Plumptre, poteva offrire blande rievocazioni delle cene dopo il teatro. Un altro candidato idoneo, l'allevatore di cervi Adam Russell, laureato in lingue a Oxford nel 1979, fornì una lacrimosa confessione su come aveva sempre sperato di ottenere da Diana qualcosa di più della semplice amicizia.

Se anche Diana aveva avuto una relazione adolescenziale, il ritmo con cui quel « complotto » crebbe e diventò sempre più chiaro indusse ogni precedente spasimante a serrare i ranghi. Il giornalista di *Tatler* notò che, quando nelle interviste con le sue compagne di appartamento spuntava il nome di James Boughey, un luogotenente dell'esercito che aveva frequentato Eton, su Coleherne Court calava un « silenzio imbarazzante ». « Io amo gli uomini in uniforme » era solita dire Diana successivamente, quando ormai si era rilassata.[34] All'inizio i giornali ebbero grandi difficoltà a costruire il profilo di Diana, perché lei incarnava alla perfezione l'archetipo del ceto aristocratico. L'assoluta povertà di eventi del suo mondo e l'ingenuità quasi anacronistica della sua cerchia di amici davano parecchi grattacapi alla stampa scandalistica. Nell'epoca di Sid Vicious e dell'icona della moda Vivienne Westwood, ogni dettaglio della riservata vita di Diana appariva come l'improvvisa scoperta di una società segreta. Lady Di trascorreva due notti alla settimana a casa con le sue coinquiline, ascoltando i dischi di gruppi come i Police! Il film più impertinente che avesse mai visto era *La Cage aux Folles!* E preferiva le verdure cotte all'*insalata di radicchio*, più in voga!

Al *Tatler* ci stavamo già chiedendo in che modo una persona ingenua come Diana avrebbe potuto adattarsi al ben più sofisticato mondo del principe Carlo. Le conversazioni alle cene di Coleherne Court vertevano sulla convenienza delle svendite di Benetton, sull'amico che lavorava nell'elegante boutique di Parrots e su quello a cui avevano appena rubato la bicicletta. *Chez* Carlo, gli argomenti principali erano l'architettura, la conservazione dei beni culturali, le biografie storiche e cose del genere, vivacizzati dai discorsi sui cavalli. «Lady Diana si ritroverà invariabilmente seduta alla destra del presidente di una qualche organizzazione, obbligata a mostrare, o almeno a fingere, familiarità con le sue attività finanziarie, con le operazioni estere o con le critiche dell'alta finanza internazionale», scrisse il commentatore del *Tatler*, Nicholas Coleridge, in un editoriale. «Come reagirà al crollo della borsa francese dopo l'elezione di Mitterrand, quando l'argomento verterà incombente sulla maionese? Come affronterà l'infervorata discussione sull'equità della *Suss Law* quando la questione piomberà sulle cotolette d'agnello?»[35]

La stampa popolare non si curava affatto di tali pedanti preoccupazioni. Il carico che adesso si trascinava l'intrigante e mai polemica Lady Di fece della sua apparente timidezza il fulcro della storia. In realtà, come avrebbe ricordato in seguito Ken Lennox: «Lei non è mai stata timida e non è mai stata modesta e non è mai stata sciocca... 'Di la timida' è un mito. Si aveva quell'impressione perché lei abbassava la testa, i capelli le ricadevano sul viso e ogni tanto alzava lo sguardo per vedere dove fossimo... Ma quando abbassavamo le macchine fotografiche, chiacchierava, rideva, dava un'occhiata a *Private Eye* per vedere cosa dicevano di lei, si sedeva in macchina, scherzava su come ci aveva seminati il giorno prima e poi parlava di cose serie... di cose che noi avevamo frainteso, e non ci disse mai una bugia. Se le chiedevamo qualcosa – eri in un tale posto, lei rispondeva: 'No, non c'ero, signor Whitaker', oppure 'Non ero lì, signor Lennox.'».[36]

Uno a uno, i membri del *Rat Pack* si innamorarono di lei. Agli occhi di James Whitaker lei era «deliziosa... terribilmente civettuola. E senza dubbio sedusse tutti i giornalisti che la seguivano. Io decisi, e credo che anche altri miei colleghi fecero lo stesso, che... lei era proprio perfetta per diventare la principessa di Galles».[37] Il fascino di Diana aveva lo stesso effetto anche sulle donne. La giovane osservatrice reale del *Sun* Judy Wade disse: «Eravamo tutti innamorati di Diana. In realtà eravamo sempre dietro di lei a spingerla verso di lui. Sono assolutamente convinta che siamo stati noi, i media, a costringere Carlo a sposarla».[38] Gli articolisti erano così ansiosi di fare di Diana la donna perfetta per Carlo che ignorarono i fattori di cattivo auspicio come la differenza d'età, cultura ed educazione, e minimizzarono lo scottante dramma della spaccatura coniugale degli Spencer. In un articolo del *Sunday Mirror*: BACIO TRA CUGINI E LA GIOVANE LADY DI CHIAMA LA REGINA *ZIA LILLIBET*,[39] la corrispondente reale Audrey Whiting trillava: «Per l'erede al trono, lei è davvero stata la sorellina che lui aveva sempre desiderato: felice, allegra e divertente, tutte cose che la principessa Anna non fu mai quando era giovane», aggiungendo: «Nonostante i piccoli Spencer fossero profondamente turbati dalla partenza della madre da Park House, non sembrano essere rimasti traumatizzati».[40]

La cosa notevole di Diana era che sembrava avere già acquisito una lucida consapevolezza del pericolo e del potere derivanti dall'attenzione dei media. Poteva elencare tutti gli errori commessi da sua sorella Sarah durante la fallimentare storia d'amore con il principe Carlo: troppo entusiasta, troppo disponibile, troppo indiscreta e incurante. («Sarah si eccitò in modo spaventoso per tutta questa vicenda», disse ad Andrew Morton).[41] Però sapeva anche che fornire noiose smentite non sarebbe servito a nulla. Lei era spontanea nel dare alla stampa quello che voleva. La spigliatezza di Diana di fronte alle macchine fotografiche e alla stampa non derivava solo dall'ossessione del padre per la fotografia amatoriale. Lei stessa era un'avida lettrice delle notizie dei tabloid. Quelli fuori dal suo appartamento non erano solo spacciatori di frottole e scribacchini mercenari senza volto. Quelle erano le persone che scrivevano le storie che leggeva. Sapeva perfino dove vivevano. Steve Wood del *Daily Express* aveva un appartamento dietro l'angolo di Coleherne Court e rimase sbigottito quando trovò Diana davanti al portone di casa, intenta a verificare il suo indirizzo.[42]

Diana può anche essere cresciuta circondata da tesori che la maggior parte delle persone può ammirare solo nei musei, ma in fondo era una ragazza da tabloid con in testa un diadema. Capiva la stampa popolare perché faceva parte del suo pubblico. Lei aveva «provato» quella fame del pubblico di fotografie e sogni, l'esigenza di novità e sorprese, l'ansia di trovare una nuova venuta e incoronarla regina. Dimenticatevi il *The Times* e il *Daily Telegraph*, i tradizionali organi di stampa della classe dirigente. A colazione il suo cibo preferito era l'emozionante *Daily Mail*, con il quotidiano reportage bollente di Dempster su tutte le persone che avevano toccato il perimetro del suo raggio d'azione e quello della sua frizzante sorella maggiore Sarah. Quando non era immersa nei romanzi rosa e nelle soap opera televisive, Diana costruiva una visione del mondo modellata sui racconti dei giornali scandalistici. Tutti i giorni inalava il loro glorioso mix di sentimentalismo, sensazione, pettegolezzo e moralismo, e sapeva esattamente come tenere vivo il loro interesse.

«Una sera, mentre stavano andando a dormire, mi invitò su per una tazza di cioccolata; sapendo che avrei passato la notte nella macchina lì fuori», disse Ken Lennox. «Salii fino al pianerottolo dell'appartamento, le ragazze erano sulla porta in pigiama. Io sorrisi e lei disse: 'Sta ridendo perché è divertente vederci tutte con i nostri pigiami?' E io: 'No, è che pensavo che mi avresti invitato a entrare'. Lei rispose: 'Cosa, e domani trovare una dettagliata descrizione dell'appartamento sui giornali? Mi ha preso per una stupida, signor Lennox?'»[43]

Era una domanda significativa da parte di una ragazza che aveva sempre affermato di essere «dura di comprendonio».[44] Alla fine Diana aveva trovato una cosa in cui era davvero brava: le relazioni con i media. Il suo talento dapprima intrigò, poi irritò profondamente gli amici del principe Carlo. Loro erano impegnati a soppesarla e a proteggerla, giudicandola terribilmente dolce o disgustosamente timida, dicendosi l'un l'altro: «Spero davvero che sia in grado di farcela», solo per prendere in mano il giornale il giorno seguente e scoprire una stampa più che mai innamorata di lei.

Lei aveva un asso nella manica per sconfiggere i cacciatori di notizie giocando al loro stesso gioco. Ashley Walton del *Daily Express* dice che agli inizi del corteggiamento lei lo seminava sempre. «Era una guidatrice estremamente capace e veloce. Ogni volta che la perdevo dovevo ritornare a Coleherne Court e sedermi ad aspettare. Quando tornava salutava con la mano e faceva una smorfia che diceva: 'Prova a prendermi'.» Walton e il fotografo Steve Wood dell'*Express* in un'occasione stettero appostati per ore a Sandringham sotto un'intensa nevicata nella speranza di accaparrarsi lo scatto d'oro: Diana insieme al principe. «O aveva un grande senso dell'umorismo e ci stava osservando, oppure fu soltanto una coincidenza, ma proprio nel momento in cui decidemmo di concederci una meritata pausa improvvisamente sbucò a bordo della sua piccola Volkswagen. Eravamo entrambi completamente esposti, intenti a fare pipì nella proprietà della regina. Lei frenò, sgranò gli occhi e scoppiò in una risata isterica. Potevamo sentire la sua risata attraverso i finestrini chiusi. Accelerò con un saluto e noi ci lanciammo all'inseguimento, ma la perdemmo all'incrocio seguente.» Quando in seguito Diana vide l'intruso a una cerimonia ufficiale della stampa, gli sussurrò con tono malizioso: «Sandringham».[45]

Il principe Carlo, nel frattempo, era impressionato dal modo con cui la sua nuova ragazza stava facendo conoscenza con il nemico, che lui vedeva nella stampa (e che lei invece vedeva nei suoi amici). Diana aveva notato che l'aria era pregna di un'atmosfera sconcertante e carica di sottintesi quando andavano a stare dai Parker Bowles; troppo spesso per i suoi gusti. «Soggiornavamo a Bolehyde... un posto orribile», disse Diana ad Andrew Morton. «E non riuscivo a capire perché [Camilla] continuasse a dirmi: 'Non spingerlo a fare questo, non farlo'. Lei sapeva così tanto di quello che lui faceva privatamente... non riuscivo a capire perché. Alla fine l'ho capito.»[46]

Carlo continuava a coinvolgerla nel suo circolo di amici, per avere la loro approvazione e per dare a Diana una visione d'insieme della loro vita futura. La portò a vedere Highgrove House, la tenuta di 347 acri nel Gloucestershire che aveva appena acquistato utilizzando 750.000 sterline dei suoi fondi del ducato di Cornovaglia. «La famiglia reale è a corto di residenze», disse un dignitario del ducato di Cornovaglia quando spiegò l'acquisto alla stampa. «E il principe dispone solamente di un gruppo di stanze a Buckingham Palace e nel castello di Windsor.»[47] Highgrove non soltanto salvò Carlo dal destino di condividere uno dei quattro palazzi reali con il resto della famiglia, aveva anche il vantaggio di trovarsi nelle vicinanze di Beaufort, il suo territorio di caccia preferito, della sorella la principessa Anna, che viveva nella poco lontana residenza di Gatcombe Park, e a quarantacinque minuti di macchina dalla casa di Camilla Parker Bowles. Qualche volta Carlo invitava il principe Andrea e il suo migliore amico Nicholas Soames a unirsi a lui e Diana per il fine settimana, e Diana si tratteneva anche dopo che Andrea e Soames se ne erano andati.

Quando andavano a Highgrove, Diana vagava da sola per quella «gemma georgiana» vuota e spoglia, aspettando che Carlo ritornasse dalla caccia; un ologramma, si potrebbe dire, della loro futura vita coniugale. Highgrove sarebbe diventata la base per tutto quello che lei detestava di più: i cavalli, Camilla e dei vicini «pesanti». Nel suo intimo, la ragazza che aveva trascorso la sua adolescenza in mezzo agli splendori di Althorp non era molto impressionata da quella casa grezza con nove camere da letto. Né era troppo ansiosa di correre a sistemarla, come invece il principe, piuttosto presuntuosamente, riteneva. Il suo servitore Stephen Barry li ricorda prendere il tè insieme e poi sorbire una minestra su un tavolino da gioco nel soggiorno prima di ritornare a Londra, durante una pausa di caccia, con al seguito un poliziotto. Un membro dello staff di Carlo, Sonia Palmer, insinua che fosse qualcosa di più di un tè. « [Stephen] era solito raccontare che Diana andava sempre via accaldata e con i capelli appena spazzolati. Perché aveva bisogno di spazzolarsi i capelli se stavano discorrendo di filosofia? »[48]

Di nuovo quella vecchia noiosa storia della verginità: l'investimento in questo aspetto della favola era diventato così consistente che sviluppò una vita propria. Nella notte del 4 novembre 1980, Diana presenziò al party per il cinquantesimo compleanno della principessa Margaret al Ritz a Piccadilly. Quello che fece o non fece nelle due notti seguenti mandò quasi in tilt la macchina di palazzo.

La miccia fu un articolo del *Sunday Mirror* del 16 novembre 1980: IL TRENO DELL'AMORE REALE, di Wensley Clarkson e Jim Newman.[49] I due affermavano che il 5 e il 6 novembre la diciannovenne Diana avesse avuto due incontri segreti a tarda notte con il principe Carlo sul treno reale mentre questo era parcheggiato su un binario isolato nel Wiltshire, quando Carlo era in visita presso la tenuta del duca di Cornovaglia, nel Somerset. Il principe era livido di rabbia per il servizio, e furioso disse al suo cameriere: « È spazzatura e ha messo Diana in così cattiva luce ».[50]

Il treno reale, nove carrozze che possono essere unite singolarmente a seconda del numero di viaggiatori, è sempre stato un posto assolutamente ideale e sexy per gli appuntamenti dei reali. Adornata con la livrea color porpora, ogni carrozza dispone di ambienti separati che danno su un corridoio privato con solo un altro compartimento, quello del poliziotto della scorta, muto come un pesce. La carrozza della regina internamente è grande e confortevole quanto qualunque stanza del palazzo; la sovrana dispone di una camera da letto, di un bagno e di un soggiorno, tutti arredati lussuosamente. Gli arredi del duca di Edimburgo comprendono paesaggi scozzesi di Roy Penny e stampe vittoriane raccolte durante i precedenti viaggi in treno. Per quanto riguarda Carlo, il treno offriva il vantaggio di potersi fermare per fare salire un ospite su qualsiasi remoto binario del paese lui desiderasse.

Secondo il *Sunday Mirror*, nelle notti del 5 e del 6 novembre, il treno reale si fermò in un ben preciso punto di sosta nei pressi del villaggio di Holt, su un binario che corre accanto a una stretta stradina di campagna chiamata Station Road. « Con il favore dell'oscurità », diceva il *Sunday Mirror*, Diana raggiunse il posto di blocco presidiato da uomini della polizia in borghese vicino alla fine della stradina. Fu fatta passare. Un detective montò con lei sulla Renault blu e la accompagnò lungo i binari deserti, poi la fece salire a bordo del treno. Il treno si spostò per un breve tratto lungo la linea per Bradford-on-Avon, vicino al villaggio di Staverton. « Poi », asseriva il *Mirror* in modo elusivo, « la coppia la cui amicizia aveva catturato l'immaginazione dell'intera nazione passò le ore seguenti al riparo da occhi indiscreti. »[51]

Più tardi Diana riemerse dalla carrozza, riporta il giornale, e tornò a Londra. Queste attività si erano ripetute la notte successiva. Mentre Carlo intratteneva gli affittuari del ducato a Bath, secondo il *Sunday Mirror* Diana si diresse nuovamente verso ovest, raggiungendo la casa di campagna della confidente di Carlo, Camilla Parker Bowles, dove ricevette la telefonata che la indusse a precipitarsi di nuovo sullo stesso binario ferroviario. Quindi, per la seconda sera consecutiva, restò con il principe fino alle prime ore del mattino. Il *Mirror* riportava: « Ieri un membro dello staff della signora Parker Bowles ha ammesso: 'Lady Diana è rimasta qui per alcune ore e se n'è andata molto tardi. Ma non posso dire nient'altro riguardo a questo'. Ora in tutta la zona non si parla d'altro che degli incontri di mezzanotte di Carlo ».[52]

Immediatamente dopo la pubblicazione, Edward Adeane, il segretario privato del principe Carlo, chiese a Michael Shea, l'addetto stampa della regina, di spedire una lettera di protesta all'editore del *Sunday Mirror*, Robert Edwards. I soli ospiti a bordo del treno in quelle sere, dichiarò Shea, erano stati il segretario del ducato di Cornovaglia, il suo successore e il locale amministratore delle terre del ducato. « Sono state sollevate delle gravi obiezioni alle implicazioni della vostra storia, pertanto vi scrivo per chiedervi di pubblicare sul vostro giornale delle scuse ufficiali, in una posizione ben visibile, non appena possibile.» La lettera era contrassegnata con la nota «Non per pubblicazione».[53]

La storia del *Sunday Mirror* era certamente apparsa in un momento delicato. Diana aveva appena passato un fine settimana rivelatore di quattro giorni a Sandringham, per partecipare a un festa strettamente familiare per il trentaduesimo compleanno del principe Carlo. Se ne era dovuta andare subito dopo che l'assalto della stampa aveva rovinato la battuta di caccia del duca di Edimburgo. Fu escogitato un piano per farla allontanare all'insaputa di tutti. La Range Rover del principe Carlo si diresse in una direzione per fare da esca, mentre il principe stesso portò Diana con una Land Rover nella direzione opposta per raggiungere una macchina della polizia che l'avrebbe riportata a Londra. Dopo un evento tanto significativo come una festa di compleanno in famiglia, la storia del *Sunday Mirror* non poteva più essere liquidata come la solita storiella di principesche capriole sessuali. Era la futura regina, quella che loro insinuavano fosse stata contrabbandata dentro e fuori dal treno reale per un volgare incontro di sesso; e se non lo era, la reputazione di una ragazza giovanissima era stata severamente compromessa.

Robert Edwards inoltre era molto sorpreso per la forte reazione del palazzo. Era convinto di avere una fonte inappuntabile, e l'aveva: si trattava di uno dei poliziotti locali assegnati alla sicurezza del treno reale quando si fermava su quel binario. Edwards perciò rispose a Michael Shea: «Può stare certo che non pubblichiamo mai intenzionalmente cose non vere... In seguito alla Sua smentita dell'articolo, sto compiendo ulteriori indagini e mi metterò in contatto con Lei a breve. Nel frattempo ho notato con una certa sorpresa che sono state mosse 'gravi obiezioni' al nostro servizio. Non intendevamo assolutamente insinuare che sia accaduto qualcosa di sconveniente, e riteniamo che il servizio non faccia intendere in alcun modo una cosa simile».[54] Dopo aver ulteriormente interrogato la sua fonte, Edwards non riuscì a trovare alcuna lacuna nella storia. Si rifiutò di pubblicare delle scuse. Invece si offrì di pubblicare la corrispondenza (e aggiudicarsi così un altro titolo di testa per il *Sunday Mirror*). Una soluzione che il palazzo accettò. La corrispondenza, pubblicata con il titolo: IL PRINCIPE CARLO E LADY DIANA, riuscì a evitare ogni seria conseguenza senza costringere Edwards a umiliarsi.

Diana stessa sembrava insolitamente turbata dalla storia del treno reale. « Ero *veramente* sconvolta » disse alla giornalista Danae Brook del *Daily Mail* il 24 novembre, quando la tempesta passò. « Semplicemente non potevo crederci. Non sono mai stata nemmeno nelle vicinanze del treno, e tanto meno nel cuore della notte. Mi avevano chiamata per chiedere conferma, ma lo hanno pubblicato comunque. In seguito hanno telefonato per scusarsi, ma questo non cambia certo quello che la gente deve aver pensato leggendo una storia come quella. »[55]

Sei anni più tardi, quando Edwards fu premiato con un CBE nella *New Year's Honours list* – era convinto che la storia del treno gli fosse costata l'agognato riconoscimento – ricevette un biglietto da parte del politico veterano Lord Wyatt di Weeford, contenente un messaggio enigmatico: « Credo che scoprirà che si trattava di Camilla ».[56] Da allora, Wyatt ha fatto tesoro della lezione imparata in quella circostanza. In fin dei conti, il treno era fermo su un binario che si trovava a soli trentaquattro chilometri dalla casa di Camilla. Nel corso dei lunghi anni della sua relazione con Carlo, escogitare soluzioni ingegnose per i loro convegni segreti divenne il suo forte.

Ma per un certo numero di ragioni, ritengo che fosse davvero Diana la donna che salì a bordo del treno reale. Se si fosse trattato di Camilla, perché Diana non incluse l'aneddoto nei suoi impietosi racconti di torture coniugali e tradimenti, in nessuna delle sue confessioni viscerali ad Andrew Morton o Martin Bashir? La scoperta, poco prima del matrimonio, che Carlo stava pensando di regalare a Camilla un braccialetto, si trasformò in un incidente melodrammatico che entrò di diritto nella sua lunga lista di ferite imperdonabili. Per una ragazza sul punto di fidanzarsi sarebbe stato devastante scoprire che il suo ragazzo la stava segretamente tradendo sul treno mentre lei si rimboccava le coperte a Coleherne Court. «Ho cenato e ho guardato la televisione e sono andata a letto presto. Ero stata al party della principessa Margaret al Ritz la sera prima e mi sentivo molto acciaccata. Dovevo smaltire i postumi della sbornia» fu un altro dei curiosi alibi che Diana, che non beveva mai, fornì a James Whitaker il 27 novembre. «Non sono una bugiarda. Non sono mai stata su quel treno. Non mi sono mai trovata neppure nelle vicinanze.»[57]

Il poliziotto che aveva fornito la storia del *Mirror*, in ogni caso, non poteva essersi sbagliato nell'identificare Diana. Nell'improbabile eventualità che avesse confuso una diciannovenne più alta della norma e dalla voce squillante con una tozza donna sulla trentina che parlava con un caratteristico tono da baritono, bisogna ricordare che gli era stato inviato in anticipo via fax il numero di targa dell'automobile che quella notte trasportava l'ospite del principe Carlo. Il giornalista del *Mirror* fece un controllo incrociato e scoprì il dettaglio, a prima vista allarmante, che la macchina non apparteneva a Diana. Era però intestata a sua madre, Frances Shand Kydd: si trattava della Renault blu che Diana aveva l'abitudine di prendere in prestito.[58]

Verificò anche la sosta di Diana a casa dei Parker Bowles. Usando il vecchio trucco da giornalista di chiamare la residenza per chiedere se Lady Diana Spencer si trovava «ancora» lì, Wensley Clarkson del *Sunday Mirror* riuscì ad avere conferma della presenza di Diana a Bolehyde Manor nella data del *rendez-vous* sul treno dell'amore, proprio come sosteneva il giornale. «Oh, no», disse ingenuamente la domestica, o chiunque avesse risposto al telefono dei Parker Bowles. «Non è più qui. Era qui la settimana scorsa» (ovvero al tempo dell'incidente del treno),[59] mettendo così in luce l'interessante ruolo da *Relazioni pericolose* che Camilla stava recitando, aiutando Diana con Carlo mentre di nascosto le stava scavando la fossa sotto i piedi. (Sicuramente perfino una donna determinata come Camilla non se la sarebbe svignata di soppiatto per vedere Carlo mentre la sua futura fidanzata era ospite a casa sua!)

Verrebbe da chiedersi soprattutto come mai un ufficiale di polizia dovrebbe passare informazioni sul treno reale al corrispondente dal Wiltshire del *Mirror*. Fu per una ragione poco conosciuta e curiosa. All'epoca i treni, persino i treni reali, non avevano serbatoi sanitari. Questo orgoglioso membro della polizia del Wiltshire fu sconcertato quando venne a sapere che se il treno reale si fermava su un binario tutta la notte, due dipendenti della British Rail dovevano restare accanto al treno tenendo pronte le scope per eliminare qualsiasi emissione fumante rigurgitata dal canale di scolo della *toilette* reale. Decise di esprimere la sua protesta con un'esplosione di sgradita pubblicità.[60]

Adesso appare chiaro che Diana, nel concitato tentativo di proteggere se stessa, agì in segreta intesa con la macchina di palazzo per salvaguardare l'anacronistica facciata della verginità fino all'altare. All'inizio poteva essere o non essere *intacta* per il principe, ma era veramente necessario restare avvolta nella pellicola trasparente della castità fino all'ultimo? Diana chiaramente in qualche modo sapeva che i suoi appuntamenti stavano per essere rivelati dal *Sunday Mirror*, il quale si prese dieci giorni per pubblicare la storia, e anche qualcuno dello staff della regina sembrava esserne al corrente, probabilmente grazie alla soffiata di una persona dell'entourage del principe. Se non fossero stati a conoscenza dell'incombente pubblicazione della storia del treno dell'amore, come si spiega lo strano sfogo dello zio di Diana, Lord Fermoy, il 10 novembre, cinque giorni dopo le notti del treno e sei giorni prima che il *Mirror* pubblicasse il suo scoop? «La purezza sembra essere l'unica cosa che conta quando si parla di una possibile moglie per il principe Carlo», disse Fermoy a uno sbigottito James Whitaker in un'intervista per il *Daily Star*. «E dopo le sue ultime due conquiste, non sono affatto sorpreso. Diana, ve lo posso garantire, non ha mai avuto un amante.»[61]

Cosa? Da quando gli zii conoscono simili dettagli della vita privata delle loro nipoti e sentono il bisogno di confidarli spontaneamente ai reporter dei tabloid? E perché altrimenti Diana avrebbe fornito simili laboriosi dettagli sul posto dove si trovava la sua macchina durante quelle notti cruciali, per dichiarare a Danae Brook del *Mail* il 24 novembre, «Loro [il *Sunday Mirror*] mi telefonarono per scusarsi», quando sia Robert Edwards sia Wensley Clarkson mi dicono che sicuramente non fecero nulla del genere?[62]

L'impulso di difendere la verginità di Diana molto probabilmente era dovuto alla politica del privilegio. Il treno reale veniva mantenuto con i soldi dei contribuenti britannici attraverso la Lista Civile. Politicamente, quindi, come alcova per appuntamenti segreti rappresentava un potenziale disastro ferroviario. Il principe sapeva che l'ultima cosa di cui aveva bisogno il palazzo alla vigilia di un fidanzamento reale era una polemica sull'uso improprio dei fondi pubblici per soddisfare gli sfizi dei reali. Chiunque fosse stato sul treno, la regina sarebbe stata furibonda con Carlo per avere messo a rischio un fragile privilegio. «Il palazzo mentì in modo oltraggioso»,[63] disse un ancora infastidito Clarkson, ma lo stesso fece Diana. In un certo senso, l'incidente del treno dell'amore fu il momento in cui lei divenne per la prima volta una vera reale, supportata nell'occultamento della verità da una rete di raffinati operatori che avevano i loro motivi per farlo. Se non fosse già stata considerata un membro della famiglia reale, sarebbe rimasta esclusa dalla protezione offerta dalle pareti del palazzo.

Danae Brook, che risiedeva a Coleherne Court, fu una testimone della prima ora della frenesia dei media che andava formandosi attorno a Diana. All'inizio Diana lo trovava «piuttosto divertente», ma quello che divenne famoso come l'assedio di Coleherne Court presto iniziò a spaventarla. Lei e i suoi vicini, Stephen Vizinczey, autore del bestseller *Elogio delle donne mature*, e l'attore Corin Redgrave e sua moglie

Deirdre, erano «assolutamente inorriditi» per come fosse priva di protezione. «I miei figli conobbero Diana tornando a casa da scuola, pressappoco alla stessa ora in cui lei ritornava dall'asilo», raccontava la Brook. «Si fermava sempre a chiacchierare con loro nel negozio di dolci in fondo alla strada. Poi la questione dei media divenne alquanto folle, con i giornalisti che suonavano il campanello di notte dicendo che avevano un appuntamento con Diana. Aspettavano che lei salisse in macchina e partisse, per poi tagliarle la strada e procedere davanti a lei. Era terribilmente pericoloso, era terrificante.» La Brook la incontrò sulle scale, sconvolta e in lacrime per qualcosa che era successo all'esterno: «Era convinta che si stessero interessando a lei perché non aveva un passato scandaloso. Era come parlare con una quattordicenne. Era veramente un'ingenua, a quei tempi, una ragazza semplice. Arrossiva quando ti parlava. Ma aveva quegli occhi magnetici, di un azzurro quasi viola». La Brook si abituò a sentire sempre le note dello stesso disco, ancora e ancora, provenire dal giradischi di Diana. Erano le *Three Degrees*, le star che avevano suonato al trentesimo compleanno del principe Carlo.[64]

Entro dicembre, la stampa era diventata talmente assillante da indurre Frances Shand Kydd a prendere le sue difese, scrivendo all'editore del *Times* una lettera di protesta per le «menzogne e le molestie» che Diana aveva subito da quando la storia d'amore era diventata pubblica, esponendola anche a un attacco del tutto gratuito per la storia del treno dell'amore reale: «Lei [sua figlia] inoltre ha negato, con giustificabile indignazione, la sua presunta presenza sul treno reale».[65] Diana, senza dubbio complice della lettera al *Times*, mantenne con la stampa la sua posizione amichevole, fingendo con James Whitaker che non era d'accordo con quanto aveva scritto sua madre. «A volte alcune persone mi infastidiscono», disse astutamente, «ma è raro, e a me piace pensare che vado molto d'accordo con la maggior parte di voi. La sola cosa che davvero mi infastidisce è che spesso i miei bambini [della scuola materna] si spaventano per i flash.»[66] Anche sottoposta a così tanta pressione, le sue mosse erano perfette. Diana era entrata in una centrifuga, e avrebbe dovuto viverci fino alla fine dei suoi giorni. Ma stava conducendo un gioco pericoloso con la stampa. Era arrivata a pensare che sarebbe stata lei, e non loro, a controllare gli eventi.

Innamorati... qualunque cosa significhi

Devo chiederti una cosa.

(Carlo a Diana, febbraio 1981)

Per un uomo la cui età spirituale si è sempre collocata da qualche parte, a nord dei sessantacinque anni, era difficile vedere nell'innamorata e romantica teenager Diana Spencer una futura moglie, figuriamoci la futura regina di Inghilterra. Il principe Carlo è mai stato innamorato di Diana? «Diana è graziosissima, una perfetta bambolina... ma è ancora una bambina», disse una volta a un'amica.[1]

Steve Kroft, della trasmissione *60 Minutes* della CBS, mi ha detto che, durante le sue ricerche preliminari per l'intervista del 2005 al principe Carlo, ha scoperto che ogni donna americana con cui ha parlato ha immancabilmente indicato la risposta che il principe Carlo diede alla domanda: «Siete innamorati?», il giorno del suo fidanzamento con Diana, come una delle ragioni per cui provano dei sentimenti negativi nei suoi confronti.

Il famoso scambio di battute del 24 febbraio 1981 iniziò con: «Sono felicissimo e francamente stupito che Diana sia disposta a prendermi come marito». L'intervistatore della BBC li incalzò: «E siete innamorati?» Diana rispose immediatamente: «Certo» con una risatina infantile. Poi Carlo pronunciò la frase incriminata: «Qualunque cosa questo significhi».[2]

Una retromarcia suicida che lo avrebbe perseguitato per tutta la vita. Al tempo comunque questa osservazione non fu riportata da nessun notiziario televisivo. In preda a un'amnesia collettiva, anche la carta stampata cancellò letteralmente l'espressione «qualunque cosa significhi» dai suoi articoli. A quanto sembra, nessuno voleva rompere l'incantesimo. Tremila persone si erano radunate davanti a Buckingham Palace per il cambio della guardia nella speranza di una conferma ufficiale del fidanzamento e, quando questa finalmente arrivò, l'euforia generale fu catturata dalla banda musicale delle Coldstream Guards che suonavano il pezzo *Congratulations*. Nelle videocassette registrate da Diana nel 1991 e 1992 con il suo insegnante di dizione Peter Settelen, Diana afferma di essere rimasta «assolutamente traumatizzata» quando il suo fidanzato se ne uscì con quella frase, ma di non aver «avuto il coraggio» di chiedergli che cosa intendesse dire. Da allora, queste parole hanno sempre simboleggiato la fredda insensibilità dello sposo reale di Diana.

Ma questa infelice risposta di Carlo era davvero una finestra su un cuore di ghiaccio, o semplicemente la manifestazione del vecchio istinto riflessivo dell'aristocrazia, portata a non esprimere mai i propri sentimenti personali? L'abnegazione è l'abituale modo di esprimersi di Carlo, anche se non gli è mai stata molto utile come strumento per la comunicazione di massa. Ma potrebbe anche essersi trattato dell'involontario atto di sincerità di un uomo profondamente onesto che per un attimo irrompe nella favola chiedendo di essere ascoltato; forse, per un breve momento, il principe si era confuso e si era convinto di essere parte del cinema-verità anziché di una storia d'amore hollywoodiana. Come disse al reporter della BBC dopo aver espresso il pensiero incriminato: «L'interpretazione la lascio a Lei».[3]

Dieci anni dopo, il suo biografo ufficiale, Jonathan Dimbleby, affermò: «Il principe ha chiarito che non è mai stato innamorato di Diana e che si è sentito in dovere di farle la proposta di matrimonio a causa delle pressioni di suo padre»; una rivelazione che fu puntualmente sbattuta sulla prima pagina di *News of the World* con il titolo: NON SONO MAI STATO INNAMORATO DI DIANA. Il titolo addolorò la principessa al punto che il giorno successivo intimò a *News of the World* di pubblicare le fotografie della sua seconda luna di miele con Carlo a Eleuthera del 1982, in cui è possibile ammirare i piccioncini reali che tubano sulla spiagga delle Bahama. (Il *News of the World* la accontentò e pubblicò le fotografie con il titolo: IL RE BUGIARDO.) Le interviste per il libro di Dimbleby ebbero luogo nell'amara fase che segue il naufragio di un matrimonio, e non c'è alcuna ragione di prendere per veri i sentimenti espressi dal principe in quel momento più di quanto non dobbiamo credere a ognuna delle miserie raccontate da Diana ad Andrew Morton. Tutte queste spiegazioni tardive vanno interpretate come le prime battute della loro guerra per il divorzio.

Il matrimonio tra Carlo e Camilla nel 2005 rafforzò l'opinione diffusa che il legame tra loro era sempre stato troppo profondo per spezzarsi. La loro matura storia d'amore divenne la nuova favola. Ma il principe aveva dimostrato di essere capace di infatuarsi anche di altre donne, se non altro temporaneamente. Era pazzo di Anna Wallace; amava stare con Dale Tryon; e non c'è alcun dubbio che fosse totalmente incantato e fortemente attratto da Diana nei primi tempi della loro relazione. Tre giorni prima del matrimonio, dopo una visita a Tidworth Barracks, qualcuno vide Diana scimmiottare Carlo nella sala da pranzo di Broadlands dopo avergli sottratto il berretto militare. Lei piroettava per la stanza con il berretto sulla testa mentre Carlo rideva a crepapelle.[4] Mark Bolland, il guru della comunicazione del principe Carlo negli anni '90, non ha dubbi: «Secondo me lui l'amava».[5] Un ex membro dello staff del principe di Galles ricorda un momento romantico in una residenza reale disabitata organizzato in gran segreto dal principe per Diana in occasione del loro primo anniversario di nozze. «Occupò la casa della regina Charlotte a Kew e io feci servire una cena fredda. Si portarono i candelabri da Kensington Palace e cenarono con dell'aragosta fredda.»[6] Anni dopo la morte di Diana, occasionalmente Carlo lascia ancora trasparire un profondo rispetto e affetto. Una volta, mentre il principe stava rastrellando le foglie a Highgrove, Bolland fece un commento sul maglione che indossava e Carlo disse: «Me l'ha comprato Diana. Lei aveva un gusto strepitoso per questo genere di cose». A una manifestazione a favore di Children of Courage nel palazzo di St James, nel corso della quale venivano premiati i bambini che avevano dimostrato un grande coraggio, Carlo fece un'ottima impressione grazie al suo atteggiamento rilassato e per nulla paternalistico nei confronti dei piccoli. «Diana mi ha insegnato come fare», spiegò. «Mi ha detto di accovacciarmi per poter parlare con loro guardandoli negli occhi da pari a pari.» Nonostante Bolland riservasse le proprie simpatie a Camilla, in queste occasioni si chiedeva: «Perché, per l'amor del cielo, tra voi due non ha funzionato?»[7] Tre giorni dopo il funerale, una confidente della Regina Madre nella quale Carlo riponeva una grande fiducia si commosse per la sua ammissione triste e sincera: «Sa, qualunque cosa dicano, quando ci siamo sposati eravamo molto innamorati».[8]

Allora perché il periodo del fidanzamento fu così carico di tensione? Perché i sogni romantici si infrangevano continuamente contro delle realtà inflessibili. Carlo aveva rimandato il matrimonio così a lungo da essere diventato tossico del celibato, immerso in una vita di doveri pubblici e appagamento privato che offriva ben poco spazio alle donne che speravano di entrare a farne parte. È vero, Carlo non era sicuro di volersi impegnare con Diana, ma forse i suoi dubbi si concentravano soprattutto sul matrimonio in sé e sul modo in cui la sua sposa se la sarebbe cavata con *La grande plonge*, come lui amava definirla con il suo stile fiorito.[9] Più tardi un ex assistente affermò: «Diana non ha mai capito che la vita di Carlo era governata dal dovere. Si può essere sensibili ma al contempo sapere dentro di sé che si agirà sempre esattamente come ha fatto anche la propria madre in precedenza. È una famiglia molto germanica, per nulla incline agli abbracci che Diana bramava tanto».[10]

Durante il suo viaggio in India, la stampa braccava Carlo per strappargli una dichiarazione, ma in questo modo gli stava chiedendo di esprimere dei sentimenti sui quali lui stesso non aveva ancora fatto chiarezza: una cosa che getterebbe nel panico qualunque scapolo. «Non sono capace di vivere con una donna per due anni, come probabilmente siete in grado di fare voi», disse una volta pensando ad alta voce alla presenza dei giornalisti. «Devo riuscire a fare la cosa giusta già la prima volta, perché se non ci riesco, voi sarete i primi a criticarmi.» «In quel momento», disse Arthur Edwards del *Sun*, «noi tutti pensammo: 'Questa è *quella giusta*'.»[11]

«Quella giusta» era furiosa perché Carlo non le aveva telefonato dall'India. Sarah Spencer, che non credeva che la sua sorellina sarebbe riuscita a mettere a segno il colpo che lei stessa aveva fallito, la fece uscire ancora di più dai gangheri chiedendole come stavano le cose. Diana confidò a Mary Robertson, per la quale lavorava ancora come babysitter due giorni la settimana: «Morirò se questa cosa non funziona. Non avrò più il coraggio di farmi vedere in giro».[12] La Robertson osservò che, poiché Diana e Carlo avevano ben poche occasioni per vedersi, e quasi mai in privato, la sua infatuazione doveva basarsi soprattutto sull'immagine romantica che si era creata di lui, combinata con la sua posizione altolocata. Ma il desiderio di Diana nascondeva molto di più dell'ambizione personale: coltivava un lungo elenco di aspettative – l'orgoglio di papà per la sua bambina, il ritorno di mamma dal freddo Nord come madre di una sposa regale, il superamento della competizione con Sarah, l'avveramento delle sue fantasie di riscatto, il matrimonio con un principe che non avrebbe mai potuto essere sciolto. Ironicamente, ciò che lei desiderava di più era esattamente quello che Carlo temeva. Il principe, con le spalle al muro, confidò a un amico in una lettera del gennaio 1981: «Voglio davvero fare la cosa giusta per questo paese e per la mia famiglia, ma a volte sono terrorizzato all'idea di fare una promessa che potrei rimpiangere per tutta la vita».[13]

Ormai il principe era talmente tormentato che si decise a prendere in mano il telefono solo diversi giorni dopo il suo ritorno da un'escursione di trekking all'ultimo minuto sui monti dell'Himalaya. Diana disse a Lady Colin Campbell: «Stavo esplodendo di rabbia... Sapevo che avrebbe chiamato. Perciò sollevai la cornetta e la lasciai staccata per giorni. Volevo dargli una lezione. Volevo farmi desiderare un po'».[14] Whitaker sostiene che il pettegolo funzionario reale Stephen Barry lo informò che, al suo ritorno dall'India, il principe Carlo trascorse segretamente un paio di giorni con Camilla.[15] Le vecchie abitudini sono dure a morire, specialmente se non ce n'è motivo.

Il Natale del 1980 fu un momento carico di tensione: Diana era con la sua famiglia ad Althorp mentre Carlo si trovava a Windsor con la famiglia reale. Il cugino di Diana, Robert Spencer, il quale partecipò al pranzo di Natale ad Althorp, la trovò che vagava per il giardino in lacrime. Lady Bowker, futura amica intima della principessa, ricordava: «Ho telefonato e ho parlato con Raine. Le chiesi come stava Diana. Raine rispose: 'È molto triste. Passeggia da sola nel parco e piange perché Carlo non le fa la proposta'».[16]

La notte di San Silvestro la ragazza più famosa del mondo non aveva un appuntamento. Ogni vigilia di Capodanno, la principessa Margaret dava una cena a Kensington Palace per quelli che lei definiva «un paio di sbandati». Una scrittrice che era tra gli invitati nel 1980 fu sorpresa di incontrare Diana alla cena: «Perché non è a Sandringham?» (I regnanti trascorrevano sempre là il Capodanno.) «Perché non sono stata invitata», replicò Diana imbronciata. Indossava un «anonimo abito di organza color corallo», racconta la donna. Diana appariva «un po' ingrassata, estremamente intimidita e allarmata da tutti i paparazzi che le davano la caccia senza tregua. Non parlava d'altro. Mi dispiacque un po' per lei. Era una ragazza inglese un po' impacciata e completamente fuori posto». Il marito della scrittrice sedeva accanto a Diana durante la cena e trovò la conversazione faticosa, tralasciò l'argomento bambini, così parlarono di sci per tutta la sera. Perfettamente in linea con il suo umore quella sera, dopo cena Diana fu «uccisa» in un gioco chiamato «Omicidio al buio».[17]

Mary Robertson sentiva che in quella storia d'amore qualcosa non stava andando per il verso giusto. Stava facendo i bagagli per tornare in America in seguito al trasferimento di suo marito, ma sarebbe rimasta volentieri per dare sostegno a Diana. Da quando aveva comunicato alla sua aristocratica baby-sitter che stava per lasciare Londra, si era quasi impercettibilmente trasformata da semplice datrice di lavoro in una figura materna; una cosa che Diana cercò senza sosta per tutta la sua vita. Scrisse alla Robertson una tipica lettera di commiato piena di affetto. «Signora Robertson, non potrò mai ringraziarla abbastanza per la gentilezza e la comprensione che mi ha dimostrato mentre ero inseguita da tutta Fleet Street. Non mi è mai piaciuto tanto prendermi cura di un bambino quantro di Patrick e la ringrazio per avermi concesso questa gioia per più di un anno.»[18] Diana mostrò quanto la famiglia Robertson significasse per lei quando venne a sapere che Mary si era ammalata proprio la sera prima della partenza. Proprio mentre l'assedio della stampa raggiungeva il suo culmine, lei si precipitò a Belgravia per aiutare Mary a mettere in valigia le cose di Patrick e i suoi giocattoli. «Ci dicemmo addio tra i singhiozzi», ricordava la Robertson.[19]

Il baccano intorno a Diana stava iniziando a irritare seriamente la regina e il principe Filippo, abituati a essere lasciati in pace in alcuni ben precisi momenti della stagione. Il duca di Edimburgo era particolarmente insofferente nei confronti dell'attenzione invasiva della stampa e scrisse al figlio per avvisarlo che «l'onore» di Diana era in pericolo e che diventava sempre più urgente prendere una decisione. Ogni missiva di Filippo scatenava in Carlo delle reazioni eccessive. Portò in giro la lettera nel taschino per esibirla alla famiglia e agli amici come prova dell'intollerabile tirannia di suo padre; Patricia Mountbatten, che vide la lettera, era dell'opinione che in realtà si trattasse di un consiglio molto ragionevole,[20] e che Carlo avesse mal interpretato le intenzioni di suo padre, cogliendo nelle sue parole solo un tentativo di fargli pressione e spingerlo a sposare Diana.[21] Il principe Giorgio di Danimarca, che in quei giorni si trovava a Sandringham, confermò l'atmosfera tempestosa che regnava in famiglia. Secondo lui, il principe Filippo voleva fare capire a Carlo che bisognava « mettere fine alle congetture della stampa... Questa situazione era una tortura per tutte le persone coinvolte ».[22] Nicholas Soames, l'amico più intimo del principe, attribuiva al segretario personale del duca, Lord Rupert Nevill, la responsabilità di avere indotto Filippo a forzare la situazione. « Un'unione sbagliata... condannata all'insuccesso, assolutamente »[23] si lamentava Soames con Nevill. Era convinto che Diana non fosse « all'altezza di Carlo, per usare un'espressione corrente », spiegò un amico di Soames. « Lei era piuttosto infantile e ancora molto immatura. »[24]

Carlo fuggì di nuovo, questa volta per andare a sciare a Klosters con i suoi amici Patti e Charles Palmer-Tomkinson. Era ancora tormentato dai dubbi su Diana, in particolare a causa della sua giovane età. Mary Robertson è convinta che l'incompatibilità sessuale fosse uno dei problemi: « Diana probabilmente non aveva alcuna cognizione del sesso. Era cresciuta in un ambiente molto protetto e lui mostrava chiaramente la sua mancanza di interesse ». Uno dei suoi compagni in quella settimana sulla neve di Klosters era sbigottito dai repentini cambiamenti di umore di Carlo, i quali si riflettevano anche nelle lettere. « Mi turba solo il fatto di dovermi tuffare in una situazione poco usuale e quasi del tutto sconosciuta, ma credo che alla fine tutto si aggiusterà », scrisse Carlo esausto a un amico in una lettera del 28 gennaio 1981.[25] Il 2 febbraio 1981 telefona a Diana da Klosters : « Devo chiederti una cosa »;[26] sembrava di sentire un portabandiera ferito che con le ultime forze raccoglie gli stendardi del reggimento caduti a terra.

Fino a quando il principe Carlo non deciderà di pubblicare i propri diari, l'unico resoconto del fatidico momento della proposta di matrimonio a nostra disposizione è quello fornito da Diana stessa ad Andrew Morton, infarcito di violini e contrabbasso. Esso deve essere interpretato di conseguenza. Diana arriva al castello di Windsor in preda a una grande agitazione alle 17.00 del 6 febbraio, e il principe la fa accomodare nella nursery. Le dice: «Mi sei mancata moltissimo». Diana ricorda che non c'era stato «alcun contatto fisico» tra loro in quel momento e che credeva fosse uno scherzo. («Dissi: 'Sì, ok'», raccontò a Morton). E lui: «Spero che tu ti renda conto che un giorno sarai regina», e una voce dentro di lei sussurrava: «Non sarai mai regina ma svolgerai un ruolo difficile». Poi il racconto a Morton continua: «Era come una chiamata alle armi, davvero, dovevo uscire e andare a lavorare con la gente».[27]

L'intera scena puzza di rimaneggiamento. Non è assolutamente credibile che Diana in un momento emozionante come quello pensasse al dovere e al lavoro con la gente. La verità è che toccò il cielo con un dito quando Carlo le chiese di sposarlo. «Non l'avevo mai vista così felice in tutta la sua vita», conferma suo fratello Charles, il quale la incontrò più tardi nell'appartamento della madre a Londra. «Era una gioia autentica, perché nessuno con dei secondi fini potrebbe sembrare tanto felice. Non aveva l'aspetto di una persona che ha appena vinto alla lotteria, ma piuttosto quello di una persona che ha raggiunto un'importante meta spirituale.»[28]

«Ti amo così tanto», disse Diana, per sua stessa ammissione, a Carlo, nella convinzione che anche lui fosse «molto innamorato», sebbene non potesse evitare di interpretare la sua espressione come «una specie di sguardo infatuato, ma non del tutto genuino».[29] Se questo corrisponde a verità, con ogni probabilità l'atteggiamento di Carlo rifletteva la sua felicità confusa: se la nazione, la stampa e i suoi genitori amavano tutti Diana così tanto, senza dubbio anche lui alla fine l'avrebbe amata. Il successivo andamento delle cose non diede mai a Carlo la possibilità di concedersi ai teneri sentimenti che aveva iniziato a provare per Diana, come non consentirono mai a lei di scordare il principe delle favole per prendere coscienza dell'essere umano seduto sulla sedia accanto alla sua. All'epoca in cui Diana raccontò la storia a Morton, nel 1992, non le piaceva ammettere che undici anni prima i sentimenti di Carlo avrebbero potuto essere stati autentici quanto i suoi, anche se diversi. La parte più credibile del suo racconto è che quella sera, quando Diana tornò nel suo appartamento di Coleherne Court, si sedette sul letto per assaporare il suo trionfo: «'Indovinate un po'?' Loro dissero: 'Te l'ha chiesto. Cosa hai risposto?' 'Sì, ti prego.' Balzarono in piedi urlando e strillando, poi uscimmo e girammo per Londra in macchina con il nostro segreto».[30]

Una sola persona della cerchia di Diana espresse seri dubbi: sua madre. Prima dell'annuncio ufficiale, Frances Shand Kydd trascinò Diana in un remoto nascondiglio in Australia, per tenere lontana la stampa e permetterle di riflettere seriamente su questo importante passo. Contrariamente a quanto è stato più volte raccontato sulla gioia irrefrenabile con la quale sua madre avrebbe accolto la notizia, un'intima amica di Frances[31] sostiene che lei fece di tutto per dissuadere Diana dallo sposare Carlo, vedendo molto chiaramente le similitudini tra la relazione della figlia e il proprio disastroso primo matrimonio con Johnnie Spencer: troppo giovani, troppo precipitosi, troppo incompatibili, con una differenza di età troppo grande e troppe responsabilità. «Frances era contraria perché sospettava che si trattasse di un piano ordito da sua madre Ruth Fermoy e pertanto fallace fin dall'inizio», disse l'amica. A quanto pare Diana reagì dicendole: «Mamma, tu non capisci. Io lo amo», al che Frances replicò: «Ami *lui* o ami quello che rappresenta?» E Diana rispose: «Qual è la differenza?»[32] Dopo il fallimento del matrimonio, naturalmente sua nonna Lady Fermoy fece ogni sforzo per negare di essere stata coinvolta nel piano. La biografa ufficiale della regina Sarah Bradford afferma che un «membro della corte» le disse che Lady Fermoy si era sempre mostrata «terrorizzata dalla prospettiva di un fidanzamento», affermazione che suona come un'invenzione a posteriori.

«Ma è vero?» sembra che abbia esclamato la Fermoy alla notizia del fidanzamento. «Nessuno mi racconta mai niente»,[33] cosa già più credibile. Frances sarebbe stata sicuramente lieta di escludere sua madre da qualunque cosa assomigliasse a una buona notizia. Nell'eccitazione generale, anche ad altri membri delle due famiglie non fu comunicato subito del fidanzamento. Lord Glenconner era presente quando la principessa Margaret, in vacanza sulla minuscola isola caraibica di Mustique, fu informata telefonicamente che Lady Diana Spencer sarebbe entrata a far parte della famiglia reale. La principessa si adattò alla nuova situazione in un batter d'occhio e commentò: «La conosco. Mi piace. Anzi, le voglio bene».[34]

Al suo ritorno dall'Australia, a Diana fu recapitato un enorme mazzo di fiori di benvenuto da parte di Carlo. A quanto pare, il suo cavallo purtroppo possedeva un istinto migliore. Il 20 febbraio, a Lambourn, mentre Diana osservava Carlo che allenava il suo undicenne baio castrato Allibar – il suo primo cavallo da corsa – il nobile destriero ebbe un collasso e morì di infarto. Il principe Carlo cullava la testa di Allibar in fin di vita tra le sue braccia, Diana versava copiose lacrime.[35] Questa fu la prima vera esperienza emotiva che condivisero e che se non altro consentì a Diana di fare quello che le riusciva meglio, offrire conforto.

James Whitaker chiamò Diana a casa per parlare della vacanza australiana. Egli sostiene che qualcosa nel tono della sua voce gli fece capire che quella sarebbe stata l'ultima volta che lei avrebbe risposto al telefono di persona: «Addio, signor Whitaker», disse, «e grazie».[36]

Ormai l'annuncio ufficiale del fidanzamento era imminente e Diana fece quello che avrebbe fatto qualunque fanciulla dell'alta società nella sua situazione: andò con sua madre a fare shopping da Harrods per comprare il vestito con il quale si sarebbe presentata al mondo come una futura regina. Inizialmente si era fermata in una delle sue boutique preferite, Bellville Sassoon, ma tutti i designer erano assenti. La responsabile delle vendite non riconobbe quella cliente dall'aspetto studentesco e la trattò con una tale spocchiosa noncuranza che lei decise di recarsi da Harrods.[37] L'abito di Cojana che scelse era blu come quello di un'assistente di volo, con una blusa ornata con un motivo matronale e una larga fascia in vita che la faceva sembrare una di quelle ragazze paffutelle immortalate sul frontespizio di *Country Life*. L'anello di fidanzamento fu pagato dalla regina. Diana lo scelse da una selezione di diamanti e zaffiri presentata a Carlo, alla regina e a Diana dal gioielliere della Corona Garrard nel castello di Windsor. Betty Battenberg (come qualche burlone ama chiamare la regina) inarcò le sopracciglia quando Diana scelse la pietra più grande dell'intero lotto, un enorme zaffiro circondato da diciotto diamanti incastonati in un anello di oro bianco da diciotto carati, del valore di 28.500 sterline. Era un anello ideale per mettersi in mostra. La sua scelta produsse un lucroso aumento delle vendite degli zaffiri al posto dei soliti diamanti nel mercato degli anelli di fidanzamento. Diana, più tardi, asserì che in realtà non le piaceva, forse perché nel frattempo aveva capito che non era adatto al suo stile di vita giovanile. In ogni caso non lo indossava quando, poco tempo dopo, si recò con Carlo a Broadlands per un pranzo. Lady Mountbatten raccontò a Gyles Brandreth che chiese a Diana se poteva vedere l'anello. «Diana disse che era nella sua borsa in soggiorno e chiese a Carlo di andarlo a prendere. E lui ubbidì.»[38]

La sera prima del fidanzamento, Johnnie Spencer, che camminava con difficoltà dopo il colpo apoplettico, raggiunse Diana e Carlo per un brindisi nell'appartamento del principe a Buckingham Palace, aiutato da Raine avvolta in una pelliccia di visone e perle. Era la prima volta che gli Spencer incontravano il principe dall'inizio del corteggiamento. Si fermarono solo trenta minuti, poi Carlo dovette lasciarli per partecipare a una cena di festeggiamento con la regina,[39] mentre Diana fu scortata fino alla residenza ufficiale della Regina Madre, Clarence House, dove trascorse la notte tra le uova di Fabergé. La sua stanza da letto si affacciava sul maestoso Mall, che pochissimi mesi dopo avrebbe attraversato su una carrozza di vetro per raggiungere la cattedrale di St Paul. La sua nuova guardia del corpo, l'ispettore capo di Scotland Yard, Paul Officer, tentò di riportare la ragazza con i piedi per terra. Le disse: « Vorrei che le fosse chiaro che questa è l'ultima notte di libertà che avrà in tutta la sua vita, perciò cerchi di trarne il meglio ».[40]

William Tallon, un cameriere della Regina Madre, capì che ci sarebbe stato un fidanzamento tra Carlo e Diana quando la Regina Madre gli disse in tono confidenziale: « Dobbiamo prepararci per accogliere Lady Diana. Dobbiamo darle rifugio ». Tallon raccontò: « L'aspettai tutto il giorno, ma lei non arrivava. Alla sera la Regina Madre mi disse: 'Oh, non avrà aspettato tutto il giorno? No, no, lei arriverà avvolta dal manto dell'oscurità'. E in quel momento mi fu chiaro che ci sarebbe stato un fidanzamento ».[41]

Una spiacevole sorpresa attendeva Diana sul suo splendido letto a baldacchino: una lettera di Camilla Parker Bowles. La lettera mostrava in modo palese che la sua rivale aveva accesso a informazioni riservate: la data era di due giorni prima, quando nessuno avrebbe dovuto sapere che il grande annuncio era imminente, e tantomento che lei avrebbe pernottato a Clarence House. « Ho saputo la splendida notizia del fidanzamento », scriveva Camilla. « Dobbiamo pranzare insieme appena possibile, quando il principe di Galles andrà in Australia e Nuova Zelanda. Starà via tre settimane. Mi piacerebbe molto vedere l'anello, con affetto, Camilla. »[42]

Il grande giorno, un membro dello staff della Regina Madre andò a prendere Diana all'alba per portarla da Headlines a South Kensington, dove Kevin Shanley la pettinò in modo adeguato per affrontare i media di tutto il mondo. « Attraversammo l'ufficio del ciambellano », disse un membro dello staff, « e lei vide una copia del *Times* che recitava: 'Oggi il fidanzamento di Lady Diana'. Si voltò verso di me e disse: 'Lo vede? Qualcuno mi ha già tradito'. »[43] I soli fiori che prese con sé quando lasciò Clarence House furono quelli di suo padre.

Diana iniziò a rimpicciolirsi come Alice nel paese delle

meraviglie non appena entrò nella lente di ingrandimento di Buckingham Palace, che sarebbe stata la sua casa per i successivi cinque mesi. Ora non stava più portando solo il carico del suo sogno d'infanzia, ma anche quello dei sogni dell'intera nazione britannica. Gli abitanti dell'isola sembravano avere dimenticato tutto il cinismo, il malumore e i pregiudizi di classe tipici di quel periodo ed essersi trasformati in una folla esultante e patriottica di shakespeariana memoria. Nei 184 giorni che trascorsero tra il fidanzamento in febbraio e il matrimonio in luglio, le vetrine dei negozi inglesi decorate con i colori della bandiera furono invase dai souvenir delle nozze regali per un valore di 400 milioni di sterline.

Con gli occhi di tutta la nazione e di gran parte del resto del mondo puntati su di lei, Diana iniziò a essere ossessionata dal proprio aspetto, e la cosa non stupisce. La vista di se stessa in quell'odioso abito di fidanzamento color indaco, e un «commento casuale» di Carlo su quanto la sentisse «morbida» quando la teneva per la vita, spinsero Diana a intraprendere una dieta frenetica che le fece perdere sei chili tra marzo e luglio. Fu l'inizio di una bulimia cronica. «Quella poveretta diventava sempre più magra», disse la sua ex coinquilina Carolyn Pride. «Ero molto preoccupata per lei.»[44]

Molte spose perdono peso nel periodo che precede le nozze, ma tra la prima e l'ultima prova dell'abito nuziale la vita di Diana si ridusse da settantaquattro a sessanta centimetri. Per Elizabeth Emanuel, che confezionava il vestito, era un vero incubo, perché non voleva tagliare il taffettà color avorio prima di avere un'idea precisa della taglia che la sua cliente avrebbe raggiunto.

È stato versato fin troppo inchiostro per psicoanalizzare le cause della bulimia di Diana. È evidente che la sua sofferenza ebbe inizio come reazione a tre pasti pesanti al giorno e ai ricchi vassoi di dolci che accompagnavano il tè a Windsor: il risultato erano le fotografie della «ragazza grassottella» che facevano il giro del mondo. Oggi le riviste che si occupano delle celebrità sono zeppe di dive un tempo formose che l'esposizione continua ha trasformato in fantasmi affamati dalle guance scavate. Ora la timida Di aveva tutti gli sguardi addosso e il suo rossore ormai aveva assunto la tonalità cremisi dei tappeti del palazzo reale. La mancanza di riguardo per il proprio corpo era come una seconda natura per le donne della famiglia di Diana e faceva parte della vita di tutti i giorni, come scrivere lettere di ringraziamento. In un certo senso, la bulimia è lo sciopero della fame delle ragazze beneducate. Prima fai onore al padrone di casa mangiando con gusto, poi purifichi il tuo peccato svignandotela per vomitare. Dopo un certo tempo, non desideri più il cibo bensì la purificazione. Diana diceva sempre che dopo si sentiva «più tranquilla», quasi sedata. Quando il matrimonio di sua madre con Shand Kydd entrò in crisi, spesso Frances «si dimenticava» di mangiare, limitandosi ad assumere qualche liquido. Quando Diana era solo una ragazzina impressionabile di poco più di dieci anni, l'anoressia di sua sorella Sarah era talmente grave che Lady Elizabeth Anson, organizzatrice di eventi e a sua volta ex bulimica, si rifiutò di assumerla nella sua agenzia. Lady Elizabeth era convinta che i bulimici sprecassero tutta la propria energia in sotterfugi e bugie e non voleva essere accusata di esacerbare la condizione già cronica di Sarah.

Buckingham Palace sembra fatto su misura per cadere nella bulimia. È soffocante e vuoto allo stesso tempo, e tutti sono addestrati a guardare dall'altra parte. L'interno è l'equivalente reale dello spettrale film *The Village*. Gli abitanti del palazzo parlano la stessa lingua dei loro vicini, ma vivono su un piano astrale totalmente diverso. Il palazzo ospita gli uffici dei funzionari reali, dei segretari, dei supervisori e dei dignitari di corte, come anche interi plotoni di camerieri, maggiordomi, domestiche e così via, i quali hanno a disposizione una propria stazione di polizia, un'unità dei vigili del fuoco in servizio ventiquattro ore al giorno, un ufficio postale, un ambulatorio medico, una lavanderia, una cappella e un cappellano, elettricisti, falegnami, orafi e idraulici.

Tutto questo potrebbe indurre a pensare che Diana fosse

circondata da un'allegra confusione, ma nulla potrebbe essere più lontano dalla verità. La maggior parte dello staff svolge la propria attività lontano dagli sguardi in locali collegati tra loro con un dedalo di corridoi sotterranei. Raramente si incontra qualcuno in superficie, nel labirinto di sale e corridoi che mettono in comunicazione più di seicento stanze. Se si prende il corridoio sbagliato, si rischia di trovarsi nel bel mezzo di un atrofico cocktail di ricevimento o di una cerimonia per il conferimento di medaglie militari. Dato che tutti questi factotum sono abituati alla massima discrezione e respirano appena, coloro che abitano nel palazzo si sentono praticamente invisibili. Paul Burrell, il pettegolo maggiordomo di Diana, descrive molto bene questo silenzioso mondo. Le domestiche, ci racconta, non hanno il permesso di usare l'aspirapolvere prima delle nove del mattino per evitare di disturbare la famiglia reale. Usano delle scope dalle setole dure per pulire il lungo tappeto rosso scuro nei corridoi. I membri dello staff non devono mai camminare al centro del tappeto perché questo è considerato un atteggiamento arrogante: solo dei piedi reali possono calpestare un tappeto spazzolato di fresco. Il personale cammina lungo il bordo largo trenta centimetri. I vassoi da tè per i membri della famiglia reale devono essere preparati secondo uno schema preciso: i condimenti, le teiere e i bricchi del latte devono sempre essere posizionati esattamente nello stesso punto.[45]

Il servitore ideale assolve ai propri compiti restando completamente invisibile. In casi estremi, schiere di domestiche e servitori devono trovarsi un nascondiglio fino a quando la via non sarà di nuovo libera. A Sandringham, le domestiche si infilano nello stanzino del sottoscala per non essere viste quando la regina scende nella sala principale, una pratica che riproduce alla perfezione l'atteggiamento nei confronti del monarca descritto in *La pazzia di re Giorgio*. Se un membro della famiglia reale si materializza in un corridoio ed è troppo tardi per scomparire, il protocollo impone di fermarsi con le spalle verso il muro e inchinarsi in silenzio mentre il regnante passa. La sensazione di isolamento è rafforzata dal fatto che ciascun membro della famiglia reale – il principe Andrea, la principessa Anna e il principe Edoardo – dispone di appartamenti privati separati e di un proprio staff. In un certo senso, ognuno governa il suo piccolo feudo e ci si incontra raramente. (Quando feci visita al principe Andrea nel suo appartamento a palazzo, questo aveva l'aspetto impersonale di uno showroom di Harrods, o di una suite al Berkeley Hotel, solo con dei quadri migliori alle pareti. Nonostante il principe sia esperto di tecnologia, il televisore e i monitor sembrano disposti a caso negli ambienti, come se qualcuno li avesse dimenticati lì.) Nei fine settimana e durante le vacanze il palazzo è vuoto, come un collegio quando tutti gli studenti sono a casa.

Diana si rese conto molto presto della bizzarra dicotomia che avrebbe governato la sua vita futura. Fuori dalle mura del palazzo era al centro dell'attenzione. All'interno invece era solo il minuscolo ingranaggio di un sistema in cui tutto ruota intorno alla regina. Se il principe Filippo desidera pranzare con sua moglie, manda un servitore con un messaggio, e lei risponde allo stesso modo. Quando la regina si trova a Balmoral e il principe Carlo decide di fare una passeggiata nella tenuta, prima la mette al corrente delle sue intenzioni tramite il suo segretario personale, per assicurarsi che lei non abbia avuto la stessa idea e preferisca passeggiare indisturbata. Uno degli aspetti più tristi della storia di Diana è che lei nutriva l'assurda segreta speranza che proprio la regina diventasse per lei una madre sostitutiva e un modello a cui ispirarsi. Diana provava un timore reverenziale nei confronti di Elisabetta, un sentimento che si intensificò ancora di più quando si rese conto dei doveri che gravavano sulla sovrana. «Avrei voluto abbracciare mia suocera e dirle che capisco quello che deve passare nel suo intimo», scrisse in una nota a Paul Burrell nel 1996. «Conosco bene quella sensazione di isolamento...»[46] Diana faceva di tutto per compiacere la regina e instaurare un buon rapporto con lei. Una volta la settimana, come da istruzioni, le mandava un messaggio: «La regina cena da sola stasera?»[47] La regina cenava spesso sola, con un vassoio sulle ginocchia, davanti alla televisione nel suo soggiorno. E di solito preferiva questa soluzione, perché dopo una settimana a occuparsi dei suoi sudditi desiderava essere lasciata in pace.

La suite assegnata a Diana una volta era appartenuta alla governante reale, Miss Peebles, e in seguito era stata occupata dall'adorata bambinaia di Carlo, Mabel Anderson, alla quale Camilla Parker Bowles assomiglia come una goccia d'acqua. Diana aveva a disposizione una stanza da letto, un bagno e una cucina, collocati, in modo estremamente appropriato, nel corridoio della nursery reale. L'enorme appartamento da scapolo di Carlo si trovava sullo stesso piano, ma a chilometri di distanza.

A Diana mancavano disperatamente le allegre vecchie *sloanes* di Coleherne Court. Più tardi confessò quanto le sarebbe piaciuto tornare là per fare quattro risate, scambiarsi i vestiti e parlare di stupidaggini. Prima del fidanzamento aveva creduto che il palazzo con la sua privacy fosse il paradiso in terra, un rifugio sicuro contro il costante assedio della stampa, ma ora capiva che, se non altro, i rudi giornalisti che l'avevano fatta impazzire erano reali. Era facile illudersi che il fatto che le telefonassero nel cuore della notte a caccia di una dichiarazione per l'edizione del mattino fosse un segno di interesse autentico nei suoi confronti. Persino una donna esperta come Mary Robertson trovava frustrante il fatto di dover superare infinite schiere di sorveglianti per arrivare a Diana. Quando i vecchi amici andavano a trovare la futura sposa, c'era sempre qualche arcigno cameriere o valletto che le gironzolava intorno. «Era proprio come se fosse stata rinchiusa in una torre d'avorio... senza nessuna possibilità di uscirne», disse Carolyn Pride.[48] (Oggi la duchessa di Cornovaglia, alias Camilla, che ha trent'anni in più dell'età di Diana al tempo, trova la presenza di tutti questi servitori reali talmente invasiva da insistere a conservare la sua casa nel Wiltshire come rifugio.)

Le amiche di Coleherne Court sentivano che Diana si stava allontanando e questo le feriva. Ma Diana si vergognava di confessare alle sue ex coinquiline che ora vedeva il suo vecchio appartamento assediato dai giornalisti, e non più il palazzo, come il suo « rifugio sicuro ».[49] Passava il suo tempo a esercitarsi nella danza e a scrivere lettere ai vecchi amici con la sua tondeggiante calligrafia infantile. « Vorrei tanto una compagnia della mia età », scrisse a Mary Robertson,[50] la quale era sorpresa e colpita dalla frequenza delle lettere di Diana, perché si rendeva conto che avrebbe dovuto rivolgersi a sua madre, e non alla sua ex datrice di lavoro, per avere questo tipo di supporto. Ma i rapporti familiari di Diana erano sempre stati, diciamo, difficili. A Sarah bruciava ancora il fatto di non essere riuscita a conquistare il principe Carlo e questo precludeva una confidenza troppo stretta tra le sorelle e impediva a Diana di condividere con lei le sue preoccupazioni più intime. La sorella maggiore Jane, che viveva nell'appartamento di Kensington Palace concesso graziosamente dalla sovrana con suo marito Robert Fellowes, l'aiutò a prendere confidenza con l'etichetta reale e spesso pranzava con lei, ma era la più tradizionalista delle tre sorelle e si trovava pienamente a suo agio nella vita regale dalla quale Diana ora si sentiva tanto intimidita, anche se non le piaceva ammetterlo. La madre Frances era un turbine di efficienza quando si trattava di comprare il corredo da sposa – « molto capace e raffinata »,[51] stando alle parole di Sonia Palmer, una segretaria dello staff del principe – ma un supporto emotivo costante non era mai stato nella sua indole. Il fatto che avesse già espresso chiaramente la sua opinione sul legame tra Carlo e Diana di certo non aiutava.

Man mano che l'abito da sposa prende forma, normalmente le spose vengono accompagnate alle prove dalla madre, da una sorella o da un'amica. Frances accompagnò Diana al primo appuntamento nel minuscolo atelier di Mayfair degli Emanuel per scegliere l'abito da sposa che sarebbe stato visto da 750 milioni di persone, ma in seguito la fidanzata più famosa del mondo andò sempre alle prove da sola. « Ci affezionammo a lei perché non riceveva alcun tipo di aiuto o di consiglio dal palazzo per il vestito», disse Elizabeth Emanuel. «E neanche noi. Era sempre sola.»[52]

Forse perché le loro vite sono legate al dovere, una parola che Diana iniziò ben presto a temere, i reali sono assolutamente incapaci di capire quando il dovere non basta. La regina stessa ha imparato a conoscere i rigidi protocolli e l'isolamento della vita di palazzo durante la propria infanzia. Per lei, quell'austerità e quelle stravaganze erano normali. Nella cerchia reale le cose *si presuppongono*, non si chiedono mai. Fare domande è sinonimo di debolezza, e dare l'impressione di essere deboli è assolutamente inconcepibile. Dunque si presupponeva che, siccome Lady Diana proveniva dalla nobiltà e non era estranea alla vita con molti servitori, sarebbe stata perfettamente in grado di gestire la transizione. Si presupponeva che se si sentiva sola, o aveva bisogno di aiuto, avrebbe trovato un modo per cavarsela. Si presupponeva che il fatto che avesse iniziato a dimagrire a vista d'occhio non avesse niente a che fare con le pressioni alle quali la sottoponeva la vita a palazzo. Il principe Carlo era terribilmente preoccupato per la perdita di peso di Diana, ma la regina imputò senza esitazioni il problema alla famiglia Spencer, giudicandolo come «una condizione psicologica dovuta ai problemi incontrati da Diana durante la sua difficile infanzia»,[53] come riporta Elizabeth Longford. Inoltre, si presupponeva che Diana avrebbe presto riacquistato il controllo.

Per prepararla ai suoi doveri principeschi, la regina le mandò la sua dama di compagnia più fidata, Lady Susan Hussey. Più tardi, questa esperta cortigiana quarantaduenne si risentì per le insinuazioni che Diana non avesse avuto alcun aiuto dal palazzo. Passò molte ore a insegnarle le basi del protocollo: come salutare con la mano, in che posizione tenere la sua borsetta, come concludere abilmente una conversazione con un ammiratore pressante. (La regina, dal canto suo, usa una tecnica molto raffinata per liberare la propria mano dalla presa sudaticcia dei sudditi con una impercettibile quanto abile manovra di scarto.) Tuttavia Diana percepiva istintivamente che non poteva fidarsi di Lady Hussey, la quale faceva parte della schiera di donne mature che adoravano Carlo. La sua appartenenza all'establishment, la sua influenza a corte e il suo rapporto confidenziale con la sovrana mettevano Diana a disagio. «Susan avrebbe potuto essere la dama di compagnia di tutte e sei le mogli di Enrico VIII», disse uno scrittore che frequentava la corte.[54] La Hussey, da parte sua, iniziò a indispettirsi per il fatto che Diana «sembrava non darle retta», secondo quanto mi ha riferito un altro amico.[55] Né alla Hussey né d'altronde a nessun altro, è mai venuto in mente che la novellina del gioco di società reale avesse già iniziato a sovvertire le regole.

Diana riprese una vecchia abitudine della sua infanzia ad Althorp: cercare la compagnia del personale. Era molto più a suo agio con le domestiche, i pasticcieri e le addette alla lavanderia di quanto non lo fosse con i personaggi della corte e i segretari personali. Si sedeva sul letto e chiacchierava con le domestiche sulle loro vite, e in questo modo fece amicizia con Maria Cosgrove, che sarebbe diventata la moglie di Paul Burrell. Abituato ai modi della regina, la quale difficilmente avrebbe fatto irruzione in cucina per razziare il frigorifero, il personale inizialmente non prese bene le allegre visite di Diana. In fin dei conti, il cameratismo era un reato passibile di licenziamento. Ma a Diana non piaceva essere lasciata sola. Ai servitori dava l'impressione di una bambina che ha bisogno di essere assecondata, coccolata e consolata, e alla fine si abituarono alle sue visite e ne furono addirittura felici.

Oggi sappiamo che Diana conosceva a malapena il suo futuro sposo. Per sua stessa ammissione, lo vide complessivamente solo tredici volte tra l'inizio del corteggiamento e il giorno del matrimonio. Le sue sofferenze future hanno avuto origine nel suo disperato bisogno di scoprire che tipo di persona fosse Carlo in privato. I due non erano praticamente mai soli, il che le dava ben poche occasioni per imparare a conoscerlo; e come se non bastasse, ora lo sfuggente principe era in procinto di partire per un viaggio di cinque settimane in Nuova Zelanda, Australia, Venezuela e Williamsburg, Virginia. A peggiorare le cose, poco prima della sua partenza il principe ricevette una telefonata di addio da Camilla Parker Bowles. Diana lasciò stoicamente la stanza per consentirgli di parlare con Camilla in privato. Le lacrime di Diana all'aeroporto non erano lacrime di dolore ma di rabbia.

La lobby di Carlo ha sempre sostenuto che la crescente paranoia di Diana nei confronti di Camilla all'epoca non fosse altro che una fantasia nevrotica, che Camilla era acqua passata e che a Carlo non importava nulla di lei, almeno fino a quando il suo matrimonio non iniziò a scricchiolare cinque anni dopo. Secondo il biografo di Carlo, Jonathan Dimbleby, dal giorno del suo fidanzamento con Diana fino al 1986, il principe incontrò Camilla una sola volta, e in quell'occasione le disse addio. La gelosia ossessiva di Diana nei confronti della sua ex amante, sostiene, si trasformò in una profezia destinata ad autoavverarsi.

Allora cosa dobbiamo pensare del pranzo grondante taglienti sottintesi che ebbe luogo tra la fidanzata e l'amante mentre il principe era lontano? Come Diana raccontò ad Andrew Morton, fu «una situazione davvero spinosa. Lei [Camilla] disse: 'Non andrà a caccia, vero?' Io [Diana] risposi: 'In che senso?' Lei disse: 'A cavallo. Non parteciperà alle battute di caccia quando andrà a vivere a Highgrove, giusto?' Io risposi: 'No'. E lei disse: 'Era solo per sapere'. Pensai che questo fosse semplicemente il suo modo di fare conversazione».[56] Diana intuì correttamente che Camilla stava già pianificando i suoi futuri incontri segreti con Carlo e tentava di «capire quale sarebbe stato il suo territorio e quale sarebbe stato il mio».[57]

Tuttavia, un osservatore attento potrebbe analizzare tutta la scena anche da un altro punto di vista. Non è forse l'insicurezza di Camilla, molto più di quella di Diana, che emerge in questo dialogo? La futura sposa era troppo inesperta di guerre sessuali per rendersi conto che l'amante preferita del principe Carlo si stava innervosendo. «In privato, Camilla aveva un marcato atteggiamento di sufficienza nei confronti di Diana», disse il suo ex cognato Richard Parker Bowles, «ma... sottovalutò enormemente la principessa.»[58] La tempistica del pranzo tra le due donne è indicativa, perché l'incontro ebbe luogo due settimane dopo la prima sorprendente apparizione pubblica di Carlo e Diana in occasione di un concerto alla Goldsmith's Hall di Londra il 3 marzo 1981. Diana indossava un abito nero mozzafiato con una profonda scollatura, prendendo Camilla totalmente in contropiede. Diana aveva trovato quell'abito supersexy su un ripiano dell'atelier di Emanuel dopo avere scoperto che il vestito che aveva ordinato non era pronto, e lo aveva acquistato nell'intento di convincere Carlo che non era più una «bambolina» ma una bomba sensuale. «Ero convinta che il nero fosse in assoluto il colore più elegante che si potesse indossare a diciannove anni», osservò Diana più tardi. «Era un abito molto adulto.»[59] Fino a quel momento, il pubblico e il principe – e Camilla – avevano sempre considerato Diana solo una pudica ragazza inglese. Il momento in cui scese dalla limousine fasciata in quel conturbante e scollatissimo taffettà nero fu la più erotica entrata in scena di una futura principessa da quando Cenerentola aveva sfilato i suoi consumati zoccoli da sguattera per calzare le scarpette di cristallo del principe azzurro. «Che festa per gli occhi da presentare a un re!» disse l'antica bellezza Lady Diana Cooper a un'amica commentando l'improvvisa rivelazione della scollatura dell'ingenua futura sposa.[60]

L'abito di Emanuel era completamente fuori luogo, davvero. I reali non indossano mai il nero, tranne ai funerali, e un critico di moda fece notare che portare un abito scollato a un concerto è una vera catastrofe perché dà l'impressione che la signora sia seduta in una vasca da bagno. Ma, come a Diana accadeva spesso, l'errore si trasformò in un trionfo. Il contrasto con il sofisticato stile mondano della principessa Grace di Monaco, anche lei presente all'evento, la rendeva ancora più affascinante. Per il pubblico britannico, Diana era una teenager che mostrava la sua dolce determinazione a non essere più considerata una bambina, ma una donna adulta e attraente. La trasparenza delle intenzioni di Diana la rendevano vulnerabile, non volgare. Camilla non poteva sapere che, nella toilette per signore, la nuova e seducente Diana aprì il suo cuore con la principessa Grace, raccontandole dello stress e dell'insicurezza che provava. «Non ti preoccupare», disse l'imperturbabile Grace. «Presto andrà molto peggio.»[61]

Più o meno nello stesso periodo mi recai a casa dei Parker Bowles con il fotografo Derry Moore per scattare una serie di fotografie della coppia tra le mura domestiche per *Tatler* e notai un insolito disagio in Camilla. Il solo fatto che questa coppia riservata aprisse le porte di Bolehyde Manor all'obiettivo della macchina fotografica era una cosa fuori dal comune che lasciava intendere un improvviso bisogno di apparire. Molti degli altri membri della cerchia di amici di Carlo stavano manifestando la stessa inusuale cordialità nei confronti della stampa, solo per scoprire che erano improvvisamente diventati poco interessanti. In confronto alla freschezza dell'emergente Diana, la leggendaria Camilla, così sicura della sua sensualità, appariva come una bionda scavezzacollo con un passato troppo ingombrante. Tra lei e suo marito Andrew aleggiava una sorta di elettrica indifferenza mentre posavano per il ritratto fotografico di Derry Moore. Camilla usava tutte le stravaganze linguistiche del principe Carlo: «Stowell Park? Oh, è un posto *teribilmente* selvaggio, ma ha dei quadri *davero*, *davero* belli». Andrew, dal canto suo, passò tutto il tempo a fissare il mio seno.

Quel giorno era evidente che Camilla era ancora in competizione con l'altra «confidente» bionda di Carlo, Lady «Kanga» Tryon, la quale, non per coincidenza, era apparsa su *Tatler* il mese precedente. (Accidenti come sgomitavano queste signore!) «Tutti questi discorsi sulla grande amicizia tra Dale Tryon e Carlo», mi disse Camilla. «Lei non ha mai nemmeno *incontrato* Diana Spencer.» Era chiaro che Camilla stava tentando con tutte le sue forze di ritagliarsi uno spazio nella vita di Carlo nel nuovo ordine del mondo che avrebbe dovuto contenere anche una principessa di Galles; e non una principessa di Galles qualsiasi, bensì una che stava ammaliando l'intera nazione. Durante il viaggio di Carlo in

Australia, la stampa notò che lui stava inziando a vedere la fidanzata attraverso gli occhi dei giornalisti. «Ovunque andasse, vedeva l'immagine di lei alla televisione. James [Whitaker] e io avevamo l'impressione che si stesse innamorando della sua immagine a distanza», osservò il biografo reale Anthony Holden.[62] Una lettera di Carlo datata 5 marzo 1981, scritta poco dopo il suo fidanzamento a un confidente fidato, sembra dare ragione a Holden: «Sono davvero fortunato che una persona speciale come Diana dimostri un tale amore nei miei confronti», scrisse il principe pieno di meraviglia.[63]

Il nuovo status quo spaventava Lady Tryon esattamente quanto Camilla. Certamente contribuì all'improvvisa decisione della Tryon di lasciare Kanga, la sua boutique di moda di Knightsbridge, per trasferirsi a tempo pieno nel Wiltshire; «per amore del mio matrimonio», come mi disse una volta a pranzo, ma senza dubbio era anche una manovra di copertura. La prospettiva di una sposa reale così amata dai media era scomoda per un'amante esattamente quanto lo sarebbe stata per una moglie.

Una ragazza più sicura di Diana avrebbe probabilmente capito che in questo contesto era lei ad avere in mano le carte migliori. Avrebbe potuto liberarsi facilmente di Camilla se avesse usato l'astuzia invece delle lacrime, l'abilità sessuale invece della gelosia, ma sfortunatamente era troppo giovane per sapere come fare. Al contrario, era ossessionata da un regalo destinato a Camilla che trovò sulla scrivania di Michael Colborne. Il segretario personale del principe Carlo era stato precettato per occuparsi della valanga di regali di nozze recapitati ogni giorno per posta. Diana aveva una scrivania nel suo ufficio a palazzo. Colborne era un meritocrate australiano che aveva servito in Marina con Carlo. Il principe l'aveva assunto nonostante le obiezioni del vecchio staff del palazzo, e lui si guadagnò la fiducia di Diana proprio per questa ragione. Non era il tipo di persona che pensa solo al proprio vantaggio. Lei preferiva la sua burbera sincerità al più cerimonioso fascino del nuovo segretario personale, Oliver Everett, il quale in passato aveva lavorato nell'ufficio del principe Carlo e ora era stato strappato a una promettente carriera diplomatica a Madrid per dare una mano con i numerosi problemi del matrimonio. Everett si impegnò molto per addestrare Diana e lei si dimostrò un'allieva diligente, ma nel suo intimo provava una forte soggezione. Lui insisteva a trattarla come una donna adulta, preparandole in continuazione scoraggianti promemoria e complicati documenti da leggere.

Colborne aveva un approccio più schietto. Un collega sostiene che una volta disse a Diana: «Dopo il 29 luglio lei si trasformerà in una vera stronza. Se chiederà sei ombrelli li avrà. Se vorrà trovare la sua macchina davanti all'ingresso principale, così sarà». Apparentemente, i reiterati tentativi della ragazza di «unire di più la famiglia» lo commuovevano. Lei poneva in continuazione domande come: «Oggi non è il compleanno della principessa Anna?» per essere sicura di non dimenticarsi di mandarle un biglietto di auguri. Se non fosse tanto triste, sarebbe persino comico pensare che Diana era davvero convinta di poter trasformare la famiglia reale, risolutamente disfunzionale, in un rimpiazzo colmo di affetto della propria famiglia divisa.[64]

A Diana piaceva stare seduta per ore ad ascoltare le storie di Colborne sulla sua vita in Marina, quando non aveva ancora niente a che fare con la famiglia reale. Questi racconti distoglievano la sua mente dall'insistente ritornello del *dovere*, una parola in passato puramente teorica che stava iniziando ad associare a una grande apprensione. Colborne le disse: «Potrebbe prendere un'agenda in cui annotare tutte le cose che dovrà fare nei prossimi tre anni – parate militari, Ascot, Ordine della Giarrettiera – così saprà esattamente dove sarà ogni singolo giorno».[65] Lei sperimentava di persona questi dettagli claustrofobici quotidianamente. Una volta, durante un weekend nella residenza della Regina Madre, Royal Lodge, si allontanò per fare una passeggiata in solitudine e al suo ritorno scoprì che era già partita una squadra di ricerca per trovarla.

Diana aveva instaurato un rapporto abbastanza informale

con Colborne e proprio per questo spesso faceva un'incursione nella sua parte dell'ufficio per esaminare gli ultimi doni di nozze arrivati. Un giorno fu recapitato un pacchetto che sembrava interessante. In quel momento Colborne era impegnato altrove in una conversazione con Edward Adeane, il segretario personale del principe Carlo. Diana scoprì che si trattava di un braccialetto d'oro con un pendaglio blu che portava le iniziali G.F. Lei sapeva che «Girl Friday», ragazza venerdì, era il nomignolo con il quale Carlo chiamava Camilla. (Perché faceva qualunque cosa per lui, come l'amico di Robinson Crusoe? Oppure perché dormiva con lui solo nei weekend?) Quando Colborne ritornò in ufficio, Diana era scomparsa e non si fece vedere per il resto della giornata. Un testimone della scena dice che più tardi Adeane riferì a Colborne di aver visto Diana precipitarsi fuori dall'ufficio in lacrime. «Che cosa le ha fatto?» chiese Adeane allarmato a Colborne.[66]

La faccenda del braccialetto è entrata nella leggenda come una delle più gravi mancanze di Carlo, ma potrebbe anche darsi che Diana abbia calcato un po' la mano quando ha raccontato l'episodio ad Andrew Morton. Carlo è sempre stato famoso per la sua propensione ai regali, purché non troppo costosi. Fece tonnellate di regali ai suoi amici di entrambi i sessi prima della *grande plonge*, di solito accompagnati da lunghi e affettuosi messaggi. Tuttavia è più difficile dare credito all'asserzione di Jonathan Dimbleby, il biografo ufficiale di Carlo, che la sua insistenza per consegnare di persona il dono a Camilla fosse un «puro atto di cortesia».[67] «Che idiozia!» sbottò Diana quando nel 1994 venne a sapere in che modo Dimbleby aveva sminuito l'incidente del braccialetto;[68] e quale donna moderna potrebbe darle torto? Ma la sua reazione palesa anche che sottovalutava le «idiozie» che il principe di Galles aveva eletto a proprio stile di vita. Carlo era sul punto di compiere un passo che equivaleva a prendere i voti: mettere da parte ogni dubbio residuo e, per amore del proprio paese, sposare la ragazza scelta dai suoi genitori. Ai suoi occhi probabilmente la sua insensibile e sconsiderata insistenza per consegnare personalmente il dono a Camilla non era nient'altro che un ultimo atto per rabbonire l'amante.

Comunque sia, per Diana era terribilmente irritante. Il ritmo era così frenetico da non darle il tempo di elaborare gli eventi. «Be', che sfortuna, 'duchessa'», le disse sua sorella (di sicuro la tagliente Sarah) quando Diana le confidò la sua pena. «La tua faccia è già stampata su ogni strofinaccio del paese, perciò è troppo tardi per mollare tutto.»[69] Lo sforzo per capire tutto questo stava distruggendo Diana. Il suo sogno romantico aveva sempre contemplato due sole persone: il principe e la principessa. Ora non solo ce n'era una terza, Camilla, ma al film partecipava un cast di migliaia di persone. L'intensità con la quale i media prendevano parte al suo sogno le faceva girare la testa. La stampa britannica non era la sola a essere in preda a una vera e propria febbre mediatica: Londra brulicava di reporter e fotografi internazionali che tentavano in ogni modo di carpire informazioni su ogni più insignificante e banale dettaglio della vita di palazzo.

Le nozze furono una vera benedizione per le vendite di *Tatler*, per esempio. Ci portarono sulla cresta dell'onda. Questa piccola rivista di costume inglese improvvisamente si trovò al centro della più sensazionale storia da tabloid del mondo. Io (come quasi tutte le persone che conoscevo) fui assunta da una trasmissione televisiva americana, il programma *Today* della NBC, come esperta della casa reale. «Scusatemi», chiese uno dei produttori della ABC durante il solenne briefing della BBC a cui parteciparono tutti i media che avrebbero seguito l'evento, «la carrozza di Lady Diana non è un serio pericolo per la sicurezza?» «Non è tutta di vetro e non è trainata da topi», replicò il rappresentante della BBC con un sorriso di sufficienza.

All'ultima apparizione in pubblico di Diana con Carlo prima del matrimonio, in occasione di una partita di polo contro la Spagna a Windsor Great Park, si radunarono ventimila persone per vederla. La fotografia sulla copertina del *Daily Mirror* mostrava Diana che contraeva le labbra con un'espressione tirata. «Il suo viso era pallido come un lenzuolo e sorrideva a fatica», riportava John Edwards del *Mirror* nella sua cronaca minuto per minuto, simile a quelle riservate alle partite della Coppa del Mondo di calcio. «Si precipitò fuori dalla Aston Martin del principe Carlo ancora prima che la macchina si fermasse completamente. Andò subito a cercare riparo sul palco della regina e restò là torcendo un cardigan bianco tra le mani, sbirciando furtivamente la folla dalla porta, senza alcuna voglia di uscire.» Fu fotografata mentre si massaggiava la fronte con entrambe le mani. «Quei pochi giorni sembravano averla cambiata», continuava Edwards. «Aveva perso il suo slancio. Nessuna battuta. Aveva perso peso ed era visibilmente a disagio nella calca che la circondava.»[70] A quanto sembra, a Edwards non è mai passato per la mente che il problema erano proprio lui e i suoi insistenti colleghi.

È sconcertante che, nonostante questa immensa pressione, Diana abbia affrontato con calma cose che avrebbero gettato nella disperazione ogni altra sposa. David ed Elizabeth Emanuel, ora, lavoravano a quello che la stampa chiamava semplicemente «l'abito» come degli scienziati che lavorano alla bomba atomica in un laboratorio top secret. La scelta di Diana di affidare la confezione del suo abito da sposa a questa coppia di designer in ascesa è stato il suo primo atto di ribellione. Erano giovani e inesperti e nessuno li avrebbe presi in considerazione per un incarico di tale importanza. Diana invece durante le prove si mostrava calma e sicura di sé. Sapeva sempre esattamente quello che voleva, incluso il dettaglio del ferro di cavallo tempestato di diamanti cucito in vita come portafortuna. «L'abito» rappresentava la realizzazione delle sue fantasie principesche. Fu lei a volere con insistenza le maniche ampie e la seta frusciante, il velo in taffettà lungo sette metri e mezzo, la vita aderente e i bordi in pizzo ornati di perle e paillette. Voleva essere una sposa da favola per suo padre e per il suo principe. Quelle guarnizioni color crema e le gale color avorio l'avrebbero portata via dalle sofferenze del presente verso un futuro di sicuro amore. Negli anni '90, quando ormai era una donna potente e snella e le ragazze si sposavano in tubini superattillati, la voluminosa crinolina che aveva indossato il 29 luglio 1981 la imbarazzava. Ora è esposta in una teca di vetro ad Althorp come un manufatto dell'attico di Miss Havisham, reperto A nel museo di un sogno infranto.

La lista degli invitati era più problematica dell'«abito» per Diana. I vari parenti e amici di sangue blu dei Windsor dovevano essere invitati per forza, perciò restava poco spazio per gli invitati della sposa. La regina era talmente disperata, perché non sapeva cosa fare con quell'orda di scrocconi germanici, che telefonò a Lady Anson e le chiese di organizzare una festa da Claridge dopo la cerimonia per levarseli dai piedi.

La questione del comportamento da adottare con Barbara Cartland divenne una specie di problema nazionale. In vista del grande giorno, Alexander Chancellor, redattore capo di *Spectator*, scrisse un editoriale in cui chiedeva al parlamento un decreto speciale per bandire Raine e sua madre dalla cattedrale di St Paul adducendo che: «Sarebbe davvero ingiusto nei confronti di tutti se a queste due signore assurdamente teatrali venisse permesso di trasformare una commovente celebrazione nazionale in una pantomima».[71] In effetti, Diana era talmente preoccupata che la pantomima avesse luogo davvero che fece pressione affinché si usasse qualche stratagemma per allontanare la Cartland. (I romanzi rosa della scrittrice potevano anche aver alimentato i sogni che la portarono all'altare a St Paul, ma l'estroso e piumato personaggio che li aveva scritti era più di quanto Diana potesse sopportare.) Circolano due versioni su come alla fine si riuscì a rendere inoffensiva la Cartland: (a) la Cartland fu semplicemente cancellata dalla lista degli invitati; (b) la Cartland fu invitata ma le venne assegnato un posto a sedere dietro a uno degli imponenti pilastri della cattedrale. Secondo un assistente del principe Carlo, «Barbara era talmente offesa che voleva andare all'estero il giorno del matrimonio. Ma i suoi figli dissero che in questo modo sarebbe sembrata un'esiliata».[72] Per salvare la faccia, fece l'astuta mossa di organizzare un party per i volontari della St John Ambulance, dove si presentò con un'uniforme marrone su misura dell'Ordine di St John, rinunciando per una volta al suo abituale costume rosa in piume di struzzo. (Quindici anni dopo la «regina dell'amore» rilasciò un laconico commento sulle ragioni del fallimento del matrimonio reale: «È ovvio, tutti sanno perché è andata male. Lei non praticava sesso orale».)[73]

La vigilia delle nozze, la sposa e lo sposo reali si accomodarono su delle scomode sedie da regista per un'intervista televisiva con la conduttrice istituzionale della BBC, Angela Rippon, e con Andrew Gardner della ITN, trasmessa su entrambi i canali. L'intervista, analizzata oggi con la consapevolezza di quello che sarebbe seguito, è un festival del linguaggio del corpo. I due fidanzati danno l'impressione di essere stati catapultati nello studio da due luoghi completamente diversi. Il trentaduenne Carlo ha un aspetto giovane, ma sembra quasi anziano accanto alla sua fidanzata adolescente. Il frizzante ed esperto erede al trono lancia occhiate premurose a una Diana ammutolita, la quale però sprofonda sempre di più nella sua sedia. Lei indossa un vestito da giovane governante color argento con un colletto alla Peter Pan, calze chiare e scarpe grigie con il tacco basso, un look immediatamente copiato dalle migliaia di sosia di Lady Di che stavano invadendo le strade della Gran Bretagna. Carlo dice a Gardner che spera che il matrimonio lo aiuti a calmarsi. «Il mio problema sarà che mi interesso a troppe cose e sono sempre in movimento», dice come se sperasse che questo si avveri. Alla domanda quali regali abbia gradito maggiormente, Diana appare sollevata di trovarsi finalmente su un terreno sicuro: «Tutti i regali dei bambini, davvero».[74]

«Qualche tocco personale alla cerimonia?» butta lì Rippon. Carlo inizia a giocherellare con la manica non appena viene pronunciata la parola «personale». Si volta verso Diana in cerca di aiuto: «Qualche tocco personale?» «Solo i nostri amici in realtà», replica lei, ma sembra distratta. La sua espressione è circospetta e ansiosa, come se fosse già in parte consapevole che il suo sogno ormai appartiene al passato. Alla richiesta di enumerare gli interessi che hanno in comune, lei risponde con un elenco di cose che non condividono: «La musica, l'opera e gli sport all'aria aperta, inclusa la pesca, le escursioni e...», l'attività che più odia al mondo, «il polo». Carlo si ravviva solo quando parla della musica per la cerimonia, che ha pianificato personalmente fin nei minimi dettagli. Durante i tre minuti e mezzo necessari a Diana per percorrere la navata sostiene di volere qualcosa di «molto emozionante, molto drammatico e potente, in modo che non sia possibile sentire scricchiolare le caviglie».[75] Per la sua promessa, dice, ha scelto la sofisticata aria *Let the Bright Seraphim* del *Sansone* di Handel, e ha chiamato Kiri Te Kanawa dalla Nuova Zelanda per interpretarla. Ma è la scelta di Diana che è rimasta nella memoria di tutti. Quando, con il suo accento chiaro e piatto dice: «*I Vow to Thee My Country*», l'inno anglicano che parla del sacrificio patriottico di coloro che hanno trovato la morte durante la Prima guerra mondiale, evoca l'immagine delle ragazze in collegio che cantano all'assemblea del mattino.

«È preoccupata?» chiede Rippon a Diana. «No, farò esattamente quello che fanno tutte le altre»,[76] replica lei con uno sguardo velato e determinato. Dale Tryon e Camilla Parker Bowles avrebbero presto scoperto cosa significava: nonostante le obiezioni del principe Carlo, Diana le estromise dal ricevimento nuziale. Per salvare le apparenze, Lady Tryon invitò sessantaquattro amici e prenotò per loro metà del rinomato ristorante San Lorenzo. Secondo il diario di Dempster, lei avrebbe detto: «Non sono stata invitata a palazzo e so che non è stata invitata nemmeno la signora Parker Bowles... Anche lei ha organizzato una festa con gli amici. Ovviamente, non posso fare commenti sul motivo per cui non sono stata invitata».[77]

Stephen Barry, il domestico personale di Carlo, sosteneva che durante il ballo che si tenne prima delle nozze a Buckingham Palace, Carlo si dileguò per un ultimo appuntamento con Camilla. La perigliosa logistica di un sotterfugio di questo tipo fa apparire la cosa improbabile, persino assurda. Barry stesso aveva scritto nelle sue memorie: « Buckingham Palace era totalmente inadatto a una qualunque attività segreta ».[78] C'erano ottocento ospiti quella sera, incluse Nancy Reagan, Margaret Thatcher e ogni testa ancora coronata d'Europa. Il ballo era un evento talmente importante e solenne che solo uno zoticone affamato di sesso – e qualunque cosa si pensi di lui, Carlo non lo era affatto – avrebbe messo a rischio una serata di indimenticabile affermazione nazionale come quella, pianificata tanto a lungo. Oltretutto, i suoi fugaci incontri con Camilla raramente avevano luogo a Buckingham Palace. Quello era il territorio di mamma e brulicava di spie, e Carlo era ancora ben lontano dal punto in cui non gliene sarebbe importato più nulla di umiliare Diana. Sally, duchessa di Westminster, fece notare al diarista James Lees-Milne che il principe si assentò dalla festa per un certo tempo. Secondo le sue informazioni, « Carlo lasciò sola la sua sposa per diverse ore per stare con i suoi *Goons* in un'altra stanza ».* Lees-Milne annotò nel proprio diario: « La povera Lady Di fu lasciata sola, priva di cavaliere, a fare conversazione con gente che non conosceva. Questo conferma le voci che ho sentito anche da altre fonti: che non era innamorato di lei ».[79] È possibile che la misteriosa scomparsa di Carlo dalla festa quella sera fosse davvero dovuta a un incontro con i suoi buffoni di corte preferiti, Spike Milligan e Harry Secombe, i suoi *Goons*?

Poteva essere ancora innamorato di Camilla, ma era altrettanto innamorato dei *Goons*. Quando una conversazione con il principe di Galles rischiava di arenarsi, bisognava mettere in conto la possibilità che per ravvivare l'atmosfera lui iniziasse a imitare uno dei *Goons*. Sarebbe una meravigliosa confutazione della teoria del complotto se Carlo aves-

* I *Goons* erano i personaggi della irriverente trasmissione radiofonica «The Goons Show», molto famosa all'epoca, nonché trasmissione preferita del principe Carlo (*N.d.T.*).

se veramente abbandonato la festa per assistere all'imitazione dei surreali personaggi di Ned Seagoon e Major Bloodnok, e non per un incontro di fuoco con la sua amante. (Personalmente, trovo più plausibile l'ipotesi delle buffonate che quella della fornicazione.)

A Mary Robertson, quella sera, Diana non sembrava affatto la figura patetica descritta da Sally Westminster. Si percepisce una palpabile vena di invidia da parte delle grandi dame dell'aristocrazia nei confronti di quello scampolo di ragazza che ora stava raccogliendo un così grande consenso pubblico. La ragione è ovvia. Un invitato al matrimonio, Sir Charles Johnston, annotò nel suo diario: «Non ho mai visto una tale carica di sensualità innocente e provocante al tempo stesso».[80] Stando a Mary Robertson, Diana quella sera era al massimo del suo fascino nel suo abito da sera di taffettà rosa e fucsia di Emanuel e il suo girocollo di diamanti e perle, e ballò con tutti i vecchi «Tim carini ma stupidi» dei giorni di Coleherne Court. Rory Scott ricorda che mise in imbarazzo Diana proprio di fronte al primo ministro Margaret Thatcher pestandole i piedi, ah ah. Adam Russell racconta ancora divertito che «tutti erano tremendamente ubriachi quando salirono sui taxi alle prime ore del mattino; un vero caos, un glorioso e allegro caos».[81] La principessa Margaret attaccò un palloncino al suo diadema; il principe Andrea ne legò un altro alle code del suo smoking. Il figlio di Raine Spencer, William, ora conte di Dartmouth, disse: «Si aveva la sensazione che tutti fossero entusiasti di partecipare, che tutti gli ospiti si trovassero esattamente dove volevano essere, al party più esclusivo dell'anno. Per quanto ne so, l'ultima volta che una donna inglese ha sposato un erede al trono fu quando Anne Hyde sposò il futuro Giacomo II. È curioso, perché quando era bambina, era Sarah che attirava l'attenzione, non lei».[82]

Non tutti in Inghilterra si sentivano così festosi. Nella fatiscente periferia di Toxteth, Liverpool, dopo un mese di violenze razziste sulle strade, regnava ancora un'atmosfera tesa. Nelle aree a forte disoccupazione, i disordini si susseguivano come una cupa serie televisiva che nessuno voleva vedere. La sera della vigilia delle nozze, il principe Carlo accese il primo di una serie di fuochi che attraversarono l'intero paese. Dopo lo spettacolo pirotecnico, osservò le bandiere e le transenne sul Mall, ancora pieno di vita, da una finestra di Buckingham Palace con la sempre premurosa Lady Susan Hussey, rimuginando sull'imponente cambiamento che stava per vivere.[83] Diana non aveva assistito ai fuochi d'artificio. Era stata riportata nella sua quarantena di Clarence House, affidata alle cure della Regina Madre. Carlo le mandò un regalo, un anello con sigillo su cui erano incise le piume dello stemma del principe di Galles, e un tenero messaggio: «Sono molto orgoglioso di te. Domani quando percorrerai la navata io sarò davanti all'altare ad aspettarti. Guardali negli occhi e fai vedere chi sei».[84]

Quando rientrò a Clarence House, Diana era già molto diversa da quando, in una notte d'inverno di cinque mesi prima, le era stato dato rifugio in quella casa per la prima volta, come disse la Regina Madre, «sotto il manto dell'oscurità».[85]

La ragazza di campagna con il vestito da hostess preso da Harrods era scomparsa. Ora era l'ingenua più famosa del secolo, e la sua innocenza un elemento di fascino. Cenò con la sorella Jane nelle sue stanze al piano superiore mentre sua nonna, Lady Fermoy, teneva compagnia alla Regina Madre al pianterreno. Secondo Hugo Vickers, la Regina Madre era sollevata di poter vedere i fuochi d'artificio alla televisione piuttosto che sul posto insieme al resto della famiglia a causa dei «troppi ospiti reali tedeschi».[86] Le due venerabili artefici delle nozze si godettero una vittoriosa cena a due e guardarono una replica della serie comica *Dad's Army*, mentre al piano di sopra Diana si lasciò andare a un attacco di bulimia e si sentiva, stando alle sue stesse parole, «un vero schifo»[87] dopo aver mangiato tutto quello che le era capitato a tiro.

Questo, se non altro, è il modo in cui descrisse se stessa alla fine di quella serata quando ne parlò con Andrew Morton undici anni dopo. Questo lugubre resoconto tuttavia contrasta con la spensieratezza che altri hanno percepito in lei quella notte. Il domestico personale più anziano della Regina Madre, William Tallon, ebbe un memorabile incontro con lei prima che si coricasse. Quando su Clarence House calò il silenzio, Diana sgattaiolò al pianoterra in cerca di compagnia. Sembrava così persa che Tallon la invitò nel suo ufficio per una chiacchierata con lui e un altro funzionario di corte. Tallon ricorda di averle chiesto: «Be', vogliamo bere qualcosa?» Il funzionario di corte «preparò un doppio whisky per me e un succo d'arancia per Lady Diana e lei era molto felice. Poi vide la mia bicicletta appoggiata al muro, montò in sella e iniziò a girare in tondo suonando il campanello e cantando: 'Sposerò il principe di Galles domani!' Ring, ring. 'Sposerò il principe di Galles domani!' Ring, ring! Sento ancora il suono di quel campanello. Sa, era solo una bambina, era solo una bambina».[88]

Il sogno di Diana stava raggiungendo il suo apice. La magia del giorno delle nozze fu talmente potente che l'intera nazione fu pervasa da una pazza e irragionevole gioia. I sintomi della febbre reale, come notò *Tatler*, includevano improvvisi accessi di patriottismo al suono della musica corale, lacrime che salivano agli occhi involontariamente, brividi lungo la schiena e un'intensa invidia nei confronti degli sposi. Lo splendore e l'entusiasmo dell'evento offriva una visione dell'Inghilterra che trasformava ogni scribacchino in un trovatore, ogni puritano in un cavaliere. Persino l'imbronciata principessa Anna, che di solito indossava stivali di gomma, il grande giorno sembrava trasformata in una raggiante signora, con le sue quattro file di perle, gli orecchini e il frusciante cappello. Diana disse più tardi che si sentiva come un «agnello mandato al macello» quando si alzò quella mattina, ma non appena «l'abito» scivolò lungo i suoi ormai snellissimi fianchi iniziò a cantare gioiosa *Just One Cornetto*, il jingle di uno spot pubblicitario adattato alla melodia di *O Sole Mio*, e le domestiche e le damigelle si unirono al canto.[89]

«L'abito», oggetto negli ultimi giorni di una curiosità sempre più febbrile, inizialmente provocò un momento di ansia nazionale. Quando la favolosa principessa si affacciò dalla carrozza di vetro davanti alla cattedrale di St Paul, fu improvvisamente chiaro che gli inesperti Emanuel avevano fatto male i loro calcoli. Non avevano previsto che la carrozza del XVIII secolo sarebbe stata troppo piccola per contenere uno strascico tanto lungo, specialmente se stipato all'interno della carrozza accanto all'imponente figura del conte Spencer. Alla prima occhiata, il lungo velo aveva l'aspetto di un mucchio di vecchi stracci, ma i due stilisti si precipitarono prontamente incontro a Diana per srotolarlo come una grande bandiera color crema.

Più tardi, Diana affermò che mentre avanzava lungo la navata al braccio del suo orgoglioso padre, incrociò lo sguardo di Camilla (la quale, proprio come Dale Tryon, alla fine era riuscita a conquistarsi un posto almeno alla cerimonia): «Indossava un cappellino velato grigio pallido e suo figlio Tom stava in piedi su una sedia».[90] Ma io sospetto che lo sguardo che Diana lanciò nella sua direzione non esprimesse preoccupazione, come sosteneva, bensì trionfo. Camilla quel giorno era una comune mortale, obbligata a vedere l'uomo che amava scomparire dietro un sipario cerimoniale con una splendente e nubile giovane principessa. Non dovrebbero sussistere dubbi su chi si sentiva la vincitrice in quel momento. In realtà, la sempre attenta Diana era più concentrata sul faticoso avanzare di suo padre lungo la navata. La paura che potesse svenire da un momento all'altro provocava un'ansia considerevolmente maggiore nella sua famiglia di quanto non fosse evidente in televisione, tanto che suo genero, Robert Fellowes, continuava a sporgersi in avanti preoccupato. Il conte si appoggiava così pesantemente su Diana che padre e figlia ondeggiavano dolcemente mentre avanzavano verso il principe in attesa.

Quando Diana sollevò il suo pudico velo bianco per pronunciare i propri voti, nella maestosa chiesa calò il silenzio. Tutti i grandi uomini e le grandi donne presenti si chinarono in avanti in ascolto. Udirono la sposa commettere un errore, chiamando Charles Philip Arthur George come Philip

Charles Arthur George, ma, trattandosi di Diana, questo venne liquidato come un lapsus adorabile. Persino il sardonico critico Clive James sull'*Observer* lo definì un «piccolo lapsus che le assicurò l'eterna fedeltà del suo futuro popolo, perché dimostrava che anche lei poteva fare qualche pasticcio in un'occasione importante come qualunque comune mortale».[91] Diana avrebbe voluto farci credere che, uscendo da St Paul al braccio del principe e al suono delle campane, stava pensando che, mentre tutti erano felici perché credevano che lei e il suo sposo lo fossero, la sua mente era offuscata da un «grande punto di domanda».[92] Forse è così. Ma io preferisco ricordare la Diana che la notte precedente, a Clarence House, girava in tondo su una bicicletta prestata suonando il campanello e cantando come una scolaretta esultante: «Sposerò il principe di Galles domani!»

L'urlo

A volte mi chiedo in cosa diavolo mi sono cacciata.

(La principessa di Galles, 1981)

Fino al matrimonio, la vita di Diana era stata incentrata su un grande sogno. Non era certo la prima sposa a sotterrare i dubbi nascenti nella frivolezza e nell'entusiasmo dei preparativi per il grande giorno. Nel suo caso specifico, l'intera nazione britannica aveva condiviso con lei una fantasia idilliaca che tolse il fiato a tutti i mass media del mondo. Ma non appena iniziò la luna di miele, Diana si sentì come se si fosse risvegliata da un coma insulinico. Il suo desiderio di mantenere in vita il sogno durante il fidanzamento si era trasformato in un ostinato rifiuto ad affrontare la realtà. La sua sopravvivenza dipendeva da questo. Si era immersa così profondamente in un mondo illusorio che si era ostinata a non captare i segnali di avvertimento che ora l'assalivano da ogni parte.

Diana elencò ad Andrew Morton ogni singolo atteggiamento di rifiuto del principe Carlo alla base della sua desolazione: le fotografie di Camilla che scivolarono fuori dal suo diario durante la crociera nel Mediterraneo a bordo del *Britannia*, il rifugiarsi nelle sue solitarie letture intellettuali, i gemelli regalati da Camilla che indossava senza alcun riguardo per i sentimenti della moglie; ma la cosa più terrificante del suo dolore fu l'improvvisa, brusca presa di coscienza che tutto ciò che l'aveva oppressa durante il fidanzamento ora avrebbe determinato la sua vita per sempre. Fu come un'onda gelida che la investì in pieno volto. L'antiquata, fredda e intorpidita vita regale, con la sua velata misoginia, i suoi silenzi e i suoi bisbigli, la soffocante costrizione a interagire in società con ossequiosi sconosciuti: sarebbe stato così fino alla morte. Nient'altro può spiegare il suo improvviso attacco di panico. Come disse un ex membro dello staff del principe Carlo: «Si rese conto che inevitabilmente sarebbe diventata come la regina, forse la donna più sola al mondo».[1]

«L'abbiamo sepolta viva» si legge in *La caduta della casa Usher* di Edgar Allan Poe; la ventenne Diana Spencer si sentiva esattamente così nei giorni in cui il suono delle trombe della cattedrale di St Paul si era ormai affievolito. Quando ripenso alla giovane, bella e fresca sposa del principe di Galles in quel periodo, la vedo alzarsi improvvisamente nel cuore della notte nella sua enorme e spartana camera da letto di Balmoral ed emettere un lungo, raccapricciante urlo...

Come avrebbe potuto capire il principe Carlo? Aveva una vaga percezione di quanto fosse terribile la sua stessa vita, ma non aveva mai conosciuto nient'altro. Quella vita lo aveva plasmato e lo aveva reso quello che era, un uomo che non era mai stato giovane.

La vita di Diana era appena cominciata. Poteva anche trattarsi di una vita modesta, ma era libera e ricca di speranza: Diana girava per Londra al volante della sua Austin Metro, si occupava amorevolmente dei bambini i cui genitori erano al lavoro, preparava spaghetti per la cena con le sue coinquiline e si godeva allegre serate sul divano davanti alla televisione e una vaschetta di gelato. Dopo il matrimonio del secolo era talmente tesa, a causa di tutte quelle settimane e quei mesi di campagne pubblicitarie, che un crollo spaventoso era inevitabile. Tutto quello che desiderava era dormire, fare l'amore e vivere per un po' protetta dall'intimità rilassata con quel marito che conosceva appena. A Broadlands, la splendida residenza palladiana dei

Mountbatten, nell'Hampshire, in cui si rinchiusero per tre notti prima di prendere l'aereo per Gibilterra, dove sarebbe cominciata la loro crociera, il principe passò la maggior parte delle giornate a pescare trote nel fiume Test. Gli sposini dormirono nello stesso piccolo letto a baldacchino in cui la regina e il principe Filippo avevano trascorso la loro prima notte di nozze quarantaquattro anni prima. Diana fu affascinata da una stampa francese del XVIII secolo appesa in camera da letto sopra il camino che rappresentava una donna durante la toilette con un corteggiatore ai suoi piedi. Dato il suo francese scolastico, Diana chiese a Carlo di tradurre il verso francese: «*Égard, tendresse, soins, tout s'épuisse en ce jour / Bientôt l'Hymen languit et voit s'enfuir l'amour*». Quando lui esitò, lei gli chiese se quello che c'era scritto fosse «volgare». «No, ma non è molto ottimista», rispose lui. Vista l'insistenza di Diana, lui tradusse: «Riguardo, tenerezza, premure, tutto si esaurisce in questo giorno / Ma presto Imene [dio delle nozze] si struggerà e vedrà l'amore fuggire via».[2] Fantastico. Diana disse ad Andrew Morton: «Era davvero... terribile». La sua «grande speranza» andò in frantumi il secondo giorno.[3]

La principessa aveva creduto che il principe, finalmente lontano dalla sua amante, non avrebbe potuto resistere al suo fascino, ma a quanto pare si rese conto ben presto di aver fallito nel tentativo di farsi desiderare da Carlo. Il principe disse a un amico: «La prima notte non fu niente di speciale. Abbastanza piacevole, certo. Ma lei era così penosamente ingenua».[4] Il trofeo usato come feticcio per condurla al matrimonio, la sua verginità, si era trasformato in una fonte di malcelata delusione sessuale dell'uomo che adorava. A Carlo piacevano le donne che lo guidavano, lo dominavano e gli facevano da madre. Era abituato a essere sedotto, non aveva bisogno di sedurre. Diana aveva molto entusiasmo ma era priva di inventiva. Durante la luna di miele il sesso era una «rarità» e quando accadeva «non era un granché».[5] In seguito disse che Carlo si concedeva solo per «pochi minuti».[6] Come Diana confidò a James Colthurst, «i problemi erano di tipo 'geografico'», alludendo sia al fatto che Sua Altezza Reale mostrava difficoltà a localizzare le sue zone erogene sia al fatto che le zone erogene di lui si trovavano in punti che lei non voleva raggiungere. Per correttezza nei confronti di Carlo, bisogna ammettere che vedere una donna che vomita continuamente difficilmente stuzzica l'appetito sessuale. Diana ammise con Morton che la sua bulimia era «dilagante».[7] Al di là delle questioni tecniche, la sposa ventenne aveva ogni diritto di pretendere l'affetto e l'intimità che seguono una lunga seduta di buon sesso coniugale. Il problema consisteva nel fatto che Carlo, in un certo senso, era già sposato. Quelle calde effusioni postcoito che Diana sognava erano riservate a Camilla Parker Bowles. Broadlands era piena di ricordi della sua ex amante. Era la principale tra le «residenze sicure» dove avevano avuto luogo i loro primi incontri segreti dodici anni prima.

Il secondo giorno della crociera sul *Britannia* lungo la costa del Nord Africa in direzione delle isole greche, Carlo telefonò a Camilla. Anche se non lo dava a vedere, pure lui era in preda al panico. Il principe non era all'altezza dell'uomo dei sogni di Diana. Aveva bisogno di Camilla per sentirsi un uomo in carne e ossa. Pare che, dalla nave, abbia spedito alla sua vecchia amante una lettera di tre pagine in cui descrisse le sue sensazioni confuse. «Il principe aveva bisogno di stare costantemente a contatto con Camilla per sentirsi bene», disse Stephen Barry, cameriere personale di Carlo. «Senza la sua telefonata quotidiana diventava irritabile e di cattivo umore.»[8] Quanto alla principessa, l'esperienza a bordo del *Britannia* non fece che consolidare la solitudine affollata che caratterizza la vita reale. A bordo c'erano ventuno ufficiali, un equipaggio di oltre 220 uomini, un cameriere personale, una costumista, un segretario privato e un dignitario di corte a condividere la loro fuga romantica. Un membro dell'equipaggio, Philip Benjamin, riferisce che lo staff indossava pantofole di gomma per evitare rumori che potessero disturbare la coppia. «Ci era stato detto che dovevamo essere trasparenti. Ci comportavamo come se fossimo fatti d'aria.»[9] Tuttavia, Diana sapeva che c'erano sempre dei domestici invisibili in ascolto. Benjamin ricorda una scena penosa: un pomeriggio Diana spuntò fuori dalla suite reale con una camicia da notte bianca trasparente e un fiocco di raso rosa slacciato e aperto sul petto. Chiamò il marito con voce cantilenante: «*Chulls*, vieni qui e fai il tuo dovere», ma il suo fascino non ebbe alcun effetto sul principe, profondamente immerso in una voluminosa lettura su una sdraio.[10]

La differenza di età tra i due ora sembrava essere cresciuta da dodici a quaranta. Diana alla fine dovette accettare il fatto che il principe Carlo non era come tutti gli altri trentaduenni della nobiltà. I reali sono sempre almeno vent'anni indietro rispetto a chiunque altro perché rappresentano gli ultimi baluardi della tradizione. Culturalmente, Carlo era molto più influenzato dalla nonna, la Regina Madre, e dai suoi venerabili «zii onorari», Lord Mountbatten e l'ottuagenario scrittore di libri di viaggio Laurens van der Post, che dai suoi genitori o da qualunque altro coetaneo. Grazie al regime spartano del principe Filippo e al distaccato senso materno della regina, aveva trascorso un'infanzia quasi di stampo edoardiano. Chi altri, dopo i discendenti dello zar di Russia, era stato messo in mostra davanti agli obiettivi dei fotografi con quei vestitini dal colletto bianco alla marinara o con quei capelli pettinati di lato, che non si sono mai scomposti per tutta la sua adolescenza all'epoca dei figli dei fiori? Chi altri si sistemava costantemente i gemelli all'età di quattordici anni o salutava la madre dandole la mano all'aeroporto? Una voce strozzata come la sua ormai la si sentiva tutt'al più nelle vecchie registrazioni della lettura della poesia *The Charge of the Light Brigade* di Alfred Tennyson. Le passioni del principe erano quelle di un uomo del doppio della sua età. Che fossero contemplative o sportive, venivano comunque vissute in modo programmato e rituale. Quando scrisse agli amici dal *Britannia*, parlò della sua giovane moglie come un nonno parlerebbe della sua nipotina adolescente: «Diana corre di qua e di là e parla con tutti i marinai e i cuochi della cambusa, mentre io resto sul ponte verandato come un eremita, godendomi uno dei libri di Laurens van der Post ».[11]

Il costante bazzicare di Diana sottocoperta ovviamente indica che la compagnia ai piani superiori l'annoiava a morte. Chi potrebbe biasimarla? Amava il nuoto e il sole, ma l'unica cosa che poteva fare sulla nave era leggere e i libri non erano mai stati la sua passione. La sera, la coppia era costretta a cenare con una schiera di vigorosi e irreprensibili ufficiali del *Britannia*, mentre la banda della Marina Reale suonava un allegro pot-pourri di canzoni. Non esisteva la possibilità di fare scalo in un porto e scendere a terra per prendere un caffè e andare per negozi quando passavano vicino alle località di villeggiatura del Mediterraneo. Non solo la stampa si sarebbe gettata su di loro: quando il *Britannia* compariva all'orizzonte, tutti sapevano che i reali erano in città. Lo yacht reale non poteva entrare in territorio straniero senza essere accolto festosamente dalle autorità locali. A Port Said dovettero dare il benvenuto al presidente egiziano, Anwar Sadat, e alla moglie con una cena a bordo.

Il lungo viaggio sarebbe stato perfetto se Diana avesse avuto un legame più profondo con il marito o se avesse potuto godere di qualche risorsa intellettuale. Ma per come stavano le cose, Diana continuava a sorprendere l'equipaggio intrufolandosi nei loro festini o picnic sottocoperta. Una volta dei sottoufficiali la sorpresero mentre si esibiva al pianoforte in una sala gremita di marinai entusiasti. Le suggerirono a bassa voce di tornare di sopra.[12] Il problema era che in questo film di naufraghi mancava il clandestino Leonardo DiCaprio che avrebbe dovuto rapire Diana e portarla in salvo con una scialuppa di salvataggio. Al suo posto c'era il principe Carlo che cercava la propria strada nell'opera omnia di Laurens van der Post. A quanto sembra, per Diana era particolarmente penosa l'insistenza del principe durante il pranzo di voler analizzare con lei alcuni passi letti nei libri del suo autore preferito.

La noia alimentò la gelosia verso Camilla e culminò nell'*affare dei gemelli*, uno dei più noti esempi della presunta crudeltà di Carlo. La lite scoppiò dopo la cena con i Sadat quando Diana notò che il principe sfoggiava due rivelatrici C intrecciate in oro sui polsini inamidati. È possibile che Carlo sia stato insensibile al punto da decidere deliberatamente di indossare un regalo della sua ex amante durante la luna di miele? Ciò che mi porta a essere scettica è che il principe non sceglieva mai in prima persona l'abbigliamento da indossare. Cravatte, abiti, camicie venivano selezionati e preparati ogni mattina con tanto di gemelli già inseriti dal suo fidato cameriere personale, Stephen Barry, come fossero una selezione d'antipasti. A Buckingham Palace, come a Windsor o a Sandringham, il cameriere personale gli apriva le tende al mattino e gli preparava l'acqua per il bagno. Un inserviente delle Welsh Guards arrivava all'alba per lucidargli le scarpe. Persino lo spazzolino del principe veniva preparato con il dentifricio già pronto. Stando a quanto racconta Paul Burrell, all'estremità del tubetto di dentifricio era fissata una chiavetta d'argento, simile alla chiavetta di una scatola di sardine, sulla quale campeggiava il suo stemma e che veniva girata allo scopo di dosare la giusta quantità di dentifricio.[13] Paul Burrell rivelò anche un particolare non proprio edificante: a suo dire Michael Fawcett, il suo successore, avrebbe persino retto la provetta di Carlo quando doveva fare analizzare un campione di urine.[14]

Diana si prese gioco della dipendenza di Carlo dal suo cameriere con lo storico Paul Johnson durante uno dei suoi vani tentativi di darle lezioni private sulle responsabilità della monarchia britannica. Dopo aver ascoltato un aneddoto su re Giorgio IV che tirava la cordicella per farsi dire l'ora dal suo cameriere anche se aveva un orologio sopra la testa, Diana esclamò: «È proprio come lui [Carlo]! Una volta mi trovavo nel suo camerino mentre il cameriere preparava i vestiti, predisponendo come sempre una selezione di tre camicie. Gli chiesi quale camicia avrebbe indossato e lui mi rispose che nessuna di quelle proposte era di suo gradimento. Sul lato opposto della stanza era appesa una quantità sterminata di camicie e sarebbe stato sufficiente alzarsi e andare a sceglierne una. Carlo invece chiamò il cameriere e gli chiese di portarne delle altre. 'Perché semplicemente non attraversi la stanza e la scegli tu, così il cameriere può andare avanti a sbrigare le altre faccende?' gli chiesi. Carlo mi rimproverò: 'Perché lui è pagato per farlo'».[15]

Stephen Barry era «pagato per farlo» anche sul *Britannia*, e lui non nutriva alcun affetto per la nuova principessa di Galles. Si sentiva usurpato. Prima che lei arrivasse, tra padrone e domestico regnava un'ordinaria e serena complicità. Barry era presente agli incontri con Camilla, aveva visto ragazze andare e venire. Era l'ultima persona a rivolgere la parola a Carlo alla sera e la prima a farlo al mattino. Quando il principe acquistò Highgrove, Barry aveva trascorso un «weekend da scapoli» con Carlo per sistemare il posto e aiutarlo ad appendere i quadri. Adesso si doveva confrontare con una giovane moglie possessiva e lunatica che faceva cose fastidiose come sostituire le scarpe su misura che Barry ordinava sempre da John Lobb a St James con dei mocassini preconfezionati non proprio principeschi o scegliere per suo marito dei maglioni dai colori pastello eccessivamente alla moda che per di più al principe sembravano piacere. Diana non si fidò mai di Barry. Trovava che avesse una confidenza eccessiva con Carlo. Si era profondamente offesa quando il domestico le aveva negato l'accesso alle stanze del principe di Galles a Buckingham Palace durante il fidanzamento: «Sua Altezza Reale dice che a nessuno è permesso entrare. Lady Diana, sono spiacente ma gli ordini sono ordini. Spero che lei capisca».[16] Lei non gli diede retta e cominciò gradualmente a escluderlo.

Barry era roso dalla rabbia e non dovrebbe meravigliare che abbia deciso di vendicarsi della principessa inserendo i gemelli di Camilla nei polsini regali della camicia, mentre il principe si vestiva distrattamente per la cena con i Sadat. Forse la stessa Diana sospettava che ci fosse il suo zampino, dato che a metà ottobre il loro rapporto si era raffreddato al punto da indurlo a rassegnare le dimissioni. Quando parlò con lei del suo futuro impiego, la principessa disse: «Perché non va a leggere le previsioni del tempo? Bastano solo due minuti al giorno».[17]

Le cose sarebbero migliorate se Carlo non avesse commesso il fatale errore di portare Diana a Balmoral come ultima tappa della loro luna di miele. Rettifica: Carlo, ogni singolo anno della sua vita, aveva sempre trascorso a Balmoral sei settimane dalla metà di agosto agli inizi di ottobre. Era quindi impensabile per lui portare la moglie altrove. L'intera corte si riuniva intorno alla regina a Balmoral e di conseguenza anche loro dovevano essere presenti. Ma il rifugio scozzese, cornice di tanti felici weekend da «Oddio, mi sono sporcata di fango» all'insegna del corteggiamento, sarebbe diventato un film dell'orrore per Diana. Trascorrere sei settimane con i parenti e le loro intere famiglie allargate – in questo caso non solo la regina, il principe Filippo e la Regina Madre, ma anche la principessa Anna, i principi Andrea e Edoardo, la principessa Margaret e i suoi due figli, Lord Linley e Lady Sarah Armstrong-Jones, il personale e gli altri ospiti – è una cosa ben diversa che vederli per un weekend. La formalità della rigida routine di Balmoral portò Diana alla disperazione.

Quando non doveva affrontare una marcia forzata all'aperto per un picnic in famiglia con tanto di barbecue curato dal principe Filippo, c'era una cena formale con la regina e qualche illustre visitatore attempato capitato come per caso nella tenuta di Sua Maestà. Il principe Carlo vi era abituato, e si faceva trovare pronto dieci minuti prima che venissero serviti i cocktail con il kilt, la giacca e il jabot merlettato; Diana invece si ribellava. L'etichetta di Balmoral richiedeva che lei non sedesse accanto a Carlo. Doveva prendere posto tra una coppia di rigidi vegliardi e ascoltare per tre ore le sortite del principe Filippo sui tiri mancini dei sindacati oppure la principessa Anna che raccontava entusiasta della sua «preda» del giorno. (Anna, come suo fratello, usciva per andare a caccia cinque giorni la settimana. Un invitato ricorda che una volta cadde dalle scale a Balmoral: «Si alzò, imprecò orribilmente, si ripulì» e partì per la battuta di caccia.)[18] Gli ospiti dovevano rimanere seduti finché i suonatori di cornamuse della regina smettevano di marciare intorno al tavolo suonando le tradizionali arie scozzesi, segnalando così che le dame dovevano lasciare gli uomini ai loro sigari e ai loro bicchieri di Porto. Ci si poteva ritirare solo dopo che la regina stessa si era congedata (di solito poco prima di mezzanotte), e spesso si rischiava comunque di restare intrappolati fino alle due di notte ad ascoltare la principessa Margaret che dava il suo meglio al pianoforte.

Diana era così palesemente annoiata da tutto questo che i reali giunsero all'allarmante conclusione che, nonostante il suo lignaggio, era comunque una principiante nella vita sociale. Non avevano capito che solo da ragazzina aveva dovuto presenziare raramente alle cene di gala ad Althorp. Forse perché nessun componente della casa reale aveva portato una cittadina comune in famiglia da quando il duca di York sposò Elizabeth Bowes Lyon nel 1923, la generazione più adulta non aveva nessuna speranza di tenere il passo con l'informalità delle donne aristocratiche moderne. Diana non era molto diversa, ad esempio, da Lady Elizabeth Campbell, figlia del 6° conte di Cawdor, che una volta mi mostrò la mia stanza al castello di Glamis mangiando uno yogurt con un cucchiaino di plastica con indosso dei fuseaux neri aderenti e una T-shirt extralarge. Senza dubbio, alcune delle altre ragazze che Carlo aveva frequentato se la sarebbero cavata meglio al campo di addestramento di Balmoral. Se Carlo avesse sposato, mettiamo, Lady Jane Wellesley o Amanda Knatchbull, avrebbe avuto al suo fianco una donna più avvezza ai loro sofisticati giochi di società. I genitori di Lady Jane, il duca e la duchessa di Wellington, gestivano elegantemente la loro residenza a Stratfield Saye nell'Hampshire (ospitando la stessa regina in molte occasioni) e anche la nipote di Lord Mountbatten, Amanda Knatchbull, non era estranea alla brillante compagnia di Broadlands. I reali avevano creduto, a torto, che anche la figlia del conte Spencer avesse un background tale da consentirle di cavarsela nelle conversazioni con i dignitari locali. Dopo tutto, quando

Stephen Barry fece visita la prima volta agli Spencer, fu colpito dal fatto che la residenza di famiglia fosse più imponente persino di quella della regina a Sandringham.[19] Nessuno dei reali si era reso conto che Johnnie Spencer aveva vissuto in totale isolamento a Park House dopo il suo divorzio e fino al suo matrimonio con Raine, cenando depresso in splendida solitudine mentre i figli vagavano per le cucine spiluccando qualcosa dal frigorifero con il personale. Non sapevano nemmeno che i figli boicottavano le serate con Raine ostinandosi a consumare uno spuntino, rinchiusi nelle loro camere da letto al piano di sopra. La realtà è che Diana si era messa poco in mostra e non si era esercitata molto nell'arte della conversazione formale. Inoltre, come disse lei stessa a Paul Johnson, aveva sempre la sensazione di essere «troppo stupida» per poter competere.[20]

Dinanzi all'impellente bisogno di presentarsi bene in società, il complesso di inferiorità di Diana si fece ancora più acuto. Mentre Carlo sfoggiava il suo consueto fascino raffinato, Diana diventava sempre più silenziosa, con grande disappunto della regina. Sua Maestà cominciava a essere stufa dei bronci della nuora. Un ospite a una cena reale racconta che una sera la regina lo fermò ed esplose dicendo: «La guardi, sta lì seduta a guardarci in cagnesco! Si dà un contegno solo quando Carlo le rivolge la parola». L'ospite le rispose: «Se si guarda intorno, Maestà, sono tutti molto più vecchi di lei, forse è questo il problema». La regina replicò: «Non mi interessa. Deve imparare a darsi una regolata».[21]

Era possibile per una qualunque giovane donna moderna conformarsi al punto che lo stile di vita reale richiedeva? Con i suoi amici Diana sapeva essere l'anima di ogni festa, sollevando l'umore di chiunque con il suo meraviglioso sorriso e il suo umorismo pungente. Successivamente disse a Rosa Monckton che fece particolarmente fatica ad abituarsi al fatto che la gente non la chiamava «Diana» bensì *Vostra Altezza Reale* e che «tutti pendevano dalle mie labbra; il problema era che io non avevo niente da dire!»[22] Persino gente che aveva tre volte la sua età talvolta trovava Balmoral avvilente. Lord Glenconner, un ospite abituale della principessa Margaret, una volta fu rimproverato per non essersi svegliato in tempo per la colazione. Margaret stessa, donna divorziata, si lamentò spesso con gli amici della solitudine a Balmoral. A volte la sorella della regina era ridotta a trascorrere ore da sola nella sua stanza attaccando fotografie nei suoi album, tuttavia non le sarebbe mai venuto in mente di opporsi alla routine reale e rifiutarsi di andarci. Le regole dei Windsor non potevano essere messe in discussione. « O stai alle regole, o sei morto », disse una volta la duchessa di Windsor all'attrice Lilli Palmer.

Diana stava alle regole, ma al contempo si sentiva morta. Pioveva sempre. I reali risparmiavano sul riscaldamento e lei sembrava sempre avere freddo. La innervosiva che qualcuno accorresse a spegnere la luce non appena usciva da una stanza.[23] Nel tentativo di accontentarla, Carlo lasciò il castello con lei per trasferirsi a Craigowan, una delle case per gli ospiti (« un posto austero, freddo, di un verde ospedale », secondo un ospite che aveva alloggiato lì). Questo se non altro permise a Diana di avere un posto tutto suo. Carlo stava cercando di mostrarsi premuroso con sua moglie, ma rifiutò di riportarla a Londra, come invece lei avrebbe desiderato. Era convinto che dovesse solo abituarsi al rigore regale e, dal momento che lei ora era un membro della macchina reale, era essenziale che imparasse ad averci a che fare. Inoltre, Balmoral era in assoluto il posto preferito di Carlo sulla faccia della terra. Non poteva, non voleva credere che lei non sarebbe riuscita ad amare quel posto quanto lui, in particolare dopo la performance da Oscar che aveva offerto camminando in mezzo all'erica prima del fidanzamento. Non aveva parlato dell'amore per la « vita di campagna » come una delle cose che avevano in comune nell'intervista alla vigilia delle nozze? Il principe non aveva modificato in nessun modo la sua routine quotidiana: si metteva in marcia alle nove e trenta ogni mattina per andare a caccia, con il suo regale tweed grigio-verde, e stava lontano tutto il pomeriggio per pescare sulle rive del fiume Dee con la nonna. Ogni anno, a Natale, la nonna regalava a Carlo una nuova canna da pesca. Diana si rifiutava di partecipare alle battute di caccia in cui veniva ucciso il suo pranzo. Con il tempo non sentì più nemmeno il bisogno di fingere di rallegrarsi per il massacro dei piccoli galli cedroni piumati.

Lasciata sola a casa con la grossa e antiquata televisione ancora appoggiata su dei vetusti piedini e un telefono che ai quei tempi era già un pezzo da museo e si poteva vedere solo nella *Trappola per topi* di Agatha Christie, Diana non desiderava altro che rientrare a Londra. A Buckingham Palace, i tavoli erano ancora inarcati per il peso dei regali di nozze. Quanto le sarebbe piaciuto portarne alcuni nella loro nuova casa a Kensington Palace! Un membro dello staff del principe disse: «Era una ragazza che amava lo shopping. Le piacevano le feste chiassose, i party e i negozi: improvvisamente la ragazza di campagna era diventata una ragazza di città». Imprigionata a Balmoral con il suo walkman Sony, sembrava Madame Bovary con le cuffie. Scrisse a una delle sue ex coinquiline: «Mi sento completamente fuori luogo qui. A volte mi chiedo in cosa diavolo mi sono cacciata. Mi sento così piccola, così sola, come un pesce fuor d'acqua».[24]

A Balmoral non era possibile nemmeno svignarsela per cercare sollievo chiacchierando con il personale. Nella residenza più tradizionale della regina, le visite ai piani inferiori, o le cosiddette «pratiche scandinave», come venivano chiamate in onore di famiglie reali europee più rilassate, non erano tollerate. Una volta Diana si presentò in cucina con un saluto allegro; il ciambellano le andò incontro e, indicando la porta, le disse in tono severo: «Quello, Vostra Altezza, è il suo lato della casa. Questo invece è il nostro».[25] Diana avvampò e batté in ritirata.

Il *News of the World* pubblicò una fotografia di Diana che camminava con il viso tirato davanti alla principessa Margaret durante una sessione di shopping nel vicino villaggio di Ballater. «Diana indossava un'ampia T-shirt, una gonna estiva e un golfino e Margaret una gonna di tweed, una camicetta e un cardigan. Erano accompagnate da un agente di polizia e da una dama di corte. Hanno trascorso mezz'ora in due negozi per ammirare dei capi scozzesi in lana».[26] Capi di lana tradizionali. Lontani anni luce dal piccolo, elegante e indaffarato atelier degli Emanuel a Mayfair.

Mi sono sempre chiesta perché Diana non invitasse più spesso i suoi amici per farle compagnia a Balmoral. Per un paio di giorni la raggiunsero le sorelle, la madre e due sue ex coinquiline, ma avrebbe certamente potuto godere di un costante afflusso di vecchi amici per distrarsi. Non che non ci fosse spazio. La sua vecchia cerchia di conoscenti di Londra sarebbe stata felice dell'invito e si sarebbe sentita onorata. James Colthurst suppone che probabilmente Diana si vergognava e non voleva che i suoi amici vedessero quanto fosse in difficoltà. L'ultima volta che l'avevano vista, era uscita dalla cattedrale di St Paul e aveva percorso le strade di Londra a bordo di una landau decappottabile acclamata dalla nazione britannica e dal mondo intero. Adesso era tornata «piccola», Diana «la stupida». La sua nuova identità raggiante era crollata. A Balmoral non era né la bambina viziata di papà che era stata prima dell'arrivo di Raine ad Althorp, né l'adorato feticcio della stampa. Balmoral non era il suo palcoscenico, era quello della regina e della Regina Madre. «Lui [Carlo] provava soggezione per sua madre», disse Diana a Morton, «e io ero sempre la terza ruota del carro. Non diceva mai: 'Tesoro, ti andrebbe qualcosa da bere?' Era sempre: 'Mamma, desideri qualcosa da bere? Nonna, vuoi qualcosa da bere?' Va bene, non è un problema. Però me lo avrebbero dovuto spiegare che era normale, perché io avevo sempre pensato che la moglie venisse al primo posto; che pensiero stupido.»[27] Un pensiero stupido, sì, o forse peggio: i primi sintomi del desiderio di essere trattata da superstar. Il principe che offriva da bere prima alla madre, anche se non fosse stata la regina, e poi alla nonna ottantacinquenne prima che alla moglie ventenne, dimostrava solo di essere beneducato («l'età viene prima della bellezza»), e Carlo non dimenticava mai le buone maniere. Sei mesi di adulazione da parte della stampa avevano cominciato a conferire una nuova forma alla visione del mondo di Diana.

A settembre Carlo e Diana presenziarono per la prima volta a un impegno ufficiale in occasione degli annuali Braemar Gathering and Highland Games, un piacevole diversivo per Diana, perché persino assistere alle danze degli *highlanders* in costumi tradizionali e alle gare di lancio dei tronchi era meglio che restare a Craigowan con le mani in mano in attesa che Carlo ritornasse a casa con un pesce morto. Quando risuonò l'inno nazionale, il principe le sussurrò: «È la nostra canzone». Diana cominciò a ridacchiare, e per una volta anche il principe dimenticò la disciplina di una vita e iniziò a sua volta a ridere sommessamente tra sé e sé. Avrebbe potuto essere un delizioso momento di rinnovata complicità coniugale, ma lo sguardo severo della regina li raggelò entrambi. Un membro della famiglia Spencer riferì a James Whitaker: «Fu sicuramente un passo falso. La regina era arrabbiata con Diana, ma era letteralmente infuriata con Carlo. Posso garantirle che nessuno dei due osò mai più fare una cosa del genere».[28] Diviso tra i richiami al dovere della madre da un lato e il bisogno che la moglie aveva di lui dall'altro, il principe di Galles si trovava in una posizione decisamente scomoda.

A ottobre Diana stava così male che Carlo chiese al suo assistente Michael Colborne di venire da Londra per «farle compagnia». Lady Romsey, moglie di Norton Romsey, un caro amico di Carlo e nipote di Mountbatten (che in seguito sarebbe diventata un'intima amica del principe Filippo), inizialmente era stata incaricata di trascorrere la giornata con Diana mentre Carlo e Norton erano impegnati in una battuta di caccia al cervo. Diana però non voleva che una della cricca di Carlo e Camilla le facesse da baby-sitter. «Non era possibile che Diana legasse con Lady Romsey», disse un membro dello staff, «poiché era stata indottrinata nello stesso stile di vita di Carlo.»[29] Diana invece richiese la compagnia dello schietto segretario personale australiano di Carlo, il quale le aveva offerto un supporto quasi paterno durante il fidanzamento.

Colborne salì sul treno della sera per Craithie, dove lo andarono a prendere per portarlo sulle colline di Craigowan. Inorridì quando vide quanto fosse dimagrita Diana. Da sessantatré chili e mezzo era arrivata a pesarne circa cinquantasei, un peso preoccupante per una donna alta un metro e settantasette. Colborne si aspettava di trascorrere con la principessa solo un paio d'ore ma finì per restare per sette ore, spesso stando in silenzio ad ascoltare il ticchettio dell'orologio bianco appeso alla parete mentre Diana gli confidava a capo chino tutti i suoi sentimenti di frustrazione, rabbia e abbandono. «Non ce la faccio più», era il suo doloroso ritornello.[30]

Anche Carlo era chiaramente giunto al limite delle proprie forze. Secondo un funzionario di palazzo, quando Colborne la sera andò a prendere il principe a Craigowan per portarlo al treno reale ad Aberdeen, da dove sarebbero partiti il giorno seguente per fare visita al reggimento di Aldershot, fu testimone di un'accesa lite tra il principe e la principessa. La porta si aprì di colpo e apparve Carlo visibilmente infuriato. «Michael!», urlò lanciandogli un oggetto d'oro. Era la fede nuziale gallese di Diana, quella stessa che lui aveva infilato amorevolmente al terzo dito di Diana davanti all'arcivescovo di Canterbury e a tutto il popolo britannico pochissimo tempo prima. «La faccia stringere», disse il principe di Galles.[31]

Il principe e il suo segretario personale scesero in silenzio per la strada tortuosa, finché Carlo improvvisamente si voltò verso di lui e iniziò a lamentarsi dei tappetini che erano stati scelti per la sua nuova Range Rover contro la sua volontà. Pensava che si sarebbero inzuppati di sangue quando avrebbe gettato la cacciagione nel vano posteriore della macchina. Il povero segretario aveva già spiegato al principe che i tappetini erano muniti di bottoni a pressione proprio per poter essere staccati in un caso come quello, e dopo l'arrivo ad Aberdeen stava cercando di consolare il proprio animo ferito quando il principe lo convocò nella sua carrozza privata. Offrì a Colborne un drink. Disse: «Michael, questa sera lei mi ha offerto un perfetto esempio di servizio silenzioso. Non ha detto una parola».[32] Per dimostrare a Colborne tutta la sua gratitudine, riprese a scaricargli addosso tutti i suoi problemi. Per cinque ore il principe non fece che sfogarsi ad alta voce su Diana, sulla sua sconcertante avversione per la vita di campagna, sul suo bisogno possessivo di stare con lui in ogni momento, sulla sua mancanza di interessi. Penny Junor dichiarò che Diana si sentiva così frustrata che, una sera, vedendo Carlo inginocchiato accanto al letto intento a recitare le preghiere della sera, lo colpì sulla testa con la bibbia di famiglia.[33] Forse Carlo dimenticò di menzionare questo dettaglio di vita domestica.

A quanto pare ha tralasciato anche un altro dettaglio parlando dell'irrazionalità della moglie: Camilla. O quella che a lui piaceva chiamare «l'ossessione di Diana per Camilla».[34] Ai suoi amici piace raccontare che fu la folle gelosia di Diana per il passato a rendere Camilla sempre presente. La loro insistenza sul fatto che il principe a quel tempo aveva messo una croce sopra la sua ex amante è chiaramente falsa e illusoria. Carlo era un uomo troppo dignitoso per prendere in considerazione la possibilità di un adulterio durante il viaggio di nozze, ma le sue emozioni erano sempre profondamente legate a Camilla e questo per Diana era ancora peggio. Era tormentata dagli incubi sulla sua rivale e ciò non sorprende. La maggior parte delle spose proverebbero fastidio verso i mariti che continuano a scrivere o telefonare a un'amante protagonista di una relazione tanto recente e tanto duratura come quella con Camilla Parker Bowles. Ci vuole molto più tempo di qualche misera settimana perché all'amore subentri l'amicizia. E le infallibili antenne femminili di Diana captavano correttamente che «l'amicizia» di Camilla era una strategia attuata allo scopo di mantenere il controllo sul principe. Se Diana era «possessiva» era perché sapeva di non aver mai posseduto Carlo.

Il fatto che Carlo, con l'approvazione della regina, ora

portasse la moglie a Londra per cercare l'aiuto di uno specialista ci fa capire quanto fosse preoccupato. I reali sono sempre stati scettici nei confronti degli psichiatri e dei medici in genere. Quando la principessa Margaret verso la fine della sua vita entrò in una grave depressione dopo aver subito una serie di colpi apoplettici, un'amica fece visita alla regina per consigliare l'intervento di uno psicoterapeuta. «Magari quando starà meglio lo prenderemo in considerazione», fu la risposta della regina.[35]

Diana riferì ad Andrew Morton che non uno ma diversi psicoanalisti e psichiatri «hanno tentato di guarirmi. Mi hanno prescritto forti dosi di valium e molto altro ancora».[36] Rifiutava la somministrazione di farmaci, sospettando un complotto per renderla inoffensiva. Sapeva che la moglie del duca di Kent, Katharine Worsley, era passata per un simile periodo traumatico in seguito a un aborto spontaneo nel 1977 e ora era etichettata come «la povera pazza Kate Kent» all'interno della sua cerchia di conoscenti. Fu sicuramente un periodo di profondo disorientamento, perché persino dieci anni dopo, quando lo raccontò ad Andrew Morton, parlava di sé in terza persona come se cercasse di tenersi stretta la ragazza che era stata fino a poco tempo prima. «La Diana che era ancora molto presente, aveva capito che servivano solo tempo, pazienza e spirito d'adattamento.»[37] In ogni caso, le varie terapie avevano ben poche possibilità di rivelarsi efficaci. Diana teneva per sé le informazioni mediche fondamentali. Se Carlo voleva coltivare il suo segreto, allora anche lei ne avrebbe avuto uno. Non ammise mai la bulimia che era alla base dei suoi sbalzi d'umore.

Solo a metà ottobre il principe e la principessa di Galles conclusero finalmente la loro luna di miele all'inferno. A causa di una disorganizzazione senza eguali, né Highgrove né il loro appartamento a Kensington Palace erano pronti per riceverli, perciò dovettero vivere per sette mesi nell'appartamento da scapolo di Carlo a Buckingham Palace. Quando infine si trasferirono, tra i membri della famiglia reale crebbe il timore che Diana fosse sull'orlo di un esaurimento nervoso. Ma non avevano ancora visto niente. Per i sedici anni seguenti sarebbero stati proprio loro a essere costantemente sull'orlo di un esaurimento nervoso, senza mai confessarlo.

Problemi di concorrenza

La principessa non aveva niente che non andasse, le mancava solo la capacità di non rubare la scena al principe.

(Stephen Barry, cameriere personale del principe Carlo)

Diana possedeva qualità da star che la macchina reale non riuscì mai a comprendere pienamente. La Regina Madre era sempre stata abituata a essere adulata e onorata. Ai suoi tempi, l'impatto dei paparazzi sulla principessa Margaret aveva assunto dimensioni da star del cinema. E la regina stessa, che era stata sempre vista con stima e quasi con affetto, era dotata di un fascino fenomenale quando era giovane e bella.

Cynthia Gladwyn e il marito cinquantenne, l'ambasciatore britannico in Francia, ricevettero la regina all'ambasciata di Parigi nel 1957. I diari di Lady Gladwyn riflettono il solenne incanto che la regina suscitava in quei giorni. « Ai miei occhi lei è pressoché perfetta », scrisse. « Ha i capelli scuri, gli occhi azzurri e un'adorabile carnagione inglese. Non ha lineamenti classici ma è molto più carina dal vivo che in fotografia; è dotata di una voce estremamente affascinante, chiara e delicata, acuta al punto giusto, pura come il suono di una campana, proprio come una cantante... Per citare una lettera di Cecil B. 'fa centro a ogni sorriso'. »[1] (Il riferimento era a Cecil Beaton, ma poteva tranquillamente trattarsi anche di Cecil de Mille.) A fianco della giovane regina, il principe Filippo, con la sua altezza imponente e il suo straordinario fascino virile creava, come fece notare la Gladwyn, «una serena atmosfera democratica», come un «marinaio disinvolto che sa cosa significa non essere un membro della famiglia reale».[2]

Con gli anni la regina sviluppò quell'espressione con le labbra all'ingiù tipica dei suoi antenati Hannover, ma quel sorriso che aveva incantato la Beaton era ancora in grado di trasformarne i tratti. Edward Mirzoeff, il regista della BBC che trascorse mesi studiandola da vicino per la realizzazione del suo celebre documentario *Elizabeth R*, afferma che la regina aveva sempre esercitato un particolare fascino sugli uomini. «È qualcosa nel suo sguardo e nel suo sorriso. Martin Charteris [il suo ex segretario personale] era innamorato di lei, si vedeva.»[3]

È innegabile che la sovrana e il suo consorte possedessero un carisma che attirava le folle, specialmente nei loro primi anni di matrimonio. In una conversazione con Gyles Brandreth, Filippo, rammentando quei giorni, descriveva come erano visti lui e la regina, come si parlava e si scriveva di loro, come se fossero stati i personaggi di una favola. «Il livello di adulazione era incredibile», disse, forse con un pizzico di nostalgia. «Poteva essere distruttivo. Sarebbe stato molto facile andare incontro al pubblico, ma decisi consapevolmente di non farlo. *Meglio non essere troppo popolari.* In questo modo non si rischia di cadere troppo in basso.»[4]

Se il duca di Edimburgo stava facendo velatamente allusione al fatto che l'unica differenza qualitativa o quantitativa tra la fama di Diana da un lato e la fama di lui e della sua regale consorte dall'altro consistesse nella faccia tosta di Diana e nel loro autocontrollo, allora si stava prendendo in giro e si stava illudendo. A partire dagli anni '50, i media avevano notevolmente ampliato il loro raggio d'azione e abbandonato la loro riservatezza. Vi era inoltre una significativa differenza tra l'ammirazione contenuta, appropriata, piuttosto formale riservata alla giovane regina e al suo consorte e la potenza incendiaria della principessa-star Diana. L'entusiasmo per

Diana continuò a crescere ogni anno di più nel corso della sua vita, invece che «smorzarsi» come si aspettava la famiglia reale. Nel 1992 la magia globale di Diana era così intensa che la panchina su cui sedeva al Taj Mahal fu ribattezzata come *il posto della principessa Diana*, spazzando via 339 anni di karma storico che circondava Mumatz Mahal, la donna la cui bellezza aveva ispirato la costruzione dell'edificio. Diana era una donna bella, solare e sensibile, ma le sue tribolazioni le diedero l'incentivo per diventare straordinaria. Il dolore la rendeva luminosa. E ciò che la rese così affascinante agli occhi del popolo britannico è il modo in cui videro questa trasformazione avvenire davanti ai loro occhi.

Persino la stessa Diana era disorientata dall'impatto che aveva sulla gente. L'immagine che aveva di sé portava ancora profonde tracce di quella «goffa ragazzina», che aveva osservato l'ospite della principessa Margaret la notte di San Silvestro solo nove mesi prima. Ora era magra come un grissino, la sua statura le conferiva un'eleganza naturale e il suo viso tondo da ragazzina aveva assunto i lineamenti raffinati di una bellezza innata. Questi cambiamenti l'avrebbero comunque messa in mostra, ma la trasformazione in corso era ben più profonda del passaggio da anatroccolo a splendido cigno. «Diana aveva un rapporto con l'obiettivo simile a quello della Garbo», disse Meredith Etherington-Smith, che curò l'asta degli abiti di Diana presso Christie's a New York nel 1997. «Entrambe percepivano la luce puntata su di sé e reagivano d'istinto. Non è una cosa che si può imparare.»[5]

Lo stesso principe Carlo cominciò a rendersene davvero conto solo dopo la proiezione del video del loro matrimonio per gli ufficiali e l'equipaggio del *Britannia* nel cinema privato dello yacht reale. Mentre scorrevano le immagini di quel meraviglioso giorno, accompagnate da acclamazioni occasionali e grida di gioia degli spettatori, il fascino magico della nuova principessa di Galles, il modo dolce e così umano con cui interagiva con le sue giovani damigelle, il rapporto affettuoso che sembrava avere misteriosamente creato con il popolo, tutto questo era evidente agli occhi di tutti. Stephen Barry notò un sussulto represso del principe, il che lasciava intendere l'intuizione di una nascente minaccia. «La principessa non aveva niente che non andasse, le mancava solo la capacità di non rubare la scena al principe», disse Barry.[6] *Rubare la scena*, tuttavia, presuppone un deliberato tentativo di attirare l'attenzione. Questo accadrà solo in seguito. Nessuno poteva accusare Diana di avere intenzionalmente dato spettacolo nel giorno delle nozze. Non era nemmeno il fascino che la bellezza di Diana esercitava sulla folla a sconcertare il principe Carlo. Da scapolo, era stato un *action man* che si faceva fotografare spesso in compagnia di ragazze splendide. Lo facevano apparire più avvenente. No, a Carlo era improvvisamente chiaro che, a differenza della regina e del principe Filippo, che rappresentavano un elegante connubio di grazia e granito, i punti di forza di Diana non mettevano in risalto i suoi. Al contrario, evidenziavano i suoi punti deboli. Fu come se, per la prima volta nella sua vita, la mancanza di naturalezza, spontaneità e sensibilità del principe venissero allo scoperto. La natura spontanea di Diana metteva in discussione ogni cosa che lui aveva faticosamente imparato... A *lei* bastava essere se stessa.

Se Carlo fosse stato un uomo con una buona dose di fiducia in sé, come lo era stato John F. Kennedy, avrebbe potuto trovare un modo per incanalare questa potenziale minaccia. Ma come conquistare quella fiducia in se stesso? È vero, JFK era bello come una stella del cinema e aveva dei modi da star di Broadway, mentre Carlo era goffo e aveva le orecchie a sventola. (Sì, d'accordo, anche Gary Cooper era goffo e Clark Gable aveva le orecchie a sventola.) Ma c'era qualcosa di più. JFK, oltre al bell'aspetto, aveva un vero potere e sapeva come usarlo. La presidenza americana e la monarchia britannica erano entrambe dotate di facciate grandiose. A dire il vero, però, in confronto alla monarchia con le sue corone, i manti d'ermellino, gli yacht, i castelli, le carrozze dorate, le guardie in uniformi raffinate, lo sfoggio «repubblicano» della presidenza – la sobria residenza dalle colonne bianche, l'efficiente Ufficio Ovale, il jet con il simbolo presidenziale, il personale di servizio silenzioso e cauto – in realtà è piuttosto modesto. Ma dietro alla facciata presidenziale si nasconde il potere di vita o di morte sul mondo intero. Dietro alla facciata monarchica si nasconde... be', non molto. Una famiglia, ecco. Una famiglia piuttosto instabile (anche se non più instabile di innumerevoli famiglie non reali). Per quanto sia considerato un uomo di potere, Carlo è stato deluso ben tre volte: dalla storia (cinquecento anni fa il potere del monarca era quasi assoluto; cent'anni fa aveva ancora una certa importanza); dalla realtà politica contemporanea (il monarca non ha potere, anzi deve sottostare alle decisioni dei politici); e dalla sua posizione all'interno della famiglia (Carlo non era nemmeno un monarca ma solo l'erede al trono). «Sono quello che ha accompagnato Jacqueline Kennedy a Parigi»,[7] disse il presidente pensieroso alla fine di una visita di Stato in Francia, facendo ridere tutti. Lui poteva cavarsela con un po' di autoironia e permettersi di scherzare sul fatto di essere un marito poco presente, leggermente sfortunato, quasi anonimo – una specie di Denis Thatcher – proprio perché non era niente di tutto questo. Quando, in Galles, il principe Carlo disse: «Almeno ora so qual è il mio ruolo. Sono solo quello che tiene i mazzi di fiori per mia moglie»,[8] si poteva solo sobbalzare e pensare tra sé e sé: sì, è vero.

Poco dopo il loro matrimonio, le nuove dinamiche del rapporto tra Carlo e Diana si manifestarono in occasione di una cena di gala presso l'ambasciata americana di Londra, dove anch'io ero presente. Era un momento straordinariamente affascinante, stavano emergendo le doti da star di Diana, ma si intravedeva ancora la ragazzina che era in lei. Era una principessa sospesa in bilico tra un carisma naturale e un effetto calcolato. Indossava un abito bianco in organza e chiffon ornato di lustrini blu che scopriva le sue spalle pallide, attorno al collo portava un collier con tre fili di perle scintillanti, con al centro una spilla in diamanti: sembrava l'apparizione dello spirito di una fata. Ci fu chiesto di dividerci in gruppi di quattro per essere presentati. Nel mio gruppo c'era il drammaturgo Tom Stoppard. Fu la prima volta che lo vidi senza parole. Diana arrivò prima di Carlo, pura, fresca e deliziosamente ossuta con quel suo look da scolaretta delle superiori, mentre conversava con il suo mento leggermente aguzzo. Le dissi che rientravo da un meraviglioso viaggio in treno a Venezia. «Non riesco mai a dormire in treno, e lei?», mi rispose. Quando Carlo le si avvicinò, il suo modo di fare esperto fece apparire Diana ancora più giovane. «Ho avuto una buona idea per un'opera teatrale», disse il principe a Tom Stoppard. «Un hotel che accetta esclusivamente persone affette da fobie. C'era un articoletto sul *Times* che ne parlava.» «Ci divideremo gli incassi, signore», disse gentilmente Stoppard. Il principe Carlo continuò: «In verità mi sembrava così divertente che ho chiamato Spike Milligan e gliene ho parlato. È un'idea incredibilmente comica, non trova?»[9] Naturalmente, tutti risero a crepapelle finché non se ne andò.

Pensavo a come dovesse essere strano avere sempre a che fare con persone silenziose che stanno lì in piedi in attesa che gli si rivolga la parola. Ma persino in questa prima fase, Diana aveva sviluppato un metodo perfetto per cavarsela in tali situazioni. Rompeva il ghiaccio in modo leggero e frivolo, raccontando di esperienze personali che trasmettevano immediatamente la sua umanità. In fondo non avrebbe avuto bisogno di dire niente. Tutti gli sguardi seguivano bramosi quella figura slanciata e luminosa mentre augurava la buonanotte all'ambasciatore.[10]

Il nuovo *aplomb* di Diana era la prova di quanto già avesse appreso nel suo tour in Galles, in quei tre giorni di ottobre che avevano rappresentato la prima apparizione pubblica ufficiale del principe e della principessa in qualità di coppia sposata. Fu una dura iniziazione alle arti dei bagni di folla reali. Diana aveva scoperto di essere incinta la sera prima della visita e si sentiva malissimo. Era un giorno freddo e umido. Quando ne parlò a Morton, tutto ciò che ricordava era la sua nausea mattutina prima di ogni appuntamento e come percepiva tutto disperatamente pesante. «Abbigliamento sbagliato, tutto sbagliato, tempismo sbagliato, mi sentivo terribilmente male con quel bimbo in pancia e sembravo grigia e smunta, ci pensavo e stavo solo peggio. »[11] Così lei percepiva se stessa, ma ai gallesi fece tutt'altra impressione. Aveva la naturale dote di mostrare l'esatto contrario di come si sentiva. Il suo abbigliamento in effetti era davvero tragico: un copridivano intrecciato verde e rosso, così sembrava almeno, con un colletto sfrangiato che stava in piedi da solo e, ciliegina sulla torta, un grazioso cappellino rosso alla John Boyd sul quale ondeggiavano tre grottesche piume di struzzo. Eppure, lungi dal giudicare negativamente questo *ensemble*, la folla era entusiasta della freschezza di Diana. « Era incantevole », disse la scrittrice Victoria Mather che la vide quel giorno. « Il suo cappellino rosso la rendeva seducente. La sua giovinezza e la sua innocenza avevano un fascino incandescente. »[12] Carlo disse ad Anne Beckwith-Smith, sua dama di corte: « Le stia vicina, ha bisogno del suo aiuto ».[13]

Nonostante il brutto tempo, a Caernarvon Castle erano presenti migliaia di persone. Carlo camminava da una parte della strada e Diana dall'altra. Jayne Fincher, una fotografa che seguiva il tour, fu subito colpita dalla diversità tra Diana e le altre donne reali, per le quali era tipico porgere la mano avvolta da un guanto a qualcuno tra la folla e passare oltre dopo un'osservazione garbata. Quando la regina si mostra alla folla, appare distinta e formale. Può anche capitare che si avvicini alle transenne e che accetti molto gentilmente ed elegantemente dei fiori, ma il più delle volte evita la « stretta » di mano.[14] La principessa Anna lavora con dedizione al progetto Save the Children, eppure non è mai stata vista prendere in braccio un bambino o persino baciarne e toccarne uno durante i suoi numerosi viaggi in Africa nelle vesti di presidente della fondazione. Il fotografo del *Sun*, Arthur Edwards, ricorda la principessa Anna, nel 1982, durante una vaccinazione di massa nello Swaziland, guardare cinquemila bambini in lacrime tra le braccia delle loro madri impaurite mentre venivano vaccinati contro le malattie infantili. « Dal suo volto non traspariva alcun sentimento », disse Edwards.

« Addestrata, come il resto della sua famiglia, a non mostrare mai le proprie emozioni, la principessa reale non fu in grado di rivelare quello che aveva davvero nel cuore. »[15] Nel caso di Diana, invece, era il cuore che la guidava in ogni momento. Aveva imparato a dire « Grazie » in gallese, *Diolch yn fawr*, quando le venivano porti dei regali o abbracciava un bimbo affetto da spina bifida.[16]

La giornalista australiana del *Sun*, Judy Wade, disse: « Si abbassava o si chinava e parlava ai bambini. Era così diversa, così vicina alla gente. Per noi era fantastica. Ci raccontava ogni giorno delle belle storie ».[17] Aveva appreso dall'insegnante dell'asilo nido dove aveva lavorato a essere così naturale con i bambini, offrendo abbracci, strette di mano e sorrisi di incoraggiamento. Un'abilità manifestata precocemente, quando ancora studentessa si recava come volontaria alla clinica psichiatrica, che ora riaffiorava i quei modi così sensibili verso persone costrette su una sedia a rotelle o verso gli anziani. A Carmarthen cominciava a piovere e, con la nausea che aumentava e senza impermeabile, lei continuava a sorridere e a proseguire tra la folla. Jayne Fincher notò che Diana da vicino appariva esausta. « Quella ragazza amorevole, abbronzata, in salute e robusta, sta diventando terribilmente stanca, magra e pallida. »[18] Scendendo dalla macchina e vedendo quella folla di persone che, sgomitando per farsi spazio, ripetevano continuamente il suo nome e volevano toccarla « spesso il suo sorriso scompariva e i suoi occhi si riempivano di terrore », come riporta un osservatore.[19] Ma questo non faceva che sollecitare l'innato istinto di protezione dei gallesi. Una donna invalida presente tra la folla disse: « Deve avere molto freddo ». Diana la guardò e le disse: « Sicuramente non quanto lei ».[20]

Il sindaco di Brecon ricorda cosa accadeva quando il principe Carlo decideva spontaneamente di scambiare il lato della strada con Diana. « Ogni volta che si allontanava la folla delusa esclamava 'ooooh'. Tutto il tempo la gente continuava a chiamare 'Di, Di' perché tornasse dalla loro parte. »[21] Aiuto! All'inizio Carlo era radioso, raccoglieva i fiori per conto della moglie e si mostrava sempre premuroso nei suoi confronti, attraversando spesso la strada per proteggerla con un ombrello, ma Jayne Fincher notò che nel corso della giornata il volto del principe si incupì sempre di più. «Era davvero imbarazzante», disse. «Dall'altro lato della strada tutti dicevano 'Oh no!' perché avevano visto lui. Poteva solamente voltarsi e dire 'Sono davvero dispiaciuto, la principessa arriverà tra un attimo'.»[22] Quando la loro Rolls si avvicinava a un paesino in festa, si sentiva la gente gridare: «Eccola!» e non «Eccoli!»[23] Un funzionario di palazzo vide il principe tirare calci a un sassolino. Il principe gli disse: «'Non vogliono vedere *me*'. Sembrava vacillare, in bilico tra una sollecita premura e un soverchiante egoismo».[24] La cosa peggiore era che, quando Diana riposava e Carlo teneva discorsi in altre parti del Galles, il giorno dopo i giornali non lo menzionavano nemmeno.

Non c'è dubbio che la visita nel Galles sia stata devastante per Carlo. Era il principe di Galles, per Dio, e non di Scozia, Ulster o Devon. Nello scenario del castello di Caernarvon si era svolta la cerimonia in cui era stato proclamato erede al trono, trasmessa via cavo a una nazione entusiasta dodici anni prima. Questo era il suo territorio e mai aveva dovuto dividerlo con qualcun'altro. I suoi fratelli e le sue sorelle non ricevevano lo stesso trattamento. Erano sì i suoi parenti più stretti ma venivano trattati ancora come «reali minori». Sarebbe stato difficile per Carlo accettare di dividere la scena con qualcuno, men che meno con una consorte che lo metteva in ombra.

Diana stessa era sconcertata dall'eccessiva attenzione che le veniva rivolta. Continuava a incitare i responsabili affinché la folla dalla parte di Carlo mostrasse entusiasmo. In seguito Diana chiese a Ronald Allison, un addetto stampa di Buckingham Palace, se il clamore mostrato nei suoi confronti sarebbe presto svanito. Allison, lungimirante, rispose: «Temo che non sarà così, mai. Mi piacerebbe poter dire il contrario ma le direi una bugia».[25]

Come qualsiasi donna che si accorge che l'equilibrio di

potere all'interno del matrimonio si è improvvisamente spostato, a Diana fu chiaro quanto questo avrebbe incrinato il loro rapporto. «Per un uomo orgoglioso come mio marito, è fastidioso avvertirlo ogni giorno per quattro settimane», disse a Martin Bashir in occasione dell'intervista alla BBC nel novembre del 1995. «È una cosa che lo deprime, non riesce a essere felice per me.»[26] Si aspettava delle lodi da palazzo per i suoi sforzi eroici, ma non vi fu nessuna reazione e la cosa la fece infuriare. «Diana non riusciva a capire perché nessuno dicesse 'Brava!'», ricorda un ex funzionario del palazzo. «Il fatto è che tutti svolgevano i propri doveri e si domandavano cosa ci fosse di tanto straordinario.»[27] Bella domanda. Diana riferì a James Colthurst che si prese «una bella sculacciata da Carlo» dopo il tour in Galles.[28]

Una settimana dopo, il 4 novembre 1981, fu il turno di Sua Maestà di sperimentare il *fattore Diana*. L'apertura ufficiale del parlamento è un momento in cui la regina è protagonista, il momento in cui si siede sul trono nella Camera dei Lord indossando la Corona Imperiale con il rubino del Principe Nero che brilla al centro per ricevere, tra sfarzo e squilli di trombe, la dichiarazione di fedeltà del suo governo. È un'occasione che offre rassicurazione al monarca poiché, anche se il suo potere effettivo è ridotto, la sicurezza della sua posizione, a differenza di quello del primo ministro, è solida come una roccia. Di tanto in tanto si dice che la regina d'Inghilterra, come certi amministratori delegati con liquidazioni principesche, abdicherà per «lasciare il campo» a una nuova generazione. Questo dimostra una scarsa comprensione della vera natura del ruolo del monarca. Non si tratta di una carica, si tratta di un'incarnazione. Non si fa domanda per avere il posto (come dimostra il triste esempio del duca di Windsor) e non si può scappare. Così si nasce e così si muore. «Per tutti i giorni della mia vita», giurò la regina durante la cerimonia di incoronazione all'abbazia di Westminster. Quando, il 30 aprile 1980, apprese da Michael Shea che la regina Juliana di Olanda aveva abdicato in favore della figlia,

Elisabetta II, commentò in modo spiccio: «Tipico degli olandesi».[29]

Tuttavia si può affermare, senza timore di smentita, che nel periodo compreso tra il matrimonio di Diana con Carlo il 29 luglio 1981 e la loro separazione ufficiale il 9 dicembre 1992, l'apertura formale del parlamento non fu più lo spettacolo della regina (e nemmeno della signora Thatcher). Divenne invece la vetrina annuale degli ultimi abiti di Diana. Fu chiaro sin dal momento in cui la principessa scese dalla carrozza di cristallo con la quale aveva viaggiato fino a Westminster accanto alla principessa Anna. Tutti gli sguardi della Camera dei Lord erano puntati su Diana quando entrò con il principe Carlo e il loro seguito per sedere accanto alla regina e al principe Filippo. La principessa Anna e il suo entourage sedevano sull'altro lato. Alcune nobildonne puntavano i loro binocoli da teatro sul capo lucente di Diana. Temendo di ripetere l'errore di indossare un abito provocante, Diana questa volta scelse un abito semplice in chiffon bianco candido, quasi casto, con collo a V, un diadema e un collier di perle. La semplicità della sua figura slanciata eclissava completamente la figura bassa e ricoperta di gioielli della regina cinquantacinquenne Elisabetta II. Diana non aveva nessun ruolo ufficiale durante la cerimonia, era il suo aspetto affascinante a renderla protagonista.

Eppure, Roy Strong, l'esigente direttore del Victoria and Albert Museum, rimase indifferente a quello che Diana disse, o pare abbia detto, quando la incontrò la sera stessa nel suo museo, all'inaugurazione della mostra *Splendori dei Gonzaga* proveniente dall'Italia. Nel suo diario farneticò qualcosa a proposito del «fascino semplice e della dignità del principe», ma si espresse in modo sprezzante sulla goffaggine dell'inesperta Diana. Le sue osservazioni su quanto lei dovesse ancora imparare e sul fatto che fosse «il tipico prodotto di una scuola per ragazze dell'alta società» sottolineano con quale facilità Diana potesse sentirsi a disagio cercando di interagire con gli intellettuali e i pezzi grossi dell'establishment. Davanti alla gente umile del Galles non si era mai trovata senza parole. «Per essere la figlia di un conte il suo accento è davvero orrendo», scrisse l'ancor più orrendo Strong. «Le manca totalmente il linguaggio elegante delle classi alte. La sua è piuttosto una lingua senza alcuna cadenza e, se posso dirlo, un po' *plebea*, come se ora andasse di moda parlare così.»[30]

Forse Strong si merita la fotografia che il giorno dopo fece il giro del mondo e che immortalava Diana appisolata sul seggio in velluto rosso del Victoria and Albert Museum su cui sedeva accanto a Carlo. Era esausta, povera ragazza, dopo il calvario di apparizioni pubbliche durato tutto il giorno. (Strong ebbe almeno la sensibilità di osservare: «Non penso che lui – Carlo – si occupi a sufficienza di Diana».) A quella irresistibile immagine, intitolata ovunque LA BELLA ADDORMENTATA, seguì tempestivamente una dichiarazione ufficiale che precisava che Diana non era annoiata ma legittimamente stanca. La principessa di Galles era incinta! La stampa si esaltò di nuovo e i sentimenti di patetica festosità nazionale ripresero vigore. Gli estranei non si risparmiavano di cantare la celebre *Congratulations* ogni volta che lei si trovava nelle vicinanze di una banda. Dal *Daily Express*, Barbara Cartland, la nonna acquisita alla quale era riuscita a tappare la bocca con tanta grazia, lanciò una delle sue sdolcinate *fatwas*: «Il primo figlio andrebbe concepito nel pieno fiorire dell'innamoramento!», disse. «Questo bambino sarà una vittoria su quell'orribile pratica moderna di mettere su famiglia solo dopo che la carriera di uno o di entrambi si è consolidata. È un grande errore rimandare il concepimento del primo figlio. È contro natura e la natura la sa lunga. Spero che sia un maschio perché questo è ciò che tutti gli uomini e le donne d'Inghilterra desiderano.»[31]

Sfortunatamente, la natura procurava a Diana anche una nausea quotidiana. Cominciò ad annullare le apparizioni in pubblico, a volere solo chiudersi a riccio nel suo letto e dormire. Questo fece storcere il naso alle altre donne reali, per le quali una gravidanza doveva essere presa come una passeggiata. La regina non apprezzò i prematuri encomi della stampa sulle doti materne di Diana, in contrasto con il modo in cui Sua Maestà aveva educato il principe Carlo. «Non ci saranno scarpe di vernice, colletti in velluto e quei pantaloncini che facevano sembrare Carlo ancora più diverso dagli altri bambini, persino vent'anni fa», commentava la decana del *Daily Express*, Jean Rook. «Non riesco a immaginare Diana mettere suo figlio a cavallo di un pony solo perché i bambini reali devono venire fotografati sui loro pony, nonostante le loro piccole orecchie siano piegate all'indietro dalla paura.»[32]

Ci si potrebbe chiedere perché Diana avesse scelto di rimanere incinta così presto del primo figlio pur avendo già molto da fare. Un celebre ginecologo di un ospedale londinese si rammaricò della decisione sulle pagine del *News of the World*. «Io dico sempre alle donne che ci sono due cose che dovrebbero evitare se non vogliono che le cose si mettano male: sovraffaticarsi o crearsi troppe tensioni», scrisse. «La principessa appare costantemente in pubblico, il che, come sappiamo le crea uno stress eccessivo: l'abbiamo già vista scoppiare in lacrime durante una partita di polo poco prima del suo matrimonio.»[33] Il principe Carlo stesso non avrebbe voluto mettere su famiglia così presto immaginandosi tre anni in cui Diana avrebbe potuto ambientarsi come membro della famiglia reale e affrontare con lui qualche viaggio come quello in Australia e Nuova Zelanda che ora erano costretti a cancellare. Diana, però, era ancora traumatizzata dalla storia della maternità turbolenta vissuta da sua madre. Sapeva che il solo modo per riguadagnare istantaneamente l'approvazione familiare all'interno del palazzo di Windsor consisteva nel dare alla luce un erede, qualcuno che portasse avanti la discendenza, dando al marito, che fosse impaziente o meno, ciò che «tutti gli uomini e le donne d'Inghilterra desiderano». La notizia della gravidanza lasciò di sasso le femministe già perplesse dalle scelte di vita ostinatamente rétro di Diana. A soli vent'anni, ora andava ad aggiungere anche la maternità agli altri ruoli da principessa, fidanzata nazionale e moglie che aveva assunto così in fretta.

Si isolava ulteriormente dalle amiche del suo passato, la maggior parte delle quali non erano nemmeno sposate, né tantomeno incinte. Eppure restare incinta diede a Diana qualcosa di concreto da fare. La ragazza che amava occuparsi di faccende domestiche veniva ora servita e riverita. La ragazza che amava stare tra i giovani ora era quasi sempre in compagnia di anziani. Sentiva il bisogno del calore di un bimbo nella sua vita, altrimenti sarebbe congelata.

Fino a maggio la coppia visse a Buckingham Palace, dove la vita si svolgeva secondo i ritmi da scapolo di Carlo, e questo opprimeva Diana. Era anche avvilita dalla sensazione di essere non una giovane moglie autosufficiente, bensì un satellite insignificante della suocera reale. Più si sentiva inadeguata e più si concentrava sulle critiche e sulle lodi della stampa. Il suo successo nella metropoli acuiva il suo rifiuto della passione di Carlo per la vita di campagna. Il suo disgusto verso la caccia si stava trasformando in totale ostilità. Nessuno si aspettava che si abbandonasse agli sport sanguinari che la facevano sentire a disagio, ma le sarebbe costato troppo montare a cavallo una volta ogni tanto per accontentare il marito? Era un atteggiamento di disfattismo simile a quello notato dalle sue insegnanti a scuola. Sapendo che a cavallo non avrebbe potuto eccellere come Camilla, Diana non voleva nemmeno provarci. Per non parlare della pesca: era uno sport troppo contemplativo per una ragazza che desiderava solo sfuggire ai propri pensieri. No, il suo habitat naturale adesso era Londra, dove Camilla e i suoi stivaloni di gomma non avrebbero mai potuto prevalere. Le assistenti della principessa notarono che Diana adorava discutere delle decorazioni del loro futuro appartamento a Kensington Palace, ma mostrava un interesse pari a zero per i progetti che riguardavano la nuova tenuta di campagna del principe, Highgrove.

Non sorprende che Kensington Palace fosse più congeniale a Diana. Era troppo giovane per tutta quella roba da cortigiane che avrebbe facilmente incantato una di quelle sofisticate donne dell'alta società sulla trentina. Come una studentessa che ha appena scoperto la grande città, Diana era pazzamente innamorata della frenesia di Londra. Non che vivere a Kensington Palace rappresentasse un'esperienza urbana tipica di una giovane vita brillante. Era come avere una lussuosa camera tripla nel più grandioso complesso di appartamenti che esista; se non fosse che tutti gli altri appartamenti sono pieni di gente legata a tuo marito o gente che vorresti evitare (nel caso di Diana spesso le due cose coincidevano). Edoardo VII una volta descrisse il posto come un covo di vecchie zie.[34] Tuttavia, permetteva a Diana di essere più autonoma nel portare avanti il suo spettacolo individuale. Gli appartamenti dei Galles corrispondevano al numero 8 e 9, segregati sul lato nord del palazzo. Le stanze erano spaziose, eleganti e gestibili. Diana aveva già dichiarato la sua indipendenza quando aveva scelto di fare decorare i tre piani del palazzo non da David Hicks, l'acclamato pittore d'interni che aveva sposato la figlia di Mountbatten, Pamela, e che tutti davano come favorito, bensì da Dudley Poplak, un artista che aveva un gusto piuttosto convenzionale e un po' kitsch, amico della madre. Carlo, che non era mai andato pazzo per il gusto di Poplak tipico degli *sloanes*, cercò di abbellire l'ambiente con mobili e quadri tratti dalle collezioni reali. Le finestre georgiane dell'appartamento davano su un giardino circondato da mura in cui regnava una pace tale che era davvero difficile credere di trovarsi nel cuore di una metropoli brulicante di persone. Qui Diana prendeva il sole nei mesi estivi. La gerarchia che viveva ai piani bassi fatta di maggiordomi, domestici, camerieri, due autisti e un'addetta alle pulizie – con l'aggiunta di una stanza per lo scudiero al pianterreno e l'andirivieni di due ufficiali di polizia in attesa degli ordini per la giornata – conferivano agli appartamenti 8 e 9 l'aspetto tipico di un *boutique hotel* senza turisti.

A Kensington Palace alloggiavano anche altri quattro nuclei familiari reali, e quindi si creava un canale di pettegolezzi che scorreva da una stanza all'altra come lo squittire sommesso di topi in una scuderia. L'appartamento 1A ospitava la cinquantunenne principessa Margaret, sorella minore della sovrana, il cui fascino stava sfiorendo e la cui vita solo fino a poco tempo prima era stata piuttosto movimentata, con la sua abbronzatura caraibica e il giovane fidanzato hippy, Roddy Llewellyn. Ora conduceva una noiosissima vita di lusso, si alzava alle undici per andare dal parrucchiere, David and Joseph, in Berkeley Street e uscirne tutta bella truccata pronta per un pranzo con uno dei suoi amici gay al Ritz, che terminava sempre un po' brilla. Margo, com'era conosciuta in famiglia, all'inizio con circospezione, era stata complice solidale di Diana. A volte si recavano insieme agli eventi pubblici con la Rolls della principessa più anziana, e Margaret, che era a sua volta un'attraente prima donna, stava attenta a non farsi rubare la scena scendendo sempre per prima dalla macchina, stringendo la mano all'ospite di turno e, solo dopo, presentando la neo principessa di Galles.[35] Alla fine litigarono quando Diana, senza cause apparenti, licenziò il suo maggiordomo Harold Brown e assunse Paul Burrell. Margaret recuperò Brown come domestico personale, ma Diana, invece di essere contenta che il suo ex impiegato avesse trovato un altro lavoro, si abbandonò a una ripicca impulsiva, pretendendo che Brown fosse allontanato del tutto dal palazzo, anche dal suo appartamento per il quale non pagava l'affitto. Commise l'errore di dirlo a Margaret e così provò sulla sua pelle l'ira della *Sister Act* della regina. « Non dimenticare chi è il proprietario dell'appartamento », disse in tono gelido la principessa Margaret a Diana, « e chi è *proprietario anche del tuo.* »[36]

Una delle cose utili che la loro amicizia insegnò a Diana fu che l'accesso alla porta d'ingresso della casa di Margaret a King's Court era l'unico nel palazzo a non essere videosorvegliato. (Un tempo anche Margaret aveva avuto una vita privata un po' turbolenta che desiderava tenere segreta.) Non solo, dall'altra parte del cortile c'era un passaggio segreto che conduceva all'entrata posteriore dell'appartamento 8.[37] Diana se ne servì ampiamente. Quando l'innamorato Hasnat Khan fu introdotto clandestinamente nel cortile del palazzo, avvolto da un lenzuolo sul sedile posteriore della BMW di

Diana guidata da Paul Burrell, il maggiordomo lo condusse non verso l'ingresso principale dell'appartamento della principessa di Galles, ma lo fece passare da dietro, dalla non sorvegliata King's Court.

Uno sguardo curioso, al quale Diana cercava continuamente di sottrarsi, proveniva dall'appartamento numero 10: era quello dell'indaffaratissima principessa austriaca Michael di Kent, alias principessa Pushy, che risiedeva lì con il marito, il cugino della regina, principe Michael di Kent, sosia barbuto dello zar Nicola II, e i due loro piccoli figli, Ella e Freddie. Diana era convinta che «il Führer», come lei definiva la principessa Michael, a volte la spiasse dalle tende e reagiva spiandola a sua volta con il suo binocolo da teatro.[38] Anche tra la principessa Margaret e la principessa Michael si respirava sempre un'aria di guerra di trincea. Quest'ultima accusava Margaret di avere quasi avvelenato il loro gatto durante una spericolata campagna di eliminazione degli scoiattoli del palazzo.[39] Il bell'aspetto da valchiria della principessa Michael, il suo costante bisogno di soldi e le umiliazioni che subiva frequentemente dal resto della famiglia, erano pane per i denti dei media. Un episodio particolarmente animato si verificò quando il *Daily Mirror* scoprì che suo padre era stato membro delle SS. L'addetto stampa della regina, Michael Shea, ebbe lo sgradevole compito di comunicarlo alla principessa austriaca. Lei rispose: «Non saprei. Dovrò chiedere a mia madre». In un secondo momento disse: «Sembra che sia vero».[40] Gli indici di ascolto raggiunsero i livelli massimi quando l'inconfondibile bionda austriaca fu pizzicata dagli obiettivi mentre usciva, con una parrucca rossa, da un'abitazione di Eaton Square, seguita dal miliardario texano John Ward Hunt.

Il duca e la duchessa di Gloucester e il duca e la duchessa di Kent (da non confondere con i quasi omonimi) erano i vicini di casa di basso rango. Già ai tempi difficili del governo Thatcher era chiaro che questi due discendenti di Giorgio V e le loro famiglie non avrebbero potuto godere a lungo delle entrate provenienti dalla Lista Civile. Il taglio fu attuato dal governo del primo ministro conservatore John Major nel 1992, e li rese totalmente dipendenti dalla generosità della regina. Da quel momento in poi, non si lamentarono mai nemmeno quando dall'ufficio della regina venne impartito l'ordine di presenziare all'inaugurazione di una fabbrica di conserve di pesce a Grimsby nel bel mezzo delle vacanze natalizie.

I Gloucester occupavano un appartamento da trentacinque stanze all'interno del palazzo, mentre il duca e la duchessa di Kent erano accomodati nella Wren House, all'interno del perimetro del palazzo. «Eddie» Kent potrebbe essere definito come una versione un po' allungata del principe Carlo, del quale è anche grande amico. (Il duca sembra ancora di più la controfigura di Carlo quando lo si vede con indosso il cappello a cilindro in occasione delle feste all'aperto che la regina tiene ogni anno.) Passa il suo tempo a eseguire gli incarichi di second'ordine conferitigli dai reali, mentre la duchessa (la «pazza Norah», come la definisce il personale di servizio) fa parlare di sé per i suoi misteriosi «problemi» e la sua conversione al cattolicesimo. Diana finì per vederla come una dolcissima, santa donna, il cui impegno per opere di beneficenza costituì una profonda ispirazione per lei. A volte l'accompagnava nelle sue visite per ospedali e guardava la duchessa con ammirazione quando lavava i pazienti e svuotava padelle e pappagalli. «Fu l'unico membro della famiglia reale a cui vidi fare una cosa del genere», disse Diana a Simone Simmons. «Per lei contano i valori umanitari. Per le altre [le altre donne della famiglia reale] i valori materiali.»[41]

Non si può parlare di veri e propri contatti di vicinato tra i due feudi di Kensington Palace. Ognuno aveva i rispettivi segretari personali, stallieri, dame di corte, maggiordomi, autisti, domestiche e camerieri. (Un centinaio di persone in tutto, inclusi Robert Fellowes e la sorella di Diana, Jane, che avevano un appartamento lì.) La blanda amicizia tra la principessa e Margo non andò mai tanto in là da scambiarsi inviti a pranzo. E Diana considerava la principessa Michael «uno spreco di spazio».[42] La principessa preferiva la compagnia di quel circolo di persone che lanciavano le tendenze del momento. I guru della moda di *Vogue* cominciarono a ricoprire il ruolo di consiglieri della principessa. Diana si era rivolta alla rivista che in passato aveva dato lavoro alle sue sorelle per ampliare il suo guardaroba, dato il numero sempre crescente di comparizioni ufficiali. Cominciò a esplorare il reparto moda di *Vogue* e Anna Harvey, redattrice responsabile della moda, divenne il suo principale referente. «Quando Diana si fidanzò, Anna Harvey continuava a chiamarci per chiederci di poter visionare dei campioni», disse il designer Jasper Conran. «Poi richiamava e chiedeva che le venisse inviata la taglia 10. Noi avevamo già intuito tutto in anticipo ma la faccenda era altamente top secret.»[43] In una vita fatta di innumerevoli impegni formali, le puntatine di Diana dal parrucchiere e le incursioni nei camerini dei designer di moda erano l'unica cosa che la divertisse. In passato si era affidata ai romanzi d'amore per le sue fughe. Adesso erano i più grandi creatori d'immagine della nazione ad aiutarla a creare la sua realtà alternativa. Si rese conto dell'enorme potere della bacchetta magica dei media quando Harvey trasformò un'intera sala della *Vogue* House di Hanover Square in una grotta di Aladino piena di abiti esclusivi di stilisti ricercati, solo per lei.

Il primo anno, l'abbigliamento scelto da Diana era piuttosto sobrio. I suoi sforzi nel curare lo stile riflettevano il forte desiderio di piacere alla famiglia, portandola a vestirsi nel modo in cui gli occhi di una bambina immaginerebbero una principessa, con abiti da sera pomposi stile meringa o completi da matrona costellati di pois, chiusi da grossi colletti bianchi alla marinara. La necessità di trovare abiti premaman eleganti la condusse a Catherine Walker, una stilista discreta ed elegante di origini francesi che, nei successivi quindici anni, divenne uno dei più importanti guru dello stile. Bruce Oldfield, un allampanato giamaicano d'adozione, con i suoi abiti conferì a Diana quel fascino delle serate mondane. L'elfico Conran, figlio di Terence, le donò un'eleganza più attuale, allontanandola dagli abiti *frou frou* dei primi giorni da principessa e portandola verso uno stile più raffinato. Confezionò per Diana una deliziosa giacca in mohair bianco che lei indossava spesso sopra i suoi abiti in occasione delle partite a polo. «Indipendentemente da quello che si stava confezionando per lei», mi disse Conran, «la sua domanda era sempre: 'Pensa che mio marito mi troverà sexy con questo?'»[44]

Purtroppo, la risposta a questa domanda era: non abbastanza. L'interesse sessuale di Carlo verso Diana era inversamente proporzionale all'affetto che il mondo provava per lei. Il principe non era stato educato per seguire da dietro le quinte gli spettacoli di una star bambina irrequieta. Al contrario, era abituato a ricevere tutte le attenzioni. Riacquistò brevemente il suo amor proprio di principe grazie alla precoce gravidanza di Diana (lei aveva avuto ragione sotto questo aspetto), tuttavia la felicità di lui veniva guastata dai repentini sbalzi d'umore di lei. Se ci mettiamo anche la bulimia, si arriva alla conclusione che per la maggior parte del tempo Diana era in preda a un totale caos ormonale. Uscì dai gangheri quando, passando in rassegna i regali del matrimonio, trovò un normalissimo acquerello donato da Lord e Lady Tryon, amici del principe. Raffigurava un paesaggio islandese, dove Carlo amava raggiungerli per trascorrere ore piacevoli in compagnia dei suoi amici più cari, durante rilassanti battute di pesca.[45] Persino la stessa Dale Tryon era inclusa nella lista nera di Diana come una delle tante che vivono nell'ozio delle contee.

Scoppiò una lite tremenda in gennaio quando Carlo e Diana fecero visita ad Althorp per ricevere, con un po' di ritardo, i regali di nozze del personale. Per Diana, la campagna in inverno rappresentava sempre una zona di pericolo e la casa del padre non faceva eccezione. Raine ricopriva sempre il principe di Galles di irritanti attenzioni e indispettiva la sua figliastra con atteggiamenti mielosi verso Carlo, che non se ne dispiaceva affatto. Il litigio tra Diana e Carlo la sera, nella loro intimità, divenne aspro a tal punto che uno specchio antico e il vetro di una finestra andarono in frantumi e fu danneggiata una sedia del XVIII secolo. Lo stesso mese, scoppiò un'altra lite a Sandringham, quando Diana tentò di impedire a Carlo di uscire per andare a caccia. Undici anni dopo lei riferì ad Andrew Morton di essersi poi gettata da una rampa di scale con l'intento di suicidarsi, ma questo era solo materiale della fase postconiugale della vita di Diana, a uso e consumo della stampa. L'ultima cosa che avrebbe voluto era fare del male al piccolo nascituro. Un'assistente di Diana di quell'epoca ricorda di averle sentito dire: « Che imbarazzo. Sono inciampata giù per le scale e sono atterrata ai piedi della Regina Madre. Poi sono andata dal ginecologo che mi detto: 'È tutto a posto, non si preoccupi' ».[46] Nella versione fornita ad Andrew Morton, il principe Carlo sarebbe uscito subito dopo a cavallo, e al rientro, le dimostrò solo « indifferenza, totale indifferenza ».[47]

Tutte sciocchezze, direbbe Diana. Un membro dello staff di Sandringham, presente alla scena, disse a James Whitaker che il principe Carlo si era tremendamente preoccupato per la caduta di Diana. Fu lui a chiamare il dottore. Lungi dall'essere uscito a cavallo, il principe rimase tutto il giorno con la moglie ancora scossa e la portò fuori per un picnic nella residenza della famiglia reale sulla costa di Norfolk, vicino a Wells-next-the-Sea.[48] Alla luce di questo episodio, è difficile ritenere credibili altri racconti di tentati suicidi di cui parlò Diana, come quando disse di essersi ferita con uno sbuccialimoni. « Come si fa a togliersi la vita con uno sbuccialimoni? », disse un « parente del principe », intervistato da Lady Colin Campbell. « Ci si sbuccia fino alla morte? »[49]

Molto divertente, peccato che non lo fosse per niente. Diana aveva tutte le ragioni per sentirsi disperata. Nel 1967, due ricercatori della Marina americana, il dottor Thomas Holmes, uno psichiatra, e Richard Rahe, uno scienziato, svilupparono il *Social Readjustment Rating Scale*, una scala di valutazione dei fattori di stress dovuti ai cambiamenti di vita. Diana aveva raggiunto un allarmante 407. Secondo la formula Holmes-Rahe, un valore compreso tra 150 e 299 avrebbe potuto condurre alla malattia mentale.[50] La tabella dei fattori di stress dovuti ai mutamenti nella vita di Diana includeva: matrimonio, gravidanza, cambiamenti nel campo e nelle responsabilità professionali, eccessive prestazioni personali, variazione del tipo di vita, correzione delle abitudini personali, modifica degli orari di lavoro, delle attività religiose, dell'abitazione, delle attività sociali, di quelle ricreative e dei rituali familiari, in vacanza e durante le festività natalizie.[51]

Ma gli scatti d'ira non venivano solo dalla principessa. Anche per il principe Carlo la convivenza era tutt'altro che semplice. In effetti, se la principessa Anna si fosse lasciata andare a scatti d'ira come quelli di Carlo, probabilmente sui giornali sarebbe stato subito scritto che era affetta da disturbi della personalità. Per tutta la vita, il principe di Galles era stato circondato da adulatori sempre pronti a addolcire il suo umore. Durante il volo diretto a Pirbright, Surrey, per una visita al reggimento Gurkha, s'infuriò scoprendo che il suo fedele cameriere, Michael Fawcett, aveva dimenticato le sue *aiguillettes* che servivano per decorare l'uniforme; Fawcett, secondo un testimone, reagì «gettandosi a terra e piangendo come un bambino». Un membro dello staff di Kensington ricorda che, nei momenti in cui si sentiva frustrato dalle lamentele della principessa, il principe aveva preso l'abitudine di lanciare oggetti, come accadde con un antico orologio in stile Vuilliamy. «Il personale poi li portava al negozio restauri e tornavano indietro come nuovi», raccontò questo ex servitore del palazzo.[52] Michael Shea, una volta vide il principe giocherellare con un bottone della manica della sua giacca e, quando si staccò, infuriarsi a tal punto da lanciare il bottone incriminato contro il suo cameriere personale, Stephen Barry.[53] Lo staff sapeva che un metodo sicuro per far esplodere la collera del principe era una stanza surriscaldata. L'insistenza a voler dormire con tutte le finestre aperte era un retaggio del periodo trascorso a Gordonstoun. Questo fatto avvalora la teoria di un membro del personale del palazzo, secondo la quale non fu Diana ma Carlo a mandare in frantumi la finestra ad Althorp, presumibilmente scagliandogli contro una sedia.[54]

I sentimenti immutati del principe per Camilla continuavano a tormentare Diana. Il professore Hubert Lacey, un esperto di disturbi alimentari, sostiene che l'ossessione di Diana per Camilla era come una replica del modo in cui lei aveva vissuto la relazione del padre con Raine: qualcosa alla quale non ci si può opporre. Diana non era più al centro delle sue attenzioni. Quello che voleva era l'amore di Carlo, non la sua «preoccupazione». Francamente, non credo che la convinzione che Camilla fosse sempre in mezzo a loro fosse solo irrazionale gelosia retrospettiva. Carlo fu avvistato con la sua ex amante il 2 novembre, poco dopo il viaggio nel Galles. La stampa vide Carlo a cavallo accanto alla signora Parker Bowles fasciata nei suoi pantaloni attillati da cavallerizza a Ewen, vicino Cirencester. (Flashback: Camilla: «Andrai a caccia?» Diana: «Cosa?» Camilla: «A cavallo!»)[55] Il principe era visibilmente agitato per il fatto di essere stato scoperto; quando si accorse dei ficcanaso, perse il controllo. «Quando inizierete a lasciarmi in pace, maledetti?»,[56] gridò. I giornali, ancora inebriati dalle scene da favola delle nozze, non riportarono il fatto.

Diana cercava sempre più spesso nella stampa quelle conferme che non otteneva a casa. Il fascino che esercitava cresceva di giorno in giorno. Trovò un eccellente segretario personale in Oliver Everett, e una dama di compagnia estremamente pratica in Anne Beckwith-Smith, la figlia trentenne del maggiore e della signora Peter Beckwith-Smith, quel genere di donna inglese che cent'anni prima riusciva a tenere sotto controllo l'impero britannico. Una dama di corte in realtà è una segretaria di direzione con accesso all'alta società. Mentre la Beckwith-Smith si occupava della logistica della vita pubblica di Diana, il ruolo di Everett consisteva nel passare al setaccio le valanghe di richieste di patronato, discorsi e inviti a cerimonie varie. (Ogni reggimento dell'esercito inglese sembrava desiderare la principessa di Galles come comandante in capo.) Everett l'accompagnava ad alcuni eventi quando Carlo non poteva farlo. Diana era terrorizzata dai discorsi pubblici, ma in genere le riuscivano bene perché tutto quello che doveva fare era semplicemente comparire in pubblico e gettare uno sguardo di traverso sbattendo le ciglia perché la folla andasse in delirio.

Il problema era che la popolarità di Diana stava aumentando a tal punto che le serviva qualcosa di più. Le serviva il supporto esperto di una macchina di relazioni pubbliche come quelle hollywoodiane. L'ufficio stampa di Buckingham Palace, diretto dall'astuto Michael Shea che occupava il suo tempo libero scrivendo gialli, aveva un solo cliente: la regina. Il sistema di comunicazioni del principe Carlo, guidato da Vic Chapman, era ancora orientato alle esigenze del suo periodo da scapolo. Diana trovò che il ruolo della fidanzata *sloane* della porta accanto, pur con tutte le pressioni che ciò comportava, le riusciva meglio del ruolo della principessa rinchiusa nella torre. Michael Shea contestò Diana quando dichiarò di non avere ricevuto aiuto sufficiente dal palazzo per il rapporto con i media in quel primo periodo. Lui ricorda di averla portata nelle redazioni di giornali e televisioni, stabilendo tutti i contatti che in seguito lei avrebbe abilmente rivoltato contro di loro. Shea stesso e i suoi colleghi le facevano provare i suoi primi discorsi e le risposte alle interviste formali. Nel periodo precedente l'intervista prematrimoniale con Angela Rippon e Andrew Gardner, l'ufficio stampa del palazzo aveva vagliato in anticipo tutte le domande a cui sarebbe stata sottoposta.[57] Questa nuova professionalità significava che Diana doveva impostare un rapporto nuovo e complesso con la stampa. Se si mostrava troppo disponibile l'avrebbero mangiata viva; se era troppo distaccata, troppo «calcolata» e avesse rinunciato alla sua vicinanza alla gente comune che l'aveva resa così popolare si sarebbe trasformata in una donna troppo perfetta e modellata secondo i canoni della famiglia reale. Le sue doti migliori erano la predisposizione naturale a trattare con i media e le spontanee buone maniere. «Non c'erano segni di favoritismo dopo il matrimonio con Carlo», disse Ashley Walton del *Daily*

Express. «Parlava con noi tutti e si era prefissata l'obiettivo di farsi capire e di parlare con tutti.»[58]

Di rado però veniva ricompensata con la stessa moneta. A dicembre, Diana ebbe un crollo quando, dopo essere uscita da Highgrove per recarsi in un negozio a Tetbury a comprare un pacchetto di chewing-gum all'uva, fu assalita dalla stampa. Il crollo di Diana fu tale che la regina infranse le regole di sempre e chiese a Michael Shea di adunare a Buckingham Palace i caporedattori di tutti e ventuno i quotidiani nazionali, compresi quelli della domenica, i responsabili della BBC e della ITN. Fu un'ottima mossa. Alcuni tra i giornalisti più esperti si trasformarono in bambini dagli occhi sgranati quando vennero trattati come *insiders* della casa reale e la performance di Shea mostrò a tutti che il palazzo sapeva il fatto suo in materia di cooptazione. Il briefing ebbe luogo nella *sala 1844* del palazzo, una stanza bianca e oro così chiamata perché in quell'anno era stata occupata dallo zar Nicola I di Russia. L'unico assente era Kelvin MacKenzie, il predone mascalzone di Rupert Murdoch del *Sun*. MacKenzie mandò a dire, ovviamente perché costretto, che non poteva presenziare a causa di un appuntamento fissato precedentemente con il suo datore di lavoro. «Non avevamo la benché minima venerazione per la casa reale», disse poi Harry Arnold del *Sun*, soddisfatto. «Non credevamo nelle regole fissate dalla vecchia guardia.»[59] (Il risentimento era reciproco. Nel dicembre 1992 Shea scrisse in un articolo sul *Times* che un buon titolo da prima pagina del *Sun* poteva essere: TROVA UN FATTO VERO IN QUESTO ARTICOLO E VINCI UN MILIONE.)[60]

Il messaggio di Shea a Fleet Street era che la regina era preoccupata per l'invasione della privacy ai danni della principessa di Galles. Diana, disse Shea, era «affetta da nausee mattutine un po' troppo spesso per la sua età e costituzione».[61] Sottolineò che i fotografi camuffati si nascondevano dietro i cespugli tendendo imboscate a Tetbury High Street quando usciva a comprarsi un giornale o dei dolci e cortesemente fece appello alla moderazione. Shea invitò poi i caporedattori a bere qualcosa nella stanza accanto. I rappresentanti della stampa vennero accompagnati nell'ancor più maestosa Caernarvon Room, una stanza tappezzata di dipinti sulla guerriglia spagnola contro l'esercito di Napoleone. Poi, con una mossa senza precedenti per una sovrana che è convinta di non doversi mai lamentare né giustificare, entrò la regina, scortata dal giovane figlio, il principe Andrea, al tempo molto conosciuto come coraggioso pilota della Marina. La regina e il principe si spostavano con scioltezza da un gruppo all'altro, conversando cordialmente con tutti i presenti.[62] Questi temerari segugi della notizia erano talmente lusingati dal fatto di essere lì che nessuno osò tirar fuori la questione della privacy di Diana finché Barry Askew del *News of the World*, alias la Bestia di Bouverie Street, decise di rompere il ghiaccio rivolgendosi alla regina in questo modo: « Se Lady Di vuole comprarsi dei chewing-gum all'uva senza essere fotografata, perché non manda un cameriere a farlo al suo posto? » « Certo che lei è davvero un uomo pomposo »,[63] replicò la regina sorridendo, una risposta da considerare come un punto a favore di Sua Maestà. (Askew fu allontanato dal posto in redazione il mese successivo, forse per avere infastidito Murdoch, anche se non è chiaro se fu vittima della sua critica alla regina o se il problema sia stato proprio il fatto di aver partecipato all'incontro.)

Il briefing sortì l'effetto di calmare le acque. Per un breve periodo i giornali ridussero un po' la pressione su Diana, consentendole di riprendere fiato.

Nel febbraio 1982 la coppia volò alle Bahama per una sorta di seconda luna di miele. Alloggiarono a Windermere sull'isola di Eleuthera, nella casa di Lord e Lady Brabourne. In questo luogo semplice, appartato, infinitamente più romantico di quanto potesse essere Broadlands, per la prima volta vissero un periodo da veri sposini. Si alternavano al barbecue per preparare la cena. Facevano sci nautico, windsurf e si stendevano al sole ad abbronzarsi. Vennero avvistati continuamente mentre si baciavano in acqua avvinghiati l'uno all'altro; segnale che senza le pressioni della vita di palazzo e senza l'ombra di Camilla, forse la loro relazione avrebbe davvero spiccato il volo.

Proprio così: avvistati. Ma è ovvio. Non poteva bastare uno sherry nella Caernarvon Room per fare desistere i capi della mafia del tabloid, James Whitaker del *Daily Star* e il suo fotografo complice Ken Lennox, dalle loro disgustose attività. Muniti di sahariana, binocoli e un teleobiettivo delle dimensioni di un obice, strisciarono verso un piccolo promontorio di fronte alla spiaggia dove si appostarono poco prima dell'alba. Alle 11.20 del mattino l'immagine di Diana in bikini, irresistibile, con un'evidente pancetta da cinque mesi (ovviamente graziosissima), appagò i loro sguardi. Lo *Star* scaraventò le fotografie in prima pagina, precedendo Harry Arnold e Arthur Edwards del *Sun*, che arrivarono con un po' di ritardo.

La regina la prese come un'offesa personale. Rilasciò una dichiarazione in cui definiva l'invasione della privacy della nuora un «comportamento di pessimo gusto che va ben oltre gli standard normalmente accettati della stampa britannica». Per rendersi conto di quanto i servizi di cronaca sulla famiglia reale fossero cambiati, è sufficiente ricordare come la regina stessa fu trattata dalla stampa durante la gravidanza. Quando era incinta del principe Carlo e della principessa Anna, della regina fu detto solamente che si trovava «in stato interessante» ed era proibita qualsiasi fotografia di quello «stato».[64] Persino all'inizio degli anni '80, prima dell'epoca di Demi Moore, prima che per le celebrità diventasse routine posare incinte per le copertine di riviste nazionali e internazionali, una fotografia di una bella donna gravida, con il ventre nudo che rimanda inequivocabilmente alla sua esperienza sessuale, sfiorava la pornografia. Se poi la donna in questione non era solo famosa ma anche notoriamente timida, riservata, «innocente» e protetta, e se era stata fotografata contro la sua volontà, al brivido del voyeurismo si aggiungeva quello ancora più forte della – il termine è fin troppo appropriato – violenza sessuale. E questo è davvero il modo in cui Diana fu sempre di più ossessivamente osservata dalla stampa. Whitaker ebbe almeno la franchezza di ammettere che effettivamente andò troppo oltre – cito testualmente – penetrando il pudore della principessa. «Non ero mai stato così invadente nella mia vita», disse. «Ma fu un eccesso giornalistico.»[65] Un eccesso sicuramente, ma non giornalistico.

Polvere di stelle

Come si può pensare che una qualunque persona, a maggior ragione una ventunenne, possa uscirne incolume con tutta questa attenzione ossessiva e psicotica?

(Il principe Carlo, aprile 1983)

La nascita di William il 21 giugno 1982 al St Mary's Hospital, Paddington, rappresentò il compimento del destino di Diana. Il principe William Arthur Philip Louis un giorno sarebbe diventato il 42° monarca dalla Conquista Normanna, e il sesto della discendenza dalla regina Vittoria. Diana aveva portato a termine il compito per il quale era stata chiamata, dare alla luce il prossimo erede al trono rapidamente e con successo. L'eccitazione per l'imminente nascita reale era alle stelle, tanto che la principessa si sentiva come se tutta l'Inghilterra fosse in travaglio con lei. Ovunque si respirava ancora l'inebriante senso di trionfo per l'espulsione degli argentini dalle isole Falkland, compiuta in una sola settimana, dopo la loro inaspettata e impertinente invasione dei territori britannici. FICCATEVI QUESTO NELLA VOSTRA JUNTA, fu uno dei memorabili titoli del *Sun*. Il principe Andrea, appena nominato ufficiale, aveva coraggiosamente partecipato alle missioni in elicottero che partivano dalla portaerei HMS *Invincible* ancorata nell'Atlantico meridionale, e veniva festeggiato come un eroe nazionale, un formidabile successo di immagine per il palazzo, dopo un anno in cui i media erano stati quasi esclusivamente Diana-centrici. La guerra delle Falkland fu breve, vittoriosa, e registrò molte dimostrazioni di coraggio britannico. Questo successo creò l'atmosfera patriottica ideale per la nascita del prossimo erede al trono. L'unico guastafeste era l'antimonarchico parlamentare laburista Willie Hamilton, che dichiarò che l'avvenire del neonato erede del principe di Galles sarebbe stato « una lunga storia di nausea, deferenza e di falso patriottismo ».[1]

Gli sforzi dinastici di Diana furono salutati da quarantuno salve di artiglieria a Hyde Park, un carillon di campane festanti nell'abbazia di Westminster e uno tsunami di sentimentalismo sui tabloid. Il principe di Galles dimostrò la propria gratitudine alla moglie regalandole un girocollo di diamanti e perle coltivate con uno scintillante cuore al centro e una nuova Mini decappottabile verde mela in versione speciale, che poteva ospitare addirittura un lettino da viaggio per il neonato. Frances Shand Kydd, com'era nel suo stile, festeggiò la nascita con un brindisi a base di champagne con gli ottantaquattro passeggeri che erano con lei sul volo Glasgow-Londra della British Airways. « Amo i bambini, li ho sempre amati », dichiarò al *Daily Mail*. « Ne ho avuto cinque in nove anni. »[2] L'etichetta prescriveva che la regina, e non la madre di Diana, fosse la prima a farle visita all'ospedale. Tutto sommato, la principessa di Galles poteva dirsi fortunata di non trovare l'inquietante figura del ministro degli interni Willie Whitelaw accanto al suo letto al termine del travaglio. Nel 1946 Giorgio VI aveva abolito l'arcaica legge che imponeva al ministro degli interni di essere presente alla nascita dei reali per evitare che potesse ripetersi quanto accaduto nel famoso complotto del 1688, quando sembra sia avvenuto uno scambio di neonati tra le lenzuola della moglie di Giacomo II. Il primo commento della regina Elisabetta quando vide il suo nuovo nipote fu: « Grazie a Dio non ha le orecchie di suo padre ».[3]

Ad Andrew Morton Diana disse che la nascita di William fu indotta in anticipo per adeguarsi al calendario delle gare di polo di Carlo, ma si tratta di un'insinuazione velenosa dettata dall'amarezza del momento che non rispecchia affatto la gioia che provò la coppia al tempo. Il principe restò accanto alla moglie per tutte le sedici ore del difficile travaglio di Diana, una scelta molto poco «Windsor»; in effetti, fu in assoluto il primo principe di Galles ad assistere al parto della moglie. Nella lettera che Carlo scrisse a Patricia Mountbatten si percepisce l'euforia tipica di ogni neopapà: «L'arrivo del nostro piccolo bambino è stata un'esperienza straordinaria, non avrei mai immaginato che potesse significare tanto per me. Sono COSÌ felice di essere stato accanto a Diana per tutto il tempo, perché mi sentivo davvero profondamente coinvolto nel processo della nascita e sono stato ricompensato quando ho visto quella piccola creatura che apparteneva a NOI DUE, pure se sembrava appartenere anche a chiunque altro».[4]

Era stata Diana a volere che Carlo partecipasse in modo tanto intimo al parto. La sua campagna per sovvertire tutti i modelli del passato nel campo dell'educazione dei figli rappresentò il suo più grande successo. Rifiutò il lugubre piano di Carlo di richiamare la sua ex bambinaia Mabel Anderson per prendersi cura di William e scelse al suo posto l'energica Barbara Barnes, che aveva prestato servizio presso la famiglia poco convenzionale di Lady Glenconner. Voleva che i suoi figli fossero cresciuti come bambini normali e non come piccoli lord. Le fotografie che mostrano il principe di Galles bambino che saluta formalmente la regina al suo ritorno da un viaggio di sei mesi nel Commonwealth erano per Diana la prova incontrovertibile di un'infanzia piena di privazioni. Nonostante le rimostranze dell'impettito segretario personale di Carlo, Edward Adeane, si impuntò per seguire il consiglio del primo ministro australiano Malcolm Fraser e portare William con sé nel suo primo viaggio importante in Australia e Nuova Zelanda. Durante quelle sei settimane, mentre il principe e la principessa giravano tutti gli Stati del continente australiano, il piccolo William di appena nove mesi era sistemato con la sua baby-sitter in una fattoria ovina a

Woomargama nel New South Wales. La sua presenza complicò enormemente la pianificazione del viaggio – ogni tre o quattro giorni Carlo e Diana facevano una pausa per andare a vedere il bambino – ma ebbe anche il merito di consentire alla coppia, assediata dalla stampa, di sperimentare un assaggio di autentica vita familiare. Carlo lo riconosceva apertamente in una lettera che scrisse a una coppia di amici, i van Cutsem: «Il fatto che potevamo stare insieme completamente soli era la gioia più grande»,[5] scriveva, lasciando intendere che entrambi avevano ancora un grande desiderio di costruire un legame autentico, anche dopo due turbolenti anni di matrimonio.

Il periodo che precedette il viaggio in Australia era stato un'altra discesa in picchiata verso l'inferno per questa coppia che apparentemente aveva tutto. La pace regnò per soli due mesi, poi esplose la depressione postparto di Diana. Il principe annullò tutti i suoi impegni per restare a casa con la moglie e il figlio. «Carlo amava occuparsi del piccolo e non vedeva l'ora di tornare per dargli il latte e tutto il resto»,[6] raccontò Diana a Morton. Il 12 agosto, quando si aprì la stagione della caccia, la nebbia calò sulle Highland e sulla psiche di Diana. Carlo sembrava essere ancora inconsapevole del fatto che l'avversione di sua moglie per il soggiorno annuale a Balmoral ormai rasentava l'allergia, proprio come per Cherie Blair. Il principe, stupefatto, interpretò lo stato della moglie come una mancanza di spina dorsale, una cosa che non rispecchiava affatto la tradizionale tenacia femminile della sua famiglia di origine. Era stato abbindolato? Anche le donne della famiglia reale, come la maggior parte delle donne dell'aristocrazia educate in campagna, hanno una resistenza formidabile. Sono state addestrate a un'esistenza quotidiana in cui non fanno quasi mai quello che desiderano davvero e non vedono mai le persone che vogliono vedere davvero. Sono abituate a stare in piedi tutto il giorno a stringere mani, sotto il sole cocente come sotto la pioggia battente, senza mai tradire alcun malessere. Questo significa che conducono la loro vita privata in modo intenso, come se i loro giorni fossero contati.

Quando la Regina Madre stava nella sua residenza scozzese di Birkhall, poteva, a ottantadue anni, partecipare a un elaborato picnic, stare in piedi nell'acqua gelida a pescare tutto il pomeriggio, e ospitare una cena di gala di proporzioni bibliche fino a mezzanotte come se niente fosse. A ottantanove anni, presenziò il quarantacinquesimo anniversario dello sbarco in Normandia a Bayeux, tenne un discorso in perfetto francese ai veterani e poi tornò a Londra in elicottero. Poco dopo affrontò, apparentemente senza accusare alcuna stanchezza, cinque giorni di impegni a Toronto nel pieno di un'ondata di caldo.[7] Hugo Vickers racconta che durante un'esercitazione dei vigili del fuoco a Sandringham il tesoriere Nicholas Assheton chiese se la Regina Madre, che aveva ormai raggiunto la veneranda età di cento anni, sarebbe scesa, e la risposta fu: «No, ma ha indossato le sue perle».[8] Raramente tradiva emozioni o le incoraggiava negli altri. Il principe Carlo considerava sua nonna un modello di calore e compassione, ma quando il suo amato Terrier Pooh, Jack Russell, scomparve per sempre in una tana di conigli nel 1994 durante una passeggiata nella brughiera che circonda Birkhall, l'unica cosa che la Regina Madre riuscì a dire al suo affranto nipote fu: «Oh, mi dispiace sentire queste notizie. Adesso però bevi il tuo tè».[9]

La principessa Anna è altrettanto stoica. All'età di ventun anni vinse l'Individual European Three-Day Championship e ancora oggi è in grado di saltare agilmente un ostacolo con il suo cavallo anche sotto una bufera di neve. Con un fucile in mano sembra la versione Windsor di Annie Oakley. Durante una visita ufficiale alla Saughton Prison a Edimburgo, Anna riuscì a guadagnarsi le simpatie di un gruppo di rudi detenuti impugnando la stecca da biliardo nella sala comune della prigione e mettendo la palla in buca con un colpo magistrale. I giovani delinquenti pensarono che fosse davvero in gamba.[10] La prestanza atletica caratterizza anche la prodigiosa fibra della regina. Elisabetta II è una cavallerizza di levatura internazionale. Va a cavallo almeno quattro o cinque volte la settimana, dimostrando costanza e una grande maestria in sella. Nel giugno 1981, durante l'annuale parata militare Trooping the Colour, un diciassettenne un po' svitato sparò sei colpi a salve proprio nella sua direzione. Lei riprese il controllo del suo cavallo in pochi secondi: abbassò semplicemente la testa, accarezzò il suo cavallo, Burmese, e continuò per la sua strada. Gestì in modo altrettanto abile una violazione ancora più diretta della sua sicurezza nel luglio del 1982. Un disoccupato trentunenne di nome Michael Fagan si introdusse nella stanza da letto della regina a Buckingham Palace alle 7.15 del mattino arrampicandosi su una grondaia. A quell'ora la sovrana era ancora a letto in attesa del vassoio della colazione. Quando l'intruso si materializzò al suo fianco, la regina si alzò, indossò la vestaglia e le pantofole e gli intimò con tono severo: «Esca immediatamente da qui». Siccome non arrivava alcun addetto alla sicurezza, Sua Maestà si sedette sul bordo del letto e chiacchierò educatamente con Fagan per cinque interminabili minuti dei suoi problemi familiari finché finalmente sopraggiunse un agente di polizia. «Lo porti fuori e gli dia una sigaretta», disse la regina.[11]

Le donne della famiglia reale erano così raramente turbate o ammalate che questi stati erano considerati quasi un segno di maleducazione. «Forse sono stata in assoluto la prima persona di questa famiglia a soffrire di depressione o a piangere in pubblico», disse Diana a Martin Bashir del programma *Panorama* della BBC. «Ovviamente questo li intimidiva. Come si fa ad affrontare una cosa che non si conosce?»[12] Il punto era più che altro come prenderne coscienza. La regina adorava sua sorella Margaret, tuttavia trovava irritante che la principessa, dopo il suo terzo colpo apoplettico, non fosse in grado di rispettare i rigidi orari dei pasti di Sandringham. Una volta, durante le vacanze di Natale, la sovrana si lamentò con uno degli amici di Margaret del fatto che sua sorella: «Si ostina sempre a dormire all'ora di pranzo e quando si sveglia lo chef se n'è andato». L'amico di

Margaret suggerì che forse sarebbe stato un gesto carino portare a letto un piatto di uova strapazzate alla principessa malata. «Oh. Suppongo di sì», disse la regina. «Non ci abbiamo mai pensato.»[13]

Durante il viaggio nel Galles, Diana aveva dimostrato una resistenza allo stress e al tempo degna di una sovrana, ma la lunga vacanza a Balmoral con la famiglia al gran completo era tutta un'altra faccenda. A un certo punto trascorse tre notti senza dormire, e passò la maggior parte del tempo chiusa in bagno a vomitare dopo un'orgia bulimica. I bagni sembrano avere svolto un ruolo davvero determinante durante quella vacanza dei principi di Galles a Balmoral. Diana disse ad Andrew Morton che una volta, mentre suo marito faceva il bagno, lo sentì telefonare furtivamente a Camilla Parker Bowles, protetto dallo scroscio dell'acqua. La conversazione si concluse con le parole rivelatrici: «Qualunque cosa accada ti amerò sempre».[14] Forse fu questo incidente a indurre il principe ad agire come il classico marito in preda ai sensi di colpa e a insistere che sua moglie aveva urgente bisogno di un aiuto psichiatrico.

Diana avrebbe detto: «Eravamo in tre in questo matrimonio. Carlo, io e Laurens van der Post». Il venerabile scrittore di viaggi, le cui opere avevano perseguitato Diana durante la sua luna di miele sul *Britannia*, era l'unico al quale il principe chiedeva consiglio per i suoi problemi coniugali. Carlo pregò il suo mentore di raggiungerlo a Balmoral per verificare lo stato mentale della principessa. Sarebbe stato interessante essere presenti al colloquio tra la sconsolata ventunenne *upperclass* che si struggeva per le boutique di Beauchamp Place e l'ottantenne esploratore sopravissuto ai campi di prigionia giapponesi che aveva vissuto per mesi con gli aborigeni del Kalahari. Sua figlia Lucia van der Post spiegò: «Mio padre aveva il dono di capire le persone al volo. Aveva un atteggiamento incredibilmente umano e comprensivo verso i giovani; lui stesso aveva avuto problemi con suo padre quando era ragazzo». Il discreto van der Post disse a Lucia solo che «Diana era in preda 'a una grande paranoia' e passava un sacco di tempo 'a guardare nei buchi delle serrature' ».[15] (Probabilmente nei buchi delle serrature dei bagni.) Van der Post raccomandò a Diana di rivolgersi a uno psichiatra di sua conoscenza a Londra, lo junghiano Alan McGlashan, il che se non altro diede occasione a Carlo e Diana di fare un breve viaggio in città. Ma il dottor McGlashan era anziano quasi quanto van der Post ed era specializzato nell'analisi dei sogni. Dal momento che la maggior parte dei sogni di Diana avevano per oggetto l'ex amante del marito, lei non vide alcuna ragione valida per confidarli al dottor McGlashan. « Stavo bene finché non sono stata risucchiata nello stile di vita della famiglia reale. Questo è il mio problema »,[16] disse Diana a Lady Colin Campbell, un commento caratterizzato da un pragmatismo che, in altre circostanze, sarebbe stato all'altezza della regina stessa.

Diana lasciò McGlashan per affidarsi alle cure del dottor David Mitchell, il quale andava a trovarla ogni sera a Kensington Palace, ma anche lui ottenne scarsi risultati. Mitchell era sulla strada giusta perché era più interessato al suo rapporto con il marito che a investigare il subconscio di Diana. Durante ogni seduta chiedeva a Diana di raccontargli la giornata nel dettaglio, al che, come raccontò ad Andrew Morton, lei iniziava a piangere e la conversazione si interrompeva. Anche Mitchell perse presto il suo incarico, ma è improbabile che sarebbe riuscito ad andare molto lontano, visto che anche in questo caso Diana gli tenne nascosto l'elemento cruciale: la sua bulimia. A Martin Bashir disse: « Il problema della bulimia è che il tuo peso resta sempre uguale, mentre con l'anoressia si dimagrisce a vista d'occhio. Così puoi fingere che vada tutto bene ».[17] Non proprio. La stampa aveva iniziato a notare che Diana non sembrava tanto in forma. Il fotografo del *Daily Mirror*, Kent Gavin, aveva scattato una fotografia, messa sotto chiave dal giornale, nella quale la principessa aveva un aspetto particolarmente afflitto. Anche il suo atteggiamento nei confronti della stampa era meno solare e cortese. Una brutta scenata si verificò su una pista da sci nel Liechtenstein in febbraio, quando Diana si rifiutò di adempiere alla promessa che il principe Carlo aveva fatto ai fotografi della stampa: avrebbero posato spontaneamente per una serie di scatti se i giornalisti avessero dato loro un po' di tregua. Lei si mise a urlare: «Non lo sopporto! Non lo sopporto!»[18] Una sceneggiata drammatica che non piacque al *Rat Pack*, normalmente ai suoi piedi. «Se voleva fare il broncio in un maglione di lana non doveva prendere la corona»,[19] la fulminò Jean Rook del *Daily Express*. La reporter reale Judy Wade ricordava un fotografo che era andato a Kensington Palace per dei ritratti ufficiali. «Quando arrivò, un funzionario altolocato gli disse: 'Se iniziano a litigare e ad azzuffarsi per favore cerchi di fare finta di niente'. Ne parlava come se accadesse regolarmente.»[20]

Dov'era la madre di Diana in tutto questo *Sturm und Drang*? In nessun posto in cui potesse rendersi utile in qualche modo, questa è la risposta. Frances Shand Kydd aveva lei stessa sollevato un vespaio l'estate precedente con un inatteso sfogo sul suo matrimonio con il padre di Diana. Nel libro di Gordon Honeycombe *A Royal Wedding*, che fece furore nella versione a puntate pubblicata sul *Daily Express*, Frances aveva deciso di fornire finalmente la sua versione dei fatti sul divorzio e spazzare via una volta per tutte l'opinione diffusa che era una «fuggitiva» che aveva abbandonato senza pietà i suoi quattro figli. Uno sdegnato Johnnie definì la sua rappresentazione della battaglia per la custodia «meschina e sleale», e Diana era molto preoccupata per la faida pubblica dei suoi genitori. «Si sente come una cugina penosamente imbarazzata per una famiglia che ha troppi scheletri nell'armadio», disse un'amica di Diana.[21]

La verità è che Frances provava dei sentimenti contraddittori per la celebrità della sua figlia più giovane: di tanto in tanto lei stessa non disdegnava le luci della ribalta. «Ho belle gambe lunghe, proprio come mia figlia», dichiarò alla stampa al suo ritorno dall'Australia prima del fidanzamento reale.[22] In altre parole, anch'io sono bella. Anche il matrimonio di Frances risentì dell'enorme pubblicità di Diana. Adam Shand Kydd ricordava che una volta suo padre Peter entrò nella cucina della sua casa sull'isola di Seil e vi trovò una troupe televisiva in cerca di qualche indiscrezione su Diana. A Peter Shand Kydd non faceva affatto piacere, come non faceva piacere a Frances, che la sua identità venisse totalmente oscurata dalla fama della figlia di sua moglie. I problemi coniugali di Frances potrebbero essere l'unica scusa valida per la sua costante assenza durante il difficile periodo postparto di Diana. «Sono convinta che le madri siano di troppo», dichiarò al *Daily Mail* nel giugno del 1982. «Quando le figlie si sposano creano una nuova famiglia e non vogliono le suocere tra i piedi. Dovrebbero essere libere di prendere le proprie decisioni e forse anche di commettere i propri sbagli.»[23]

Sfortunatamente per Diana, tutte le donne della sua famiglia, da entrambe le parti, sembravano condividere la stessa opinione. Sua nonna Lady Fermoy, c'era da aspettarselo, aveva già iniziato a prendere le distanze da un rapporto che stava iniziando a rivelarsi spiacevolmente problematico. A una cena nel marzo del 1982 la Fermoy disse affettatamente a Sir Roy Strong «quanto la principessa di Galles avesse ancora da imparare».[24] Con il suo intimo amico Robert Runcie, arcivescovo di Canterbury, la Fermoy fu più schietta. Gli confidò quanto fosse «angosciata» per il comportamento di Diana, che considerava «un'attrice, una manipolatrice». Runcie concluse che Ruth era «totalmente e completamente dalla parte di Carlo perché lo aveva visto crescere e gli voleva bene esattamente come tutte le altre donne della corte».[25] L'arcivescovo, il quale, come disse il critico Clive James nel suo servizio sulle nozze reali, «insaporiva volentieri le funzioni con le sue parole untose»,[26] sorvolò sul fatto che, essendo la nonna di Diana, Lady Fermoy aveva visto crescere anche la principessa. Dal momento che durante la battaglia legale per la custodia degli Spencer proprio la testimonianza di Ruth era stata decisiva per far crescere Diana senza sua madre, la cara nonnina era senz'altro nella posizione migliore per comprendere le sfide che Diana aveva dovuto affrontare durante l'infanzia. Le donne delle famiglie Spencer e

Fermoy sembrano ricalcare passo per passo l'egocentricità delle donne Windsor. Quando James Whitaker chiese a Sarah Spencer se sua sorella Diana fosse anoressica, lei replicò: «Ci piacerebbe affrontare il discorso con lei, ma non è il tipo che accetta consigli di buon grado».[27] Ci piacerebbe, certo. Ma chi lo fece davvero?

Nessuno a Balmoral, questo è sicuro. Diana era come una farfalla non completamente sviluppata che scalciava e urlava perché veniva nuovamente risucchiata nel bozzolo ogni volta che doveva convivere con i reali per un periodo di tempo prolungato. Il fatto che era in grado di tirarsi fuori dal pantano da sola ogni volta che le si presentava l'opportunità di risplendere è semplicemente ammirevole. Le qualità da star di Diana si stavano trasformando sempre più in un meccanismo di sopravvivenza. Il 14 settembre 1982 la principessa Grace di Monaco morì per le ferite riportate in un incidente automobilistico che presenta molti inquietanti punti in comune con quello di Diana. La regina non vedeva di buon occhio che una delle donne di casa Windsor andasse a Monaco per partecipare al funerale. «Noi donne non andiamo ai funerali», disse. «Deve andare Carlo.» Il principe però non aveva alcun desiderio di farlo.[28] Agli occhi della monarchia britannica, Monaco era uno Stato da operetta e Grace una creatura di Hollywood, quantunque elegante. Ma Diana sapeva per istinto che un glamour di livello mondiale come il suo poteva svilupparsi al meglio proprio nell'ambiente cosmopolita che le altre donne della famiglia reale aborrivano. Era chiaro che tutte le celebrità più alla moda e tutta la stampa mondiale avrebbero partecipato al funerale di Grace. La principessa di Galles sentiva che tra star del cinema, teste coronate e first lady americane e francesi avrebbe potuto risplendere come una fulgida stella. Inoltre, provava un genuino sentimento di solidarietà nei confronti della principessa deceduta. Grace, con la sua algida bellezza, il suo autocontrollo e la sua discrezione, sarebbe stata una guida eccellente per Diana. «Eravamo legate nello spirito», disse Diana alla figlia di Grace, la principessa Carolina.[29] In realtà, le due donne avevano in comune molto più di quanto Diana potesse intuire all'epoca: la principessa di Monaco non permise mai che la sua facciata crollasse. L'angoscia di Grace per l'infedeltà del principe Ranieri, la battaglia con l'alcol e i dettagli delle relazioni amorose vennero alla luce solo qualche tempo dopo la sua morte. Forse Diana, con la sua acuta intuizione, percepiva questi dolorosi segreti. Era talmente decisa a partecipare al funerale che si rivolse direttamente alla regina, sopra le teste di Carlo e del segretario personale della regina Sir Philip Moore, e questa alla fine decise di lasciarla andare, dal momento che nessun altro voleva farlo.

Il funerale della principessa Grace fu una specie di prova generale in scala minore di quello della stessa Diana. Non meno di 26.000 persone sfilarono nella penombra della cattedrale per rendere omaggio alla salma di Grace.[30] L'intero evento trasudava un'atmosfera di devozione degna di un santo medievale. Le strade di quella « località soleggiata per gente ombrosa » erano piene di donne in lacrime. Diana indossava un abito nero sotto al ginocchio, il girocollo di perle con il cuore di diamanti e un cappello di paglia nero, e prese posto tra Nancy Reagan e Madame Mitterrand. La sua dignità piena di vita e il suo contegno le valsero commenti entusiastici. Impressionò anche un membro dello staff del principe di Galles, il quale osservò: « Andò tutto storto. La Rolls ebbe un guasto. Restammo bloccati in un ascensore. Il mio rispetto per lei crebbe in modo smisurato. Si comportò in modo esemplare, nonostante stesse sopportando una pressione enorme ».[31]

Durante il volo di ritorno, al termine di una giornata estenuante, scoppiò in lacrime esausta. « Carlo verrà a prenderci? » chiese Diana secondo un membro del suo staff mentre si preparavano per atterrare ad Aberdeen.[32] Era un'aspettativa poco realistica, dal momento che il suo arrivo da Monaco coincideva con il vittorioso ritorno del principe Andrea dalle isole Falkland, e il principe di Galles aveva accompagnato i suoi genitori a Portsmouth per dargli il benvenuto. Nell'operazione bellica contro l'Argentina, la Marina Britannica si era comportata in modo encomiabile, nonostante il ministero della difesa avesse fornito come equipaggiamento delle navi adatte allo scopo quanto potrebbero esserlo dei cammelli per una partita di polo. L'arrivo della HMS *Invincible* dopo 166 giorni in alto mare era pertanto l'evento principale per i media. L'ultima grande nave da guerra di ritorno dall'Atlantico Meridionale fu scortata nel porto di Portsmouth da una numerosa flotta di yacht e rimorchiatori che facevano risuonare le loro sirene. Non esattamente un evento al quale il principe di Galles potesse sottrarsi senza problemi. Il principe Andrea, l'eroe del giorno, posò per una fotografia con la regina sulla banchina, con una rosa rossa tra i denti. Gli amici di Carlo insinuarono malignamente che Diana considerasse la guerra delle Falkland come un'intrusione nel suo monopolio della stampa.[33] È più probabile che la cosa non la toccasse affatto. Gli eventi reali come la guerra delle Falkland accadevano in un mondo pubblico che Diana, nella sua inesperienza, non era in grado di comprendere. La principessa era ancora immersa nella nebbia della sua depressione. «Osservavamo i suoi grandi occhi scrutare il paesaggio fuori dal finestrino pieni di aspettative», ricordava un membro dell'entourage che si trovava sull'aereo con lei al ritorno da Monaco. «Una macchina della polizia», disse abbattuta. «Questo significa che Carlo non verrà.»[34] Il giorno seguente aveva in serbo un'altra delusione: nessuno a palazzo si congratulò con lei per la sua performance a Monaco. «Guardi i giornali. Dicono che è stata grande», la rassicurò un membro del suo staff.[35] «Bene», replicò lei, «perché qui nessuno sembra averlo notato.»[36]

Era proprio questo il punto. Questo era l'abbiccì della monarchia e Diana avrebbe fatto meglio ad abituarsi in fretta, si pensava a palazzo. Finora, non era riuscita a venire a patti con la doppia realtà che viveva: per miliardi di persone era una celebrità, ma nei palazzi e negli appartamenti dove in effetti passava la maggior parte del suo tempo era solo un piccolo ingranaggio della macchina reale. Questa era la differenza tra essere nati e cresciuti nella famiglia reale ed entrarci, come nel suo caso, per adozione. «Lei non è nata nel nostro mondo»,[37] aveva detto la regina stessa in un incontro con Michael Shea e i caporedattori di Fleet Street. Per i Windsor, le apparizioni pubbliche non erano performance personali. Erano atti pubblici, asserzioni simboliche dell'identità nazionale, rituali *ex officio* che non avevano nulla a che fare con le caratteristiche individuali e tutto invece con i ruoli impersonali assegnati per tradizione e per nascita. La loro essenza non poteva essere influenzata dai complimenti o dalle critiche, dalle recensioni positive o negative. Per definire un certo tipo di apparizione pubblica studiata, Elisabetta II ama usare il termine leggermente dispregiativo «numero da circo». «È solo un numero da circo, e non ho intenzione di farlo», dice al suo segretario personale se questo le chiede di fare qualcosa che potrebbe essere anche solo lontanamente interpretato come un atteggiamento teatrale.[38] Il suo obiettivo è sempre stato quello di esibire un'autenticità da museo, mentre il mondo in cui viveva la principessa di Galles era l'applauso.

Sfortunatamente per Diana, il principe di Galles era il membro della famiglia reale più attento alla propria immagine. In effetti, alcuni giudicano il persistente desiderio di Carlo di essere apprezzato come una causa persa. Quando, a metà degli anni '80, fu rimproverato pubblicamente per la presunta interferenza in settori che esulavano dalla sua competenza, Carlo disse a un intervistatore: «Vede, non ho alcun bisogno di fare tutte queste cose. Se la gente preferisce che non faccia nulla, lascerò perdere».[39] Il principe Filippo è costantemente impegnato in opere caritatevoli ma non si aspetta che la gente lo apprezzi per questo. Ciò gli dà la possibilità di poter evitare di apprezzare la gente a sua volta, il che probabilmente è l'atteggiamento giusto.

Il tour di sei settimane in Australia e Nuova Zelanda nel marzo del 1983 fu un'esperienza spaventosa per l'ego di Carlo. Il viaggio confermò che la principessa era una superstar a livello globale e questo spaventò suo marito a morte. C'erano un centinaio di giornalisti provenienti solo dalla Gran

Bretagna, e altri settanta fotografi erano arrivati dalla Francia, dalla Germania, dall'America e dal Giappone. Il fotografo Kent Gavin del *Daily Mirror* osservò che su cento fotografie che aveva scattato durante il viaggio, novantadue ritraevano Diana e solo otto mostravano Carlo. «Lei è talmente popolare», asseriva Gavin a quel tempo, «che la inquadro con il mio obiettivo dal momento in cui arriva sul posto fino a quando non se ne va.»[40]

Il viaggio aveva uno scopo politico molto serio: persuadere il burbero e sempre più repubblicano continente australiano che la monarchia era ancora necessaria. Il primo ministro liberale Malcolm Fraser aveva appena perso le elezioni contro il leader dei laburisti Robert James Lee «Bob» Hawke, il quale riassunse l'atteggiamento di diffidenza della popolazione nel seguente commento: «Non ritengo che dare loro il benvenuto [a Carlo e a Diana] sia la cosa più importante che devo fare nei miei primi nove mesi di incarico». Alludendo al principe Carlo, aggiunse in modo critico: «Non credo che parleremo mai più di un re d'Australia».[41]

Ma la magia emanata da Diana cambiò la situazione in modo radicale. Le folle che urlavano il suo nome erano travolgenti, una versione con diadema della Beatles-mania. Nella sola Brisbane si radunarono 400.000 persone per acclamare la principessa, paralizzando il centro cittadino. «Ho visto le folle nel Galles, ma quelle in Australia erano incredibili», disse Jayne Fincher. «Andammo a Sydney perché volevamo fotografarla davanti all'Opera House, ma quando arrivammo là era come se l'intera Sydney fosse uscita di casa. C'era un oceano di gente, a perdita d'occhio, e non solo a terra: anche il porto era zeppo di barche e di persone. E tutto quello che si riusciva a vedere era la punta del suo piccolo cappello rosa che ballonzolava di qua e di là.»[42] Diana stessa disse che questa era «l'altra faccia della medaglia dell'essere la principessa di Galles».[43] Si sentiva la febbre, accusava il jet lag e vomitava ancora di tanto in tanto, tuttavia corteggiò gli australiani come una vera professionista, sfrecciando in giro per gli otto Stati australiani con Carlo, passando dai bagni di folla ai ricevimenti di gala alle cene maratona, compiendo più di quaranta viaggi aerei. Anne Beckwith-Smith, dama di compagnia di Diana, si rese conto che nonostante avessero portato quasi duecento abiti, alcuni dei quali indossati in precedenza, non sarebbero bastati. Niente bastava. Il pubblico era insaziabile. La gente e la stampa volevano vedere l'oggetto della loro adorazione con un abito diverso tutti i giorni. Gli australiani adoravano Diana per la totale assenza di altezzosità – l'opposto dell'arroganza coloniale. L'insicurezza intellettuale della principessa si rivelò una risorsa inaspettata. Ovunque andasse, rivolgeva immediatamente la sua attenzione a quelli che stavano nell'ombra: gli anziani, i timidi, i giovanissimi. «Si trovava molto più a suo agio a comunicare con le persone insicure che con quelle che non lo erano», ha detto sua madre Frances Shand Kydd. «Era una specie di battaglia continua. Non era così sicura di sé, ma sapeva di possedere questo dono con la gente e lo usava con saggezza e generosità. Quando metteva piede in una grande stanza piena di gente si sentiva molto più attratta da quelli che erano un po' nervosi, proprio come lei.»[44]

Tutto questo trambusto risollevò Diana dalla depressione e regalò nuova linfa alla relazione di coppia. Le dinamiche coniugali erano complicate, ma il rapporto era ancora vivo. Diana si scioglieva spesso in lacrime di stanchezza e di paura, ma si affidava a Carlo affinché la aiutasse a superare il brutto momento, e lui lo faceva. Quando attraversavano la folla a bordo di una decappottabile, di nascosto si aggrappava al marito in cerca di conforto.[45] In una lettera a casa, confessò persino di vergognarsi un po' per il suo comportamento discontinuo prima di lasciare l'Inghilterra.

Durante i primi giorni del viaggio, la coppia reale presenziò a un ballo presso il Southern Cross Hotel di Melbourne e si perse in ascensore nel tentativo di trovare il piano giusto. Il fotografo AP Ron Bell ricorda che, quando finalmente le porte dell'ascensore si aprirono, ne uscì il principe Carlo con occhi luccicanti: «Ron, non è assolutamente stupenda? Sono così orgoglioso di lei» disse.[46] Era vero – Carlo era abbastanza intelligente per capire che Diana incarnava un potenziale politico enorme – ma era anche profondamente disturbato da tutta l'adorazione che veniva riversata sulla sua giovane moglie. L'eccesso lo spaventava. In una lettera dall'Australia a un amico datata 4 aprile, stava ancora cercando di comprendere il mistero del fascino di Diana: «Forse è stato il matrimonio, così ben organizzato da sembrare quasi un meraviglioso film in stile hollywoodiano, a trasmettere alla gente una visione distorta delle cose?»[47] Esiste una significativa fotografia di Diana che indossa un luminoso abito giallo in una scuola di Alice Springs, accovacciata in modo molto caloroso e naturale a livello dei bambini che si accalcano intorno a lei in estasi, mentre Carlo è rigidamente in piedi al suo fianco. Proprio come nel Galles, le folle manifestavano apertamente il loro disappunto quando era il principe a trovarsi sul loro lato della strada invece della principessa. In questi casi, Carlo faceva buon viso a cattivo gioco e diceva sorridendo: «Non è giusto vero? Dovreste farvi restituire i vostri soldi!»[48]

La tiepida accoglienza che lui stesso riceveva era particolarmente sgradevole per il principe perché, un tempo, il suo sogno più grande era stato quello di diventare governatore generale dell'Australia, un'idea avanzata per la prima volta a metà degli anni '60. L'idea, eclissatasi per qualche tempo, si riaffacciò a metà degli anni '70, quando era assillato dalle continue critiche del padre, e questa fantasia veniva alimentata anche dalla sua confidente australiana «Kanga» Tryon. Il principe percepiva un'affinità con l'Australia dopo l'anno pieno di emozioni che aveva trascorso nell'entroterra al termine degli studi. Nei suoi anni da scapolo, Bondi Beach era stata il set fotografico di alcuni dei suoi scatti più affascinanti. Per sua sfortuna, i repubblicani australiani covavano ancora un forte risentimento per il licenziamento nel 1975 del primo ministro Gough Whitlam da parte del rappresentante della regina (Sir John Kerr). Whitlam non era riuscito a ottenere un finanziamento dal parlamento. Il licenziamento fu uno degli eventi più controversi nella storia australiana e offese il sensibile orgoglio nazionale dell'ex colonia. Al tempo della visita di Carlo e Diana, persino il conciliante primo ministro, il liberale Malcolm Fraser, credeva che il risentimento per i modi autoritari di Sir John Kerr fosse ancora troppo forte per permettere al principe Carlo di insediarsi a Yarralumla (il palazzo del governatore). Perciò il principe si sentiva doppiamente offeso dall'accoglienza entusiastica che gli australiani stavano riservando a sua moglie. «Si sfogava su di me», disse Diana ad Andrew Morton. «Era geloso. Io capivo la sua gelosia ma non riuscivo a spiegargli che non avevo chiesto io tutto questo. Continuavo a dirgli: ti sei sposato, e chiunque tu avessi sposato avrebbe suscitato interesse per i vestiti, per il modo in cui si comporta in questa o in quella situazione. Tu poni le basi per tua moglie, e su queste basi lei può costruirsi le proprie. Lui tutto questo non lo capiva.»[49]

Vic Chapman, l'addetta stampa del tour, riceveva regolarmente telefonate notturne di Carlo che si lamentava del fatto che la stampa pubblicava servizi molto scarni su di lui a confronto delle tonnellate di reportage quasi agiografici dedicati a sua moglie.[50] Il principe si rifugiò nelle riflessioni sulla psicologia di Jung e scriveva lettere esasperate ai suoi amici: «Sono *preoccupatissimo* per Diana», scrisse in una lettera del 4 aprile a un amico. «Non può fare un solo passo senza essere fotografata da questi disgustosi e, ne sono abbastanza certo, scriteriati personaggi... Cosa passa per la testa a questa gente? Come si può pensare che una qualunque persona, a maggior ragione una ventunenne, possa uscirne incolume con tutta questa attenzione ossessiva e psicotica?»[51]

Ne uscì più forte che mai, questa è la risposta. In Australia e Nuova Zelanda, Diana si trasformò in una donna matura e in una professionista dei media, con la forza e lo charme di una grande stella. Incantò Bob Hawke e riuscì persino a strappare una riverenza a sua moglie Hazel. Al termine del viaggio un sondaggio rivelò che in Australia i monarchici avevano superato i repubblicani per due a uno: in fin dei conti era proprio questo l'obiettivo, o no? La giovane principessa di Galles si era dimostrata una nuova folgorante arma di pubbliche relazioni per la corona britannica. Raccontò a Morton che si sentiva «una persona diversa»[52] quando tornò a casa e per una volta stava dicendo la verità.

Durante il viaggio aveva osservato affascinata la trasformazione della propria immagine sulle pagine dei tabloid britannici, che leggeva con attenzione ogni giorno. Quando tornò a casa, iniziò a sfogliare i quotidiani ogni mattina per visionare le proprie fotografie, prima i tabloid e poi i quotidiani tradizionali.

«Era totalmente dipendente dalla stampa», asserisce la corrispondente reale del *Daily Express* Ashley Walton. «Leggeva ogni articolo che la riguardava da cima a fondo e sapeva esattamente chi aveva scritto cosa. Lo sappiamo perché spesso ci contattava per commentare un certo articolo. Quando viveva a Highgrove, prendeva un po' di soldi e andava a Tetbury, dove comprava pile di quotidiani e di riviste. Noi eravamo appostati presso le edicole. Se in copertina c'era una sua fotografia, comprava la rivista.»[53]

La rapida crescita del potere mediatico di Diana la rendeva sempre più indipendente dal palazzo. Al suo rientro, la principessa fu informata che non le sarebbe stato permesso una seconda volta di portarsi il bambino. Lei replicò che in tal caso non avrebbe più partecipato a viaggi duraturi. «I bambini non possono essere lasciati soli così a lungo a quell'età»[54] disse la principessa, che della solitudine era un'esperta. Anni dopo avrebbe insistito affinché non venissero programmati viaggi durante i weekend in cui i ragazzi erano a casa dal collegio. Iscrisse entrambi i figli a Wetherby, una comune scuola materna di Notting Hill. Le altre mamme si presentavano vestite di tutto punto e ansiose di presentare i loro figli a Diana, ma lei indossava sempre una semplice tuta e scarpe da ginnastica. La sua guardia del corpo personale Ken Wharfe ricorda William in piedi nell'atrio della scuola con la sua cravatta e il suo berretto in testa. Un compagno di classe gli domandò: «Non conosci la regina?» William lo guardò e rispose: «Intendi la nonna?»[55] «La incrociavo tutti i giorni in corridoio... Possedeva la meravigliosa vulnerabilità di una star», ricorda lo scrittore Andrew Barrow.[56]

Quando sua moglie osava opporsi al palazzo per ritagliarsi del tempo da trascorrere con i figli, Carlo ammirava lo spirito di Diana. Lui prendeva raramente posizione di persona, specialmente se era coinvolto suo padre. Uno dei suoi assistenti una volta si arrischiò a consigliargli di imporsi un po' di più. Mentre passeggiavano nella proprietà di Highgrove, il principe disse: «Sa, i rapporti tra me e mio padre sono difficili», e l'assistente replicò: «Forse qualche volta dovrebbe tenergli testa».[57] Carlo scrollò le spalle. A un incontro di lavoro in famiglia a Sandringham, ricorda un membro dello staff del principe, Carlo restò in silenzio quando il duca di Edimburgo lo rimproverò: «Ah. Sei qui. Suppongo che il tempo non sia abbastanza buono per andare a caccia». Il membro dello staff commentò: «Filippo serbava rancore a Carlo. Lui si era fatto strada da solo mentre suo figlio aveva sempre fatto lavorare altri al suo posto».[58]

Diana non aveva paura di Filippo, in primo luogo perché era una Spencer ed era cresciuta ad Althorp, una delle residenze di campagna più splendide d'Inghilterra, e nelle sue vene scorreva il sangue degli Stuart. (La scontrosità del duca di Edimburgo non era nulla a confronto con il suo terrificante nonno, Jack il 7° conte Spencer.) In secondo luogo, perché era bella e sapeva che il duca di Edimburgo aveva un debole spiccato per le donne giovani e seducenti. Diana era troppo furba per rischiare di incorrere nella disapprovazione della sovrana flirtando con il suo consorte, ma sapeva come giocare le sue carte sbattendo le ciglia.

Buckingham Palace si sentiva furiosamente in competizione con il successo che il principe e la principessa di Galles avevano riscosso dall'altra parte del mondo. Al suo ritorno, la corte riservò a Diana un'accoglienza estremamente fredda. Nessuno spese una parola sul fatto che aveva gestito la situazione in modo magistrale, che aveva rappresentato il suo paese in modo eccellente per sei estenuanti settimane e che era riuscita a modificare l'atteggiamento degli australiani nei confronti della Corona. Alan Clark, l'aristocratico parlamentare conservatore e tagliente diarista scomparso nel 1999, era convinto che la regina si sentisse molto più minacciata da Diana di quanto avesse previsto. In un'intervista televisiva mai trasmessa, Clark asseriva che, durante la cerimonia di nozze della principessa di Galles, quando lei disse: «'Lo voglio', esplose un boato, proprio come nel Medioevo. Per la regina questo fu un campanello d'allarme. La signora Thatcher e Diana: queste due donne rappresentavano un pericolo per lei. Diana era stata una rivale fin dall'inizio. Diana incarnava il futuro. Era un'icona in costante evoluzione che rappresentava tutto ciò che i giovani sognavano».[59] Gli uomini della regina erano particolarmente seccati per il fatto che la BBC avesse dedicato mezz'ora della prima serata domenicale al viaggio in Australia e Nuova Zelanda dei principi di Galles, una copertura senza precedenti per un viaggio ufficiale dei reali.

Questa volta però Diana non si curò del fatto che il palazzo non apprezzava il suo lavoro. Si stava costruendo una base di potere al di fuori delle sue mura che le avrebbe dato la possibilità di giocare secondo le proprie regole. Nei primi due anni del matrimonio, le donne della famiglia reale erano inorridite per la debolezza di Diana. Ora, grazie al suo calvario privato, alla sua esperienza con i media e al suo addestramento sul campo, Diana le stava soppiantando tutte, proprio come aveva temuto la regina.

Dynasty Di

Il matrimonio di Joan Collins mi ha sbattuto fuori dalla prima pagina?

(Diana a Sir Nicholas Lloyd, novembre 1985)

Negli anni '80, tre dive di levatura globale rappresentavano l'Inghilterra nel mondo: Diana, principessa di Galles, il primo ministro Margaret Thatcher e Joan Collins, la regina dei film di serie B divenuta una grande star della TV. Le isole britanniche si sono ristrette leggermente da quando gli uomini si sono riappropriati del monopolio culturale.

Maggie faceva ingoiare a forza la sua medicina politica ai sindacati, a « quei rammolliti » dei conservatori e ai presuntuosi generali argentini come una baby-sitter vendicativa che somministra olio di ricino. Joan dominava l'etere in America e in tutto il mondo vestendo i panni di Alexis Carrington, la super-carogna britannica sexy e calcolatrice dalla criniera leonina e le lunghissime ciglia finte nella famosissima soap opera serale *Dynasty*. E Diana faceva girare la testa agli uomini fasciata negli abiti di lamé scollati sul retro di Bruce Oldfield, dando libero sfogo al suo potere mediatico. « Le piaceva sentirsi come una star del cinema degli anni '40 », mi disse Jasper Conran. « Quando faceva il suo ingresso, tutti la applaudivano e la acclamavano. Lei adorava tutto questo. »[1] Anche sulle passerelle dettavano legge grandi donne. La prima ondata delle anoressiche dall'aspetto fragile – Twiggy, Penelope Tree – era passata, e l'anoressia chic con un retrogusto di eroina era ancora di là a venire. Al centro della scena c'erano delle amazzoni come le supermodelle Christie Brinkley, Naomi Campbell e Cindy Crawford. E Diana, slanciata e atletica, proprio come una supermodella, le oscurava tutte.

Il momento decisivo della sua metamorfosi globale fu una cena alla Casa Bianca offerta da Ronald e Nancy Reagan il 9 novembre 1985, quando aveva volteggiato sulla pista da ballo tra le braccia di John Travolta mentre la banda della Marina suonava *You're the One that I Want*. Lei ha sempre saputo come sfruttare un'occasione per ottenere la massima pubblicità. Il mattino precedente, a un ricevimento per la stampa presso l'ambasciata britannica di Washington, la principessa aveva incontrato Sir Nicholas Lloyd, allora direttore del *Daily Express*. Le prime parole che gli rivolse furono: «Il matrimonio di Joan Collins mi ha sbattuto fuori dalla prima pagina?»[2] Se lo fece, non fu per molto.

Dynasty Di. In quegli anni, era impossibile non cadere nella tentazione di vedere la vita della principessa attraverso la lente della famosa serie di Aaron Spelling che incarnava il fascino arrivista dell'era Reagan. In Gran Bretagna *Dynasty* era molto apprezzato e considerato una variante più sostenuta di *Coronation Street*. Gli spettatori si sentivano lusingati che la protagonista femminile di *Dynasty*, la Collins, con il suo fare manipolatorio, la sua scintillante facciata glamour e i suoi artigli rosso fuoco, fosse una di loro. Ma la stampa britannica è la migliore del mondo nel costruire caricature che marchiano gli spossati protagonisti per tutta la vita. Persino la regina fu coinvolta nelle zuffe tra le stelle del gossip. Raramente si viene a sapere cosa pensa Sua Maestà del primo ministro in carica, ma in quel periodo i tabloid banchettavano con il disappunto che la regina sembrava covare nei confronti di una signora Thatcher che mostrava sfacciatamente un atteggiamento sempre più regale. «Siamo diventate nonna», dichiarò Maggie ai reporter in attesa quando la moglie di suo figlio Mark diede alla luce un bambino nel marzo del 1989.[3] In un'altra occasione fece la seguente affermazione, in seguito spesso derisa: «Ci troviamo nella fortunata posizione di essere, in un certo qual modo, la persona più potente della Gran Bretagna».[4]

A detta della stampa, Sua Maestà reagì in modo irritato anche quando Diana scelse di sperimentare una nuova pettinatura tenuta ferma con delle forcine di Vera Lynn per presenziare al giorno di inaugurazione delle camere, il 6 novembre 1984, spazzando così la regina dalla prima pagina del *Times*. Mentre Sua Altezza Reale teneva un sermone sul programma legislativo del governo – un programma «piuttosto povero di contenuti, eccetto che per il settore municipale», scrisse *The Times* – tutti gli occhi erano puntati sulla principessa di Galles, seduta sotto il trono alla destra della regina, e sulla sua controversa pettinatura. «Come osa metterti in ridicolo in questo modo?» avrebbe commentato sdegnata la principessa Margaret con la sovrana.[5]

Nemmeno la principessa Anna, nonostante la sua avversione per la stampa scandalistica, era al riparo dalle colonne dei pettegolezzi. Si mormorava che il fatto che Diana non le avesse chiesto di fare da madrina al principe Harry l'avesse irritata al punto che rifiutò di partecipare al battesimo. Una dichiarazione pubblica del palazzo sosteneva che la principessa reale e suo marito, il capitano Mark Phillips, avevano organizzato una battuta di caccia a Gatcombe Park e non potevano abbandonare i loro ospiti. «Ma nessuno si lasciò ingannare», scrive James Whitaker nel suo libro, *Diana v. Charles*. «Non c'era alcuna simpatia tra le due donne. Avevano ben poco in comune e Anna era infastidita dal fatto che i giornali parlavano in continuazione del guardaroba di Diana e del suo charme. Quando a Diana fu suggerito che avrebbe potuto scegliere Anna come madrina se avesse avuto una femmina, Diana replicò: 'Semplicemente non mi piace. È sicuramente bravissima a fare tutte quelle opere di carità per Save the Children e tutto il resto, ma potrei farlo anch'io'.»[6]

Gli episodi di conflittualità femminile zampillavano dai due palazzi reali come il petrolio da una trivella. Gli stessi personaggi che per anni avevano movimentato la società con le loro tiepide vite reali ora venivano visti come caricature in technicolor, e la ragione era una sola: i riflettori costantemente puntati su Diana, la radiosa bionda la cui presenza stava trasformando i ritmi monotoni e immutabili della monarchia in una stagione di vivido melodramma che durava tutto l'anno.

Le chiacchiere erano talmente insistenti che alla fine persino i membri della famiglia si arresero alla caratterizzazione dei tabloid. Diana stessa paragonò Kensington Palace a *Coronation Street* quando pranzò con il cronista Jeremy Paxman nel 1996. «Quando uno di noi esce, è tutto un fruscio di tende», gli disse. Dieci anni più tardi, quando partecipò a una festa della casa reale a Sandringham, chiese al principe Carlo quale fosse secondo lui la funzione della monarchia. L'erede al trono replicò con un tono annoiato: «Siamo una specie di soap opera».[7] Non menzionò il fatto che la prima puntata della soap opera era stata un matrimonio da favola nella cattedrale di St Paul.

Nell'autunno del 1985, un anno dopo il mio trasferimento da Londra a New York per diventare redattore capo di *Vanity Fair*, scrissi un servizio di copertina per aggiornare il pubblico americano sullo stato della relazione tra il principe e la principessa di Galles. Pubblicato alla vigilia della loro prima visita ufficiale alla Casa Bianca con il titolo: IL TOPOLINO CHE RUGGIVA, l'articolo riportava la cronaca dettagliata della discordia coniugale tra Carlo e Diana. Il fatto che non andasse tutto a gonfie vele all'interno della coppia non era esattamente uno scoop, ma la tesi dell'inversione dei ruoli, la storia della ragazza scelta per diventare il topolino reale dei Windsor che si trasforma in un tormento infernale nell'arco di quattro anni, conferiva al servizio una certa aria di novità.

Giunta a Londra nell'estate del 1985 per svolgere le ricerche per l'articolo, mi ero resa conto che il gossip sotterraneo a Kensington Palace era aumentato di intensità. Quaranta membri dello staff del principe di Galles avevano rassegnato le dimissioni, incluso il suo segretario personale Edward Adeane, la cui famiglia aveva servito la monarchia sin dai tempi della regina Vittoria. In parte si trattava di una ripercussione inevitabile sullo staff di uno scapolo incallito che alla fine prende moglie, in parte della transizione ugualmente inevitabile della principessa dalla libertà all'isolamento reale. I contrasti di Diana con due successivi agenti di polizia addetti alla sua sicurezza, Paul Officer e David Robinson, rientrano in questa categoria. Diversamente dalla principessa Anna, che aveva dovuto sopportare la presenza quotidiana di una guardia del corpo sin dall'infanzia – e per la quale Robinson riprese a lavorare senza problemi dopo i turbolenti sei mesi al servizio della principessa di Galles – Diana non era abituata ad avere sempre qualche agente di polizia che le ronzava intorno quando se la squagliava per pranzare con un'amica o faceva shopping di nascosto nel negozio di biancheria intima di Marks & Spencer. Robinson stesso era alla sua prima esperienza e non padroneggiava ancora l'arte di confondersi con la tappezzeria. Ciononostante era completamente a terra quando fu convocato dall'addetto alla sicurezza personale della regina, il comandante Michael Trestrail, e gli fu comunicato senza mezzi termini che «mancava la sintonia».[8] Altre partenze volontarie, inclusa quella del segretario personale di Diana, Oliver Everett, di un altro degli assistenti del principe, Ken Stronach, e del maggiordomo Alan Fisher erano un sintomo di problemi più profondi. A palazzo stava iniziando a circolare un nuovo e inquietante ritratto dell'ingenua ragazza d'oro. Un gran numero di fonti in posizioni strategiche – l'amico della Regina Madre Woodrow Wyatt, il cugino della regina e fotografo di celebrità conte di Lichfield, una dama di compagnia, un ex segretario personale – si sono dimostrate ansiose di conferire credibilità alle dicerie.

Tutti loro, in un modo o in un altro, descrissero la principessa come una sognatrice dipendente dalla stampa e il principe Carlo come un uomo sempre più triste ed eccentrico, attanagliato dall'insicurezza e spaventato dall'immensa celebrità di sua moglie. «*Lei* ha bandito tutti i suoi vecchi amici», recitava l'elenco delle lamentele che pubblicai su *Vanity Fair*. «*Lei* lo ha fatto smettere di andare a caccia. *Lei* gli tira dietro le pantofole quando non riesce ad avere la sua attenzione. *Lei* spende tutti i suoi soldi in vestiti. *Lei* lo obbliga ad alimentarsi di uova in camicia e spinaci. *Lei* continua a licenziare i membri del suo staff. L'elegante principe di Galles, Sua Altezza Reale, Duca di Cornovaglia, erede al trono, a quanto pare è fregato da qui all'eternità.» La principessa, scrissi, adesso passava ore in solitudine ad ascoltare le canzoni dei Dire Straits e degli Wham! sul suo walkman Sony ballando da sola, mentre Carlo parlava alle sue piante e cercava consolazione in guru di ogni tipo, filosofi ciarlatani e medium spiritisti, grazie ai quali sperava di comunicare con lo spirito di suo zio «Dickie» Mountbatten. Questa nuova fragilità aveva anche inasprito le tensioni con suo padre. Scrissi: «Quando il principe Carlo entra in una stanza, il principe Filippo esce».[9]

Due giorni dopo la pubblicazione del IL TOPOLINO CHE RUGGIVA, fui svegliata a New York dalla voce roca di un reporter del *Daily Mail* di nome Rod: «Parlo con Tina l'*uragano*?» disse la voce, alludendo all'arrivo dell'uragano Gloria, che a quanto si diceva si stava avvicinando. «Ha scatenato proprio un bel casino qui.»

Il «casino» era che tutti i tabloid all'unisono sostenevano che avevo scritto un mucchio di scandalose bugie, ritenendosi pertanto giustificati a riportare nuovamente ogni succoso dettaglio. Il *Daily Mirror* mi definì «una pettegola della peggior specie» che aveva denigrato la sacralità del matrimonio. *Ma leggete voi stessi!* Il *Daily Mail* continuò a ripetere la storia per una settimana, culminando – con la sua abituale creatività demoniaca – con una parodia scritta in forma anonima dal caporedattore Sir David English in persona. Il servizio di due pagine era intitolato: COME POTREBBE RESISTERE IL MATRIMONIO DI TINA E HARRY AL TRATTAMENTO DI *VANITY FAIR*? Io ero rappresentata come la «Joan Crawford del giornalismo», con delle grosse spalline, mentre urlavo ordini ai miei poveri sottoposti, invece mio marito, « un tempo conosciuto come il James Bond del giornalismo », era a casa a lavare il pavimento, fantasma di se stesso, sognando di tornare in Inghilterra tra le braccia protettive della Camera dei Lord. Su *Tatler*, la mia nave scuola, il provocatorio Auberon Waugh lanciò una stupida polemica in un articolo intitolato BALENE BLU, in cui ipotizzava con fare irrisorio che IL TOPOLINO CHE RUGGIVA fosse la vendetta di una donna in carriera (ossia io), che aveva a sua volta sognato di diventare principessa di Galles, nei confronti di una ragazza timida e nemmeno diplomata (ovvero Diana) che era riuscita a impalmare il principe.

Se nutrivo dei dubbi sull'attendibilità delle mie fonti per l'articolo, questi si dissiparono quando il principe e la principessa di Galles sfruttarono un'intervista su ITV con Sir Alastair Burnet per confutare le mie asserzioni. In genere il palazzo si prende il disturbo di smentire solo le voci che sono vere. L'atto inconsueto dei principi di commentare personalmente il contenuto di un articolo, anche se in modo evasivo, senza menzionarlo direttamente, significava che i fatti riportati probabilmente erano solo la punta dell'iceberg.

Come scoprii in seguito, su una cosa mi ero sbagliata. Nell'articolo avevo difeso Diana sostenendo che in realtà non la si poteva incolpare per l'infelice partenza di Oliver Everett. Più tardi venni a sapere che lei lo aveva invece tagliato fuori di proposito e in modo sleale. Il suo crimine era stato il seguente. Un giorno, dopo essere stato informato dalla principessa che non potevano incontrarsi perché lei « aveva un appuntamento con la regina », Everett bussò alla porta ed entrò per lasciarle dei documenti da firmare. Scoprì così che la principessa invece c'era, impegnata in una furiosa lite con il principe Carlo per qualche stupidaggine. In seguito a quell'episodio, Everett si rese conto che Diana lo aveva cancellato completamente e capì che non aveva altra scelta se non dare le dimissioni, una decisione certamente non facile per un uomo che era stato un astro in ascesa del ministero degli esteri e che aveva lasciato il suo incarico su richiesta del principe Carlo.[10] Sospetto che i loro rapporti si deteriorarono perché Everett aveva colto Diana in flagrante menzogna. Chi altri se non Diana userebbe una scusa tanto sovradimensionata come un'udienza con la regina per evitare di occuparsi di un mucchio di noiosi documenti? Dopo essere stata scoperta, aveva ancora di più la sensazione di essere costantemente osservata e giudicata da Everett.

Il frenetico bisogno di Diana di apparire sempre perfetta emerse chiaramente in un passaggio particolarmente poco autentico dell'intervista per ITV, alla quale era stata preparata persino da Sir Richard Attenborough. Quando Alastair Burnet domandò a Carlo se nella loro coppia ci fossero mai discussioni, il principe rispose con sincerità: «Come nella maggior parte delle coppie». Ma Diana insisteva a dire che no, mai, non avevano mai discussioni. I diari di Sir Roy Strong pubblicati nel 1997 includevano un resoconto dello stato della relazione tra Carlo e Diana, scritto il 24 maggio 1984, i cui contenuti erano praticamente identici a quelli del servizio IL TOPOLINO CHE RUGGIVA, solo che in questo caso le informazioni provenivano direttamente dalla bocca della vicina di Diana a Kensington Palace, la principessa Michael di Kent. Strong annotò che a un concerto di beneficenza per il Prince's Trust, al Victoria and Albert Museum, dopo cena la principessa Michael si era lasciata andare a uno sfogo confidenziale su quella che Strong definiva «la catastrofe della principessa di Galles: i collaboratori se ne vanno a frotte e poi c'è quella terribile madre, la signora Shand Kydd, che ha su di lei un'influenza molto negativa. Il povero principe Carlo ha acquistato Highgrove per stare vicino alle sue amiche di un tempo. Ma non c'è alcuna felicità in quella casa. Diana è molto testarda. Non c'è alcuna cooperazione, nessun obiettivo comune, ed è una terribile afflizione per il principe. Quanto può durare? In più Diana è diventata una regina dei media, il che non fa che peggiorare le cose...» Diana, concluse, era una «bomba a orologeria».[11]

Su quest'ultimo punto la principessa Michael aveva ragione. Oggi sembra quasi di leggere nei capricci di Diana, nella sua bulimia, nel suo intero assurdo dramma, un disperato bisogno di ripudiare non solo il suo presente da Windsor, ma anche il suo passato da Spencer. Tutto – quello che le era stato insegnato sul suo status di donna da quando aveva iniziato a sorridere alla telecamera di suo padre, l'educazione aristocratica che continuava a ripeterle che era stupida, le generazioni di belle donne che la fissavano nella galleria dei dipinti di Althorp esortandola a essere carina e inerme, le fraudolente nozze da favola, l'obbligo di rispettare tradizioni polverose e un'ipocrita doppia morale, tutte le donne che non voleva essere, sua madre, sua nonna, la matrigna, la vecchia Diana timida, credulona e romantica: voleva vomitare fuori tutto, farlo a brandelli, scagliarlo in un pozzo di fuoco. Ecco perché urlava, si feriva, si rimpinzava di cibo e poi si lasciava morire di fame. Voleva essere il Frankenstein di se stessa, e di nessun altro.

Come la maggior parte delle nuove identità forgiate in un inferno di emozioni represse, anche quella di Diana inizialmente appariva esagerata e poco convincente. Smise di vestirsi per piacere e iniziò a vestirsi solo per fare effetto. Ricordate quell'abito bianco di Catherine Walker con le allacciature dorate da majorette e le spalline simili ad asparagi che indossava all'incontro con re Fahd all'aeroporto di Gatwick? O quel cappello verde bottiglia di Emanuel a forma di gondola con la *robe-manteau* in tinta (che con il suo motivo a quadretti ricordava la sedia di un club scozzese) che copriva la sua figura emaciata nei canali di Venezia? Nella prima metà degli anni '80, sbagliò abbigliamento tante volte quante lo azzeccò. Lo riconobbe lei stessa quando nei dinamici anni '90 ripulì il suo guardaroba per l'asta benefica da Christie's a New York e si meravigliò per tutte le cianfrusaglie che aveva indossato. La curatrice dell'asta, Meredith Etherington-Smith, ricorda che, quando aggiunsero al costoso inventario di abiti scintillanti un vestito particolarmente sovraccarico e tempestato di perle, il principe William commentò: «Mamma, questo è troppo brutto, non si può vendere».[12]

La « Dynasty Di » era l'esatto opposto dell'immagine che Diana aveva di se stessa a quel tempo. Più gli abiti diventavano vistosi, più lei nell'intimo cercava la sua strada. Tutto quello che sapeva era che la *sloane* di un tempo doveva scomparire, perché non faceva altro che incoraggiare gli atti di repressione della macchina reale, che avrebbe interpretato un abbigliamento consono come una capitolazione da parte sua.

Non era una paranoia così irragionevole. Diana era costantemente controllata dalla vecchia guardia di Buckingham Palace. Patsy Puttnam ricorda una cena nel 1984 a cui lei e suo marito, il produttore cinematografico David Puttnam, parteciparono insieme a Diana e Carlo, nella residenza londinese di Lord Waldegrave e di sua moglie Caroline. Proprio mentre la coppia reale se ne stava andando, la sorella di Waldegrave, Lady Susan Hussey, dama di compagnia della regina, chiamò suo fratello per verificare « com'era andata »: un evidente messaggio in codice, intuì Patsy, per chiedere « come si era comportata la principessa », il che ovviamente innervosì Diana. « Lei odiava Susan Hussey », disse Patsy. « Sapeva che la Hussey faceva parte della schiera di cortigiani che tentavano di controllarla in ogni momento. Non riuscivano nemmeno ad aspettare che i due fossero usciti dalla porta. La rete di informazioni ha bisogno di sapere *stasera*. Morirei se dovessi sopportare un circo del genere. »[13] In realtà fu il cattivo comportamento di Carlo, non quello di Diana, che impressionò i Puttnam quella sera. Mentre Diana si mostrava premurosa e affettuosa verso il principe, lui era apertamente sprezzante nei suoi confronti. « Si comportava come se lei lo irritasse. Avrebbe preferito che fosse invisibile, e lei lo sapeva », disse Patsy.

Vale la pena sottolineare che Camilla Parker Bowles, che aveva il doppio degli anni di Diana ed era molto più esperta quando sposò il principe Carlo nel 2005, ha sperimentato lo stesso atteggiamento sprezzante da parte della corte di Carlo da quando è stata promossa da amante a duchessa di Cornovaglia. Il servizio di Richard Kay sul *Daily Mail* pubblicato nell'ottobre del 2006, alla vigilia della visita ufficiale di Carlo e Camilla in Pakistan, ricorda talmente un servizio su Diana degli anni '80 che sembra quasi di udire in sottofondo la musica degli Wham! uscire dal suo walkman Sony.

«Quando Carlo portò Camilla a casa come sua moglie, inizialmente lo staff faceva l'impossibile per accontentarla, affannandosi in inchini e riverenze senza fine», raccontava Kay. «La frase: 'Camilla vuole...' divenne una specie di incantesimo per il personale della casa che sudava sette camicie per soddisfare ogni capriccio della duchessa.» (Nota: a palazzo, le richieste degli uomini sono «desideri», quelli delle donne, con un'unica eccezione, sono «capricci».)

«Furono sorpresi di scoprire che l'accomodante donna di campagna era 'piuttosto attenta ed esigente', e il suo libero uso della frase 'Ho bisogno di' aveva proprietà magiche simili a quelle della lampada di Aladino. Le cose venivano fatte e i problemi venivano risolti con una velocità sorprendente.» Adesso invece, sostiene Kay, il suo ruolo pubblico poco chiaro, combinato con la determinazione del palazzo a non diminuire in alcun modo la visibilità del principe di Galles ora che si avvicina al trono, fa sentire Camilla «sempre più isolata». «Sente aleggiare intorno a lei un'atmosfera di disapprovazione generalizzata», ha confidato un amico di Camilla a Kay. «Per lei è una posizione molto scomoda da cui non sa come uscire.» Kay conclude che la strategia alla base di questo atteggiamento è non permettere più a nulla e a nessuno di oscurare il principe di Galles «e se questo significa reprimere Camilla, che sia».[14]

Alla luce dell'esperienza della duchessa, forse il teatrale licenziamento da parte di Diana di numerosi membri del proprio staff e di quello del marito sembra dettato non tanto da un capriccio quanto invece dall'autoconservazione. Percepiva, a ragione, che queste persone non erano fedeli a lei, ma al sistema. Nel maggio del 1983, un anonimo funzionario di palazzo rivelò al *Daily Mirror*: «Il problema è che sembra che Diana non capisca che anche la minima modifica ai suoi programmi rappresenta uno sconvolgimento immenso per coloro che devono organizzare le nuove disposizioni. A volte, quando un piano è già stato stabilito nei dettagli, Diana fa capolino dietro alla porta e annuncia all'ultimo minuto che preferirebbe aggiungere al programma una passeggiata tra la gente o visitare un asilo nido o qualcosa del genere. Per quanto questi 'capricci'», di nuovo questa parola, «siano dettati dalla buona volontà, rappresentano un incubo per le persone al suo servizio. Una piccola richiesta può scatenare una grande confusione, con i funzionari che corrono avanti e indietro come le galline di Sandringham alle quali hanno appena mozzato la testa».[15]

Viene da chiedersi: cos'altro di tanto urgente avevano da fare le galline senza testa? Era proprio il desiderio di Diana di ravvivare qualche istituzione britannica ormai comatosa con un atteggiamento più spontaneo e umano che trasformava le sue visite in veri e propri trionfi. Inoltre, spesso la sua sensibilità per l'aspetto emozionale degli impegni di Carlo si rivelava più determinante di qualunque minuziosa pianificazione per il modo in cui il principe veniva accolto. Diana sembrava sapere istintivamente che ormai l'unico potere rimasto alla casa reale era quello di deludere, e lei non lo fece mai, né con la sua presenza fisica né con la sua sensibilità per l'aspetto umano. Mentre la corrispondenza del principe restava inevasa per giorni, le sue sentite lettere di ringraziamento non solo raggiungevano i destinatari il giorno successivo, ma spesso venivano scritte la sera stessa e consegnate prima di colazione il mattino seguente. Lady Puttnam ricorda che la sera della cena dai Waldegrave, il principe e la principessa dovevano recarsi, su iniziativa di Carlo, a visitare una mostra in una galleria d'arte e si stava facendo tardi. «Diana era preoccupata», raccontò, «perché il proprietario stava tenendo aperta la galleria apposta per loro e loro lo stavano facendo aspettare, una circostanza che Carlo sembrava non considerare affatto.»[16] Se il loro matrimonio avesse funzionato, Diana avrebbe potuto essere utile a Carlo dal punto di vista politico quanto lo fu Nancy per Ronald Reagan. Diana aveva un ottimo intuito per smascherare i parassiti, i ciarlatani e gli adulatori dai quali suo marito si lasciava fatalmente influenzare. «Diceva spesso: 'Perché dobbiamo cenare con queste persone?'» raccontò un membro dello staff del principe ad Anthony Holden. «Sapeva perfettamente che questi personaggi adulavano Carlo perché cercavano di ottenere qualcosa, ad esempio essere invitati a una battuta di caccia a Sandringham.»[17] I tre mentori del principe, il conte Mountbatten, Laurens van der Post e Armand Hammer, puzzavano tutti di frode, chi più chi meno. Hammer, che Carlo cercò di imporre a Diana come padrino per William (lei lo rifiutò adducendo che era «piuttosto vecchio e simile a un rettile»), si rivelò essere un grandissimo truffatore il cui denaro proveniva da un fondo nero istituito per pagare tangenti a intermediari corrotti che avevano ottenuto le concessioni per la sua compagnia petrolifera in Libia. Inoltre, il giornalista investigativo Edward Jay Epstein lo accusava di essere «un tirapiedi del KGB» al quale aveva «a lungo fornito un canale privilegiato per il riciclaggio dei fondi del Cremlino utilizzati per finanziare le attività di spionaggio sovietiche».[18] Siccome il principe si era sentito dire per tutta la vita quanto fosse intelligente, era difficile per lui capire o ammettere di essersi fatto prendere in giro.

Queste preoccupanti dinamiche contribuirono ad aumentare le tensioni che portarono alle dimissioni di Edward Adeane. L'atteggiamento scostante di Diana nei confronti del suo segretario personale accelerò solamente l'inevitabile rottura tra il principe e il funzionario reale. Agli occhi di Adeane, dal giorno delle nozze, Carlo stava cambiando in modo allarmante almeno quanto Diana. In effetti, il principe si stava imponendo sulla scena a modo suo, come se anche lui indossasse un cappello verde smeraldo di Emanuel troppo largo. Più sua moglie riceveva attenzioni, più il principe chiedeva attenzione per le sue idee. Adeane, un avvocato di professione, era stato il segretario personale di Carlo per sei anni ed era convinto che il suo compito fosse quello di preparare il principe a diventare re. Era inorridito dalle iniziative sempre più controverse di Carlo e dai suoi sempre più frequenti sfoghi pubblici. In realtà, alcune delle tribune scelte dal principe per i suoi attacchi potevano essere considerate ispirate o assolutamente pazzesche, a seconda del punto di vista. Carlo attaccò l'architettura moderna in generale e in particolare un progetto per un'installazione in acciaio e vetro destinata alla National Gallery (la definì un «mostruoso foruncolo»), a una cena in onore degli architetti. Inveì contro gli aspetti negativi di un approccio tecnologico alla medicina mentre era ospite dell'ordine professionale che incarnava tale approccio, la British Medical Association. Si scagliò in modo radicale contro le tecniche di coltivazione convenzionali a un grande convegno di agricoltori tradizionalisti al Royal Agricultural College. Poi c'era la piccola questione del desiderio del principe di ricevere la comunione dalle mani di papa Giovanni Paolo II durante la sua visita a Roma con Diana nell'aprile del 1985: un atto che, se la regina non fosse intervenuta, avrebbe violato l'*Act of Settlement* del 1701, creando il deprecabile effetto collaterale di privare i Windsor del diritto legale al trono.

Come già accennato, Adeane si oppose fermamente al tempo «eccessivo» che ora Carlo dedicava ai figli anziché ai doveri principeschi, una questione sulla quale Diana prese immediatamente posizione. In realtà, si potrebbe obiettare che le azioni di Carlo che Adeane disapprovava erano proprio quelle che gli facevano più onore: l'ossessione per il riscaldamento globale, la «sentimentale» attrazione per le medicine alternative, le iniziative interreligiose, il desiderio poco regale di stare con i figli. Oggi le cose per le quali il principe veniva sbeffeggiato negli anni '80 e '90 non solo sono considerate rilevanti, ma addirittura all'avanguardia. «Il livello di incomprensione tra il mondo islamico e quello occidentale resta pericolosamente alto», disse a un pubblico annoiato nel 1993, «il bisogno di convivenza e cooperazione tra le due culture in un mondo sempre più interdipendente non è mai stato più urgente.»[19] Sembra che abbia avuto anche qualche idea imprenditoriale ingegnosa. L'utopistico progetto di creare una linea di prodotti a coltivazione biologica a Highgrove, di cui all'epoca tutti ridevano, nel 2005 ha permesso alla sua società Duchy Originals di rastrellare un milione di sterline per le sue opere di beneficenza. Carlo, nonostante i suoi modi confusi, ha dato vita a un progetto non meno originale delle salse per insalata di Paul Newman. Nemmeno parlare con le piante appare più così stravagante. Negli ultimi anni, il quattro per cento dei terreni agricoli britannici sono stati convertiti alla coltivazione biologica seguendo l'esempio di Highgrove. Nel 2006, il nuovo leader del partito conservatore, David Cameron, cercò di aumentare le proprie credenziali ambientalistiche proponendo di installare un impianto a energia eolica e pannelli solari sul tetto della sua casa a West London. Il principe Carlo era avanti anni luce rispetto a lui, avendo installato una coibentazione ecologica a Highgrove molto tempo prima.

Fu solo una sfortuna che la trasformazione personale di Diana fosse perfettamente in linea con lo spirito dei tempi, mentre la generazione di Carlo non lo riconobbe mai come un proprio membro: non a causa di quello che faceva o pensava, ma per il modo in cui si presentava. Chi, se non il principe Carlo, a trentasei anni indosserebbe un completo blu mare per accompagnare Diana al concerto di Live Aid allo stadio di Wembley nel luglio del 1985 per poi definirlo «uno di quei concerti pop pieni di trambusto al quale mia moglie mi ha costretto ad andare»?[20] Non è colpa sua se il linguaggio del suo corpo, prodotto di una bizzarra educazione edoardiana, è una specie di semantica tribale in via di estinzione che la Gran Bretagna moderna non è più in grado di decodificare. Nemmeno Diana, che sembrava amarlo così tanto, riusciva a vedere oltre, tanto gli sforzi del principe per trovare la propria identità erano sepolti sotto la maschera dei Windsor.

Al contrario, il lavoro di Carlo, il suo «hobby dei cavalli» e le sue battute di caccia in campagna rappresentavano ulteriori ostacoli tra loro, quando invece avrebbero dovuto fungere da collante. Diana, diversamente da Camilla, non era abbastanza esperta per lusingarlo assecondando le sue idee.

(Nella famosa registrazione del «Camillagate» del 1989, l'amante del principe mostra chiaramente di essere una vecchia volpe del gioco seduttivo quando implora, davvero, *implora* Carlo di mandarle una copia del suo ultimo avvincente discorso.) Né Diana era in grado di tenergli testa nelle discussioni «da adulti». Andrew Neil, allora redattore del *Sunday Times*, notò il dislivello culturale tra i due sposi quando pranzò con loro a Kensington Palace nel 1984. «Carlo parlava a ruota libera dei fatti del giorno», ricordava Neil. «Era particolarmente entusiasta del fatto che le forze armate britanniche avessero dato vita a battaglioni di intervento rapido oltre l'area Nato per rispondere alle minacce ai nostri interessi fuori dell'Europa, un'opinione apprezzabile con la quale concordavo. Diana intervenne nella conversazione solo per parlare del concerto rock al quale aveva assistito la sera prima e si scaldò quando menzionammo l'imminente visita del presidente Reagan a Londra. Disse che Reagan era 'un casino', probabilmente un'espressione da *sloane* per indicare un vecchio noioso, e che Nancy Reagan veniva solo per farsi fotografare con la coppia reale e i figli. Era determinata a non essere cortese con la First Lady. Sembrava provare l'antipatia tipica dei nobili inglesi per gli americani, in apparenza volgari. Carlo non fece alcun tentativo per coinvolgerla.»[21]

Diana possedeva un'acuta intelligenza emotiva, ma la sua scarsa cultura le creava diversi problemi nelle occasioni sociali e politiche. Non afferrava nemmeno le questioni di base che altre persone consideravano il loro lavoro. Come poteva? Non ne aveva alcuna esperienza. Nessun uomo della sua famiglia se ne era mai interessato, e certamente nessuno si aspettava che lo facessero le donne. Si sposò praticamente appena uscita dalla scuola, ed era rimasta estremamente provinciale e limitata fino a quando i suoi viaggi da principessa non la portarono a contatto con altre culture. La sua presenza ovviava da sola alla mancanza di contenuti, ma questo non valeva per suo marito, il quale sgobbava per ore nel suo studio per preparare discorsi che erano una fonte di comico sollievo per la stampa. Riguardo alle dichiarazioni in pubblico, Diana preferiva affidarsi al consiglio di amici più acculturati come il dottor James Colthurst, che le forniva sempre qualche spunto arguto per interagire con i dignitari in visita, piuttosto che studiare faticosamente i documenti di istruzioni preparati dal suo segretario personale. «Sarò seduta accanto a Mitterrand a pranzo tra quindici minuti», diceva a Colthurst. «Veloce! Dimmi cosa devo dire.»[22] Sapeva che il suo fascino e la sua bellezza le consentivano di simulare e cavarsela in qualche modo. Vedeva i serissimi sforzi di Carlo per essere «incisivo» più che altro come un ottimo sfondo sul quale poteva risplendere.

Durante il loro viaggio in Italia, Diana, nonostante il repertorio di imbarazzanti cappelli, fu talmente seducente che gli italiani pendevano dalle sue labbra. Quando Carlo le suggerì di fare attenzione alla testa sotto un arco nel giardino del famoso esteta Sir Harold Acton, lei rispose allegramente: «Perché? Non c'è dentro niente».[23] A Roma era assediata come una rock star. Un ex segretario dell'ambasciata britannica disse a Nigel Dempster: «Fu un grande successo, ma non necessariamente per Carlo. A lui restavano solo le briciole. Era, come lo definiscono diplomaticamente i fiorentini, *il vecchio cornuto*. Era terribilmente noioso. La coppia rispecchiava esattamente il vecchio stereotipo italiano: marito vecchio, ricco e impotente... moglie giovane e bella... Adoravano il modo in cui lei sfilava le sue scarpe sotto il tavolo del ristorante. E compativano lui per il modo in cui arrotolava i suoi spaghetti con l'aiuto di un cucchiaio».[24]

«Eravamo un'ottima squadra», mi disse Diana con rimpianto parlando del suo ex marito a New York nel 1997. Ma essere una squadra nella visione di Diana significava ammettere una cosa inaccettabile per l'erede al trono: che la star era lei. Non capiva perché Carlo desse importanza alle serie udienze che concedeva ad architetti, filosofi e ambientalisti esattamente come più tardi non capì perché il cardiologo Hasnat Khan passasse una quantità tanto insensata di tempo all'ospedale. «Non riesco mai ad averlo per me», disse alla sua amica Lucia Flecha de Lima parlando di Khan in una telefonata nel 1997. «È sempre occupato e il suo lavoro è così importante per lui. Io continuo a dirgli che non ha alcun bisogno di lavorare all'ospedale. Insieme formeremmo un'ottima squadra. *Potremmo svolgere il mio lavoro insieme*. Ma lui non ne vuole sapere.»[25]

Probabilmente tutte le dive plasmano il mondo che le circonda per estrarne le qualità e le condizioni che permettano loro di risplendere. Carlo sicuramente leggeva di più, ma Diana era un'abile e risoluta manager di se stessa, lucidissima su quello che voleva quanto Carlo era confuso. Il suo amico e compagno di ballo Wayne Sleep si dice convinto che Diana avrebbe potuto fare la direttrice di un giornale o la regista per la lucidità con cui individuava i dettagli che funzionavano oppure no. A suo modo, lei *era* la regista della sua propria *mise en scène*. Persino Edward Adeane era impressionato dalla velocità con cui ripuliva la propria scrivania, rispetto al marito, il cui stile esecutivo fu paragonato da uno dei suoi assistenti al tentativo « di inchiodare gelatina al muro ».[26] Solo un anno dopo i commenti un po' snob durante il pranzo con Andrew Neil, era seduta accanto all'ex presidente della Goldman Sachs, John Whitehead, in una cena alla National Gallery a Washington e lo impressionò con le sue domande incisive sul sistema politico americano, il funzionamento e la struttura del Congresso.[27] Lei era ancora in crescita, mentre Carlo non aveva più margini di miglioramento, o almeno, questa era la sua opinione. Se un tempo il principe di Galles era stato un uomo affascinante e integro ai suoi occhi, ora considerava la maggior parte dei suoi impegni pubblici, il monotono e interminabile adempimento dei rituali reali stagionali e gli sforzi per incoraggiare le imprese industriali, filantropiche e commerciali – quello che lui alla vigilia delle nozze aveva definito « i suoi troppi impegni » – come uno « spreco di spazio », per usare un'espressione di Diana. Dopotutto, non era lei quella che tutti volevano vedere? Bruce Oldfield ricorda un commovente momento di incomunicabilità coniugale: un giorno si recò da Diana per la prova di uno dei suoi abiti mozzafiato, scollati sul retro, nel soggiorno a Kensington Palace e Carlo li interruppe esibendo il catalogo di una mostra di quadri di George Stubbs della Tate Gallery. Il principe indicò il ritratto di una duchessa a cavallo e chiese entusiasta a Oldfield: «Crede che mia moglie starebbe bene vestita così?» «Una tenuta da cavallerizza del XVII secolo?» pensò Oldfield. «Non era esattamente quello che avevamo in mente.»[28]

Stephen Fry, che era ed è tuttora un amico di Carlo, percepiva in Diana quello che lui definisce «un istinto di reclutamento».[29] Sapeva come portare dalla sua parte le persone che potevano essere utili al suo fascino. Il timore di questa sottile guerriglia della moglie diventò una vera e propria paranoia per il principe Carlo. Mentre Diana percepiva lo staff del marito come ostile, il principe lo vedeva cadere lentamente, ma inevitabilmente, vittima dei suoi incantesimi. Era davvero troppo da sopportare! Secondo uno di loro, esplose con una tale veemenza con Michael Colborne, durante il tour del Canada nel giugno del 1983, da provocare la rassegnazione delle dimissioni da parte del suo segretario personale nel 1984, dopo nove sereni anni di servizio. L'errore di Colborne era stato quello di acconsentire alla richiesta di Diana di raggiungerla sul ponte di poppa del *Britannia* per aggiornarla sugli eventi dei giorni successivi. Quando Carlo ritornò da uno dei suoi impegni e li trovò immersi in un'animata discussione organizzativa chiese a Colborne di entrare nella cabina normalmente usata dal duca di Edimburgo per «una parola in privato». Si scagliò su di lui come una furia. «Io ti ho assunto quando eri in Marina. Devi la tua fedeltà a me!» urlò Sua Altezza Reale. Quando Colborne uscì dalla cabina profondamente scosso, trovò Diana, che aveva origliato la conversazione, in lacrime dietro alla porta.[30]

Ovviamente, il tentativo di Carlo di dichiarare guerra al potere di seduzione di sua moglie era del tutto vano. In questo campo poteva andare incontro unicamente alla sconfitta. Si può interpretare la resistenza che Carlo opponeva a Diana in camera da letto (stando a quello che lei stessa ha raccontato al suo insegnante di dizione Peter Settelen, lui la cercava una volta ogni tre settimane)[31] come un atto necessario per salvaguardare la propria identità, una linea di demarcazione che la moglie, con tutto il suo potere seduttivo, non riusciva a superare.

«In qualche modo abbiamo concepito Harry», raccontò Diana ad Andrew Morton. Jasper Conran, che confezionò molti dei suoi abiti durante la seconda gravidanza, sostiene che era palese il tentativo di apparire più eccitante agli occhi del marito, e per Conran era entusiasmante disegnare abiti che mettessero in risalto le sue nuove rotondità: «Voleva essere sexy durante la sua maternità. A mio avviso non c'è alcun dubbio che fosse pazzamente innamorata di suo marito e voleva continuare a piacergli anche dopo la nascita di Harry».[32] Diana stessa disse ad Andrew Morton che le ultime sei settimane prima della nascita di Harry furono tra i giorni più felici del suo matrimonio, ma che la loro relazione, di fatto, morì subito dopo la nascita del bambino.[33] Conran osservò che dopo la gravidanza, durante le prove, Diana era spesso sul punto di piangere. «Io non le chiedevo qual era il problema. Non bisogna immischiarsi negli affari dei reali. I suoi ormoni erano impazziti e andavano a braccetto con la sua incertezza, sentiva un'immensa pressione da parte del mondo esterno. La facevo sedere e le davo una tazza di tè. Si presumeva che la sua famiglia la aiutasse. Ma era davvero profondamente sola.»[34]

Diana spiegò a Morton che fu il palese disappunto di suo marito per il fatto che avesse dato alla luce un altro maschio, anziché la femmina che lui tanto desiderava, a sprofondare il loro matrimonio in una crisi ancora più forte. «Ha persino i capelli rossi!»[35] si dice che abbia esclamato Carlo con voce allarmata quando Harry fece il suo ingresso nel mondo dopo nove ore di travaglio al St Mary. Se questo è vero, è davvero un'esclamazione curiosa in un contesto di crisi matrimoniale. Carlo non poteva essere tanto sorpreso del fatto che suo figlio, per dirla in modo elegante, fosse un «pel di carota». La maggior parte degli Spencer lo erano, inclusa Sarah, la sorella maggiore di Diana, così come la metà degli antenati ritratti sulle pareti di Althorp, in particolare il cosiddetto «Red Earl» (1835-1910) con la sua fulgida barba arancione. L'acuta osservazione di Carlo sul colore dei capelli di Harry non sembra rispecchiare nient'altro che quell'affascinante senso di diversità che provano molti genitori quando un bambino immaginato per nove mesi viene improvvisamente alla luce con tutto il suo strabiliante rifiuto di conformarsi alle aspettative. L'ossessione di Diana di essere perfetta può averla indotta a fraintendere la reazione del marito. I Windsor avevano sempre avuto l'inspiegabile talento di generare prima un maschio e poi una femmina. Diana non voleva differenziarsi: per questo, nonostante sapesse fin dall'amniocentesi del 1984 che stava portando in grembo un maschietto, tralasciò di condividere questa informazione con suo marito.

Due biografi di Diana, Anthony Holden e James Whitaker, sostengono che la rottura sia imputabile al ritorno di Camilla. Asseriscono che nel 1983, l'anno prima della nascita di Harry, Carlo era ormai tornato dalla sua amante, sia fisicamente sia sentimentalmente, e che Diana lo sapeva. Concordo con questa opinione, e concordo nonostante – anzi no, proprio perché – gli amici di Carlo e il suo biografo ufficiale, Jonathan Dimbleby, insistono a dire che la relazione riprese solo tre anni più tardi, nel novembre del 1986. Questa ripetitiva litania fa nascere il sospetto che sia stata prodotta direttamente dal palazzo di St James. Come possono queste persone o chiunque altro, sostenere di conoscere i segreti intimi con tale incrollabile certezza? È logico dedurre che ripetono semplicemente ciò che è stato loro detto dalle due persone che hanno il maggiore interesse a mantenere il massimo decoro possibile: Carlo e Camilla. Gyles Brandreth, il più recente apologeta del principe, si spinge oltre, proponendo una nuova ragione per cui la data deve essere il 1986 o dopo: quell'anno Carlo aveva visto Diana ballare in modo provocante con il suo vecchio amico Philip Dunne alle nozze di Tracy Ward con il marchese di Worcester nel giugno del 1987. Secondo Brandreth, Carlo, vedendo la scena, decise che probabilmente Diana aveva delle relazioni extraconiugali. Ma questa versione sorvola sul fatto che Carlo aveva a sua volta passato metà della serata a ballare con la sua ex amante Anna Wallace e poi con Camilla stessa. Fu visto svignarsela presto, mentre Dunne e Diana volteggiavano sulla pista da ballo.[36]

Esistono anche altre prove, bellamente ignorate dalla versione ufficiale, del fatto che la relazione con Camilla riprese prima del 1986. Quando Diana era a Londra, Carlo raggiungeva Camilla alla battuta di caccia di Beaufort, con tutte le opportunità che questa offriva per i convegni amorosi segreti. Un membro del personale di Highgrove disse a Anthony Holden che un weekend, nel novembre 1983, Diana premette il pulsante di richiamata nello studio di Carlo e rispose Camilla. Scoppiò una lite «epica» di fronte al personale: Diana in lacrime e Carlo che usciva a grandi passi.[37] Diana stessa confidò ad Andrew Morton che aveva notato segnali molto più concreti dei sotterfugi del marito: «Telefonate notturne, assenze ingiustificate e piccoli ma significativi cambiamenti nella sua routine quotidiana».[38] Marie Helvin, che iniziò a frequentare il fratello di Camilla, Mark Shand, nel 1983 e passava spesso i weekend dai Parker Bowles, aveva la forte sensazione che Camilla facesse ancora parte della vita del principe Carlo. «C'erano indizi che facevano ritenere che [la precedente relazione] esistesse ancora», mi disse. «La mia sensazione era che fossero sempre insieme.»[39] Stuart Higgins, redattore del *Sun* (1994-1998), che aveva intrecciato un rapporto cordiale con Camilla quando era il reporter reale del *Sun*, è giunto alla stessa conclusione. Higgins disse a uno dei biografi di Diana, Sally Bedell Smith, che dal 1982 al 1992 Camilla lo aggiornava una volta alla settimana su tutto quello che accadeva nella relazione tra Carlo e Diana. Dice Higgins: «Non ho mai avuto la sensazione che avesse perso i contatti, anche se sono convinto che a un certo punto la relazione si sia interrotta e che Carlo si sforzò per far funzionare il suo matrimonio. La nostra amicizia era utile a entrambi... lei [Camilla] voleva assolutamente scoprire come veniva giudicata dalla stampa [e anche Carlo], perciò aveva bisogno di me quanto io di lei».[40] Dopo aver fatto queste dichiarazioni, Higgins si è chiuso nel silenzio. Afferma che ora preferisce non discutere di quelle telefonate con Camilla, adducendo la ragione che «continua a lavorare a progetti per la duchessa di Cornovaglia».[41]

Nel disperato tentativo di riconquistare l'attenzione del principe Carlo dopo la nascita di Harry, Diana tentò di farsi strada nel suo cuore a modo suo. A casa tentò di lusingarlo esibendosi in uno striptease in lingerie sexy che lui disse di avere «gradito solo a metà».[42] Poi, nel dicembre del 1985, fece un fallimentare tentativo pubblico per corteggiarlo.

L'occasione fu una performance per il *Friends of Covent Garden*, una serata VIP di sketch e intrattenimento che la Royal Opera House organizza per i suoi sostenitori speciali. I ballerini cantano, i cantanti si esibiscono in tutù, e spesso c'è la performance a sorpresa di qualche celebrità. Anche se spesso i reali partecipano all'evento, quell'anno nessuno si aspettava la principessa di Galles. Diana aveva studiato e provato per settimane in gran segreto un numero di danza con l'astro del balletto Wayne Sleep. Due numeri prima della fine uscì furtivamente dal palco reale, dove assisteva allo spettacolo con il principe. Pochi minuti dopo, con immensa sorpresa di Carlo e del pubblico, si presentò in scena con un conturbante abito di satin bianco e si esibì in un agile *pas de deux* con Sleep sulle note rockeggianti di *Uptown Girl* di Billy Joel. «Avevo paura che crollasse sotto la luce dei riflettori», racconta Sleep. «Ma lei ha gestito la cosa alla grande. Poche persone sarebbero riuscite a sostenere gli sguardi critici di una platea così esigente su un palco grande come quello di Covent Garden. Era una diva nata.»[43] Diana fu onorata con una *standing ovation* e otto sipari, tranne che da suo marito. Per l'intera esibizione aveva ballato rivolta verso il palco reale dove sedeva Carlo. Ma più tardi, quando lei e Sleep si unirono al principe per un piccolo ricevimento, lui si comportò in modo freddo, persino distaccato. Era penosamente evidente che non aveva gradito lo spettacolo di sua moglie che danzava sulle punte. Quando espresse il suo disappunto, questo fu interpretato come una gelida disapprovazione per il fatto che Diana aveva infranto l'etichetta reale. Dopotutto, era la futura regina. Tuttavia, Sleep è convinto che in realtà il principe fosse irritato perché era stato tagliato fuori. L'anno precedente, nella stessa occasione, Carlo e Diana si erano esibiti insieme in uno sketch, come Romeo e Giulietta, e lui aveva cantato il jingle: *Just One Cornetto*. Ma in questa occasione Diana aveva scelto di apparire senza di lui, e ciò lo metteva a disagio. «Quello fu il primo segno della sua indipendenza e il palazzo iniziò a preoccuparsi. Credo che fossero tutti convinti che fosse solo una stupida biondina, e ora improvvisamente stava andando oltre i propri limiti», disse Sleep.[44]

Il principe aveva ragione. Diana aveva trovato il coraggio di buttarsi in un'esibizione così sensuale perché in precedenza aveva già scatenato acclamazioni entusiastiche per un altro ballo da cardiopalma. Un mese prima, tutta Washington era stata incantata dai suoi volteggi nella East Room della Casa Bianca tra le braccia della star del cinema e icona della disco-dance John Travolta. L'episodio si era svolto durante una cena in onore di Carlo e Diana offerta da *Horlicks* e Nancy Reagan. Per i Reagan, esattamente come per Diana, fu un momento pieno di sinergie, come lo avrebbero definito gli investitori dell'epoca del boom economico.

Le facce liftate più eleganti di Bel Air e Georgetown volteggiavano per la sala negli abiti più costosi di Oscar de la Renta, Valentino e Dior, facendo tintinnare i propri vistosi gioielli in onore del principe e (soprattutto) della principessa di Galles. Diana scese da una Rolls-Royce color argento fasciata in un abito di velluto blu notte di Victor Edelstein, con lunghi guanti blu scuro e uno sfolgorante, ma poco vistoso, girocollo di perle e zaffiri.

Il coreografo e astro del balletto russo Mikhail Baryshnikov, che quella sera avrebbe cenato accanto alla principessa, si aiutava con un bastone mentre avanzava sul tappeto rosso dove Diana, il principe Carlo, il presidente e la signora Reagan erano allineati per dare il benvenuto agli ospiti. «Lei è un uomo fortunato», gli disse il principe Carlo con consumata cortesia. «Mia moglie ha chiesto di farvi sedere accanto a lei stasera. Le piace farmi ingelosire.» Baryshnikov spiegò alla principessa che purtroppo a causa di un infortunio alla caviglia non avrebbe potuto invitarla a ballare. «Peggio per me», replicò lei arrossendo. Lui rimase colpito «dalla straordinaria trasparenza della pelle della principessa, che risaltava sul suo aderente abito blu, e dai suoi profondi occhi azzurri, molto più belli dal vivo che nelle fotografie o in TV».[45] John Travolta, anche lui presente all'evento, pensò che Diana sembrava alta tre metri. «Era molto carismatica e aveva una presenza degna di una star del cinema», mi raccontò il famoso attore.[46]

Travolta non immaginava certo che quella serata per lui si sarebbe conclusa con un fiume di pubblicità. A quel tempo, la sua carriera era a un punto morto. Erano passati due anni dal suo ultimo successo al botteghino, *Staying Alive*, e il film che lo avrebbe riportato sulla cresta dell'onda, *Pulp Fiction*, sarebbe uscito solo nove anni dopo. L'ospite di punta di Hollywood alla Casa Bianca non era la stella un po' in ribasso dell'ormai vecchio successo *La febbre del sabato sera*, bensì Clint Eastwood, candidato all'Oscar per l'interpretazione del fosco predicatore di *Pale Rider – Il cavaliere pallido*. Mentre Travolta infilava la sua nuova giacca di Armani prima del ricevimento, diceva a se stesso: «Wow, che fortuna essere stato invitato! Non sarò molto richiesto ma non sono neanche stato dimenticato!»

Quando si avvicinò a Diana per le presentazioni, lei gli chiese gentilmente informazioni sulla vera star della serata. «Ha già visto il signor Eastwood stasera?» «No, mi dispiace.» «Crede che sia qui?» chiese lei. «Ma certo» disse Travolta. «Naturalmente» disse Diana sorridendo. «Dove altro potrebbe essere?»

«Pensai che era stata molto astuta», raccontò Travolta due decenni dopo. «Non solo sapeva perfettamente chi era, ma sapeva anche a che gioco si giocava, e quanto fosse grosso. Era perfettamente consapevole dell'impatto di tutto quel circo sui media.»[47]

Durante la cena per ottanta persone, come promesso Diana sedette tra il presidente e l'astro del balletto. Entrò subito in confidenza con Baryshnikov parlandogli dei suoi figli («col cuore in mano», ricordava il ballerino), mostrandogli le fotografie di William e Harry e chiedendogli informazioni sulla sua famiglia. «Parlava con me come se fossi una sua amica. Creò immediatamente un'atmosfera di complicità.» Sorrise divertita dei biscotti californiani al cioccolato bianco con il suo profilo stampato, molto kitsch, e gli chiese «con fare deliziosamente birichino», chi dei presenti fosse chi.[48] Paul Burrell ha dichiarato che Baryshnikov chiese a Diana un autografo, ma questo non è vero. «No, le ho chiesto se potevo tenere il suo segnaposto per ricordo», mi disse il ballerino. «Mi ha lanciato un'occhiata, ha messo un dito sulla bocca e ha detto: 'Solo se io posso tenere il suo'.»[49]

I vicini di tavolo del principe Carlo erano la First Lady e la cantante lirica Beverly Sills. «Chiesi a Nancy come mai mi fosse stato concesso un tale onore, e lei mi disse: 'Perché lui ama l'opera, e lei qui è l'unica che ne capisce qualcosa'», disse la Sills.[50] «Purtroppo non erano presenti né belle attrici né cantanti», scrisse Carlo nel suo diario il giorno seguente. «Avevo davvero sperato di incontrare Diana Ross.»[51]

Intorno alle ventuno, poco prima che venissero serviti gli antipasti, John Travolta, seduto a un altro tavolo, sentì la First Lady battergli sulla spalla. «Mi disse: 'Senta, la principessa ha un solo desiderio'. E io risposi: 'E quale sarebbe?' E lei replicò: 'Ballare con lei'. E io: 'Veramente?' 'Sì, ci farebbe l'onore?' disse la signora Reagan. 'Certo, dove, come,, quando?' chiesi. Lei rispose: 'Verso mezzanotte. Le darò un colpetto sulla spalla quando sarà il momento'. Era chiaramente una cosa pianificata. Sapevo che sarei stato al centro dell'attenzione e per le successive tre ore non feci altro che sudare».

Travolta mi raccontò nel dettaglio cosa accadde dopo. «Sto seduto là e cerco di ricordare come Diana balla con

Carlo. Io sono alto un metro e ottantatré. Con i tacchi alti probabilmente lei raggiunge la mia altezza. Una donna alta e snella, che quindi sembra ancora più alta. Cerco di riportare alla memoria le mie lezioni di danza a scuola. *Metti la mano al centro della schiena per guidare la tua partner.* Mi ritornano in mente tutti i trucchi. *Qualunque cosa tu faccia, mostrale che hai il controllo della situazione.* Ecco che arriva il colpetto sulla spalla. Il mio cuore va a mille. Nancy mi porta da lei. La principessa non è rivolta verso di me, è rivolta verso il presidente. Le appoggio delicatamente la mano sulla spalla e dico: 'Vuole ballare?' Fa il suo famoso cenno con il capo arrossendo leggermente e dice: 'Certo. Con molto piacere'. Non appena mettiamo piede sulla pista da ballo, tutti si spostano per farci spazio. Mi sembra di sentire *Grease* e *Night Fever.* Voglio iniziare con il piede giusto e dimostrarle che ho il controllo della situazione e che non deve preoccuparsi di nulla perché la guiderò io. Con delicatezza sposto la sua mano un po' più in basso, in modo che capisca che sono un ballerino esperto. Nessuno parla. È difficile conversare durante un ballo quando settantacinque persone ti stanno guardando. Io la guardo negli occhi con uno sguardo rassicurante, come per dire: 'È tutto a posto'. Probabilmente il nostro ballo dura solo dieci minuti, ma a me sembrano venti.»

Travolta dice che standole così vicino ha percepito tutta la forza seduttiva di Diana. «La trovavo terribilmente sexy, lo ammetto. Essere sexy e sensuali è una qualità innata, o lo sei o non lo sei. Lei era entrambe le cose. Lei percepiva me e io percepivo lei. Onestamente non sapevo se qualcuno ci stesse fotografando, ma sapevo che era uno spettacolo da un milione di dollari, perché era un momento storico. E il mio compito era quello di farlo sembrare bello come un film.»[52]

Tutti gli ospiti presenti quella sera con cui ho parlato hanno avuto la sensazione di partecipare a un momento storico. Washington era, ed è ancora, una città démodé, un centro di potere, ma sicuramente non un centro della moda. Le mogli dei capi di Stato girano ingobbite nei loro sfolgoranti maglioni in lurex di Escada, e gli «abitanti delle caverne» di Georgetown sono convinti che le giovani bionde degli uffici negli studi televisivi siano il massimo. Le «celebrità» di serie A, B e C importate dai Reagan dai circoli di Bel Air e Park Avenue hanno portato il glamour, ma non l'eleganza. Diana, con la sua combinazione di bellezza, raffinatezza e giovinezza, era proprio il correttivo di cui i Reagan avevano bisogno. Il lustro che regalò quel suo breve ballo compensava le abituali rugose compagne di pranzo di Nancy che dispensavano baci al vento e i suoi accompagnatori anonimi. («Era una ragazzina» si infervorava Beverly Sills. «Lo abbiamo pensato tutti. La sua pelle color crema era liscia come una pesca.»)[53] Baryshnikov ammirò l'immagine che Diana diede di sé sulla pista da ballo «radiosa e fresca, John, questo grande simbolo della cultura popolare americana, così elegante e i Marine della Casa Bianca con le loro uniformi di gala che li guardavano».[54]

E allora cosa cambia se Burrell oggi sostiene che in realtà Diana quella sera aveva sperato di ballare con Baryshnikov stesso? («Probabilmente è stato meglio che abbia ballato Travolta con lei e non io», dice Baryshnikov, alto un metro e settanta. «Il mio naso si sarebbe trovato più o meno all'altezza del suo seno.»)[55] Cosa importa se durante il ricevimento all'ambasciata britannica il mattino seguente Christopher Hitchens notò che la principessa sembrava «pallida e malata» e che la coppia scese le scale come se avesse appena avuto un «litigio davvero orribile quanto inutile»?[56] Il linguaggio del corpo rivela più di qualunque oscuro sottinteso. La scintillante favola della timida fanciulla che ha sposato un avvenente principe ormai aveva assunto una dimensione hollywoodiana.

«In quel momento, la soggezione degli spettatori era palpabile», ribadisce Travolta. «Fu un momento incredibilmente pieno di vita, bisognava essere morti per non sentire la gioia che aleggiava intorno a noi. Si aveva la sensazione che durante la sua adolescenza Diana avesse visto *Grease* o *La febbre del sabato sera*. Si percepiva chiaramente il suo enorme sogno di diventare principessa. Era una giovane donna che aveva visto quei film quando non era ancora una principessa, e ora il suo sogno si era avverato. Era palese; bastava osservare le fotografie pubblicate il giorno dopo per capirlo. Alla fine mi ha fatto una riverenza, io mi sono inchinato e poi, be', poi io mi sono ritrasformato nel solito zuccone.»[57]

Pianti e pettegolezzi

Carlo credeva di sapere, ma non ha mai avuto prove.

(Diana a Peter Settelen, settembre 1992)

Mentre il mondo fremeva per lo spettacolo che offriva la vita di Diana come se si trattasse di un musical di Rodgers e Hammerstein, la vita familiare della principessa stava diventando sempre più simile a un film di Hitchcock. Sotto una facciata da *The King and I* si celava, infatti, un melodramma sinistro simile a *Rebecca*. Highgrove, la Manderley del Gloucestershire dove la principessa trascorreva i suoi fine settimana con il principe Carlo e i ragazzi, aveva la sua signora Danvers, ossia Wendy Berry, che tenne regolarmente un diario dal 1985 al 1993. (Aveva anche la sua Rebecca, che viveva con il marito Andrew Parker Bowles a circa ventisei chilometri da lì, a Bolehyde Manor, vicino a Chippenham.) Stando a quanto mi hanno riferito gli ospiti e i visitatori con cui ho parlato, verso la fine degli anni '80 l'autentica desolazione della vita coniugale di Carlo e Diana penetrava nelle coscienze come l'umidità in una notte di novembre.

Avrebbe dovuto essere un idillio. Highgrove House, nel piccolo villaggio di Doughton, nei pressi di Tetbury, è ed è sempre stata la proprietà preferita del principe Carlo. Rappresentava il punto di contatto più profondo con la sua emotività, e il giardino era la sua personale Xanadu. La casa, con la facciata grigia in stile neoclassico addolcita dalla presenza di un antico albero di cedro in primo piano e di circa 138 ettari di terreno ondulato, non era un magnifico rifugio reale, ma un luogo appartato per un gentiluomo di campagna. Qui, Carlo poteva fuggire dalla sua vita da principe e rastrellare le foglie indossando abbondanti pantaloni in velluto a coste e maglioni con le toppe sui gomiti. Ciò non significava che Highgrove non avesse caratteristiche simili a quelle della mitologica Ruritania. Quando Paul Burrell vi lavorava come maggiordomo, ogni venerdì pomeriggio viveva un momento alla «Iwo Jima». Dieci minuti prima che il principe arrivasse, Burrell doveva arrampicarsi sul tetto per raggiungere l'asta della bandiera, a volte anche con un vento furioso, e allestire in fretta la risposta di Highgrove all'improvviso sbandieramento dello stendardo reale.[1] Quel luogo costituiva l'infantile dimostrazione di indipendenza di Carlo. Highgrove era una delle poche cose che i genitori non controllavano nella vita dell'erede, e il giardino esprimeva la sua vita interiore. Nel corso degli anni, ha trasformato un mucchio di rovi trasandati, un prato desolato e un maleodorante stagno quadrato in qualcosa di magico, selvaggio e sorprendente, brulicante di pergolati e sentieri profumati. Il fascino romantico in realtà rappresenta solo l'aspetto minore dell'opera del principe. È nel risanamento dei terreni che ha mostrato una sagacia e un coraggio eccezionali. Molti agricoltori dubitavano che la coltivazione e l'allevamento di bestiame fossero possibili senza usare prodotti chimici contro le erbacce, gli insetti e gli attacchi dei funghi; nella stampa, inoltre, le risatine maliziose sull'eccentricità dell'agricoltura biologica erano all'ordine del giorno. In realtà, nonostante l'agricoltura biologica abbia incontrato difficoltà nei primi anni, in seguito è diventata non solo un successo a Highgrove, ma forse addirittura un modello di agricoltura sana e sostenibile per il XXI secolo. Gli ospiti che venivano invitati a pranzo godevano di queste prelibatezze biologiche provenienti dall'orto di casa, come le carote bianche, i pomodori Green Zebra e le fave tanto deliziose quanto i loro fiori rossi.[2] «Tutto ciò che ho cercato di fare in questo piccolo angolo del Gloucestershire è stato creare l'espressione fisica di una filosofia personale», ha riferito Carlo all'autore di un libro sulla tenuta di Highgrove.[3]

Quando un'amica lesse ad alta voce queste ruminazioni pastorali a Diana, le due «scoppiarono in una risata beffarda».[4] La principessa credeva di sapere fin troppo bene cosa piaceva fare al principe in questo piccolo angolo del Gloucestershire, o piuttosto con chi. Il rifiuto che Diana nutriva nei confronti dei piaceri offerti da Highgrove può essere attribuito a un fattore solo, ma comunque determinante: la vicinanza di Camilla. La presenza della sua rivale, reale e immaginaria, distorceva la percezione di Diana della bellezza serena della casa. Nel 1986 cercò di persuadere Carlo a vendere Highgrove per trasferirsi a Belton, la precedente dimora del 7° Lord Brownlow nel Lincolnshire, a più di duecento chilometri dalla temuta Camilla; tuttavia, dopo aver finto di prendere in considerazione la proposta, il principe respinse Belton in quanto troppo costosa da gestire e troppo lontana dal Ducato di Cornovaglia. Al contrario, nel 1986 furono i Parker Bowles a trasferirsi, anche se a meno di cinque chilometri, acquistando Middlewick House, un castello del XVIII secolo nel paese di Pickwick, vicino a Corsham nel Wiltshire.

Camilla era solita entrare a Highgrove dal terrazzo dopo aver raggiunto l'entrata posteriore percorrendo il *Thyme Walk*. Ci fu un episodio significativo nell'estate del 1990, due anni prima che Carlo e Diana si separassero, quando Diana viveva ancora nella residenza. Qualcuno vide Camilla sporgere la testa dalle portefinestre di Highgrove, cogliendo Carlo di sorpresa. Lui era in terrazzo con gli occhiali da sole e a petto nudo. «Ciao tesoro. Come sta il mio principino preferito oggi?» gli sussurrò. Carlo si girò per vedere chi fosse e rise. «Togliti gli occhiali, Carlo. Voglio vedere i tuoi occhi» gli disse Camilla. «Ho paura di farti vedere cosa rivelano i miei occhi. Potrebbero tradirmi» affermò Carlo in modo enigmatico.[5] Il rapporto che Diana aveva con suo marito non poteva competere in nessun modo con queste schermaglie seduttive clandestine. La giovinezza e la bellezza della principessa erano un'arma debole in confronto alla combinazione di intimità lusinghiera e sfacciato erotismo di Camilla, che le derivavano dalla lunga e languida frequentazione con il suo uomo.

I visitatori di Highgrove avvertivano sempre in sottofondo quella sensazione raccapricciante che stesse accadendo qualcosa dietro le quinte. La tetraggine era accresciuta dal fatto che il Glocestershire ha un clima molto umido. All'interno si udivano rumori di porte sbattute e singhiozzi soffocati, la voce implorante di Carlo che chiedeva cosa mai avesse fatto di sbagliato. Qualche volta si potevano sentire i conati di vomito dal bagno di Diana, e la principessa ricompariva rossa in faccia e con un'aria colpevole. Il vento tagliente del febbraio del 1986 sembrava riflettere l'indifferenza del principe Carlo nei confronti di sua moglie.

Le domeniche pomeriggio, Diana si preparava per lasciare Highgrove e tornare a Londra per riportare i bambini a scuola, mentre il marito rimaneva in campagna. Sembrava sempre sul punto di scoppiare il lacrime. Carlo era confuso ed esasperato. «Perché piangi adesso?» era il suo ritornello coniugale. Era come se Diana sfogasse non solo il proprio dolore, ma anche quello che sua madre Frances Shand Kydd provò molti anni prima, quando piangeva inconsolabile ogni sabato sera, nel momento in cui, per Diana e suo fratello, si avvicinava l'ora di ritornare sotto la custodia del conte Spencer.

Gli abitanti del Gloucestershire devono appartenere necessariamente a due categorie: cacciatori o giardinieri. (Highgrove si trovava a meno di quindici chilometri dal posto dove si svolge la celebre Beaufort Hunt del duca di Beaufort nelle tenute di Badminton.) Camilla e Carlo possedevano entrambe le passioni, mentre Diana, dimostrando un risoluto desiderio di morte coniugale, scelse di non coltivare nessuna delle due, ritirandosi sempre più spesso all'interno della sua camera da letto, mentre suo marito si rifugiava sempre di più all'esterno. Il sabato Carlo giocava a polo o andava a caccia per la maggior parte della giornata, nonostante le suppliche isteriche della moglie. I passatempi che lei detestava erano proprio quelli che, ne era convinto, lo aiutavano a mantenere il senno. Quando Diana si svegliava, lui era già vestito di tutto punto nella sua tenuta da caccia, pronto per lasciare il vialetto di casa con la sua Range Rover. Stando a quanto ha affermato Ronnie, il padre dell'attrice Minnie Driver, che fu ospite a Highgrove nel novembre del 1983 «Diana iniziò a urlare... accusandolo di essere egoista, un bastardo, e aggiungendo qualche altra colorita espressione di tre parole». Ma il principe Carlo, senza lasciarsi scoraggiare, partì ugualmente.[6] Per ripicca, lei rifiutava spesso di intrattenere gli amici di lui. Rosemary Verey, la famosa giardiniera inglese deceduta nel 2001, dava spesso consigli a Carlo sulla coltivazione delle sue piante a Highgrove. Durante una delle sue visite verso la fine degli anni '80, il principe mandò un domestico a riferire alla principessa di Galles che la loro ospite era arrivata. Improvvisamente, la finestra a ghigliottina della camera da letto di Diana si sollevò con violenza e la principessa gridò «FOTTITI!»;[7] per quanto non fosse chiaro se l'insulto era rivolto al marito o all'ospite.

Eppure, in mezzo a questo caos, a detta del personale, ci furono anche interludi di felicità familiare: la gioia incontenibile del principe Carlo quando salutava William e Harry il venerdì pomeriggio e prendeva in braccio William facendolo ruotare vorticosamente; le sere di tregua in cui il principe e la principessa cenavano insieme a un tavolo da gioco in salotto e chiacchieravano come una qualsiasi civile coppia sposata sui rispettivi impegni della settimana; o ancora, lo slancio di felicità di Diana in occasione del loro settimo anniversario di matrimonio, quando arrivò a Highgrove e trovò sul pianoforte un enorme mazzo di rose selvatiche del giardino. Tutto questo chiarisce quante occasioni avessero sciupato entrambi.

Ma l'ombra di Rebecca non era mai troppo lontana. Ken Wharfe, la guardia del corpo che la polizia aveva assegnato a

Diana in quel periodo, mi raccontò di come solo qualche mese dopo il felice settimo anniversario ci fu un'altra domenica pomeriggio di lacrime. Dopo essere partiti per Londra già da una mezz'ora, la principessa si rivolse improvvisamente a Wharfe dicendogli: «Aspetti! Voglio tornare indietro».[8] Ripercorsero la strada da cui erano venuti e si fermarono sul vialetto di Highgrove. Come Diana aveva sospettato, l'automobile di Camilla era già parcheggiata lì fuori.

L'amante conosceva la casa quasi come se fosse sua. Quando il principe andava a trovare Camilla a casa di lei, per coprire le tracce dei suoi spostamenti cenava presto, congedava i domestici per la sera e cerchiava sulla sua copia della domenica del *Radio Times* le trasmissioni televisive che avrebbe finto di avere visto. A volte prendeva in prestito l'automobile del cuoco per non essere riconosciuto. «Una volta perse il controllo sul ghiaccio e fece un bel danno» affermò Mervyn Wycherley. «Entro le sette del mattino seguente la macchina era già stata portata via. Venne restituita al legittimo proprietario dopo essere stata riparata e nessuno disse nulla.»[9]

Il fantasma costantemente presente della signora Parker Bowles, tuttavia, non era l'unico spettro che infestava quei fine settimana a Highgrove. Anche Diana aveva dei segreti. C'era la questione dell'ombra onnipresente della sua guardia del corpo, Barry Mannakee. A William e Harry piaceva averlo intorno, ma forse l'ammirazione che provava per la loro madre andava un po' troppo oltre? Gli addetti alla sicurezza personale – che nel linguaggio di Scotland Yard vengono chiamati PPO, Personal Protection Officers – vengono assegnati in modo tale che possano inserirsi nel mondo del loro «cliente» con discrezione, condizione irrinunciabile per i VIP che devono proteggere. Se il cliente è il principe Filippo, il PPO può essere un uomo maturo che si confonde con i membri dell'establishment e con gli ospiti durante le cerimonie di Stato. Se si tratta del principe Harry, il PPO è un ispettore giovane che può starsene seduto per tutta la sera in un rumoroso locale notturno con un atteggiamento disinvolto per intervenire se uno spacciatore di droga si avvicina al suo protetto. Che genere di uomo si può assegnare alla protezione di una giovane principessa bella e infelice? Qualcuno che sia molto forte, molto equilibrato e molto sposato. Qualcuno che possa tirarla fuori dai guai. «Capisci che vivi la loro vita, sempre un passo avanti a loro», ha commentato Colin Tebbutt, una guardia del corpo in pensione che ha servito le principesse Alessandra, Anna, Margaret, Michael di Kent e Diana. «Spesso vieni a conoscenza di cose che potrebbero distruggere le loro vite se prendessero una direzione particolare. Ma non devi mai oltrepassare i limiti.»[10] Il confine più evidente è rappresentato dall'avere rapporti intimi con il cliente. Meno ovvia è la tentazione di soccombere allo stile di vita dei VIP. «Febbre da tappeto rosso», la chiama Ken Wharfe, un errore comune, dovuto al ruolo da pigmalione che fa parte dell'addestramento di una guardia del corpo. Tebbutt, che ha preparato molti agenti alla protezione dei reali, ricorda: «Li mandavo al Green's Oyster Bar e poi chiedevo loro quale quotidiano leggessero. Se mi rispondevano il *Sun*, dicevo loro di passare alla sezione rosa (la sezione finanziaria) dell'*Evening Standard*. Mostravo loro come indossare una cravatta bianca in tre minuti e come vestirsi nelle diverse occasioni. Fondamentalmente, ti devi vestire come loro. Io avevo di tutto, dal Barbour e gli stivali di gomma verdi per la campagna, allo smoking per le cerimonie formali».[11] Anche Ken Wharfe, il quale a sua volta ha addestrato molti addetti alla sicurezza, afferma che era solito consigliare ai ragazzi «di non andare a casa a dire alle proprie mogli che avevano appena mangiato caviale al Ritz mentre queste stavano aprendo una scatola di fagioli in cucina».[12]

Per una donna rinchiusa in una gabbia d'oro, le guardie del corpo sono i candidati ideali per un'infatuazione. Una guardia del corpo può essere l'unico uomo vero con cui una principessa entra in contatto. Le sue spalle imponenti le aprono la strada in mezzo alla folla. La sua mano salda sul gomito la guida al riparo in un'automobile che la sta aspettando. I suoi occhi acuti, di notte, scrutano le strade deserte all'esterno delle magnifiche residenze private senza mai osservare cosa accade all'interno. Accompagna il cliente agli avvenimenti mondani seduto sul sedile anteriore dell'automobile, ascolta le sue paure e le sue aspettative. E nell'oscurità della strada di ritorno verso casa, è il depositario dei suoi trionfi e delle sue delusioni. Quando il rapporto, con il tempo, diventa più profondo, viene infine a conoscenza della sua solitudine. Con le donne della famiglia reale, anche quando non viene detto nulla, è la solitudine che lui riesce a percepire nel silenzio. È inevitabile che prima o poi questo bisogno inespresso assuma una carica erotica. Perfino la principessa Anna, che aveva vissuto all'interno di questi confini da quando era bambina, nel 1986 si infatuò della sua guardia del corpo.

Il sergente Barry Mannakee, un uomo sicuro di sé dell'East End dagli occhi gentili, che in precedenza aveva lavorato nella polizia come addestratore di cani, nel settembre del 1983 fu trasferito nel Royalty and Diplomatic Protection Group e assegnato alla squadra di supporto addetta alla protezione personale di Carlo e Diana.[13] Quando Scotland Yard decise che aveva capito come funzionava la vita della famiglia reale, fu mandato a vivere con loro. Nell'aprile del 1985, Mannakee subentrò come PPO di Diana al posto dell'ispettore capo Graham Smith, che morì di cancro alla gola nel 1993. La ventiquattrenne Diana era diventata meno insofferente verso la presenza di un agente addetto alla sua protezione. Nei primi sei mesi di matrimonio, afferma Mervyn Wycherley, la principessa faceva preoccupare a morte l'ispettore Smith girando per ore da sola in macchina dopo le liti con Carlo.[14] A ogni modo, Diana finì per rispettare la professionalità di Smith e si affezionò sinceramente a lui, andando a trovarlo regolarmente durante gli ultimi giorni della sua malattia. Voleva molto bene anche a Ken Wharfe, il paffuto londinese che subentrò a Mannakee. «Wharfie», come lo chiamava Diana, era un brillante imitatore e sapeva imitare il timbro di voce strozzato di Carlo in modo straordinariamente somigliante. Spesso lo faceva durante i loro viaggi in macchina. Egli descrisse la principessa Michael come «la tipica snob che teneva lo scroto del marito avvolto in due giri di pellicola e seppellito nel giardino della casetta in campagna».[15] Al contrario, tesseva sempre le lodi di Diana.

Quando Barry Mannakee diventò la sua guardia del corpo nel 1985, la principessa era all'apice della sua vulnerabilità e stava ancora cercando di vivere entro i confini insipidi del suo matrimonio, sempre più convinta di non voler abbandonare il proprio bisogno d'amore. Lo conosceva già bene come poliziotto di riserva. Era un uomo castano dal fascino un po' rude e con una cordialità spontanea. La loro intimità potrebbe perfino essere iniziata prima di quanto si creda. La scintilla scoccò, mi è stato detto, a causa di un incidente di pesca durante l'annuale soggiorno estivo della famiglia reale a Balmoral. Diana aveva accompagnato Carlo a una battuta di pesca nella tenuta di Anna, duchessa di Westminster, a Lochmore nel nord-est della Scozia, e mentre con aria afflitta guardava il marito che si dedicava alla sua attività preferita, un amo da salmone che qualcuno aveva lanciato con poca attenzione le si conficcò in una palpebra. Alla guardia del corpo dissero via radio di riaccompagnarla a casa perché potesse ricevere l'assistenza medica necessaria. Fu Mannakee a guidare l'automobile; Mannakee, non suo marito, che la consolò. Nei mesi che seguirono, i membri dello staff notarono che quando Mannakee era in servizio, Diana iniziò a chiedere di usare il treno reale per i viaggi notturni invece di spostarsi in aereo. Aveva imparato dal marito che il treno era estremamente pratico per gli appuntamenti galanti. In questo caso era più pratico che mai, visto che l'ufficiale di polizia sarebbe stato l'unica persona a dormire nel corridoio accanto alla sua camera di lusso. Un suo collega, sforzandosi di trovare una definizione adatta per descrivere il fascino di Mannakee, disse: «Era quel tipo d'uomo che sarebbe stato bravo con il fai da te»;[16] una qualità, si può dirlo, che non si potrebbe mai attribuire al principe di Galles. Il senso dell'umorismo di Mannakee, inoltre, conquistò subito i figli della principessa quando lui andò a vivere con loro come sua guardia del corpo personale.

Mannakee accompagnò Diana durante le visite in Italia, Australia e America nel 1985. La principessa contava molto sulle sue rassicurazioni prima degli eventi pubblici. Gli diceva spesso che non ce l'avrebbe fatta ad andare avanti e Mannakee la abbracciava per farla smettere di piangere. Cos'altro avrebbe dovuto fare? La risposta dovrebbe essere: chiedere un nuovo incarico, a meno che non volesse rischiare di compromettere la propria carriera. Il sovrintendente Colin Trimming, il funzionario superiore che faceva da guardia del corpo al principe Carlo, mise in guardia Mannakee dall'essere «troppo affettuoso» e gli consigliò di darsi una calmata, ma a quanto pare Mannakee non gli diede retta. «Era veramente molto attratto da lei», ha riferito un membro dello staff di Highgrove. «Comprò tutti quei maglioni di cashmere. Andò fuori di testa.»[17]

Mannakee negò, forse anche a se stesso, che stesse accadendo qualcosa di sconveniente. Ben presto le rassicurazioni che Diana cercava dal suo poliziotto non riguardarono più solo il fatto di essere all'altezza degli eventi pubblici, ma anche di essere una donna splendida per cui il marito aveva perso interesse. «Girovagavo sempre per cercare di vederlo» ha riferito Diana al suo insegnante di dizione Peter Settelen, in una registrazione. «Ero felice solamente quando c'era lui... Per tutto il tempo, davanti a lui ero come una ragazzina, con un disperato bisogno di ammirazione, davvero disperato.»[18] Mannakee regalò alla ragazzina un gufo dai grandi occhi da aggiungere alla sua collezione di pupazzi di pezza; più tardi, questo fu il primo indizio che fece intuire a James Hewitt che la relazione con l'ufficiale di polizia andasse oltre il semplice rapporto professionale. A Diana piaceva stuzzicare Mannakee quando era tutta in ghingheri per una prima o per un'apparizione in pubblico: «Barry, come sto?» gli chiedeva in modo civettuolo. Il rango è un elemento esplosivo nella chimica erotica. Era difficile resistere a Diana se si era entrati nel suo mirino. Il fatto di essere una principessa conferiva ancora più fascino alla sua bellezza e alla sua vulnerabilità. Gli uomini su cui metteva gli occhi erano sempre sbalorditi dalle lusinghe implicite che si nascondevano dietro la volontà di mostrare il bisogno di sentirsi desiderata. « Mi dissero che era completamente fissato con lei » ha detto Wharfe di Mannakee. « Lui infranse la regola d'oro e oltrepassò il confine tra il tappeto grigio e quello rosso. Era la tipica vittima della febbre da tappeto rosso. »[19] Ma Wharfe e Colin Tebbutt smentirono entrambi le dicerie secondo cui Diana e Mannakee si erano davvero spinti così oltre da diventare amanti. Ritenevano che fossero pettegolezzi da domestici, alimentati dalla gelosia del personale meno privilegiato, che metteva in giro la voce di una relazione amorosa per far fuori Mannakee: « Le persone in genere dicevano che era un bastardo arrogante », ha spiegato un collega.[20]

« Prendeva il tè con Diana nel suo salotto privato, cosa che non si era mai vista prima » racconta Wharfe. « A loro », gli altri dipendenti, « questo non piaceva ». Riferisce anche che consolare Diana quando era in lacrime non era un compito inusuale per la sua guardia del corpo. Ricorda: « Quando suo padre morì sedetti sul suo letto per quattro ore con lei che piangeva tra le mie braccia. Ma non per questo avevamo una relazione. È molto più semplice sorvegliare la regina, sai esattamente quali sono i limiti ».[21] Mannakee sapeva quali erano i limiti? Nelle registrazioni realizzate da Peter Settelen, all'inizio degli anni '90, Diana parla dei sentimenti affettuosi che provava per la sua guardia del corpo, ma non conferma che la loro relazione fosse stata anche fisica. Ammette di avere sognato di « rinunciare a tutto solo per potere vivere con lui », lo definisce « uno dei più grandi sostegni della sua vita » e si lamenta, in modo un po' misterioso, dicendo: « Non avrei mai dovuto giocare col fuoco, e invece l'ho fatto ».[22]

Diana diceva spesso frasi simili per fare colpo, ma sono giunta alla conclusione che Mannakee sia stato davvero la prima relazione extraconiugale di Diana. La rivalità maschile, e ovviamente il cameratismo, potrebbero aver spinto gli altri PPO ad affermare che non è accaduto. Il dottor James Colthurst, amico intimo di Diana, mi ha confermato che la principessa gli rivelò che si trattava di una relazione.[23] Una fonte attendibile e di alto livello a Scotland Yard, che occupava una posizione tale da avere accesso a informazioni riservate, mi ha confermato la stessa cosa. C'è inoltre la testimonianza di James Hewitt: nella sua biografia *Love and War* afferma che Diana gli riferì che lei e Mannakee erano amanti, un punto su cui Hewitt non aveva motivi particolari per mentire.[24]

Si dice che il cambiamento nel rapporto tra la principessa e la guardia del corpo abbia turbato profondamente Mannakee stesso. « Una volta iniziata la storia, Mannakee si mostrò sconvolto all'idea di essere scoperto con lei », ha raccontato un amico del principe Carlo a Sally Bedell Smith. « Lei era così intensa e difficile da gestire. »[25] Ormai Mannakee si trovava in una trappola che tutti gli ammiratori di Diana impararono a conoscere bene. Poiché era diventato l'uomo dei suoi sogni, non aveva alcuna intenzione di rompere l'incantesimo. Il desiderio della principessa, fomentato dalla segretezza e dal pericolo, era troppo insistente, troppo evidente e troppo delicato per essere negato, ma potevano crearsi delle ripercussioni sul sergente Mannakke che avrebbero potuto stroncargli la carriera. Un collega di Highgrove riferì ad Andrew Morton: « Barry mi ha detto che Diana era piuttosto sfacciata con lui. Era un uomo spaventato: non temeva per la sua vita, ma per il suo lavoro ».[26] Faceva bene ad avere paura. Alle guardie del corpo della famiglia reale era richiesto di tenere appunti su tutti gli impegni ufficiali e le visite private, e questi appunti venivano registrati. Siccome la guardia del corpo di Carlo, il sovrintendente Colin Trimming, poteva avere accesso a queste informazioni, avrebbe avuto modo di farsi una chiara idea di quanto tempo Diana trascorresse in privato con Mannakee. Alla vigilia del matrimonio di Sarah Ferguson con il principe Andrea, che fu celebrato il 23 luglio 1986, accadde l'inevitabile. In base a quanto riferito, Mannakee e Diana furono scoperti in atteggiamenti compromettenti.[27] Il giorno seguente, durante la cerimonia, Andrew Morton poté osservare la principessa da vicino, trovandosi nella galleria riservata ai fotografi nell'abbazia di Westminster, e notò che sembrava stranamente nervosa durante il matrimonio di quella che all'epoca era la sua migliore amica.

Coloro che fanno parte dell'ambiente della famiglia reale non vengono mai licenziati in conseguenza di un singolo atto in malafede. Vengono invece trasferiti immediatamente, poi ignorati, infine messi da parte. «Scoprirono tutto e lo sbatterono fuori», rivelò Diana a Peter Settelen. Un membro del suo staff ha confermato che «di sicuro fu trasferito molto in fretta».[28] Subito dopo l'incidente, smise di lavorare al servizio della famiglia reale per essere dislocato nella squadra di protezione dei diplomatici (la Diplomatic Protection Squad). Nove mesi dopo morì.

La principessa non abbandonò mai la convinzione che Barry Mannakee fosse stato assassinato. «Credo che l'abbiano ucciso», ha rivelato a Settelen.[29] Mannakee rimase ucciso in un incidente motociclistico il 22 maggio 1987. Viaggiava come passeggero dietro a un altro poliziotto quando un'automobilista inesperta, una ragazza di diciassette anni di nome Nicola Chopp, si immise sulla strada principale scontrandosi con la moto, una Suzuki GS400, e schiacciandolo contro la fiancata dell'auto.[30] Nel dicembre del 2004 il *Daily Express* pubblicò un'intervista sensazionalistica alla madre di Nicola Chopp dal titolo a caratteri cubitali: ECCO PERCHÉ SONO CONVINTA CHE L'AMANTE DI DIANA SIA STATO ASSASSINATO, in cui sosteneva che l'inchiesta contenesse troppe domande mai chiarite. Tuttavia, quando ho parlato con Joy Chopp nel 2006, la donna ha rinnegato con rabbia il titolo dell'*Express*. Non solo stravolgeva il suo punto di vista, affermò, ma a suo tempo aveva chiesto esplicitamente alla giornalista che le sue parole non venissero travisate in quel modo. Quando protestò, la giornalista spiegò che «lei ci aveva provato, ma era ciò che voleva l'editore».[31] La verità deve essere adattata alla realtà dei tabloid. È STATO UN

INCIDENTE! non sarà mai un titolo interessante per un quotidiano.

Il principe Carlo comunicò a Diana la notizia della morte di Barry Mannakee mentre si recavano al Festival del Cinema di Cannes del 1987 per un'apparizione pubblica congiunta, proprio nel momento in cui entravano alla RAF Northolt per salire a bordo dell'aereo reale per Nizza. Lei pianse per tutto il viaggio in aereo. «È stato il colpo più duro della mia vita», riferì a Peter Settelen.[32] Il tormento di Diana era acuito dal fatto che fosse costretta a nascondere l'entità del suo dolore al marito. «Carlo credeva di sapere, ma non ha mai avuto prove. Mi aggrediva in continuazione, e io non ero in grado di fare nulla.»[33] È poco probabile che Carlo non sapesse. Ci sono scarse possibilità che Trimming non abbia illuminato il suo capo sui motivi dell'improvviso allontanamento della guardia del corpo dal suo incarico al fianco della principessa. Carlo stesso potrebbe aver chiesto il trasferimento. Sembra che una volta, dopo una lite, egli sia entrato in camera di Diana e l'abbia sentita raccontare al telefono a Mannakee tutti i suoi tormenti riguardo al marito e a Camilla.[34] Forse ora il principe si sentiva in qualche modo riscattato vedendo Diana che fingeva di essere una principessa spensierata davanti al pubblico di Cannes, mentre in realtà il suo cuore andava in frantumi. «Ho dovuto stare seduta là tutto il giorno sopportando una processione infinita di giornalisti, quando in realtà mi sentivo totalmente a pezzi», confidò a Settelen. «Perché sa, agli occhi degli altri non aveva motivo di starmi così a cuore, se capisce cosa intendo.»[35] Disse all'insegnante di dizione che per molto tempo aveva fatto dei sogni inquietanti riguardo a Mannakee, che si interruppero solo quando si recò al cimitero di Essex e posò dei fiori sulla sua tomba. L'abilità di Diana nel mantenere la maschera della principessa radiosa a Cannes, quando invece viveva un'angoscia simile, rappresenta un momento chiave nella sua evoluzione come principessa di Galles: la si potrebbe definire la sua iniziazione ai protocolli del dolore della famiglia reale. Segreti e menzogne: Diana stava diventando brava in queste cose, quasi quanto il principe Carlo.

Chi erano i confidenti di Diana? Non ne aveva, questo era il problema. Un sotterfugio rischioso come quello con Mannakee era troppo pericoloso perché ne potesse parlare con qualcuno. Inoltre Diana non aveva una grande intimità con la madre o le sorelle maggiori. Le donne della sua famiglia raramente rivelavano al mondo i propri sentimenti e solo di tanto in tanto ne parlavano tra loro. «Sono come mia madre» disse una volta Diana. «Anche quando mi sento uno straccio riesco a fingere.»[36] Quando Edmund, Lord Fermoy, il fratello di Frances, si sparò all'età di quarantacinque anni dopo avere sofferto a lungo di depressione, Ruth Fermoy, la nonna di Diana, ricevette la notizia della morte del figlio per telefono mentre si trovava alla Royal Lodge con la Regina Madre. Lady Fermoy prese la telefonata e, senza dire nulla, ritornò in salotto insieme al gruppo lì riunito per terminare la serata prima di ritirarsi a piangere.[37] Anche Diana era stata educata a vivere la propria vita a compartimenti stagni: il mondo di Frances, il mondo di Johnnie, il mondo che non avrebbe mai condiviso con Raine. Aveva sperato di riuscire a fuggire da tutto ciò quando sposò il principe Carlo, ma ora si trovava incastrata in un groviglio di segreti ancora più intricato. «La fiducia per lei diventò molto complessa e labirintica. Divenne confusa a riguardo. Si chiedeva sempre se le persone l'avrebbero tradita» ha affermato Jasper Conran.[38]

In un simile clima di sospetto, l'arrivo di Sarah Margaret Ferguson, meglio nota come Fergie, futura cognata di Diana, rappresentava una ventata di complicità femminile per la principessa di Galles. Woodrow Wyatt riporta nel suo diario che al ballo prima delle nozze di Fergie e Andrea, al castello di Windsor, qualcuno udì di sfuggita Diana che diceva all'uomo con cui stava ballando quanto fosse bello avere Sarah come «amica» nella famiglia reale. Wyatt osservò: «Adesso non si sente più così sola».[39] Le due ragazze avrebbero consumato i fili del telefono scambiandosi pettegolezzi e notizie irriverenti sulla famiglia reale che non avrebbero potuto condividere con nessun altro. E fu Fergie che Diana chiamò non appena atterrò a Cannes per alleggerire il suo cuore dal peso della morte di Mannakee.[40]

Nel mondo in cui ora viveva Diana, le chiacchiere da ragazza di Fergie erano dei veri ricostituenti. Con il principe Andrea al seguito, Fergie nei fine settimana raggiungeva la residenza infestata di Highgrove come un acchiappafantasmi, allegra, chiassosa e vivace. Lanciando ai domestici una valigia di indumenti in disordine da stirare, abbracciava i bambini e si precipitava fuori a fare una passeggiata rigenerante. La principessa e la futura duchessa si conoscevano da almeno sei anni attraverso il circuito del polo, dove la passione di Carlo per lo sport condannava spesso la moglie a molte ore di noia. Di fatto era la cugina di quarto grado di Fergie, e, per pura coincidenza, le loro madri, Susan Wright e Frances Roche, erano state migliori amiche quando frequentavano la Downham School. Le autorità a palazzo erano scettiche per la nomina di Fergie come dama di compagnia di Diana, ma lei riuscì a rimediare all'amica un prezioso invito per la Ascott Week, la festa della regina al castello di Windsor, nel giugno del 1985. Ancora meglio, tramò affinché a pranzo Fergie fosse seduta accanto al venticinquenne principe Andrea. Per Fergie, il fatto di poter incontrare il secondo figlio maschio della regina era un dono caduto dal cielo. La donna dai capelli rossi stava uscendo da una relazione senza speranza durata tre anni con Paddy McNally, un ricco vedovo di venticinque anni più vecchio di lei e con due figli adolescenti. Recentemente lui aveva rifiutato di sposarla e lei stava ancora cercando di curare la ferita. Andrea, un ufficiale di Marina turbolento, sicuro di sé e con meno complessi rispetto al fratello maggiore, sentiva le pressioni che venivano esercitate su di lui affinché si sposasse. Prima di Fergie, la sua inclinazione per gli intrattenimenti femminili vantava una sfilza di belle ragazze dal passato vivace, ed era perfino riuscito a convincere la regina a mostrarsi gentile con loro quando le portava con sé a Balmoral. L'unica sua relazione amorosa seria fu quella con l'amabile attrice porno soft Koo Stark, ma nel 1983 venne incoraggiato a lasciarla, cosa che fece con grande riluttanza. (Sua madre pagava i conti, quindi non aveva molta scelta.) Dopo un'ora di avance, Andrea convinse la signorina Ferguson, un po' brilla, a mangiare tutti i profiterole al cioccolato che aveva nel piatto. Un anno dopo, il 23 luglio 1986, si sposarono nell'abbazia di Westminster come duca e duchessa di York.

Diana era entusiasta. Era profondamente confortante per lei avere un'alleata all'interno della famiglia reale. E ancora più confortante era il fatto che la vita matrimoniale dei duchi di York si svolgesse in parallelo alla sua, come la trama secondaria in una sitcom. La duchessa era il contrasto perfetto che faceva risaltare ancor di più la principessa di Galles. Il suo corpo formoso, il modo di vestire un po' trasandato e la criniera esplosiva color rosso tiziano avevano fornito un'ottima distrazione alla stampa, che aveva iniziato a stufarsi delle abitudini mondane di Diana e ora abbracciava Fergie come una «boccata d'aria fresca». Diana aveva studiato bene il ciclo della stampa ed era abbastanza astuta da sapere che la situazione sarebbe cambiata – il successo travolgente di Fergie, in effetti, era un boomerang non ancora tornato indietro – ma nel frattempo costituiva un sollievo. Con uno sguardo malizioso la principessa riferì all'amica Wayne Sleep: «Fergie alleggerisce il fardello, Wayne».[41] Inoltre, era facile riuscire a riaffermarsi ogni volta che ne aveva voglia. Poco prima del matrimonio di Fergie e Andrea, quando la futura duchessa viveva ancora la luna di miele con la stampa, Diana la oscurò durante una partita di polo presentandosi con dei calzini corti a pois bianchi e rossi e delle scarpe rosse con il tacco alto.[42]

Diana ora era la professionista della famiglia reale che doveva dare lezioni alla principiante duchessa di York. Fergie idolatrava l'eleganza e il portamento della cognata, e vedeva la sua cosiddetta amica come un genio dei media, «il migliore agente pubblicitario della storia».[43] Era stuzzicante per Diana osservare la nuova duchessa faticare per adattarsi a tutti i cambiamenti imposti dalla vita a palazzo con cui lei aveva avuto a che fare cinque anni prima. Le ricordava tutto ciò che aveva dovuto affrontare e quanta strada avesse fatto. Fergie stava sopportando una versione semplificata del destino della principessa, e comunque con soddisfazioni minori. Mentre i principi di Galles vivevano in modo indipendente con un milione di sterline di reddito netto, proveniente dal Ducato di Cornovaglia, e altri due milioni di sterline provenienti da investimenti vari,[44] lo stipendio che la Marina passava al principe Andrea ammontava a 35.000 sterline l'anno, ma per il resto dipendeva dalla generosità della regina; una situazione fastidiosa per un uomo adulto e per sua moglie. Perfino la sontuosa proprietà che i duchi di York costruirono a Sunninghill, vicino a Windsor (subito battezzata dalla stampa come South York) era intestata alla regina, non a loro.

Come Diana, Fergie dovette sopportare la stessa procedura prematrimoniale in compagnia della Regina Madre a Clarence House, la stessa ostilità da parte dei cortigiani altezzosi di Buckingham Palace, la stessa esperienza di isolamento quando infine smise di essere benvoluta. La differenza era che Fergie non proveniva da una famiglia di spicco e non era la madre dell'erede al trono. Non aveva molte speranze di guadagnarsi il rispetto del sistema perché c'era ben poco a cui poteva aggrapparsi. A differenza degli Spencer, dotati di terreni e di fondi, i Ferguson erano sempre a corto di denaro. Sua madre Susan era la nipote di un baronetto di bell'aspetto e di buona famiglia, ma senza il fondo fiduciario di cui disponeva Frances, la madre di Diana. Il padre, Ronald Ferguson, soprannominato il «maggiore galoppante» da *Private Eye* (come Andrew Parker Bowles, era un ex ufficiale del reggimento di cavalleria, la Household Cavalry), era l'allenatore di polo del principe di Galles. Quella era una posizione sociale che lo collocava ai margini dei circoli della famiglia reale, procurandogli inviti occasionali per andare a sparare a Sandringham come ospite della regina. I Ferguson erano in possesso di alcuni modesti acri di terreno nell'Hampshire, dove Sarah crebbe in una casa dalla struttura irregolare in stile regina Anna chiamata, roba da non credere, *Dummer Down Farm*. Dall'età di sedici anni aveva dovuto cavarsela da sola, vivendo non in un appartamento che le aveva comprato la madre nella signorile Coleherne Court, ma in una stanza affittata vicino al cimitero, a sud del Tamigi, lavorando come un mulo come assistente in una galleria d'arte e in una casa editrice, e facendo vacanze con lo zaino in spalla in giro per il Sud America. Descriveva i suoi abiti definendoli tipici di un «Esercito della Salvezza esclusivo».[45] Per una londinese borghese di secondo livello e senza denaro come lei, il fratello dell'erede al trono era un partito eccezionale.

Le differenze tra la principessa e la duchessa, tuttavia, non erano profonde quanto i legami che le univano. In seguito entrarono in competizione per il favore della stampa, furono rivali, litigarono, ma sul pianeta erano le uniche due donne sotto i trent'anni che avevano vissuto la singolare esperienza di essere entrate a far parte della famiglia reale britannica. «Mi piacevano tutti i suoi modi di fare un po' pazzi e divertenti» diceva spesso Fergie.[46] Come Diana nei primi tempi, la duchessa rimaneva sola per diverse settimane di fila nell'atmosfera fredda del palazzo mentre Andrea era in missione per la Marina, e iniziò a porsi il problema di come fare per diventare una moglie perfetta per il secondo figlio della regina. L'improvvisa consapevolezza di cosa aveva perso sorse al suo matrimonio, quando constatò che la moribonda tradizione della famiglia reale non prevedeva che si brindasse agli sposi, lasciando insoddisfatto il suo ardente desiderio di un discorso allegro e scurrile da parte del testimone dello sposo o di qualche tenera e imbarazzante rievocazione della sua infanzia che suo padre avrebbe propinato a tutti quegli ospiti supponenti.[47] Condivideva con Diana una profonda diffidenza nei confronti della Regina Madre, che lei giudicava una snob insopportabile, e un forte desiderio di sfidare la rigida routine di Balmoral.

Fergie aveva più influenza su Diana di quanto a volte non si riconosca. La bilancia del potere tra la principessa magra e incandescente e la duchessa paffuta e turbolenta non pendeva sempre dalla parte di Diana. Per quanto la principessa fosse dominante nella vita pubblica, era meno disinvolta di Fergie in privato. La duchessa aveva più esperienza con gli uomini, aveva vissuto una vita chiassosa tra stazioni sciistiche e nightclub, aveva viaggiato da sola in posti esotici. Dava allegre feste serali nel suo appartamento a Buckingham Palace. Diana invidiava la sessualità spontanea di Fergie, il suo modo di fare libero e disinvolto, il calore genuino della sua relazione con Andrea, che era iniziata come una storia d'amore autentica e che tuttora, anche dopo il divorzio, continua sotto forma di affettuosa amicizia. Privata di ogni divertimento e incoraggiata dalla presenza di Fergie, Diana si abbandonò a una ribellione tardoadolescenziale. La raggiunse alla chiassosa festa in giardino preparata per la sera dell'addio al celibato del principe Andrea, per poi cercare di imbucarsi con lei alla festa di addio al celibato da Annabel a Berkeley Square, travestite da poliziotti.[48] Nel giugno del 1987, lei e Fergie si coalizzarono al Royal Ascot e vennero fotografate mentre punzecchiavano il sedere di un cortigiano con un ombrello. Era il genere di esibizionismo tipico di quei figli di papà che hanno comportamenti sguaiati in pubblico, e che non faceva parte dello stile di Diana, ma le piaceva giocare con la nuova immagine di sé nelle vesti di principessa spericolata. Essere ribelle era meglio che soccombere. L'irritabile Woodrow Wyatt racconta che sua moglie vide Diana mentre «faceva la stupida in modo estremamente infantile, tirando i capelli alla gente o dando pizzicotti. Non mi sorprende che il principe Carlo si annoi con questa ragazza un po' tonta che non è riuscita nemmeno a diplomarsi».[49] La loro complicità riemerse all'inizio degli anni '90, quando il matrimonio di Fergie andò in crisi come quello di Diana. Lord Glenconner, che era ospite a Balmoral nel 1990, ricorda che le due ragazze erano «amiche per la pelle. Fergie diceva sempre a Diana: 'Quando saremo al potere cambieremo tutto questo, tutte queste rigide regole di condotta'».[50] L'anno dopo, in una notte d'estate, mentre erano al castello, le due requisirono un tandem e si misero a scorrazzare per il campo da golf, devastando il prato. «Liberarono» poi la Daimler della Regina Madre e ci fecero un giro con Diana al volante che indossava un cappello da autista.[51] Era un comportamento bizzarro per due donne di ormai quasi trent'anni, che faceva chiaramente emergere tutta la loro disperazione. Edward Mirzoeff, l'autore del famoso reportage sulla regina per la commemorazione del quarantesimo anniversario della sua ascesa al trono, ricorda la sera in cui la principessa e la duchessa parteciparono insieme al ricevimento di Stato in onore del presidente italiano Cossiga a Buckingham Palace nell'ottobre del 1991. «Fu una festa grandiosa. Tutti erano in ghingheri, Diana e Fergie erano entrambe molto eleganti. Dopo una mezz'ora circa devono essersi fatte cenno che era il momento giusto per andarsene, e vidi di sfuggita le due ragazze che correvano fuori dalle sale di rappresentanza e giù per il corridoio nei loro abiti da sera senza scarpe; si erano liberate e ora ridevano a crepapelle. In effetti, erano delle bambine che se la svignavano.»[52]

Queste due donne della famiglia reale non condividevano solo i momenti di baldoria. Fergie portava le cicatrici psichiche del suo passato, incredibilmente simili a quelle di Diana. La storia della sua famiglia è sempre stata liquidata senza troppi complimenti rispetto a quanto invece accadde alla più celebre cognata, ma c'erano molti retroscena nella famiglia dei Ferguson che minavano l'equilibrio della duchessa di York. Era una ragazzina di tredici anni, inesperta e in sovrappeso, quando la madre all'improvviso lasciò Ronald Ferguson per andare a vivere con l'amante, il giocatore di polo Hector Barrantes, a più di tremila chilometri di distanza, in Argentina. («Sono così felice che ci sia un'altra mela marcia sul fondo del barile insieme a me», scrisse la madre di Diana a Susan quando fu annunciato il fidanzamento di

Andrea e Fergie.)[53] È vero, la signora Ferguson aveva ottimi motivi per scaricare Ronnie – il «maggiore galoppante» era un donnaiolo incallito il cui libertinaggio, alla fine, venne smascherato, quando la stampa lo sorprese in uno squallidissimo centro massaggi nel 1988 – ma il suo allontanamento dalla famiglia fu trattato con la stessa sensibilità che venne riservata a Frances quando lasciò tutto per Peter Shand Kydd. Nella biografia di Fergie del 1996, dal titolo *My Story*, la donna descrive come, dopo un'assenza durata diversi mesi, sua madre tornò a Dummer nel 1973 per informare il maggiore Ferguson della sua decisione definitiva di andare a vivere con Hector Barrantes in Argentina. Senza nemmeno accorgersi delle due figlie adolescenti, Susan Ferguson le oltrepassò per entrare nello studio del marito, e poi riapparve dicendo: «Me ne vado, e me ne vado per stare con Hector». Sarah non disse nulla, così la signora Ferguson le chiese: «Quindi non ti dispiace?»[54]

Non ti dispiace? Quell'orribile espressione mondana. È come se queste donne privilegiate fossero concentrate sul loro piacere quanto le loro madri sullo status sociale. Fergie, senza lasciare trasparire nessuna amarezza, ricorda di aver risposto: «No, no, è perfetto, è magnifico». E poi aggiunge che «non le dispiaceva» perché «Hector la amava veramente e andavo d'accordo con lui. In fondo ero sollevata di sapere che la mamma era felice».[55]

Povera Fergie. Persino ventitré anni dopo, quando scrisse la sua biografia allegra e poco riflessiva, non riusciva ad ammettere il rifiuto che deve aver provato nei confronti della decisione della madre di andarsene senza di lei dall'altra parte del mondo. Venne lasciata alle cure di una serie di governanti meschine e del solito collegio di basso livello. (Disse che alle feste in casa fingeva «di essere terribilmente intelligente e di fare colazione con il *Sunday Times*, mentre non avevo la più pallida idea di cosa stessi leggendo».)[56] Mangiava in modo compulsivo come Diana, ma senza provare l'impulso di vomitare. Una volta, durante il periodo delle vacanze, entrambi i genitori si dimenticarono della tradizione di appendere al camino la calza di Natale, finché suo padre, che improvvisamente sembrò ricordarsi della sua presenza, portò Fergie in una stazione di servizio e riempì la federa di un cuscino con spugne, flaconi di antigelo e detergenti per il parabrezza per festeggiare il fatto che aveva superato l'esame di guida. La cosa peggiore di questa storia è che Fergie la definisca un aneddoto toccante sui modi rudi con i quali il padre le dimostrava il suo affetto.[57] Se Diana da bambina fu *La piccola principessa*, Fergie fu un personaggio di Roald Dahl, la ragazzina grassa cresciuta come un maschiaccio, la bambina stupida cresciuta a Dummer. Lei e Diana condividevano alcune esperienze infantili talmente terribili che, essendo profondamente legate agli ambienti da cui provenivano, non riuscivano a riconoscere il danno subìto poiché troppo radicato. Fergie una volta mi disse che l'esperienza di essere stata abbandonata dalla propria madre – che io credevo fosse di primaria importanza nel loro legame – non fu mai un argomento che lei e Diana discussero, se non di sfuggita. Ma restava lì, inespresso, lasciandole entrambe con una base di insicurezza che avevano cercato di mitigare attraverso la sensazione di stabilità che l'idea di entrare a far parte della famiglia reale dava loro.[58]

Entrambe mancavano di fiducia in se stesse, il che le portò presto a fare confronti. Fergie era ossessionata da quanto Diana fosse magra, elegante e bella se paragonata alle sue battaglie per perdere peso e alla sua mancanza di portamento. La stampa non faceva che alimentare il suo complesso di inferiorità. Un litigio tra due signore era un argomento troppo irresistibile perché i tabloid potessero avere pietà di Fergie a lungo. «Si contrapponeva la grassa Fergie alla meravigliosa Diana», ha affermato Harry Arnold del *Sun*. «Spesso venivano messi a confronto anche gli abiti delle due; ma ovviamente il suo budget era ridicolo rispetto a quello di cui disponeva Diana.»[59] Questa, nel frattempo, non aveva previsto che successo avrebbe avuto Fergie con gli altri membri della famiglia. Alla regina piaceva la sua nuova nuora perché era una ragazza di campagna, questa volta autentica, con una passione genuina per l'equitazione ereditata da un'infanzia trascorsa ai concorsi ippici dell'Hampshire. Un amico della regina disse al suo biografo Ben Pimlott: «La regina era molto affezionata a Fergie. Le piaceva il modo in cui si sedeva con le gambe divaricate raccontando barzellette».[60] Diana si offese quando venne a sapere che mentre il principe Andrea era lontano, la «*Top Lady*», il nome con cui Diana si riferiva a Sua Maestà, chiedeva spesso a Fergie di cenare a Buckingham Palace; cosa che invece faceva raramente con lei. La duchessa entrò persino nelle grazie del principe Filippo imparando a guidare la carrozza, lo sport preferito del principe. Il principe Carlo rimaneva incantato di fronte alla passione di Fergie per la caccia e la pesca. «Perché non puoi essere un po' più simile a Fergie?»[61] era il nuovo ritornello del principe, mentre Fergie gironzolava con gli stivali di gomma dedicandosi alle sue passioni all'aria aperta. Quando andarono tutti a sciare a Klosters, Fergie sfrecciava come un razzo giù dai pendii insieme a Carlo e Andrea come una vera professionista, mentre Diana barcollava o teneva il broncio nello chalet.[62] «Ero terribilmente gelosa e lei lo era di me», confessò Diana a Morton. «Non riuscivo a concepirlo: era davvero felice di stare dove stava, mentre io lottavo per sopravvivere.»[63]

Cosa ancora peggiore era vedere con quale disinvoltura Fergie era capace di affrontare il soggiorno annuale a Balmoral. Nell'agosto del 1986, ancora una volta Diana temeva la vacanza annuale che si sarebbe protratta per ben otto settimane. L'interminabile carcerazione in quel luogo si profilava come un iceberg nel freddo oceano del suo matrimonio. Aveva il terrore di andare «in quella maledetta Balmoral». Suo marito non poteva non accorgersi che, agli occhi di Fergie, Balmoral era un luogo molto diverso dal castello infernale che invece rappresentava per Diana. La duchessa vedeva Balmoral come «il rifugio perfetto, una fortezza inespugnabile contro gli attacchi... Mi piacevano il crepitio della brina del mattino e il profumo del terreno torboso e ricoperto di erica, così piacevole e naturale».[64] Questa visione entusiasta avrebbe mai potuto coincidere con quella che invece Diana associava a un freddo e umido posto per vomitare? Quando Fergie parla di Balmoral è come se la foschia delle Highland si sollevasse e scorgessimo per la prima volta l'idillio scozzese visto con gli occhi di un altro componente della famiglia reale. «Là potevo portare fuori i miei cani e passeggiare per chilometri» ricorda Fergie contenta. «Oppure potevamo raggiungere a piedi il rifugio di caccia che la regina Vittoria aveva fatto costruire per il suo amato Alberto. Quando cavalcavo con la regina a Balmoral, con i cavalli docili e l'aria così pungente, mi sentivo quasi a casa.»[65] Grrrr. Diana era del tutto consapevole della minaccia che l'ottimo esempio di Fergie rappresentava per lei. Disse ad Andrew Morton: «In Scozia, lei faceva tutto quello che io non facevo mai. Così pensavo: 'Tutto questo non può durare, l'energia di questa creatura è incredibile'. E tutti gli sguardi che si posavano su di me dicevano: 'È un peccato che Diana sia diventata così introversa e silenziosa, era così attiva e pronta a darsi da fare, e poi è arrivato questo turbine'».[66]

Il fatto che Diana fosse così ferita dalla popolarità di Fergie in famiglia mostra quanto ancora desiderasse essere accettata da loro. Mentre il principe Filippo non l'aveva mai intimorita, nutriva un timore reverenziale nei confronti dell'infallibile regina e aveva un disperato bisogno della sua approvazione. Dopo una visita alla suocera, era sempre determinata a far fronte ai suoi doveri. Il suo passato l'aveva privata di modelli femminili che potesse davvero ammirare e serbava ancora la pallida speranza di diventare la preferita di Sua Maestà. La regina, tuttavia, comunicava meglio tramite il linguaggio degli interessi in comune. L'intimità di tutta una vita con la Regina Madre si esprimeva per mezzo di telefonate quotidiane per condividere suggerimenti sulle corse dei cavalli, la sua predilezione per Fergie nelle chiacchierate amichevoli sui cani. Non aveva molto in comune con Diana, fatta eccezione per l'affetto che provava per i nipoti. Trovava i suoi sbalzi d'umore irritanti e la regina in genere dedica poca attenzione ai problemi che non può risolvere.

La gelosa ossessione che Diana aveva nei confronti di Camilla era uno di questi problemi. La regina, come tutti in famiglia, non approvava il fatto che suo figlio non intendesse rinunciare alla sua amante. Verso la fine degli anni '80, mi disse Michael Shea, la principessa Anna propose perfino di scrivere al fratello una lettera di protesta per il modo in cui umiliava sua moglie.[67] I sentimenti ostinati di Carlo sconcertavano il principe Filippo, che in seguito scrisse a Diana: « Non riesco a immaginare nessuna persona dotata della ragione che lascerebbe te per Camilla ».[68] Ma Carlo era un uomo adulto, non un bambino, e la regina apparteneva a una generazione e a un ambiente che concepivano l'infedeltà nel matrimonio come una debolezza deplorevole che doveva essere ignorata con fermezza. Nel 1967, i servizi segreti britannici chiesero discretamente ai rappresentanti della direzione di alcuni dei quotidiani più rispettabili di Londra di fare quanto era loro possibile per evitare la pubblicazione di reportage sulle indiscrezioni riguardanti il principe Filippo, che avrebbero potuto mettere in imbarazzo la regina. (Il principe Filippo rispose con un lungo e silenzioso sguardo quando Fiammetta Rocco dell'*Independent* gli fece domande a proposito dei pettegolezzi sulle sue relazioni extraconiugali. Alla fine scoppiò: « Santo Cielo, signora, ma lei che razza di persone frequenta? ».)[69] Debo, la duchessa del Devonshire (Mitford di cognome, sorella di Jessica), che ha sei anni più della regina, una volta riferì all'altra celebre sorella, Diana Mosley, che era un tale sollievo quando « la gelosia spariva ». Durante tutti i suoi sessantatré anni di matrimonio con Andrew Devonshire aveva dovuto fingere di non vedere la serie di infedeltà del duca. Un compito doloroso, ma solo fino a quello che lei definiva « il momento meraviglioso in cui ti rendi conto di essere anestetizzata ».[70] Ciò che ci si aspettava da una donna, in breve, era che sopravvivesse alle distrazioni del marito, oppure, se non ci riusciva, almeno che le accettasse. Trovandosi di fronte a un problema coniugale persistente quanto la presenza di Camilla, la regina lo avrebbe gestito semplicemente eliminandolo dalla propria memoria.

Perché Diana non ci riusciva? Perché era una ragazza moderna con aspirazioni moderne e un desiderio moderno di appagamento sentimentale. La sua pena d'amore non riguardava il fatto che avesse perso Carlo per Camilla, ma che sentisse di non aver mai occupato il primo posto nel suo cuore. La sua sfortuna era di non condividere il tipico disagio aristocratico per le emozioni forti. Il suo amore per Carlo era intenso in modo quasi imbarazzante e ostinatamente intransigente. Cercò di fare fronte al dolore senza negarlo. La sua bulimia era più acuta che mai. Mervyn Wycherley, il cuoco, doveva sempre lasciare in frigorifero un budino per lei quando rientrava dalle cene.[71] «Ti dà una sensazione di benessere. È come avere un paio di braccia intorno a te» fu ciò che disse quando in seguito cercò di descrivere la sua bulimia.[72] Nell'estate del 1986 sua sorella, Jane Fellowes, notò dei segni sul petto di Diana che indossava una maglietta con uno scollo a V. Diana ammise che si era tagliata il petto e le cosce con un temperino dopo una litigata con Carlo.[73] In un mondo anemico, forse voleva vedere il colore del suo stesso sangue. Nel mese di maggio, durante una visita ufficiale con Carlo all'Expo 86 in Canada, Diana era così denutrita che crollò svenuta sul pavimento del padiglione californiano. «Tesoro, credo che morirò», sussurrò, guadagnandosi un severo rimprovero dal principe per non essersi risparmiata la scenata teatrale fino a quando non si fosse trovata lontano dalla curiosità della folla.[74] Durante la loro visita congiunta in Germania, nel novembre del 1987, Brenda Polan del *Guardian* incontrò il principe e la principessa a una sfilata di moda. «Erano circondati dalla folla e mentre si facevano strada Carlo voleva che lei entrasse in ascensore con lui, ma lei era ancora accerchiata dalla gente e disse: 'Vado al piano di sotto, caro'. Lui diventò paonazzo e gridò 'Non se ne parla nemmeno! Vieni qui immediatamente!' Doveva stare al suo posto, ovvero sempre due passi dietro al principe. Lui era fuori di sé, troppo privato e inopportuno.»[75] Disprezzata da Carlo, urtata da Fergie, fuori dalle grazie della famiglia reale e privata degli abbracci confortanti di Barry Mannakee, Diana aveva bisogno di un altro eroe romantico. Il 2 settembre 1986, Woodrow Wyatt annotò sul suo diario un episodio che sembra sia accaduto al ballo prima del matrimonio di Fergie e Andrea. La principessa, scriveva, era stata vista danzare entusiasta con l'affascinante marito di un'amica di Wyatt. Qualcuno sentì Diana dire a Fergie: «Ho incontrato un uomo meraviglioso che balla in modo divino, ma la prima cosa che ha fatto è stata presentarmi alla moglie».

«Lei adora ballare, soprattutto con gli uomini giovani e di bell'aspetto» raccontava Wyatt. «In questo caso l'interessato mi è stato descritto come un ballerino 'che muove molto il bacino'. Guai in vista.»[76]

Due tipi di amore

La notte giacevo sveglia amandoti disperatamente e ringraziando
Dio per averti portato nella mia vita.

(Diana al maggiore Hewitt, agosto 1989)

Negli anni a venire, James Hewitt si sarebbe chiesto spesso se era stato davvero il caso a fargli incontrare la principessa di Galles a un cocktail party per il personale della corte nell'autunno del 1986, quando lei aveva venticinque anni e lui, di appena tre anni più vecchio, era un capitano delle Life Guards, un reggimento della Household Cavalry. Hewitt aveva il sospetto che, dopo la destituzione di Mannakee, il suo avanzamento fosse stato architettato di proposito da Buckingham Palace – quel «posto dai lunghi corridoi pieni di bisbigli», come amava definirlo. Quando scrisse queste parole nel suo libro *Love and War*, pubblicato nel 1999, Hewitt era già diventato preda della diffidenza paranoica che circondava tutto ciò che aveva avuto a che fare con Diana dopo la sua morte. Nondimeno, è degno di nota che durante i cinque – o più – anni della loro relazione segreta, né la gerarchia di palazzo né Scotland Yard fecero mai alcuna mossa per tenerlo lontano dalla principessa. Evidentemente Hewitt, a differenza di Mannakee, aveva ricevuto la benedizione del principe di Galles come amante della moglie, e la ragione si può facilmente intuire: a differenza di Mannakee, il giovane ufficiale sapeva stare alle regole. Proveniva da una famiglia di ufficiali benestanti, aveva frequentato un collegio di lusso, si muoveva senza difficoltà ai margini dei circoli di corte e adesso era un giovane capitano in ascesa di stanza a Knightsbridge, in una posizione alquanto favorevole. Hewitt incarnava una specie di versione più giovane, più sagace, meno complicata e molto meno gravata da impegni del principe Carlo: cordiale, galante e di bell'aspetto, era proprio il tipo di uomo che Diana aveva conosciuto nei romanzi e sognato per tutta la vita. Un altro punto a suo favore era che Diana lo aveva assunto come insegnante di equitazione per riuscire a passare più tempo con lui. Era davvero poco probabile che avrebbe creato problemi. «Solo una cosa andò storta», scriverà Hewitt. «Ci innamorammo.»[1] In realtà, andarono storte un sacco di cose, soprattutto perché Hewitt, come disse Diana più tardi, «aveva il cervello nei pantaloni».[2] All'inizio, tuttavia, rappresentò un vero dono del cielo per l'irrequieta principessa di Galles.

Diana aveva bisogno di questa relazione. Aveva una vita sessuale praticamente inesistente. Carlo non frequentava quasi più la sua camera da letto e i loro deprimenti weekend in campagna erano resi ancora più angoscianti dal fatto che, negli altri giorni della settimana, viaggiavano per il mondo come un'affiatata coppia di ambasciatori. Il viaggio del principe e della principessa di Galles nel Golfo Persico nel novembre del 1986 divenne il modello di quello che potevano realizzare lavorando insieme come una perfetta squadra reale: il futuro re – uomo di sostanza, profondo conoscitore delle tradizioni e della storia islamica – e la sua determinata e radiosa futura regina. Il clamore per incontrare Diana era talmente forte che la coppia reale poté eludere la rigida separazione tra i sessi di quella cultura e ospitare un ricevimento per i leader del commercio saudita a bordo del *Britannia*. Sir Jeremy Greenstock, all'epoca consulente commerciale presso l'ambasciata britannica a Riyadh, vide con i propri occhi come quegli uomini d'affari, abbagliati dalla celebrità di Diana, ronzavano intorno al suo lungo abito di chiffon rosa pallido di Jacques Azagury punteggiato di paillette dorate e cangianti. «Un robusto saudita di nome Essam Kattan si teneva in disparte», ricorda Greenstock. «Stava appoggiato al parapetto del *Britannia* e guardava il mare pensieroso. Gli chiesi: 'Perché non si unisce al gruppo attorno alla principessa?' E lui replicò: 'Preferisco ammirarla a una certa distanza. Non risponderei più di me stesso se mi avvicinassi troppo'.»[3] Era la donna che tutti gli uomini sognavano, la principessa «sul cui carisma si poteva fare surf», come disse un ammiratore.

Ma dietro la facciata, Diana era devastata. James Hewitt descrisse così la donna agli inizi della loro relazione, subito dopo il ritorno dal Golfo Persico: «Emotivamente molto instabile. La bulimia aveva lasciato delle tracce. Era penosamente magra e la sua pelle floscia e senza vita. Era una donna profondamente danneggiata dal rifiuto».[4] L'incontro con Hewitt rappresentò un punto di svolta per lei. Questa volta non si trattava di un episodio fortuito come la relazione con Barry Mannakee. In effetti, la cosa era stata architettata: non da Buckingham Palace, ma da Diana stessa. Hewitt stava uscendo da una riunione a palazzo in cui erano state pianificate le cerimonie militari per il matrimonio di Sarah Ferguson e del principe Andrea in luglio; voltato l'angolo, fu rapito dalla vista della principessa che chiacchierava ridendo con delle amiche in fondo alle scale, in una lunga gonna estiva, a piedi scalzi con le scarpe in mano. Diana notò l'ammirazione nei suoi occhi. «Mi piace la sua tenuta», disse vagliando l'uniforme con il suo caratteristico sguardo sexy.[5] Più tardi chiese alla dama di compagnia Hazel West di invitare l'ufficiale per un drink e in quella occasione gli confidò il suo grande desiderio di riacquistare sicurezza a cavallo. Naturalmente lui si offrì di darle lezioni private.

Le lezioni di equitazione della principessa con il capitano Hewitt molto presto divennero regolari e frequenti. Quando lui fu promosso maggiore e gli fu assegnato il comando di un battaglione nella caserma di Combermere a Windsor, Diana era già così innamorata del suo metodo di insegnamento che qualche volta arrivava da Londra da sola per cavalcare con lui a Windsor Great Park. Arrivava alle otto di mattina per la lezione, vestita con aderenti pantaloni da cavallerizza, camicetta di seta, giacca da amazzone e stivali. Fu lei a tentare il primo approccio mentre erano soli nella mensa ufficiali. Si sporse per baciarlo e gli disse: «Ho bisogno di te. Tu mi dai forza. Non sopporto di starti lontana. Voglio stare con te. Sono venuta per amarti».[6] Un messaggio che era impossibile non capire. È sempre stata Diana a gestire questa relazione, dall'inizio alla fine. Non era più come nei mesi precedenti il suo matrimonio, quando era stata travolta dagli eventi: ora aveva tutto sotto controllo. Lo schema d'azione delle sue relazioni romantiche sarebbe stato questo. Era ora di smetterla di arrossire pudicamente, da adesso in avanti avrebbe preso lei le redini. Pochissimi uomini hanno avuto l'audacia di fare la prima mossa con la principessa di Galles. Le relazioni si svolgevano sempre secondo i suoi tempi e nel suo territorio: Kensington Palace e, quando Carlo era in viaggio, Highgrove.

Diana chiese al maggiore di dare lezioni di equitazione anche ai suoi figli, in modo da avere una scusa valida per invitarlo nella residenza di campagna. Si trattava comunque di un trattamento insolito per un istruttore di equitazione. La principessa coprì le proprie tracce invitando altre persone a Highgrove: Hazel West, la dama di compagnia che li aveva presentati, e i suoi vecchi amici di Coleherne Court, William e Carolyn Bartholomew. Diana ormai era talmente esperta che, dopo una notte passata con Hewitt nel proprio letto, la mattina scompigliava le lenzuola del letto di lui in modo che nessuno sospettasse che non aveva dormito lì. Informò personalmente della relazione la sua guardia del corpo, l'ufficiale Ken Wharfe. Come una vera manager, la principessa lo convocò nell'agosto del 1987 per discutere la faccenda a quattr'occhi mentre lei e il principe stavano trascorrendo un teso soggiorno a Maiorca come ospiti del re e della regina di Spagna. L'opinione personale di Wharfe sulla relazione con Hewitt era la seguente: «Scopava con lui per protesta».[7] Ma

Hewitt era molto più di questo. Durante le assenze del principe diventò un ospite privato talmente assiduo che William e Harry intrecciarono con lui uno stretto rapporto di confidenza. Hewitt fece confezionare per loro delle piccole uniformi per le visite alla caserma di Windsor. Loro adoravano giocare sul prato di Highgrove con il capitano e il suo labrador nero e, qualche volta, Wharfe e Hewitt univano le forze per una lotta con i cuscini contro i ragazzi. Un fine settimana, il labrador fu colto da un raptus di pazzia e strappò le nuove piantagioni lungo le rive dello stagno: «Il principe di Galles era furioso» quando vide il danno, raccontava Mervyn Wycherley, ma questo non mise fine alle visite di Hewitt.[8] Diana disse all'amante che suo marito era al corrente del tipo di relazione che intrattenevano: «Esisteva un tacito accordo tra Diana e Carlo», disse Hewitt, «io ero parte della sua vita proprio come la signora Parker Bowles faceva parte della vita del principe Carlo».[9] Nonostante questo, Hewitt era sempre nervoso a Highgrove. Cosa più che comprensibile, visto che ogni sua mossa veniva sorvegliata dai membri del personale come Berry e che erano presenti numerosi ed elaborati sistemi di sicurezza, inclusa una recinzione elettrica che circondava l'intera proprietà e una piccola stazione di polizia in pietra locale che ospitava cinque agenti impegnati tutto il giorno a controllare le immagini delle telecamere di sorveglianza, sparse in tutto il giardino.

Hewitt faceva sentire Diana talmente rilassata che, per lui, riusciva a trasformarsi in un'autentica ragazza di campagna. Faceva lunghe passeggiate nei campi, aveva vinto la sua paura dei cavalli. «Lei amava la campagna», disse Hewitt: una dichiarazione che avrebbe lasciato esterrefatto il marito. «Le piaceva la caccia e la vita di campagna, con tutte le sue attività più tipiche. In base alla mia esperienza posso dire che amava quelle cose.»[10] È straordinario cosa riesce a fare una vita sessuale soddisfacente.

A detta di Diana, Hewitt era un amante eccellente. Fece provare a Diana degli orgasmi di una regolarità e intensità che lei non aveva mai sperimentato prima. Presto Hewitt arrivò alla conclusione che con il suo amore stava assolvendo alla missione di salvarle la vita, un compito che portò a termine egregiamente. Per cinque anni fu fedele e premuroso come un trovatore medievale, rafforzando la fiducia della principessa in se stessa. La timida sposa reale, che solo sei anni prima aveva atteso con struggimento la telefonata del suo principe dall'India, si era trasformata in una risoluta e sfacciata amante. Durante l'estate del 1988, Hewitt le disse che non avrebbero potuto incontrarsi il fine settimana perché lui sarebbe stato impegnato nel campionato inter-reggimentale al Tidworth Polo Club nell'Hampshire. Hewitt era il capitano della squadra delle Life Guards che avrebbe affrontato i « 13/18 Hussars » nel trofeo dei capitani e subalterni. Diana replicò che sarebbe stata presente anche lei. Dopotutto, era il presidente onorario dei « 13/18 Hussars ». Diana informò telefonicamente il comandante del « suo » reggimento che avrebbe partecipato anche lei. Quando arrivò, si lasciò cadere nell'erba accanto a Hewitt, che si stava godendo un picnic con la madre e le due sorelle. « Di là è in corso uno di quei pranzi noiosissimi », disse a Hewitt, che le chiese turbato se non dovesse comunque restare accanto alla sua squadra. « No », rispose allegramente, « ho detto loro che sarei venuta qui per dare un po' di incoraggiamento agli avversari. »[11] Con un supremo atto d'audacia, al termine della partita consegnò la coppa a Hewitt, capitano della squadra vincitrice. In una fotografia divenuta famosa i loro occhi si incontrano in uno sguardo pieno di segreta complicità.

Curiosamente, passarono quasi cinque anni prima che la stampa scoprisse il segreto di Hewitt e Diana. Ci si può solo meravigliare della versione sostenuta nel 1993 da James Whitaker del *Mirror*, che si occupava quasi esclusivamente della principessa di Galles: nel suo libro *Diana v. Charles*, il giornalista documenta l'andamento dell'amicizia di Hewitt con la principessa, per poi dichiarare con la massima convinzione che la relazione tra i due è sempre rimasta platonica. « I moralisti potrebbero obiettare che l'infedeltà si consuma con il cuore e con la mente e che non necessariamente deve essere accompagnata da un atto fisico», si vantava Whitaker. «Ma resta il fatto che Diana si dimostrò superiore al marito dal punto di vista psicologico praticando la moderazione.»[12] Il fatto che Diana sia riuscita a prendere per il naso persino Whitaker prova quanto fosse diventata abile come attrice. Il 13 giugno 1987, i Galles erano tra gli invitati al matrimonio del figlio del duca di Beaufort, «Bunter» Somerset (marchese di Worcester), con la modella Tracy Ward, a Cornwell Manor nell'Oxfordshire. Al ricevimento, Diana portò fuori strada la stampa flirtando sfacciatamente con il banchiere di origine ungherese ed ex studente di Eton, Philip Dunne. I loro amoreggiamenti molto pubblici sulla pista da ballo ebbero il gradito risultato di mettere in moto le malelingue della stampa fino in Australia, dove il *Daily Telegraph* riportava: «Mentre l'orchestra suonava un pezzo sdolcinato, la sfacciata Di ha baciato il ventottenne banchiere della City Dunne, sosia di Superman, sulla guancia e gli ha passato le dita tra i capelli scuri».[13] A tarda ora, uno degli ospiti raggiunse la propria automobile per recuperare un pacchetto di sigarette e, mentre stava attraversando il padiglione nel giardino ormai quasi vuoto, colse Diana in un momento molto privato: mentre l'orchestra suonava il suo ultimo pezzo, la principessa di Galles danzava sola, volteggiando al suono della musica come se fosse in preda a un'euforica e sensuale trance. «Era la prima volta che realizzavo quale creatura sensuale fosse Diana», disse.[14]

Suo marito, sfortunatamente, non se ne accorse. Il principe Carlo trascorse la maggior parte della serata a chiacchierare con la sua seducente vecchia fiamma Anna Wallace e poi si dedicò a Camilla. Alle due di notte il principe suggerì freddamente a Diana che era ora di andare. Si dice che lei gli abbia riso in faccia e che sia rimasta alla festa senza di lui. Il giornalista e biografo James Fox, anche lui presente alla festa, intuì che quella della principessa era solo una messa in scena: «Quella notte provai pietà per lei», mi disse. «Sembrava che stesse cercando di divertirsi a ogni costo. Quando vidi Carlo andarsene da solo, capii che la loro relazione era davvero compromessa come sostenevano i giornali. Diana sembrava veramente pronta per compiere un passo irrimediabile. Ricordo che pensai: 'Wow, è alla ricerca di un uomo. La cosa rischia di farsi piuttosto pericolosa'.»[15] Era vero, ma ovviamente il passo era già stato compiuto.

Grazie alla segretezza della sua relazione con Hewitt, Diana poteva crogiolarsi nell'utopia di una vita coniugale diversa, irrealistica quanto lo sarebbe stato in seguito il suo sogno di diventare la moglie del cardiochirurgo Hasnat Khan. «La notte giacevo sveglia amandoti disperatamente e ringraziando Dio per averti portato nella mia vita», scrisse Diana a Hewitt mentre lui si trovava in Francia nell'agosto del 1989. «Attendo con ansia i giorni in cui finalmente saremo insieme per sempre, come è giusto che sia.»[16]

I due amanti fingevano di essere normali vacanzieri che trascorrono il fine settimana in campagna. Spesso si recavano dalla madre di lui, Shirley Hewitt, nel suo modesto e confortevole cottage nel Devon, dove passeggiavano in riva al mare e Diana aiutava la signora Hewitt a lavare i piatti. Durante quelle escursioni Hewitt scoprì una Diana sessualmente insaziabile; qualche volta arrivava persino a chiedergli di fare sesso in un campo. «Quando andavamo nel Devon si davano parecchio da fare»,[17] raccontava Ken Wharfe.

I confortanti abbracci di Hewitt diedero a Diana la forza necessaria per sopportare gli episodi di guerra fredda con il marito. Per un certo periodo non ci furono più scenate in pubblico con Carlo. I Galles misero in scena la loro doppia recita durante la visita in Australia nel gennaio del 1988 per il duecentesimo anniversario del paese. Durante un ballo a Melbourne, sembravano una sfavillante incarnazione dell'armonia coniugale, tanto che addirittura Hewitt, che vide la scena in televisione, ne rimase impressionato e un po' perplesso. Mentre osservava come il principe e la principessa ballavano insieme mostrando di divertirsi molto, Hewitt si chiedeva come fosse possibile che Diana apparisse tanto felice con un uomo che, per quanto ne sapeva lui, ora «odiava come la peste».[18] Il pubblico, come scrisse Georgina Howell sul *Sunday Times* nel settembre del 1988, arrivò alla convinzione che Diana avesse deciso di seguire il venerando percorso reale e tirare fuori il meglio da un matrimonio stanco, invece di combatterlo.[19]

Ma la sua insicurezza era troppo forte per arrivare a questo. Le relazioni di Diana sopravvivevano soltanto finché riuscivano ad alimentare la sua fantasia. In Hewitt credeva di avere trovato un instancabile *cavalier servant*. In parte però trattava il capitano come un giocattolo. Era sempre lei a tenere i fili del gioco. Lo sommergeva di regali: un fermacravatta tempestato di diamanti, un orologio d'oro e argento del gioielliere reale Asprey, un armadio pieno di camicie, cravatte e maglioni. Al tempo della relazione tra Hewitt e Diana, una sua ex ragazza, Emma Stewardson, osservò che forse il capitano si era lasciato contagiare dalla «febbre da tappeto rosso» che colpisce spesso le guardie del corpo dei personaggi famosi. «Al ritorno da uno dei suoi soggiorni a Highgrove, raccontò entusiasta del servizio di posate in oro massiccio», disse la Stewardson. «A lui piaceva la bella vita. Ero preoccupata che potesse restarne abbagliato.»[20] Ma quando Hewitt, nell'estate del 1989, disse a Diana che era stato trasferito in Germania per due anni per assumere il comando di un reparto corazzato, lei non reagì come la comprensiva moglie di un ufficiale, ma come una capricciosa signora dell'alta società il cui mantenuto prova il fastidioso desiderio di andare per la propria strada. Lei insisteva a dire che non c'era alcun bisogno che andasse in Germania. In fondo, nemmeno Andrew Parker Bowles era stato mandato all'estero. Voleva far valere le proprie conoscenze e «sistemare le cose» parlando con il generale Sir Christopher Airy, comandante della divisione delle guardie reali. Hewitt era importante per Diana solo fintantoché era a disposizione per soddisfare le sue necessità. Il disperato bisogno di protezione la rendeva egoista ed era talmente terrorizzata dal rifiuto che decise di allontanarlo per prima. «Avevi promesso che saresti sempre stato al mio fianco e ora hai infranto quella promessa», gli comunicò gelida.[21] Diana stava iniziando ad ammettere che l'atletico maggiore, in fin dei conti, non era una stella poi così luminosa. («Interessante pressappoco come un modello per lavori a maglia», disse in seguito.)[22]

Prima della sua partenza per la Germania, Hewitt incontrò la principessa un'ultima volta in piscina a Highgrove e si rese conto che Diana era diventata una donna completamente nuova. «Con il bikini, la pelle fresca e abbronzata, il corpo reso atletico dalle diete e dagli allenamenti, l'espressione gioiosa e spensierata, aveva fatto molta strada – *noi* avevamo fatto molta strada – dalla ragazza bulimica che avevo conosciuto.»[23] Una riflessione assolutamente corretta, l'unica cosa sbagliata era quel «noi». Sarebbero passati più di tre mesi prima che Hewitt ricevesse di nuovo sue notizie.

Dopo la partenza di Hewitt per la Germania, Diana condusse sempre più la vita di una cittadina single. Proteggeva il suo amor proprio dedicandosi a un plotone di corteggiatori che si era raccolto intorno a lei nella seconda metà degli anni '80. Molti personaggi di questa cerchia erano vecchie conoscenze: ammiratori come il sempre premuroso Philip Dunne, gli ufficiali dell'esercito David Waterhouse e Rory Scott, e James Gilbey, che trattava automobili di lusso ed era l'erede della dinastia del gin dei Gilbey. Questi cavalieri portavano Diana a cena al San Lorenzo (dove la materna proprietaria italiana, Mara Berni, si accertava con solerzia che non venissero disturbati), organizzavano partite di bridge nelle residenze londinesi di amiche come Kate Menzies e Julia Samuel, e l'accompagnavano ai balli. Per Ken Wharfe, tutti gli «uomini di Diana», come lui li chiamava, non erano altro che aristocratici rammolliti e intercambiabili, con due soli talenti: condurre conversazioni brillanti e vestirsi in modo elegante. James Hewitt, James Gilbey, Philip Dunne, David Waterhouse (che prestava servizio nello stesso reggimento di Hewitt), Rory Scott – «tutti», disse Wharfe, «erano alti, fisicamente simili, vestivano e parlavano allo stesso modo, condividevano i medesimi gusti e la medesima cerchia di amici, e spesso avevano lo stesso manierismo... ma soprattutto avevano una cosa in comune: erano totalmente diversi dal serioso marito di Diana, di dodici anni più vecchio di lei, la cui natura – per sua stessa ammissione – spesso lo faceva sembrare ancora più vecchio».[24]

Tuttavia, almeno Philip Dunne era un po' meglio di come lo descriveva Wharfe. Era brillante, anche se un po' formale, e oggi è un parlamentare del partito conservatore. Dunne era il cavaliere ideale perché, come disse un suo intimo amico, «non era un cattivo ragazzo»; il che significava, tra le altre cose, che dava troppa importanza al decoro per osare andare a letto con la moglie del principe di Galles. Il padre di Dunne era Lord Lieutenant dell'Herefordshire e un buon amico della regina e del duca di Edimburgo; di conseguenza, il giovane Dunne non aveva alcun desiderio di offenderli. Ma era attraente e divertente e faceva bene al morale di Diana.

L'unico che iniziò una relazione con Diana fu James Gilbey. Era il classico snob e usava espressioni come «Pinco Pallino ha un sacco di penny» (ovvero, è ricco). La piccante rassicurazione che offrì a Diana, in un certo senso, rappresentava la continuazione di una storia incompiuta. Era lo stesso Gilbey che Diana aveva frequentato nel periodo di Coleherne Court e al quale aveva «sfregiato» la macchina quando lui l'aveva scaricata nel 1980. Ora, nell'estate del 1989, si erano rivisti a Berkshire al party per il trentesimo compleanno della loro comune amica Julia Samuel, sorella maggiore di Sabrina Guinness. Diana sedeva triste a un tavolo con la sorella Jane Fellowes. Gilbey si unì a loro e finirono per raccontarsi i rispettivi fallimenti amorosi.[25] Trovò una Diana ventottenne completamente diversa dalla paffuta e timida *sloane* che aveva lasciato più di nove anni prima. Adesso lei era la donna più glamour del mondo, e inoltre sembrava gradire le sue avance. Se Diana non avesse conosciuto il principe Carlo, probabilmente avrebbe sposato Gilbey o uno degli altri ammiratori insignificanti che aveva in pugno e avrebbe condotto una convenzionale vita in campagna con quattro bambini che cavalcano pony. Forse non sarebbe stata una bellezza mozzafiato – il suo desiderio di essere speciale era legato a filo doppio alle sue dolorose esperienze – ma avrebbe potuto essere felice. Per gli «uomini di Diana», lei era l'opposto della felicità. Era l'icona della porta accanto: un favoloso, elettrizzante status symbol con cui intrecciare un'amicizia, purché non diventasse troppo intima. Il rischio, come avrebbe scoperto Gilbey, era quello di bruciarsi.

Fergie fu una delle vittime. La principessa e Fergie si erano guadagnate un bel po' di pubblicità negativa per quello che il *Daily Mail* definì «un comportamento indegno» sulle nevi di Klosters e per la successiva ridicola zuffa ad Ascot nel 1987.[26] L'anno seguente, Diana aveva capito l'antifona e si era tenuta a distanza dalla duchessa durante la corsa di Ascot. Passeggiava con portamento regale tra la folla in un elegante spolverino di seta grigia e un cappello bianco di paglia. Il primo luglio, la stampa si congratulò per il suo ventisettesimo compleanno con tutta una serie di complimenti galanti: Diana possedeva «qualità da star», era «la cosa migliore mai capitata alla famiglia reale» e «un modello di femminilità».[27] La capacità di abbagliare gli altri la stava cambiando. Poteva provare ogni giorno una nuova identità, ma quello che desiderava davvero era un ruolo fisso. Era affascinata da quello che il suo potere mediatico era in grado di fare, al di là della fuggevole soddisfazione per una fotografia lusinghiera. Le riforme economiche della signora Thatcher stavano stimolando una nuova crescita. La Londra degli anni '80 ballava al ritmo del denaro della City e di un calendario di eventi che chiedeva di essere promosso da nuove personalità e con rinnovato vigore. Il carburante della società non erano più gli alberi genealogici, ma i budget del marketing, e ulteriori stimoli arrivavano dall'America reaganiana. I party venivano organizzati coinvolgendo un'azienda automobilistica o il marchio di un profumo piuttosto che singole personalità. A volte, gli onori di casa venivano fatti non da persone in carne e ossa, bensì da una qualche marca di champagne e da un esclusivo negozio di scarpe, in collaborazione con una certa cioccolata d'autore e una giovane e promettente azienda di sigari. Ormai siamo abituati fino alla nausea a questo genere di cose, ma all'epoca si trattava di un'assoluta novità. I manager delle relazioni pubbliche, non le signore nobili, custodivano le liste degli invitati più esclusivi.

La disponibilità della signora Thatcher a mettere in conto un forte tasso di disoccupazione e la sua crociata contro i sindacati per rendere nuovamente competitiva l'industria britannica aumentò ancora di più il divario tra ricchi e poveri, specialmente dopo lo sciopero dei minatori del 1984 e del 1985, con i suoi episodi di violenza e gli slogan della lotta di classe. L'atmosfera che si respirava nei circoli mondani era una versione più commerciale, più allegra e maggiormente definita della *Swinging London* degli anni '60, caratterizzata da effetti più estremi (e da un mondo della droga che preferiva la cocaina alla cannabis). La sensazione diffusa che l'Inghilterra fosse stata costretta non con le buone, ma per decreto, ad abbandonare la vecchia attitudine all'autocompiacimento generò un comportamento consumistico nervoso che ricordava New York. Il guru pubblicitario e scrittore Peter York lo definì una «sensazione 'Compriamoci uno stile di vita'».[28] A Kensington Palace Diana percepiva le vibrazioni emanate dal mondo della moda e della danza grazie ad amici come Jasper Conran e Wayne Sleep.

Il fascino di Diana pertanto influì sulla società dei caffè degli anni '80 in due modi: da un lato, fece andare tutto il settore su di giri (per la prima volta, dalla fine degli anni '60, Londra veniva di nuovo percepita come una città elegante, sexy e alla moda); dall'altro, portò quel mondo a confrontarsi con questioni più importanti. Le riforme spietate della Thatcher avevano lasciato dietro di sé una voragine di povertà e Diana capì istintivamente che poteva contribuire a colmarla. Per gli americani, la triade composta da commercio, società e filantropia è ormai da molto tempo una cosa scontata, ma a Londra il fenomeno era nuovo e strettamente legato a Diana. Non si poteva certo pretendere che la principessa di Galles partecipasse al lancio di un profumo o a un'esposizione di automobili, ma era possibile assicurarsi la sua presenza trasformando la manifestazione in un evento filantropico. Sponsorizzare un'opera di beneficenza con la presenza di Diana era un investimento migliore di qualunque tradizionale campagna di pubbliche relazioni. Molte ditte si resero conto che esponendo il fiammeggiante logo aziendale, distribuendo campioni gratuiti dei nuovi prodotti e con una bella fotografia dell'amministratore delegato accanto alla sorridente principessa di Galles, potevano ottenere molto di più dei soliti trafiletti nelle pagine economiche: con Diana ci si assicurava la prima pagina dei giornali e servizi televisivi su tutti i mezzi di informazione del paese. Possiamo chiamarlo l'effetto sinergico di Diana. Tutti volevano un riflesso della sua celebrità e questo portò a una vera e propria esplosione di opere di beneficenza sponsorizzate. Ecco un esempio di come funzionava: il presidente di Tiffany & Co., Rosa Monckton, che allora non conosceva Diana, voleva assicurarsi il sostegno della principessa per conferire un'immagine più giovanile agli altezzosi negozi di lusso della sua azienda. Perciò telefonò a Marie Helvin, una sostenitrice dell'Aids Crisis Trust, e le chiese se potesse convincere la principessa a partecipare (inoltre, la Monckton voleva un posto al tavolo di Diana); in cambio, Tiffany avrebbe fatto una generosa donazione a favore della causa che stava tanto a cuore a Diana (e alla Helvin).[29] Diana non si fece pregare. Il Ballo di Tiffany, come fu battezzato l'evento, si tenne nella famosa ex residenza di famiglia degli Astor, Cliveden House, nel Buckinghamshire, con lo scopo dichiarato di raccogliere fondi per l'Aids Crisis Trust. Uno degli articoli presentati all'asta delle celebrità era una lezione di polo con il padre di Sarah, duchessa di York, il maggiore Ronald Ferguson. Fu battuta per 2500 sterline; non male per quei tempi, se si considera la famosa avarizia dell'aristocrazia britannica.

Londra si abituò a vedere Diana sfilare sul tappeto rosso inondata di flash per sostenere le cause che una volta dipendevano da poche misere azioni di beneficenza. Gli orfanotrofi Barnardo erano ansiosi di liberarsi della loro cupa immagine alla Dickens e riaffermarsi come moderne strutture di supporto per bambini in difficoltà. L'obiettivo venne centrato in pieno quando Diana prese il posto della principessa Margaret in qualità di presidente nel 1984. Mentre Margaret si faceva vedere a una sola cena di gala all'anno, durante i suoi dodici anni di permanenza in carica Diana partecipò a centodieci eventi, sedici dei quali solamente nel 1986. L'ex direttore dell'ente, Sir Roger Singleton, raccontò che una volta Diana presenziò a tre cerimonie di Barnardo nella stessa settimana. La ventata di aria fresca portata dalla principessa incoraggiò uno dei suoi stilisti preferiti, Bruce Oldfield, a prendere una decisione sulla quale rimuginava da tempo: ammise pubblicamente la sua infanzia infelice di bambino in affido. Nel marzo del 1985 Oldfield organizzò una sfilata di moda per raccogliere fondi a favore di Barnardo e Diana era l'ospite d'onore. L'ingresso costava cento sterline, una cifra esorbitante per gli standard di Londra all'epoca, ma nonostante questo l'evento fece registrare il tutto esaurito e furono raccolte donazioni per circa 200.000 sterline. (Curiosamente, il donatore più generoso quella sera fu Mohamed Al Fayed, il quale donò articoli di Harrods per un valore di 75.000 sterline.) Diana si presentò a Grosvenor House indossando un abito mozzafiato di lamé pieghettato blu-argento che lasciava la schiena scoperta: un colpo da maestro per le pubbliche relazioni di Barnardo e un'ottima pubblicità per l'istituto di carità (e per Oldfield, che aveva disegnato l'abito). Artisti come Joan Collins, Barry Humphries travestito da Edna Everage e la cantante Shirley Bassey con la sua imponente pettinatura cotonata contribuirono a trasformare l'evento in una classica serata della *New London*. Durante la cena, Oldfield sedeva accanto alla principessa. Lo ricorda ancora come «un momento davvero straordinario. Accanto a me sedeva la futura regina d'Inghilterra. Non riesco a immaginare uno scenario in cui Norman Hartnell avrebbe potuto stare seduto accanto alla regina. Il fatto che ora una cosa del genere fosse possibile dimostrava che era iniziata una nuova era».[30]

La generosità di Diana verso le altre persone e i loro problemi scatenò una febbre da corsa all'oro. Diana aveva sempre avuto la capacità di comprendere le afflizioni degli altri e reagire con grande calore, similmente a sua nonna Lady Cynthia Spencer, che girava per il Northamptonshire con la sua piccola e sgangherata Morris Minor per distribuire pacchetti di cibo ai bisognosi. Ora, chiunque raccontasse a Diana le proprie sofferenze e privazioni, poteva essere sicuro che quei grandi occhi blu avrebbero espresso una viva compassione, che la sua mano si sarebbe posata sul braccio, si sarebbe sporta in avanti e avrebbe pronunciato le parole tanto a lungo sognate: «La prego, mi dica come posso aiutarla». Diana sapeva perfettamente che le bastava fare un sorriso a un commerciante di Bond Street o al direttore di un grande magazzino per ottenere l'organizzazione di un gala di beneficenza.

Per Diana lo splendore dei gala era ben lungi dall'essere la cosa più importante. Il suo impegno a favore degli enti di beneficenza la arricchiva almeno quanto lei arricchiva loro. Nelle corsie degli ospedali, nei fatiscenti ricoveri per i senzatetto colmi di persone travolte dalla rivoluzione Thatcher e bisognose di aiuto, lei riscoprì il suo grande cuore. Come un attore metodico, mise da parte la propria infelicità e la mutò in empatia. La sua presenza, il suo calore, il modo in cui interagiva con i pazienti: una visita di Diana era il miglior placebo. «Credo che possedesse un dono autentico; era in grado di tendere la mano ed entrare in contatto con le persone», osservò uno dei suoi mentori, David Puttnam. «Una volta mi disse, 'Tutto gira intorno al tocco. Quando mi capitò la prima volta fu come un elettroshock'.»[31] L'ospedale pediatrico Great Ormond Street apprezzava la sua abilità nel risollevare il morale ai pazienti ancora più della sua capacità di reperire fondi. L'ex direttore dell'ospedale, il viceammiraglio Sir Anthony Tippett, vide con i suoi occhi in che modo Diana trattava i bambini malati e il personale che lavorava con loro «anno dopo anno. Great Ormond Street è un luogo di forti contrasti: ci sono una grande gioia e una grande tristezza... Ogni volta che se ne andava, l'ospedale era un posto migliore di quando vi era entrata, per il sollievo che dava alla gente».[32] Secondo Roger Singleton di Barnardo, quello che faceva di Diana una persona unica era la sua capacità di creare «isole di intimità» con i giovani delinquenti come con i bambini disabili semplicemente parlando con loro. Anche in presenza delle telecamere o del sindaco di Londra in pompa magna (Diana chiamava le sue catene cerimoniali «la squadra degli incatenati»), con il suo sguardo attento e il suo atteggiamento premuroso riusciva a trasmettere al genitore o al bambino con cui parlava un senso di profonda intimità.

Marjatta van Boeschoten era molto scettica quando, nel maggio del 1983, venne a sapere che Diana si sarebbe fermata lungo la strada verso Highgrove per fare visita a una delle strutture della Paradise House Association, un centro di riabilitazione per adulti disabili, a Painswick nel Gloucestershire. La signorina van Boeschoten, avvocato e amministratore della Paradise House Association, e ora consulente, tra gli altri, della British Medical Association e del National Health Service, non è affatto sentimentale nei confronti della famiglia reale. Era lieta che Diana facesse visita alla clinica perché questo le avrebbe portato un po' di attenzione pubblica, ma non si aspettava nulla di più. Rimase letteralmente sbalordita da quello che accadde. Era una mattina insolitamente fredda e piovosa per la stagione, ma come per miracolo il sole fece capolino tra le nuvole proprio nel momento in cui l'automobile della principessa varcò il cancello d'ingresso. Un agente di polizia seguì Diana con un paio di stivali di gomma ma lei non ne aveva bisogno. «Aveva qualcosa che ti risollevava», mi disse la van Boeschoten. «Faceva questo effetto a tutti. Non era solo bella, era radiosa ed emanava un grande calore. La sua vulnerabilità era palpabile. Mi colpì molto vederla protendersi in avanti per ascoltare con estrema attenzione una delle infermiere. Un anno dopo l'infermiera era ancora commossa. Per lei fu uno degli eventi più importanti della sua vita. Era come se quella mattina tutti fossero stati toccati dalla luce.» Nel tentativo di spiegare la natura di quella luce, la van Boeschoten menzionò il fatto che Diana la guardò negli occhi e le disse con un sorriso imbarazzato: «La prego di scusare le mie mani fredde».[33] La combinazione di bellezza, disponibilità umana e magica dolcezza era rafforzata dal suo portamento raffinato. Se a questo si aggiunge il fascino conferito dalla regalità e la sua stessa sofferenza inespressa, è chiaro che il sorriso di Diana doveva davvero toccare il cuore.

Le visite di Diana lasciavano dietro di sé un'impressione completamente diversa da quella delle visite degli altri membri della famiglia reale: tutti i reali erano e sono tuttora instancabilmente impegnati nelle opere di beneficenza – soprattutto la principessa Anna, con la sua stacanovistica dedizione per il Save the Children Fund. Il principe Carlo irradia un fascino diverso quando va tra la gente. Dopo i violenti disordini di Toxteth nel 1981, il principe decise che era suo preciso dovere rispondere attivamente alle disgustose scene di violenza che si erano verificate nel nord dell'Inghilterra. Convertì il suo fondo filantropico, il Prince of Wales Trust, in un'ingegnosa e generosa istituzione che, fra molte altre iniziative, finanzia la formazione e l'assistenza dei giovani disoccupati allo sbando. E una visita della regina conferisce sempre credibilità alle organizzazioni.

Essere un membro della famiglia reale è un ruolo limitato alla gestualità, il cui effetto dipende dall'abilità con la quale questi gesti vengono compiuti. Molto di quello che i reali fanno per garantirsi i loro considerevoli benefici è disperatamente insulso o estremamente deprimente. Per la maggior parte delle persone questo equivarrebbe a dover svolgere sempre solo le mansioni più fastidiose del proprio lavoro, come intrattenere i clienti o partecipare a noiose cene d'affari, senza alcuna prospettiva di poter un giorno andare in pensione. Uno dei commenti poco gradevoli che Carlo fa con i propri assistenti quando si reca a questi eventi è: «Ditemi di nuovo perché sto facendo tutto questo».[34] («Perché vive in un palazzo, Signore», è la risposta sottintesa.) Una delle cose che Carlo non riusciva a perdonare a Diana era il fatto che lei assolvesse ai propri doveri con evidente piacere.

Diana portò alle persone una cosa completamente nuova: la speranza. Senza riflettere troppo su quello che stava facendo, introdusse un'idea della filantropia molto diversa da quella della vecchia e aristocratica fatina buona. Come osservò la scrittrice femminista Beatrix Campbell, Diana era «*umana* piuttosto che *aristocratica*, un atteggiamento con cui il pubblico poteva identificarsi completamente».[35]

Diana traeva parte della propria forza dalla sua natura essenzialmente pratica, che era totalmente inutile a palazzo, dove ogni più piccola incombenza viene ancora svolta dai servitori. La disgustavano le stanze perfette e ordinate, le limousine in attesa e l'adulazione con cui veniva servita al ristorante. Non era per nulla schizzinosa, quasi come un'infermiera. La si può facilmente immaginare nel ruolo della crocerossina mentre medica con destrezza la ferita di una gamba amputata in un ospedale da campo ad Amiens durante la Prima guerra mondiale. (*Il Paziente Inglese* era il suo film preferito.) Nel novembre del 1989, con una temperatura di trentacinque gradi, strinse le mani di centinaia di lebbrosi a Giacarta, in Indonesia. «Messa di fronte all'orrore della lebbra, Diana prese la mano di una bambina e strinse le mani nodose e deformi di altri pazienti senza alcuna esitazione, toccò le bende insanguinate di un vecchio e accarezzò il braccio di una donna», scrisse il *Sunday Mirror* il 5 novembre 1989.[36] Nell'ala geriatrica di un ospedale nell'est di Londra che ospitava soprattutto persone anziane incontinenti che fissavano le pareti con aria assente, Patrick Jephson, un dignitario di corte divenuto in seguito il suo segretario privato, trovò ripugnante il penetrante odore di ammoniaca. A parte il leggero mormorio di alcuni pazienti ancora svegli, lui ricorda una «stanza che non esiterei a definire satura di morte». La principessa però non si tirò indietro e non abbreviò la sua visita nemmeno quando si rese conto che i pazienti versavano in uno stato comatoso e avrebbero percepito a stento la sua presenza. Diana «si diede una mossa e si mise al lavoro», scrisse Jephson. «Osservai pieno di ammirazione come attraversò con decisione la stanza, una giovane dall'aspetto innocente in mezzo a tanti corpi vecchi e devastati. Con il suo aderente abito rosso irradiava salute ed energia sullo sfondo di quello scenario di vecchiaia e infermità, come se fosse la prova vivente di un miracoloso elisir di giovinezza.»[37] Insomma, una specie di Lady Cynthia Spencer dopata.

Negli anni '80, nessuna causa si prestava tanto bene all'effetto Diana come l'Aids. Le persone che ne soffrivano non erano semplicemente malate, erano emarginate. Inoltre, come la tubercolosi nel XIX secolo, era una malattia che aveva anche un aspetto romantico, attaccando soprattutto artisti, ballerini, fotografi e poeti. I numerosi amici di Diana del mondo della moda, con i loro partner morenti, le portavano lo spettro della malattia direttamente in casa ogni singolo giorno, esattamente come i numerosi dipendenti gay di palazzo. L'ex valletto del principe Stephen Barry morì di Aids. Gli omosessuali rappresentavano una grossa fetta della cerchia di sostenitori di Diana. Lei amava la loro leggerezza, la loro insensibilità ai pregiudizi e il fatto che con loro fosse libera di divertirsi come qualunque altra ragazza moderna, senza dare adito a pettegolezzi sui giornali. Quando si recava nell'accogliente casa di Kensington di Wayne Sleep, il minuto e anticonformista ex primo ballerino del Royal Ballet, per una cena a due, poteva fingere di essere una normale ragazza di campagna. «Qui Diana Galles!» urlava nel telefono quando chiamava il ballerino per fissare un appuntamento. Jasper Conran racconta che vide Diana per l'ultima volta nell'estate del 1997 a un incontro che chiarisce perfettamente la natura scherzosa del loro rapporto. Stava guidando per il centro di Londra con la sua vecchia Bentley, quando all'improvviso qualcuno alle sue spalle iniziò a suonare selvaggiamente il clacson. «Mi voltai e feci il segno della V rovesciata (un gesto che nel resto d'Europa corrisponde al dito medio). Poi vidi che al volante c'era Diana che si contorceva dalle risate.»[38] Questi irriverenti compagni di gioco erano il suo antidoto a quelli che Fergie definiva «i piccoli uomini grigi del palazzo». Nel corso degli anni '80, l'Aids iniziò a colpire ogni angolo del pianeta e sapere i propri amici esposti a un simile pericolo le spezzava il cuore.

Diana era molto nervosa quando, nell'aprile del 1987, il Middlesex Hospital la invitò all'inaugurazione del primo reparto per malati di Aids del Regno Unito. Ci si dimentica facilmente quanta superstizione e ignoranza circondavano all'epoca le cause del contagio dell'HIV, la cattiva fama che diede alla malattia il nome di «morbo gay». La decisione di Diana di stringere la mano, senza guanti, ai dodici pazienti maschi malati di Aids che incontrò quella mattina fece scalpore in tutto il mondo. La malattia era talmente stigmatizzata che soltanto uno dei pazienti a cui Diana tese la mano accettò di essere fotografato, e solo di schiena. «Si percepiva chiaramente che i tabù venivano infranti», disse Richard Kay del *Daily Mail.* «Mi ritengo una persona ragionevolmente liberale, di mentalità aperta, ma ciononostante restai piuttosto stupefatto.»[39] Il professor Michael Adler, che all'epoca si occupava dei malati di Aids al Middlesex Hospital e in seguito divenne il principale consulente del governo per i problemi di salute sessuale, è dell'opinione che l'intervento di Diana fu cruciale per dissipare i pregiudizi nei riguardi dell'Aids. Secondo lui, prima del suo coinvolgimento, «la gente rifiutava l'intera questione e considerava l'Aids una malattia tipica dell'ambiente gay; inoltre, il contagio avveniva per via sessuale – tutte cose che non siamo molto bravi a gestire. Diana superò questi ostacoli, chiedendo rispetto per i malati e facendo chiarezza».[40] Adler e sua moglie, Baroness Jay, chiesero a Diana di fare da madrina al National Aids Trust, di cui Adler era presidente. Due anni più tardi la principessa visitò un ospedale nel quartiere newyorkese di

Harlem e abbracciò spontaneamente un bambino di sette anni HIV-positivo.

A volte era difficile strapparla dal capezzale dei malati. La visita della First Lady americana Barbara Bush al Middlesex Hospital nel 1991 era un evento importante. Le due donne si trovarono bene, sebbene avessero uno stile molto diverso. La signora Bush irradiava un calore genuino, ma aveva un comportamento più maestoso; Diana, invece, mostrò quello che Jephson descrive come «un'insuperabile miscela di fascino, umorismo e controllato pathos» e non riuscì a frenarsi dall'abbracciare un paziente in lacrime.[41]

Nell'agosto del 1991, per la prima volta uno degli amici di Diana morì di Aids. Adrian Ward-Jackson aveva quarantun anni, lavorava come consulente di Belle Arti per alcuni dei collezionisti più famosi d'Europa e dirigeva la compagnia di danza Rambert. Aveva comprato così tanti quadri per Basia Johnson, la vedova polacca di John Seward Johnson, erede della Johnson & Johnson, che l'appartamento della donna divenne famoso come il «corridoio polacco».[42] Diana lo aveva conosciuto tramite una sua amica, l'ex ballerina Angela Serota e lavorò con lui all'Aids Crisis Trust. Ward-Jackson non era un amico particolarmente intimo della principessa, ma quando si ammalò Diana gli fece visita quasi ogni giorno nel suo splendido appartamento di Mayfair, dove in passato il paffuto Ward-Jackson, sdraiato su un divano come Oscar Wilde tra bronzi rinascimentali e incisioni francesi, riceveva i suoi molti amici dell'alta società e i sacerdoti della Chiesa anglicana che lo sostenevano nella fede. Il suo letto di dolore, per un certo periodo, fu oggetto di un vero e proprio pellegrinaggio. Chiese a Diana, e a poche altre persone selezionate, di stargli accanto nel momento del trapasso e lei accettò. Forse Ward-Jackson intuiva che questa scena da XIX secolo avrebbe conquistato le prime pagine dei giornali e lo considerava il suo ultimo regalo alla battaglia contro l'Aids o forse era rimasto stregato dalla compassione della principessa e non voleva più farne a meno, o forse entrambe le cose. Comunque sia, Diana incaricò Patrick Jephson di procurarle uno speciale cercapersone in modo da essere sempre raggiungibile per il suo amico morente. Quando, infine, lunedì 19 agosto la sua amica Serota la chiamò per dirle che la fine era vicina, Diana si trovava dall'altra parte del paese, a Balmoral. Si mise in viaggio quella stessa notte insieme alla sua guardia del corpo per percorrere gli oltre novecento chilometri che la separavano da Londra.[43] La famiglia reale, riunita al gran completo nella tenuta scozzese per il ritrovo annuale, non gradì affatto la sua brusca partenza. Nella fretta, Diana aveva tralasciato di osservare il protocollo e chiedere alla regina il permesso di andare. La Regina Madre, in particolare, trovava l'intenso coinvolgimento di Diana nella vicenda di Ward-Jackson piuttosto macabro. «Perché non può prendersi a cuore cose un po' meno deprimenti?» fu il suo commento.[44] Evidentemente, Diana non aveva dimenticato l'intensità delle emozioni provate nei reparti di Aids che aveva visitato negli anni '80. Andò nuovamente contro le tradizioni partecipando al funerale di un comune cittadino. Per la messa funebre nella Grosvenor Chapel di Mayfair, il 29 agosto si era radunata l'intera società londinese come in una scena de *La Traviata*. Diana era visibilmente scossa. Era come se partecipare al dolore di altre persone fosse la sola cosa in grado di placare il suo.

Alcuni hanno considerato sospetta la crescente teatralità delle missioni caritatevoli di Diana. Ma anche se le motivazioni furono molteplici, questo non interferì in alcun modo con la sincerità delle sue azioni quando si trovava sul posto. La sua vita non conosceva una vera pace interiore. È davvero così importante sapere se il desiderio di partecipare alla vita pubblica era in parte dovuto al bisogno di approvazione? Inoltre, le macchine fotografiche non erano sempre presenti. Non era accompagnata dalla stampa quando Ken Wharfe la portava al Passage, il ricovero per senzatetto nei pressi dell'abbazia di Westminster. Quando William e Harry furono abbastanza grandi, qualche volta li portò con sé nelle sue visite. «Voleva che vedessero che esistono davvero persone costrette a dormire per terra», disse Wharfe. «Mentre raggiungevano la macchina li istruiva dicendo: 'Sono esseri umani come noi. Hanno il diritto di avere dei vestiti e stare al caldo. Uno stato assistenziale deve obbligatoriamente occuparsene'.»[45] Jasper Conran disse: «Diana era una donna davvero gentile, premurosa e generosa che si ritrovò in una posizione incredibilmente favorevole e fece di tutto per ricavarne il massimo».[46] L'ardente desiderio di Diana di trasformare tutto ciò che era torbido in qualcosa di puro probabilmente era l'essenza del suo mistero e la fonte della sua ispirazione.

Che fosse anche ansiosa di averla vinta sulla famiglia reale? Sì, qualche volta. Gli amici del principe Carlo, ai quali non sfuggì che spesso le fotografie delle sue azioni caritatevoli sembravano studiate ad arte per mettere in ombra suo marito, mostrarono sempre meno comprensione per Diana e per quello che definivano il suo ruolo da «sorella della misericordia». Il principe combatteva la propria infelicità con la strategia opposta. Cercava la solitudine quanto lei cercava il conforto di estranei. Nel marzo del 1987, partì per il deserto del Kalahari con il suo mentore Laurens van der Post, per entrare in comunione spirituale con un vasto branco di zebre. In maggio era di nuovo solo, a passeggiare e pescare a Birkhall. Successivamente intraprese un viaggio solitario alle isole Ebridi che non ebbe lo stesso impatto della simultanea visita di sua moglie al National Hospital per le malattie mentali di Londra. Il *Sun* dedicò al tour contemplativo del principe il sarcastico titolo: A LOON AGAIN*.[47]

Anche quando Carlo non se la passava bene e i suoi amici si lamentavano, Diana spostava costantemente tutta l'attenzione su di sé. Quando il principe si ruppe un braccio durante una partita di polo a Cirencester Park e dovette essere operato, la principessa andò a trovarlo al Queen's Medical Centre di Nottingham, ma non si occupò di lui, bensì del

* «Di nuovo fannullone». Il titolo allude volutamente all'espressione: «*Alone again*», «Di nuovo solo» (*N.d.T.*).

ventitreenne Dean Woodward, in coma in seguito a un incidente automobilistico. Passò una settimana al capezzale del giovane guadagnandosi addirittura il titolo di testa del *Sun*: DI PIANGE AL CAPEZZALE DEL GIOVANE DEAN IN COMA. Lo zio di Dean dichiarò alla stampa: «È stata mandata da Dio... è un angelo... Stiamo tutti pregando per un miracolo».[48] Nel tardo autunno, quando Dean si era ormai ristabilito, Diana gli telefonò e gli promise che sarebbe andata a trovarlo a Capodanno. Il *Sun* contrapponeva le missioni umanitarie di Diana alle fotografie di Carlo che cavalcava a Sandringham. I critici di Diana si chiesero chi avesse dato l'imbeccata al *Sun*. Ma nessuno domandò per quale motivo Diana fosse finita nella camera di ospedale di Dean quel giorno. Aveva scoperto che la prima persona a fare visita a Carlo non era stata lei, ma Camilla Parker Bowles. Lo staff di Diana aveva ricevuto istruzioni di avvertirla quando Camilla si avvicinava all'ospedale in modo che le due donne non si incontrassero in corridoio. Diana era profondamente ferita dal fatto che Carlo sembrava totalmente indifferente al suo desiderio di prendersi cura di lui. Per questo preferì dedicarsi a Dean Woodward.

Tutto bene quel che finisce bene, eccetto il fatto che, alla lunga, occuparsi amorevolmente di sconosciuti non poteva bastare a una donna desiderabile di ventinove anni che anela all'amore lei stessa. Nell'estate del 1990, mentre rullavano i tamburi di una sempre più probabile guerra del Golfo, lei riprese a fantasticare su una relazione con un prode soldato, un ruolo per il quale poteva essere riciclato James Hewitt. Hewitt fu trasferito nel Golfo nel settembre di quell'anno al comando di una compagnia del 4° Reggimento Corazzato. In realtà Diana non era più innamorata di lui, ma l'idea di un legame con un soldato al fronte era irresistibile. Gli scrisse un fiume di lettere, a volte anche due al giorno, trastullandosi nel suo sogno di una vita insieme. Per risollevargli il morale, gli mandava copie di *Playboy*, *Penthouse*, *Mayfair* e – una vera signora – *Horse & Hound*. Riempiva i flaconi di shampoo con whisky per eludere le rigide leggi saudite. Lui spediva i suoi messaggi d'amore in buste indirizzate a sua madre, che poi li faceva avere alla principessa. Hewitt fu decorato per il coraggio dimostrato nelle battaglie all'ultimo sangue contro la Guardia repubblicana irachena; la sua unità distrusse quaranta carri armati e catturò un migliaio di prigionieri. Diana era talmente rapita dalla fantasia della loro relazione in tempo di guerra che rinunciò addirittura alle sue soap opera preferite per stare incollata al notiziario tutta la sera. «Stamattina alle cinque ho sentito Bush dichiarare il 'cessate il fuoco'», scrisse, quando il Kuwait fu liberato, «ma era talmente presto che non c'era nessuno con cui festeggiare! L'intero paese è in preda all'euforia... io smanio di sapere quando tornerai a casa.»[49]

Ma mentre scriveva lettere appassionate a Hewitt, arrivando persino a promettergli che un giorno lo avrebbe sposato, Diana rivelava a Ken Wharfe che Hewitt stava prendendo la cosa «troppo sul serio». Lui parlava apertamente del fatto che avrebbero passato il resto della vita insieme, innervosendo non poco Diana. Di sicuro non stava usando la discrezione necessaria. Il fotografo Ken Lennox, che seguiva il 4° Reggimento Corazzato, vide Hewitt in piedi sul suo carro armato che sventolava una lettera per posta aerea esclamando: «Guardate cosa ho in mano: paghereste una fortuna per questa».[50] Era una lettera di Diana. Con enorme sgomento di Wharfe, Hewitt fu talmente sconsiderato da farsi prestare da Richard Kay il telefono satellitare del *Daily Mail* per chiamare Diana dal deserto.[51]

Subito dopo la liberazione del Kuwait, il collega di Kay, Nigel Dempster raccontò la vicinanza di Hewitt a Diana in un articolo del 15 marzo 1991, intitolato: L'AUDACE AMICO DI DI RIVELA LE AZIONI NEL DESERTO. Al *News of the World* dichiarò: JAMIE NON VEDE L'ORA DI RIVEDERE DI. Riferì che la relazione era iniziata con delle lezioni di equitazione e fiorita durante «i picnic e i tè a Windsor Castle mentre il principe Carlo era lontano».[52] Quando l'ex ragazza di Hewitt, Emma Stewardson nove giorni dopo fece scoppiare la bomba dichiarando al *News of the World*: HO PERSO IL MIO FIDANZATO

PER DI, Diana fu presa dal panico. Nelle sue lettere aveva promesso a Hewitt che quando sarebbe tornato a casa, in giugno, lo avrebbe portato a sentire cantare Pavarotti al Covent Garden e a cena da Claridge, ma non fece nulla di tutto questo e tenne il suo soldatino nascosto a Highgrove durante un'assenza del principe Carlo. Quando, poco dopo, il maggiore ripartì per raggiungere la propria unità in Germania, lei instaurò nuovamente un silenzio radio. Non avendo più il numero di cellulare di Diana, Hewitt era costretto a passare per il centralino di Kensington Palace, che, come da istruzioni, solo occasionalmente lo metteva in comunicazione con la principessa. Quando finalmente riusciva a parlare con lei, scopriva solo che Diana era più che mai decisa a tenere segreto il loro rapporto. Joseph Sanders, il quale all'epoca era il consulente finanziario di Diana, spiegò: «Diana aveva grosse difficoltà a terminare una relazione. Invece di incontrare l'uomo e dirgli 'Credo sia meglio non vederci più, questo è un addio', magari consumare con lui un ultimo pasto o scegliere un altro modo civile per chiudere la storia, lei non gli parlava più da un giorno all'altro, cosicché il poveretto non sapeva che pesci pigliare».[53] È un vero paradosso che una donna così genuinamente compassionevole nei confronti di estranei fosse capace di abbandonare in modo tanto crudele le persone più vicine a lei. Diana era stata educata da due genitori che non avevano mai spiegato le loro decisioni emotive e, per di più, ora godeva dei privilegi di una principessa protetta dalle mura del palazzo: perciò preferiva cancellare la persona con un colpo di spugna e andare avanti.

Nella sua disperazione, l'amante respinto chiamò Wharfe per scoprire perché non avesse più notizie della principessa. Wharfe lo incontrò e gli spiegò che non era compito suo immischiarsi in simili faccende private. Tuttavia, intuendo che Hewitt avrebbe potuto creare problemi, raccomandò preoccupato a Diana di chiedere la restituzione delle sue sessantaquattro lettere radioattive. Hewitt declinò la richiesta, asserendo che voleva conservarle come ricordo del loro «profondo amore».[54] Che fosse vero o no, le lettere rappresentavano una bomba a orologeria. Un lettore appassionato di Jane Austen, anziché di Barbara Cartland, avrebbe visto in Hewitt non un signor Darcy di alti principi, ma un signor Willoughby dalla morale alquanto dubbia. Privato del riflesso dello splendore di Diana, Hewitt cominciò a cadere a pezzi. L'ufficiale un tempo esemplare fu multato due volte per disobbedienza nell'autunno di quell'anno e fu respinto all'esame, che gli avrebbe garantito una promozione rendendo permanente il suo incarico di maggiore, cosa che in pratica mise fine alla sua carriera militare.

Nonostante le illazioni, la relazione con Diana non fu mai provata fino a quando lui raccontò tutto ad Anna Pasternak del *Daily Express* nel 1994.

Il fatto che la storia fosse rimasta segreta tanto a lungo alimentò il sospetto che fosse iniziata prima dell'anno indicato da Hewitt, il 1986. Come tutti sanno, Harry è nato nel settembre del 1984. Non serve una fantasia sfrenata per prendere in considerazione la possibilità che il principino dai capelli rossi sia il figlio illegittimo della relazione con il fulvo Hewitt. Nelle fotografie scattate al suo diciottesimo compleanno nel 2002, Harry assomiglia all'amante di Diana alla stessa età «come una goccia d'acqua»,[55] secondo il veterano cronista reale Harry Arnold. Ma assomiglia anche ai vari Spencer i cui ritratti sono esposti sulle pareti di Althorp. «Harry è quello disubbidiente, proprio come lo sono stata io», disse Diana a un amico.[56] Nel 2005 il pettegolo giornalista Max Clifford pubblicò una nuova datazione al carbonio della relazione Diana-Hewitt che stimolò ulteriormente le speculazioni in questo senso. Nel suo libro dichiarò che Hewitt gli chiese consiglio la prima volta per «una relazione clandestina con una persona molto in vista» (che risultò essere Diana) nel 1984. E durante quella conversazione, sosteneva Clifford, Hewitt gli confidò che lui e Diana avevano iniziato la loro relazione sessuale ben prima che Harry fosse concepito, addirittura pochi mesi dopo la nascita di William nel 1982.[57]

Wharfe rigetta con decisione questa affermazione. «Diana non era stupida», dice oggi. «Era innamorata di Carlo e sapeva che era suo dovere dare alla luce un erede e un secondo bambino. Una volta mi disse perfino che non sapeva come avessero fatto lei e Carlo a concepire Harry, ma che in qualche modo ci erano riusciti.» Certo che si tratta di una conferma curiosa. Hewitt stesso negò per molti anni la possibilità di essere il padre di Harry, ma subito dopo la dichiarazione di Clifford, nel 2005, cambiò idea. Ritrattò durante una seduta di ipnosi regressiva con Tony Rae nella trasmissione televisiva *Under Hypnosis* di Channel Five. Durante la seduta Rae lo fece sprofondare in una trance ipnotica ed Hewitt confessò con una cupa voce da zombie di avere avuto rapporti sessuali con Diana molto prima di quanto avesse ammesso in precedenza. Aveva mentito, disse, per proteggerla.[58]

Tuttavia Jasper Conran, che confezionò gli abiti premaman di Diana durante la gravidanza, insiste che all'epoca la principessa era totalmente concentrata su Carlo: «Escludo nel modo più assoluto che ci fosse un altro uomo».[59] Certamente, le lacrime di Diana durante le prove degli abiti e le sue richieste di renderla «più sexy per mio marito» sostengono la tesi che iniziò Carlo a tradire, ritornando tra le braccia di Camilla prima e non dopo la nascita di Harry, come ha sempre sostenuto. Qualunque sia la verità, non c'è alcun dubbio che Carlo adora il suo animoso, sconsiderato, chiassoso secondogenito e viene totalmente ricambiato. Si dice addirittura che Harry sia più vicino al padre di quanto non lo sia William, l'erede al trono.

Forse queste voci sulla paternità non sono altro che un riflesso dell'alone di mistero che circonda da sempre la nascita dei principi reali della linea di successione. Quando il principe Carlo apprese per la prima volta che un giornale stava per pubblicare un servizio sul possibile legame Harry-Hewitt, la sua reazione fu di brusca sorpresa: «Ebbene, non ho idea di cosa facesse mia moglie a quel tempo».[60] Se non altro, questa affermazione riflette esattamente lo stato della loro relazione di coppia nei mesi che precedettero la nascita di Harry.

Hewitt, nel frattempo, avendo già vuotato il sacco una volta, ora non si fa più pregare per affrontare l'argomento se gli viene messo sotto il naso un cospicuo assegno. Il suo definitivo declino, e il suo definitivo tradimento, fu un segnale dell'atmosfera cupa che avrebbe avvolto Diana negli anni '90. I suoi sogni romantici erano come meteore che si trascinavano dietro una sporca scia polverosa.

Sesso, bugie e intercettazioni

Innegabilmente, il telefono di Diana era sotto controllo.

(John Nelson, esperto di audio, 2006)

Dal momento in cui la monarchia passò da un'istituzione di potere a una di tipo rappresentativo, ciò che le consentì di continuare a funzionare fu una cosa che, per un certo tempo, sopravvisse al cambiamento: il codice del silenzio in vigore a palazzo. Non era possibile, naturalmente, per dei fallibili esseri umani diventare infallibili, così come ci si aspettava dai membri della famiglia reale in quanto simboli dei più alti valori morali della nazione. Sebbene non potessero più contare sulla stampa, i reali si aspettavano che le loro inevitabili mancanze personali rimanessero private, protette dall'omertà della corte e dalla discrezione degli amici. Al volgere del decennio anche questa speranza fu abbandonata. La crescente concorrenza fra giornali e il bisogno di Diana di distruggere la sua fiaba conversero per rendere gli anni '90 un'epoca turbolenta che minacciò la sopravvivenza stessa della monarchia.

Ai primi tempi del matrimonio di Carlo e Diana, le relazioni pubbliche della coppia venivano gestite dall'ufficio stampa di Buckingham Palace i cui funzionari, supponenti e persino presuntuosi, davano per scontato che la loro ragione d'essere fosse semplicemente quella di negare qualsiasi dichiarazione irregolare o non ufficiale. «No, la principessa Anna non è innamorata del capitano Mark Phillips», dissero ai giornalisti un paio di giorni prima che la coppia annunciasse il fidanzamento. «Finzione, dall'inizio alla fine», fu il loro verdetto sulla biografia di Carlo scritta nel 1988 da Anthony Holden che definiva ormai tramontato il matrimonio del principe di Galles.[1] Il principe Andrea, con un simpatico lapsus, raccontò con noncuranza a un gruppo di giornalisti a Malta nel 1998 che i funzionari di palazzo avevano mentito ai media riguardo ai reali per circa vent'anni. (Buckingham Palace emise immediatamente un comunicato per «precisare» le sue affermazioni.)[2] Ingenuamente, gli addetti stampa di palazzo pensavano che la frenesia mediatica che circondava il principe e la principessa di Galles si sarebbe placata. Erano completamente impreparati alla perdurante presenza del volto di Diana sulla copertina di ogni rivista e giornale, e sempre più spiazzati dalla propria incapacità di controllare il turbinio di pettegolezzi negativi che circondava il matrimonio. Cosa pensassero, a ogni modo, non importava granché, perché la stampa si limitava a ignorare dinieghi che ormai venivano considerati di routine.

Kelvin MacKenzie, il rauco caporedattore del *Sun* di Murdoch, si occupò delle cronache di palazzo dal 1981 al 1994. MacKenzie considerava la famiglia reale uno spettacolo di varietà, una galleria di mostri di cartapesta che esisteva solo per fare pratica quotidiana di tiro al bersaglio. I fotografi del *Sun* chiamavano i reali «i tedeschi» e descrivevano il fatto di fotografarli come se si trattasse di «suonargliele, ai tedeschi».[3] Secondo il commentatore dei media Roy Greenslade, che negli anni '80 era un caporedattore del *Sun*, Kelvin assumeva un'espressione scioccata e diceva: «Temo che abbiamo fatto arrabbiare il palazzo. Come possiamo riuscirci anche oggi?»[4] Il suo atteggiamento senza esclusione di colpi era un sintomo della sempre più incontrollabile epidemia britannica di lesa maestà. Un altro sintomo era il successo dello show a pupazzi animati furiosamente satirico di ITV, *Spitting Image*. L'impressionante influenza del programma poteva contribuire a distruggere, e a volte a creare, carriere politiche. (La Margaret Thatcher dello show che infierisce sui suoi imbelli colleghi maschi del Consiglio dei ministri armata di borsetta contribuì a enfatizzare la sua immagine di Lady di ferro.) La famiglia reale era, invece, trasformata in pupazzi di gomma, grezze parodie del loro ruolo: la regina in una sciatta casalinga di periferia, la Regina Madre, per la prima volta smitizzata, in una vecchia alcolizzata svanita che accompagnava ogni parola con una serie di sputacchi. In un episodio, il personaggio della duchessa di York fu sottoposto alla somministrazione di un clistere. *Spitting Image*, mi dicono, era uno dei programmi preferiti dalla principessa di Galles. «Se ci sbrighiamo possiamo rientrare a Sandringham in tempo per vedere *Spitting Image*», disse durante le feste di Natale del 1988 a un'amica del Norfolk con un sorriso complice. La principessa sembrava pregustare il rischio di quanto sarebbe stata sconveniente un'affermazione così irriverente se fosse finita sui giornali.[5]

I reali avevano fatto la loro parte per posizionarsi nel mirino di *Spitting Image*. Nel 1987, la misura in cui avevano ceduto alla seduzione della TV divenne disastrosamente chiara quando il principe Edoardo si assicurò la partecipazione della principessa Anna e del principe Andrea a un gioco televisivo, *It's a Royal Knockout*, uno spettacolo tutt'altro che dignitoso, creato per raccogliere fondi per beneficenza. Il fine era più che lodevole, ma i mezzi erano disdicevoli. Su un fangoso campo dello Staffordshire, i reali gareggiarono con celebrità di serie B come Meatloaf, Tom Jones e Pamela Stephenson lottando a colpi di prosciutti finti, rincorrendosi attraverso cisterne d'acqua e facendo giochi travestiti da enormi pezzi degli scacchi e da verdure. Evidentemente il palazzo sperava di arginare l'invadenza della stampa smantellando il mito di una famiglia reale inavvicinabile a favore della finta disponibilità dimostrata in televisione. Diana, naturalmente, era di gran lunga troppo astuta per partecipare a uno spettacolo così volgare. Ma la principessa Anna capì chiaramente che *It's a Royal Knockout* sarebbe stato un disastro non appena le telecamere entrarono in funzione. Quando il presentatore, Stuart Hall, le chiese: «Devo chiamarla principessa reale?», rispose gelida: «Non lo so. Non mi interessa».[6]

I commenti furono spietati.

La casa reale capì troppo tardi che *It's a Royal Knockout* rappresentava il punto più basso del controllo dell'immagine da parte del palazzo. La trasmissione mostrò chiaramente il dilemma che Diana aveva introdotto nelle loro vite: come essere vicini alla gente senza rendersi ridicoli? (La regina ha sempre saputo come si fa. Un ex membro della corte ebbe a dire: «La regina non è tua amica. È amichevole».)[7] Il senso di sé dei Windsor era stato scosso dalla principessa che aveva sconfinato nella condizione di superstar e non aveva idea di come proteggersi dal fuoco dei media.

Il paradosso era che, sebbene la monarchia dovesse rappresentare gli standard morali più elevati della nazione, la nazione stessa sembrava non averne affatto. Per quanto la stessa Maggie Thatcher fosse puntigliosamente corretta nell'osservanza del protocollo con la regina, la rivoluzione economica thatcheriana aveva inferto il colpo di grazia a quello che ancora rimaneva della cultura britannica della deferenza. Nuova ricchezza significava nuova mobilità. Non erano solo i media, ora, a rispettare di meno i reali. Diana stessa era diventata informale in modo sconvolgente con la regina, uscendo dalle stanze prima di Sua Maestà e decidendo liberamente chi doveva sedersi accanto a lei alle cene formali di Balmoral e chi no. Il tracollo finanziario della compagnia assicurativa dei Lloyd's di Londra alla fine degli anni '80, tradizionalmente considerato il porto sicuro delle fortune delle classi agiate, spinse molti gentiluomini abbottonati verso affari nuovi e rischiosi, importando amicizie indesiderabili nei loro circoli e intaccando i taciti codici di discrezione. Mentre la regina e il principe Filippo hanno sempre frequentato le famiglie ducali e la nobiltà terriera, gli amici dei giovani reali erano meno strettamente selezionati. Il circolo di Fergie, ad esempio, consisteva in un paio di arredatori d'interni, un commerciante di vini, un banchiere, un importatore di attrezzature da sci e un proprietario di un negozio di articoli da regalo.[8] Fergie aveva anche un debole per i guru del benessere e per gli indovini. Uno dei suoi preferiti era la medium greca Madame Vasso, residente nel nord di Londra, che faceva sedere Fergie in una piramide di plastica blu per essere ripulita e guarita.[9] Anche la sfortunata abitudine di Diana di aprire il suo cuore ai sottoposti diventò decisamente rischiosa. Dipendenti tanto riservati quanto servili diventavano improvvisamente loquaci quando vedevano i libretti degli assegni di Fleet Street sventolati nella loro direzione. «Era veramente facile per i giornali sapere porcherie sulle loro vite private. Buste anonime contenenti biglietti di banca usati venivano recapitate ai membri più giovani del personale», disse l'ex segretario dell'ufficio stampa della regina, Michael Shea. Gli informatori dell'ambiente di palazzo che era troppo rischioso pagare in contanti ottenevano biglietti per le finali di coppa.[10] Il potere mediatico di Diana aveva alzato il valore di mercato del pettegolezzo fino al punto da far nascere un'intera industria di spie, poliziotti dell'aneddoto e guardoni della stampa che saziavano l'appetito dei media per i piatti reali. Ma il cibo non proveniva solo dai principi di Galles.

Il matrimonio del duca e della duchessa di York era degenerato in una farsa. Non ci volle molto perché Fergie cadesse in disgrazia sia presso la famiglia, sia presso la stampa. Il matrimonio si dissolse soprattutto perché Fergie non sopportava di essere lasciata sola a Buckingham Palace mentre Andrea era via in marina. Nel 1990 il peripatetico giovane principe passò complessivamente solo quarantadue notti con la sua socievole moglie.[11] Il principe Filippo cercò di mediare facendo presente a Fergie che Lady Mountbatten era stata lasciata a casa dallo zio Dickie quando il futuro primo ufficiale della Reale Marina britannica si arruolò.[12] Però Edwina, in fondo, era passata per i letti di metà della buona società di Londra oltre ad avere intrattenuto relazioni divenute famose con Douglas Fairbanks, Bill Paley e forse persino Pandit Nehru, ma l'unica volta che venne pubblicato qualcosa sul suo conto fu quando la stampa americana, non quella inglese, ne parlò come dell'altra donna nel divorzio Fairbanks. A ogni modo, la vita coniugale dei Mountbatten era stata molto più eccitante di quanto non desiderasse il duca di York. Nelle rare licenze in cui Andrea tornava a casa, l'affascinante principe che Fergie aveva sposato si trasformava in un greve pantofolaio. Inoltre era taccagno. Edwina Mountbatten disponeva di una sua personale fortuna per integrare la frugale paga che la Marina passava a Mountbatten. A Fergie non era permesso guadagnarsi da vivere, ma non le venivano passati nemmeno i mezzi necessari per far fronte alle nuove aspettative di fascino da parte del pubblico; e si vide piombare addosso anche i debiti della sua scapestrata madre Susan quando Hector Barrantes morì.

La duchessa era così a corto di soldi che fu presto soprannominata la regina degli omaggi di Buckingham Palace. La sua prima gaffe fu quella di accettare una pelliccia durante un viaggio in Canada nel 1987, attirandosi gli strali della lobby degli animalisti. Peggio ancora fu la sua vendita alla rivista *Hello!* nell'agosto del 1990 di quarantotto pagine di fotografie della famiglia York per un quarto di milione di sterline, versate su un conto fiduciario a nome di sua madre. Poi, il 15 gennaio 1992, alcune piccanti fotografie, vecchie di due anni, raffiguranti Fergie in vacanza in Marocco con il trentottenne playboy texano Steve Wyatt furono rubate da un ficcanaso addetto alla pulizia delle finestre da un armadio polveroso nell'appartamento di Wyatt, a Cadogan Square. Inevitabilmente, furono subito offerte al *Daily Mail.* Le fotografie rubate non potevano essere pubblicate nel Regno Unito, ma dopo il sequestro da parte di Scotland Yard, gli scatti finirono misteriosamente a *Paris Match.* Mostravano Fergie che saltellava a bordo piscina con un braccio intorno a Wyatt e si godeva una cena a lume di candela con il suo amante portando, sollevata sul viso, una maschera da rospo verde con gli occhi sgranati. La fotografia che ritrae Wyatt con la principessina Beatrice in braccio fu, a quanto sembra, quella che fece infuriare di più il principe Andrea. Fergie riteneva che le foto fossero una macchinazione per screditarla.[13]

Il ciclo della pacchiana diffusione globale divenne un aspetto familiare degli anni '90, il decennio che privò la famiglia reale di ogni possibilità di nascondersi. Gli scatti rubati furono pubblicati poco prima che Fergie e suo padre partissero per Palm Beach per una partita di polo di beneficenza sponsorizzata da Cartier. Fergie rappresentava l'Associazione della malattia del motoneurone, della quale era un'indaffarata sostenitrice. La povera ragazza era così provata che ebbe una crisi durante il ritorno a casa. Un'orda di giornalisti la seguì sul volo di ritorno da Miami e la vide scolarsi champagne, buttare in giro salviette bagnate, noccioline e fazzolettini, e mettersi in testa un sacchetto per il mal d'aria sotto al quale, dissero, emetteva degli strani «rumori telefonici». (Ronzii? Squilli? Non ci forniscono lumi.) James Whitaker riportò la valutazione della sua guardia del corpo – le guardie del corpo, una confraternita fino ad allora silenziosa, adesso offrivano valutazioni – in base alla quale la duchessa era «profondamente inquieta».[14] La regina non pare abbia opposto molta resistenza quando, a Natale del 1991, Andrea e Fergie andarono a trovarla per discutere della separazione. L'unica richiesta di Sua Maestà fu che la coppia aspettasse ad annunciarla pubblicamente fino a dopo le elezioni. Suggerì un periodo di riflessione di sei mesi. «Non mi serve altro tempo per pensare, Madre», pare abbia risposto Andrea. «Ho deciso.»[15] Dopo la pubblicazione delle fotografie di Wyatt la regina comprese senz'altro il punto di vista di Andrea.

Se gli York stavano precipitando verso il divorzio, la principessa Anna ci era già arrivata. Al di là della flemma che competeva al suo rango, la principessa reale aveva sempre attirato come un'esca i funzionari di corte. Aveva un corpo reso flessuoso dall'equitazione e, soprattutto, belle gambe. La sua dignitosa presenza pubblica e lo zelo nell'adempiere alle sue funzioni di beneficenza avevano scoraggiato i pettegolezzi, ma nell'aprile del 1989 persino lei fu invischiata nel nuovo clima malsano. Un dipendente le sfilò quattro lettere intime dalla borsetta e le diede al *Sun*. Non potendo identificarne l'autore, il *Sun* pubblicò un articolo in copertina sull'esistenza delle lettere, senza però rivelarne i contenuti; poi le restituì al palazzo, per paura di incorrere in una causa legale per avere utilizzato materiale rubato. Un giornalista del *Mail on Sunday* telefonò a palazzo per verificare un nome che stava per essere pubblicato da *People*, un rotocalco concorrente della domenica. Come sotto effetto di un siero della verità, il portavoce educatamente rivelò che l'autore della lettera era in realtà il comandante Tim Laurence, uno dei funzionari della regina. Come disse un giornalista a caccia dei reali, «Buckingham Palace si trovò in mezzo a una partita di poker senza sapere che si stava svolgendo. Il palazzo non aveva speranze di difendersi dalle subdole tattiche di un branco di scribacchini».[16] Il fiasco delle lettere accelerò la separazione e il divorzio di Anna dal marito che era stato al suo fianco per diciannove anni.

I personaggi di secondo piano della famiglia reale, per quanto divertenti da tormentare, erano uno spettacolo di contorno per la stampa. L'unica che faceva vendere numeri importanti di copie era Diana. Alla fine degli anni '80, pochi, a parte gli amici più intimi della coppia, sapevano fino a che punto era degenerato il matrimonio dei principi di Galles. Era ancora visto come lo descrisse Georgina Howell nel 1988, sul *Sunday Times*: un matrimonio che, per quanto «raffreddato», poteva ancora funzionare.[17] Tutto ciò che normalmente serve a cementare un'unione di coppia, compresa la tragedia, nel caso di queste due persone viziate sembrava allontanarle. L'incidente del marzo 1988 che uccise il loro amico, il maggiore Hugh Lindsay, durante una spedizione sciistica con Carlo a Klosters, fece da cuneo, anziché da ponte. Diana era rimasta allo chalet con Fergie quando la valanga seppellì Lindsay e ferì gravemente Patti Palmer-Tomkinson, che era anch'essa nel gruppo del principe. Diana incolpò Carlo per la sua scelleratezza nello scegliere una pista così difficile e litigò con lui perché sosteneva con fermezza che dovevano riportare il corpo di Lindsay a casa della vedova incinta, Sarah. Al loro rientro, Carlo si ritirò a Highgrove da solo, scioccato e colpevole. Quando Paul Burrell gli portò un vassoio con la cena il principe, prostrato, non ne volle sapere. Rimase «seduto lì a guardare la televisione con uno sguardo completamente assente», dice Burrell.[18] Diana preferì rimanere a Kensington a consolare Sarah piuttosto che suo marito. La solitudine di Carlo era tangibile.

Patrick Jephson, segretario privato della principessa di Galles, notò che Carlo aveva preso l'abitudine di tormentare Diana durante i viaggi ufficiali. Il principe scelse la sua arma più efficace e sconfortante: la superiorità intellettuale. Adesso, anziché cercare di coinvolgere sua moglie nelle conversazioni con i dignitari stranieri, sottolineava in modo imbarazzante come lei fosse il braccio e lui la mente. Nel loro viaggio negli Stati del Golfo nel marzo del 1989, ad esempio, Carlo tagliò fuori deliberatamente Diana dalla conversazione con i loro ospiti reali. Arrivati al caffè, uno degli emiri si rivolse direttamente a Diana e chiese cosa intendeva fare Sua Altezza Reale durante la visita ufficiale. Diana, rincuorata, stava per rispondere elencando il fitto programma di visite che Jephson aveva preparato per lei – un tour in un centro diurno per bambini mentalmente disabili, una visita a una clinica per donne immigrate e a una scuola femminile di studi aziendali – ma prima che potesse farlo, il marito la zittì senza alcun riguardo: «Shopping, non è vero, cara?» chiese. «Le parole spezzarono quella marmorea calma come mattoni che cadono su una lastra di vetro», dice Jephson. La principessa «arrossì, farfugliò qualcosa di incomprensibile e da quel momento rimase in silenzio.»[19]

Il principe mortificò nuovamente la moglie durante il viaggio nell'aprile 1991 in Brasile, davanti all'ambasciatore brasiliano a Londra, Paolo Tarso Flecha de Lima e sua moglie Lucia (che più tardi divenne una buona amica di Diana). Durante questo primo incontro la donna notò quanto fosse tesa Diana. In aereo, all'andata, la principessa si riferì in tono divertito ai rapporti che stava leggendo definendoli «i compiti». Carlo la zittì prontamente dicendo: «Oh, non sa nulla del Brasile».[20]

Diana non vedeva l'ora di far saltare il mito della coppia dorata una volta per tutte. Era torturata dai sotterfugi, umiliata dalle negazioni. Poteva esserci qualcosa di più assurdo dell'elaborata rappresentazione reale messa in scena per i giornali quando il principe William, di otto anni, fu spedito per la prima volta in collegio a Ludgrove nel Berkshire, nel settembre del 1990? La consegna del bambino doveva avvenire come uno scambio di prigionieri ai piedi del muro di Berlino: Diana e William arrivano nella Jaguar XJS dal palazzo di Kensington, Carlo con la sua Bentley da Highgrove, entrambe le macchine entrano nel parco di Ludgrove dal retro, Diana e William trasbordano dall'auto di lei a quella di Carlo nascosti dai cespugli di alloro, il principe e la principessa si allontanano insieme dalla scuola con la Bentley, solo per riprendersi ciascuno la propria auto quando pensano di essere al riparo da sguardi indiscreti.[21] (Naturalmente non lo erano. James Whitaker fu testimone dell'intera pantomima per il *Daily Mirror*.)

La necessità di Diana di espellere le bugie che aveva ingoiato per tutta la sua vita matrimoniale iniziò a manifestarsi in discussioni che non lasciavano presagire nulla di buono. Nel febbraio del 1989, a casa di Sir James e Lady Annabel Goldsmith, a Richmond, ebbe luogo una resa dei conti con Camilla alla festa per il quarantesimo compleanno della sorella della stessa, Annabel Elliot. Carlo non si sarebbe mai aspettato che Diana presenziasse a una festa che aveva già definito «orripilante», per come sarebbero stati circondati da tutti gli starnazzanti adulatori del circolo di Highgrove del principe. Diana, più tardi, diventò una buona amica anche di Annabel Goldsmith, ma sottovalutò sempre il modo in cui questa affascinante e formosa signora sapeva fare il doppio gioco. Annabel, che aveva dato un figlio al magnate Sir James Goldsmith mentre era ancora sposata e viveva sotto lo stesso tetto del marito Mark Birley, aveva vissuto una vita complicata ed era abituata al fatto che altri facessero altrettanto. Anche dopo aver avuto un secondo bambino da Sir James e aver lasciato Birley per convivere, e più tardi sposarsi, con Goldsmith, Sir James continuò a passare la metà del proprio tempo con la prima moglie a Parigi e in seguito con una fidanzata più giovane a New York. (Fu Jimmy Goldsmith a coniare il famoso aforisma: «Quando sposi la tua amante crei un posto di lavoro».)[22] Come Camilla, Annabel si sarebbe aspettata che Diana capisse che la dicitura «e principessa di Galles» sul suo invito era squisitamente formale e che la proposta andava cortesemente respinta.

Diana, con grande disappunto di Carlo (e con grande divertimento degli altri ospiti) si rifiutò di stare al gioco. «Come mai vieni anche tu stasera?» le chiese Carlo, irritato, mentre andavano alla festa. «Perché sono tua moglie, *Sir*», avrebbe potuto rispondere. Ken Wharfe, che li portò fin lì, disse che il principe la «punzecchiò» tutto il tempo riguardo alla sua decisione di partecipare. Doveva essere un'emozione per Diana: un atto di ribellione nei confronti di tutte le soffocanti norme sociali nel cui rispetto era stata allevata, e la prima delle quali era «evita le situazioni imbarazzanti». Si può quasi percepire la sua scossa adrenalinica quando, con il cuore che batteva all'impazzata, salì le scale della grande casa di mattoni rossi dell'epoca della regina Anna di proprietà dei Goldsmith, Ormeley Lodge, dove le luci brillavano e la musica suonava. Più tardi lo definì «uno dei momenti più coraggiosi di tutti i dieci anni.»[23]

Quando Diana entrò nella sala con il suo décolleté stupefacente e si unì agli ospiti impegnati in fitte conversazioni, fu evidente – a Wharfe e non solo a lui – che molti dei presenti erano sorpresi di vederla. La cena non era terminata da molto quando si accorse che il principe Carlo era scomparso. Alcuni ospiti cercarono di dissuaderla dall'andarlo a cercare al piano di sotto, disse più tardi a Morton, ma non si fece fermare. Scese fino al seminterrato, con un imbarazzato Ken Wharfe al seguito, e trovò quel che cercava: Carlo e Camilla raccolti in intima conversazione su un divano nella camera dei bambini. Ken Wharfe disse che la coppia li guardò allibita con uno sguardo colpevole mentre Diana esclamava: «*Non ditemi che non so cosa sta succedendo!*»[24] Nella versione dell'evento fornita ad Andrew Morton, Diana disse a Camilla, con un mortifero distacco: «Camilla, vorrei tanto scambiare due parole con lei». Carlo si ritirò immediatamente con un ospite rimasto anonimo e i due «si lanciarono su per le scale come galline senza testa, e potevo sentire che al piano di sopra si stava scatenando un putiferio», una descrizione purtroppo molto plausibile della codardia sociale maschile. Diana, secondo quanto riferito da lei stessa, si sedette accanto a Camilla e parlò con calma (ancorché si sentisse «terrorizzata»): «Voglio che sappia che so esattamente cosa sta succedendo fra lei e Carlo. Non sono nata ieri».[25] Non ci sono tracce in questo resoconto di come rispose l'amante, ma secondo Wharfe, Camilla esclamò: «Ma è lei quella che ha tutto!»[26] Mi sembra improbabile. È più plausibile che la sofisticata signora Parker Bowles abbia mantenuto un dignitoso silenzio. La sua imperturbabilità sarebbe stata imbarazzante per Diana, non per lei. L'episodio era, in fondo, un'ulteriore riprova del fatto che la moglie di Carlo era «sfasata».

Se lo era, Diana amava il retrogusto amaro di questa situazione. Quella notte, la passò a «piangere, piangere e piangere. Piansi come non avevo mai pianto: era la rabbia, erano sette anni di rabbia imbottigliata che uscivano.» Il problema era che, come le sue abbuffate bulimiche notturne di cioccolato bianco e crema pasticciera, anche la catarsi la lasciò con il desiderio di ulteriori inebrianti bocconi di verità.

L'opportunità arrivò sette mesi dopo, alla vigilia del matrimonio di suo fratello Charles, visconte Althorp, con la modella Victoria Lockwood. Il principino Harry faceva da paggio alla cerimonia, vestito con un completo in seta color biscotto, copiato da uno dei ritratti di Althorp eseguiti da Joshua Reynolds. Forse lo sfarzo di uno sposalizio dell'alta società fece riaffiorare l'angoscia che Diana aveva provato quando era stato il suo turno di fungere da «agnello sacrificale». O forse, come si disse più tardi, fu la rabbia nel vedere come dopo tutti questi anni di esilio sua madre, anche lei presente, venisse ancora freddamente ignorata sia dal padre, sia dall'odiata seconda moglie. O, forse, era semplicemente impossibile che avesse luogo un raduno del clan degli Spencer senza che questo venisse squassato da uno scoppio di furia repressa. Quali che fossero le correnti sotterranee, la vigilia del matrimonio fu la scena di uno scontro epico fra Diana e l'altra donna della sua vita che non le aveva procurato altro che dispiaceri: la matrigna, Raine Spencer.

Tutto avvenne nel pomeriggio. Poiché i figli delle sorelle Spencer alloggiavano ad Althorp (i più giovani, come Harry, facevano da paggi alle nozze), Raine aveva organizzato un tè di famiglia nella stanza dei giochi al quale era presente anche Frances. L'atmosfera era penosa. Diana ricordava: «Mio padre e la mia matrigna si rifiutarono anche solo di salutare mia madre. Questo mi ha letteralmente fatto infuriare. Erano due persone adulte. Dissi che era pessima educazione, che stavano solo facendo i capricci, che questo era il giorno di Charles e di Victoria». Diana poi strillò: «Dobbiamo tornare al passato ogni volta che la mamma entra in casa?» In realtà questo lo faceva anche lei: aveva ventinove anni, eppure si riferiva agli altri presenti come agli «adulti». Quando Raine uscì dalla sala e stava per scendere le scale, Diana si gettò in avanti e le diede una spinta. Raine atterrò sul pianerottolo come un mucchio di stracci. «Mi diede un'enorme soddisfazione» disse Diana a Peter Settelen due anni dopo. «Ero così arrabbiata. L'avrei strozzata, quella matrigna. Creava talmente tanto dolore. Continuava a ripetermi: 'Oh, Diana, tu sei così infelice nel tuo matrimonio. Sei solo invidiosa della relazione tra me e tuo padre'. Ma l'invidia non c'entrava niente. Il problema era il suo comportamento. Disse: 'Sai quanto abbiamo sofferto per colpa di Frances'. Risposi: 'Sofferto, Raine? Non sai neanche cosa vuol dire. Vedo tutti i giorni sofferenze di tale portata che tu non riusciresti mai nemmeno a immaginarle'. Le buttai tutto in faccia. Dissi: 'Ti abbiamo sempre odiata. Hai rovinato la nostra vita familiare. Hai fatto un ottimo lavoro, Raine. Un ottimo lavoro. Ci hai resi veramente infelici. Spero tu ne sia contenta'.»[27]

Roba forte, per una futura regina d'Inghilterra. Raine avrebbe potuto essere perdonata se fosse fuggita in esilio per tramare la sua vendetta in qualche corte europea rivale. Ma in realtà mantenne la sua compostezza. L'assistente di Raine, Sue Ingram, che vide la scena, raccontava che più tardi le disse (e si può quasi sentire il tono irritato della contessa): «*Cosa* è mai successo a Diana? *Perché* un fatto del genere? Semplicemente *non capisco* quella ragazza».[28] Dopo quell'episodio, il conte Spencer non parlò alla figlia per sei mesi.

La perdita del sostegno di suo padre isolò ulteriormente Diana. Era sempre stato un confidente premuroso durante i suoi problemi coniugali. Il conte l'aveva avvertita fin dal 1985 che Camilla stava vincendo la lotta di potere e aveva esortato la figlia a fare il possibile per ravvivare l'interesse del marito. Però era difficile per qualcuno dell'età di suo padre capire fino a che punto Diana trovasse intollerabile l'influenza che la rivale aveva su Carlo. Johnnie Spencer probabilmente avrebbe sopportato l'adulterio di Frances se lei non avesse preteso la separazione. La nonna di Diana, Lady Fermoy, sopportava le relazioni extraconiugali di Maurice. La Regina Madre, secondo quanto riportato da un membro della sua cerchia, era «spazientita» dal punto di vista ristretto di Diana.[29] Che le donne moderne fossero meno forti? La generazione di Edwina Mountbatten sembrava trovare molto più facilmente di Diana il modo di far fronte alla perdita. La presenza nella sua vita di Hewitt e di tutti gli altri ammiratori non riusciva comunque a rendere più accettabile quella dell'amante del principe. Carlo e Camilla erano ormai così saldamente legati che i loro amici nel Gloucestershire li consideravano una coppia. Quando Diana non c'era, Camilla faceva gli onori di casa a Highgrove come se vi abitasse.[30]

La stampa sapeva della storia, naturalmente, ma non sospettò mai quanto fosse radicata e quanto gli amici del principe li proteggessero. Possiamo avere un'idea della natura del rapporto Camilla-Carlo dalla registrazione della fatale conversazione telefonica del dicembre 1989, da allora in poi e per sempre nota come Camillagate. Ebbe luogo quattordici giorni prima che Diana stessa fosse intercettata mentre parlava con imbarazzante intimità con il suo ammiratore James Gilbey. (Il nastro fu denominato « Squidgygate » alludendo al vezzeggiativo con il quale Gilbey la chiamava.) L'origine di queste registrazioni e il modo in cui arrivarono al pubblico è una storia contorta di cui ci occuperemo in seguito; per ora è sufficiente sottolineare che furono i contenuti piuttosto che la provenienza a catturare l'attenzione, quando vennero pubblicate per la prima volta diversi anni dopo.

I nastri del Camillagate sono un documento straordinario. Anche dopo averli sentiti molte volte ci si sente in imbarazzo ad ascoltarli. Sembra di penetrare nelle piccole vulnerabilità che appartengono a una sfera privata, quella che Hillary Clinton una volta chiamò la « zona della riservatezza ». Il copione, interpretato con il familiare tono garbato del principe e con l'affannosa voce baritonale di Camilla, fa l'effetto di un duetto fra Jeremy Irons ed Emma Thompson al National Theatre ed è illuminante sull'adulterio così come viene vissuto nelle sfere più alte della società. L'esistenza di questa registrazione conferma del tutto i peggiori sospetti di Diana nel momento in cui il suo matrimonio da fiaba si avviava alla sua triste conclusione.

Dai riferimenti della conversazione possiamo dedurre che è avvenuta a tarda notte il 17 dicembre 1989. Siamo negli anni finali del regno della signora Thatcher: la recessione economica ha riportato in vita i malumori dei tardi anni '70. C'è stato uno sciopero degli ambulanzieri ed è stato chiesto l'intervento dell'esercito, allontanando da casa il marito di Camilla, il colonnello Andrew Parker Bowles. Il principe effettua la chiamata da Eaton Lodge, abitazione della settantaquattrenne vedova del duca di Westminster, detta Nancy, all'interno della proprietà dell'attuale duca, Eccleston vicino a Chester. La duchessa madre era un'altra delle vecchie nonnine sostitutive che Carlo frequentava per integrare le attenzioni della Regina Madre. Camilla è a casa con i bambini e l'albero di Natale a Middlewick House nel Wiltshire. Si intuisce che il suo matrimonio con Parker Bowles è in picchiata libera, eroso dai tradimenti di entrambi. Lei si riferisce ad Andrew con il termine « esso ». « Mentre tu scorrazzi in giro, io, sai com'è, sarò sola finché *esso* non riappare... Non sarà di ritorno fino a giovedì, se Dio vuole. Umm, lo sciopero delle ambulanze, è terribile doverlo dire: ma sto pensando, deve proprio finire giovedì? » Questo nastro contiene molte prove della scaltrezza di Camilla nell'adulare la virilità di Carlo e avrebbe potuto insegnare molto a sua moglie Diana. Lui dice che può fidarsi a occhi chiusi di Nancy Westminster perché l'anziana duchessa è pazza di lui.

CAMILLA: Farebbe qualsiasi cosa per te. Sai, quel genere di persone ha sentimenti estremamente forti per te. Hai una tale presa su di lei.

CARLO [*le note di scena direbbero: «Facendo le fusa dal piacere»*]: Davvero?

CAMILLA: E credo che, come al solito, tu ti stia sottovalutando.

Più tardi rivolge al principe la richiesta platealmente servile di mandarle una copia del suo ultimo discorso. In cambio lui le dice in tono accondiscendente: « La tua più grande conquista è quella di amarmi ». La chiamata è stata registrata dalla metà in poi. Nella prima metà della telefonata, a quanto pare, Carlo aveva letto il discorso ad alta voce a Camilla. (Lo faceva spesso.) Persino il radioamatore non aveva potuto sopportare l'idea di registrare una cosa del genere.

Ma sono i discorsi sessuali che fanno vacillare la mente, sapendo chi sono le persone coinvolte. La trentottenne Camilla dice di desiderare Carlo ventiquattr'ore al giorno, sette giorni su sette.

CAMILLA: Sei incredibilmente bravo a farti strada.

CARLO: Oh basta! Voglio farmi strada sul tuo corpo, in lungo e in largo, su e giù, dentro e fuori.

CAMILLA: Oh.

CARLO:... Specialmente dentro e fuori.

CAMILLA: Oh, è proprio ciò di cui avrei bisogno adesso. [*L'uomo che ha registrato la conversazione parla sovrapponendosi alla coppia per registrare la data.*]

CAMILLA:... Non posso sopportare una domenica sera senza di te.

CARLO: Oh Dio.

CAMILLA:... Non posso iniziare la settimana senza di te.

CARLO: E io, allora? Il problema è che ho bisogno di te più volte alla settimana.

CAMILLA: Mmm. Anch'io. Ho bisogno di te tutta la settimana, tutto il tempo... Oh, tesoro, Oh! Ti voglio proprio adesso.

CARLO: Ah sì?

CAMILLA: Mmm.

CARLO: Anch'io.

CAMILLA: Disperatamente, disperatamente, disperatamente.

L'apice viene raggiunto quando Carlo vaneggia di stare sempre con Camilla «vivendo nei tuoi pantaloni... O, Dio mi perdoni, come un *tampax*! », una metafora sulla quale poi ritorna, immaginandosi «gettato giù nel water» e «condannato a ruotare in tondo per l'eternità». Nella sua visione del mondo, il principe di Galles è sfortunato persino come assorbente intimo; e in effetti fu sfortunato davvero che un simile commento arrivasse alla gente. C'era una pubblicità britannica di informazione sulla salute che incoraggiava l'uso del preservativo per prevenire l'Aids utilizzando lo slogan «Non si muore di imbarazzo». Il Camillagate provò che ci si può arrivare abbastanza vicini, anche se Carlo dovette aspettare fino al 1992, quando il nastro illecito arrivò alla rivista settimanale australiana *New Idea* e da lì a cinquantatré organi di stampa in tutto il mondo.

Le onde d'urto dell'imbarazzo avrebbero colpito anche gli amici degli amanti. La conversazione telefonica provò che praticamente ogni famiglia di alti natali del Gloucestershire e del Wiltshire era complice nel rendere possibile questa relazione extraconiugale. La maggior parte della conversazione registrata è un dibattito logistico su quale casa potranno usare gli amanti come luogo del loro prossimo incontro sessuale, ed è una lista di nobili indirizzi che sembra tratta dalla guida *Burke's Peerage*. Gyles Brandreth, nella sua biografia di Carlo e Camilla, ha fornito un'analisi impareggiabile del testo della chiamata. Sono in debito con lui, oltre che per molte altre cose, per aver identificato le persone di cui parlano gli amanti.

CAMILLA: Tesoro, ascolta. Ho parlato ancora con David stasera. Potrebbe non andar bene. [*David è Leopold David Verney, noto come David, 21° Barone Willoughby de Brooke, che viveva alla fattoria Ditchford vicino a Moreton-in-Marsh, prossima sia a Highgrove sia a Middlewick.*]

CARLO: Oh, no!

CAMILLA: Ti spiego perché. Avrà come ospiti questi bambini di una di quelle Crawley e la loro baby-sitter. È andato; lo chiamerò ancora domani. Cercherà di non farli arrivare fino a venerdì. Ma come alternativa, forse potrei telefonare a Charlie. [*Charles Petty-Fitzmaurice, conte di Shelburne, dal 1999 9° marchese di Lansdowne, del quale si dice avesse avuto una storia con Camilla.*]

CARLO: Sì.

CAMILLA:... Così vediamo se possiamo farlo lì. So che torna giovedì...

CARLO: È parecchio più lontano.

CAMILLA: Oh, davvero?

CARLO: Be', sto solo pensando: venendo da Newmarket...?

CAMILLA: Se vieni da Newmarket a quell'ora di notte, probabilmente ce la potresti fare in due ore e tre quarti. A me ce ne vogliono tre.

CARLO: Per arrivare dove? Umm, Bowood? [*Bowood: la casa di famiglia del marchese di Lansdowne.*]

CAMILLA: Northmore.[31] [*Northmore: un allevamento di cavalli vicino a Newmarket nel Suffolk, all'epoca di proprietà di Hugh ed Emilie van Cutsem.*]

Continuano a tramare la possibilità di dar luogo all'appuntamento nella casa di – quale slealtà! – Patti e Charlie Palmer-Tomkinson, dove Fergie giocava da bambina a Dummer nell'Hampshire. Quando la principessa di Galles finalmente ascoltò il nastro del Camillagate per intero nel gennaio del 1993, fu la complicità di così tanti amici, ancor più della mortificante intensità sessuale condivisa dagli amanti, che la fece infuriare. Il riferimento presente nel nastro al fatto che la moglie di Hugh van Cutsem, Emilie, fosse al corrente del segreto dopo averle tenuto compagnia così spesso a Balmoral fu particolarmente offensivo per Diana. C'è da meravigliarsi che avesse cercato di purgare da quelli che vedeva come servili e sleali mezzani la vita di suo marito? Poiché era questa la realtà con la quale Diana conviveva, giorno dopo giorno, non sorprende che cercasse sollievo tra le braccia di altri uomini. Il fatto che avvenisse proprio questo è chiaro come il sole nell'intercettazione registrata solo quattordici giorni dopo. È l'aspetto affascinante di queste istantanee audio parallele di un matrimonio. La struttura della relazione fra Diana e James Gilbey, il mondano rappresentante di automobili che aveva frequentato durante l'estate, è evidente nel nastro Squidgygate quanto il legame Carlo-Camilla nel Camillagate. Dopo aver ascoltato le due registrazioni una di seguito all'altra, diventa quantomeno plausibile immaginare che la donna che Diana era diventata nello Squidgygate era una diretta conseguenza del comportamento cinico di suo marito.

Da tutto ciò che Diana e Gilbey dicono nel nastro, è chiaro che la chiamata è avvenuta alla vigilia di Capodanno, nelle ultime ore del 1989. Diana è a Sandringham con la famiglia reale. Parla da un telefono fisso nella sua camera da letto. Gilbey parla al cellulare Cellnet, seduto nella sua macchina parcheggiata in un viale di campagna nel nord dell'Oxfordshire, a circa 240 chilometri di distanza, mentre si sta recando a una cena per trenta persone. Devono essere circa le sei o le sette di sera, perché a un certo punto Diana viene interrotta da un membro dello staff di Sandringham che bussa alla sua porta, chiedendole cosa desidera per cena. «Solo dell'insalata con lo yogurt» risponde, «come quando ero a letto ammalata. Andrà benissimo; verso le otto.» Una voce maschile: «Metto tutto su un vassoio?»

Non un gran divertimento per una principessa, cenare in camera da sola la notte dell'ultimo dell'anno. Ma dopotutto l'intera atmosfera evocata da Diana è quella di una piovosa serata del Norfolk. Come Camillagate, anche Squidgygate inizia a metà della conversazione. Gilbey chiede: «Allora, tesoro, quali brutti momenti ci sono stati oggi?» E Diana risponde: «Sono stata molto male a pranzo e ho quasi iniziato a singhiozzare... Ho pensato: maledizione, cosa non ho fatto per questa fottuta famiglia».

Ancora una volta, c'è un'atmosfera ben precisa in questo romanzo radiofonico dell'alta società. È una generazione più giovane e il dialogo è meno intenso. La voce piatta da *sloane* di Diana ha una sfumatura di disperazione. Il bozzolo reale è percepibile in entrambi i casi. Gilbey, come quasi tutti quelli che il principe e la principessa incontrano, è tanto servile nei confronti di Diana quanto Camilla lo è in quelli di Carlo. Si intuisce che l'interesse che Diana prova per lui è superficiale:

GILBEY: Io piango quando piangi tu.
DIANA: Lo so. Come sei dolce.

Lei gioca con lui e il gioco non è proprio quello che lui avrebbe in mente. In effetti, quando cerca di orientare la conversazione in una direzione più promettente lei sfoggia una frustrante capacità di mostrarsi assente:

GILBEY: Non mi tocco... da quarantotto ore. [*Lamentandosi.*] Da ben quarantotto ore...
DIANA [*con tono distratto*]: Ho visto *EastEnders* oggi.

La chiama «tesoro» cinquantatré volte e «Squidgy» quattordici, ma l'impressione che se ne ricava è che lui sia infervorato da se stesso, e che lo ecciti il fatto di fare una telefonata piccante a tarda ora con una donna famosa e affascinante come la principessa di Galles. Ci sono momenti in cui entrambi sembrano più interessati a quel che dicono i giornali di loro che non l'uno all'altra.

GILBEY: Divento così possessivo quando vedo tutte quelle tue foto. Divento così possessivo... è l'aspetto meno attraente di me, in realtà. Le vedo e penso, oh Dio, se solo...

DIANA [*riprendendo interesse quando viene citata la pubblicità*]: Non ci sono poi tante foto, vero? Non ce ne sono state così tante.

GILBEY: Quattro o cinque oggi.

DIANA: Oh.

GILBEY: Diverse riviste. Allora, tesoro, io...

DIANA [*rifiutandosi di farsi distogliere dall'argomento di se stessa*]: Sono sempre sorridente, vero?

GILBEY: Sempre.

DIANA [*lugubre*]: L'ho notato oggi.

Nella Diana che incontriamo in questa telefonata, pur essendo una creatura diversa dalla Santa Diana dei media, si può riconoscere la donna che riuscì a scaricare James Hewitt senza rimpianti una volta che ebbe compiuto i suoi doveri sessuali. Parla con risentimento del suo regale consorte: « Rende la mia vita un vero inferno, ho deciso »; maligna su Fergie « la rossa » che si fa aiutare dalla personalità del mondo dello spettacolo, Jimmy Savile, per competere con la maggior notorietà di Diana; si irrita per la monotonia del privilegio: « Non sopporto le restrizioni di questo matrimonio »; e parla in tono altezzoso di Hewitt, della cui esistenza nella vita di Diana il pubblico non sapeva ancora nulla, come se fosse il suo gigolò: « Ne ho rimesse a nuovo di persone in vita mia. James Hewitt: l'ho rivestito da capo a piedi, quell'uomo. Mi è costato parecchio ». La ventottenne principessa di Galles non è più la timida ingenua in crinolina nuziale. Dà l'impressione di essere scabra, vanitosa, mondana e versata nell'arte del sotterfugio. Si rifiuta di spegnere la televisione mentre parlano perché, spiega, « sovrasta la mia voce. » (Come commenta il personaggio del principe Carlo nel film di Stephen Frears, *The Queen*: «La *nostra* Diana e la *loro* Diana non si assomigliano per niente».)

Arrivati alla fine della telefonata non si prova molta simpatia per Diana, però fa una certa pena. Ci sono alcuni patetici indizi che mostrano quanto poco si fidasse delle proprie capacità intellettuali. Ad esempio il bizzarro fraintendimento di una battuta pronunciata con intenzioni chiaramente benevole, durante una conversazione, dal vescovo di Norwich – «quel maledetto vescovo», come lo chiama lei – episodio che racconta aggiungendo una storia improbabile di come avrebbe rimesso in riga l'eminente prelato:

DIANA: Mi ha detto: «Voglio che mi dica come parla alle persone che stanno male o che sono in punto di morte. Come fa?»

GILBEY: Voleva imparare da te. Lui è un caso disperato.

DIANA: È venuto il sospetto anche a me dopo avergli parlato. Ho detto: «Sono semplicemente me stessa».

GILBEY: Non riescono ad accettare che, al di là delle apparenze, c'è una così bella persona in te. Non riescono a immaginare che tutta quella ricchezza non ti ha dato alla testa.

DIANA: Lo so. Ripeteva in continuazione che non bisogna mai illudersi di essere perfetti. C'è sempre qualcosa da imparare dietro l'angolo. Ho detto: «Be', le persone che mi conoscono sanno che io sono così».

GILBEY: Quindi gliele hai cantate?

DIANA: Sì, credo proprio di sì. Alla fine ho detto: «So che può sembrare pazzesco, ma io ho già vissuto in precedenza». E lui: «Come lo sa?» Ho detto: «Perché sono una creatura vecchia e saggia… Inoltre, so che le persone che ho amato e che sono morte ora sono nel mondo degli spiriti e si stanno prendendo cura di me». Mi sembrava inorridito; ho pensato: «È lui il vescovo, dovrebbe essere *lui* a dirmi questo genere di cose».

GILBEY: A me molti di quei vescovi non piacciono.

DIANA: Be', mi sono sentita molto a disagio… Ho detto:

«Capisco la sofferenza della gente, il dolore della gente più di quanto lei possa immaginare». E lui: «È evidente, visto quello che sta facendo per i malati di Aids». E io: «Non è solo l'Aids, è chiunque stia soffrendo. Riesco a sentirne l'odore a un miglio di distanza».

GILBEY: E lui che ha detto?

DIANA: Niente. È rimasto in silenzio. Ha cambiato discorso e ha iniziato a parlare di giocattoli. E io ho pensato: «Ecco! Ti ho battuto!»

Gilbey è adeguatamente colpito, come ci si aspetta da lui: «*Meraviglioso, tesoro, hai segnato una piccola vittoria?*» Nella sua miserevole marginalità all'interno della famiglia reale, niente rallegra Diana quanto fingere di essere l'angelo vendicatore dell'ordine costituito.

Poi Diana racconta a Gilbey che il giorno prima, camminando lungo la recinzione della reale tenuta di Sandringham, ha osservato da lontano la sua vecchia casa di famiglia, Park House, che nel frattempo è stata trasformata in un istituto per disabili intitolato a Leonard Cheshire.

DIANA: Ho pensato: «Oh, cosa posso fare? Be', un amico mi direbbe: 'Entra e basta'. Ho pensato, no, perché sono un po' timida, e ci sono centinaia di persone lì dentro». E poi ho pensato: «Chi se ne importa!» Così ho fatto il giro fino all'ingresso principale e sono entrata.

GILBEY: L'hai fatto davvero?

DIANA: È stato così emozionante.

GILBEY: Per quanto tempo sei rimasta lì?

DIANA: Un'ora e mezzo... e sono stati tutti così carini. Volevano farsi fotografare con me e hanno continuato ad abbracciarmi. Alcuni di loro erano molto malati, senza gambe e cose così.

È la vera Diana che parla, finalmente? Mi piace pensarlo. È un quadretto triste: la casa della sua infanzia, che confina con la tenuta, dove una bambina sensibile veniva portata a giocare con i rampolli della casa reale. Ora è lei a vivere nella tenuta reale, una principessa circondata da putridi intrighi. Gli abbracci che brama devono provenire da sconosciuti o da adulatori senza importanza come Gilbey. La storia sminuisce i suoi tentativi di apparire come una donna potente e sicura di sé. Lo stesso vale per la sconsolante dipendenza che dimostra nei confronti delle previsioni degli astrologi. «Qualunque cosa tu voglia, potrai averla l'anno prossimo» ripete a Gilbey come penetrante previsione. E quando parla della Regina Madre è chiaro che cerca ancora disperatamente l'approvazione dell'anziana ex sovrana.

«Sua nonna mi guarda sempre con un'espressione strana negli occhi», dice a Gilbey. «Non è odio, è un misto di interesse e di pena. Non sono sicura. Ogni volta che alzo lo sguardo mi sta osservando, poi sorride e si volta da un'altra parte... Non riesco a capire cosa pensa.» È interessante fare delle ipotesi. L'astuta matriarca stava probabilmente pensando qualcosa come: «Una così bella ragazza, ma così confusa, povera creatura. Come possiamo fare per riprendere il controllo su di lei?» Oppure: «Incantevole, senza dubbio. E con la gente è brava quasi quanto me. Se solo fosse un *pochino* meno testarda». O ancora: «Che peccato che perda tempo a preoccuparsi dell'amante. È talmente *inutile*». Lo sguardo indagatore della Regina Madre non dà pace a Diana. Tristemente speranzosa, assicura a Gilbey che quello che vede negli occhi dell'anziana signora è «affetto. Affetto. È decisamente affetto. In qualche modo la affascino.» E probabilmente era vero. Sicuramente aveva sentito dire che Diana aveva spinto la matrigna giù per le scale e si chiedeva quando avrebbero assistito alla prossima esplosione. Sicuramente aveva capito che era solo una questione di tempo.

Occhi più freddi di quelli della Regina Madre stavano sorvegliando la principessa di Galles, perché, come sappiamo, la sua breve relazione con James Gilbey non passò inosservata a lungo. Considerata la baraonda che seguì alla pubblicazione del nastro Squidgygate, l'aspetto incredibile è che tutto possa avere avuto origine da un paio di persone che stavano giocherellando con dei ricevitori a scansione ed ebbero la fortuna di sintonizzarsi su una delle duecentoventi milioni di chiamate effettuate con i cellulari.

A origliare furono apparentemente Cyril Reenan, un settantenne dirigente di banca in pensione, e Jane Norgrove, una dattilografa venticinquenne. Abitavano nella stessa contea, ma non si conoscevano. La casa di Reenan si trovava nella cittadina rurale di Abingdon, Oxfordshire, e quella della Norgrove circa undici chilometri più in là, a Oxford. Reenan, il primo degli ascoltatori a contattare la stampa, disse che era molto nervoso quando udì le voci e che il suo primo impulso fu di avvertire Diana. (Aveva ricevuto un piccolo premio da una delle sue fondazioni benefiche per il lavoro con i bambini disabili.) Il suo secondo impulso, trattandosi di uno scandalo, fu di vendere il nastro per seimila sterline al *Sun*, una somma che più tardi scoprì essere un'inezia.[32]

Il rotocalco rispose alla sua chiamata mandando in avanscoperta Stuart Higgins, corrispondente reale e successivamente caporedattore del giornale. Higgins incontrò Cyril Reenan alla stazione di Didcot, a sedici chilometri da Oxford, l'8 gennaio.

« Inserimmo la cassetta e la ascoltammo come ipnotizzati per venti minuti », disse Higgins più tardi. « Il contenuto era talmente esplosivo che sapevamo di avere una storia veramente, veramente grossa. »[33] Higgins dedusse che il James con il quale parlava Diana era Gilbey e lo affrontò fuori dalla sua casa di Lennox Gardens. « Sbiancò, salì in macchina e si dileguò. Era chiaramente il nostro uomo. »[34] Gilbey avvertì immediatamente la principessa, che fu presa dal panico. Le prove della sua infedeltà a Carlo avrebbero compromesso notevolmente la sua posizione in una eventuale battaglia per il divorzio, soprattutto viste le battute esplosive che conteneva:

DIANA: Non voglio restare incinta.
JAMES: Tesoro, non succederà. D'accordo?
DIANA [*risatina*]: Okay.
JAMES: Non ci pensare. Non succederà, tesoro, non resterai incinta.[35]

Una gravidanza sarebbe stata davvero fatale per la madre di un futuro re. La forza di Diana nei confronti della famiglia reale dipendeva dalla sua immagine pubblica e dalla diffusa percezione che le erano stati fatti dei torti. Sentire accennare a dei bastardi reali e Gilbey che chiacchiera per stabilire un nuovo rovente appuntamento con Diana avrebbe di nuovo spostato le simpatie del pubblico verso Carlo. (Non molto tempo dopo, il *News of the World* iniziò a ricevere biglietti anonimi composti con ritagli di giornale che suggerivano l'esistenza di una relazione fra Carlo e Camilla.)[36]

Stranamente, dopo l'incontro fra Higgins e Gilbey, passarono i giorni, poi le settimane, poi i mesi... e i nastri dello Squidgygate non apparirono. Il *Sun* aveva deciso che il nastro di Reenan scottava troppo persino per loro. Le dicerie scurrili sono un conto, ma la prova irrefutabile che la prediletta del pubblico britannico non era proprio il modello di virtù che tutti credevano fu considerata una proposta commercialmente rischiosa, che avrebbe persino potuto far correre al giornale il rischio di dover affrontare una causa legale per intercettazioni abusive. Higgins nascose il nastro in casa sua. Nel frattempo, storie sul suo contenuto scottante circolavano come leggende di Fleet Street. Quando Andrew Knight divenne presidente del gruppo Murdoch a metà degli anni '90, mi disse che ogni tanto Kelvin MacKenzie e Stuart Higgins gli lanciavano « sguardi complici e mezze frasi su certe prove esplosive che avevano nascosto da qualche parte. Onestamente non ho mai fatto pressione per saperne di più, in quella fase. »[37] Nonostante l'assenza di titoli per tutto il 1990 e buona parte del 1991, la principessa continuò a sentirsi profondamente a disagio; non da ultimo perché, secondo James Colthurst, non credette nemmeno per un istante che l'intercettazione della chiamata fosse stata casuale. Aveva ragione.

I sistemi di telefonia mobile analogici degli anni '80 erano molto vulnerabili all'intercettazione da parte di radioamatori. L'analisi dei segnali radio del nastro Carlo-Camilla ha dimostrato senza dubbio che la telefonata fu effettivamente captata nell'etere. Nel suo memoriale *Dogs and Lampposts*, Richard Stott, il caporedattore del *Daily Mirror*, che alla fine pubblicò il nastro, dice che venne effettuata da un «tale di Liverpool che dopo essersi fatto un paio di birre e del curry decise di provare il suo nuovo giocattolo, un apparecchio di ricezione elettronica che capta i segnali dei cellulari.»[38] Il principe era molto vicino a un ripetitore di telefonia mobile che si trovava appena al di fuori della residenza di campagna nel Cheshire dove era ospite; per questo la sua voce era immediatamente riconoscibile.

«Questo tipo stava leggendo un discorso», disse il tale della birra e del curry, «e non ci ho fatto molto caso finché non mi sono reso conto che la voce assomigliava molto a quella del principe Carlo. Allora decisi di registrarlo e subito dopo lui ha iniziato a tirare fuori tutta quella roba. Non riuscivo a crederci.»[39]

In breve, il nastro del Camillagate, come tante altre cose nella vita del principe Carlo, è stato solo una sfortuna. La registrazione della conversazione di Diana fu una cosa completamente diversa. Cellnet dichiarò che la stazione di Abingdon, la sola dalla quale Reenan avrebbe potuto captare il segnale del cellulare di Gilbey, non fu messa in servizio fino al 3 marzo del 1990, sei settimane dopo le conversazioni.[40] È comprensibile che Cellnet sia ansiosa di difendere l'integrità del suo servizio, ma un'analisi dettagliata del nastro, che il *Sunday Times* commissionò a due esperti di comunicazioni, John Nelson, del Crew Green Consulting di Shrewsbury, e Martin Colloms, della Sony International, confermò in modo indipendente l'asserzione di Cellnet che Reenan non avrebbe potuto registrare la chiamata. John Nelson mi disse che era talmente perplesso che andò a casa di Reenan ad Abingdon, e ne uscì ancora più perplesso. «Arrivai alla conclusione che il suo apparecchio di ricezione non avrebbe mai potuto gestire alcune frequenze della registrazione», disse.[41] Jane Norgrove, da parte sua, non permise né a Nelson né a nessun altro di esaminare l'apparecchiatura installata in camera da letto, ma la conclusione di Nelson vale anche per lei: «La registrazione non può essere stata fatta dalla ricevente del signor Reenan, o da qualunque altro apparecchio di ricezione sintonizzato sulle frequenze in uscita di una stazione di telefonia cellulare».[42]

«Innegabilmente», dice oggi Nelson, «il telefono di Diana era sotto controllo. La chiamata deve essere stata registrara da una linea fissa.»[43] Questo significa che una cimice fu inserita in un qualche punto fra la sua camera da letto a Sandringham e il centralino; ovvero, all'interno della residenza reale stessa, in quanto Sandringham, come tutte le residenze dei reali, dispone di un proprio centralino. Inoltre, dice Nelson, il nastro dimostra che è stato goffamente manipolato per fare in modo che all'orecchio di un profano occasionale sembrasse una registrazione da cellulare, solo che un brusio di fondo confuta in modo irrefutabile questa teoria. Nelson trova «alquanto sorprendente» che i media all'epoca non se ne siano accorti: «Forse l'immagine di un dirigente di banca in pensione chino sul suo apparecchio amatoriale e intento ad ascoltare le marachelle reali era troppo attraente per abbandonarla».[44]

Ma chi è il responsabile dell'azione di spionaggio a Sandringham? In Gran Bretagna non mancano certo i Philip Marlowe, detective privati pronti a tutto e disposti a intercettare chiamate da linee locali a beneficio di clienti importanti. Tutto ciò che occorre è conoscere il numero di rete fissa da spiare, una postazione dalla quale ascoltare e un collegamento a un registratore.[45] La solita banda di «troll» infiltrati nel sottoscala del palazzo avrebbe potuto essere in grado di farlo, ma nessuno di loro avrebbe avuto le conoscenze tecniche specialistiche o i sofisticati macchinari necessari per manipolare il nastro. In considerazione del fatto che la protezione della famiglia reale e della Corona rientra tra i compiti dei servizi segreti britannici, è possibile che qualche suo elemento abbia avuto ufficialmente o ufficiosamente a che fare con l'intercettazione – il che non significa che l'operazione sia stata condotta su ordine della famiglia reale. Membri anziani del personale del palazzo potrebbero aver visto la principessa come un ordigno esplosivo che metteva in pericolo la monarchia. Una volta saputo che esisteva il nastro del Camillagate e che stava per essere venduto ai rotocalchi, c'era sicuramente più di un motivo per tirare fuori un nastro che confermasse che anche la principessa era stata infedele. Lord Rees-Mogg, ex caporedattore del *Times*, il quale conosce bene Whitehall e Westminster, mi ha detto di essere convinto che entrambe le fughe di notizie provenissero dalle tifoserie delle due squadre all'interno dei servizi segreti. («Ma ciò fu negato all'epoca», aggiunse, «e non ho alcuna prova.»)[46] Sulla base di questa congettura, i dissidenti dei servizi segreti solidali con Diana avrebbero messo in circolazione il Camillagate e i tifosi del principe Carlo avrebbero reso pubblico lo Squidgygate, che lui lo sapesse o meno.

Personalmente trovo poco convincenti le smentite ufficiali di questa annosa questione. L'allora ministro degli interni, Kenneth Clarke, disse ai giornalisti che l'idea di un coinvolgimento dei servizi era fantasiosa come lo sarebbe stato affermare che «l'arcivescovo di Canterbury è uno stupratore».[47] Nel 2005, Gyles Brandreth, l'autore di *Charles and Camilla*, in precedenza portavoce parlamentare e alto funzionario del tesoro nel governo di John Major, cercò di andare a fondo della questione. Affrontò il problema privatamente con Dame Stella Rimington, a capo dell'MI5 ai tempi delle intercettazioni. Lei gli disse: «Per quanto ne so, le registrazioni delle chiamate – tutte, credo, provenienti da cellulari – furono effettuate da uno o più privati che utilizzavano un'attrezzatura amatoriale... Oggi i cellulari sono più protetti contro le intercettazioni casuali. Nessun membro dei servizi segreti britannici spia la famiglia reale, né abitualmente né in altre occasioni».[48] La replica di Dame Stella è davvero curiosa: «*Per quanto ne so... credo... oggi sono più protetti... abitualmente... spia...*» Anche a distanza di tanto tempo, sembra ancora decisa a difendere la favola del radioamatore, ormai demolita da diversi esperti di audio. Le sue parole sono un classico esempio del tipo di affermazioni che provengono dai servizi di sicurezza. Quando l'MI6 scoprì finalmente l'identità di Kim Philby come spia russa di alto rango, un uomo del Foreign Office difese le smentite pubblicate in precedenza: «Oh cielo, perché nessuno legge le nostre dichiarazioni con la stessa attenzione con la quale noi le redigiamo?»[49] Quando ritornai da John Nelson, commentò: «È un fatto che le prove tecniche e giuridiche [dell'esistenza di cimici] sono incontrovertibili».[50] Gli amici di Diana non avevano alcun dubbio che fosse stata intercettata. James Colthurst arrivò al punto di comprarle un codificatore per il telefono. Liz Tilberis, la caporedattrice di *Harper's Bazaar* deceduta nel 1999, disse a suo marito Andrew che spesso udiva «rumori fastidiosi e fruscii» nella linea in cui suggerivano che qualcuno stesse origliando. «Diana diceva 'Sono i servizi segreti, non preoccuparti'. Me ne sono accorto anch'io un paio di volte», disse Andrew. «Alzavo il ricevitore e sentivo prendere la linea.»[51]

Una domanda da James Bond resta ancora senza risposta: come ha fatto la versione truccata del nastro Squidgy, registrato da una linea fissa, a raggiungere i suoi diffusori, Reenan e Norgrove? La spiegazione più semplice – o la meno pazzesca, visto che nulla in questo mistero è semplice – è che la conversazione fu ritrasmessa una o più volte, questa volta via cellulare. Quando consultai Nelson sulla possibilità di una ritrasmissione, rispose scettico: «Da un punto di vista tecnico sarebbe stata una cosa di una difficoltà formidabile».[52] Eppure, se Squidgygate non fu registrato da una ritrasmissione, lo scenario si fa ancora più bizzarro. Dobbiamo credere che Reenan (con tanto di pipa e pantofole) arriva alla porta d'ingresso all'inizio di gennaio del 1990, raccoglie una busta anonima con la cassetta, la ascolta, decide di venderla e poi passa il resto della vita a mentire riguardo a come l'ha ottenuta? Fino al giorno della sua morte, nel settembre del 2004, Reenan ribadì che aveva registrato quella conversazione alle 21.30 il 4 gennaio del 1990 – quattro giorni dopo la sera in cui la conversazione ha effettivamente avuto luogo, stando al contenuto del nastro. «Non ero nemmeno a casa, la notte di Capodanno», disse Reenan al *Guardian*.[53]

Un ritardo di quattro giorni fra una telefonata e la sua intercettazione non può essere attribuito ad alcun fenomeno atmosferico conosciuto. La storia è talmente strana da sembrare vera. Avendo confessato l'invadente, e pruriginosa, abitudine di origliare le telefonate private altrui, perché avrebbe aumentato i suoi motivi di imbarazzo insistendo nel dire di aver registrato una conversazione quattro giorni dopo che era avvenuta? Niente di tutto ciò lo avrebbe reso più simpatico al suo prossimo. La moglie all'epoca commentò che la pubblicità negativa che si abbatté sulla sua famiglia quando la storia uscì nel 1992 stava rendendo la vita un inferno e che si vergognava persino di andare a far la spesa.[54] Reenan più tardi si pentì amaramente di tutto il suo coinvolgimento nella faccenda. Nel 1993 disse: «Credo di essere stato preso in trappola... parte di un sinistro complotto».[55]

Quel che è chiaro è che i nemici di Diana erano decisi a smascherarla. Fonti interne alla polizia hanno affermato che Squidgygate è stato ritrasmesso «almeno sei volte».[56] Un anno dopo l'incontro di Reenan con Higgins, e senza che fosse ancora comparso niente sui giornali, Jane Norgrove, l'altra ricevente, saltò fuori per offrire la sua registrazione al *Sun*. Disse di averla effettuata la sera dell'ultimo dell'anno e spiegò il suo ritardo nel farsi avanti in questo modo: «Non l'avevo nemmeno ascoltata. L'ho messa via in un cassetto. L'ho ascoltata solo parecchie settimane più tardi e improvvisamente mi sono resa conto chi era la persona che stava parlando nel nastro».[57] Ma quando se ne accorse, passò un altro anno prima che contattasse il *Sun* e il giornale continuò ad astenersi dal pubblicare. Agli inizi del 1991, Richard Kay del *Daily Mail* ricevette una cassetta in un'anonima busta marrone con il timbro postale di una zona centrale di Londra. Consultò i suoi direttori e la mise via, «pensando che non sarebbe mai apparsa in un giornale britannico».[58] Un'altra busta marrone con la cassetta si materializzò sulla scrivania di Noel Botham, direttore dell'ufficio londinese del *National Enquirer*, il quale alla fine pubblicò la storia nell'agosto del 1992.

Mentre il torbido distillato fermentava per ben due anni e mezzo, Diana sapeva che non se ne era andato per sempre. Aveva due ulteriori motivi di preoccupazione: il pacchetto incriminante delle sue lettere d'amore a Hewitt, che esisteva ancora, e la notizia che un libro finalizzato a creare scandalo rivelando i suoi interessi amorosi, intitolato *Diana in Private*, stava per essere dato alle stampe da Lady Colin Campbell. La Campbell aveva lei stessa una storia personale esotica. Donna bianca giamaicana della buona società, per i primi otto anni della sua vita era stata educata come un ragazzino. Il suo breve matrimonio con Lord Colin Campbell, un figlio cadetto del duca di Argyll, si concluse nel 1975 con una causa di divorzio di notevole risonanza in cui lui la accusò di essere un transessuale. (Lei negò con veemenza e intentò causa, vincendo, a chiunque avesse insinuato che fosse qualcosa di diverso da una donna.) Peraltro, la Campbell era una piacevole compagnia a pranzo e aveva conservato sufficienti contatti da essere preoccupantemente ben informata sulla vita amorosa di Diana. La stessa Diana aveva compiuto l'errore di prenderla in considerazione come biografa ufficiale e di concederle una serie di interviste fin troppo sincere per poi scaricarla quando si rese conto che era un personaggio troppo ribelle per attenersi alle regole. Nel libro in uscita, temeva Diana, utilizzava come fonti un buon numero dei migliori amici di Carlo.

Il trentesimo compleanno della principessa nel luglio del 1991 scatenò un infuriare di speculazioni negative sul suo matrimonio. Un accurato lavoro di relazioni pubbliche svolto da Diana, che culminò con la pubblicazione di un articolo particolarmente ben informato a firma di Andrew Morton sul *Sunday Times*, suggerì che avrebbe passato questa importante ricorrenza completamente sola a Kensington Palace. La squadra di Carlo, furibonda, reagì facendo filtrare la notizia che Carlo voleva organizzare una festa sontuosa per sua moglie ma che lei aveva rifiutato. «Questo è solo il più recente esempio di come il principe di Galles finisca sempre per fare brutte figure senza averne la minima colpa», dichiarò un amico anonimo di Carlo sulla melodrammatica prima pagina bordata di nero del *Daily Mail* di Nigel Dempster.[59] (Diana, a sua volta, fece sapere che Carlo voleva invitare solo i suoi ingessati amici di Highgrove e sembrò essersi aggiudicata questo round.) Si svegliò a Kensington Palace il giorno del suo compleanno per scoprire che due sondaggi di opinione l'avevano votata come membro più popolare della famiglia reale. Questo fece arrabbiare ulteriormente Carlo, e ci fu un imbronciato alterco fra i due, tanto che sulla lista degli invitati alla speciale rappresentazione del *Requiem* di Verdi l'8 luglio alla Royal Albert Hall, sponsorizzata dal *Sunday Times* per celebrare proprio il compleanno di Diana, lei compariva senza accompagnatore. All'ultimo momento Andrew Neil, il direttore del giornale, ricevette una telefonata che lo informava che anche Carlo sarebbe stato presente. Si ignorarono per tutto il concerto. Uscendo dal palco reale Diana si voltò per salutare il pubblico e ci fu un irrefrenabile scroscio di applausi. Neil, che era seduto con loro, ricorda: «Carlo uscì come una furia con un'aria funerea».[60] Diana segnò un altro punto a suo favore.

Il principe si vedeva sconfitto a ogni piè sospinto da quella che riteneva essere la diabolica maestria di sua moglie nell'arte delle pubbliche relazioni. Aveva ragione, ma gran parte della capacità di Diana di avere la meglio era dovuta al suo istinto naturale a fare sempre la mossa giusta, mentre Carlo mancava totalmente di abilità diplomatica. Ad esempio, nell'intervista per ITV con Sir Alastair Burnet, a Carlo fu data l'opportunità di tagliare dalla trasmissione il pezzo tristemente famoso in cui rivelava di parlare con le piante. Nonostante le suppliche dei suoi consiglieri, si batté per mantenerlo, e poi si stupì del fatto che da allora i vignettisti lo ritraevano sempre assorto in comiche conversazioni con flora e fauna. Quando il principe William fu colpito alla testa da una mazza da golf a scuola, nel giugno del 1991, la sua determinazione nel portare avanti gli impegni formali fu un altro esempio della sua ingenuità nei confronti della stampa. William dovette sottoporsi a una lieve operazione al cranio, e l'assenza di Carlo dal suo capezzale, quella notte, sarebbe stata perdonata dal pubblico se fosse stato immortalato mentre consolava soldati feriti o bambini sofferenti nel reparto di un ospedale. Ma accompagnare un drappello di ambientalisti europei e ministri britannici a una rappresentazione della *Tosca* alla Royal Opera House? Fu una mossa infelice, a dir poco. I titoli dei giornali il mattino dopo lo attaccarono senza pietà. CHE RAZZA DI PADRE È QUESTO?, si scatenò il *Daily Mirror*.[61]

Diana avrebbe dovuto essere soddisfatta di come dominava il campo da battaglia dell'immagine, ma, tipico da parte sua, non lo era. Voleva più di un trionfo pubblico momentaneo. Era sicura che, se la gente non avesse compreso in pieno l'entità dell'oltraggio che aveva dovuto subire da Carlo, avrebbe dato la colpa a lei, quando il matrimonio fosse inevitabilmente naufragato. Le avrebbe dato della fedifraga, come era accaduto a sua madre. Andava regolarmente in bestia quando leggeva gli articoli su quello che Helen Fielding, sul *Sunday Times* del 26 maggio 1991, definì il «cameratismo extraconiugale» con Camilla Parker Bowles: come se la relazione fosse solo una civettuola benevolenza per una vecchia fiamma con la quale Diana aveva un qualche incomprensibile annoso problema. Era convinta che la storia in prima pagina sul *Daily Mail* che forniva la versione di Carlo sulla questione del suo compleanno – che lui si era veramente offerto di organizzarle una festa e lei aveva rifiutato – significasse, come ebbe a dire a James Colthurst, che «l'amante sta conducendo il gioco».[62] Inoltre, il libro di Lady Colin Campbell pendeva sulla sua testa come una spada di Damocle e aleggiava ancora la possibilità sempre presente che un giorno non lontano il nastro Squidgygate emergesse facendo a brandelli lo stato di grazia così faticosamente conquistato dalla principessa. Il segretario personale di Diana, Patrick Jephson, che non sapeva niente della registrazione, rammenta che aveva sentito «una vaga diceria riguardo a dei nastri ma la scartai come uno dei tanti orripilanti pettegolezzi carichi di disinformazione e oscura propaganda che in quel periodo costituivano la mia dieta quotidiana».[63] Diana invece non poteva permettersi di scartarla: sapeva che gli «orripilanti pettegolezzi» erano veri. Se si pensa a quanti giornalisti si videro consegnare copie anonime del nastro, è difficile non condividere i suoi timori che le alte sfere stessero allestendo una campagna con l'obiettivo di abbatterla.

Nell'estate del 1991, la principessa di Galles aveva ormai capito che doveva giocare d'anticipo. I giornali erano troppo screditati come arene di dibattito. Doveva rendere noto il suo punto di vista sul matrimonio in un libro, che doveva dare l'impressione di provenire da altre fonti. La sua decisione di collaborare con Andrew Morton le diede, sospetto, lo stesso tipo di scossa adrenalinica che provò la sera in cui decise di affrontare l'amante di Carlo alla festa di Lady Annabel Goldsmith. Che inferno ne sarebbe scaturito! Che purificante, liberatorio, sanguinoso delitto! In una lettera a James Colthurst all'inizio del 1992, Diana scrisse: «Ci stiamo preparando per un'eruzione vulcanica, ma io mi sento perfettamente equipaggiata per affrontare qualunque cosa succeda».[64] Stava per rompere l'ultimo tabù della famiglia reale. Stava per parlare.

Il velo si squarcia

L'ultima cosa che voglio fare è svegliarmi la mattina e leggere cos'altro ha combinato quella maledetta pazza di mia moglie.

(Il principe Carlo a un commensale a Sandringham, all'inizio degli anni '90)

C'erano giornate belle e giornate brutte a Highgrove, ma per il principe Carlo la peggiore di tutte deve essere stata quella del 7 giugno 1992, il giorno in cui il primo estratto di *Diana: Her True Story*, di Andrew Morton fu pubblicato sul *Sunday Times*. Quando il principe scese, come di consueto, per consumare la prima colazione a base di muesli di cereali e frutta dell'orto insieme a Diana e agli altri ospiti, al suo posto a capotavola lo stavano aspettando i quotidiani ben ripiegati. DIANA SPINTA A CINQUE TENTATIVI DI SUICIDIO DALL'INSENSIBILE CARLO era il titolo a tutto campo in prima pagina. E il sottotitolo: « Il fallimento del matrimonio l'ha fatta ammalare; la principessa dice che non sarà mai regina ».

Nell'epoca del dominio dei media, in cui la caccia spietata alle celebrità è lo sport preferito, la vera essenza dell'educazione reale si mostra in tutto il suo splendore: assorbire la rivelazione più pubblica possibile delle questioni più private possibili senza mostrare alcuna emozione. Diana, stavolta, non poteva far fronte a un simile compito: era troppo evidente che era lei la fonte. Si scusò e batté in ritirata dal tavolo della colazione alla sua camera. Carlo rimase dov'era, e lesse imperturbabile l'intero resoconto scandalistico della propria *telenovela* coniugale. Poi chiacchierò amichevolmente con i suoi ospiti e li portò a fare una passeggiata nel giardino di Highgrove. Solo a quel punto salì le scale fino alla camera di sua moglie con il giornale in mano. Evidentemente le fece una scenata memorabile; Diana corse al piano di sotto rossa in viso, con gli occhi gonfi di lacrime e scappò a Londra.

Prima della pubblicazione, il principe aveva passato la serata a Stratford-upon-Avon a vedere la rappresentazione della *Bisbetica Domata* messa in scena dalla Royal Shakespeare Company. Ma come fare a domare anche questa? Tutto il personale a Highgrove convenne che gli estratti dal libro di Morton erano molto, molto peggio di quanto si aspettassero. Le citazioni più incriminanti – riguardo ai tentativi di suicidio di Diana, alla sua sensazione di essere stata abbandonata, alla sua bulimia – provenivano dagli amici più intimi della principessa, Carolyn Bartholomew (nata Pride, amica dei giorni di Coleherne Court), James Gilbey e Angela Serota. La loro disponibilità a essere citati, Carlo lo sapeva perfettamente, voleva dire che Diana aveva avallato le loro indiscrezioni. «Mi sembrava di sentir parlare mia moglie quando ho letto quelle parole sui giornali»,[1] disse più tardi il principe a un amico. Passò il pomeriggio a martellare una palla da polo per la sua squadra Tramontana a Cowdray Park nel Sussex e arrivò a casa tardi da un luogo imprecisato dopo aver bevuto un po'.

In una nota scritta a Paul Burrell, il principe bandì per sempre il *Sunday Times* dal tavolo della colazione di Highgrove. «Non voglio mai più vedere quel giornale in questa casa! E quanto ai rotocalchi, non voglio vedere neppure quelli. Se qualcuno li vuole, dovrà procurarseli da sé; e questo vale anche per Sua Altezza Reale.»[2] Pare che da allora abbia mantenuto questa linea. Una scrittrice che partecipò a una festa tenuta dal principe a Sandringham verso la metà degli anni '90 dice che a cena si scusò per l'eventuale disturbo che la sua radio poteva averle arrecato, dato che dormiva nella stanza accanto. Aveva ascoltato, disse, un nastro dell'attore Timothy West che leggeva Trollope. «Non ascolto mai il notiziario alla radio e non leggo mai il giornale», soggiunse. «L'ultima cosa che voglio fare è svegliarmi la mattina e leggere cos'altro ha combinato quella maledetta pazza di mia moglie.»[3] La nonna di Diana, Lady Fermoy, mostrò chiaramente da che parte stava, andando a trovare Carlo a Highgrove. Aveva un aspetto fragile e provato e non nascose affatto agli amici di essere rimasta allibita dopo quel che aveva letto.

L'aspetto ironico è che il libro di Morton stava per essere pubblicato dopo un anno in cui Diana era finalmente riuscita a consolidare la propria reputazione come rappresentante internazionale del Regno Unito. Patrick Jephson stava ancora brindando per essere riuscito a spostare l'attenzione dal fascino della principessa di Galles – il suo ufficio aveva smesso di far circolare descrizioni dettagliate dei suoi vestiti – alle sue opere di beneficenza. Aveva adempiuto ai suoi impegni regali in modo impeccabile. In Ungheria, a marzo, aveva dimostrato di saper coniugare l'aiuto nelle esportazioni con i gesti umanitari, mescolando incontri con austeri uomini d'affari balcanici con una visita sotto un gelido nevischio a un campo profughi, ai confini con la Croazia lacerata dalla guerra.[4] In India, durante una visita ufficiale di sei giorni con Carlo, andò da sola a Calcutta all'ospedale di Madre Teresa, dove si sedette sui letti dei malati incurabili e pianse quando cantarono un inno. Allo stesso tempo, era diventata abile come una diva del cinema muto degli anni '20 nell'inviare messaggi silenziosi. In India, mentre Carlo era in missione a Delhi per promuovere le esportazioni britanniche, Diana colse la sua occasione. Edotta del fatto che Carlo aveva in precedenza visitato il Taj Mahal e aveva detto che un giorno ci avrebbe portato sua moglie, posò da sola davanti al monumento all'amore coniugale. «È stata un'esperienza molto consolatoria», disse alla giornalista Judy Wade.[5] Il principe tentò di riparare a questa gaffe nelle relazioni pubbliche durante la sosta a Jaipur. Di fronte a cento fotografi e trentamila fra spettatori e ufficiali del 61° Cavalleria, vestiti, come annotò più tardi lo stesso principe nel suo diario, in giacca blu e fazzoletto da collo di Hermès, con stallieri in alta uniforme che sembravano «un quadro di Raffles»,[6] alla fine di una partita di polo – e alla vigilia di San Valentino – si sporse verso la principessa per piazzarle un galante bacio sulle labbra. Lei spostò la testa di lato così che lui si ritrovò a rincorrere le sue labbra e a baciarla appena sopra l'orecchino.[7] Tre mesi dopo, in viaggio da sola in Egitto, si assicurò che la stampa le scattasse delle belle fotografie mentre si stagliava malinconica contro lo sfondo delle Piramidi. Era molto divertente. Far fare brutta figura a Carlo era diventato il suo gioco di società preferito, privato e pubblico. Poteva davvero desiderare di mettere a rischio un ruolo che le consentiva di esprimere al massimo il suo talento di attrice?

Il destino della duchessa di York mostrava cosa potesse significare una rottura dei rapporti con la famiglia reale. Le due ragazze avevano un tempo progettato scherzando di abbandonare contemporaneamente i rispettivi reali matrimoni. Diana si era ben presto chiamata fuori da quel patto e aveva lasciato Fergie a sbrigarsela da sola. La principessa si rendeva conto che la cognata era più utile come «cavia da laboratorio»,[8] per usare una sua espressione. La cavia stava ora ondeggiando pericolosamente su un filo sottile. Non appena fu annunciata la separazione degli York nel marzo del 1992, la duchessa fu istantaneamente dispensata da tutti gli impegni reali e mangiata viva dalla stampa. Fergie scrisse più tardi che la sua «pubblica vivisezione» era un avvertimento che il palazzo dava a Diana. *Ecco cosa succede a mettersi contro di noi.*[9] Anche il futuro finanziario della duchessa non appariva roseo. La sua condizione suscitò a Diana dei brutti presentimenti, anche prima della pubblicazione del libro di Morton. A una cena per pezzi grossi del mondo dei media, da Claridge, la principessa confessò a David Puttnam: «Ho fatto una cosa veramente stupida. Ho permesso che venisse scritto un libro. Pensavo che fosse una buona idea, un modo per spazzare via tutte le dicerie, ma ora credo che sia stata una cosa molto stupida che causerà ogni genere di terribili problemi. Vorrei poter tornare indietro. È la cosa più sciocca che abbia mai fatto».[10] Puttnam non poteva che darle ragione, ma era troppo tardi.

È sempre questo il punto debole quando si scelgono i libri come strumento per vendicarsi. Quando il libro viene pubblicato, di solito la rabbia che lo ha prodotto non è più intensa come la prima volta che la storia è stata trasposta su carta o su nastro. L'abitudine a estrapolare singoli passi rende le conseguenze ancora più imprevedibili. Ma nel caso di *Diana: Her True Story*, non si trattava di storie di pettegolezzi. Erano ben centocinquanta pagine di confessioni, e nessuno poteva dipingerlo come un progetto al quale Diana era stata indotta a partecipare con l'inganno. Dal primo giorno, lei e Andrew Morton erano stati complici conclamati.

Perché proprio Morton? Suscita una tale gelosia fra i giornalisti reali che anche oggi tendono a descriverlo con due aggettivi: «fortunato» e/o «tonto». A dieci anni dalla morte di Diana, anche adesso che la concorrenza fra testate si è ridimensionata, c'è ancora molta riluttanza ad ammettere che fu qualcosa di più della cieca fortuna a indurre la principessa di Galles a passare a un elemento minore del *Rat Pack* senza agganci particolari (suo padre era un tranquillo uomo d'affari dello Yorkshire) uno scoop editoriale che vendette sette milioni di copie in ottanta paesi e che gli fruttò una cifra stimata intorno ai cinque milioni di sterline. Non è che l'editore britannico di Morton godesse di maggiore prestigio. Per dare alle stampe il libro, Morton scelse l'improbabile O'Mara Books, fondata nel 1985 come casa editrice da sottoscala nell'abitazione di Clapham di un emigrato statunitense ribelle, tale Michael O'Mara, e di sua moglie Leslie. Oggi nell'ufficio di O'Mara, che è praticamente un tempio dedicato a Diana, in bella vista sul tavolino dell'editore ci sono pregiati titoli di catalogo su argomenti quali le *boy bands*, i maniaci omicidi o i peti. O'Mara, peraltro, era l'uomo giusto per quel libro. Aveva nervi abbastanza saldi da non aver paura di pestare i piedi all'establishment. E lo stesso si poteva dire del suo autore.

Morton era sempre stato un solitario. A differenza della maggior parte dei cronisti reali, che nel loro intimo erano dei fan della monarchia, Morton aveva sempre considerato la Corona come fosse la sua personale mucca da mungere, tirando fuori polpettoni melensi come *Diana's Diary*, un resoconto agiografico di una giornata della principessa. Viaggiava con gli altri su incarico del *Daily Mail* e del *Daily Star*, ma dimostrava una ribelle prontezza a infrangere le regole del gruppo. A un pranzo dei giornalisti reali, Michael Cole si lasciò sfuggire alcuni dettagli del discorso natalizio annuale della regina, che erano ancora top secret. Mentre gli altri festeggiavano, Morton sgattaiolò fino all'ufficio dello *Star* e riportò i frammenti in un articolo esclusivo. Cole, imbarazzato, dovette rassegnare le dimissioni.[11]

Morton non era un personaggio imponente come il corpulento James Whitaker del *Mirror* o come Harry Arnold del *Sun*, con le sue basette da hidalgo. Ma con il suo metro e novantadue di altezza era difficile che passasse inosservato. Fisicamente, era quasi il tipo che sarebbe potuto piacere a Diana. Il viso giovanile poteva sembrare amichevole finché non si notavano gli occhi, sospettosi occhi grigi da poliziotto. C'è un aspetto duro e impenetrabile che inquieta in Morton. L'eroe del Watergate potrebbe non gradire il paragone, ma il giornalista che più mi ricorda Morton è Bob Woodward. Il modo in cui Morton si coltivò il dottor James Colthurst come fonte fin dal loro primo incontro alla mensa dell'ospedale St Thomas, nell'ottobre del 1986, ha un che della pazienza strategica e dell'astuzia implicite nel modo in cui il giovane luogotenente Robert Upshur «Bob» Woodward della Marina degli Stati Uniti strinse amicizia con il potente vice direttore dell'FBI, Mark Felt – detto «Gola Profonda» – in una sala d'aspetto della Casa Bianca nel 1970. Un'ulteriore somiglianza era l'occasionale abitudine di Morton di rinunciare a pubblicare uno scoop sui giornali per conservarlo per il libro. Morton fece ancora di più per depistare i rivali. In un articolo pubblicato poco dopo il controverso trentesimo compleanno della principessa, diede l'impressione che tutto fosse tranquillo a casa dei principi di Galles.[12]

Morton incontrò Diana nel 1986 all'ospedale St Thomas mentre svolgeva un incarico di routine. La principessa era nel dipartimento di radiologia per inaugurare un nuovo macchinario che effettuava tomografie computerizzate, un lavoretto umile per un membro della famiglia reale richiestissimo come la principessa Diana. Morton scoprì cosa l'aveva realmente condotta fin lì quando si sedette a fare una chiacchierata nella mensa dell'ospedale con il trentacinquenne specialista di radiologia che aveva accompagnato la principessa nei vari reparti. Apprese che il dottor Colthurst, l'affabile figlio di un baronetto irlandese, era uno dei più vecchi amici di Diana fin dai tempi dell'adolescenza. Colthurst era già a conoscenza del fatto che Diana viveva un matrimonio infelice. Si erano un po' persi di vista dai tempi delle settimane bianche, ma Colthurst le fu vicino fin dall'inizio nelle sue vicissitudini a palazzo. La invitò a un pranzo informale alla fine del 1981 con Carolyn Bartholomew in un ristorante cinese, Mr Wing, vicino al suo vecchio appartamento di South Kensington, con l'unico obiettivo di rincuorarla un po'. «Sentivamo che non era al meglio e che le avrebbe fatto bene», ricordò parlandomi. «La trovammo molto abbattuta. Era triste vedere che il suo sogno si era trasformato in un incubo. Ci aveva creduto così tanto.» Durante il pranzo, il suo occhio clinico captò immediatamente che qualcosa non andava. «Capii che era bulimica. Si assentò da tavola dopo aver mangiato.»[13] Colthurst fu uno degli amici che, capitanati da Carolyn, la spinsero garbatamente a cercare assistenza medica specialistica nel 1988. «Era così vulnerabile allora», disse. «Non era possibile parlarne finché non lo avesse fatto lei.»[14]

Colthurst non gli fece capire in alcun modo quello che sapeva sullo stato emotivo di Diana, ma non appena lo incontrò la prima volta, Morton iniziò immediatamente a ingraziarselo. Il giornalista e il medico iniziarono a giocare a squash sui campi dell'ospedale e poi a ritrovarsi per pranzi conviviali in un ristorante italiano nei dintorni.[15] Durante questi incontri, Morton colse il messaggio di Colthurst di non cercare di ottenere informazioni sulla principessa, ma ebbe cura di coltivare la sua fonte in attesa del giorno in cui forse lo avrebbe potuto fare. Nel frattempo, scriveva pezzi adulanti che parlavano male di Carlo e prendevano le difese di Diana.

A tempo debito, Diana scoprì che il suo paladino sulla carta stampata era un amico del fido Colthurst. Inoltre era al corrente del fatto che Morton aveva intenzione di scrivere un altro libro su di lei. Quindi aveva senso sceglierlo per scrivere il *suo* libro – perché era questo che avrebbe dovuto essere. Il testo finale fu sottoposto alla sua approvazione e scrisse di suo pugno alcune note ai margini del manoscritto durante la revisione. Il bello di tutto ciò era che nessuno al di fuori della squadra di redazione sapeva fino a che punto fosse coinvolta, perché tutte le frasi riportate non sarebbero state sue, ma di «amici». Non ebbe nemmeno bisogno di parlare con Morton. Tutte le interviste venivano condotte da Colthurst, che le portava le domande del giornalista e i suoi dubbi, e registrava le risposte di Diana su cassetta.

È bizzarro che Colthurst, dopo essere stato discreto così a lungo, abbia poi acconsentito a fare da intermediario. Era un compito pericoloso per un membro minore dell'aristocrazia che sapeva che il libro non avrebbe offeso solo il principe Carlo, ma anche la regina. Ciononostante, siglò l'accordo con il giornalista durante un pasto a base di uova e pancetta in un caffè sulla strada a Ruislip, dove raccontò a Morton gli straordinari dettagli della disperazione di Diana. La missione richiedeva la massima riservatezza: nei successivi sei mesi, l'allegro Colthurst raggiungeva in bicicletta Kensington Palace per le loro sessioni di registrazione e poi traghettava i nastri fumanti fino all'appartamento di Morton. Ogniqualvolta Diana sentiva bussare alla porta del suo salotto privato mentre parlavano, nascondeva il microfono fra i cuscini del divano. Dato il numero di ore che

Colthurst dedicò a Diana nei successivi dieci mesi, alcuni potrebbero pensare che fosse innamorato di lei. Arrivò persino a scriverle dei discorsi e a darle consigli sulla sua strategia di relazioni pubbliche. Fu Colthurst che, con l'aiuto di Morton, scrisse quello che quest'ultimo ama chiamare il «famoso discorso dell'abbraccio», nel quale la principessa disse a un simposio di psichiatria, di fronte a ottocento dottori che «un abbraccio è economico, compatibile con l'ambiente e richiede solo un minimo di addestramento».[16] Ma la capacità di Colthurst di conservare la stima di Diana nel corso del tempo dipese molto probabilmente dal fatto che *non* ebbero un coinvolgimento sessuale. Con le sue cespugliose sopracciglia e la fronte da cervellone, non era proprio il tipo che piaceva a Diana. Il ruolo di consigliere non lo doveva solo alla sua intelligenza, ma anche al protettivo affetto che provava per la principessa intrappolata che aveva conosciuto da ragazzina.

Diana aveva bisogno di un'ultima rassicurazione prima di buttarsi con Morton: voleva consultare un astrologo. Felix Lyle fu interpellato dalla premurosa moglie di Colthurst, Dominique, che per coincidenza era anche lei un'astrologa. Lyle lesse il tema natale di Diana nella camera da letto, al piano superiore della casa dei Colthurst, a Fulham. Le predizioni di Lyle durante la seduta di due ore non furono esattamente sconvolgenti. «Dissi: 'Be', ci sono degli scandali in agguato'» riferì Lyle al regista Philip Craig. «'Nettuno sta conducendo un gioco insidioso e anche Plutone ha un ruolo molto forte... se è questo quel che sta succedendo comunque, tanto vale che lei lo faciliti.' Ci sorridemmo e lei disse: 'Bene, è così, allora. Andiamo avanti con il libro'.»[17] Quando Lyle arrivò a casa, Colthurst lo chiamò per sapere com'era andata. «Ho dato il via a tutto», gli disse Lyle.[18] Il gioco di Nettuno sarà anche stato insidioso, ma non era niente a confronto con quello di Lyle.

Colthurst sostiene che Diana provò un innegabile senso di sollievo a sgravarsi del suo carico.[19] All'inizio delle loro conversazioni chiese a Diana di dirgli se c'era qualcosa di cui non voleva parlare, ma non capitò mai. In effetti, dice oggi, il suo ruolo fu principalmente quello di censore. Lei voleva dire di più, non di meno: «Era una *lady* molto arrabbiata».[20] La dissuase dall'attaccare aspramente membri della sua stessa famiglia – la madre, la sorella, il fratello e il cognato, Robert Fellowes – che lei incolpava di aver fatto ben poco per aiutarla. Le rivelazioni sulle quali Diana la ebbe vinta erano già abbastanza esplosive. Nel giorno del matrimonio era «un agnello sacrificale»[21] e pianse tutte le sue lacrime durante il viaggio di nozze. L'ossessione di Carlo per Camilla aveva causato la sua bulimia. La famiglia reale era «fredda e insensibile». Fra la nascita di William e quella di Harry ci fu «il buio totale». Dopo la nascita di Harry il suo matrimonio «andò semplicemente in pezzi».[22] Camilla «c'era sempre, sempre stata». Provava «rabbia, rabbia, rabbia»[23] ogni volta che le veniva in mente. Caricò la storia con ulteriori spruzzate da melodramma.

Nel 1997, tre mesi dopo la morte di Diana, in un libro intitolato *Diana: Her True Story – In Her Own Words*, Morton e O'Mara pubblicarono le trascrizioni integrali delle interviste registrate da Colthurst nel 1991-1992. Qui Morton rivela che Diana aveva richiesto solo un piccolo numero di revisioni nel precedente manoscritto, prima che venisse pubblicato nel 1992. Una delle poche modifiche che richiese riguardava un dettaglio importante di un episodio del gennaio 1982: mentre era incinta di William, a quanto pare aveva cercato di suicidarsi buttandosi giù dalle scale a Sandringham. Nella versione iniziale, Diana aveva affermato che era stata «la regina» a trovarla stesa ai piedi delle scale. Più tardi, chiese che la parola «madre» venisse inserita dopo «regina». Lo scopo della modifica, disse a Morton, era proteggere Sua Maestà.[24] Non era vero. Sebbene la caduta dalle scale fosse realmente avvenuta, il «tentativo di suicidio» era una fantasia, una favola – in breve, una bugia. Come mi confermò un membro dello staff di Diana, la caduta a Sandringham fu accidentale; era semplicemente inciampata e la cosa lasciò la principessa più scossa dall'imbarazzo che dall'ansia. Diana cambiò l'appellativo della regina perché persino lei si rendeva conto che era un po' azzardato includere la sovrana in una storia inventata. Poiché la Regina Madre (a) non parlava con la stampa dal 1923 e (b) aveva un'età alla quale la gente comunque comincia a dimenticarsi delle cose, era un rischio calcolato presumere che non sarebbero seguite smentite.

Commentare il libro di Morton fu per mesi l'occupazione numero uno nei salotti dell'alta società. L'autore descrive come Diana si sentisse male e trascurata dal resto della famiglia reale al battesimo di William a Buckingham Palace, il 4 agosto del 1982. Nella trascrizione parola per parola del nastro dice a Colthurst: «Mi trattavano come se non c'entrassi nulla. Nessuno mi chiese quando sarebbe stato un buon orario per William; le undici erano l'orario peggiore che si potesse scegliere. Fotografie infinite della Regina Madre, di Carlo e di William. Fui completamente esclusa quel giorno».[25] Sono frottole. Come ogni anno, quel giorno era in programma un pranzo per l'ottantaduesimo compleanno della Regina Madre, che chiaramente ebbe la precedenza sui pannolini e biberon del piccolo William. Il battesimo era una cerimonia dinastica che coinvolgeva l'intera famiglia reale, non una festicciola fra mamme e i loro bebè. Distinguere la verità dalla licenza drammaturgica diventò un ulteriore interessante gioco di società.

Diana piombò nel panico quando scoprì che il libro rivelatorio di Lady Colin Campbell, *Diana in Private*, era previsto in uscita poco prima di quello di Morton e avrebbe potuto rubarle la scena. Al momento giusto, però, arrivò una notizia che spazzò via il libro rivale dalle prime pagine dei giornali. Il 18 marzo, Morton e Richard Kay divulgarono in esclusiva la notizia della separazione del principe Andrea e di Sarah Ferguson sul *Daily Mail*. La storia fece andare in rovina i rapporti di Fergie con il palazzo. La regina era infuriata per la fuga di notizie, il che non aiutò le successive negoziazioni finanziarie di Fergie. Le eminenze grigie del palazzo erano certe che la duchessa stessa avesse passato le informazioni alla stampa e l'accusarono di avere assoldato un'agenzia di pubbliche relazioni per trasmettere la notizia al *Mail*. L'addetto stampa della regina, Charles Anson, è stato descritto come un uomo talmente educato che trova difficile persino riattaccare il telefono. Fu quindi una doppia sorpresa il fatto che rilasciasse una dichiarazione ufficiosa vendicativa, dove disse che Fergie era inadatta alla vita reale. Il tono dei suoi commenti era talmente velenoso che il corrispondente radiofonico e di corte della BBC ne sintetizzò i contenuti dicendo: «A palazzo stanno affilando i coltelli per Fergie».[26] Il maggiore Ferguson fu così indignato per gli attacchi contro la figlia che chiamò Robert Fellowes, il segretario personale della regina, e pretese una ritrattazione. «Seguirono pronte scuse ma ormai il danno era fatto», scrisse Fergie in *My Story*. «Ero stata bollata come 'non adatta' alla vita reale e quella percezione rimase intatta. Ero stata abbandonata, e non solo dal palazzo: il gelido spostamento d'aria di tutte le porte che mi sbattevano in faccia avrebbe potuto annientarmi.»[27] Dopo la morte di Diana, Morton finalmente rivelò che era stata la principessa di Galles a tradire la sua migliore amica di un tempo per fornire alla stampa la necessaria distrazione. La duchessa non sospettò mai Diana come fonte della fuga di notizie.[28]

Fino al momento della pubblicazione, Diana fu coinvolta in ogni dettaglio del libro di Morton. «Se è così infelice, perché è sempre sorridente nelle fotografie?»[29] volle sapere l'editore di Morton, Michael O'Mara, quando ascoltò i nastri forniti da Colthurst. Non si accontentò della parola di Diana e chiese ulteriori prove della relazione tra Camilla e Carlo. Diana rubò un mazzo di lettere d'amore di Camilla dalla valigetta del principe Carlo a Balmoral e permise ai suoi editori di utilizzarle come prove. La squadra si convinse immediatamente che la storia era vera. E le lettere dimostrarono anche qualcos'altro, come diventò evidente dopo la morte di Diana, quando Morton ne citò alcuni passi per il suo libro successivo: chiarivano perché Diana non era mai riuscita a spezzare l'incantesimo. Carlo voleva più risate e meno agonia nella sua vita e le otteneva, come anche il sesso, dall'amante.

In una lettera Camilla si scusa per essersi mesa a farfugliare quando suo marito, Andrew Parker Bowles, interruppe una telefonata segreta fra lei e il principe Carlo. «L'ex Bastone d'Argento è apparso sulla porta come un ermellino furioso; peccato che non l'abbiano impagliato»,[30] scrisse. E a quarantacinque anni si firma «la tua devota vecchia befana»[31], dimostrando una certa autoironia se si pensa che la moglie del suo amante era una delle più famose bellezze del mondo. Le lettere dimostrano una comprensione privata che dà l'impressione che la relazione fosse molto più divertente per Carlo di quella con la donna descritta in zelante stile Morton con espressioni come «Diana utilizzava i clisteri per sfogare la sua rabbia interiore», o nelle citazioni di Oonagh Shanley-Toffolo, che una volta curava il duca di Windsor e che visitava regolarmente Diana per sessioni di agopuntura e meditazione. «È imprigionata dal sistema come se fosse rinchiusa nel carcere di Holloway.»[32]

La mitomania di Diana era così contagiosa che poteva trascinare non solo anime candide come la signora Toffolo ma anche personaggi normalmente riservati come Bartholomew, Gilbey e Colthurst. Persino il conte Spencer si fece convincere dalla figlia a fornire alcune delle sue preziose fotografie di Diana da piccola. Il fratello fornì i dettagli sui suoi primi anni di vita. La seduzione della presenza e della posizione di Diana erano tali che il desiderio di compiacerla sovrastava qualunque altra considerazione. «Quando voleva qualcosa, era difficile farla desistere», dice Colthurst.[33]

Gli amici di Diana collaborarono perché ritenevano che fosse a un bivio: o esplodeva o implodeva. Purtroppo avevano ragione. C'è una disperata volontà di sopravvivere nel gesto sconsiderato di Diana che ne eclissa il narcisismo. Il suo pazzo coraggio fu un'esplosione che fece crollare le ingessate presunzioni del palazzo e istituzionalizzò la menzogna. Lei raccontava la verità così come la vedeva. Le sue sfacciate bugie non erano pesanti quanto le omissioni della corte. Anche oggi che le confessioni fittizie sono la moneta corrente di ogni storia di copertina su una celebrità, il coraggio dimostrato da Diana fa ancora impressione. Una volta, la famiglia reale si era preoccupata per la sua fragilità, l'ipersensibilità e la scarsa capacità di sopportazione. Quei tempi erano finiti.

In Egitto, il fotografo del *Daily Mirror*, Kent Gavin, le chiese direttamente se aveva cooperato al libro in uscita di Andrew Morton e lei mentì a denti stretti. «Assolutamente no.»[34] A questo punto era già profondamente coinvolta negli accordi per la pubblicazione a puntate. Andrew Neil, il direttore del *Sunday Times*, che era stata la sua prima scelta, non voleva credere alle pretese di autenticità del libro avanzate da O'Mara. Neil riteneva «fantascientifico» che la principessa autorizzasse i suoi amici a parlare e non riusciva a credere che una donna così attenta al suo aspetto si fosse inflitta la bulimia.[35] Diana desiderava così ardentemente l'*imprimatur* del *Sunday Times* – anziché quello del suo chiassoso rotocalco preferito, il *Daily Mail* – che chiese all'amica Angela Serota di farsi avanti per rassicurare Andrew Knight, direttore generale di News International, casa madre del giornale, riguardo all'autenticità del libro. Andrew Neil (che non aveva idea di quanto avesse collaborato Diana) mise una squadra al lavoro per controllare tutto il materiale e, soddisfatto, si aggiudicò i diritti per 250.000 sterline. (Ironia della sorte, il *Mail* e il suo direttore, David English, decisero fondamentalmente che non volevano questo peso. Fecero un'offerta nominale – quella che Morton chiamò una «offerta di vaffanculo» – di sole settantamila sterline.) Con l'avvicinarsi della data di pubblicazione, Neil ricevette una telefonata da Rupert Murdoch, il quale lo avvertì che stava per essere investito da una lavata di capo da parte delle alte sfere. A Murdoch – repubblicano nel senso britannico del termine tanto quanto nel senso americano – non importava un granché se Neil avrebbe pubblicato o meno Morton, né se la famiglia reale lo avrebbe gradito o no. Ma i suoi esordi come baronetto della stampa a Fleet Street negli anni '70, quando aveva preso di mira l'intoccabile ex membro del parlamento John Profumo, gli avevano insegnato cosa significasse inimicarsi i poteri forti. «Cercheranno di distruggerla», disse a Neil al telefono da New York. «Faccia attenzione: con queste persone non si scherza e lei sta per diventare il loro nemico numero uno.»[36]

Non era del tutto vero. Quel privilegio era riservato a Sua Altezza Reale la principessa di Galles. Vale la pena sottolineare che la donna che stava sfidando la monarchia in maniera così sfacciata non era un'attricetta o una socialista, bensì la discendente di un antico lignaggio di dignitari di corte, compreso suo padre. Nel 1953, il palazzo aveva inviato Johnnie Spencer, nelle sue vesti di funzionario di corte, a Kingston, Giamaica, per preparare la visita della giovane regina Elisabetta II e del duca di Edimburgo nell'ambito del loro giro del Commonwealth britannico. Uno dei compiti del conte Spencer era stato quello di dare lezioni di etichetta al personale del capitano generale e governatore reggente della Giamaica, Sir Hugh Foot. Il figlio di Sir Hugh, Oliver, si ricorda bene quelle lezioni. Il conte insegnò sia al personale sia ai bambini a non finire mai di mangiare prima della regina, a non rivolgersi mai per primi a Sua Maestà e a inchinarsi sempre con una leggera flessione del capo anziché con una volgare genuflessione completa. La decisione di sua figlia di vuotare il sacco con Morton era stupefacente non solo per il principe di Galles e per la corte, ma anche per tutti coloro che credevano da sempre nel codice della fedeltà al monarca. Non meraviglia che l'immaginazione collettiva di un popolo il cui re decapitò Anna Bolena continui a credere che la morte di Diana non sia stata un incidente.

Il conte Spencer voleva talmente bene alla sua figlia minore che l'avrebbe sostenuta fino alla fine, a qualunque costo. Forse è un bene che non abbia dovuto farlo. Il 29 marzo 1992, il giorno prima di un'intervista con Morton (e quattro mesi prima della pubblicazione del libro), il conte morì di infarto a sessantotto anni. Diana stava sciando con i ragazzi e con il principe Carlo a Lech, in Austria. L'atteggiamento verso suo marito era ormai talmente ostile che il principe, da vero pusillanime, incaricò Ken Wharfe di darle la notizia. Wharfe nutriva i più tristi timori sulla scena cui stava per assistere e riteneva che avrebbe dovuto appartenere alla sfera dell'intimità coniugale. Trovò la principessa nella suite all'hotel Arlberg. Delicatamente, la fece sedere, le disse che suo padre non c'era più e la tenne fra le braccia mentre piangeva. «Oh mio Dio, Ken», singhiozzò. «Oh mio Dio, cosa devo fare?»

In quel momento, scrisse Wharfe, «sembrava una bambina sperduta alla quale è appena stato fatto capire che è sola al mondo.»[37] Erano sensazioni pericolose per Diana: la bambina sperduta conosceva solo un modo per affrontarle. Litigò furiosamente con Carlo che insisteva nel voler rispettare le formalità e rientrare a casa al suo fianco per il funerale del conte: un gesto di umanità per il principe, che lei interpretò solo come vile ipocrisia, una messa in scena posticcia a uso e consumo dei fotografi. Il funerale nella chiesa di Santa Maria Vergine a Great Brington, vicino ad Althorp, aveva, notò *The Times*, «un che di feudale»,[38] a ricordare che il lignaggio aristocratico di Diana era più antico di quello del risentito principe che sedeva al suo fianco. Le ceneri del padre, riposte nella cappella di famiglia, rappresentavano la ventesima generazione che riposava là, sotto quattrocento stemmi degli Spencer e un soffitto risplendente di insegne. Lord St John of Fawsley, ex ministro dei beni culturali e amico di Raine, lesse l'elogio funebre: «Da molti punti di vista non era un uomo del XX secolo, nemmeno del XIX, ma un immigrante clandestino dal XVIII secolo, quando l'aristocrazia viveva ancora in pieno accordo con i suoi vicini. Era un perfetto gentiluomo, ma non aveva mai paura di esprimere apertamente le proprie emozioni. Aveva sempre una parola affettuosa per tutti».[39] In quella che a Diana dovette sembrare una rievocazione dal retrogusto amaro del suo matrimonio nella cattedrale di St Paul, la bara di legno di quercia, sormontata da uno spruzzo di giaggioli, fu trasportata fuori accompagnata dal familiare suono di *I Vow to Thee My Country*. Il suo mazzo di gigli recava l'invocazione: «Caro papà, mi mancherai terribilmente, ma ti vorrò bene per sempre. Diana».[40]

Era stato necessario l'intervento risolutivo della regina perché Diana accettasse Carlo al suo fianco, come sigillo al convincente argomento di Wharfe che era quello che suo padre avrebbe voluto.[41] Peraltro, nessuno si sentì di sostenere l'argomento in nome del defunto Johnnie Spencer, quando Diana e suo fratello Charles, ora 9° conte Spencer, scatenarono la loro vendetta sull'amata seconda moglie del padre. La principessa e Raine, che si erano sedute ai lati opposti della chiesa durante il funerale, erano uscite sorreggendosi a vicenda, ma era solo per salvare le apparenze. Il 31 marzo 1992, appena due giorni dopo la morte del marito, Raine venne scaraventata fuori da Althorp dal nuovo conte. La vedova fu diffidata dal rimuovere anche un solo oggetto dalla casa a meno che non potesse esibire le ricevute d'acquisto e tutti i membri del suo staff personale furono immediatamente licenziati. Per Diana, i dolori repressi dell'infanzia si fusero con quelli del suo matrimonio. La biografa di Johnnie e Raine, Angela Levin, ci dice come la principessa fece la guardia nella camera padronale mentre la cameriera di Raine, Pauline Shaw, metteva i vestiti della contessa in quattro valigie di Louis Vuitton. Sfortunatamente per Raine, la S incisa sui bagagli fece decidere a Diana che anch'essi erano proprietà degli Spencer. Ordinò quindi che il voluminoso guardaroba firmato di Raine venisse rapidamente tolto dalle valigie e ficcato in alcuni sacchi neri della spazzatura. Suo fratello Charles collaborò sbattendo a calci i sacchi giù per le scale. Un membro del personale che fu testimone di questa scena sconcertante disse a Levin che il fratello di Diana «aveva represso la sua rabbia per così tanto tempo che prese un oggetto dopo l'altro e buttò tutto giù dalle scale. Credo che questo lo abbia fatto sentire molto meglio».[42] Com'erano intemperanti questi Spencer dietro il loro amichevole fascino, com'erano gonfi di rabbia!

Il libro di Morton fu l'espressione più elaborata e coreografata della rabbia di Diana. Tutti sudavano all'avvicinarsi della scadenza: l'addetto stampa della regina assegnato al principe di Galles, Dickie Arbiter, il segretario personale del principe, Richard Aylard, quello della regina, Robert Fellowes, l'assistente di quest'ultimo, Robin Janvrin, e persino il segretario personale della principessa, Patrick Jephson, avevano il terrore di quello che stava per succedere. Vivienne Parry, un'amica di Diana del Birthright Trust, partecipò con lei a un evento un paio di giorni prima della pubblicazione e la trovò agitata e distratta. Ma persino in quell'occasione Diana sfoggiò tutto il suo talento consolatorio. «Si vedeva che era infelice», dice Parry, «eppure mi ricordo che quel giorno incontrò una signora che aveva avuto un numero enorme di aborti spontanei; la donna scoppiò a piangere, sopraffatta dal dolore, manifestando tutta la sua sofferenza. Diana si trasformò istantaneamente da persona preoccupata del suo stesso futuro in una persona incredibilmente compassionevole. Sapeva immedesimarsi negli altri ed entrare in contatto con la loro anima in un modo straordinario».[43]

Era molto più che straordinario, considerando il trambusto che le sue macchinazioni avevano creato a palazzo e a Highgrove. Qui, il fax sotto la scrivania di Paul Burrell continuava a sputare copie di un'intervista rilasciata al caporedattore Neil del *Sunday Times* per promuovere il libro di Morton: DIANA DICE CHE NON SARÀ MAI REGINA, recitava il titolo. Erano state inviate a Carlo da uno dei suoi amici allarmati, Lord Romsey, dalla sua abitazione a Broadlands, nell'Hampshire. Il resoconto di Burrell recita: «Dapprima vidi la parola *Broadlands*. Pensai: 'Romsey'. Poi pensai: 'Guai'».[44] Due volte nelle settimane immediatamente precedenti la pubblicazione del libro di Morton, Romsey era andato a Highgrove per delle accese discussioni private con il principe, a cena. Il sabato precedente la pubblicazione sui giornali fu una giornata caratterizzata dal panico. I telefoni a Highgrove squillarono tutto il giorno. Richard Aylard era convinto che il palazzo dovesse emettere un comunicato preventivo che dissociasse formalmente Diana dal libro di Morton. Patrick Jephson presentò una bozza alla principessa. Lei si rifiutò di firmarla. Robert Fellowes fece una telefonata al *Sunday Times* chiedendo lumi sui contenuti del libro.

Fu ignorato. Aylard diede qualche informazione al branco di cronisti reali sempre più assatanati, cercando di pacificare gli animi con la tradizionale sufficienza del palazzo.

« Conoscete Morton: un po' di intuito, un po' di invenzioni e molte note di colore, come una tovaglia », disse.[45]

Quando scoppiò la tempesta, non si limitò a far tintinnare qualche tazzina da tè. Infuriò nel casato dei Windsor scuotendo uno per uno i pilastri dell'establishment: discrezione, deferenza e reciproca protezione. Il suo messaggio era che Diana non si sarebbe rassegnata al sistema di infedeltà strutturale nascosto dietro alla facciata che aveva salvato i matrimoni reali del passato. Il principe Filippo non scherzava quando disse che Diana era la « quinta colonna ».[46] La cortina reale era stata strappata via dalla figlia di un'antica famiglia di leali servitori della Corona. Se la famiglia reale era imperfetta come qualsiasi altra famiglia del regno, tanto valeva trattarla come tale: un'idea le cui implicazioni andavano ben oltre la telenovela del momento.

Involontariamente, Diana batté in astuzia anche l'augusto organo preposto al monitoraggio del lavoro della stampa. Lord McGregor, presidente della Commissione dei reclami della stampa, preparò una denuncia della « odiosa esibizione di giornalisti che ficcano il naso nelle questioni altrui in un modo che non aggiunge nulla al legittimo interesse pubblico per la situazione dell'erede al trono ».[47] Discusse la sua presa di posizione con Sir Robert Fellowes, il quale a sua volta chiese a Diana di assicurargli che non aveva collaborato con Morton. Diana mantenne la calma. Mentì a Fellowes, negando con veemenza la collusione. Lord McGregor scagliò il fulmine; e dovette poi sentirsi un perfetto idiota quando Diana, quella stessa settimana, visitò pubblicamente, a Fulham, la casa di una fonte spesso citata nel libro, Carolyn Bartholomew, a dimostrare il suo supporto per il contenuto. La stampa fu avvertita, da Diana stessa attraverso Morton, di inviare un fotografo per immortalarla mentre veniva accolta da Carolyn sulla porta di casa. Fellowes, che doveva barcamenarsi nell'impossibile doppio ruolo di cognato di

Diana e segretario personale della regina, fu così mortificato dopo la sfuriata che gli fece McGregor per averlo male informato, che rimise immediatamente il suo incarico nelle mani della sovrana.[48] (Sua Maestà non ne volle nemmeno sentir parlare.)

Mentre i rotocalchi andavano a nozze con lo scandalo, la stampa più seria si preoccupò di giustiziare i mandanti. Gli insulti lanciati contro il trio editoriale di Diana – il direttore Andrew Neil, l'editore Michael O'Mara e il redattore Andrew Morton – avrebbero facilmente messo in ginocchio persone più vulnerabili. L'attacco fu guidato da quelli che Neil chiamava «gli squadroni dell'establishment»: i direttori e redattori passati, presenti e futuri del *Daily* e del *Sunday Telegraph* di Conrad Black e della sua rivista settimanale *Spectator*. Da un lato, dissero che *Diana: Her True Story* era una libera invenzione. Dall'altro, se il libro conteneva delle verità, si trattava chiaramente di una volgare intrusione in una sfera privata. L'indignazione dei conservatori insieme alla concorrenza nelle vendite costituiva una miscela potente. Morton era terrorizzato dalla possibilità che Diana venisse smentita. Il nobile redattore del *Daily Telegraph*, Sir Max Hastings, bollò Morton come indegno di «suonare il piano in un bordello» e rigettò il *Sunday Times* dichiarandolo «un diluvio di immondizia e un coacervo di invenzioni. Non contiene un solo fatto verificabile». Sir Peregrine Worsthorne, l'articolista famoso per il suo cravattino nonché ex redattore del *Sunday Telegraph*, la cui massa di capelli bianchi viene facilmente scambiata per una parrucca incipriata, dichiarò che Neil avrebbe dovuto essere flagellato in pubblico per aver osato pubblicare Morton. Il ruspante storico Charles Moore, caporedattore dello *Spectator* (e poi del *Sunday Telegraph* e del *Daily Telegraph*), propose una definizione di giornalismo nella trasmissione *Newsnight* decretando che quando scrivono della famiglia reale «i giornalisti dovrebbero utilizzare l'ipocrisia e l'occultamento». Non avrebbe potuto fare un favore più grande a un direttore combattivo come Andrew Neil: ora poteva proporsi come difensore della libertà di stampa controbattendo che non riteneva che fosse suo compito fare propaganda per l'establishment. Già che c'era, Neil, durante un dibattito televisivo su ITN, fece svanire l'espressione paciosa dal viso dell'incredulo apologeta reale e amico di Raine, Lord St John of Fawsley, dichiarandosi d'accordo con la tesi di James Gilbey: «La principessa mi parlò in numerose occasioni dei suoi tentativi di suicidio, come ha fatto con altri amici intimi».[49]

Fortunatamente per Diana, alcuni uomini vanagloriosi avevano dirottato il dibattito sulla sua storia. Molti passarono dalla sua parte perché si sentivano maltrattati dall'atteggiamento di presuntuosa sufficienza degli squadroni conservatori. Con una velocità incredibile – in fin dei conti tutto si svolse in Inghilterra – la cosa si trasformò in una questione di classe. Hugh Montgomery-Massingberd bollò Andrew Morton come un «plebeo da rotocalco di Leeds». L'ex studente di Eton Philip Zeigler definì l'autore, alto un metro e novantadue, «un piccolo scribacchino».[50] Sullo *Spectator*, Henry Porter descrisse Morton come «un uomo più interessato ai soldi che alla sopravvivenza della famiglia reale. Come dicono nello Yorkshire, 'si arrapa per un centesimo', e viene ricordato dagli amici del corso di formazione del Mirror Group e dell'Università del Sussex come un socialista dai gusti dozzinali.»[51] Sebbene Max Hastings, nella sua biografia del 2002, *Editor*, abbia avuto il buon senso di ammettere che le sue accuse di invadenza erano infondate, è evidente che l'atteggiamento di sufficienza gioca ancora un ruolo determinante nel suo giudizio sulla credibilità di Morton. «Scartai senza darle peso», scrive, «l'idea che la principessa di Galles potesse avere avuto a che fare con un uomo simile, figurarsi poi raccontargli dei segreti.»[52]

Con la sua tempistica impeccabile, la principessa pianse proprio al momento giusto per zittire i tromboni. In una visita a Merseyside il 12 giugno, fu accolta da migliaia di fan solidali: una donna le si avvicinò per accarezzarle il viso in segno di supporto. Quel tocco gentile fu come un segnale: immediatamente Diana crollò e iniziò a piangere. Le lacrime erano genuine. Nessuno si accorgeva che non si trattava dell'etica professionale dei media o della permalosità dei reali, ma solo del *suo dolore*? Come mi confermò James Colthurst, Diana era così presa dalla sua stessa recita che era onestamente convinta che quando Carlo (e la regina e il principe Filippo) fosse stato costretto a confrontarsi con la nuda verità, non avrebbe provato rabbia, ma rimorso. Era stata rinchiusa nella sua gabbia per così tanto tempo che pensava che questo assordante urlo pubblico avrebbe risolto la questione una volta per tutte. Era il suo schema, la convinzione che un singolo evento vulcanico avrebbe messo le cose a posto definitivamente. Diana non era una stratega. Era una tattica. Non faceva progetti per il giorno dopo.

In realtà, con il libro di Morton Diana aveva « attraversato il Rubicone ». Suo marito era il futuro re, non l'ospite di un talk show in cui venivano messi in piazza tutti i sentimenti. Fino al momento in cui lesse gli estratti, il principe si era attaccato alla vana speranza che i responsabili delle indiscrezioni fossero gli amici di Diana, più che Diana stessa.[53] Dopo la *débâcle* a Jaipur, quando lei scansò il suo bacio, era talmente preoccupato per il suo matrimonio che aveva consultato il principe del foro Lord Goodman, il grande depositario dei segreti dei potenti, riguardo a una possibile separazione. Aveva anche parlato alla regina, che gli aveva consigliato di aspettare altri sei mesi. Le rivelazioni di Morton fecero deragliare quel progetto. Nel mondo del principe, l'infedeltà, soprattutto la sua, era uno dei crimini perdonabili in un matrimonio. Parlare alla stampa non lo era. La vastità di quanto Morton sapeva lo costrinse a prendere coscienza del fatto che il tradimento era stato perpetrato proprio da sua moglie. Il loro matrimonio era a tutti gli effetti naufragato.

Diana incontrò Carlo a Kensington Palace l'8 giugno per discutere, per la prima volta seriamente, dello stato del loro matrimonio. « Ha accettato, ha accettato! » disse a Colthurst subito dopo l'incontro, riferendosi a una separazione. « Non l'ho mai sentita così pimpante », scrisse nel suo diario. « Era fuori di sé dall'eccitazione. »[54]

Ma era la separazione quello che voleva veramente? Fino a quel momento, Diana aveva seguito ciecamente solo l'impellente desiderio di rendere pubblico il suo dolore. Il problema era che Diana non aveva mai veramente pensato alle *conseguenze.* Coltivava l'infantile presunzione che anche i problemi più complessi potessero essere risolti semplicemente facendo presenti i propri desideri. Una separazione per lei significava principalmente libertà, senza rinunciare al titolo di Altezza Reale e ai privilegi, una specie di permesso ad avere incontri galanti senza nascondersi, godendosi i vantaggi del suo status e portando avanti il suo programma senza avere Carlo tra i piedi a tarparle le ali. Non aveva calcolato il potere della disapprovazione reale e le sue conseguenze.

Il 15 giugno, il giorno dopo la pubblicazione del secondo estratto del *Sunday Times* (titolo: HO FATTO DEL MIO MEGLIO), Diana dovette affrontare una brutta discussione con la regina, il principe Filippo e il principe Carlo al castello di Windsor. Diana ne uscì, scrive Colthurst nel suo diario, «totalmente scossa».[55] Una cosa era sfidare l'erede al trono e le gerarchie di palazzo, un'altra essere condotta alla presenza della sovrana e messa di fronte alla piena gravità di quanto aveva fatto. Il duca di Edimburgo la accusò di aver mentito riguardo alla sua collusione con Morton. «Filippo era arrabbiato, infuriato e sgradevole», annotò Colthurst nel suo diario dopo la telefonata di Diana. «Carlo non voleva affrontare con Diana l'argomento della separazione nemmeno quando lei lo esortò a farlo. Se ne stava lì assolutamente ammutolito... Non riusciva a parlare da sé quando erano presenti i suoi genitori. La sua vicinanza fisica non le fece alcun effetto.»[56] La principessa disse a Paul Burrell: «Mama», come lei a volte chiamava la regina, «era sconfortata mentre mi ascoltava. Credo che sia invecchiata di colpo perché tutto quello che facevo era gettarle addosso la mia angoscia».[57] A dire il vero, il suo pianto copioso lasciava perplessa la regina. Filippo chiese a Carlo di spiegare come mai Diana era sconvolta, al che Carlo mostrò quanto fosse diventato sospettoso nei confronti di sua moglie rispondendo esasperato: «Che cosa? Per leggere tutto quanto sui giornali di domani? No, grazie».[58]

Secondo Burrell, Diana disse alla regina e al principe Filippo che lei aveva cercato di comportarsi civilmente con Carlo ma che «si era trovata davanti a un muro e che, a malincuore, riteneva che la separazione fosse l'unica soluzione... Una separazione di prova. Non un divorzio», dice Burrell. «Voleva libertà. Non tagliare i ponti.»[59] Fece anche capire molto chiaramente quanto detestasse Camilla Parker Bowles.

La regina riciclò il suo rimedio preferito, un periodo di sei mesi per sbollire. Non avrebbe accettato una separazione immediata. Secondo Burrell, «sia al principe, sia alla principessa fu detto che dovevano imparare a scendere a compromessi, essere meno egoisti e cercare di affrontare le difficoltà, per il bene della monarchia, dei loro figli, del paese e del popolo.»[60] Filippo, ancora furioso, disse a Diana che sapeva del suo tradimento perché esistevano nastri delle sue discussioni telefoniche con il *Sunday Times* riguardo alla pubblicazione a puntate del libro di Morton. Se non gli credeva, la registrazione le sarebbe stata spedita il giorno successivo.[61]

Diana era confusa. Quello di Filippo era solo un bluff oppure stava ammettendo che era sotto sorveglianza? Forse, nel suo scoppio d'ira, aveva rivelato più di quanto non volesse? A ogni modo non comparve mai nessun nastro. Fellowes disse a Diana il giorno successivo che l'argomento era chiuso.[62] Non è difficile immaginare che qualcuno abbia convinto il principe Filippo a lasciare perdere. (*«Sir, posso ricordarLe che in effetti è illegale registrare altre persone senza il loro consenso?» «E allora? Noi abbiamo forse dato il nostro consenso a Morton?» «Capisco la Sua posizione, Sir, ma la principessa è, come dire, alquanto imprevedibile a questo punto e se decidesse di, come dire, procedere...» «Ah, sì, sì, capisco.»*) La principessa acconsentì a partecipare a una seconda sessione di consulenza matrimoniale con la regina, Filippo e Carlo a

Windsor il giorno dopo. Ma, con sprezzo di ogni canone dell'etichetta, reale o meno, non si fece vedere.[63]

Non stupisce che l'atmosfera fosse gelida nel recinto reale ad Ascot, quella stessa settimana. Naturalmente ci si aspettava che Diana partecipasse. Diana dimostrò notevole sangue freddo lasciando il palazzo nel dubbio sul ruolo che aveva avuto nella pubblicazione del libro: Morton lo rivelò solo dopo la sua morte. Nella processione di ingresso sulla pista Diana sedeva persino nella stessa carrozza della Regina Madre. La principessa Anna diede il suo contributo ai pettegolezzi che già infuriavano invitando come ospite il suo ex amante, un Andrew Parker Bowles dalla studiata convivialità.

« L'atmosfera era terrificante », disse un altro ospite a Robert Lacey. « Non c'era assolutamente nessuno in tutta la famiglia reale che rivolgesse la parola a Diana; la ignoravano completamente. Si raggomitolò in fondo al palco reale a piangere come una fontana. »[64] Stava comunque meglio della duchessa di York. Fergie non era nemmeno stata invitata ad Ascot, pur essendo ancora una star di secondo piano di questa parodia che intratteneva il pubblico con le sue pose, come le buffonate di Bottom nel *Sogno di una notte di mezza estate*. Invece, deliziò la stampa con uno spettacolo collaterale comparendo nella folla come una spettatrice qualunque, tenendo per mano le sue due figlie, la principessa Beatrice e la principessa Eugenia, perché salutassero la « nonnina » con la mano quando la regina passò loro accanto nella sua carrozza senza battere ciglio. Questa scena mostrava in modo fin troppo chiaro cosa significasse essere sulla lista nera dei reali.

Diana, peraltro, si poteva consolare in modi che a Fergie non erano concessi. Mentre la famiglia reale si ritirò nella sua gelida indignazione, ci fu un'ondata di sostegno per Diana da parte del pubblico britannico. Al di fuori delle mura del palazzo fioriva l'idillio. Ben lungi dal ripudiare la loro nuova principessa triste, la trovavano una figura più vicina che mai. Le sue lotte simboleggiavano un viaggio che anche il popolo britannico riteneva di aver condiviso: dall'ingenuità romantica all'amarezza dell'esperienza. Riconoscevano il suo coraggio.

Ammettere il suo cronico disturbo alimentare, in una cultura e in una classe sociale in cui l'apparenza era tutto, fu il più grande atto di coraggio dell'intera vita di Diana. «Le sue vicissitudini ebbero un effetto enorme sui miei pazienti», disse la dottoressa Jill Wellbourne, psichiatra e membro dell'Associazione per i disturbi dell'alimentazione oltre che autrice del libro *The Eating Sickness*. «Una madre aveva rifiutato di parlare della bulimia della figlia. Se ne vergognava tantissimo perché la considerava una malattia che ci si infliggeva da soli. Quando Di la ammise in pubblico, la madre disse alla figlia: 'Oh, guarda, hai la malattia della principessa Diana. Anzi, no, la principessa Diana ha la *tua* malattia'.»[65] Uno studio del 2006 dell'Istituto di psichiatria di Londra mostrò che il numero di casi dichiarati della malattia salì fino a 60.000 nell'anno che seguì la rivelazione della principessa nel 1994. Dopo il picco iniziale, il numero si è quasi dimezzato: un andamento attribuito a un «effetto Diana» che persuase i pazienti a cercare aiuto. Le lettere arrivavano a Kensington a sacchi, ed esprimevano ammirazione per la sua presa di posizione o il dolore di sconosciuti che volevano condividerlo con lei.

La sua battaglia mortale con il cibo conobbe anch'essa una tregua per un certo periodo. L'aver purgato la vecchia fiaba dalla sua marcescente dolcezza aveva fatto provare a Diana un certo qual sollievo psichico. Nei giorni che seguirono la pubblicazione di *Diana: Her True Story*, disse a Colthurst che aveva dormito tutta la notte senza svegliarsi per la prima volta in dieci anni.

La famiglia reale non poteva dire altrettanto. L'impatto del libro non poteva più essere trattato come una questione personale da parte dei Windsor. La reputazione del principe di Galles e la popolarità della stessa monarchia erano in pericolo. Una vignetta sul *Sun* disegnata da Tom Johnson dopo Ascot mostrava la principessa e la Regina Madre che passavano accanto a una folla di persone che agitavano copie di *Diana: Her True Story*. La didascalia recitava: «Mi ricordo che un tempo agitavano bandierine!»[66]

Per limitare i danni, proprio la figura più aggressiva della famiglia si assunse il ruolo di consulente matrimoniale. Quando Diana non si presentò per il secondo «vertice», il duca di Edimburgo iniziò una corrispondenza manoscritta dal tono severo, pur se intesa a fin di bene, che in qualche modo finì in mano a Burrell. «Puoi onestamente guardarti dentro», iniziava Filippo, «e dire che il rapporto di Carlo con Camilla non ha niente a che vedere con il modo in cui ti sei comportata con lui nel vostro matrimonio?» Non proprio quel che si direbbe un approccio conciliatorio. Filippo era mosso da buone intenzioni, ma tradiva uno sconfortante pregiudizio maschilista: sosteneva che Diana avrebbe dovuto essere riconoscente (grazie, mio sire!) del fatto che suo marito aveva, almeno all'inizio, rinunciato alla sua amante. Carlo, le disse Filippo, «aveva fatto un notevole sacrificio» nel tagliare i ponti con Camilla, e la principessa «non aveva apprezzato ciò che aveva fatto».[67] Diana fu talmente indignata che chiese immediatamente una «consulenza legale». Le sue amiche Rosa Monckton e Lucia Flecha de Lima la aiutarono a preparare le lettere di risposta dove rigettava l'accusa di essere stata la causa principale dei suoi problemi coniugali. La replica di Filippo – «Wow! Penso di avere un po' esagerato nella mia ultima lettera!»[68] – fa pensare che abbia provato rispetto per la sua coraggiosa difesa. La corrispondenza si addolcì e Filippo probabilmente si convinse che stava ottenendo qualche risultato. Alcune delle sue otto lettere arrivavano a quattro pagine e terminavano con la frase «Con il più profondo affetto, papà». Un paragrafo le riscaldò il cuore: «Carlo è stato sciocco a rischiare tutto per Camilla, un uomo nella sua posizione. Non ci siamo mai nemmeno sognati che potesse lasciarti per lei. Non riesco a immaginare qualcuno sano di mente che lasci te per Camilla. Una tale possibilità non ci è mai passata per la mente». Le fece piacere anche che, per la prima volta, egli riconoscesse che la sua bulimia era alla base di «schemi comportamentali» dei quali lei non aveva colpa.[69]

Nello scambio epistolare tra Filippo e Diana si percepisce una traccia di elettricità statica. Se Filippo avesse avuto trent'anni di meno, lui e Diana avrebbero potuto avere qualcosa di più di un teso rapporto suocero-nuora. Filippo era virile come la principessa era femminile e non aveva nulla da invidiarle quanto a coraggio. Che alcune delle scintille percepibili tra le righe di queste lettere esprimessero un'inconscia alchimia erotica? Il duca era un ballerino eccezionale, un corteggiatore galante, un libero pensatore. Le donne che lavorano a palazzo, anche adesso, ammettono di trovarlo irresistibile. Il personale a Sandringham e a Balmoral sa che la lista degli invitati alle feste di casa deve comprendere almeno una donna che lui trovi attraente, e la principessa di Galles, ancorché un po' magra, rientrava certamente nella categoria. Un'intesa con Filippo – impercettibile, pericolosa e divertente – sarebbe stata la vendetta perfetta per i sotterfugi di Carlo con Camilla.

Il duca avrebbe potuto insegnare parecchie cose a Diana se solo lei avesse voluto ascoltarlo. Se non altro, Filippo capiva molto bene come doveva essere stato difficile per Diana entrare a far parte della famiglia reale. Aveva provato alcune delle stesse frustrazioni. Come Diana, anche Filippo una volta aveva dovuto lottare contro le eminenze grigie del palazzo. Si dice che fosse stato trattato molto male dai segretari personali della regina dell'epoca, Sir Alan Lascelles e Sir Michael Adeane. Una persona inserita a palazzo disse a Graham Turner: «I vecchi cortigiani ridicolizzavano la sua provenienza, sia in pubblico che in privato. 'È greco? È danese? È tedesco?'»[70] Ma era il lato tedesco di Filippo che più indisponeva Diana. Aveva fatto esperienza della sua informale brutalità teutonica nei rapporti di lui con Carlo. Il divario – generazionale, culturale e comportamentale – era troppo ampio per poter essere colmato. Il duca riteneva che gli elementi che aveva elencato a Diana – i bambini, l'amore per l'opera e un interesse per la filantropia – potessero compensare le profonde carenze emotive del suo matrimonio.

Per Diana, comunque, Filippo era semplicemente l'esecutore della macchina reale. E quello che voleva ottenere la macchina reale era che lei stesse zitta e sparisse. Diana non poteva farlo, nemmeno se avesse voluto: la stampa non glielo avrebbe permesso. Diana sapeva che rischiava la disapprovazione della famiglia reale quando collaborò con Morton, ma aveva seriamente sottovalutato cosa sarebbe successo al suo rapporto con i giornalisti che per anni si erano occupati di lei. Il *Rat Pack* si sentì tradito. La loro ragazza preferita aveva elargito i suoi favori ad altri, concedendo all'ingrato giornalista indipendente Andrew Morton un accesso che ad altri era stato negato. Come dice Amanda Platell, ex caporedattrice del *Sunday Express* e del *Sunday Mirror*: «Quando capimmo che aveva collaborato al libro di Andrew Morton ci sentimmo traditi. Avrebbero comunque divorziato e lei parlava sempre di come proteggere i suoi ragazzi, ma questo avrebbe danneggiato proprio loro. Era incredibilmente machiavellica».[71]

Sotto sotto però i giornalisti reali erano in tripudio. *Diana: Her True Story* era come un jolly per la stampa scandalistica. Le voci e i pettegolezzi sui principi di Galles iniziarono ad autoperpetuarsi. Dopo Morton, la guerra all'interno della coppia alimentò la stampa e la stampa alimentò la guerra. Ingolfò la monarchia. «Il libro di Morton fu un cataclisma per la famiglia reale perché in pratica avallò dieci anni di articoli come quelli che erano stati scritti da James Whitaker, Harry Arnold e altri, compreso Morton stesso», asserì Richard Stott, caporedattore del *Daily Mirror* (1991-1992). «Convalidò tutto quello che era successo nell'ambito della stampa scandalistica.»[72]

A partire dall'estate del 1992, Fleet Street dichiarò aperta la caccia ai Windsor. Il 20 agosto, il *Mirror* spiattellò gli scatti rubati dai paparazzi di Fergie in topless, mentre si faceva succhiare gli alluci dal suo ultimo texano, «l'uomo d'affari» John Bryan, in una villa nel sud della Francia. La duchessa era stata rintracciata da un paparazzo francese che aveva ricevuto una soffiata riguardo al fatto che sarebbe arrivata all'aeroporto di Nizza per recarsi poi in una fattoria isolata vicino a Saint-Tropez. James Whitaker, del *Mirror* era così deliziato quando sparpagliò sul tavolo le 117 fotografie di Fergie che si faceva sbaciucchiare da un americano calvo che divorò una colazione per cinque persone.[73] Il titolo di copertina, I BACI RUBATI DI FERGIE, era strillato in quello che la duchessa di York chiama «lo stile bomba all'idrogeno».[74] L'edizione fece il tutto esaurito talmente in fretta che il giornale fu ristampato in altri 400.000 esemplari per l'edizione delle otto.[75] La povera Fergie era a Balmoral quando la notizia iniziò a circolare. Fu convocata al piano superiore nel salotto della regina, dove Sua Maestà era seduta davanti ai giornali del mattino con un'espressione che non prometteva nulla di buono. Il suo amato rituale di sfogliare una frusciante pila di giornali provenienti da tutti i lati dello spettro politico sorseggiando una tazza di tè stava diventando un vero e proprio martirio quotidiano per la regina d'Inghilterra. Quando Fergie si congedò da Sua Maestà con un profondo inchino sapeva che la sua vita come reale era veramente finita per sempre. Ritornò a Londra con le due figlie. «La attende un lungo e solitario esilio», disse un funzionario di corte al *Daily Express* quel giorno, «e fa freddo là fuori.»[76]

Chi spifferò al paparazzo che Fergie sarebbe stata in quell'isolata villa francese con Bryan? Ci sono coincidenze nella tempistica? L'intima conversazione rubata fra James Gilbey e Diana raggiunse finalmente i mezzi d'informazione tre giorni dopo la bomba mediatica di Fergie. Oggi, mi dicono, Fergie ritiene che sia stata la principessa di Galles a far trapelare le coordinate della duchessa di York in Francia. A parte l'ufficiale addetto alla protezione di Fergie, l'unica persona che sapeva dove stesse andando era Diana. Nonostante tutto quel che era successo, Fergie la considerava ancora una complice. È plausibile che sia stata Diana a passare l'informazione alla stampa. Come sappiamo, non era la prima volta che faceva cose del genere.

Come fecero i nastri Squidgygate ad arrivare finalmente alla stampa è una storia enigmatica quanto la loro origine. Il 23 giugno 1992, Lord Wyatt annotò sul suo diario una conversazione che aveva avuto sulle scale della Camera dei Lord con Lord Hesketh, capogruppo del governo. «Disse: 'È da un po' che Carlo ci dà dentro come un matto con Camilla Parker Bowles'. Io risposi: 'Ci sono delle prove?' Disse: 'Sì, parecchie'. E io: 'E riguardo alla sua [di Diana] relazione con Gilbey e altri?' Rispose: 'Sì, ma non ci sono prove'.»[77] Questo era un problema per le alte sfere, ma tutto si risolse il 20 agosto 1992, quando la mano invisibile che aveva cercato di piazzare il nastro per tutto questo tempo lo infilò sotto la porta di Noel Botham, capo dell'ufficio di Londra del giornale della Florida *National Enquirer*, il giornale americano più simile ai rotocalchi di Fleet Street. Una volta che l'*Enquirer* invase i supermercati d'America con gli estratti esplosivi, il direttore del *Sun*, Kelvin MacKenzie, ebbe finalmente la copertura di cui aveva bisogno e spedì il suo vice, Stuart Higgins, a ripescare il nastro che da due anni raccoglieva polvere nell'armadio a casa. La trascrizione occupò sei pagine intere del *Sun*: una colonna dopo l'altra di grigio testo su un giornale non noto per l'elevato livello di attenzione che richiedeva ai proprio lettori. «Ci giocammo il tutto per tutto e pubblicammo ogni parola del nastro»,[78] disse Higgins. (Con una censura degna di nota: la divagazione di Gilbey sul fatto di toccarsi.) Per ascoltare i veri toni signorili della principessa, il pubblico non aveva che da chiamare la linea telefonica Squidgygate, gentilmente fornita dal *Sun* per trentasei penny al minuto.

Diana era a pezzi. Incastrata come Fergie a Balmoral, dovette ascoltare Patrick Jephson, che era in ferie, mentre le leggeva tutta l'imbarazzante e pruriginosa storia da un telefono a pagamento nel Devon. Ma la cosa fece meno danni di quanto temesse. Poiché il pubblico aveva già saputo da Morton che era una moglie ferita (e che Fergie faceva ben di peggio), un fidanzato in più o in meno non condannava la principessa ai suoi occhi. Jephson si tenne occupato a costruire una fitta agenda di eventi benefici per riabilitarla. I rotocalchi ribattezzarono persino affettuosamente il reggimento reale della principessa di Galles – i Queen's and Royal Hampshires – nel « reggimento di Squidgy ».

Diana era tanto fortunata con la stampa quanto non lo era Carlo. Il « tipo di Liverpool » che si era tenuto stretto il nastro del Camillagate per gli ultimi due anni come curiosità da salotto comprese improvvisamente, dopo l'esplosione dello Squidgygate sul *Sun* il 24, 25 e 26 agosto, che aveva in mano una patata bollente. Offrì il nastro di Camilla all'ufficio di Manchester del *Daily Mirror* in cambio di 30.000 sterline. Il direttore del giornale, Richard Stott, fu così stupito dal suo contenuto scabroso che a tutta prima pensò si trattasse di uno scherzo tratto da *Spitting Image*.[79] Non lo pubblicò immediatamente, perché era riluttante a lanciare il mortaretto del « tampax » in mezzo al campo diplomatico la vigilia del viaggio di Carlo e Diana in Corea del Sud, a ottobre. Il viaggio veniva pubblicizzato dal palazzo come una riconciliazione, ma diventò un prolungato esercizio di astio. L'addetto stampa Dickie Arbiter, arrivato a Seoul prima della coppia reale, ricorda: « La porta dell'aereo si aprì e pensai, 'Oh Dio, ce li siamo giocati'. Non c'era alcun contatto fra loro. Era come se fosse calato un sipario ». Le immagini del principe e della principessa erano così espressive del reciproco disprezzo che si guadagnarono da parte dei rotocalchi il soprannome « I Mesti ». « Davanti al monumento ai caduti, nel cimitero nazionale, Carlo aveva la faccia rugosa come uno shar pei e il volto di Diana era tirato come una statua di ghiaccio », mi disse Arbiter. « Tutti usarono quella fotografia, naturalmente. »[80]

L'11 e il 13 novembre, il *Daily Mirror* pubblicò un intrigante articolo in due parti, CAMILLA IN PRIVATO, utilizzando citazioni dal nastro come dialoghi senza spiegazioni. I titoli delle parti erano più che sufficienti. LA TELEFONATA NOTTURNA SEGRETA DI CARLO e CARLO E LA REGISTRAZIONE DELL'AMORE. Una nuova esclusiva mondiale.

Il 20 novembre un grande incendio al castello di Windsor

ridusse in cenere nove appartamenti di Stato e cento stanze. Alla regina, che durante il fatto era all'interno dell'edificio con il principe Andrea, deve essere sembrato molto di più di un terribile incidente causato da un faretto che aveva incendiato una tenda in una cappella privata al primo piano dell'ala nord-orientale. Windsor era la casa della sua infanzia, il suo ritrovo di famiglia preferito. Il principe Andrea aiutò a organizzare i soccorsi mentre sua madre, sconsolata, guardò il fuoco divorare otto secoli di insostituibile storia. Le telecamere delle televisioni ripresero l'indimenticabile immagine della piccola figura della sovrana con il suo impermeabile e gli stivali di gomma stagliata contro il sinistro bagliore rosso del castello sventrato.

A dimostrare il calo di popolarità, l'annuncio del segretario di Stato per i beni culturali che la nazione avrebbe sostenuto i costi per il restauro del castello, stimati fra i venti e i quaranta milioni di sterline, non fu accolto con rispettosa acquiescenza, ma con un'indignazione di livello nazionale. «Finché il castello sta in piedi, è loro», scrisse Janet Daley sul *Times*. «Ma se va a fuoco, allora è nostro.»[81] In un editoriale del 19 dicembre 1992, il *Daily Telegraph*, nientemeno, arrivò a chiedersi se la monarchia aveva un futuro. «La minaccia più seria... non deriva dai pochi che le sono direttamente ostili, ma dal numero crescente di coloro ai quali è indifferente.»[82] Le settimane di tumulto culminarono nell'accordo in base al quale la Corona, per la prima volta, avrebbe pagato le imposte sul reddito. In effetti l'idea era già in cantiere, una risposta al profumo repubblicano che era nell'aria, ma ora sembrò che la regina si stesse piegando sotto il peso di un altro offensivo linciaggio mediatico. Tradì un raro momento di sentimento (ma pur sempre in latino) il 24 novembre, nel suo discorso al pranzo alla Guildhall di Londra in cui ammise che il 1992 era stato il suo «*annus horribilis*». (ANNO DA SCHIFO PER LA NUMERO UNO, motteggiò il *Sun*.) Le emozioni, per una donna avvezza a non esprimerne, sono raramente collegate all'evento che le fa trasparire. Uno dei consiglieri più vicini alla regina, all'epoca, mi dice che il suo più grande e visibile tormento nel corso dell'*annus horribilis* non fu né l'incendio del castello né il fallimento del matrimonio di suo figlio maggiore, bensì il momento in cui il *Sun* violò la tradizione e pubblicò con due giorni di anticipo il testo riservato del discorso della regina, che sarebbe stato trasmesso a Natale. «Fu la goccia che fece traboccare il vaso», disse il consigliere. «Non conteneva niente di particolarmente riservato, ma ti veniva da pensare: non ci sono più limiti. Era come prendere il regalo di Natale di un bambino e aprirlo davanti a lui tre giorni prima.»[83] Il consulente legale della regina, Matthew Farrer, fu autorizzato a intentare causa per violazione del diritto d'autore, ma il proprietario del *Sun*, Rupert Murdoch, astutamente fece una tempestiva offerta di devolvere 200.000 sterline in beneficenza. A Sua Maestà fu consigliato di accontentarsi. I monarchici dissero che era stata sciupata una grande occasione di castigare la stampa.

Per quanto concerne Diana, che era stata la scintilla della maggior parte delle deflagrazioni di quell'anno, non passò il Natale a Sandringham come d'abitudine. Né andò a Highgrove. Il 9 dicembre 1992, diciannove giorni dopo il grande incendio a Windsor, il primo ministro John Major annunciò la separazione legale dei principi di Galles alla Camera dei deputati. «Le Loro Altezze Reali non prevedono di divorziare», disse, «e le loro posizioni costituzionali restano immutate. Questa decisione è stata presa amichevolmente ed entrambi continueranno a partecipare pienamente all'educazione dei figli. Le Loro Altezze Reali continueranno a svolgere programmi di impegni pubblici separati e, di quando in quando, parteciperanno insieme a occasioni familiari ed eventi nazionali.»[84]

Il personale a Highgrove rimase pietrificato. Sentirono l'annuncio del primo ministro alla televisione. Poco dopo arrivò Jane Strathclyde, del palazzo di St James, e spiegò a ciascuno dei presenti al servizio di quale dei due principi era stato assegnato. A Paul e Maria Burrell, con grande sconforto di Maria, fu detto che sarebbero andati a stare a Londra con la principessa di Galles. Anche Burrell non voleva lasciare Highgrove, sebbene non sia così che «la roccia» ama descrivere i fatti nel suo libro *A Royal Duty*. «Non voleva lavorare per Diana», spiega Dickie Arbiter. «Disse a Richard Aylard che voleva lavorare per il principe di Galles. Aylard gli rispose che Carlo non lo voleva. Quella notte ci fu l'annuale festa natalizia di beneficenza e quando entrai Burrell stava annacquando il suo whisky con le proprie lacrime. Esclamò: 'Mi è stato detto che devo lavorare per la principessa!'»[85] Wendy Berry perse il lavoro, la casa cui aveva diritto e le furono dati sei mesi di paga come liquidazione. Il segretario personale di Diana, Patrick Jephson, avrebbe continuato a lavorare nell'ufficio congiunto dei principi di Galles nel palazzo di St James, mentre il viceaddetto stampa della regina, Geoffrey Crawford, avrebbe tenuto sotto controllo le relazioni pubbliche di Diana lavorando da Buckingham Palace. La principessa sarebbe stata incoraggiata a sviluppare un ruolo pubblico sotto l'egida reale; ovvero, solo con il consenso della regina. Sarebbe andata all'estero in visita ufficiale, ma non come rappresentante della regina. A Diana questa sembrava una buona soluzione. Aveva quello che più le interessava, l'affidamento congiunto dei ragazzi. Aveva lottato per mantenere il titolo di principessa di Galles ed era riuscita a conservarlo. Non si rese conto, allora, che l'accordo era infarcito di trappole. L'annuncio di Major, tanto per cominciare, sottintendendo che la decisione dei principi di separarsi non aveva implicazioni costituzionali, aveva mozzato il respiro a più di un parlamentare. L'idea che una principessa che ormai odiava intensamente e pubblicamente il marito potesse, nell'epoca della copertura mediatica totale, essere incoronata come regina consorte era ovviamente improponibile. Anche Giorgio IV aveva preferito chiudere fuori l'aborrita moglie, la regina Carolina, dall'abbazia di Westminster durante l'incoronazione, piuttosto che infliggere una simile incertezza a se stesso e alla nazione. Inoltre, come era tradizione, il principe Carlo un giorno sarebbe diventato anche capo della Chiesa anglicana. I suoi problemi coniugali non si potevano considerare ininfluenti ai fini di quel sacro compito. L'ex vescovo di Birmingham, il reverendo Hugh Montefiore, rincarò subito la dose. «Sarebbe abominevole per una larga fascia della popolazione inglese», argomentò in un comunicato emesso dalla Chiesa. «Ci si chiederà inevitabilmente se l'arcivescovo, in coscienza, possa incoronarla.»[86]

E poi c'era la cosiddetta indipendenza di Diana. Credeva veramente che il palazzo le avrebbe permesso di creare una corte rivale, una missione globale rivale, un centro di potere rivale che facesse concorrenza all'erede al trono? Come avrebbero funzionato realmente le cose, lo capì già dagli accordi presi per le feste natalizie. Mentre Diana le trascorse con suo fratello e la moglie ad Althorp, i principi William e Harry andarono a Sandringham per Natale e per l'anno nuovo con il padre e con la regina. Ancora riluttante ad accettare la fine del suo matrimonio, Diana si sentì profondamente mortificata quando scoprì che Camilla Parker Bowles avrebbe ricevuto per Natale un collier di diamanti dal principe Carlo, mentre a Diana sarebbe arrivata una collezione di gioielleria di strass di bassa qualità.

Poco tempo dopo, tramite la misteriosa e irrefrenabile rete di divulgazione clandestina degli scandali, i più intimi estratti dei nastri del Camillagate finirono sulle scrivanie dei direttori di giornali di tutto il mondo. A tutt'oggi, la duchessa di Cornovaglia ammette che domenica 17 gennaio 1993, quando la trascrizione integrale fu pubblicata nel Regno Unito, dal *Sunday People* e dal *Sunday Mirror*, fu uno dei giorni peggiori della sua vita. Sotto assedio nella sua casa nel Wiltshire, si sentì abbandonata. Il principe era all'estero e Andrew Parker Bowles era introvabile. Camilla, a volte, doveva strisciare fra i cespugli per raggiungere la porta di casa senza che i giornalisti la scoprissero. Esiste una sua fotografia davanti a Middlewick House con un enorme fazzoletto in testa, una borsa della spesa in mano e tutta l'aria di volerci nascondere la testa dentro.

Per il principe Carlo fu più che imbarazzante. Ne fu annichilito. Un amico intimo, che gli parlò nel fine settimana in cui gli ultimi dettagli del nastro furono rivelati, ricordava: « Fu un momento terribile. Voleva essere preso sul serio, essere rispettato come uomo. Credeva davvero di avere cose importanti da dire. Voleva essere considerato una persona seria. E in sei minuti di conversazione privata che non riguardava nessuno, la sua reputazione era stata rovinata ». Quel che era quasi peggio, fece la figura dell'idiota di fronte a suo padre. Non era così rilevante che Carlo avesse un'amante, ma la sua incapacità di tenere segreto il fatto era un grave errore di forma e di gestione. Il principe Carlo iniziò a parlare cupamente di Mayerling. Solo la Regina Madre poteva farlo desistere dai suoi gravi propositi, incoraggiandolo a dimostrare forza morale. «È una meravigliosa restauratrice di spine dorsali sbriciolate », disse qualcuno della sua cerchia.[87]

Diana stava riflettendo sulla sua nuova vita in qualità di principessa di Galles a mezzo servizio. Era decisa a migliorare le capacità oratorie per il suo ruolo da solista sulla scena mondiale. Peter Settelen, un ex attore di serie televisive riconvertitosi a « consulente nel campo delle comunicazioni », le era stato presentato come insegnante di dizione dalla sua allenatrice Carolan Brown. Nel corso delle loro lezioni private a Kensington Palace, aveva consigliato a Diana di « trovare le sue vere passioni » e confidargliele. Nel settembre del 1992, Diana si lasciò cadere sullo stesso divano del salotto dove Colthurst si era seduto con il suo registratore per Morton, e ricominciò daccapo per la videocamera di Settelen. Mentre il video girava, e continuò a girare fino alla fine del 1993, la principessa si sfogò nuovamente riguardo alla scarsa frequenza della vita sessuale matrimoniale (« Non c'era mai una richiesta in tal senso da parte sua »), ai suoi sentimenti di isolamento e, sì, allo sconvolgimento causato dal disturbo dell'alimentazione. (Settelen si accordò con la NBC negli Stati Uniti per trasmettere i passi più succosi nel 2004.) È come se Diana si fosse assuefatta alla sua stessa vicenda e a questo punto non le interessasse più a chi la raccontava.

Nel gennaio del 1993 Diana lasciò Highgrove per sempre. Si presentò una sera con la sorella Sarah e radunò i suoi effetti personali (e poco più) perché venissero spediti a Kensington Palace. La giovane madre di due figli non aveva proprietà. I gioielli di casa Spencer erano del fratello, quelli che aveva indossato come principessa di Galles appartenevano alla Corona. I due appartamenti comunicanti di Kensington Palace, nei quali aveva abitato con Carlo e che si era rifiutata di lasciare quando il palazzo aveva cercato di rifilarle una residenza più piccola, erano di proprietà della regina.[88] Tutto ciò che portò via da Highgrove, a parte le sue fotografie e qualche soprammobile, furono alcuni disegni a carboncino, cuscini e mobili di scarso valore che si era portata dietro dal suo appartamento di Coleherne Court. Il principe aveva già cominciato a ristrutturare, incaricando Robert Kimes di togliere gli allegri mobili cinzati di Diana e di sostituirli con il palissandro e il mogano per ricreare la sua atmosfera preferita, quella di un nido in stile edoardiano. Mentre Paul Burrell serviva il caffè alla principessa, a gennaio, nel suo salotto di Kensington Palace, Diana scrisse un incoraggiante promemoria per se stessa. Burrell scrive:

«'Autostima', scarabocchiò. Ci mise accanto un segno di spunta. 'Sicurezza.' Segno di spunta. 'Felicità.' Segno di spunta».

L'ultimo elemento della sua lista ebbe conseguenze impreviste. La principessa aveva deciso che non avrebbe più sopportato di essere spiata, il che voleva dire, a meno che non viaggiasse con i figli, rinunciare alla sicurezza della protezione della polizia.

«Poi scrisse 'Polizia': e ci mise accanto una croce.»[89]

Santa e peccatrice

Preparatevi a un'inversione di rotta, ragazzi.
(Diana al suo segretario personale, Patrick Jephson)

Appena separata dal marito, la principessa di Galles cominciò ad amministrare la sua celebrità come fosse un marchio di fabbrica di fama mondiale. La sua vita ormai era consacrata a prendersi cura del marchio «Diana», a promuoverlo e conservarlo.

Il suo ufficio nel palazzo di St James era come il vestibolo di un'agenzia pubblicitaria con due enormi bacheche contenenti articoli e fotografie tratti da riviste che documentavano i suoi trionfi di principessa. Patrick Jephson gestiva le sue campagne di beneficenza, preoccupandosi di mescolare il moderno al tradizionale, l'aspetto culturale a quello umanitario. Ex capitano di corvetta nella Royal Navy e cinque anni più vecchio della principessa, Jephson era stato promosso da ciambellano a segretario personale nel 1991. Era astuto e impassibile e si occupava degli impegni di Diana in modo strategico, mirando a eliminare qualsiasi traccia della principessa *sloane* o, se preferite, della Dynasty Di o dell'amica di Fergie. L'ammirazione per il suo nuovo capo non era priva di scetticismo. Riconosceva che Diana aveva acquisito una grande esperienza nell'utilizzo della filantropia per rafforzare la sua posizione tra la gente e, di conseguenza, il potere sul resto della macchina reale. «La famiglia reale è un connubio sorprendente tra idealismo e indulgenza verso se stessi, tuttavia penso ancora che Diana rappresentasse il lato migliore dell'equazione»,[1] mi disse. A volte si ritrovava ad arginare la tendenza di Diana a essere eccessivamente disponibile nei confronti di tutti coloro che le sottoponevano delle richieste. Tuttavia, se si riusciva a superare Jephson e ad avvicinare la principessa guardandola negli occhi, lei raramente rifiutava. Quando venivano toccate le corde del suo cuore e quando la persona che le faceva una richiesta era legata in qualche modo a qualcuno o a qualcosa di cui lei aveva bisogno, reagiva con una sensibilità istintiva. La vedova del duca di Norfolk, presidente dell'Hospice Movement, disse che Diana era talmente affezionata ai pazienti che, quando questi venivano a mancare, invitava spesso privatamente i loro parenti in lutto a Kensington Palace. Jephson descriveva la «missione» dello staff che lavorava con la principessa «uguale a quella della Disney: rendere felici le persone».[2]

La ristretta squadra di Diana, formata da quattro stacanovisti, conviveva in modo precario nella stessa suite del palazzo di St James con l'ampio entourage del principe, composto da trentacinque persone. Per questioni di privacy, Diana riceveva tutte le autorità che avevano delle richieste da sottoporle nel suo quartier generale non ufficiale di Kensington Palace. Una sfilata di personalità dello showbusiness, presidenti di società filantropiche, leader dei media e politici andavano avanti e indietro dal suo salotto luminoso e pieno di fiori. Personaggi come Elton John, Gianni Versace e Hillary Clinton costituivano ormai il suo nuovo gruppo di amicizie. Se stava per incontrare un'autorità straniera e aveva bisogno di informazioni, poteva telefonare a Henry Kissinger o a James Colthurst. Per i consigli finanziari, non veniva interpellato il contabile delle proprietà della famiglia reale bensì il banchiere, nonché barone di grande stile, Lord Rothschild. La principessa gestiva il suo programma di apparizioni pubbliche come un dinamico amministratore delegato la cui singolare strategia di marketing è il contatto umano. A differenza di molte persone influenti sempre sotto pressione, lei non incaricava il suo segretario personale di disdire gentilmente un impegno già fissato per la settimana successiva perché si era «ricordata» di un altro appuntamento. Un ex funzionario di palazzo raccontava: «Era veloce a capire e molto pratica quando pianificava qualcosa. Faceva domande concrete, come: 'Dove posso cambiarmi?', si ricordava i dettagli e le cose le riuscivano bene. Per lei un accordo era un accordo, a differenza del marito. Poneva domande pratiche, poi diceva 'OK', e si ricordava delle risposte. Adoravamo tutti lavorare con lei. Molto professionale».[3]

Il desiderio di Diana di rendersi utile in tutto il mondo nacque durante un'esperienza catartica. Dopo la sua prima visita all'ospizio di Madre Teresa a Calcutta, nel febbraio 1992, scrisse un appunto sulla carta da lettere goffrata blu di Kensington Palace: «Oggi... ho trovato la direzione che ho cercato per tutti questi anni. Le sorelle hanno cantato per me al mio arrivo, un'esperienza interiore profonda, e il mio spirito si è elevato così tanto... L'emozione che aleggiava in quell'ospedale era molto forte e l'effetto che ha avuto su di me è stato incredibile: mi sono resa conto di quanto volessi e desiderassi ardentemente essere parte di tutto questo a livello mondiale».[4] Quando infine, qualche giorno dopo, incontrò proprio Madre Teresa a Roma, la santa mostrò il suo lato pragmatico, dicendo a Diana: «Tu non potresti fare quello che faccio io, e io non potrei fare quello che fai tu».[5]

L'opera di Diana spianò la strada al fenomeno delle celebrità filantrope degli ultimi anni – benefattori del calibro di Bono, Angelina Jolie, Madonna e George Clooney. Le celebrità che lavorano in questo campo particolare devono sempre dimostrare qualcosa ai loro beneficiari: di non essere solo delle belle facce bramose di mettersi in mostra approfittando degli africani e degli asiatici oppressi. Diana non aveva questo problema. Il suo status di principessa le aveva dato il diritto di non porselo dal momento in cui pronunciò la sua promessa nella cattedrale di St Paul. Quale altra spiegazione avrebbero potuto esserci per le sue opere di beneficenza se non quella ovvia: che faceva sul serio?

Ai suoi sforzi si aggiunse qualcos'altro: la sua storia. «Non avrebbe funzionato se fosse stata solo una grande donna che andava in giro a fare opere buone», disse il suo avvocato Anthony Julius. «Il pathos della sua situazione contribuì a renderla credibile: lo straordinario paradosso di questa bellissima donna che allo stesso tempo era stata rifiutata».[6] Diana sapeva per istinto che nell'età dei media l'invasione della privacy è una fase attraverso cui si deve passare.

Condividi con loro e ti ameranno: questa era l'equazione di Diana. Con le rivelazioni fatte a Morton aveva creato un legame viscerale con milioni di persone. Aveva un fan club, un'associazione femminile. Era diventata la principessa Oprah senza mai essere apparsa nello show sempre più seguito della diva. «Bene, signore, sappiamo tutte come possono essere gli uomini, o no?» Fu così che diede inizio a un dibattito con un gruppo di mogli maltrattate in un centro sociale di Londra nel marzo 1993. Nel suo discorso in aprile, al municipio di Kensington, durante la prima conferenza britannica sui disordini alimentari, fece un passo assolutamente rivoluzionario per un membro della famiglia reale: attinse alla sua esperienza personale. Diana non disse realmente di soffrire di bulimia, ma tutti capirono che era quello il motivo per cui si trovava lì. Quando parlò del disordine alimentare come di «un amico ignobile» e raccontò del modo in cui i «sensi di colpa, la ripugnanza verso se stessi e la scarsa stima personale possono creare un impulso irresistibile a dissolversi come una compressa di aspirina e sparire»,[7] una semplice riunione medica si trasformò in un evento sensazionale. Le sue esperienze di madre diedero nuovo vigore anche alla causa della depressione postparto. A una conferenza sulle donne e la salute mentale organizzata da Turning Point, mostrò di comprendere il «tormento terribile» di quelle donne «continuamente mutilate dalla convinzione di dover esistere solo per il bene degli altri».[8] Il pubblico – al corrente, grazie a Morton, della sua depressione dopo la nascita di

William – capì che la principessa aveva sofferto anche di questo.

I viaggi oltremare furono decisivi per la sua strategia di creare una propria identità indipendente dalla famiglia reale. Con grande disappunto del principe di Galles, capi di Stato e leader stranieri volevano tutti incontrare Diana da sola. Quando andò al Cairo senza Carlo, nel maggio 1992, il presidente Hosni Mubarak pendeva dalle sue labbra. A Parigi, sei mesi dopo, non affascinò solo il pubblico francese, ma anche il raffinato presidente François Mitterrand e sua moglie Danielle, superando le differenze di età e le barriere linguistiche durante un ricevimento animato e allegro che si svolse all'Eliseo. La squadra di Diana non fu del tutto dispiaciuta del fatto che la visita del principe Carlo a Parigi, che seguì di due settimane quella della ex moglie, avesse sollevato un vespaio di polemiche in patria. In quel momento erano in corso trattative commerciali delicate e Carlo, lodando ingenuamente i metodi di coltivazione dei francesi, sembrò schierarsi dalla loro parte.[9]

Per agevolare il suo avanzamento in direzione oltremare, Diana fu abile a ingraziarsi i ministri che potevano esserle d'aiuto. Arrivato al Cairo qualche giorno dopo la principessa, il ministro degli esteri, Douglas Hurd, fu lusingato di trovare sulla sua specchiera all'ambasciata una lunga lettera scritta dalla principessa, in cui gli raccontava di che cosa si era occupata.[10] L'onesto Hurd nelle sue memorie rese una descrizione entusiasta di Diana a un pranzo due giorni dopo l'annuncio della sua separazione nel dicembre 1992. Era dotata, scrisse, « di quel particolare miscuglio di bellezza e fascino che faceva sciogliere gli uomini. I presidenti, i primi ministri e i ministri degli esteri non sapevano nulla di quello che accadeva nella famiglia reale ma erano contenti di crogiolarsi per un'ora o due nel radioso splendore della principessa. »[11] Il ministro degli esteri, profondamente colpito da Diana, non aveva alcuna intenzione di interrompere i rapporti con « Sua Altezza la radiosa ». Scoprì che la principessa non era per nulla interessata alla politica, ma « ansiosa in modo quasi angosciante di continuare le sue visite oltremare con la nostra benedizione... Fui felice, o più esattamente, lusingato nel dargliela.»[12]

E meno male che lo fece. Nel marzo 1993, mentre la stampa trasmetteva immagini del principe Carlo che sciava spensierato a Klosters, Diana era in viaggio verso il montuoso e poverissimo regno del Nepal, accompagnata dalla baronessa Chalker, ministro per lo sviluppo delle colonie inglesi. Il governo conservatore di John Major stava ovviamente prendendo atto del potere travolgente del marchio Diana, che stava creando nuove utili coalizioni tra gli enti di beneficenza. Oltre a fare visita ai lebbrosi e alle famiglie che vivevano in capanne fatiscenti dimenticate da Dio, Diana prendeva parte a discussioni politiche con il primo ministro del Nepal. (Aveva anche una guida d'eccezione: il ventiduenne principe ereditario Dipendra, che aveva studiato a Eton e che nel 2001 avrebbe espresso il suo rifiuto per il protocollo di corte uccidendo nove membri della famiglia reale, per poi suicidarsi durante un pranzo ufficiale.)

A luglio partì per lo Zimbabwe sotto l'egida della Croce Rossa. La regina approvò il viaggio in cambio del consenso di Diana a fingere armonia con Carlo in occasione di una funzione commemorativa per i reduci della Seconda guerra mondiale, nella cattedrale anglicana di Liverpool. Diana fu felice dello scambio. Lo Zimbabwe fu un altro trionfo. Il presidente Robert Mugabe, che ben presto sarebbe diventato un sanguinario dittatore, era così euforico dopo l'incontro con la principessa da esclamare: «Porta un po' di luce nella vostra vita». Ma Diana, con la sua famosa intuizione, confidò a Ken Wharfe di avere trovato Mugabe «un ometto spaventoso» e che non aveva mai smesso di sudare durante tutto il loro incontro.[13] Le prime pagine dei giornali in patria erano costituite da fotografie della principessa nella foresta che distribuiva cibo ai bambini da una pentola di ferro, al Mazerera Feeding Centre. DI THE DINNER LADY, ossia DIANA LA SIGNORA DELLA CENA, la acclamò il *Daily Mail* con un gioco di parole.[14] Si commosse perfino il cinico Ken Wharfe:

«Coloro che ritengono che il lavoro di Diana non sia niente di più che una serie di occasioni per farsi fotografare in posti incantevoli, in giro per il mondo, avrebbero dovuto vedere questa donna sfinita ed esausta che sedeva nel retro dell'elicottero quel giorno e parlava delle scene drammatiche e dolorose di cui era appena stata testimone».[15]

Con il tempo, gli sforzi di Jephson riuscirono nell'intento di mondare l'immagine pubblica della principessa da ogni traccia di superficialità. Persino le testate più importanti iniziarono a cambiare tono. Il *Daily Telegraph* salutò il viaggio come un trionfo: «L'Africa, finora regno indiscusso della regina, ha una nuova paladina».[16] Secondo Lord Rees Mogg, il nuovo potere che Diana si era conquistata con i suoi meriti si poteva leggere nei tratti del suo viso. Non era più soltanto una bella donna. Il suo naso, disse, «esprimeva una volontà ferrea e i suoi occhi grandi avevano uno sguardo deciso. Un viso come quello di Margaret Thatcher, che non esprimeva una bellezza delicata, ma autorità.»[17] Il fascino di Diana ovviamente stava nel non assomigliare per nulla alla signora Thatcher, né alle anonime figure vestite di cashmere che sgobbavano per le stesse cause di beneficenza senza essere notate. Quello dei trent'anni fu il suo periodo di massima seduzione. Lord Rothschild, ad esempio, l'avrebbe istruita volentieri su molte cose che esulavano dallo stato delle sue finanze. «Quanto vorrei avere anche solo una minima speranza con lei», disse Rothschild a Woodrow Wyatt. «Be', allora metticela tutta», rispose Wyatt, «ma ti avverto: non le piace il sesso.»[18] (Wyatt non poteva sbagliarsi di più.)

Il carisma di Diana e la sua rinnovata importanza per gli inglesi spaventava di nuovo a morte il marito, da cui era separata, e gli altri parenti acquisiti. Si era pensato che, senza Carlo, la reputazione di Diana si sarebbe ridimensionata, facendola tornare al punto di partenza. Il suo nome fu cancellato dai bollettini ufficiali del palazzo e non venne più invitata al Royal Ascot. Il segretario privato del principe, Richard Aylard, disse a Patrick Jephson che «bisognava trovare il modo di chiuderla in una scatola sicura, dove potesse sfogarsi senza fare danni».[19]

La bionda discendente di quegli ostinati progressisti dai capelli rossi non aveva alcuna intenzione di fargli questo favore. Inoltre, le sembrava tutto ancora più stimolante di come lo aveva immaginato nella sua spavalderia del periodo precedente la separazione. La realtà era che, con tutta quell'acclamazione mondiale, si era pericolosamente esposta.

Sentiva la gelida aria di disapprovazione all'interno dei vecchi circoli di corte e i pettegolezzi maligni che si diffondevano attraverso le contee. Sospettava che le vibrazioni negative provenissero dall'entourage di Robert Fellowes, oltre che da quello di Carlo. La squadra del principe era impegnata a sabotare qualunque cosa potesse metterlo in ombra. Patrick Jephson trascorse gran parte del suo tempo cercando di «spremere i limoni fino all'ultima goccia». Quando Diana perse il diritto di utilizzare l'aereo della regina per i viaggi all'estero, lui fece da intermediario in un accordo con Richard Branson, fondatore del gruppo Virgin, affinché la principessa diventasse la prima cliente reale della Virgin Atlantic dando alla compagnia aerea il permesso di battezzare il suo primo Airbus «Lady in Red».[20]

Gli avversari non smisero mai di provare a «rinchiuderla in una scatola». La BBC vide nella principessa di Galles una candidata autorevole per tenere la prestigiosa conferenza di Dimbleby di quell'anno, ma il progetto sfumò improvvisamente, a detta di Jephson, «a causa di un commento polemico piazzato ad arte sui giornali del paese».[21] Anche i progetti di un viaggio in Africa per portare avanti il successo dello Zimbabwe vennero sospesi frettolosamente, così come un viaggio già programmato con la Croce Rossa in Bangladesh. «Qualcuno, da qualche parte, era deciso a far sì che la principessa di Galles non oscurasse più 'il resto della famiglia reale'», osservò tristemente il fotografo Arthur Edwards.[22] Nel marzo 1993, l'IRA uccise due bambini in un attentato dinamitardo a Warrington, nel Lancashire. Diana era ansiosa di partire immediatamente per offrire la propria solidarietà alle vittime di entrambe le parti dell'intricata questione irlandese, con le quali aveva stabilito un primo contatto in occasione della sua tanto acclamata passeggiata del 1992 nella zona di guerra di Belfast's Falls Road. Buckingham Palace si oppose.[23] Al suo posto venne mandato il principe di Galles in persona. Il piano di sabotaggio andava avanti. Nel maggio 1994, Diana volle andare al funerale di John Smith, leader del partito d'opposizione, il partito laburista, morto improvvisamente per un attacco di cuore all'età di cinquantacinque anni. Il palazzo glielo vietò.

Niente di tutto ciò doveva sorprendere. Il libro di Morton era stato come una molotov lanciata contro la famiglia Windsor. Ora il palazzo si stava vendicando con una serie di azioni di una bassezza inaudita. Diana iniziò a capire cosa aveva perso insieme al rispetto e alla protezione dell'efficiente macchina di palazzo: qualsiasi fossero i suoi punti deboli, poteva diventare crudele quando qualcuno si metteva contro di lei. Questo alimentò la rabbia di Diana nei confronti del principe Carlo. L'incapacità di amarla non solo aveva rovinato la sua felicità privata, ma stava anche minacciando la sua soddisfazione professionale. E dire che avrebbe potuto essere una regina meravigliosa! Adesso era una principessa senza regno e si sentiva come un ex presidente della IBM lasciato a casa a giocherellare con la propria home page su Internet.

La sua stessa famiglia non le era d'aiuto, o almeno così le sembrava. Avrebbe voluto rimettere a posto il padiglione nel parco di Althorp per farne un rifugio per il weekend; il suo decoratore, Dudley Poplak, aveva già scelto la combinazione di colori. I ragazzi adoravano i fine settimana in campagna dove andavano a caccia e a cavallo con il padre. Fino a quando non le venne quest'idea di Althorp, il fatto di non poter offrire ai figli gli stessi svaghi la turbava. Il padiglione avrebbe avuto l'ulteriore vantaggio di far conoscere a William e Harry la loro eredità Spencer. Ma nell'aprile 1993 suo fratello minore, che godeva già del titolo di 9° conte Spencer di Althorp e dei diritti di primogenitura che ne conseguivano, rifiutò l'accordo. Aveva le sue ragioni. Il padiglione non era in grado di fornire la necessaria protezione e non aveva nessuna voglia che la sua giovane famiglia venisse disturbata da guardoni invadenti.[24] Le offrì altre case nella proprietà, ma Diana si era innamorata del padiglione, un gioiello palladiano che era stato affittato per un po' di tempo a Peter O'Toole. «Se tu affittassi una casa colonica [fuori dal parco], sarebbe fantastico»,[25] scrisse il conte alla sorella delusa. Lei inviò una risposta fortemente amareggiata. La busta tornò indietro senza essere stata nemmeno aperta. Alla fine, le tensioni tra i due fratelli portarono il giovane conte a chiedere alla sorella di restituire il diadema degli Spencer che aveva indossato in occasione del suo matrimonio.

I personaggi viscidi che gareggiavano tra loro per contendersi il favore della Corona iniziavano a serrare i ranghi. Suo marito aveva qualcosa di più sicuro rispetto alla notorietà data dai media: era il futuro re di Inghilterra.

«O si stava da una parte o si stava dall'altra», disse Lord Palumbo. «Non si poteva stare da entrambe le parti… e la tendenza era chiaramente quella di separare i due personaggi al centro della scena… e in questi casi la guerra è spietata... estremamente sgradevole, complessa e molto amara.»[26] Palumbo, una persona molto influente nel mondo culturale nonché imprenditore edile, aveva giocato a polo con il principe fino a quando, in uno dei suoi commenti schietti sull'architettura, il principe chiamò l'apprezzata e postmoderna City of London di Palumbo «un grosso pezzo di vetro». La moglie di Palumbo, Hayat, elegante quanto Audrey Hepburn, era un'amica della principessa, che invitava spesso sul suo yacht, *Drumbeat*, e a trascorrere dei weekend in campagna nella loro proprietà di Newbury. «Diana fu senza dubbio ostracizzata da molte persone dell'alta società dopo il fallimento pubblico del suo matrimonio con Carlo», mi disse. «Un mattino, mentre ci trovavamo davanti alla vetrina di un negozio in Walton Street, ci imbattemmo in un'amica del principe. Eravamo faccia a faccia con lei davanti alla vetrina e la donna ebbe l'accortezza di salutare, al che Diana disse: 'È un buon segno, pensa che non mi parla da sette mesi'. »[27]

Le donne che fin dall'inizio hanno faticato per entrare nella società londinese sono meno attaccate all'establishment. Lady Palumbo è la figlia di un editore libanese e ha studiato all'American University di Beirut e alla Sorbona. Era solo una delle tante amiche sofisticate e madri sostitutive di Diana che avevano tutte una cosa in comune: non erano nate in Gran Bretagna. Fra tutte, l'amicizia più duratura fu quella con Lucia Flecha de Lima, la minuta moglie dai capelli corvini dell'ambasciatore brasiliano a Londra, che Diana conobbe durante un viaggio reale in Brasile nel 1991 – cordiale, espansiva, leale, nonna già tre volte. Aveva il tempo e la pazienza di ascoltare le lunghe lamentele di Diana.

C'era molto più colore tra queste donne nate altrove piuttosto che tra le restie donne di corte che facevano parte dei circoli di palazzo. La stessa Diana adesso era una donna di mondo, reduce da almeno tre relazioni extraconiugali, con molti viaggi alle spalle, matura, madre di due ragazzi. Hayat Palumbo e Lucia Flecha de Lima spingevano sempre Diana a coltivare la propria istruzione. Come Jephson, pensavano che potesse convocare tutte le menti del mondo accademico perché la aiutassero ad acquisire fiducia nelle sue possibilità intellettuali. «Era una ragazza intelligente, ma si trattava di un'intelligenza da coltivare. Lucia le suggeriva sempre di continuare a studiare. Diana diceva, 'Lo farò, lo farò'. Ma non voleva mai dedicare tempo allo studio. »[28]

Un vero peccato. Senza risorse intellettuali a cui ricorrere, Diana era sola. I pranzi con le amiche non potevano sostituire l'amore. Iniziò a essere ossessionata dall'idea di incarnare unicamente un oggetto sessuale, un trofeo. Il suo consulente finanziario, Joseph Sanders, ha sottolineato che Diana sospettava, a torto, che persino l'amicizia dimostratale da Richard Branson non fosse del tutto disinteressata.[29] Questo non sorprende: persino la fazione del principe Carlo riconobbe il suo fascino. Il portavoce della regina, Dickie Arbiter, mi disse con candore nostalgico: «Tutti avremmo desiderato strapparle via le mutandine».[30] A farle compagnia c'era sempre quello che lei chiamava «Il gadget», un minuscolo vibratore che qualcuno dello staff le aveva comprato per scherzo a Parigi.[31]

Diana rientrava a casa entusiasta dopo una delle tante brillanti serate di gala, oppure addolorata da un faticoso incontro con i malati terminali, e non c'era nessuno con cui condividere l'esperienza. Quando non aveva inviti ufficiali spesso gironzolava a vuoto, come conferma l'americana Marguerite Littman, esponente dell'alta società che si occupava di raccogliere fondi. «Una sera Diana mi chiamò e chiese: 'Cosa stai facendo?' 'Sto proiettando il film *Philadelphia* per alcuni amici intimi'. Lei disse: 'Non mi hai invitato'. Io risposi: 'Si tratta solo di una proiezione per pochi intimi in una piccola sala di Soho'.»[32] Diana faceva i salti di gioia all'idea di raggiungerla. Ken Wharfe confermò la cosa. «L'immagine che la gente ha di Kensington Palace è quella di un posto in cui si incontrano domestici e giullari di corte dappertutto e dove c'è sempre confusione, ma alle 17.30 il maggiordomo, il responsabile delle pulizie e l'addetto all'abbigliamento vanno a casa. È il luogo più solitario del mondo»,[33] disse.

In quel momento, era particolarmente desolato. Il principe Harry aveva raggiunto William a Ludgrove, nel Berkshire, nel 1992, e per assurdo la giovane Diana era rimasta da sola, il nido si era svuotato. Le mancava il conforto delle novità quotidiane dei figli e il loro amore incondizionato. Per anni i suoi programmi erano stati costruiti intorno ai loro; senza di loro, era tremendamente libera. «Odio il silenzio di questa casa», disse a Paul Burrell, che adesso si era trasferito lì da Highgrove per farle da maggiordomo.[34] Sandra Horley, l'amministratore delegato della Refuge, ricorda che Diana scoppiò in lacrime quando un bambino in un istituto le diede un biglietto di auguri per il compleanno di Harry. «A volte interrompeva una visita per precipitarsi a Ludgrove – 'una scusa per vederli', diceva.» Quando Diana dovette lasciare William e Harry a Carlo il giorno di Natale del 1993, a

Sandringham, con la famiglia reale riunita, la separazione le confermò la realtà che i suoi figli sarebbero stati sempre e soprattutto dei Windsor. La loro madre tornò a Kensington Palace e trascorse il pranzo di Natale da sola. Poi pianse durante tutto il viaggio in aereo per Washington dove avrebbe alloggiato all'ambasciata brasiliana con i Flecha de Lima. «Ero così depressa», disse in seguito. «Viveva e respirava per i figli, significavano tutto per lei. Erano la sua vita», disse la signora Horley.

E se li avesse persi? Il destino di sua madre la tormentava. Dividere con il marito i weekend da trascorrere con i ragazzi, quando tornavano a casa dal collegio, voleva dire vederli anche meno di prima. Ebbe un assaggio di quello che aveva sopportato Frances. Nonostante tutto, Diana rimase costantemente innamorata di Carlo – più precisamente, innamorata dell'idea di amare Carlo. L'antico sogno non realizzato la perseguitava. Se ne rendeva conto più chiaramente ora che era maturata. Capiva meglio le pressioni della vita formale di lui. Aveva imparato a occuparsi del paese, non delle residenze in campagna. Apprezzava di più quello che lui aveva raggiunto con il suo status di principe. Prima di tutto, c'era l'amore che condividevano per William e Harry. Diana voleva disperatamente altri figli – con lui. Patrick Jephson crede che, se non fosse stato per il rifiuto di Camilla di farsi da parte, il matrimonio avrebbe potuto essere salvato con una tregua provvisoria, che con il tempo si sarebbe trasformata in una pace negoziata e definitiva. Quando il principe e la principessa finsero di essere una coppia unita a Liverpool, per accontentare la regina, Diana fece uno sforzo sincero e Carlo reagì in modo cauto. Vedere la coppia reale sorridere e ridere nella tempesta di vento diede l'impressione commovente di una tregua civile.[35]

Diana ora si rese conto che, parlando di Camilla a Morton, aveva fatto involontariamente un favore alla sua rivale. La rivelazione unì ancora di più Camilla al principe. Ora i due si sentirono liberi di rendere meno clandestina una relazione ormai ufficiosa. Come mostrarono le registrazioni del

Camillagate, i numerosi anni di pratica avevano reso Carlo e la sua amante spietatamente efficienti nell'organizzare una rete di amici fidati che li coprissero. In teoria, Diana avrebbe potuto fare la stessa cosa, ma era sottoposta a una spietata sorveglianza. E poi c'era anche la cara vecchia doppia morale: essendo una donna, ci si aspettava ora che mantenesse la sua aura di virtù.

In una conversazione con la principessa, lo storico Paul Johnson le offrì una lista di cose da fare e da non fare dopo la separazione. Al secondo posto sulla lista di Johnson, dopo « Smettere di parlare con la stampa », c'era « Niente sesso ». Quella, le disse Johnson, era una cosa con cui avrebbe dovuto fare i conti: « Altre donne tenevano le gambe chiuse; lo doveva al suo pubblico ». Per quanto condividesse il punto di vista di Diana, che sentiva di essere stata trattata ingiustamente, disse che il sesso non le faceva bene. « Non faceva bene alla sua immagine e così via, e le dissi che se percepiva tutto ciò come una rinuncia, be', tanto peggio per lei. »[36]

Ma perché avrebbe dovuto comportarsi così? Sarebbe stato un grosso problema per la generazione riservata della Regina Madre, ma era forse diverso per una meravigliosa bionda degli anni '90 che avrebbe presto divorziato? Non del tutto, purtroppo. « La sua celebrità era un tale peso, non poteva mai affrontare i problemi tranquillamente come noi. Doveva soppesarli da ogni punto di vista: cosa avrebbero potuto pensare i reali, in che modo avrebbe influito sulla sua notorietà, sul favore che le accordava la stampa, sulla guerra con Carlo. Noi decidiamo semplicemente di fare delle cose. Lei doveva ponderare le conseguenze con la regina, con Carlo, con tutti »,[37] disse Lady Palumbo. Sotto gli occhi indiscreti dell'entourage del marito e lo sguardo della cronaca dei giornali, c'erano poche probabilità che Diana trovasse una nuova incarnazione del suo principe azzurro. Come al solito, si rivolse all'uomo sbagliato.

Fu una cosa follemente autodistruttiva. Nell'autunno del 1992 Diana aveva iniziato a innamorarsi di Oliver Hoare, quarantasettenne sposato. Alto un metro e ottanta, un dongiovanni con i capelli arruffati, commerciava arte islamica ed era, dal punto di vista intellettuale, migliore degli altri uomini di Diana, laureato sia alla Sorbona che a Eton. Parte del suo fascino trasgressivo stava nel fatto che fosse un caro amico di Carlo. L'idillio amoroso iniziò quando Hoare si offrì di fare da tramite per una possibile riconciliazione dei principi di Galles. Ma finì lui stesso a letto con la principessa, come in una sapiente rivisitazione del *Der Rosenkavalier*. La difficoltà non consisteva solo nel fatto che Hoare era sposato e aveva due figli, ma che sua moglie era ricca. Diane de Waldner Hoare, un'aristocratica francese erede di un patrimonio nel campo petrolifero, contibuiva a finanziare la galleria d'arte di Oliver. Questo voleva dire che, nonostante regolari scappatelle e promesse di non ricaderci, Hoare non se ne sarebbe mai andato di casa. Un'altra amica disse: «Oliver era un ragazzaccio, la ingannò».[38]

L'autista di Hoare, Barry Hodge, affermò che la principessa telefonava al suo amante sposato almeno venti volte al giorno mentre lui si trovava in macchina e che Hoare spegneva il cellulare di nascosto ogni volta che la moglie viaggiava con lui sul sedile posteriore. «Era una guerra. Diane Hoare non è una stupida e fiuta la presenza di un'altra donna a un miglio di distanza.»[39] La principessa sognava di sposare Hoare, trasferirsi in Italia e costruirsi una seconda famiglia. La sua determinazione a spingerlo a lasciare la moglie era forte quanto la lotta che aveva intrapreso contro Raine e Camilla. «Diana aveva un cuore meraviglioso, ma era molto possessiva», disse Lady Bowker. «Se amava qualcuno, pretendeva che lasciasse tutto, anche i figli. La sua possessività spaventava gli uomini. Ogni cosa diventava un dramma.»[40] È assolutamente vero. La casa degli Hoare iniziò a essere assillata da decine e decine di telefonate, alcune addirittura verso mezzanotte, durante le quali, se qualcuno rispondeva, si sentiva un lungo, struggente silenzio e quindi il segnale di linea libera. La signora Hoare era preoccupata (o fingeva di esserlo) che le chiamate fossero opera di terroristi islamici che avevano rintracciato Oliver grazie alla sua galleria. Sollecitava il marito a parlarne con la polizia, mettendolo in grave imbarazzo. Nel gennaio 1994, un intercettatore telefonico di Scotland Yard localizzò rapidamente quattro linee fisse usate dal «terrorista»: tre erano a Kensington Palace «registrate a nome dell'ufficio di Sua Altezza Reale il principe di Galles» e una nella casa della sorella di Diana, Sarah McCorquodale; un'altra chiamata proveniva dal cellulare di Diana; alcune dai telefoni pubblici di Kensington e Notting Hill. Scotland Yard informò con discrezione il capo della Royal Protection Squad (la squadra di protezione reale), che intimò a Diana di smettere. La principessa ammise con il suo confidente, Joseph Sanders, che di tanto in tanto usciva la sera per telefonare da apparecchi pubblici, travestita in vari modi e indossando i guanti per non lasciare le sue impronte digitali. Sanders esplose. «Come si fa a comportarsi in modo tanto sciocco e a pensare di passarla liscia!» le disse. La chiamò il giorno seguente per scusarsi della sua insolenza. Diana rise. «Oh, non fa niente. Quelli del palazzo mi sgridano continuamente.»[41] Ma, in effetti, pensava davvero di averla fatta franca.

Diana stava vivendo ancora una volta in un mondo fatto di segreti. Forse erano il corollario necessario alla sua vita in uno spettacolo dalle luci intermittenti. La noncuranza nei confronti della propria sicurezza personale spaventava Ken Wharfe. Durante una settimana bianca con i figli nel marzo 1993, all'hotel Arlberg di Lech, evitò le guardie del corpo notturne saltando in un cumulo di neve dal balcone, a sei metri da terra. Non scoperta, rimase fuori tutta la notte, molto probabilmente con Hoare, anche se Ken Wharfe non ne fu mai del tutto certo.[42] Era una cosa inquietante. Diana stava diventando fisicamente, e sessualmente, spericolata.

Grazie al suo allenamento giornaliero con Carolan Brown, era più in forma che mai e quello che rimaneva della ragazza alta e dinoccolata veniva ora rimpiazzato dalla fierezza di poter sfoggiare una figura armoniosa e ben scolpita. Adorava mostrare il suo nuovo fisico. All'Harbour Club di Chelsea, dove faceva esercizio tutte le mattine, amoreggiò in modo scandaloso con il virile capitano di rugby della squadra inglese, Will Carling, anche se di lì a tre mesi lui avrebbe sposato la presentatrice televisiva Julia Smith. Dopo il matrimonio di Carling e Julia nel giugno 1994, la principessa continuò a chiedergli consigli riguardo ai propri allenamenti. Fu la rivisitazione dell'episodio Hewitt e delle lezioni di equitazione, con l'eccezione che Diana, adesso, era cresciuta e sprecava meno tempo. William e Harry furono portati a Twickenham, la sede del rugby inglese, per presenziare a un allenamento di Carling, esattamente come avevano dovuto indossare l'uniforme dell'esercito per far visita a Hewitt alla caserma di Kensington. Nel 1994 Carling rimase felicemente sconcertato dall'invito a Kensington Palace per un drink; ma i cocktail erano solo l'inizio. «Per tutto il tempo ho avuto davanti al naso tutte quelle fotografie di famiglia. Era una cosa da pazzi», disse a un amico. Per evitare di essere scoperti dalla stampa o dalla moglie di Carling, a volte rimandavano l'incontro al pomeriggio all'Eleven Cadogan Gardens, un piccolo hotel privato nascosto dietro Sloane Street, nel quartiere di Chelsea, dove Diana arrivava passando dall'ingresso della cucina e veniva accompagnata di sopra dove trovava Carling ad attenderla.[43]

Rischiare in questo modo sapendo di essere sotto stretta sorveglianza equivaleva a giocare al gatto e al topo con i media. I rapporti con coloro che avevano contribuito a creare la sua fama si erano trasformati in una relazione amorosa che implicava sofferenze orribili, un alternarsi di dipendenza e scontri. Da un lato, era esperta nel concedere immagini straordinarie per enfatizzare il successo delle sue missioni di beneficenza o per segnare un punto su Carlo (e spesso contro di lui). I fotografi ricevevano delle soffiate quando c'era la possibilità di scattare fotografie di Diana con i ragazzi a Disney World, in Florida o nei parchi di divertimento di

Thorpe Park e Alton Towers, che mostravano quanto fosse una brava madre.

Dall'altro lato, non riusciva ad accettare le ripercussioni della sua celebrità. Diana voleva imporre dei confini che i fotografi tuttavia non rispettavano. Dal momento in cui si separò da Carlo, i gruppi di fotografi, tutti quasi esclusivamente uomini, iniziarono a trattarla senza alcun rispetto, come una diva da quattro soldi. I «paparazzi», come si faceva chiamare questa nuova stirpe di lavoratori freelance, erano pronti a fare cose che scandalizzavano persino i vecchi gruppi di giornalisti d'assalto: tendevano imboscate, insultavano, corrompevano, erano dei mosconi fastidiosi, mentivano e sfrecciavano a centotrenta chilometri orari noncuranti dei semafori rossi, impegnati in inseguimenti automobilistici che ricordavano il film *French Connection*. Più si guarda alla realtà di quello che Diana dovette sopportare dai paparazzi, più la loro giustificazione – «Se l'è cercata» – suona come la vecchia scusa che da sempre accompagna gli stupri.

La realtà è ben raccontata in un libro illustrato poco conosciuto, *Dicing With Di*, scritto da due paparazzi con la faccia da schiaffi, Mark Saunders e Glenn Harvey. È chiaramente descritta la crudeltà con cui la principessa veniva pedinata, che è causa di turbamento e fonte di riflessione al tempo stesso; e si racconta di come i suoi vani tentativi di reagire venissero etichettati come «gli stupidi attacchi di Lady Di».[44]

«A volte uno stupido attacco era una reazione di Diana nei confronti di un fotografo per costringerlo a spostarsi. Altre volte scappava a gambe levate, creando grande scompiglio tra i fotografi che cercavano di raggiungerla. La cosa peggiore erano le sue sceneggiate drammatiche, quando stava immobile, con gli occhi pieni di lacrime, la testa china, come a dare una lezione silenziosa.»[45]

Gli eroi di *Dicing With Di* descrivono allegramente il pomeriggio dell'agosto 1993 in cui tesero un'imboscata a Diana, quando la principessa aveva portato i suoi figli a vedere *Jurassic Park* all'Odeon Leicester Square. Non mostrarono alcun rispetto per il fatto che Diana era stata da poco, con il principe Carlo, al funerale di sua nonna Ruth, Lady Fermoy, nella chiesa di St Margaret a King's Lynn, un avvenimento ricco di emozione e ricordi dolorosi. Ruth non si era mai veramente ripresa dopo il libro di Morton e non aveva più parlato con Diana da allora, ma nelle settimane precedenti la sua morte Diana si rappacificò con la donna che aveva deluso così profondamente e le chiese perdono. In quella malinconica giornata di pioggia estiva, la Regina Madre si era avvicinata lentamente e con risolutezza al posto che, da viva, Lady Fermoy occupava in chiesa, per piangere la morte di colei che era stata una delle sue più care amiche. Adesso, la vita quotidiana di Diana stava perdendo tutta quella conformità alla dignità reale che Ruth aveva faticato così tanto a raggiungere. Per Diana deve essere stato insopportabile vedere i paparazzi che le si piazzarono davanti, dopo quello che era successo, mentre cercava di rilassarsi con i figli al cinema. Si rivolse ai fotografi fuori di sé dalla collera, secondo Glenn Harvey. «I suoi occhi erano puntati su di noi e a un certo punto lanciò un urlo come fosse una bestia selvaggia… 'Rendete la mia vita un inferno', gridò. 'Rendete la mia vita un inferno'… le vene del collo erano ingrossate e il viso deformato dalla collera… quindi corse verso la macchina che la aspettava, ancora piangendo di rabbia.» Il *Daily Mirror* si unì allo spasso il giorno successivo con una vignetta che ritraeva Diana come un dinosauro giurassico, intenta a travolgere con i suoi lunghi artigli due cameraman che arretravano impauriti, sotto lo sguardo dei figli presumibilmente divertiti. «Wow, mamma», recitava la didascalia, «sei meglio del film.»[46]

Diana in difficoltà era sempre una garanzia di successo per la stampa. I paparazzi aspettavano come iene fuori dalla casa di Hampstead, di proprietà della psicoterapeuta americana femminista Susie Orbach, autrice di un saggio di successo intitolato *Fat is a Feminist Issue*, che aveva iniziato a incontrare Diana durante la primavera del 1993 in seguito alla ricomparsa della bulimia. Se la principessa teneva la testa chinata quando usciva, loro urlavano «Puttanella!» per farla piangere e scattare fotografie più adatte al pettegolezzo.[47] Quando si nascose il volto mentre saliva su un taxi, un fotografo spagnolo gridò: «Perché non alzi la testa e non inizi a comportarti come una fottuta principessa?»[48]

I paparazzi non mostrano rimorso quando ammettono di avere preso alla leggera le sue suppliche e proteste. Glenn Harvey racconta di come Diana invocasse privacy per William e Harry: «I vostri obiettivi puntati sono molto avvilenti, davvero molto avvilenti... i ragazzi li trovano così avvilenti». Poi, con una ghignatina maliziosa aggiunge: «Avvilenti. Diana aveva imparato una parola nuova quel giorno».[49] Harvey e Saunders premettono: «Non accettiamo accuse di molestia, ingerenza o invasione della privacy».[50] Ma il loro libro pullula di descrizioni orgogliose di quegli stessi episodi. Harvey precisa che non era al corrente del fatto che Diana avesse appena ricevuto la notizia della morte del padre, quel giorno del 1992 in cui la fotografò mentre si affacciava al balcone dell'hotel di Lech. Corse fuori sconvolta, singhiozzando, «NO, NO, NO, NO, NO, NO, NO, NO, NON ADESSO!» Harvey confessa di avere provato dei «sensi di colpa» quando gli venne detto il motivo per cui Diana era così turbata. Era talmente affranto che vendette ogni singolo scatto.[51]

Se la condotta dei paparazzi era imperdonabile, anche l'atteggiamento di Diana era contraddittorio, visto che aveva tanto a cuore la propria privacy. Il paradosso era che la privacy che cercava finiva per essere una costrizione. Quando non era fuori a fare la «principessa del popolo», rimaneva nella sua gabbia, chiedendosi cosa fare di tutta quell'energia e di quel carisma che trovavano sfogo solo nell'adulazione degli altri. Questo può spiegare perché a volte sembrava sfidare la buona sorte. Per esempio lasciando il discreto e vicino Chelsea Harbour Club, dove si allenava, per frequentare una palestra chiamata «LA Fitness», un posto totalmente fuori mano a Twickenham e descritto dalla rivista *Time Out* come «la palestra meno intima di Londra», il cui slogan era

«Un posto dove non ci si nasconde». Probabilmente ciò che la spinse ad andarvi fu la voce che i clienti abituali potevano ascoltare «musica da cardiopalma», qualunque cosa significasse. Diana avrebbe potuto farsi installare a Kensington Palace qualsiasi attrezzatura ginnica desiderasse o, in alternativa, si sarebbe potuta allenare nella palestra di Buckingham Palace che veniva utilizzata raramente e solo da un gruppetto di domestici sudati. Geoffrey Robertson, che rappresentò la palestra nell'azione legale che seguì, ritiene che Diana volesse «impressionare la gente comune: il sogno di tutti i reali. Inoltre, quando era lì, era innegabile l'eccitazione che si percepiva nell'aria.»[52] L'attrezzo per le gambe della Cybex, che la principessa prediligeva, non era sistemato lontano da sguardi indiscreti, nel retro della palestra; si trovava di fronte a un'ampia vetrata che dava su un piazzale. I ragazzi che se ne stavano lì davanti con il naso schiacciato sul vetro potevano vedere Sua Altezza la principessa di Galles mentre si allenava sfoggiando una serie di canottierine sexy, perizoma, calzoncini corti aderenti e calzamaglia tagliata.

Inizialmente nessuno la infastidiva, ma il proprietario della LA Fitness, un neozelandese ambiguo di nome Bryce Taylor, mise presto fine a questo idillio. Le fotografie di Diana che arrivava e se ne andava non erano abbastanza. Come tutti quei miserabili appartenenti alla categoria dei servitori delle celebrità che vogliono vivere di luce riflessa, Taylor intravide nel fatto di avere la principessa come cliente l'opportunità di trasformare tutta quell'euforia in un business. Con un piccolo aiuto da parte del *Sunday Mirror* e la promessa di un assegno da 250.000 sterline, Taylor comprò una telecamera Leica supersilenziosa, la nascose dietro il controsoffitto sopra l'attrezzo per le gambe che usava Diana, poi si sedette nel suo ufficio e, premendo una manopola di gomma che mandava il segnale di azionamento attraverso un cavo pneumatico lungo 25 metri, realizzò lo scoop più sensazionale del secolo.

Com'erano cambiate le cose. Un tempo, quando era una giovane maestra d'asilo, Diana era arrossita guardando le fotografie che la ritraevano con il sole alle spalle e la gonna di cotone lasciava intravedere la sagoma delle sue gambe. Adesso lei – e 2,7 milioni di lettori del *Sunday Mirror* – vedevano immagini della principessa di Galles con le gambe divaricate, sbattute su ben nove pagine, con il titolo: COSA SI PROVA A SPIARE DI.[53] Diana era così inorridita che, in modo assolutamente inusuale per un membro della famiglia reale, intraprese immediatamente una causa legale per violazione della privacy, una sfera legislativa piena di ambiguità la cui unica funzione sembrava essere quella di gonfiare le tasche degli avvocati. Nonostante fosse avventata, la sua follia veniva sempre bilanciata dalla capacità di mantenere la calma quando qualcosa andava storto. In questo caso, stava facendo una mossa intelligente. Solo per il fatto di ricorrere alle vie legali avrebbe guadagnato punti con la regina e con il principe Filippo, il quale era particolarmente entusiasta di punire «le canaglie», come lui chiamava la stampa scandalistica. E anche se avesse perso, avrebbe incoraggiato le interrogazioni in parlamento per porre rimedio alle scappatoie della legge. Ormai era una *pasionaria* del disegno di legge sulla privacy.

L'avvocato di Diana, Anthony Julius, ottenne dalla Corte suprema un'ingiunzione affinché le fotografie compromettenti non venissero più pubblicate.[54] Gli editori temevano che un episodio così rilevante potesse far scattare la scintilla per l'approvazione della legge sulla privacy tanto a lungo contrastata. Ma quando a Bryce Taylor, sotto assistenza legale, venne assegnato il temibile Geoffrey Robertson, Diana si ritrovò esposta al rischio di un controinterrogatorio che minacciava di far venire alla luce la sua responsabilità nell'aver consentito ad Andrew Morton di violare completamente la privacy di suo marito. La stessa regina era preoccupata per le conseguenze della frenesia crescente dei media nei confronti di un membro della famiglia reale. Con un'abilissima manovra, un gruppo di amici, a quanto pare capitanati da Lord Palumbo, si organizzarono per dare a Taylor 600.000 sterline, a patto che cedesse i negativi delle fotografie, si scusasse e non facesse parola con nessuno del pagamento. Passò alla storia come la vittoria di Lady Di, nonostante fosse la prima volta nella storia del mondo legale che un imputato uscisse dal tribunale con più soldi in tasca rispetto al querelante. Ma questo non era importante, la cosa importante era che i titoli di apertura dei giornali fossero positivi.[55]

Quando alloggiò a Martha's Vineyard, nell'agosto 1994, un amico dell'editrice del *Washington Post*, Katharine Graham chiese a Diana se avesse mai giocato d'azzardo. «Non con le carte, ma con la vita»,[56] rispose. Alzava la posta ogni giorno. Pensava che la separazione da Carlo l'avrebbe riportata a una romantica normalità. Adesso si rendeva conto di avere barattato l'isolamento della principessa nella torre con la prigione della notorietà. La dissonanza tra la sua vita privata e quella pubblica era assolutamente destabilizzante. Essere famosi nel modo in cui lo era Diana genera la spiacevole sensazione di aver smarrito la propria identità. Mentre il mondo encomiava la sua straordinarietà, lei si sentiva di avere il «cervello di una gallina», senza attitudini particolari e incapace di attrarre il suo stesso marito.

L'uomo d'affari americano Teddy Forstmann, socio fondatore di un fondo privato di investimento in titoli azionari, era una persona sempre pronta a offrire conforto. Diana era seduta accanto a lui durante una cena formale a casa di Lord Rothschild, la settimana di Wimbledon nel 1994. Il cinquantasettenne era celibe e sicuro di sé, con una corporatura atletica, una voce da baritono e un appariscente ciuffo di capelli che gli ricadeva sulla fronte, qualità che lo collocavano nella sezione «Senza speranza, ma mai metterci una mano sul fuoco» di un elenco di scapoli redatto dalla rivista *Quest* nel 1995.[57] Continuò a spedire fiori a Diana tutte le settimane, per tre anni.

«Era così infelice», sostiene Forstmann. «Posso dirvi questo. Diana voleva assolutamente un uomo nella sua vita. Davvero. A livello affettivo era ancora molto legata alla famiglia reale. Conviveva con una sensazione di rifiuto talmente intensa che, quando aveva a che fare con gli uomini, spesso fraintendeva le cose saltando in fretta a conclusioni sbagliate. Oliver Hoare non la trattò bene... questi uomini viscidi la usavano e basta. Se dovessi riassumere tutto in una frase, direi che lei fu una bravissima madre, ma molto severa con se stessa.»[58]

In occasione del loro primo appuntamento, Forstmann portò Diana a Marlow, vicino a Windsor, per una cenetta intima al Compleat Angler, un hotel che si affaccia sul Tamigi. «Siamo lì seduti a guardare l'acqua del Tamigi e io le chiedo: 'Cosa desidera mangiare?' Lei risponde: 'Scelga lei per me'. Allora prendo il menu per scegliere un piatto, e cerco i miei occhiali in tasca, ma non li trovo. Allora allontano il menu dagli occhi tenendolo leggermente spostato sulla destra e a un certo punto lei mi dice: 'Possiamo ordinare?', e io di rimando: 'Ha fame?', e lei: 'No, ma ho paura che lei dia fuoco al ristorante'... Ero talmente ipnotizzato dalla sua bellezza, che avevo avvicinato troppo il menu alla candela e stava bruciando.»[59] Diana si fece delle illusioni riguardo a Forstmann, per un certo periodo. «È una storia vera quella secondo cui Diana credeva che dovessimo sposarci, che io mi dovessi candidare alla presidenza e che lei potesse diventare First Lady»,[60] mi confidò.

Ma il sogno di diventare regina in un altro paese non teneva conto del fatto che un uomo come Forstmann non avrebbe mai potuto essere il principe delle favole. Diana cercava un marito che fosse sicuro di sé, ricco e abbastanza potente da proteggerla dalla stampa e da Buckingham Palace; ma uomini di potere come Forstmann cercano una moglie che sia il loro equivalente femminile: bellissima, brillante, sessualmente dotata, di grandi ambizioni e allo stesso tempo influenzabile, poco esigente e pienamente disponibile a viaggiare all'estero. «La storia d'amore non spiccò mai il volo», mi disse. «Fummo buoni amici per tre anni; era meglio così.» Nonostante questo, fin dal primo weekend in cui la invitò a uscire, Forstmann poté avere un assaggio di quanto fosse pericoloso essere intimi della principessa con la sua reputazione. Stava portando a termine uno dei suoi più grossi affari, l'acquisto dell'impero editoriale informatico di Ziff

Davis per 1,4 miliardi di sterline, quando venne immediatamente sommerso da una pubblicità imbarazzante. « Mi faccio in quattro tutta la settimana e l'*Evening Standard* non ha nient'altro da dire di me se non che 'L'amico di Diana ha una settimana molto impegnata'? » disse a Marcie Brenner all'epoca. « Come faccio a fermare questi pettegolezzi? »[61]

Forstmann trovava che Diana fosse ossessionata dalla sensazione di essere spiata. « Aveva tutte le sue teorie su chi stesse tentando di intercettarla. Erano poche le persone di cui si poteva fidare. »[62] Divenne sempre più paranoica. Iniziò persino a sospettare della lealtà del devoto Ken Wharfe. I loro rapporti si fecero più tesi dopo l'episodio LA Fitness. Wharfe si era sempre opposto al fatto che lei si recasse in quel luogo e sospettò che Diana avesse collaborato alla storia delle fotografie per inscenare uno scontro di alto livello con la stampa. « Perché mai Diana era completamente truccata alle 6.50 del mattino per andare ad allenarsi? » mi domandò. Aveva trovato irritante il modo in cui lei metteva a repentaglio la sua stessa sicurezza. Aveva imparato a convivere con la sua incostanza. « Preparatevi a un'inversione di rotta, ragazzi », diceva lei.[63] Ma Wharfe non era più disposto a farlo. Durante una giornata di shopping, Diana si infuriò quando lui le fece notare che aveva parcheggiato in divieto, in Kensington High Street. « Sei un poliziotto. Trova tu una soluzione », gli disse mentre si dirigeva a comprare dei CD.[64] Wharfe adorava Diana, ma aveva visto troppi colleghi finire male. Diede le dimissioni nel novembre 1993 e gli vennero assegnati altri incarichi. La principessa, a chi le domandava cosa pensasse a questo riguardo, si mostrava profondamente delusa. Ma, come scrive Jephson, il suo motto era: « Quando una cosa è chiusa, è chiusa per sempre ».

Allontanò chiunque avesse una qualche connessione con il libro di Morton. Era talmente frastornata dalla polemica, che adesso negava la sua responsabilità persino a se stessa. Il primo a essere escluso fu proprio Andrew Morton. Per metterci una pietra sopra, Diana strinse amicizia con un uomo che faceva parte del gruppo di giornalisti d'assalto durante il viaggio in Nepal e che aveva quei lineamenti da ragazzino tipici degli uomini che piacevano a Diana: Richard Kay del *Daily Mail*. Su istruzioni di Diana, Kay scrisse che quest'ultima aveva scaricato i vecchi amici James Gilbey, Carolyn Bartholomew e Angela Serota perché era «furiosa... per ciò che le era parsa una profonda dimostrazione di slealtà da parte di chi aveva collaborato con Andrew Morton.»[65] I tagli di Diana nei confronti di una serie di persone si fecero sempre più numerosi, da quel momento in poi. «La frase 'Elimina qualcuno dalla lista dei biglietti di Natale' non è mai stata più appropriata», disse un conoscente esiliato.[66]

Vivienne Parry, che aveva lavorato a stretto contatto con lei a Birthright, conferma: «Non c'era un amico con cui non avesse litigato una volta o l'altra. Penso che fosse dovuto in parte al fatto che era piuttosto esigente nei confronti delle persone che le erano molto vicine e reagiva veramente male alle critiche».[67] James Colthurst continuò a essere amico della principessa fino alla fine del 1995, dopo essersi definitivamente arreso in seguito a una discussione con Diana riguardo a William, che si era iscritto a Eton a settembre. Disse a Diana che si stava facendo vedere troppo spesso a scuola e che in questo modo metteva in imbarazzo il figlio tredicenne, una cosa pesante da sentire per una madre. «A meno che una madre non fosse vedova, non era appropriato che andasse a trovarlo senza il padre o al suo posto», mi spiegò Colthurst. «Anch'io ero stato a Eton e le dissi che non doveva andarci addirittura tre volte la settimana. Si arrabbiò molto e riattaccò. Allora pensai che ne avevo abbastanza. Ero stato subissato dalle sue telefonate per tre anni e questo era troppo.»[68]

La fiducia di Diana nella perenne disponibilità dell'amico al telefono era come una dipendenza. Si portava in giro nientemeno che quattro cellulari alla volta, distribuendo nuovi numeri alle persone che dovevano raggiungerla. Era una vera patita delle suonerie polifoniche. Le amicizie terminavano sempre con l'improvviso cambio di numero. Forstmann divenne uno dei suoi «muri del pianto» telefonici. «Ricevevo spesso le sue telefonate alla vigilia di Natale quando si sentiva sola», racconta. «Quando parlavamo, il discorso si concentrava tutto sulle strategie. Su quale fosse la prossima mossa. Era depressa a causa di Camilla. E poi c'era questa guerra con la famiglia reale e lei voleva capire cosa fare per affrontarla. Odiava il principe Filippo.»[69]

Quando gli amici non erano a sua disposizione si poteva sempre rivolgere allo zoo di terapisti New Age e consolatori professionali. Una chiassosa processione di astrologi, sensitivi, cartomanti e grafologi portavano con sé a Kensington Palace i loro temi astrali e le loro sfere di cristallo. «Diana si trovava alla mercé di tutti questi sensitivi pazzi», mi disse Ken Wharfe. «Mara Berni la guardava in modo malinconico e le diceva 'Oh, Diana, ho fatto questo strano sogno su di te la scorsa notte. Oggi devi fare attenzione'.»[70]

Tutto questo ispirò alla fazione del principe una serie di canzoni che avevano per argomento la principessa pazza, ma l'ironia del loro scherno venne catturata dalla vignetta di un tabloid che mostrava il principe di Galles intento a dire con aria solenne alle sue pianticelle: «Certamente non ho bisogno di raccontarvi quanto io sia preoccupato per lo stato mentale di mia moglie». I reali di vecchio stampo si alteravano in modo più riservato e decoroso. Un membro dello staff del principe Carlo disse che erano terrorizzati dal pellegrinaggio al monte Athos, nella Grecia settentrionale, che l'erede al trono compiva ogni anno per andare a parlare con i monaci ortodossi. Era possibile che rientrasse dal viaggio radicalmente contrario allo studio sulle cellule staminali o alla nanotecnologia in quanto «interferiscono con l'ordine naturale delle cose».[71] (Essendo nato nel punto più alto della scala gerarchica, Carlo è leggermente fissato con l'ordine naturale delle cose.)

In materia di ricerca della spiritualità, la principessa non aveva un orientamento preciso, proprio come suo marito, con la differenza che, nel suo caso, le guide non erano i monaci del monte Athos, Carl Jung o Laurens van der Post. Si trattava di Simone Simmons, la guaritrice di Hendon che utilizza l'energia elettromagnetica, fumatrice accanita dalla voce rauca. O di Stephen Twigg, ex commercialista e venditore di automobili usate, il quale si prendeva il merito di averla curata dalla bulimia e adesso le offriva una «terapia olistica» e intense sessioni di massaggio.[72] O ancora, verso la fine degli anni '90, di Jack Temple, sedicente «guaritore» omeopatico che faceva oscillare un pendolino sul corpo per individuare i «blocchi di energia».[73] Il metodo con cui Temple cercava di fare riacquistare la serenità alla principessa consisteva nel portare Diana fuori dal XX secolo, indietro nel tempo, attraverso l'energia delle pietre che venivano attaccate al suo corpo, oppure nel farla sedere in mezzo a un cerchio di pietre, costruito intorno a lei, per ricaricare la sua energia.[74]

«È sempre stata pazza o lo è diventata per via della situazione?» si chiedeva David Puttnam in modo retorico. «Andò fuori di testa perché il principe Carlo non la amava, più semplice di così.»[75]

Prima di dicembre, grazie alla terapia – o, alcuni direbbero, proprio a causa di questa – Diana prese una di quelle decisioni irrazionali che credeva le avrebbe cambiato la vita. Sentendosi ancora tradita dalle fotografie in palestra e istigata da Peter Settelen, che voleva vedere in azione la sua allieva, parlò a Jephson dell'intenzione di tenere un importante discorso pubblico nel quale avrebbe annunciato il suo ritiro pressoché assoluto dalla vita pubblica. Pensava che si potesse far calare il sipario, come a teatro, fino al momento in cui non si fosse sentita pronta per un nuovo spettacolo. Il fatto che volesse annunciarlo pubblicamente era una contraddizione che, a quanto si dice, la regina stessa, messa al corrente della cosa, trovò ridicola. Per Sua Maestà non era altro che la conferma che Diana non aveva mai assimilato la prima regola fondamentale della famiglia reale, cioè che quando esci di lì ti porti dietro il tuo fardello fino alla fine dei tuoi giorni. La principessa non avrebbe potuto semplicemente ridurre i suoi impegni con uno stratagemma ben architettato? Era davvero necessario indossare le tristi vesti del «canto del cigno»? Ma la verità è che Diana era veramente esausta, troppo piena di impegni, sfinita dalle manovre difensive contro l'ufficio di Carlo, disperata dopo la sua infelice relazione con Oliver Hoare, delusa dall'allontanamento di Ken Wharfe e stremata non solo dai media, ma anche dalla sua dipendenza da essi: una forza negativa quanto la sua ricorrente bulimia.

Jephson voleva che il discorso di Diana assumesse dei toni di verità e riconciliazione, desiderava che Diana si assicurasse la vittoria morale perdonando pubblicamente suo marito. Ma le ferite di Diana erano troppo profonde perché fosse in grado di farlo. Al contrario, la parte divertente del suo discorso di congedo sarebbe stata infastidire Carlo, come ammise lei stessa in seguito: «Credo fermamente che bisogna sempre disorientare il nemico... e il nemico era l'ufficio di mio marito».[76] Fece esplodere la bomba il 3 dicembre 1993, durante un pranzo all'hotel Hilton a favore della Headway National Injuries Association: «Nei prossimi mesi cercherò un modo per conciliare un ruolo pubblico di spicco con, mi auguro, una vita privata più riservata. Spero che dentro ai vostri cuori possiate capirmi e mi concediate quel tempo e quello spazio che mi sono mancati negli ultimi anni...»[77] Quando tornò a sedere scoppiò in lacrime.

Nel corso di quest'anno tormentato, Carlo trovò conforto tra le braccia di Camilla. Diana si consolò con la bontà delle sue amiche e con l'appoggio degli estranei. Anche quando i problemi aumentarono, le persone non dimenticarono le sue tante azioni caritatevoli e continuarono a vederla come una risposta ai loro problemi. Nel maggio 1994, al culmine della dolorosa storia con Hoare, intraprese un viaggio personale a Parigi che avrebbe finito per incoraggiarla a riprendere una vita pubblica più piena. Le sue compagne di viaggio erano due care amiche, Lucia Flecha de Lima e Hayat Palumbo. Era una domenica mattina, mi raccontò Lady Palumbo e Diana, che stava per tornare a Londra dopo un weekend di svago, non era di buon umore. La aspettava una serata deprimente: lungo il tragitto dall'aeroporto a Londra si sarebbe fermata a trovare un amico in ospedale e poi avrebbe raggiunto il suo solitario appartamento di Kensington Palace (i figli erano con Carlo a Highgrove). Per rincuorare Diana prima che si lasciassero, le due amiche avevano organizzato una mattinata interessante: una visita alle bellezze della città e un pranzo pomeridiano da Dalloyou, in rue du Faubourg Saint-Honoré. Sulla strada, però, Lucia si volle fermare alla chiesa di Santa Rita, sulla riva sinistra nel 15° arrondissement, per recitare un voto. «Diana non aveva voglia e io nemmeno, ma Lucia voleva disperatamente fare questa cosa», raccontò Lady Palumbo. «Così dicemmo: 'Ok, noi restiamo in macchina mentre tu entri'. Ma Lucia non usciva più, così decidemmo di entrare per trascinarla fuori. C'era una folla di colf filippine e spagnole che stavano recitando le loro preghiere. Lucia era proprio all'ingresso, completamente assorta. Diana disse: 'Usciamo', ma non appena se ne andò quelle donne si resero conto di chi avevano davanti e si gettarono sul pavimento. Era la prima domenica di maggio e loro si avvicinarono a Diana dicendo 'Madame, Madame, noi stiamo dalla sua parte'. Ed è sorprendente il modo in cui l'umore di Diana cambiò. Questa ragazza, che era stata di pessimo umore fino a pochi minuti prima, improvvisamente entrò in totale empatia con quelle donne. E fu così deliziosa con loro, tirando fuori le poche parole francesi che conosceva. Era semplicemente *radiosa*, circondata da quelle donne nella chiesa. Fuori dal cancello, noi stavamo in piedi vicino alla macchina con le guardie del corpo. Lei indossava abiti molto semplici, un paio di pantaloni, gioielli poco appariscenti. Inizialmente fui sorpresa e successivamente commossa dal grande affetto che la gente dimostrava nei suoi confronti, dal modo in cui quelle donne cercavano di toccarla come se fosse la Vergine Maria. Entrò in una comunicazione del tutto naturale con loro. Durò circa un quarto d'ora. Le teneva per mano, le guardava attentamente negli occhi e cercava di rispondere in francese. Cominciarono a porgerle dei fiori e lei li raccolse tutti. In macchina, era molto silenziosa, molto pensierosa.»[78]

Quando le tre amiche si diressero verso Notre-Dame, Diana fu nuovamente riconosciuta e circondata dalla folla. Ma era una folla diversa: non donne umili in cerca di sostegno, ma turisti che la fissavano e tentavano di immortalarla con le loro macchine fotografiche, come se avessero catturato una preda celebre. «Fu un'esperienza terribile e ce ne andammo in fretta»,[79] ricordò Lady Palumbo. La serenità di Diana era andata in pezzi.

La bestia torna all'attacco

Vada davanti alle telecamere e dica a tutti che la principessa è una bugiarda.

(Rupert Murdoch a Piers Morgan, redattore di *News of the World*, agosto 1994)

Nessun altro fattore si rivelò più cruciale, per il divorzio del principe e della principessa di Galles, della loro decisione di coinvolgere i media. I quotidiani erano stati testimoni del matrimonio reale; la televisione fece da intermediario nel divorzio del secolo. Senza Andrew Morton e il *Sunday Times,* il principe Carlo non avrebbe mai acconsentito a rilasciare l'intervista fatale a Jonathan Dimbleby della BBC. Senza quest'ultimo, forse, Diana non avrebbe mai pianificato la sua vendetta accettando di rilasciare una sconvolgente e decisiva intervista a Martin Bashir per *Panorama.* E le interviste finirono per intrappolare i due protagonisti reali in una strada senza uscita.

Perché Carlo acconsentì all'intervista di Dimbleby? Per la stessa ragione per cui i personaggi pubblici cadono sempre in questo genere di trappole: la convinzione di poter in qualche modo risolvere le cose una volta per tutte. Nel caso di Carlo, il fattore scatenante fu il desiderio irresistibile di fornire la propria versione dei fatti dopo tutte le calunnie che aveva dovuto subire da Diana; l'esigenza di « riaffermare la propria dignità». Avrebbe potuto, e dovuto, semplicemente lasciar perdere. Dopo tutto, era il futuro re d'Inghilterra. In un'epoca dominata dai media, la sua era una delle pochissime professioni che aveva «un futuro garantito» in termini di popolarità. L'esempio di sua sorella avrebbe dovuto essere istruttivo. Meno Anna si concedeva ai media, più la sua credibilità aumentava: mostrando di non aver bisogno dell'approvazione del pubblico, la principessa reale lentamente si accattivò il pieno favore del popolo. Il desiderio di Carlo di essere «capito» è sempre stata la sua debolezza: egli pensava che se veniva capito, sarebbe anche stato amato. Il progetto di Dimbleby, che prevedeva un documentario e una biografia autorizzata firmata da uno dei più illustri giornalisti della BBC, rappresentava la pietra angolare di un'offensiva di relazioni pubbliche d'ampio respiro, lanciata in occasione del venticinquesimo anniversario dell'investitura di Carlo come principe di Galles. La nuova politica del principe era la seguente: rendersi disponibile a impegni a breve termine per dimostrare al mondo che era sensibile quanto la sua ex moglie. Annunciò l'intenzione di abbandonare il polo (un ottimo pretesto per allontanare il suo manager, il padre di Fergie, il cui coinvolgimento in uno scandalo legato ad alcune «ragazze squillo» aveva ulteriormente aggravato il pessimo karma reale). Un amico del principe informò strategicamente il *Sun* del fatto che Carlo avrebbe impiegato la nuova fetta di tempo libero per stare un po' di più con i ragazzi durante le vacanze estive.[1] Che carino.

Non è difficile comprendere perché Carlo fu entusiasta dell'idea del serioso e arruffato Dimbleby. Pur essendo azzardata, questa decisione aveva una sua coerenza. A Carlo Dimbleby piaceva proprio per le ragioni che lo rendevano un soggetto pericoloso. Nessuno poteva sostenere che fosse un leccapiedi. Era un intervistatore polemico e si mostrava critico nei confronti dell'establishment. Inoltre, era il figlio del leggendario Richard Dimbleby. Jonathan Dimbleby è il membro di una dinastia mediatica, proprio come Carlo è l'erede di una dinastia reale. Dimbleby, come Carlo, è un convinto ambientalista; possiede persino un'azienda di prodotti biologici nei pressi di Bath. Carlo iniziò i suoi colloqui con Dimbleby nell'estate del 1992, quando non si era ancora del tutto ripreso dal caso Morton. I due uomini intrattenevano lunghe conversazioni filosofiche durante le loro passeggiate a Highgrove. Il principe, inizialmente scettico, cominciò a fidarsi e acconsentì a mostrare al giornalista quelle che Dimbleby stesso definisce «molte delle migliaia di lettere che il principe scrive con assiduità sin dall'infanzia»[2] – pagine e pagine dei suoi voluminosi diari. Inoltre, Carlo autorizzò anche i suoi amici più intimi e alcuni «parenti» a collaborare al progetto. Per farla breve: tante, troppe informazioni. Ecco un'altra cosa che il principe e la principessa avevano in comune: erano entrambi accecati dalla loro condizione privilegiata e quindi incapaci di valutare una decisione da prospettive diverse dalla propria.

Dickie Arbiter, il «grillo parlante» dell'ufficio stampa di Buckingham Palace, inizialmente aveva pensato di realizzare per il venticinquesimo anniversario un film poco spettacolare e sostanzialmente innocuo. Era in procinto di avviare questo progetto quando il segretario personale del principe, il comandante Richard Aylard, gli disse: «Il principe ha deciso che vuole qualcosa di diverso: Dimbleby! Cosa ne pensa?» Arbiter gli rispose: «Penso che sia un'idiozia. Non farà altro che evidenziare i suoi errori e le sue debolezze». Ma Aylard, leccapiedi fin nel midollo, replicò: «È il volere del principe». «Resta comunque un'idiozia», ribatté Arbiter.[3]

Un consigliere di fiducia del principe chiese un parere anche a Max Hastings, amico personale di Carlo nonché caporedattore del *Daily Telegraph,* quotidiano dichiaratamente a favore della Corona. «È una follia totale», rispose Hastings. «Il pubblico è interessato a una cosa sola, ovvero al suo matrimonio. Le conseguenze saranno catastrofiche.» «Ma dobbiamo pur fare *qualcosa*», replicò il consigliere e Hastings gli disse: «È un errore colossale pensare che questa faccenda sia una specie di guerra pubblica che può essere combattuta con gli strumenti delle pubbliche relazioni».[4]

L'intervista televisiva sarebbe stata trasmessa in giugno, prima dell'uscita del libro. Questo fu un altro errore, poiché il volume di ben seicento pagine, che uscì in ottobre, fu pubblicato troppo tardi per chiarire gli eventuali equivoci sollevati dall'intervista. Diana, dal canto suo, temeva le conseguenze di entrambi. Sapeva bene che questa sarebbe stata la replica ufficiale di Carlo alla sua intervista con Morton.

Carlo: l'uomo, il personaggio pubblico fu mandato in onda il 29 giugno del 1994. Il documentario fu preceduto da una notizia che molti spettatori avrebbero interpretato come una metafora: poche ore prima, un jet privato della flotta della regina pilotato da Carlo aveva mancato la pista di atterraggio a Islay nelle isole Ebridi e si era impantanato in una palude.[5]

Dimbleby mantenne la parola e concesse al principe un tempo sufficiente per mostrare al pubblico i suoi meriti come filantropo e diplomatico. Il ritratto di Carlo era commovente: lo mostrava mentre tentava goffamente di intavolare una conversazione con un gruppo di bambini disagiati, ospiti di un campo estivo della sua associazione di beneficenza, o mentre cercava di comunicare con gli inquilini di un complesso residenziale crollato a Birmingham. Altre immagini mostravano il principe di Galles in una tenda beduina ai margini del deserto arabico, intento a bere latte di cammella da una tazza di plastica; e poi in Messico, mentre guardava con sospetto un piatto di agnello stracotto. «Quando devo assaggiare qualche piatto del genere ho sempre paura che contenga del chili; questo sarebbe in grado di rovinarmi tutta la giornata», spiegava il principe. In un'altra sequenza, Carlo passeggiava per le Highland scozzesi in compagnia dei figli William e Harry, un'evidente smentita del ritratto di padre assente e senza cuore che la «congiura» Morton/Diana aveva messo in circolazione.

Il «Carlo» di Dimbleby era il principe che conoscono i suoi amici: un uomo bonario dall'aria un po' trasognata, dotato di una grande autoironia e di idee stravaganti. Si disse convinto che le Forze armate britanniche avrebbero dovuto essere trasformate in un esercito mercenario internazionale;

una di quelle proposte per cui non ci si può non rallegrare del fatto che l'epoca dei re per diritto divino sia ormai morta e sepolta. In netto contrasto con il giuramento recitato durante la sua investitura, dichiarò di considerarsi « un difensore della fede in generale e non di *una* fede in particolare »,[6] scatenando una vera e propria tempesta in seno alla Chiesa anglicana, che si protrasse per diverse settimane. Ma quasi nessuno se ne accorse.

Un solo argomento interessava alla gente, proprio come avevano temuto Arbiter e Hastings: quasi tutte le domande riguardavano il matrimonio del principe. Verso la fine dell'intervista, Dimbleby, seduto accanto a Carlo su un divano rivestito in chintz a Highgrove, gli chiese se, dopo aver sposato Lady Diana Spencer nel 1981, fosse sempre stato « fedele e onesto » nei confronti della moglie. « Certo, assolutamente », replicò il principe. Poi aggiunse, dandosi la zappa sui piedi: « Almeno fino a quando, nonostante i nostri sforzi, non giungemmo a una rottura insanabile ».

Bingo! Ecco il nuovo titolo che tutte le testate avrebbero pubblicato a caratteri cubitali: CARLO: HO TRADITO DIANA, la conferma ufficiale, pronunciata dalle labbra del diretto interessato, che smascherava tutte le menzogne che il palazzo aveva raccontato alla stampa per anni.

Dimbleby non perse tempo e avanzò subito un'ipotesi sull'eventuale motivo della « rottura »: « È stato infedele a sua moglie fin dall'inizio per via della relazione con Camilla Parker Bowles, ed è stata questa, quindi, la causa della frattura all'interno del vostro matrimonio? »

Le lunghe ore di preparazione con Aylard e Arbiter, evidentemente, avevano indotto il principe solo a desiderare di alleggerirsi la coscienza con la seguente confessione:

« Allora, il problema è, capisce, che queste cose – ebbene, come ho detto in precedenza – sono molto personali e, vede, è piuttosto difficile trovare il modo di parlarne in pubblico, e non credo che sarebbero disposti a farlo in molti. Insomma, ecco, tutto quello che posso dire è che si specula così tanto sull'argomento che ogni cosa viene enormemente ingigantita. Ma tutto ciò che posso dire è che, uhm, la maggior parte di queste speculazioni non contiene nemmeno un briciolo di verità. La signora Parker Bowles è una mia cara amica, ma io ho una grossa cerchia di amici. Mi ritengo molto fortunato ad avere così tanti amici, sono persone meravigliose che arricchiscono immensamente la mia vita, senza di loro sarebbe intollerabile. Io e Camilla siamo amici da molto tempo e, come gli altri, anche lei continuerà a essere mia amica per molto tempo ancora. E sono convinto che la maggior parte delle persone capisca, si renda conto che, quando un matrimonio entra in crisi, per quanto sia una cosa spaventosa e triste, molto spesso sono proprio gli amici le persone più importanti che ti sostengono, ti capiscono e ti incoraggiano ad andare avanti; altrimenti saresti perso, diventeresti pazzo. È a questo che servono gli amici».[7]

«È così difficile imparare a trattare con i media», disse Carlo a Dimbleby. «Non mi riesce bene il ruolo della scimmietta ammaestrata.»[8]

Niente di più vero.

Una schiettezza imbarazzante unita a confusi tentativi di occultamento: una combinazione letale. Dickie Arbiter non sapeva se fosse peggio lo sproloquio del principe sul suo adulterio o la scena nella quale Dimbleby, seduto accanto a Carlo nel coro dell'abbazia di Westminster, gli chiese: «Crede che diventerà re ed erede al trono?»... e Carlo, incredibile ma vero, *tentennò.*

Secondo Gyles Brandreth, la regina reagì con un sospiro, poi serrò le labbra e mormorò: «Dunque siamo a questo punto».[9] Si racconta che Sir Robert Fellowes fosse sconcertato e «livido di rabbia».[10] Mentre i giornali si lanciarono in critiche spietate sulla condotta amorale del principe Carlo, la maggior parte del pubblico era infastidita non tanto dall'adulterio in sé, quanto dal fatto che il principe fosse stato tanto ingenuo da ammetterlo e questo è indicativo di quanto la morale in Gran Bretagna fosse cambiata dai tempi dell'abdicazione. «Non è il primo membro della famiglia reale a essere infedele, ma è il primo che lo ha confessato davanti a 25 milioni di sudditi»,[11] commentò il *Daily Mirror.*

Il passo falso del principe era la cosa migliore che potesse capitare a Diana in quel periodo. Da quando, nel dicembre del 1993, aveva tenuto quel famoso discorso sul suo «ritiro dalle scene», le cose non erano andate molto bene per lei. I paparazzi non si sognavano nemmeno di rispettare la sua decisione di essere lasciata in pace. Ora non era più solo una principessa, ma il frutto proibito per eccellenza.

Con il suo ritiro ufficiale dalla vita pubblica, Diana aveva accresciuto il prezzo di mercato delle sue fotografie del 25%. Una serie di scatti della principessa che faceva shopping poteva fruttare fino a duemila sterline. Diana in costume da bagno valeva diecimila sterline, considerando solo i diritti di pubblicazione per la Gran Bretagna. Una serie di fotografie di Diana in versione Greta Garbo, all'estero, veniva venduta al triplo.[12] Era al primo posto nella classifica dei soggetti più fotografati.

Un nuovo genere di riviste scandalistiche alzò ulteriormente la domanda. Mi piace chiamarli «fabloids» perché coniugano la brama dello scoop con il costante bisogno di creare la fiaba. Le riviste dai toni un po' più pacati come *OK!* e *Hello!* in quel momento si trovavano a competere con le nuove testate sensazionalistiche che spuntavano come funghi nel mercato esplosivo delle riviste settimanali. Negli anni '90, uno scatto di Diana sulla copertina di un rotocalco garantiva un aumento delle vendite almeno del 10%. Il fatto che, nella seconda metà del primo decennio del XXI secolo, il tabloid *Daily Express* pubblichi ancora fotografie di Diana e nuove storie su di lei quasi tutti i lunedì (normalmente la domenica è un giorno piuttosto povero di notizie) dimostra l'incredibile longevità dell'*effetto Diana*. Per ironia della sorte, riducendo gli impegni nel campo della beneficenza, Diana aveva sacrificato la sua aureola, rendendo in qualche modo più giustificabile l'invasione della sua privacy. Il rifiuto di rimpiazzare Ken Wharfe con un altro addetto alla sicurezza, a meno che non fosse in compagnia dei figli – con la motivazione che tutti i poliziotti erano delle spie – la espose a rischi ancora maggiori. Ora non c'era più nessuno a proteggerla dai suoi inseguitori.

«Quando decise di rinunciare alla sua guardia del corpo, divenne tutto molto più difficile per lei», riconosce Richard Kay del *Daily Mail*, il nuovo favorito della carta stampata di Diana. «Era continuamente esposta al pericolo. I paparazzi stavano parcheggiati a Kensington Court con i loro walkie talkie e le antenne per intercettare le conversazioni di Diana al cellulare.»[13]

Anche il linguaggio dei reporter diventava sempre più sfacciato. Jasper Conran ricorda: «Una volta pranzai con lei al San Lorenzo e le chiesi come poteva sopportare tutto questo. Era semplicemente insostenibile. Non appena usciva di casa, i paparazzi le urlavano le frasi più indecenti, solo per suscitare una sua reazione: 'Diana, sei una gran figa!' Cose terribili. La facevano piangere».[14]

Una volta, durante una settimana bianca ribattezzata «la battaglia di Lech», il possente Wharfe aveva messo al tappeto un fotografo francese particolarmente insistente. Invece, la vacanza che Diana trascorse a Lech nel 1994 senza Wharfe fu rovinata da un paparazzo esageratamente invasivo che la immortalò in bikini mentre prendeva il sole sul terrazzo. Venne vista piangere mentre girava con i figli per le strade di Zurs.[15]

Carlo, al contrario, nei mesi successivi alla messa in onda dell'intervista con Dimbleby, appariva straordinariamente sereno. Ebbi modo di rendermene conto di persona quando lo incontrai a Cerritos, Los Angeles, in occasione della tournée della Royal Shakespeare Company, patrocinata dal principe. In qualità di caporedattrice del *New Yorker*, figuravo nella lista degli invitati alla cena della prima. A eccezione del fatto che il principe fece schioccare le dita per tutta la rappresentazione dell'*Enrico VI*, sembrava incredibilmente tranquillo. «Non è inquietante vedere i propri antenati ammazzarsi l'un l'altro, sir?» gli domandai durante l'intervallo. «Sono solo parenti lontani. In effetti, per quanto ne so, io discendo da Vlad l'Impalatore, il terrore dei Balcani»,[16] rispose Carlo con la sua caratteristica autoironia mentre studiava il programma.

Quando si ha a che fare da vicino con l'ambiente che circonda Carlo, ci si rende conto di quanto il principe sia avvolto in un guscio impenetrabile dal mondo esterno. La sua vita è gestita giorno e notte da una schiera di energici funzionari militari il cui compito è quello di soddisfare ogni suo desiderio e tenerlo su di morale. «Mi mandano gente davvero incredibile», mi disse. «Dopo due anni crollano, ma poi gli manca qualcosa, non è così?» aggiunse, rivolgendosi al sostituto del suo segretario personale, Sir Stephen Lamport. «Assolutamente, signore», rispose Lamport. «Mi riferisco a tutta quell'agitazione», continuò Carlo. «L'agitazione, certamente, signore», convenne Lamport.

Durante uno di quei momenti di silenzio inaspettati, tipici dei grandi eventi mondani, mi ritrovai accanto al principe. «La gente di Los Angeles è strana, non trova?», rifletté Carlo facendo schioccare di nuovo le dita. «Voglio dire, tutti vogliono andare a dormire alle nove. Alla prima di *Frankenstein* mi chiesero di tenere un discorso, perciò mi ero preparato qualcosa da dire sull'industria cinematografica britannica. Ma me lo fecero pronunciare prima di cena perché subito dopo tutti si precipitarono a casa nelle loro macchine». Gli spiegai che a Hollywood, come a New York, si pensa solo al lavoro. Il glamour è puro mito. «Bizzarro, no?», disse.[17] No, avrei voluto ribattere al principe, casomai è Lei a essere bizzarro.

Dato che il principe Carlo si rifiutava di leggere i giornali, è possibile che non si sia accorto che, la sera dell'intervista con Dimbleby, Diana gli aveva per l'ennesima volta rubato la scena. Ma in tal caso è stato l'unico. Pressappoco nel momento in cui il principe di Galles confessava il suo adulterio in diretta nazionale, la moglie stava scendendo da una limousine per partecipare alla serata di beneficenza di *Vanity Fair* che si tiene ogni anno a giugno, presso la Serpentine Gallery a Kensington Gardens, indossando quello che i redattori delle riviste di moda più tardi avrebbero definito il suo *fuck-you dress*, un abito sexy in chiffon nero, corto e scollato, con una stola annodata stretta intorno alla vita sottile e un paio di scarpe di seta nera di Manolo Blahnik. *Beccatevi questa!* Inizialmente, Diana aveva rifiutato l'invito fino a quando, due giorni prima dell'evento, non avevano cominciato a trapelare le notizie sulla scottante confessione di Carlo. Fu allora che un'organizzatrice della manifestazione, vecchia amica di famiglia di Diana, ricevette una telefonata inaspettata: « Mi disse che alla fine aveva deciso di partecipare. Le chiesi che cosa avesse in mente. Lei rispose: 'Vedrai' ».[18] L'amica iniziò a vederci più chiaro quando si rese conto che il gala di beneficenza cadeva proprio la sera dell'intervista di Dimbleby.

I fotografi per poco non impazzirono vedendo che Diana si fermava brevemente davanti a ciascuno di loro, posando con disinvoltura sul tappeto rosso di *Vanity Fair*. L'ancora sconosciuta stilista di origini greche del suo abito, Christina Strombolian, rivelò all'esperta di moda Georgina Howell che la principessa « aveva scelto di non calcare la scena come l'innocente Odette vestita di bianco. Era chiaramente furiosa e voleva presentarsi come Odile, in nero. Aveva dipinto le unghie con uno smalto rosso brillante, cosa che non aveva mai fatto prima. Era come se volesse dire: 'Per una sera voglio essere perfida!' »[19] Le fotografie della principessa che il mattino seguente rubarono i titoli delle copertine a Carlo, rappresentavano il terreno ideale per lanciare un dibattito sull'unica cosa che tutti ricordavano dell'intervista di Dimbleby al principe: la questione del tradimento. Il *Sun* sintetizzò la questione nella frase seguente: « Ecco la donna da brivido che Carlo ha lasciato per corteggiare Camilla ».[20]

È un vero peccato che Diana non sia riuscita ad accontentarsi. In quel momento d'oro aveva quasi raggiunto la vetta dell'Olimpo. Mentre Carlo navigava in cattive acque, nelle quali peraltro si era messo da solo, Diana era fiera di essere l'unica tra i reali a padroneggiare la magia nera delle pubbliche relazioni e non si capacitava della totale ignoranza che gli altri membri della famiglia reale dimostravano nei confronti del fenomeno mediatico «Diana» e, come diceva lei stessa, della loro incapacità di «sfruttarla». Sarebbe stata ben felice di diventare la loro consulente d'immagine. Il principe Filippo, per esempio, avrebbe potuto invitarla a prendere parte a quei gruppi di discussione che lui presiedeva due volte l'anno, conosciuti come i «Way Ahead Group», fondati all'inizio degli anni '90 allo scopo di garantire la sopravvivenza della monarchia e mettere a punto nuovi obiettivi per il XXI secolo.

Diana si era prefissata di conoscere tutti gli editori e i caporedattori dei più importanti organi di stampa; proprio come quando, da nubile, era riuscita a conoscere tutti i corrispondenti di corte che la tampinavano. Consolidò la sua influenza al *Mail* coltivando non solo l'amicizia con Kay ma anche quella con il suo superiore, David English, caporedattore e direttore generale della Associated Newspapers. Quando Mark Bolland si unì allo staff di Carlo nel 1996 per cercare di riscattare l'immagine del principe dopo il fiasco dell'intervista con Dimbleby, per prima cosa si rivolse a David English e gli chiese se esisteva un modo per riavvicinare i lettori del *Daily Mail* al principe. English lo corresse: «Innanzitutto, deve far capire al principe di Galles che non siamo mai stati contro di lui, semplicemente eravamo con Diana... è stata una decisione commerciale. Diana fa impennare le vendite dei quotidiani. Carlo no».[21]

«Il principe era molto depresso quando gli raccontai del mio colloquio con English», ricorda Bolland. «Aveva l'impressione di dover costantemente rilanciare la propria immagine agli occhi della stampa, andando a trovare tutti i direttori dei quotidiani nel tentativo di ingraziarseli. Disse: 'Ho già fatto tutto questo quando ero giovane, ma con quale risultato? Loro credono solo alle cose terribili che Diana dice di me'.»[22]

La principessa non aveva nessuna remora nella sua campagna mediatica personale. Lusingava i più importanti caporedattori delle testate giornalistiche con pranzi privati a

Kensington Palace, che sfruttava come meeting strategici. Un incontro a tu per tu con la principessa nel suo ambiente quotidiano si trasformava in un perfetto spettacolo multimediale, durante il quale lei metteva in mostra tutto ciò che aveva imparato e tutto quello che aveva in mente di fare. « Tutto era studiato per inscenare il personaggio mediatico Diana », spiega Geordie Greig, caporedattore di *Tatler*, la cui sorella Laura, molto tempo prima, aveva vissuto con Diana a Coleherne Court. « Il fascino di Diana è talmente ammaliante che, quando si sta con lei, si ha la sensazione di essere seducenti, eleganti, famosi come lei. Prima che diventasse famosa, era solo una studentessa insignificante, carina, gentile, timida e un po' noiosa. Cambiò completamente quando entrò a far parte della famiglia reale e divenne ricca, famosa e desiderata e si ritrovò costantemente sotto la luce dei riflettori. »[23] L'arma di seduzione più persuasiva di Diana era la sua capacità di lusingare la persona che desiderava manipolare confidandole un segreto per farla sentire (a) privilegiata e (b) protettiva, come se la fragile privacy della principessa improvvisamente si trovasse nelle sue mani (di solito quelle di un uomo). Anche in questo caso dimostrava un istinto infallibile per « agganciare le persone giuste ». « Cosa significa essere Diana? », le chiese Piers Morgan, caporedattore di *News of the World,* durante il loro primo pranzo a Kensington Palace nel 1996. « Oh, Dio! Non nascondiamo la testa sotto la sabbia, persino io ormai ne ho abbastanza di Diana – e *io sono* Diana. »[24] Poi, racconta Morgan, si rannicchiò sul divano, « irradiando intorno a sé un'incredibile carica sessuale. »[25]

Diana non ha mai compreso che, anche se David English del *Daily Mail* o Piers Morgan del *News of the World* si dimostravano tanto solleciti a « sostenerla », questo non significava che fossero disposti a rinunciare a uno scoop sensazionale nel momento in cui ne avessero avuto uno tra le mani. Come abbiamo visto, la nostra eroina non era una stratega. Ogni singola battaglia per lei non era che un episodio isolato di una guerriglia quotidiana. *Mi farò scattare questa fotogra-*

fia per fare un dispetto al giornale che ieri ha pubblicato quel servizio così squallido su di me. Darò la storia a quel tal giornalista per non farla avere a quell'altro con cui mi incontrerò mercoledì. Ne sapeva più lei sui meccanismi della stampa scandalistica dei redattori più pagati dell'ambiente, tuttavia le mancava la lungimiranza per coordinare le sue mosse in modo coerente. E la sua convinzione di avere in qualche modo la stampa «sotto controllo» fece sì che ogni nuova rivelazione si trasformasse in un calvario snervante.

Nonostante il suo consulente finanziario Joseph Sanders l'avesse messa in guardia di non perseguitare ossessivamente Oliver Hoare, Diana ignorò completamente i suoi consigli e continuò imperterrita a importunare l'amante, che si faceva negare al telefono. La polizia mantenne l'assoluto riserbo sulla questione per mesi, ma nell'ambiente dei media degli anni '90 una storia così sensazionale non poteva restare segreta a lungo. Verso la fine di agosto del 1994, otto mesi dopo l'ammonimento della polizia, Lord Stevens, il proprietario del gruppo che pubblicava i quotidiani *Express*, le comunicò che il *Sunday Express* era venuto a conoscenza delle sue telefonate a Hoare. Lord Stevens, la cui moglie italo-russa Maritza era una delle straniere appartenenti alla cerchia degli amici glamour di Diana, impedì che la storia andasse in stampa, ma Diana sapeva bene che altri quotidiani avrebbero cercato di comprarla. Era assolutamente convinta che l'informatore provenisse dalla «fazione di suo marito», come definiva lo staff di consiglieri di Carlo.[26]

Sabato 20 agosto, poco tempo dopo che Stevens aveva impedito la pubblicazione della faccenda sull'*Express*, il reporter di spicco del *News of the World*, Gary Jones, disse a Piers Morgan che aveva delle novità: «Ho una vera notizia bomba, capo. Diana molesta sessualmente gli uomini al telefono»[27]. Il giornale chiamò Hoare per chiedergli di commentare la notizia, che sarebbe stata pubblicata il giorno dopo. Hoare ammise con un certo nervosismo di aver avuto delle conversazioni telefoniche «consolatorie» con la principessa. Probabilmente subito dopo telefonò a Diana per metterla al corrente, poiché lei incaricò immediatamente il suo cavalier servente del *Daily Mail*, Richard Kay, di mettere a punto una smentita. L'amicizia tra Diana e Kay era diventata così forte da poter sospettare che non si trattasse di un semplice rapporto di lavoro. Kay otteneva sempre informazioni attendibili e di prima mano da Kensington Palace, tanto che il resto della stampa gli stava alle calcagna quando voleva scoprire dove si trovasse Diana. Oggi, Kay ammette che Paul Dacre, il caporedattore del *Mail* che prese il posto di David English nel 1992, gli disse di fare attenzione. «Corrcvo il rischio di ritrovarmi io sulle prime pagine di tutti i giornali», dice.[28] Quel sabato pomeriggio, proprio mentre Morgan stava preparando lo scoop sensazionalistico per l'uscita domenicale del *News of the World*, Kay andò a prendere la principessa in un punto concordato vicino a Paddington Station,[29] e la portò in giro in macchina per tre ore; la principessa gli propinò una storia, completamente inventata, secondo la quale il vero «responsabile» delle fastidiose telefonate sarebbe stato un compagno di scuola del figlio di Hoare.[30]

Un servizio a tutta pagina firmato da Kay e intitolato COSA HO FATTO PER MERITARMI QUESTO? comparve nell'edizione del lunedì del *Daily Mail*, come pronta risposta a quello di Morgan: LE BIZZARRE TELEFONATE DI DIANA ALL'IMPRENDITORE SPOSATO, pubblicato nell'edizione domenicale del *News of the World*.[31] Il passaggio più esilarante del servizio di Kay era quello in cui Diana affermava: «Non so neanche come si usa un parchimetro, figuriamoci una cabina telefonica»;[32] un tentativo astuto di apparire come una biondina ingenua. Diana aveva persino mostrato a Kay alcune pagine fasulle del suo diario per dimostrare che, al momento delle sue presunte telefonate a Hoare, era in realtà impegnata su altri fronti. (Il suo ex cuoco Mervyn Wycherley mi ha raccontato che conserva tuttora i registri in cui annotava per chi aveva cucinato; questi appunti attestano invece che la principessa era a casa quando lei sosteneva di essere altrove.)

All'inizio la controffensiva sembrò funzionare. I notiziari

diedero molto più spazio alla reazione furiosa di Diana sul *Daily Mail* che non allo scoop di Morgan apparso sul *News of the World*. Nel suo diario Morgan ammette di avere «sudato freddo»: «Mi sono alzato alle sei del mattino e ho dato un'occhiata al *Mail*. È terribile, una smentita in piena regola, straziante e commovente. Non so proprio come ne usciremo».[33]

Cosa aveva consigliato Paul Johnson a Diana? Regola 1: BASTA PARLARE CON LA STAMPA.[34] Solo uno sciocco, avrebbe potuto aggiungere, può convincersi di non avere bisogno di altro consulente d'immagine all'infuori di se stesso. Una volta superato lo shock iniziale causato dall'articolo del *Daily Mail*, Morgan divenne ancor più battagliero. Ma quel che è peggio è che la faccenda aveva risvegliato anche l'interesse del suo capo. Morgan era sotto la doccia quando lo chiamò Rupert Murdoch. Al telefono da New York, il magnate dei media disse al suo caporedattore: «Povera ragazza, ormai sta per crollare. Diamole un po' di tregua».

Ovviamente sto scherzando.

Quello che Murdoch in realtà disse fu: «Salve Piers. Non posso restare molto al telefono ma volevo solo farle sapere che la sua storia è autentica al cento per cento. Non mi chieda come faccio a saperlo... Vada davanti alle telecamere e dica a tutti che la principessa è una bugiarda!»[35] Bene, pensò Morgan, adesso me la pagherà. Mentre Oliver Hoare e sua moglie si chiusero in un decoroso silenzio, i tabloid continuarono a contendersi quella storia per tutta l'estate.

Ora la raggiante Diana del Serpentine veniva rappresentata come una svitata che dava la caccia ai mariti delle altre. L'episodio tuttavia ebbe anche un risvolto positivo: Diana era così furiosa per il fatto che Hoare non avesse acconsentito a mentire per lei che lo tagliò fuori dalla sua vita definitivamente. Richard Kay gli diede il colpo di grazia sul *Mail* nel febbraio 1995: «La verità è che Diana considera Hoare un uomo senza spina dorsale. Da quando le ha negato il suo aiuto per la faccenda delle telefonate moleste, è diventata un'amicizia a senso unico. Lui è molto più cotto di lei di quanto lei lo sia di lui».[36]

Cose che capitano. Dell'altro uomo della sua vita non riuscì a liberarsi tanto facilmente. Come un novello Rasputin, James Hewitt ricompariva in continuazione. Ora che Diana e Carlo stavano per divorziare, la principessa non aveva proprio bisogno di altre storie che screditassero la sua immagine di moglie rifiutata. Purtroppo però il maggiore Hewitt, un tempo tanto cavalleresco, non era scaltro come Rasputin. Questa era una parte del problema. Era più ingenuo che malizioso. Paragonato agli altri ex amanti di Diana che avevano venduto le loro storie alla stampa senza nessuno scrupolo, lui si era comportato in modo incredibilmente discreto, tanto da ritrovarsi al verde. Da quando fu sospettato di essere l'amante di Diana nel 1991, era stato pedinato, registrato e fotografato in qualsiasi posto andasse, rifiutando le offerte da mezzo milione di sterline dei tabloid in cambio di una sua confessione. Diana sembrava aver dimenticato quanto possa essere stressante essere perseguitati dai media senza l'appoggio di un solido sistema di pubbliche relazioni. In un certo senso, gettò Hewitt in pasto ai lupi, proprio come lei era stata gettata in pasto ai lupi ai tempi di Coleherne Court. Nel 1994, quando fu congedato dall'esercito con una liquidazione stimata intorno alle 40.000 sterline e una pensione di 6.600 sterline l'anno, Hewitt divenne un facile bersaglio per una donna sorridente e di bell'aspetto. Cadde nelle grinfie giornalistiche di Anna Pasternak del *Daily Express* in febbraio, rilasciando una serie di interviste nelle quali fece delle allusioni a una relazione, senza tuttavia confermarla esplicitamente. In seguito la Pasternak si assicurò la collaborazione di Hewitt per il suo libro *Princess in Love*, interamente basato sulle lettere di Diana a Hewitt, infarcito di dettagli scottanti ed espliciti e scritto in uno stile involontariamente ironico alla Barbara Cartland. Per la sua disprezzabile collaborazione, Hewitt percepì la cifra, tutt'altro che disprezzabile, di 300.000 sterline.[37]

Il tradimento di Hewitt e l'uscita di *Princess in Love* nell'ottobre del 1994 arrivarono proprio nel momento meno indicato per Diana. La principessa viveva già con ansia l'imminente pubblicazione del volume da seicento pagine di Dimbleby, anch'esso previsto per ottobre. (Tra i tanti colpi bassi che le avrebbero riservato questi libri, c'era anche la dolorosa dichiarazione di Carlo di non averla mai amata.) Temeva che il ritratto di adultera impenitente della Pasternak avrebbe macchiato la sua reputazione proprio nel momento in cui stava cercando di costruire una strategia difensiva. Il giorno in cui *Princess in Love* arrivò nelle librerie, la prima settimana di ottobre, Diana si presentò alla seduta con Simone Simmons con gli occhi gonfi di pianto. «Spero che gli venga un colpo!», gridò.[38] La slealtà di Hewitt l'aveva ferita profondamente e andava ad aggiungersi alla sua lunga lista di sofferenze quotidiane e, inoltre, temeva la reazione della regina alle ultime rivelazioni. Lo stesso valeva per Hewitt: temeva di essersi macchiato del reato di alto tradimento, come era successo in passato all'amante di Anna Bolena, per la relazione con la moglie dell'erede al trono (il Treason Act del 1351 era ancora in vigore e prevedeva la pena di morte). Si rifugiò a casa dell'avvocato Geoffrey Robertson ed espresse il timore di essere ormai condannato alla morte come Barry Mannakee.

Quattrocento anni prima, Hewitt sarebbe stato sicuramente decapitato dal boia della famiglia reale; in epoca moderna questo compito viene svolto dai media. I tabloid si lanciarono in una campagna particolarmente spietata contro Hewitt e lo bollarono come IL RATTO DELL'AMORE, un soprannome umiliante con il quale sarebbe stato etichettato a vita, anche quando, dieci anni più tardi, tentò di cogliere una seconda occasione di notorietà nel mondo nascente dei reality show.

La regina si mostrò molto meno afflitta dalle rivelazioni di Hewitt di quanto Diana avesse temuto; il maggiore e il suo stupido libro, per Sua Maestà, erano solo sciocchi dettagli che si perdevano nell'immenso caos dei segreti di famiglia. Era troppo preoccupata per la folle decisione del figlio di mettere i suoi diari e la sua vita privata nelle mani di Dimbleby. Carlo l'aveva persino autorizzato a leggere un certo numero di documenti ufficiali senza il benestare della regina. Quando lo venne a sapere, la sovrana si infuriò a tal punto che ordinò a Carlo di restituirle immediatamente gli incartamenti.[39]

Per la prima volta, la regina si ritrovò coinvolta nella disdicevole moda delle confessioni pubbliche che sembrava non risparmiare nessuno, nemmeno l'erede al trono. Era risaputo che Carlo aveva confermato l'attendibilità dei fatti raccontati nel libro di Dimbleby, proprio come Diana aveva fatto con Morton. La regina non apprezzò affatto il ritratto di «madre distaccata» né quello di «padre ingiustamente severo» del principe Filippo o, ancora, quello di entrambi come «incapaci o non inclini» a concedere a Carlo «l'affetto e le attenzioni di cui lui aveva bisogno». I reali erano scandalizzati dalla descrizione che Dimbleby aveva fatto dell'infanzia di Carlo. «Non ho mai messo in piazza le mie questioni personali e penso che neanche la regina lo abbia mai fatto. *Pochissimi* membri della famiglia hanno fatto una cosa del genere», sbottò il principe Filippo prima della partenza per una storica visita in Russia insieme alla sovrana.[40]

Una delle conseguenze spesso sottovalutate del libro di Dimbleby fu la fine del matrimonio tra Andrew e Camilla Parker Bowles. Per abitudine, per salvare la faccia e per motivi religiosi (Andrew è cattolico), i Parker Bowles avrebbero preferito restare sposati. Il generale di brigata, nel corso degli anni, aveva sopportato molte provocazioni per via della relazione di sua moglie con il principe di Galles. Dopo la pubblicazione del libro di Morton, ad Ascot, Andrew Parker Bowles fu salutato dal fratello del duca di Marlborough, Lord Charles Spencer-Churchill, con il motto spiritoso: «Ernest Simpson, Ernest Simpson, perché non ti unisci a noi, Ernest?»[41] La battuta si riferiva al marito tradito della signora Simpson e poteva essere tollerata finché restava all'interno della cerchia ristretta dei suoi amici. Erano sempre esistiti, come disse un amico di Andrew, «leggeri dubbi» sull'intesa matrimoniale dei Parker Bowles.[42] Ora non più. Andrew chiese il divorzio. In questo modo, non fece che acuire l'ansia di Diana, distruggendo anche la sua più flebile speranza di risanare il matrimonio.

«La grandiosa festa di compleanno di Sarah Keswick si è svolta al Ritz», scrisse Woodrow Wyatt nel suo diario il 22 ottobre 1995. «Camilla è intervenuta alla festa con Carlo... ora è ufficialmente riconosciuta come la sua amante.»[43]

Alla fine del mese, Diana fu convocata a palazzo per una riunione con la regina e il principe Filippo per discutere del suo futuro. Un consigliere molto intimo della principessa mi ha raccontato di aver assistito al seguente scambio di battute tra Diana e il suocero: «Se non righi dritto, ragazza mia, ti togliamo il titolo», disse Filippo a Diana. «Il *mio* titolo è più antico del tuo, Filippo», ribatté la figlia del conte Spencer.[44]

La guerra del divorzio era entrata in una fase decisiva. Due settimane più tardi, la principessa di Galles si fece intervistare a Kensington Palace da Martin Bashir per *Panorama*, il nuovo rotocalco televisivo considerato il fiore all'occhiello della BBC. Casualmente, era il 5 novembre, il Guy Fawkes Day, giorno in cui falò e fuochi d'artificio in tutto il paese commemorano la Congiura delle polveri del 1605, tentativo fortunatamente sventato di far saltare in aria il parlamento e il re d'Inghilterra.

Tutto o niente

Nessuna donna lascia la famiglia reale con la testa ancora attaccata al collo.

(La duchessa di York a un'amica)

Domenica 19 novembre 1995, una fresca e luminosa mattina, la principessa di Galles imboccava l'autostrada M4 al volante della sua BMW blu. Il giorno dopo la BBC avrebbe mandato in onda la sua intervista con Martin Bashir e Diana doveva sbrigare una faccenda personale piuttosto delicata: andare a Eton, il college dove il maggiore dei suoi figli, il tredicenne principe William, frequentava il primo anno. Parcheggiò l'automobile di fronte alle guglie della cappella gotica del XV secolo e attese che gli studenti uscissero dalla cappella con i loro completi neri e le loro cravatte bianche, l'abbigliamento raccomandato per la messa domenicale. William fu uno degli ultimi a uscire, camminando a testa bassa come faceva sua madre quando voleva evitare la stampa. Diana lo chiamò, ma il ragazzo alzò gli occhi e non attraversò la strada per salutarla. Anzi, girò la faccia dall'altra parte. I continui servizi della stampa sulla vita privata della madre erano diventati sempre più difficili da sopportare per lui. Diversamente dall'undicenne Harry, il quale frequentava ancora il collegio di Ludgrove ed era quindi più protetto dagli assalti dei tabloid, William non poteva nemmeno andare in un chiosco per comprarsi una barretta di cioccolato senza trovarsi sotto gli occhi i titoli sensazionali dei giornali che parlavano dell'ultimo fidanzato della madre o dell'orribile guerra coniugale tra i suoi genitori.

Il fotografo Mark Saunders, involontario testimone della scena, vide Diana che attraversava la strada e si rivolse a suo figlio con aria implorante. Lo prese per una spalla e lo condusse dietro una piccola siepe che costeggiava un lato del piazzale per parlargli in privato. Senza ombra di dubbio, Diana voleva prepararlo alla messa in onda ormai imminente dell'intervista con Bashir. Saunders si arrampicò sul tetto della sua Ford Escort per vedere un po' meglio quello che stava succedendo, e per avere un'inquadratura migliore. «Era come se Diana stesse cercando di spiegare al ragazzo qualcosa che lui non riusciva a capire. Quando scattai la foto, William sembrava sul punto di mettersi a piangere. Pochi minuti dopo il ragazzo si allontanò da Diana, senza neppure darle un bacio o farle un cenno di saluto. Osservai sorpreso la principessa allontanarsi in macchina, mentre William restò a guardarla dalla porta d'ingresso con un'espressione afflitta.»[1]

Trascinare i suoi amati figli in quell'inferno era l'ultima cosa che Diana voleva, e il fatto che fosse arrivata a quel punto dimostra quanto fosse disperata. Le rivelazioni di Carlo a Dimbleby avevano ferito Diana profondamente. Una cosa era mandare a monte la favola su cui si era basata tutta la sua vita, tutt'altra era lasciare che il biografo svelasse al mondo intero, e ai suoi figli, che persino i teneri esordi del matrimonio erano stati solo una finzione. Sin dall'infanzia, Diana aveva dimostrato di poter diventare molto pericolosa quando veniva ferita. La dichiarazione pubblica di Carlo di non averla mai amata scatenò una tempesta mediatica che neanche lui, nonostante la sua indifferenza, poté mai dimenticare.

C'erano, inoltre, delle ragioni pratiche per cui l'intervista con Bashir andava assolutamente fatta. Il duca di Edimburgo aveva grande influenza sulla sovrana; tutti quelli che dipendevano dalla regina prendevano ordini da lui e la sua minaccia di portare via il titolo a Diana significava che il palazzo non avrebbe avuto nessuna pietà. La macchina reale si stava attrezzando per cancellarla dal copione.

Allo stesso modo, l'atmosfera che si respirava a St James Palace, dove risiedeva la corte di Carlo, evidenziava chiaramente che lo staff del principe di Galles avrebbe fatto di tutto per rendere pubbliche le indiscrezioni sugli eventuali nuovi amanti della principessa e per ostacolare e sabotare qualsiasi sua nuova iniziativa pubblica. A Highgrove si stava diffondendo la voce, messa in circolazione da Camilla, che la principessa fosse «fuori di testa» e l'idea iniziava a insinuarsi nei circoli snob di Londra (originariamente la biografia di Dimbleby includeva un capitolo, le cui fonti provenivano dagli amici più intimi del principe, nel quale si avanzava l'ipotesi che Diana soffrisse di una personalità borderline. All'ultimo minuto, il principe gli chiese di eliminarlo).

La principessa era consapevole che le sue munizioni nella battaglia contro il marito si stavano esaurendo. La storia delle telefonate a Hoare, il libro di Hewitt e, più recentemente, l'esternazione della moglie di Will Carling, Julia, che l'aveva accusata di aver avuto una relazione con il marito, avevano infangato la sua immagine di moglie fedele e ridotto le sue possibilità di intraprendere una nuova relazione. (Diana rimase sorpresa quando venne a sapere che Julia aveva chiesto a Carling il divorzio. «Ha scelto la coppia sbagliata stavolta», dichiarò Julia alla stampa.)[2] In queste circostanze, Diana desiderava disperatamente restituire un senso alla sua vita (e riabilitare la propria immagine pubblica): era una donna che aveva sofferto, non una pazza; una donna tormentata che era riuscita a non perdere la testa e non aveva mai cercato il divorzio, nonostante le gigantesche umiliazioni subite. Per lanciare il suo messaggio Diana aveva bisogno del potere drammatizzante della televisione. Fece diffondere un comunicato stampa per annunciare che la sua intervista televisiva sarebbe andata in onda il 14 novembre 1995, il giorno del quarantasettesimo compleanno del principe Carlo.

La sera in cui l'intervista di Diana venne trasmessa da *Panorama*, le strade di Londra erano deserte. Ventitré milioni di spettatori erano davanti al televisore in attesa del programma tanto pubblicizzato. Diana invece non lo vide. Presenziò come ospite d'onore a una manifestazione di beneficenza a favore dei malati di cancro, accompagnata dal suo segretario personale Patrick Jephson e dalla sua dama di corte Anne Beckwith-Smith. Il padrone di casa, Sir Ronald Grierson, presidente della General Electric International, trovò Diana in forma smagliante, ma Anouska Hempel, responsabile della sfilata di moda che avrebbe allietato la serata, ricorda che nella sala si percepiva una certa tensione di fondo. Notò che Diana aveva un'aria eccitata, «quasi trionfante», come se fosse riuscita a «risolversi a fare una cosa che aveva in mente da molto tempo».[3] Alle 21.00, Grierson si rivolse alla principessa dicendole: «Madame, la sua intervista sta andando in onda proprio in questo momento. Come fa a non essere nervosa?» «È una questione di professionalità. Sarà orgoglioso di me, Ronnie», rispose lei.[4]

Tuttavia non fu esattamente orgoglio il sentimento che Patrick Jephson provò due ore dopo quando, con un bicchiere di whisky in mano, si sedette sul divano dell'appartamento di Anne Beckwith-Smith per vedere la registrazione dell'intervista. Ciò che vide e che udì gli diede la nausea, tanto che si rintanò sul pavimento dietro al divano, quasi volesse mettersi al riparo dall'effervescente schiettezza della sua datrice di lavoro.[5] Tutta la sua meticolosa pianificazione degli ultimi cinque anni finalizzata a riabilitare l'immagine della principessa stava andando in fumo. Non riusciva a credere che la donna sofisticata che quella sera si era mossa con tanta sicurezza tra gli ospiti del gala di beneficenza fosse capace di trasformarsi in quel fantasma triste dagli occhi supplichevoli che, in televisione, denunciava la sua condizione di prigioniera della famiglia reale. Jephson aveva sognato di reinserirla lentamente nell'ambiente del palazzo reale e di riuscire prima o poi a convincere la regina che la sua fallace nuora avrebbe potuto tornarle utile. Questo sogno adesso era finito.

Con un tono pacato, più addolorato che arrabbiato, Diana aveva dichiarato alla nazione britannica che la monarchia avrebbe dovuto accettare dei cambiamenti per poter sopravvivere.

«Mi rendo perfettamente conto che le persone sono spaventate dai cambiamenti, specialmente quando non sanno dove questi le condurranno. Lasciare tutto come sta sembra la cosa migliore da fare. Lo capisco. Ma sono convinta che ci siano alcune cose che possono cambiare e che potrebbero migliorare il rapporto incerto e a volte complicato tra la monarchia e il popolo. Penso che potrebbero camminare mano nella mano invece di guardarsi da lontano.»[6]

Rapporto incerto? Guardarsi da lontano? I suoi commenti erano estremamente irriverenti nei confronti della regina. Come osava la trentaquattrenne principessa di Galles insinuare che la regina avesse perso il contatto con i suoi sudditi? Come osava mettere in discussione la profondità del legame che la regina e il suo consorte coltivavano con il popolo britannico da ben quarantun anni?

Ma il peggio doveva ancora venire. Diana arrivò a mettere in dubbio l'idoneità del principe Carlo al ruolo di erede al trono:

«Io e Carlo ci scontravamo sempre su questo argomento, e io capivo il perché; quello di principe di Galles è già di per sé un ruolo molto impegnativo... essere re è ancora più soffocante. Siccome conosco il carattere di Carlo, ritengo che questo ruolo di punta, come lo definisco io, lo limiterebbe enormemente e non so se sarebbe in grado di adattarsi a tutto quello che comporta.»[7]

Per non parlare della temerarietà di affermazioni come questa:

BASHIR: Crede veramente che la famiglia reale volesse estrometterla per una questione di gelosia?

DIANA: Penso che avessero paura, perché si trovavano di

fronte una donna forte che andava per la sua strada, e si domandavano da dove questa donna traesse la forza per andare avanti.[8]

Diana voleva davvero insinuare che il principe di Galles o chiunque altro nella famiglia reale fosse geloso di lei? Si era forse dimenticata che c'era un'altra «donna forte» che stava «andando per la sua strada», e questa volta a beneficio dell'intera nazione, una donna che, guarda caso, sedeva sul trono d'Inghilterra?

Secondo Dickie Arbiter, l'intervista per *Panorama* fu per Buckingham Palace come «una secchiata d'acqua fredda in faccia. Francamente, eravamo tutti allibiti. Nessuno si aspettava una cosa del genere.»[9] A Jephson, all'oscuro come chiunque altro riguardo al contenuto, la principessa aveva detto solo di aver rilasciato un'intervista e che «era tutto a posto».[10] Jephson scrive che, quando l'intervista stava ormai volgendo al termine «Anne spense il televisore e quella faccia da spettro con gli occhi contornati di nero sparì dallo schermo... 'Ho chiuso', dissi io.»[11] Due mesi dopo rassegnò le dimissioni, insieme a Geoffrey Crawford, il sostituto addetto stampa della regina, il quale non era riuscito ad assolvere la sua missione di tenere sotto controllo i contatti di Diana con la stampa.

L'intera vicenda sembra una riedizione del libro di Morton, una fittissima trama di intrighi profondamente intrecciati tra loro. Prendiamo, ad esempio, le circostanze in cui fu realizzata l'intervista. Fu registrata una domenica nel salotto di Diana a Kensington Palace, quando tutto il personale era già andato a casa. Agli uomini della sicurezza fu detto che sarebbe stato consegnato un nuovo impianto hi-fi impacchettato in grandi scatoloni. Introdotte clandestinamente all'interno le telecamere, i microfoni e le altre attrezzature, Bashir e i suoi due collaboratori ebbero libero accesso al palazzo.

Questa mossa, che aveva lo scopo di non farsi scoprire da Carlo e da Buckingham Palace, venne equivocata alla BBC, dove i collaboratori di *Panorama,* i loro superiori e persino l'ufficio del direttore generale si prodigarono affinché il Consiglio di amministrazione della BBC non venisse a sapere cosa stava accadendo. Il problema era che il presidente del Consiglio di amministrazione era l'eroe di guerra mutilato Marmaduke Hussey, il barone Hussey of North Bradley. A onor del vero, era compito del direttore generale John Birt informare il presidente della messa in onda di un programma che avrebbe suscitato senza dubbio numerose polemiche e che rappresentava un attacco diretto alla monarchia. Ma Hussey era sposato nientepopodimeno che con Lady Susan Hussey, dama di corte e intima confidente della regina. Birt temeva che se «Dukie», come veniva chiamato il formidabile presidente, avesse avuto anche solo il vago sospetto di quello che stavano tramando Diana e Bashir, l'intervista non avrebbe mai avuto luogo o sarebbe stata bloccata prima della messa in onda dal palazzo reale.[12] In entrambi i casi, il rischio sarebbe stato quello di una crisi costituzionale, poiché l'indipendenza editoriale della BBC era sancita da un decreto reale.

Questa volta, con la sua capacità «di agganciare le persone giuste» Diana aveva sedotto l'istituzione che negli ultimi cinquant'anni aveva sempre rispettato scrupolosamente le regole nel prendere contatto con la famiglia reale attraverso i canali ufficiali ed era stata il partner televisivo della monarchia in tutte le occasioni ufficiali, dal momento dell'incoronazione della regina in poi. Dal canto suo, John Birt aveva coltivato un rapporto personale di fiducia con Sir Robert Fellowes e Robin Janvrin dell'ufficio della regina. «Mi addolorava ferire persone così per bene», scrisse Birt nelle sue memorie «ma non sentivamo solo il bisogno di raccontare il fallimento del matrimonio dell'erede al trono e del futuro capo della Chiesa anglicana; eravamo anche consapevoli di quanto le cose fossero cambiate in un'epoca fortemente democratica... Di fatto, l'intervista di Diana ha segnato la fine della venerazione istituzionale, ma non del rispetto, della BBC nei confronti della monarchia.»[13]

Diana era una professionista della sovversione. Persino un

uomo critico nei confronti dell'establishment come David Puttnam, che aveva consigliato a Diana di non concedere l'intervista, giudicò riprovevole l'atteggiamento della BBC. « Non perdonerò mai John Birt per non aver messo Diana al corrente delle conseguenze di quello che stava facendo e per non aver informato Dukie Hussey. »[14] Sul *Times*, Lord Rees-Mogg, amico e vicino di casa di Hussey, scrisse: « John Birt dovrà scusarsi per la sua condotta o sarà costretto a dimettersi ».[15] Un gruppo di deputati delle due camere del parlamento britannico chiesero infuriati la revoca del decreto reale a favore della BBC.

Hussey fu messo al corrente dell'intera faccenda solo quando il documento era già pronto per andare in onda, dopo essere stato visionato dai produttori di *Panorama* in una sala di proiezione appartata di un hotel a Eastbourne e approvato dalla redazione giornalistica della BBC, dalla redazione dell'attualità e dai consulenti della politica editoriale. Birt comunicò la notizia a Hussey nello stesso momento in cui Diana la comunicò ufficialmente alla regina. Disse a Sua Maestà che aveva rilasciato un'intervista televisiva alla BBC, ma che preferiva mantenere il riserbo sul suo contenuto. La regina non disse nulla. Il giorno dell'intervista, diede un pranzo a Buckingham Palace per il sessantesimo compleanno di re Hussein. « Sono molto preoccupata per i bambini », confessò la regina a uno degli ospiti mentre Carlo, visibilmente di cattivo umore, fissava il suo piatto con occhi vacui.[16]

La scelta di affidare l'intervista a Bashir era stata una mossa scaltra di Diana, come quella di Andrew Morton. Sembrava avere un certo fiuto per le persone disposte a infrangere le regole. Di origine pakistana, cresciuto in un quartiere popolare a sud di Londra e laureato alle università di Southampton e Londra, Bashir era un lupo solitario che non rendeva conto di niente a nessuno. La sua arte persuasiva non derivava tanto dal fascino indiscusso (possedeva un'aria pensierosa e ipnotica) quanto dall'abilità nel manipolare gli altri. Sapeva esattamente quali tasti toccare per « colpire nel segno », come si dice nel gergo della televisione americana. «Neverland è un posto straordinario, mozzafiato, stupendo, esilarante e fantastico, non riesco a trovare le parole per descriverlo», scrisse a Michael Jackson nel tentativo, riuscito, di strappargli un'intervista (alla quale, poi, diede un taglio così incriminatorio da far arrestare Jackson con l'accusa di pedofilia).[17]

Bashir è famoso per la tenacia dei suoi tentativi di seduzione. Aveva corteggiato Diana per mesi servendosi del fratello, il conte Spencer, con il quale la principessa nel frattempo si era riconciliata. Originariamente, le aveva descritto il progetto come un'inchiesta sui suoi frequenti sospetti di essere intercettata e spiata.

Per guadagnarsi la sua fiducia, Bashir non si tirò indietro nemmeno davanti ad azioni di manipolazione giornalistica piuttosto rischiose. Aveva pregato un grafico di *Panorama* di falsificare due estratti conto che avrebbero potuto dimostrare che la News International, casa editrice di *News of the World*, aveva elargito dei pagamenti a un ex impiegato del conte Spencer. In questo modo, Bashir aveva al contempo stabilito un rapporto di fiducia con gli Spencer e rafforzato la convinzione di Diana a tenere all'oscuro dei suoi piani le persone che avrebbero potuto dissuaderla. In realtà, era praticamente impossibile farle cambiare idea quando si metteva in testa qualcosa. Tutti quelli cui aveva chiesto un parere sulla sua intenzione di rilasciare quell'intervista televisiva – non solo Puttnam, ma anche Sir Richard Attenborough, il moderatore televisivo e critico letterario Clive James e il suo amico Lord Palumbo – l'avevano messa in guardia. James l'aveva avvertita che rischiava di scatenare una «dichiarazione di guerra» da parte di Carlo e di tutto il palazzo; la famiglia reale non le avrebbe più dato tregua finché non fosse riuscita a distruggerla. «Avrebbe passato tutta la vita in fuga e non avrebbe trovato nessun posto dove nascondersi... sembrava aver capito ma, naturalmente, era solo quello che voleva farmi credere. Lei aveva già deciso.»[18] Diana faceva spesso cose del genere, chiedeva consigli anche se dentro di sé aveva già preso la sua decisione. Nella sua testa, *Panorama* si era trasformato da semplice idea in imperativo categorico. Era determinata a raccontare la sua storia esclusivamente dal proprio punto di vista. Sarebbe stato il suo ultimo e definitivo « striptease psicologico » davanti alla nazione.

Ben presto, alla BBC iniziarono a circolare voci sui metodi discutibili che Bashir aveva utilizzato per ottenere l'intervista. I dirigenti temevano che questo potesse compromettere la reputazione dell'intera rete. Diana andò loro in soccorso inviando a tutte le emittenti televisive una comunicazione scritta a mano nella quale dichiarava che la sua decisione di concedere un'intervista alla BBC non era stata influenzata da nessun documento. Ma questo non fu sufficiente per soffocare tutti i dubbi sorti su Bashir successivamente. La BBC non fece alcun riferimento alla polemica nel documentario del 2005 che celebrava il decimo anniversario della storica intervista. « Quando Bashir se ne andò non ne feci una tragedia »,[19] disse un anziano dirigente della BBC nel momento in cui il giornalista di punta dell'emittente passò a uno show di attualità su ITV e successivamente si unì al team di *Nightline* della ABC, negli Stati Uniti.

Nonostante i suoi metodi discutibili, Bashir aveva realizzato qualcosa di straordinario. Piers Morgan scrive con tono meravigliato nel suo diario: « È stata una cosa assolutamente sensazionale, l'intervista più sconvolgente a una celebrità che io abbia mai visto nella mia vita ».[20] Grazie a Bashir, Diana era finalmente riuscita a dissolvere la coltre di nebbia che avvolgeva la monarchia. « Lì, di fronte a tutti, c'era un membro della famiglia reale che, come tutti gli altri esseri umani, si portava dietro i traumi della vita », commentò il direttore della redazione giornalistica della BBC, Tony Hall, ricordando lo sconcerto che provò quando vide la registrazione dell'intervista. « Ero allibito dalla schiettezza di Diana. »[21] La maggior parte dei cittadini britannici (tranne quelli che avevano pagato trentasei penny al minuto per ascoltare le registrazioni dello Squidgygate) non aveva più sentito la voce di Diana dai primi giorni del suo matrimonio, quando era ancora una timida ragazza di buona famiglia.

Adesso, dopo un anno in cui la stampa scandalistica l'aveva dipinta come una caricatura scurrile, la donna che sedeva di fronte a Martin Bashir emanava una dignità, una padronanza di sé e una profonda serietà che non avevano nulla in comune con la figura volgare presentata dai media. Il suo viso malinconico in primo piano occupava completamente lo schermo. « Non avendola mai sentita parlare prima di allora, mi aspettavo una debuttante un po' ridicola », scrisse il giornalista James Lees-Milne, noto per il suo stile pungente. « Invece dava l'impressione di una persona matura e molto eloquente... molto bella, quando inclinava la testa a sinistra, belle labbra, grandissimi occhi chiari. »[22]

Ancora oggi, rileggendo la trascrizione dell'intervista, si resta colpiti dalla forza di molte delle sue affermazioni:

« Vorrei essere la regina dei cuori della gente... »

« Nel mio matrimonio eravamo in tre... »

« È stato l'establishment in cui mi sono sposata che ha deciso che ero un'incapace... »

« Il vero nemico era l'ambiente che circondava mio marito... »

« Sì, adoravo Hewitt. Sì, ero innamorata di lui. Ma mi ha delusa profondamente. »[23]

La relazione con Hewitt era un terreno minato per Diana, ma poteva parlarne apertamente poiché lui aveva già svelato tutti gli altarini nel libro *Princess in Love*. Nell'intervista, dopo aver confessato la sua relazione con l'ufficiale dell'esercito, Diana cambiò rapidamente argomento citando uno dei suoi figli, come a dimostrare che si trattava di una scappatella di poco conto. Alla domanda su come si fosse sentita nei giorni successivi alla pubblicazione del libro di Hewitt, la principessa rispose: « William si presentò con una scatola di cioccolatini per me e mi disse: 'Mamma, so che sei stata ferita. Questi sono per te, per farti tornare il sorriso'. »[24] Fortunatamente per Oliver Hoare e Will Carling, Bashir evitò di proposito qualsiasi domanda.

Verso la fine dell'intervista, Diana gettò il guanto della sfida agli avvocati di Carlo.

«Non voglio il divorzio, ma ovviamente è indispensabile fare chiarezza su una situazione che è stata al centro di molte discussioni, specialmente negli ultimi tre anni. Perciò tutto quello che posso dire a riguardo è che aspetto che mio marito prenda una decisione su come dobbiamo andare avanti.»[25]

Ma un discorso tanto brillante poteva essere spontaneo? Naturalmente no. Diana sapeva bene quali argomenti sarebbero stati affrontati e si era esercitata per settimane. Hewitt ricorda che, durante il loro idillio d'amore, Diana ripeteva spesso la frase: «Nel matrimonio eravamo in tre». Quello che lo stupì di più fu la grande differenza che c'era tra la Diana dell'intervista e quella «sicura di sé, civettuola, dall'umorismo malizioso» che lui aveva conosciuto. «Quando guardava nell'obiettivo della telecamera con i suoi grandi occhi contornati di nero (va ricordato che, di solito, non usava l'eyeliner), Diana parlava come se fosse la testimone in un processo», sottolineò Hewitt nelle sue memorie *Love and War*.[26] Rimase sbalordito nel sentirla ammettere la loro relazione davanti alle telecamere e fu estremamente colpito dall'abilità con cui Diana aggirò la domanda di Bashir spostando l'attenzione dall'aspetto puramente fisico a quello emozionale: «Sì, lo adoravo», non «Sì, ho avuto una relazione con lui». Ma del resto, Diana sapeva esattamente quale immagine di sé voleva dare al pubblico.

«Era come un produttore aggiunto dietro alla macchina da presa», commentò un collaboratore della BBC.[27] Diana si era truccata da sola, colorando il contorno degli occhi di nero come quelli di un panda e rendendo più pallido il suo colorito. Lo sguardo che si scorgeva sotto le ciglia scure comunicava un messaggio inequivocabile: «State in guardia!»

«Ero la moglie separata del principe di Galles. Ero un problema, punto. Non era mai accaduto prima. Che cosa si deve fare con lei? Non toglierà il disturbo in silenzio, questo è il problema. Combatterò fino alla fine, perché sono convinta di avere un ruolo da portare avanti e ho due figli da crescere.»[28]

La famiglia reale si rese immediatamente conto della minaccia che si celava dietro l'immagine innocente della principessa, ma il pubblico forse no. «Questa creatura psicopatica e schizofrenica è matta da legare», scrisse Woodrow Wyatt nel suo diario, esternando il pensiero di quasi tutto l'establishment britannico.[29]

Camilla si sentiva vendicata. Diana aveva dimostrato una volta per tutte di essere «fuori di testa, una da rinchiudere in manicomio», come la definì Richard Parker Bowles.[30] Frances Shand Kydd era talmente inorridita che si fece negare al telefono quando la figlia la chiamò in Scozia il mattino seguente. «Era così inquietante, davvero, che in tutta franchezza ho pensato che non avrei mai più preso le sue difese. Quella storia di *Panorama* era davvero troppo.»[31] Nicholas Soames, il migliore amico di Carlo, intervenne nel programma *Newsnight* che andava in onda sulla BBC dopo *Panorama,* sostenendo che Diana era vittima di «una paranoia in stadio avanzato».[32] Parlando a nome di tutti i suoi parenti più celebri, la principessa Alexandra, solitamente mite e riservata, durante una cena privata disse a Woodrow Wyatt cosa pensava di Diana: «Non è solo pazza, è la cattiveria in persona».[33]

Il pubblico era di tutt'altro avviso. La gente la amava. Diana aveva vinto la sua scommessa. Il mercoledì successivo all'intervista, un sondaggio del *Daily Mirror* rivelò che il 92% del pubblico aveva apprezzato la sua apparizione a *Panorama*.[34] Un sondaggio di stampo meno proletario, commissionato dal *Sunday Times* e pubblicato il 3 dicembre, due settimane dopo l'intervista, evidenziava che il 67% del popolo britannico era convinto che Diana avesse fatto bene a concedere quell'intervista; il 70% riteneva che avrebbe dovuto ottenere un ruolo come ambasciatrice umanitaria all'estero e solo il 25% sosteneva che avrebbe dovuto avere un ruolo meno attivo nella vita pubblica.[35]

«D'ora in poi nessuno potrà mai più accusarla di avere 'un cervello da gallina'», scrisse Brian Hoey.[36] Soames, ministro della difesa del governo conservatore, arrivò a pentirsi delle sue dichiarazioni sulla «paranoia» di Diana. In questo modo non fece che confermare l'opinione della principessa (e della maggior parte del pubblico) che i fantastici amici di Carlo stessero tramando contro di lei. Quando il primo ministro John Major, deciso a tenere il suo governo fuori dalla guerra privata dei principi di Galles, incontrò Soames in parlamento, gli intimò di «chiudere la bocca».[37]

Diana intraprese un viaggio in Argentina durante il quale fece poche apparizioni pubbliche; l'accoglienza fu talmente calorosa che per qualche tempo riuscì a dimenticarsi della reazione dell'establishment britannico. In realtà era consapevole che si trattava solo di una breve parentesi. Se non c'era ancora stata nessuna reazione ufficiale da parte della regina, era solo perché Sua Maestà doveva prima chiarire la situazione costituzionale con il primo ministro e con la Chiesa anglicana. Jephson stava ancora dalla parte di Diana, ma lei sapeva benissimo che non sarebbe stato così ancora per molto (e, per dimostrarglielo, durante il volo di ritorno da Buenos Aires gli assegnò un posto in business class, mentre la sua parrucchiera viaggiò accanto a lei in prima classe).[38] Come un missile a raggi infrarossi, Diana proseguì verso New York per ricevere un riconoscimento ufficiale dalla United Cerebral Palsy of New York Foundation per il suo impegno umanitario insieme al generale Colin Powell. Quando uscì dall'hotel Carlyle, dove soggiornava, per andare a cena, fu circondata da una folla di circa duecento ammiratori accorsi ad acclamarla. La strada era illuminata dai riflettori delle troupe televisive e dai flash dei fotografi che cercavano di accaparrarsi uno scatto da copertina della principessa fasciata in un abito da sera nero con una generosa scollatura.

Diana era entrata nel club della grande Manhattan; ora apparteneva al mondo di Donald e Marla Trump, delle star della TV Barbara Walters e Henry Kissinger e di tutte le altre celebrità che potevano permettersi una cena da mille dollari.

Dal podio dell'Hilton, la principessa si rivolse al pubblico dicendo: «Oggi è il giorno della compassione».[39] Quando qualcuno dalla folla osò interromperla con la provocatoria domanda: «Dove sono i tuoi figli, Diana?», lei rispose in tutta serenità: «A scuola», guadagnandosi una standing ovation (DI CONQUISTA LA GRANDE MELA, strillava il titolo a caratteri cubitali del *New York Post*).[40] Le recensioni entusiastiche che dipingevano Diana come «una santa americana»[41] offuscarono le iniziative di Carlo in patria. Il principe aveva tenuto un discorso davanti a un circolo di uomini d'affari che il suo ufficio stampa aveva pubblicizzato come «il primo discorso di Sua Altezza Reale diffuso via Internet».[42]

Kissinger, che consegnò il premio a Diana, mi ha raccontato che, durante la cena, la principessa gli confidò la sua difficoltà a ritagliarsi un nuovo ruolo. «Le consigliai di fare delle cose che avessero un indirizzo umanitario, ma che non fossero ricollegabili in qualche modo a gruppi di protesta. Non doveva impegnarsi contro qualcosa, ma *per* qualcosa. Era molto intelligente. Aveva in testa un'idea molto chiara di come voleva gestire la sua vita futura, solo che non riusciva a esprimerla con le parole.»[43]

Quello che Diana sapeva era che con l'intervista a *Panorama* si era conquistata il sostegno dell'opinione pubblica; proprio quello di cui aveva bisogno per imporre le sue condizioni nella causa del divorzio. Come aveva detto al popolo britannico, stava «aspettando». Non dovette attendere molto e alla fine fu lei stessa a premere il pulsante che l'avrebbe catapultata fuori da Casa Windsor. L'occasione si presentò durante la consueta festa natalizia per il personale a St James Palace.

Dopo un mese passato all'estero venerata da tutti, rientrata in patria Diana ebbe un crollo improvviso. Forse fu a causa della tensione della folle doppia vita che conduceva, da un lato disprezzata dalla famiglia reale e dall'altro adorata da tutti gli altri. O forse desiderava accelerare le cose e lanciare un altro petardo nella vita di Carlo. O magari fu perché aveva appena saputo che, il giorno prima, il principe si era incontrato con John Major per discutere i problemi costituzionali legati alla decisione di divorziare. Qualunque cosa fosse, Diana scelse quel momento di festa per insultare l'assistente personale di Carlo, la trentenne Alexandra «Tiggy» Legge-Bourke, che era anche la baby-sitter part time di William e Harry.

La Legge-Bourke, un'impetuosa e aristocratica ragazza di campagna, soprannominata signorina «Tiggy-Winkle» a causa della sua passione d'infanzia per i racconti di Beatrix Potter, era stata assunta da Carlo nel 1993 per occuparsi dei ragazzi quando andavano a trovarlo a Highgrove. Tiggy era proprio il tipo di persona che Diana odiava. Era cresciuta in una tenuta di 2500 ettari del Galles, figlia di una dama di corte della principessa Anna e di un banchiere agiato, e a detta di Diana aveva delle mire su Carlo. La principessa non si sentiva minacciata tanto dal fascino esuberante della giovane brunetta quanto dall'inaspettato affetto che William e Harry dimostravano nei suoi confronti. I due ragazzi adoravano la sua personalità entusiasta. «Do loro quello di cui hanno bisogno a questa età: aria fresca, un fucile e un cavallo. Lei [Diana], invece, mette loro in mano una racchetta da tennis e una porzione di popcorn al cinema», affermava Tiggy in uno dei suoi irritanti (e astuti) commenti.[44] Mark Bolland racconta che una volta salì a bordo della Vauxhall Frontera di Tiggy e che aveva trovato tre topi morti sul sedile posteriore. Tiggy portava i giovani principi a fare delle arrampicate senza elmetto protettivo, alle feste indossava cappellini dotati di luci intermittenti e durante le settimane bianche a Klosters era considerata come un'accompagnatrice impossibile da controllare. Probabilmente era l'unica persona sulla quale Camilla e Diana erano assolutamente d'accordo. Entrambe volevano che se ne andasse. Diana era convinta che Carlo avesse una relazione con la baby-sitter perché l'aveva vista indossare una spilla di diamanti a forma di *Fleur de Lis*, un regalo con cui Carlo, in passato, aveva sempre omaggiato le sue amanti. La stessa Diana ne possedeva una.

Non esistono prove di una relazione tra Carlo e Tiggy, ma i timori di Diana non erano del tutto infondati. Tiggy significava guai. Ne diede prova quando, dopo la morte di Diana, su richiesta dei ragazzi organizzò una festa per il cinquantesimo compleanno di Carlo e tralasciò di invitare Camilla. Lei sostenne, in modo poco plausibile, che era stata una decisione dei giovani principi, il che danneggiò ancora di più l'immagine di Camilla. Durante i giorni bui del 1995, a palazzo reale esisteva una lobby sempre più vasta che proponeva Tiggy come seconda moglie di Carlo, lobby sorprendentemente sostenuta da Sir Robert Fellowes, il cognato di Diana. La principessa era talmente ossessionata da Tiggy che, a un certo punto, scrisse un bizzarro messaggio a Paul Burrell in cui esternava i suoi timori sulla possibilità che qualcuno dell'establishment stesse «pianificando di manomettere i freni della mia macchina per procurarmi un incidente e gravi ferite alla testa, in modo da spianare la strada a un secondo matrimonio del principe Carlo».[45] (L'amica di Diana, Lucia Flecha de Lima, è convinta che questo messaggio sia stato scritto da Burrell stesso – spesso aiutava Diana a scrivere gli auguri di Natale, spiega.)[46] Sembra che Burrel, nei suoi incessanti tentativi di assicurarsi la pensione, abbia ripescato qualsiasi tipo di comunicazione scritta rovistando nella spazzatura di Kensington Palace. Il nome della persona che Carlo aveva intenzione di sposare non veniva menzionato nel suo libro, ma nel dicembre 2006 tutta la stampa scandalistica trattenne il fiato quando furono pubblicati i risultati della Operation Paget Inquiry di Lord Stevens e, invece del tanto annunciato nome di Camilla, spuntò quello di Tiggy.[47]

Giovedì 14 dicembre 1995, fresca del suo trionfo a New York, la principessa raggiunse l'hotel Lanesborough all'angolo di Hyde Park per la festa di Natale del personale di St James Palace. «Resti accanto a me e stia a vedere», disse Diana a Burrell. Poi la principessa si diresse verso l'inconsapevole Tiggy sfoggiando uno dei suoi sorrisi più amichevoli.

« Salve Tiggy, come va? », mormorò. « Mi dispiace *così* tanto per il bambino. »[48] La ragazza, offesa, scappò dalla sala in lacrime, seguita dal capo della servitù del principe, Michael Fawcett. Le scioccanti parole di Diana si diffusero in un baleno tra i presenti scandalizzati. Era impazzita? Insinuare che Tiggy avesse abortito un figlio del principe Carlo era un comportamento del tutto folle.

« Ha visto la sua espressione, Paul? » gridò Diana a Burrell. « Ci è mancato poco che svenisse! »[49] Ma proprio come nel caso di Julia Carling, la principessa aveva cercato lo scontro con la persona sbagliata. Tiggy ne aveva avuto abbastanza.

Si scatenò un vero inferno. Il padre di Tiggy la incoraggiò a rivolgersi all'avvocato Peter Carter-Ruck, specializzato in cause di diffamazione, il quale inviò prontamente una lettera allo studio legale della principessa, Mishcon de Reya, accusando Diana di aver messo in circolazione « malignità sul conto dell'interessata... Con l'intenzione di rovinare la reputazione della mia cliente ».[50] Anche Robert Fellowes scrisse a Diana in qualità di segretario personale della regina per comunicarle che le sue accuse nei confronti di Tiggy erano « del tutto infondate. Il giorno del presunto aborto, lei si trovava a Highgrove con William e Harry. Ovviamente è nel tuo pieno interesse ritrattare immediatamente queste accuse. » La lettera includeva, inoltre, un messaggio personale di Fellowes: « Ti scrivo perché sono convinto che stai sbagliando ed è necessario che tu te ne renda conto, per favore ».[51] Diana seguì il consiglio del suo avvocato Anthony Julius e accomodò rapidamente la questione.

Il principe Carlo era inorridito, ma non quanto la regina. Per Sua Maestà, quest'ultimo atto di aggressione da parte della nuora era la classica goccia che faceva traboccare il vaso. Diana aggravò ulteriormente la sua posizione rifiutando l'invito della regina a raggiungere i ragazzi per Natale a Sandringham, una proposta di pace e, allo stesso tempo, anche un ordine di Sua Maestà. Downing Street approvò la decisione ormai irrevocabile della regina di mettere immediatamente fine al matrimonio del principe e della principessa di Galles. Dall'intervista di Bashir, i ministri del governo conservatore – e non solo Nicholas Soames – erano arrivati alla conclusione che ormai era assurdo pensare che Diana potesse ancora diventare regina. Il *Daily Telegraph* citava una fonte di Whitehall: «*Panorama* ha dato alla regina e al signor Major 'lo stimolo' e 'l'occasione' per cercare una soluzione pacifica».[52]

Il 20 dicembre 1995, un corriere in uniforme proveniente dal castello di Windsor consegnò a Diana una lettera manoscritta della regina. «Carissima Diana», iniziava lo scritto nel quale la sovrana le chiedeva di acconsentire a un rapido divorzio da Carlo «nell'interesse del paese».[53] La lettera terminava : «Con affetto, mamma». La regina informò Diana che aveva discusso della questione con l'arcivescovo di Canterbury e con il primo ministro e che entrambi «ritengono che tu debba divorziare». L'intervento della regina, di fatto, tolse Carlo dai pasticci: il divorzio era una decisione della regina, non del principe di Galles. Lo stesso giorno arrivò anche una lettera di Carlo, in cui l'erede al trono spiegava alla principessa che il loro matrimonio ormai era irrimediabilmente naufragato e che questo rappresentava «una tragedia personale e nazionale».[54]

Diana appoggiò le due lettere sulla scrivania e chiese a Paul Burrell: «Cosa ne pensa?» Stando a quanto ha raccontato Burrell, indicò con il dito una frase che ricorreva in entrambe le lettere e che faceva riferimento alla «situazione triste e complicata». «Forse mi prendono per una stupida», disse, e inviò prontamente una lettera di risposta al marito. «La tua richiesta mi ha colto totalmente di sorpresa. Non acconsento a un divorzio immediato.»[55]

Tutta quella spavalderia era solo apparenza. Diana ora si ritrovava a scontrarsi con la realtà dei fatti. Si rannicchiò sul divano singhiozzando in lacrime. Si tormentava per aver capito troppo tardi l'importanza di quello che aveva perso: non solo l'uomo dal quale non era mai riuscita a farsi amare, ma anche i vantaggi indiretti di cui godeva come membro della famiglia reale, ovvero dignità e protezione. Ora era abbandonata a se stessa. Ma, per lo meno, adesso tutte le carte erano in tavola: avrebbe dovuto riflettere con attenzione sulle sue prossime mosse se non voleva rischiare di finire nella stessa spiacevole situazione di Fergie.

«Nessuna donna lascia la famiglia reale con la testa ancora attaccata al collo»,[56] osservò una volta la duchessa di York con tono ironico. Fergie stava negoziando i termini del proprio divorzio esattamente mentre Diana stava per affrontare il suo. Le due amiche, che si erano allontanate per un periodo, durante l'estate si riavvicinarono, accomunate dai loro problemi coniugali. In quei giorni Diana si faceva vedere spesso ai pranzi domenicali nella casa che Fergie aveva affittato nel Surrey. La principessa di Galles e sua cognata, che Diana chiamava «la rossa», scherzavano sul fatto che avrebbero trascorso gli ultimi giorni della loro vita nella Torre di Londra.

«Sarah Ferguson fu un'amica molto, molto utile per la principessa nei mesi che precedettero il divorzio», disse Jane Atkinson, che in seguito divenne la consulente d'immagine di Diana. «Se non avesse potuto andare regolarmente a casa di Fergie, sarebbe diventata matta.»[57] Diana sfruttò sua cognata come una costante fonte d'informazione sulle tattiche dei Windsor e vide in prima persona quale trattamento le veniva riservato dalla Casa Reale.

Come moglie del secondogenito della regina e madre di due principesse, Fergie uscì dal matrimonio decennale con il principe Andrea con un debito di cinque milioni di sterline e senza una casa di sua proprietà. La buonuscita di 600.000 sterline concessale dalla regina per l'acquisto di una casa era vincolata alla condizione che venisse intestata alle figlie, le principesse Beatrice ed Eugenie, e che Fergie non la vendesse per procurarsi dei contanti. La regina istituì anche un fondo d'investimento di 1,4 milioni di sterline a favore delle nipotine. Il principe Andrea avrebbe dovuto contribuire solo al pagamento delle tasse scolastiche.[58] «È sorprendente vedere come anche gli avvocati più in vista si inginocchiano davanti alla Corona», commentò uno dei consulenti finanziari di Fergie.[59]

Non quando si trattava di Diana. La principessa non si lasciò intimorire nemmeno per un attimo. Quando la regina dichiarò aperta l'ultima partita, i consulenti legali della principessa rimasero molto colpiti dalla calma con la quale affrontò la situazione, dando prova di grande intelligenza già nella scelta dei suoi avvocati. Il principe, ovviamente, delegò i legali della regina, Farrer & Co.; la rappresentante dello studio, Fiona Shackleton, era una donnona chiassosa amante del bridge, specializzata in diritto matrimoniale, nonché autrice del libro *The Divorce Handbook*.

Invece di rivolgersi a uno studio legale aristocratico, Diana optò per il più commerciale studio Mishcon de Reya, una società che si distingueva per gli stretti legami che il suo socio fondatore, Lord Mishcon, intratteneva con il partito conservatore. L'uomo di fiducia di Diana era il trentanovenne Anthony Julius, che si era fatto notare non grazie alla sua esperienza in diritto matrimoniale, bensì per la sua intelligente condotta in una controversia con i media. Figlio di un commerciante di tessuti dei sobborghi di Londra, studioso di letteratura e intellettuale polemico (aveva sollevato un vespaio con un libro sull'antisemitismo di T.S. Eliot), Julius era notoriamente libero da qualunque tipo di legame con l'establishment che l'avrebbe reso facile bersaglio della pressione esercitata dal palazzo reale. In effetti Lord Mishcon, il quale in tarda età era riuscito a farsi accettare negli ambienti più snob, non era per niente felice del fatto che Julius volesse occuparsi del divorzio di Diana. Al contrario di Carlo, la principessa era perfettamente consapevole che la loro separazione definitiva sarebbe stata una battaglia combattuta tanto nel campo delle relazioni pubbliche quanto in tribunale. Quando chiamò Julius per chiedergli di rappresentarla, lui l'avvisò che si trattava della sua prima causa di divorzio. «Non fa niente», replicò lei, «anche per me è il primo divorzio.»[60]

Julius spiegò a Diana che, se voleva che lui si occupasse della faccenda, doveva comportarsi come una cliente normale. I loro colloqui non avrebbero dovuto svolgersi a Kensington Palace ma nel suo ufficio. «Non ci comporteremo come se fossimo in una fiaba», le disse, stando al racconto di un collega. Inoltre, Julius si rifiutò di rappresentare Diana gratuitamente, come Lord Mishcon aveva fatto spesso in passato. Per agevolare Diana nel pagamento del suo onorario, Julius le fece ottenere un prestito bancario.

Quando arrivò la lettera della regina, fu Julius a consigliare a Diana di prendere tempo e non accettare subito il divorzio. Non doveva prendere una decisione avventata come aveva fatto Fergie. Come previsto, il rifiuto di Diana a capitolare immediatamente fece innervosire la controparte. La regina telefonò a Diana diverse volte per chiederle gentilmente come stessero procedendo le trattative. La principessa spiegò a Sua Maestà che stava ancora riflettendo sulla sua posizione. In gennaio e febbraio, man mano che le settimane passavano, il fronte di Carlo diventava sempre più inquieto e impaziente di sapere che cosa stesse tramando Diana. Temevano che al suo silenzio sarebbe seguita una richiesta economica insostenibile. E avevano ragione. Julius e Diana erano impegnati a calcolare con esattezza il budget necessario per sostenere lo stile di vita di una celebre principessa divorziata.

Per Diana tutto questo rappresentava una novità. Nell'opera teatrale *Licking Hitler* di David Hare c'è un personaggio femminile talmente aristocratico che crede addirittura che l'elettricità sia gratis. Per certi versi Diana era proprio quel genere di persona. Una volta chiese al suo consulente finanziario, Joseph Sanders: «Come si fa a mettere la benzina in una macchina?» Era cresciuta senza alcuna consapevolezza del valore del denaro. Né il principe di Galles né sua moglie avevano mai posseduto una carta di credito o portato con sé liquidi o un libretto degli assegni. Le carte di credito venivano conservate dalla guardia del corpo. Una volta la principessa staccò uno zaffiro ovale da una collana che non le piaceva, regalatale dalla famiglia reale saudita, dichiarando che l'avrebbe sotterrata tra le mura del giardino di Kensington Palace.[61] Negli anni '90, il conto mensile del cellulare di Diana spesso si aggirava tra le cinquemila e le diecimila sterline. Le sue bollette, anche dopo la separazione, venivano inoltrate per il pagamento direttamente all'ufficio del principe di Galles, il quale inarcava regolarmente le sopracciglia alla vista del «budget da capogiro»[62] di tremila sterline alla settimana della moglie. Il divorzio risvegliò Diana dal suo sogno, ma lei imparava in fretta. La sua squadra di legali scoprì che, nonostante avesse sempre speso il denaro del principe con una certa leggerezza, quando si arrivò al dunque Diana si dimostrò concretamente determinata a tenersi stretta la sua fonte di denaro. La somma che arrivarono a pretendere per il mantenimento dello status sociale e della sicurezza della principessa ammontava a 17 milioni di sterline, non un penny di meno.

Il 15 febbraio Diana non aveva ancora acconsentito al divorzio e la regina la invitò a palazzo per accelerare le cose. All'ordine del giorno c'erano questioni molto importanti di cui discutere prima di raggiungere qualunque tipo di accordo economico: se Diana avrebbe continuato a vivere a Kensington Palace, l'affidamento dei ragazzi e la spinosa questione che aveva tormentato anche l'americana divorziata Wallis Simpson prima di lei, cioè se avrebbe mantenuto il titolo di Sua Altezza Reale.[63]

I ragazzi non costituirono mai un problema, anche se le decisioni sull'istruzione e la carriera di William sarebbero sempre spettate alla regina. La sovrana comprendeva il desiderio di Diana di continuare a vedere i ragazzi con la stessa frequenza di prima e l'aveva rassicurata su questo punto, come raccontò Diana stessa a Burrell: «Tu sei e resterai sempre la madre di William e Harry. Sono preoccupata solamente per il fatto che quei bambini si sono ritrovati in mezzo al campo di battaglia di un matrimonio naufragato».[64] Neanche Kensington Palace era un problema per la regina, tanto era già un formicaio di reali sempre in lotta tra loro. Che

Diana continuasse a vivere lì non faceva molta differenza, tanto più che quella era anche la casa dei suoi figli.

Quella del titolo di Sua Altezza Reale era una questione diversa. A molti di noi può sembrare una cosa di poco conto. L'importante non era forse che Diana mantenesse il titolo di principessa? Faceva veramente differenza il fatto che venisse chiamata Vostra Altezza Reale, Vostra Grazia, Vostra Magnificenza, Vostra Santità o semplicemente My Lady? Pur non avendo alcun significato costituzionale e nessun fondamento legale, il titolo di Sua Altezza Reale era sinonimo di un legame familiare diretto con la Corona. Il monarca può assegnare e revocare il titolo a suo totale piacimento. Il suo prestigio è tale da provocare un magico effetto a catena per cui, chiunque si trovi di fronte a Sua Altezza Reale, è pronto a porgerle inchini e riverenze. Senza la protezione di questo titolo, Diana avrebbe dovuto inchinarsi nel corridoio di Kensington Palace ogniqualvolta s'imbatteva nella sua vicina austriaca che lei chiamava U-Boat Commander: Sua Altezza Reale la principessa Michael di Kent.[65]

Che sfortuna. La regina non avrebbe mai permesso a Diana di mantenere il titolo per la stessa ragione per cui la Regina Madre era stata così irremovibile nel caso di Wallis Simpson. Chi poteva sapere come si sarebbe evoluta la vita privata di Diana e quali imprevisti avrebbe portato con sé, magari a causa di un secondo marito orribile? La sovrana, di conseguenza, fu profondamente sollevata quando durante la conversazione si rese conto che la principessa non avrebbe fatto tante storie, ma anzi sembrava disposta a cedere il suo titolo ancora prima che le fosse chiesto.

In realtà, Diana lasciò il palazzo in preda a sentimenti contrastanti, dispiaciuta non solo per il divorzio stesso, ma anche per la questione del titolo. Rimuginava su come le prospettive di Fergie nel mondo reale si fossero letteralmente sgonfiate ora che era stata privata del suo titolo reale. Era terrorizzata dal fatto di poter essere risucchiata nel vortice della cognata, costretta a impegnare i gioielli per permettersi i suoi sfizi. Ben presto, Fergie fu costretta a liberare i suoi uffici a Buckingham Palace e a gestire gli impegni da un minuscolo ufficio in affitto presso la sede di Chelsea di una società denominata Sputnik Communications, da dove trattava con una casa editrice per vendere i suoi libri per bambini su un pappagallino che pilotava un elicottero e prendeva accordi su alcuni spot come testimonial ducale per la Weight Watchers. Diana aveva orrore di tutto questo. Mantenere il titolo di Sua Altezza Reale le avrebbe assicurato di poter essere sempre invitata agli eventi ufficiali e di essere sempre riconosciuta come la madre del futuro re. Forse la regina considerava definitivamente chiusa la questione del titolo di Sua Altezza Reale, ma Diana no.

Nel frattempo, Carlo era diventato talmente nervoso per la staticità della situazione che chiese a Diana un incontro senza avvocati. «Dobbiamo andare avanti, non guardare indietro, e smetterla di attaccarci a vicenda», scrisse a sua moglie.[66] Presero un tè insieme a St James Palace. Fu un incontro toccante che durò ben quarantacinque minuti, ma che non riuscì a fugare la diffidenza reciproca. Diana acconsentì al divorzio, ma solo a condizione che venissero accettate le richieste avanzate dai suoi avvocati. In seguito fece ritorno nel suo ufficio, che si trovava a pochi passi, per dettare immediatamente una dichiarazione alla sua addetta stampa Jane Atkinson. Nella dichiarazione si diceva che la principessa aveva accettato la richiesta di divorzio del marito, che avrebbe continuato a essere coinvolta nelle decisioni riguardanti i figli, che sarebbe rimasta a Kensington Palace mantenendo gli uffici a St James e che avrebbe continuato a essere conosciuta come Diana, la principessa di Galles. Il suo annuncio unilaterale fece infuriare il palazzo, che si affrettò a comunicare alla stampa che Diana aveva chiesto espressamente al principe Carlo di non rivelare i contenuti dei loro colloqui solo per poterli rendere pubblici di persona senza contraddittorio. «La regina», recitava la nota, «ha accolto con vivo interesse la notizia che la principessa di Galles ha acconsentito al divorzio... Tutti gli altri dettagli, inclusa la questione dei titoli, devono ancora essere discussi e chiariti.

Per questo ci vorrà del tempo.»[67] Il tradimento della fiducia di Carlo da parte di Diana, però, aveva anche un aspetto positivo. Citando espressamente il suo titolo, Diana aveva implicitamente acconsentito ad abbandonare quello di Sua Altezza Reale. Ma il sollievo a palazzo sarebbe stato di breve durata. Diana stava già informando il suo amico Richard Kay del *Daily Mail* che «avrebbe voluto conservare il titolo di Sua Altezza Reale la principessa di Galles, ma la Casa Reale aveva respinto la richiesta e quello era stato il punto dolente intorno al quale ci si era arenati nelle ultime due settimane.»[68] Era il solito balletto di Diana e nascondeva uno scopo ben preciso. Facendo trapelare le sue condizioni costringeva il palazzo a mettersi sulla difensiva. Coinvolgendo la stampa nella faccenda del titolo di Sua Altezza Reale, aveva scatenato un forte risentimento del popolo nei confronti della presunta avarizia della Casa Reale. Forse questo avrebbe indotto la regina a cambiare atteggiamento. E anche se il tentativo fallì, nonostante fosse stata una mossa utile, aveva spostato l'attenzione del palazzo sulla battaglia per il titolo, quando la vera battaglia, invece, era quella economica.

Per mettere a tacere le insinuazioni di Kay sull'intricata faccenda del titolo, Charles Anson, il portavoce della regina, dichiarò ai media: «La decisione di rinunciare al titolo è stata presa dalla principessa in persona. Non è assolutamente vero che la regina o il principe le hanno chiesto di farlo. Devo smentire categoricamente questa storia».[69] La questione del titolo stava decollando. All'arrembaggio! I segugi della stampa passarono i tre mesi successivi a sbranarsi tra loro litigando sui meriti effettivi o presunti della principessa e sul fatto che meritasse o meno il titolo di Sua Altezza Reale. Ancora una volta, Diana era riuscita a infiammare un dibattito sulle tradizionali ossessioni degli inglesi, dimostrando quanto queste fossero diventate ridondanti. L'editorialista e romanziere Robert Harris fece notare: «La preoccupazione di una nazione per titoli e protocollo è inversamente proporzionale all'importanza reale della nazione stessa».[70]

Dopo aver sparato le sue cartucce, Diana andò a rifugiarsi

da Anthony Julius. Il principe fu prima sbalordito e poi scandalizzato quando, in aprile, Julius presentò a Shackleton la richiesta definitiva di Diana, che ammontava a 17 milioni di sterline. La rendita annuale di Carlo del ducato di Cornovaglia nel 1996 ammontava a 4,5 milioni di sterline e non aveva il permesso di vendere le sue proprietà.[71] Ma notizie anche peggiori attendevano la regina: il team di Diana infatti si era avvalso di alcuni consulenti esterni, i quali avevano stabilito che, per il calcolo della sua buonuscita, Diana non doveva considerare solo i redditi personali di Carlo, provenienti dal ducato di Cornovaglia, ma tutto l'ingente patrimonio dei Windsor. Fino a che punto avrebbero potuto spingersi le sue pretese? C'era il rischio che la piccola Spencer tagliasse la corda con i gioielli della Corona.

Seguì un altro silenzio pesantissimo, questa volta da parte di St James Palace. Avevano creduto di poter mettere Diana in ginocchio. In effetti, la famiglia reale aveva cercato di fare due cose assolutamente contraddittorie: ripudiare Diana e al tempo stesso controllarla. Ma questo era impossibile. La principessa aveva il coltello dalla parte del manico: era Carlo che voleva disperatamente sbarazzarsi della moglie; lei poteva aspettare.

Durante la battaglia per il divorzio, i redattori del *Daily Telegraph*, tradizionalmente conservatore, si erano schierati apertamente con Carlo, il che sembrava piuttosto ragionevole. Tuttavia il 13 luglio essi manifestarono senza volerlo il velato orientamento antisemita dell'establishment. In un articolo nel quale Julius veniva paragonato in modo negativo alla « conciliante e paziente Fiona Shackleton », si leggeva: « A causa del suo background, non potrebbe essere più lontano dal mondo aristocratico da cui proviene la sua antagonista. È un intellettuale ebreo e un sostenitore del partito laburista e quindi più incline a giocare sporco. 'Se fossi nei panni della famiglia reale, mi preoccuperei molto. Gli farà sborsare un sacco di soldi', dice un professore di Cambridge che lo ha avuto come studente ».[72] I lettori, inorriditi di fronte alla cattiveria gratuita di quel commento che dipingeva Julius come uno strozzino, protestarono con una tale veemenza che il quotidiano fu costretto a scusarsi pubblicamente.

In maggio, Diana si recò dalla regina e le disse che se le sue richieste economiche non fossero state soddisfatte, avrebbe ritirato il suo consenso al divorzio. Senza quello, Carlo avrebbe dovuto aspettare almeno altri due anni per raggiungere i cinque di separazione necessari per ottenere un divorzio non consensuale.[73] Se nel frattempo fosse rimasta al verde, sarebbe stata costretta a vendere i suoi gioielli per vivere e questo avrebbe creato a tutti un forte imbarazzo. Lasciò Buckingham Palace con la ferma convinzione che la regina volesse risolvere le cose rapidamente quanto lo voleva lei; ma adesso era il turno della regina di essere cattiva. In risposta all'ultimatum di Diana, la sovrana telefonò agli avvocati del principe Carlo e consigliò loro di prendersi tutto il tempo di cui avevano bisogno.

I giochi continuarono. All'incontro annuale dei genitori a Eton, dove studiava il principe William, Diana fu snobbata dai Knatchbull e dai Romsey, e durante il concerto serale le fu assegnato un posto lontano da Carlo; dovette insistere con la moglie del decano per farsi spostare vicino a lui. Quando uscirono dall'edificio, Diana stampò un bacio sulla guancia di Carlo proprio davanti agli obiettivi dei fotografi che li stavano aspettando. «Adesso Camilla sa cosa vuol dire trovarsi dalla parte sbagliata», disse a Burrell a colazione il giorno dopo, mentre passava in rassegna la valanga di fotografie sulle prime pagine dei giornali.[74]

Il principe di Galles chiese ai soci anziani di Farrer & Co. di cercare una via d'uscita e di tentare di ridurre le pretese economiche di Diana, scavalcando Anthony Julius e rivolgendosi direttamente a Lord Mishcon. Secondo uno dei suoi associati, inizialmente Mishcon si rese disponibile per un incontro, ma poi realizzò che consentire al palazzo di immischiarsi avrebbe potuto mettere in pericolo le trattative. Con grande riluttanza, cancellò l'appuntamento e la controparte accusò il colpo. Il 13 luglio, l'accordo di divorzio fu siglato alle condizioni di Diana. Una chiara e bellissima vittoria. È vero, aveva perso il suo titolo ma, per la prima volta nella sua vita, si era guadagnata l'indipendenza economica.

Il principe odiava essere costretto a chiedere un prestito a sua madre per soddisfare le richieste della moglie. Gli accordi prevedevano: una buonuscita di 17 milioni di sterline; 400.000 sterline l'anno per le spese degli uffici di Diana; inoltre, Diana avrebbe conservato il titolo di principessa di Galles, senza l'appellativo di Sua Altezza Reale. («Madame» è perfettamente accettabile per la principessa, dichiarò Buckingham Palace.) Diana aveva fatto un ultimo tentativo di salvare il titolo alla vigilia della sentenza, interpellando Sir Robert Fellowes. Quest'ultimo declinò la richiesta a nome della sovrana, provocando un gesto di solidarietà, del tutto inusuale per un membro della famiglia reale, da parte della principessa Michael di Kent, che aveva sempre assunto un atteggiamento di sfida nei confronti di Diana. Le spedì un messaggio per dirle che non si aspettava certo che Diana si inchinasse davanti a lei quando si incontravano. «Se Carlo ti avesse amata, non ti saresti mai trovata in questa situazione. Potrai sempre contare sul mio appoggio»,[75] scrisse.

Per Diana, l'unica reazione che contava veramente era quella di suo figlio William. «Non preoccuparti, mamma», le disse il ragazzo quando venne a sapere che Diana non era più Sua Altezza Reale. «Un giorno, quando diventerò re, ti restituirò il tuo titolo.»[76]

In ogni caso, Diana era ancora una principessa e lo sarebbe stata fino alla fine dei suoi giorni, a meno che non si fosse risposata. Era riuscita a tenersi il suo appartamento a Kensington Palace e il suo ufficio. Non le fu vietato di esercitare un ruolo pubblico e poteva «decidere in piena autonomia», sebbene i viaggi all'estero, fatta eccezione per le vacanze private, avrebbero dovuto essere autorizzati dal ministero degli esteri e dalla regina. Oh, e per inciso: non era più colonnello in capo dei Light Dragoons, Air Commodore onorario della base di lancio dei jet Harrier a Wittering e non aveva più nulla a che fare con la HMS *Vanguard*, il primo sottomarino equipaggiato con missili nucleari. Tuttavia, bisogna ammettere che Diana poteva benissimo vivere senza tutte queste cose. Una mossa di gran lunga più subdola fu quella di vietarle l'uso della piscina di Buckingham Palace.

Diana propose a Carlo di fare un annuncio televisivo congiunto per informare il mondo dell'accordo raggiunto per il divorzio. Il principe rifiutò categoricamente. Aveva chiuso con il circo mediatico di Diana. Voleva solo che gli venissero restituiti un paio di acquarelli di alcuni lontani parenti tedeschi, un paio di sedie in stile Regency e la sua argenteria Giorgio III. Nient'altro.

Il 15 luglio 1996, in una squallida stanza del tribunale, Somerset House, il matrimonio del secolo fu sciolto in soli tre minuti. Sua Altezza Reale il principe di Galles contro Sua Altezza Reale la principessa di Galles, non presenti di persona, erano la trentunesima coppia della lista.[77] Somerset House si trova a sole due miglia dalla cattedrale di St Paul dove, in un altro giorno di luglio, un principe radioso attendeva all'altare la sua timida e sorridente sposa ventenne avvolta nel suo pomposo abito di nozze di taffettà color avorio. Ora che il matrimonio era ufficialmente finito, i due ex coniugi si sentivano profondamente tristi. «Vorrei così tanto essere la migliore amica di Carlo», scrisse Diana in uno straziante messaggio a Paul Burrell. «So meglio di chiunque altro che cosa gli passa per la testa e cosa prova.»[78] Due settimane prima, il primo luglio, giorno del trentacinquesimo compleanno di Diana, Carlo le aveva fatto una sorpresa ed era passato a trovarla a Kensington Palace. «Presumo che tu sia venuto qui per portare via i mobili, Carlo, non è così?»[79] chiese Diana con l'ironia brillante che la contraddistingueva e, mentre ridevano davanti a un tè, Burrell pensò, come aveva fatto Jephson prima di lui, all'intesa coniugale che avrebbero potuto raggiungere se non ci fosse stata l'ombra di Camilla.

Anche nella cerchia degli amici più intimi di Carlo aleggiava una punta di rimpianto per il suo matrimonio fallito, come si capisce dai commenti di quelli che conoscevano Diana sin dai primissimi giorni del corteggiamento. «Era adorabile. Era inglese. Era allegra», disse uno di loro al *Sunday Times* (sembra si trattasse di Patti Palmer-Tomkinson). «Era il tipo di ragazza che avrebbe potuto avere dieci figli, accarezzargli i capelli... e dire 'Hai fatto un ottimo lavoro oggi, caro'. La vedevo come una moglie adorabile e affettuosa. Ma come tutti sappiamo, purtroppo è cambiata.»[80]

Era cambiata, d'accordo. Ma è difficile rimanere un'adorabile mogliettina affettuosa quando tuo marito è sempre stato innamorato di un'altra donna. Diana avrebbe anche desiderato avere dieci figli, peccato che suo marito non volesse fare l'amore con lei.

Mercoledì 28 agosto 1996, Diana aveva un appuntamento a pranzo all'English National Ballet per incontrare la nuova compagnia di danza. In realtà, l'incontro non avrebbe dovuto avere luogo quel giorno. Poco prima dell'evento, mandò una comunicazione scritta in cui confermava la sua presenza «al pranzo di mercoledì». Il rappresentante del corpo di ballo chiamò per dire che, sulla sua agenda, l'appuntamento era segnato per il martedì di quella settimana. No, no, disse la principessa, non era così; da quello che lei aveva capito si era sempre parlato del mercoledì. Così il pranzo fu rimandato di un giorno. Quando un impiegato della compagnia notò che davanti agli uffici di Kensington erano appostati almeno quattrocento fotografi, capì improvvisamente cosa c'era dietro al «malinteso».[81] Mercoledì 28 agosto 1996 era il giorno della sentenza definitiva, il giorno in cui Diana era diventata finalmente una donna libera.

Arrivò al pranzo vestita con un elegante abito blu opaco e scese appositamente dal lato sinistro dell'automobile, dalla parte in cui i fotografi potevano vederla meglio. Teneva la borsa con la mano sinistra, in modo da mettere bene in evidenza l'anulare davanti agli obiettivi dei fotografi. Su quel dito non portava solo la sua fede nuziale, ma anche l'anello di fidanzamento di diamanti e zaffiri. In questo modo, ricordava al mondo intero non solo lo scioglimento del matrimonio avvenuto quel mattino a Somerset House, ma anche il felice giorno dello scambio delle promesse nella cattedrale di St Paul, quindici anni prima.

« Ti auguro buona fortuna per la giornata difficile che ti aspetta. È la fine tragica di una storia meravigliosa », le aveva detto Robert Fellowes quel mattino al telefono.

« Ma no. È solo l'inizio di un nuovo capitolo »[82] aveva risposto lei.

L'ultimo spettacolo

È un angelo?

(Helena Ussova, sette anni, vittima delle mine antiuomo in Angola, gennaio 1997)

Diana non è mai apparsa splendida come nei giorni successivi al divorzio. La nuova parola d'ordine era eliminare il superfluo, nella vita e nell'aspetto. Iniziò con lo staff di Kensington Palace, che ridusse a una domestica, un cuoco e un'addetta al guardaroba. Il solerte Paul Burrell si trasformò nel *maître* della sua vita privata, combinando i ruoli di assistente personale, autista, addetto alle consegne, confidente e spalla su cui piangere. «Era solito aggirarsi silenziosamente per la casa, sempre in ascolto», racconta un'amica della madre di Diana. «Sono sicura che quando pranzavo a Kensington Palace il suo orecchio era costantemente incollato al buco della serratura.»[1]

Diana celebrò la rottura con la vita matrimoniale infilando l'intero servizio di porcellane del principe di Galles in un sacco della spazzatura e distruggendolo con un martello.[2] «Faccia una lista di tutto quello che ci serve», disse a Burrell. «Spendiamo ancora un po' dei *suoi* soldi finché possiamo.»[3]

Diana, adesso, si avvaleva della protezione della polizia solo quando partecipava a eventi pubblici. Il suo agente preferito era Colin Tebbutt, che si era ritirato dalla Royal Protection Squad. Era un uomo di bell'aspetto, alto e brizzolato, oltre che un autista eccellente, addestrato dalla SAS. Tebbutt era consapevole del fatto che lavorare per Diana gli avrebbe precluso qualunque futura possibilità di collaborazione con il principe di Galles, ma aveva un debole per la principessa. «Regnava sempre un'atmosfera allegra quando Diana era a casa. Avevo la sensazione che stesse cominciando a godersi la vita. Era una donna diversa, più matura.» Tebbutt racconta che in automobile Diana si accomodava sempre sul sedile anteriore, a differenza degli altri membri della famiglia reale, come la principessa Margaret, la quale si rivolgeva a lui chiamandolo per cognome e sbraitando ordini senza alzare gli occhi dal suo giornale: «Radio!»[4] urlava quando voleva che Tebbutt l'accendesse.

«Io guido tenendo sott'occhio tutti e tre gli specchietti, così dissi a Diana: 'Non sto guardando le sue gambe, Madame', e lei rise.» La stampa conosceva i volti degli autisti di Diana, così Tebbutt a volte si travestiva per levarseli di torno. «Un giorno, poco prima che morisse, voleva andare dal parrucchiere. Io avevo una vecchia Toyota MRT che lei chiamava la 'trappola per verginelle', e decisi di portarla con quella. Tirai fuori dal bagagliaio un grosso berretto da baseball e degli occhiali e li indossai. Quando Diana uscì stavo già grondando di sudore. 'Cosa diavolo sta facendo?' chiese lei. 'Mi sono travestito', risposi. E lei disse: 'Forse è sfuggito alla sua attenzione, ma *sono io* la principessa di Galles.»[5]

Ogni martedì sera, la principessa si sedeva alla scrivania nel suo studio a Kensington Palace e scriveva accorate lettere di ringraziamento ascoltando il concerto per pianoforte n. 2 di Rachmaninov e *A Nightingale Sang in Berkeley Square* di Manning Sherwin, il suo pezzo preferito.[6] In soggiorno, Maureen Stevens, un'impiegata dell'ufficio del principe di Galles, che si era rivelata anche pianista di talento, si esibiva per Diana in un settimanale concerto privato mentre lei lavorava. Si possono quasi sentire in sottofondo le note del pianoforte della Stevens leggendo lo stucchevole messaggio che Diana scrisse alla sua intima amica Liz Tilberis, caporedattrice di *Harper's Bazaar*: «Carissima Liz, sono talmente orgogliosa di essere stata al tuo fianco lunedì sera... le tue attenzioni mi hanno toccata profondamente – i regali per i ragazzi, le candele in albergo e i fiori, per citarne solo alcune – e soprattutto il tuo raggiante sorriso, il tuo grande cuore. Sarò sempre qui per te, Liz».[7] A volte, Diana interrompeva il suo lavoro per telefonare a Richard Kay del *Daily Mail*, lei lo chiamava «Ricardo», per farsi aiutare nella formulazione di una lettera. Kensington Palace era la sua fortezza. Nei caldi pomeriggi d'estate, spariva nel giardino cinto da mura del palazzo in pantaloncini corti e T-shirt, con i suoi occhiali da sole di Versace e una borsa piena di libri e CD per il suo walkman. Nei weekend in cui William e Harry erano a casa, Burrell la vedeva sfrecciare giù per il viale di accesso del palazzo con una svolazzante gonna di cotone sulla sua bicicletta, con i ragazzi che pedalavano furiosamente per raggiungerla.[8] Al suo trentaseiesimo compleanno, in luglio, ricevette novanta mazzi di fiori e Harry riunì un gruppo di compagni di classe per cantarle *Buon compleanno* al telefono.

Gli impegni di beneficenza di Diana furono ridotti da un centinaio circa ai sei cui teneva maggiormente: Centrepoint, l'ospedale Royal Marsden, quello pediatrico Great Ormond Street, l'English National Ballet, la Leprosy Mission e il National Aids Trust. Diana insistette per fare un annuncio pubblico, che le fruttò unicamente critiche inutili e le dimissioni della sua consulente per i mass media Jane Atkinson. Ma la principessa aveva le sue buone ragioni per essere esplicita. Voleva evitare situazioni in cui la sua partecipazione fosse solo nominale. «Se devo parlare in favore di una qualsiasi causa, voglio potermi fare un'idea del problema e imparare qualcosa»,[9] disse a Katharine Graham, allora direttrice della Washington Post Company.

Ci fu un giro di vita anche nelle sue relazioni sociali. Lord e Lady Palumbo furono scaricati dopo che Peter Palumbo la mise ingenuamente in guardia da Martin Bashir. Su Elton John calò il gelo perché tentò di mediare tra Diana e Gianni

Versace per il libro illustrato dello stilista di moda, *Rock and Royalty*. (Le fotografie della principessa e dei ragazzi apparivano in mezzo a un vasto assortimento di modelli seminudi e Diana temeva che questo avrebbe infastidito ulteriormente la regina.) Troncò ogni rapporto con Sir Ronald Grierson perché fece l'errore di offrire un lavoro a Victoria Mendham, una delle tante segretarie che Diana aveva licenziato. E Fergie fu nuovamente relegata in una « Siberia » affettiva, questa volta per sempre. La duchessa divorziata aveva fatto qualche soldo pubblicando le sue noiose memorie, peraltro piene di commenti lusinghieri sulla cognata; eccetto che per un aneddoto fatale. Fergie scrisse che una volta aveva preso in prestito un paio di scarpe di Diana che le avevano fatto venire una verruca. Le dee non hanno verruche. Malgrado le imploranti scuse di Fergie, Diana non le rivolse mai più la parola. Nel 1997, la principessa diede una festa di compleanno per l'amico David Tang e gli disse che poteva invitare chiunque desiderasse.

« Chiunque? » chiese lui.

« Chiunque. »

« Va bene, allora Fergie. »

« Non se ne parla », rispose Diana, e su questo punto fu irremovibile.[10]

Raine si rivelò una nuova e inaspettata alleata. Nel 1993, Diana aveva finalmente fatto pace con la sua formidabile matrigna. I dolorosi anni della separazione e del divorzio da Carlo le fecero considerare la sua vecchia rivale sotto una nuova luce. Diana era ancora addolorata per la scomparsa del padre, il suo più grande sostegno, ma almeno ora era in grado di riconoscere che anche Raine lo aveva amato. Invitò la sua matrigna a pranzo a Kensington Palace per una lacrimosa riconciliazione. Per ogni evenienza, Raine si fece accompagnare dal suo nuovo fidanzato, il conte francese Jean François de Chambrun. La precauzione si dimostrò superflua. In seguito, la principessa e la contessa furono spesso avvistate immerse in intime conversazioni nella Grill Room del Connaught Hotel. Raine consigliò a Diana di tentare di instaurare un rapporto amichevole con Carlo per il bene dei ragazzi. Disse a Diana che sia lei sia sua madre, Barbara Cartland, avevano sempre mantenuto rapporti cordiali con i loro ex mariti e amanti.[11]

Un'altra amicizia assolutamente inaspettata fu quella che nacque tra Diana e Katharine «Kay» Graham. Si erano conosciute nell'estate del 1994, quando Lucia Flecha de Lima aveva portato la principessa nella villa sulla spiaggia di Kay a Martha's Vineyard. Poco tempo dopo, Kay organizzò un pranzo in onore di Diana e Hillary Clinton nella sua casa di Washington. Durante un pranzo presso l'ambasciata britannica nel corso dello stesso viaggio, Diana incontrò nuovamente Colin Powell. Lui le disse di essere stato scelto per invitarla a ballare al gala di beneficenza per la Breast Cancer Foundation di Nina Hyde, che si sarebbe svolto quella stessa sera. Scotland Yard nutriva forti preoccupazioni per il fatto che poco tempo prima, durante un ballo a Chicago, uno sconosciuto si era scagliato sul partner di ballo di Diana armato di coltello. Si riteneva che il generale fosse in grado di gestire una simile eventualità, ma la principessa suggerì comunque di provare insieme qualche ballo nel salone dell'ambasciata. «Lei era a suo agio con qualsiasi melodia e le nostre prove si svolsero alla perfezione», racconta Powell. «Mi disse: 'C'è ancora una cosa che deve sapere. Questa sera indosserò un abito nero scollato sulla schiena. Riuscirà a gestire anche questo?' »[12] Flirtare con i ragazzi più grandi, che bello!

In America la principessa rifiorì. «Qui non esiste alcun establishment», disse al suo amico della moda, Roberto Devorik;[13] ovviamente questo non è vero, ma l'affermazione era corretta nel senso che in America non esisteva un establishment le cui regole o membri avrebbero potuto ferire in qualche modo i suoi sentimenti. Richard Kay sostiene che Diana vedeva l'America come «un paese talmente traboccante di personalità brillanti e celebrità da permettere persino a lei di scomparire.»[14]

Come il suo stile di vita, anche i gusti di Diana in fatto di moda si fecero più personali e modesti, dopo il divorzio.

«Uno stile inglese con una sensibilità non inglese», lo definì Hamish Bowles di *Vogue*.[15] I suoi nuovi abiti da sera erano minimalisti e sexy, un look tabù quando era ancora a tutti gli effetti un membro della famiglia reale. «Diana sapeva di avere belle gambe e voleva mostrarle», disse lo stilista Jacques Azagury.[16] A Venezia, nel 1995 indossò una sbalorditiva tunica rossa tempestata di perle, disegnata da lui, sopra un corto tubino nero, mentre a una serata alla Serpentine Gallery si presentò fasciata in un'altra creazione dello stilista, un abito da pomeriggio blu impreziosito da perline di vetro, con la gonna quindici centimetri sopra il ginocchio. Ma Diana appariva al meglio quando poteva vestirsi in modo informale. Era semplicemente splendida quando saltava giù dalla sua automobile davanti al ristorante Le Caprice per incontrarsi a pranzo con Rosa Monckton, con i suoi jeans slavati, una T-shirt bianca, un blazer blu scuro di ottima fattura e scarpe basse che calzava a piedi nudi (solitamente indossava mocassini neri della serie «Diana», di Jimmy Choo). *Vanity Fair* incaricò il fotografo di origine peruviana, Mario Testino, di immortalare la principessa come lei voleva essere vista ora: una donna moderna, attiva sulla scena mondiale: «vitale, piena di energia e affascinante», stando alle parole di Meredith Etherington-Smith, l'ex redattrice di moda che presentò Diana a Testino. La prima volta che Meredith incontrò Diana a Kensington Palace, rimase stupita da quanto apparisse diversa dall'immagine pubblica della principessa formale dei vecchi tempi. Ora era «una figura alta ed elettrizzante»; l'assenza di trucco «rivelava una genuina carnagione rosea tipicamente inglese. I suoi capelli, non più acconciati come un rigido elmetto e pettinati all'indietro, ricadevano morbidi intorno alla testa, finalmente liberati dalla lacca, come soffioni al vento.»[17] Con il suo infallibile senso di drammaticità, Diana fece in modo che gli sbalorditivi scatti di Mario Testino uscissero sulla copertina di *Vanity Fair* la stessa settimana in cui il divorzio divenne definitivo.

Anche il guardaroba fu ripulito dalle tracce del passato. Diana odiava la vista dei «relitti» ricoperti di lustrini e paillette che le ricordavano i tempi in cui era stata sposa di un principe, moglie di un Windsor, Dynasty Di, e che ora giacevano negli armadi imbalsamati, nei loro sacchi protettivi. Fu un'idea creativa di William quella di mettere all'asta per beneficenza i suoi vecchi abiti a New York, e Diana fu entusiasta della brillante proposta del figlio. L'asta avrebbe rappresentato al contempo un gesto altamente simbolico per la sua nuova vita e una vera benedizione per le fondazioni che aveva scelto di sostenere, l'Aids Crisis Trust e il Royal Marsden Hospital Cancer Fund. Una svendita di roba usata della famiglia reale non si era mai vista prima. La maggior parte delle donne Windsor, inclusa la regina, consegna i propri abiti usati a un discreto e rispettabile negozio nel West End di Londra. Diana fu la prima a organizzare un'asta.

Gli abiti vecchi sono spesso impregnati delle emozioni di chi li ha indossati. Meredith Etherington-Smith, che lavorava anche come direttrice marketing per Christie's, fu incaricata dalla casa d'aste di aiutare Diana a scegliere e catalogare i pezzi. Le due donne selezionarono gli abiti di Diana tutte le mattine per un mese, mentre Diana riviveva le occasioni in cui li aveva indossati. «Fuori! Fuori!» gridava, indicando un vecchio abito tempestato di lustrini a forma di stella, oppure «No! Non posso separarmi da questo!» L'abito da sera color ostrica di Victor Edelstein con il corpetto senza spalline tempestato di perle bianche e bolero in tinta, che aveva indossato a Parigi durante l'elegante ricevimento all'Eliseo del presidente e Madame Mitterrand continuava a volare dentro e fuori dal catalogo. «È stata una serata così allegra», diceva, e non riusciva a decidersi.[18] L'eleganza dei francesi l'aveva angosciata prima di quella sera, ma dopo aveva avuto la sensazione di averli battuti. Si soffermava sospirando anche su un altro capo di Edelstein, una creazione blu notte di velluto e seta. Questo era l'abito con il quale aveva incantato il mondo insieme a John Travolta alla Casa Bianca. Alla fine lo cedette, sapendo che avrebbe ottenuto il prezzo più alto dell'asta. (Un anonimo offerente se lo aggiudicò per 222.500 sterline.)[19] In retrospettiva, scrisse l'esperta di moda Suzy Menkes sull'*International Herald Tribune*, tutte le creazioni di alta moda del passato di Diana apparivano come « una prova generale per il modesto completo nero indossato la sera in cui il principe Carlo confessò il suo adulterio in televisione, in prima serata ».[20]

Ma ora, nell'anno successivo al divorzio, i rapporti con il principe si stavano normalizzando e navigavano in acque più calme. La distensione aveva avuto inizio con quel tè in luglio. L'arrivo nel 1996 di Mark Bolland come vicesegretario privato di Carlo diede inizio a una specie di *glasnost* tra l'ufficio della principessa e quello del principe. Bolland era un operatore sagace che proveniva dal marketing e poteva vantare quattro preziosi anni di esperienza come direttore della Press Complaints Commission. Era un uomo che viveva nel mondo reale, non nella bolla del palazzo. Doveva il suo lavoro a Camilla; era stato raccomandato a Carlo dall'avvocato divorzista di lei, Hilary Browne-Wilkinson. Malgrado questo, o forse proprio per questo, uno dei suoi obiettivi era quello di mettere fine all'annosa guerra tra i principi di Galles. Era convinto che rappresentasse un ostacolo alla necessaria ricostruzione dell'immagine del principe. Il primo atto di Bolland fu convincere Carlo a licenziare il suo segretario personale, Richard Aylard, l'artefice del fiasco Dimbleby, e ripulire lo staff dai collaboratori degli amari anni di battaglie coniugali. Inoltre, Bolland non era un fan dell'inflessibile Tiggy Legge-Bourke e condivideva l'opinione di Camilla che Tiggy passasse il suo tempo a provocare Carlo.[21] Di sicuro, un altro intervento di buon auspicio.

La cosa migliore, tuttavia, era che la vita amorosa di Diana si era semplificata in modo meraviglioso. Nell'autunno del 1995 si era finalmente innamorata di un uomo degno delle sue attenzioni, che non era sposato e ricambiava i suoi sentimenti: il trentaseienne cardiochirurgo pakistano Hasnat Khan.

« Quello giusto », come lei lo chiamava, era il più vecchio dei quattro figli di una famiglia benestante e molto unita dell'*upper middle class* di Jhelum, a nord di Lahore. Diana lo conobbe al Royal Brompton Hospital, dove si era recata a far visita al marito della sua principale confidente, l'infermiera e agopunturista irlandese Oonagh Shanley-Toffolo. Joseph Toffolo aveva avuto una grave emorragia interna durante un'operazione di triplo by-pass. Khan, il suo medico curante, lavorava con l'illustre chirurgo professor Sir Magdi Yacoub e quel giorno era in servizio. Simile a un austero Omar Sharif in camice bianco, Khan entrò nella stanza seguito da un nugolo di assistenti mentre Diana era al capezzale del paziente. Il dottore era talmente assorbito dalle condizioni di Toffolo che non si accorse affatto della principessa; un comportamento terribilmente sexy per una donna abituata a essere sfacciatamente adulata da tutti. Lo stesso effetto le facevano il sangue sulle sue scarpe da tennis e i suoi occhi premurosi ed espressivi. «È fantastico, Oonagh, semplicemente da infarto»,[22] sussurrò Diana alla signora Shanley-Toffolo quando Khan lasciò la stanza. Così fantastico, in effetti, che Diana si affannò al capezzale dello stupefatto marito della signora Toffolo per diciotto giorni di fila. Presto l'appartamento di Kensington Palace fu inondato dal profumo dei bastoncini d'incenso. La principessa si trasformò in un'appassionata studentessa di cardiologia, proprio come prima lo era stata di equitazione e di arte islamica. Il suo comodino gemeva sotto un enorme manuale di anatomia e pile di riviste di chirurgia. Ogni sabato sera seguiva la serie televisiva *Casualty,* una soap opera ospedaliera.[23] Il suo guardaroba si arricchì di una colorata collezione di shalwar kameez, le vivaci tuniche di seta che le donne pakistane indossano sopra i pantaloni. Considerò l'idea di convertirsi all'Islam. La colpiva il fatto che Khan rifiutasse di consumare completamente la loro relazione fino al momento in cui il suo divorzio sarebbe diventato definitivo, per motivi religiosi.

Diana iniziò a passare le notti con Khan nella sua piccola stanza di servizio al Royal Brompton Hospital per poi rientrare furtivamente nel palazzo alle prime ore del mattino. Lei gli chiese se poteva assistere a un intervento a cuore aperto. «Chiunque abbia il fegato di assistere a un'operazione al cuore è il benvenuto», le disse Khan.[24] Dopo questo, non riuscì più a tenerla lontana dalla sala operatoria. Sky TV aveva intenzione di filmare un intervento chirurgico di Sir Magdi Yacoub all'Harefield Hospital su un bambino africano di sette anni, arrivato nel Regno Unito in aereo grazie all'interessamento dell'associazione benefica Chain of Hope. Per aumentare l'audience, l'organizzazione chiese a Diana di presenziare all'operazione. Le immagini dei suoi occhi da cerbiatto truccati con l'eyeliner nero che scrutano la sala operatoria da sopra una mascherina bianca divennero il bersaglio di numerosi commenti satirici. Malauguratamente, una sera di fine novembre del 1995, un fotografo del *News of the World* colse Diana in flagrante mentre si recava all'ospedale intorno a mezzanotte. Era andata a prendere Khan che aveva appena finito il suo turno, ma ebbe la prontezza di spirito di prendere in prestito il cellulare del fotografo per chiamare direttamente il corrispondente reale del giornale, Clive Goodman (soprannominato dai suoi colleghi «La Luce Eterna» perché non lasciava mai l'ufficio; un'abitudine che in seguito dovette interrompere quando fu condannato a quattro mesi di carcere per aver intercettato i messaggi vocali di Clarence House). Diana disse a Goodman che sì, in effetti era davvero all'ospedale, era lì per portare conforto ai malati terminali. Lo faceva, gli spiegò, fino a quattro ore per notte tre volte la settimana. «Cerco di rendermi utile. Mi danno forza. Tutti loro hanno bisogno di qualcuno. Io tengo loro la mano, parlo, faccio qualunque cosa possa aiutarli.»[25]

Goodman ci cascò. LE MIE NOTTI SEGRETE DA ANGELO, recitava il titolo a caratteri cubitali del *News of the World* tre giorni più tardi.[26] La storia fece nascere una nuova e lugubre immagine di Diana: compulsiva inseguitrice di ambulanze e *groupie* della morte. *Private Eye* suggerì di fornire ai pazienti delle targhette con la seguente frase: «Nel caso perdessi conoscenza, per favore niente visite della principessa di Galles». Ma essere oggetto di battute irriverenti era sempre meglio che essere denigrata per avere passato delle bollenti notti di passione con un giovane dottore musulmano.

Ne valeva la pena. La relazione con Hasnat Khan era la più soddisfacente che Diana avesse mai avuto. «Ho trovato la mia pace!» confessò a Lady Bowker. «Mi dà tutto quello di cui ho bisogno!»[27] Il dottore, dal canto suo, non pretendeva nulla da lei. Diana si offrì di comprargli una nuova automobile, ma lui rifiutò con fierezza. Khan non era in cerca di alcuna forma di pubblicità personale. Non era interessato alla bella vita o alla moda. Il suo monolocale a Chelsea era disordinatissimo e sotto le vecchie magliette che indossava, quando non era di turno, si intravedeva un filo di pancetta. Di Diana amava l'aspetto, che era anche la sua parte migliore, la natura compassionevole, l'impegno a favore delle cause umanitarie. Diana trasformò l'ex stanza degli scudieri del suo appartamento di Kensington Palace in un rifugio per «Natty», come veniva chiamato; qui, lui poteva aprire una lattina di birra e sedersi comodo per guardare le partite di calcio. Nei weekend, quando il personale non c'era, la principessa metteva alla prova le sue doti culinarie preparandogli la cena. «Da Marks & Spencer vendono pratici pasti da mettere nel microonde. Basta impostare il timer, premere il pulsante ed è tutto!» raccontava entusiasta a Simone Simmons.[28]

A volte, scompariva per tutto il giorno nell'appartamento di Khan, dove passava l'aspirapolvere, lavava i piatti e stirava le sue camicie con evidente soddisfazione; proprio come ai vecchi tempi in cui si destreggiava con detergenti e piumini per la polvere. La sera del suo compleanno, uscì per un appuntamento con lui; indossava i suoi orecchini di zaffiri e diamanti più belli, una pelliccia e nient'altro. Burrell tirava i fili dietro le quinte per far funzionare la relazione. Quando la coppia litigava, lui si recava al pub nei pressi della clinica, frequentato da Khan, per recapitargli i messaggi della principessa.[29] Diana era una vera esperta nell'arte della segretezza. La stampa scopriva raramente qualcosa sui suoi amanti, se lei non lo voleva.

Si recava in Pakistan ogni volta che poteva per studiare il retaggio culturale di Hasnat. La sua nuova migliore amica era Jemima Khan, la bellissima figlia ventiduenne di Annabel e Jimmy Goldsmith sposata con l'asso pakistano del cricket, Imran Khan. Le due donne restavano alzate fino a tarda notte a discutere delle problematiche di un matrimonio con un musulmano tradizionalista.[30] Diana chiese a Paul Burrell di parlare con un prete riguardo alla possibilità di un matrimonio segreto con Hasnat. Il maggiordomo ebbe un incontro con padre Tony Parsons presso la chiesa carmelitana cattolica di Kensington High Street, dove il figlio di Burrell faceva il chierichetto.[31] Il prelato gli disse che era impossibile sposare una coppia senza informare le autorità – e, soprattutto, senza informare il fidanzato, verrebbe da aggiungere. Infatti Hasnat Khan rimase allibito quando venne a sapere del consulto di Burrell e disse a Diana: «Non crederai davvero di poter semplicemente chiamare un prete e sposarti?»[32]

Nel febbraio del 1996, Diana si recò in Pakistan con Annabel e sua nipote Cosima Somerset, dove alloggiò nella residenza di Jemima e Imran a Lahore. Ufficialmente, lo scopo della loro visita era quello di raccogliere fondi per lo Shaukat Khanum Memorial Cancer Hospital, fondato da Imran in memoria della madre morta di cancro. Ma il vero obiettivo di Diana era sommergere i media della regione con immagini che avrebbero favorevolmente colpito la famiglia di Hasnat.

Il suo ardente desiderio di impressionare Khan diede alla vita di Diana un nuovo scopo. Lui era un uomo serio e lei voleva fare per lui delle cose serie. Era alla ricerca di una causa umanitaria cui dedicarsi con passione, una causa alla quale la sua presenza potesse fornire un impulso decisivo, proprio come era accaduto a metà degli anni '80 con l'Aids. «Voleva assolutamente fare qualcosa che andasse oltre i balli di beneficenza», disse un amico. Mike Whitlam, allora direttore generale della Croce Rossa britannica, aveva la risposta. La Croce Rossa era una delle organizzazioni che Diana aveva abbandonato subito dopo il divorzio, ma Whitlam non gliene voleva per questo. Era consapevole del valore e del temperamento della principessa. Non gli era sfuggito quanto era stata incisiva distribuendo mestoli di minestra ai bambini nel *bush* dello Zimbabwe, ma aveva anche ben chiari i motivi per cui il tentativo di reclutarla per un comitato consultivo speciale della Croce Rossa Internazionale, nel 1994, fosse fallito. Diana non era il tipo da appassionarsi a lunghe e dettagliate conferenze informative sul problema dei rifugiati del Ruanda. In queste occasioni la sua attenzione era alta quanto quella di un moscerino della frutta. Whitlam sapeva che questa lunatica purosangue doveva essere coinvolta in una missione con la massima circospezione, altrimenti avrebbe improvvisamente cambiato direzione seguendo un impulso del momento. La Croce Rossa faceva parte di una rete mondiale di organizzazioni impegnate nella messa al bando delle mine antiuomo e nell'assistenza alle vittime. Whitlam iniziò a spedire a Diana fotografie e articoli sui devastanti effetti delle mine rimaste inesplose dopo le guerre. Era convinto che questa fosse la causa giusta per Diana, e per lei la proposta arrivò proprio nel momento giusto.

Lunedì 13 gennaio 1997, Diana sbarcò nel caldo soffocante di Luanda, la capitale dell'Angola, con indosso dei jeans denim blu e un blazer, dopo un volo di linea di undici ore per l'Africa meridionale in compagnia di Whitlam e Lord Deedes, il grande vecchio del *Daily Telegraph*. Il paese era devastato da vent'anni di guerra civile. Sul territorio angolese, un paese con dodici milioni di abitanti, erano sparse quindici milioni di mine antiuomo e la bonifica delle zone di guerra era appena cominciata. Le strade erano piene di uomini, donne e bambini senza gambe, ma solo pochi di essi disponevano di sedie a rotelle o di stampelle. Circa 70.000 innocenti erano già rimasti vittime delle mine antiuomo; c'era un mutilato ogni 334 abitanti, ma venivano realizzate soltanto poche centinaia di protesi ogni mese.[33] Diana rimase sconvolta da quello che vide. Nelle rovine di Huambo, una zona ancora oggetto di aspre contese e pesantemente minata, lei e il suo gruppo dovettero camminare in fila indiana dietro a un artificiere per raggiungere un piccolo, sperduto ospedale che non disponeva né di elettricità né di un numero sufficiente di letti. Lì trovò la sedicenne Rosaline, che aveva perso la gamba destra, e il bambino nel suo ventre. E la piccola Helena di sette anni, che era uscita per prendere dell'acqua e aveva pestato una mina che le aveva fatto saltare l'intestino. Veniva mantenuta in vita con una flebo salina. Le mosche le ronzavano intorno. Arthur Edwards, che doveva realizzare un servizio della spedizione per il *Sun*, racconta che la bambina stava sdraiata sulla schiena, completamente scoperta, quando Diana arrivò da lei. «Diana agì in modo istintivo e la coprì. Fece una cosa che avrebbe fatto qualunque madre. Era preoccupata per la dignità della bambina.»[34] Edwards non sarebbe mai riuscito a dimenticare la delicatezza di quel gesto, il modo in cui le parlò dolcemente e le accarezzò la mano. Quando Diana se ne andò, Christina Lamb, corrispondente estera per il *Sunday Times*, che parlava portoghese, rimase con la bambina morente. «Lei mi chiese: 'Chi era?' Era estremamente difficile tentare di spiegare chi fosse la principessa Diana a qualcuno che non la conosceva. Così le dissi: 'È una principessa che viene dall'Inghilterra, da molto lontano'. E lei rispose: 'È un angelo?'.»[35]

La bambina morì poco dopo. «L'ultima cosa che vide», rifletteva la Lamb, fu questa «bella signora che lei credeva un angelo.»[36]

Diana non aveva qualità celestiali agli occhi dei vari parlamentari conservatori e dei ministri del governo di Londra. Era vista come una persona «che faceva pubblicità a se stessa» e come una «pallottola vagante», stando alle parole di Lord Howe, sottosegretario alla difesa. Howe era infastidito dall'impegno di Diana che si opponeva alla linea politica dei Tory, contrari a una condanna unilaterale delle mine antiuomo. Stavano, invece, lavorando a livello mondiale per impedire l'esclusione delle cosiddette «mine intelligenti», in grado di disinnescarsi da sé dopo un breve periodo. Peter Viggers, un membro conservatore del Commons Select Defence Committee, fu ancora più duro. Perché agitarsi? Diana, sosteneva, era come Brigitte Bardot che si batteva per salvare i gatti. «Non aggiunge nulla di sostanziale alla somma delle conoscenze umane. Questo è un argomento importante e delicato. Una principessa male informata... che indica i mutilati dicendo quanto sia terribile... non è utile a nessuno.»[37]

In realtà, fu molto utile. Fu enormemente utile. La principessa «male informata» aveva l'appoggio dei laburisti di Tony Blair, allora all'opposizione, dei liberali democratici, di Lord Deedes e non da ultimo, di due eroi dell'esercito, i generali della Guerra del Golfo, Norman Schwarzkopf e Sir Peter de la Billière. Era andata a ficcarsi esattamente nel genere di polemica che Henry Kissinger le aveva caldamente consigliato di evitare. Bene, poco male. L'Angola mostrò un'istantanea della donna che Diana stava per diventare. «Non ho mai visto una persona impegnata in una continua trasformazione come Diana», disse una delle amiche di quel periodo. «Normalmente, i cambiamenti avvengono nell'intimo della nostra personalità, ma con Diana potevi quasi vedere i lavori in corso mentre cambiava di fronte a te.»[38]

L'impegno di Diana contro le mine antiuomo non era, come sosteneva snobisticamente la regina, una «bravata». Fece uscire allo scoperto i lati migliori della principessa, al servizio di una causa al contempo toccante e controversa, in gran parte ignorata dall'opinione pubblica. Il giorno successivo al fuoco d'artificio lanciato dai Tory contro di lei a Londra, la stampa pressò Diana in Angola per una dichiarazione, ma lei non si lasciò coinvolgere nella polemica. «È una distrazione non necessaria... È triste... io sono interessata agli esseri umani, non alla politica.»[39]

E, in effetti, pochi politici avrebbero avuto il coraggio di fare quello che lei fece in seguito. La Croce Rossa aveva deciso che era troppo pericoloso andare a Cuito, la città più pesantemente minata dell'Africa, letteralmente infestata da trappole esplosive. Sette bambini erano appena rimasti uccisi giocando a calcio in una zona che si riteneva ormai bonificata dalle mine. Ma Diana non voleva saperne di modificare i suoi programmi. Fece pressione su Whitlam, preoccupato per la sua sicurezza, e si rivolse alla moglie del presidente dell'Angola. Il giorno dopo era a Cuito, con indosso una visiera e un corpetto antiproiettile sopra una camicia di cotone bianco e pantaloni color cachi, pronta a lasciarsi guidare attraverso un'altra zona apparentemente bonificata – nonostante sul terreno fossero visibili molte mine dissotterrate per metà. I volontari dell'Halo Trust, un'istituzione benefica britannica impegnata nel disinnesco delle mine, l'avvertirono di restare vicino a loro. « Credo che alla fine delle spiegazioni stesse iniziando a dubitare che fosse stata una buona idea », disse Whitlam. « Ma non si tirò indietro. »[40]

Sfoderò tutto lo sprezzante coraggio che in precedenza aveva dimostrato sfidando la famiglia reale, ma questa volta per una causa assai più meritevole, e attraversò un campo minato parzialmente bonificato. « Uno o due giornalisti non avevano ottenuto dei buoni scatti e chiesero scherzosamente a Diana se le sarebbe dispiaciuto rifarlo », racconta Whitlam. Tra lo stupore generale, lei acconsentì. « Si rendeva perfettamente conto che quelle fotografie avrebbero suscitato grande scalpore in tutto il mondo », disse Whitlam. « Così ripercorse l'intero tratto una seconda volta. »[41] Questa seconda camminata rappresenta la più pura sintesi del coraggio, del calcolo e della brillante gestione dei media di Diana.

Il governo conservatore, persa malamente la battaglia sul piano delle relazioni pubbliche, minimizzò l'episodio definendolo un « malinteso » e promise di sostenere i « progressi verso » una messa al bando mondiale.[42] Troppo tardi. Ancora una volta, il governo aveva dimostrato di non saper cogliere l'umore dell'opinione pubblica. Alcuni mesi più tardi i Tory persero le elezioni per una valanga di voti. Tony Blair, il nuovo sostenitore di Diana, divenne primo ministro all'età di quarantaquattro anni. La sua vittoria, che in una soleggiata giornata di maggio mise fine a diciotto lunghi anni di governo conservatore, fu euforicamente salutata come l'alba di una nuova era. Il giovane, moderno e sensibile nuovo primo ministro e la sua emancipata ed energica moglie promisero di impegnarsi per porre fine al regime corrotto e rigido del vecchio establishment. Evviva! Diana rimase alzata tutta la notte per seguire lo spoglio dei voti in televisione. Per lei, l'Inghilterra del New Labour incarnava tutto ciò che le era piaciuto dell'America: vitalità, assenza delle barriere di classe e di tradizioni soffocanti. E soprattutto, ovviamente, il giusto riconoscimento per lei.

«Come possono osare criticare la principessa di Galles per il suo impegno in questa toccante causa?» scriveva Clare Short, ministro per lo sviluppo internazionale nel governo di Tony Blair, in un articolo dello *Spectator* del luglio 1997, riferendosi alla campagna contro le mine antiuomo. «La posizione di Diana merita il massimo elogio. La sua grande popolarità può dare speranza a milioni di vittime e sostenitori che si arrivi finalmente a una messa al bando mondiale della produzione e dell'impiego delle mine antiuomo.»[43]

Vorrei poter concludere qui la storia di Diana. Vorrei che potessimo ricordarla come l'ho vista io quel giorno d'estate, con un vestito verde menta e una leggera abbronzatura, quando venne a New York per l'asta dei suoi abiti, che fu un enorme successo. Allora era una donna di sostanza, che aveva trovato la sua strada. Ma Diana è sempre stata fragile in un nuovo ruolo. L'amore, o la mancanza di esso, l'hanno sempre trascinata verso il basso. E questa caduta era accompagnata da un'emozione che mai aveva tormentato i suoi sforzi pionieristici a favore delle vittime delle mine antiuomo o dei malati di Aids: la paura.

Hasnat Khan le stava sfuggendo. Lui non voleva diventare un personaggio pubblico – la qual cosa, a conti fatti, significava che non intendeva sposarla. Hasnat non voleva essere stigmatizzato come il «nuovo amante di Di» sui giornali scandalistici. La prospettiva di essere importunato dai giornalisti durante il suo lavoro all'ospedale lo terrorizzava. Ne aveva già avuto uno spiacevole assaggio quando sul *Sunday Mirror* comparvero le prime illazioni su una possibile relazione tra i due.[44] Quando sentì che la voce stava circolando, Diana si lasciò prendere dal panico e si rivolse a Richard Kay per far pubblicare una smentita.

«Quella», la storia del *Mirror*, «è una buffonata», riportò Kay citando le parole di Diana nel *Daily Mail*, sempre felice di screditare la concorrenza. La principessa, scriveva Kay, « è ovviamente molto infastidita da queste illazioni, perché feriscono anche William e Harry. Ai suoi amici, Diana ha confidato: 'Mi sono fatta un sacco di risate. Davvero, abbiamo riso come matti'. »[45] Khan non condivideva affatto questa pretesa ilarità. In primo luogo, la sciocca smentita di Diana lo offendeva più di quanto lo avesse irritato la rivelazione della loro relazione. Andava d'accordo con William e Harry – specialmente con William, il quale un fine settimana gli aveva chiesto consigli sulle sue prospettive professionali e con il quale aveva avuto una lunga chiacchierata – pertanto lo infastidì anche quel riferimento ai figli di Diana. Come se non bastasse, aveva iniziato a ricevere minacce razziste per posta, una faccenda snervante.[46] Dopo la storia di Richard Kay, Khan rifiutò qualsiasi contatto con Diana per tre settimane; lei, com'era prevedibile, reagì in modo isterico. In realtà, Khan preferiva tenere segreta la relazione con Diana, dato che non nutriva alcun desiderio di destare la collera della propria famiglia.

Diana sapeva meglio di chiunque altro che non si sposa soltanto una persona, ma anche la sua famiglia. Hasnat Khan era un pathan. I pathan sono una tribù stanziata al confine tra il Pakistan e l'Afghanistan, discendono da una stirpe di guerrieri e si distinguono per il fiero attaccamento alle proprie tradizioni culturali. I suoi genitori avevano tentato per ben due volte, nel 1987 e poi nel 1992, di fargli sposare una donna musulmana di equivalente estrazione sociale e nel 1996 erano impazienti di riprovarci. Questa è la triste ironia della vita di Diana: ha sempre cercato di sostituire la propria famiglia problematica con una che non la voleva. Anche questa volta, come di consueto, la situazione era senza speranza, ma per una ragione diversa. Per i Windsor, lei era la persona adatta ma loro non l'amavano. Ai Khan invece Diana piaceva, ma non la consideravano adatta. Dopo che Diana aveva passato diciotto mesi a sviare i sospetti della stampa, un reporter del *Daily Express* riuscì a ottenere un'intervista con il padre di Hasnat, il dottor Rashid Khan, il quale si espresse in modo molto chiaro sulle possibilità di Diana di diventare in futuro la sposa di suo figlio. «Lui non la sposerà», spiegò. «Stiamo già cercando una sposa adatta a lui. Deve appartenere a una famiglia rispettabile, possibilmente benestante, dell'alta borghesia. Preferibilmente imparentata con la nostra famiglia o con la nostra tribù, che è quella dei pathan. Se non la troviamo all'interno della tribù, possiamo cercare anche al di fuori di essa. Ma deve trattarsi in ogni caso di una ragazza pakistana e musulmana.»[47] Era la prima volta che una Spencer veniva definita «non adatta al nostro status sociale», e questo ebbe solamente l'effetto di spronare Diana a tentare il tutto per tutto per legare Hasnat a sé.

Si trattava di un'impresa disperata. Nel maggio del 1997, l'amante di Diana si arrabbiò moltissimo quando lei, senza avvertirlo, sfruttò l'occasione di un viaggio di tre giorni in Pakistan per raccogliere fondi a favore della clinica oncologica di Imran Khan e piombare senza preavviso a casa della famiglia Khan, in un elegante sobborgo di Lahore. I membri della famiglia le si strinsero intorno, fotografandola e servendole del tè inglese, finché un blackout elettrico e dell'acqua potabile non li costrinse a uscire in giardino, dove si sedettero in cerchio e intrattennero una piacevole, anche se innaturale, conversazione con l'affascinante sconosciuta proveniente dal Regno Unito. Era una scena surreale, specialmente se si considera che Diana sognava di trasferirsi in quella casa come loro nuova nuora. I Khan erano tutti incantati da Diana, che concluse la serata stesa sul pavimento a guardare i cartoni animati con i bambini più piccoli, ma il suo fascino, in questo caso, non aveva alcuna importanza.[48] La madre di Hasnat non aveva nessuna intenzione di dare la propria benedizione a quella unione e Hasnat stesso nutriva forti dubbi.

Certo, lui amava Diana. Come avrebbe potuto non farlo? Quella stupenda e radiosa creatura, adorata dal mondo intero, aveva scelto lui, un oscuro medico pakistano, quando avrebbe potuto avere qualunque miliardario della terra.

Khan era preoccupato perché l'amore che le dava sembrava non bastarle mai. È esistito qualcuno in grado di soddisfare il suo bisogno d'affetto? «Diana aveva bisogno di più amore di quanto qualunque uomo britannico sia in grado di dare», osservò Hugo Swire, un amico d'infanzia di Diana e successivamente parlamentare Tory.[49] Forse non c'è mai stato un uomo al mondo capace di placare il clamoroso bisogno d'amore sviluppato da Diana per l'abbandono sofferto durante l'infanzia. Come nel caso di Hoare, il cercapersone di Hasnat trillava venti volte al giorno durante il suo giro di visite. Per essere una donna tanto sensibile ai bisogni degli altri, era stranamente incapace di comprendere le esigenze delle persone più vicine a lei. Voleva possedere il futuro di Khan, organizzare la sua vita. Con James Hewitt aveva manifestato l'intenzione di chiamare i suoi superiori per impedire il trasferimento in Germania. Con Khan voleva riorganizzare la sua agenda chirurgica in modo che potesse viaggiare con lei. «Diana credeva, contro ogni evidenza, che da qualche parte esistesse una sorta di posto incantato chiamato 'Estero', dove lei sarebbe stata capita e dove avrebbe potuto condurre una vita più normale», commentò lo scrittore di saggi Clive James.[50] James ritiene che la ricerca di questo luogo ideale sia stato un tema ricorrente negli ultimi anni di vita di Diana. Sognava un matrimonio tra due filantropi giramondo, sempre pronti ad accorrere per risolvere le crisi, lei con la sua compassione e lui con la sua borsa da medico. Un'overdose di pubblica adorazione le aveva fatto perdere il contatto con la realtà. Durante un pranzo mi disse che pensava di poter risolvere il conflitto che insanguinava l'Irlanda del Nord. «Sono molto brava ad aggiustare le teste della gente.»[51] Voleva sottrarre Hasnat al suo faticoso lavoro e ai folli orari del Brompton Hospital per inserirlo in un ambiente medico più consono, che consentisse loro di vivere insieme in un soleggiato esilio con piscina, in Australia o in Sud Africa. Durante una cena di gala in occasione di una conferenza internazionale a Rimini, in Italia, la principessa si ritrovò seduta accanto al professor Christiaan Barnard, il settuagenario pioniere dei trapianti di cuore. Lo pregò di procurarle un lavoro per Hasnat in Sud Africa e lo invitò due volte a pranzo a Kensington Palace per discutere del futuro del suo amante. L'orgoglioso Khan esplose come una bomba quando infine incontrò Barnard, il quale lo esortò a inviargli il suo curriculum.[52]

In giugno, i Khan arrivarono in massa a Stratford-upon-Avon per trascorrervi le loro vacanze annuali. La presenza dei suoi parenti deve aver accresciuto ulteriormente i dubbi di Hasnat. Il giovane medico si chiedeva se la principessa superstar avrebbe mai potuto essere accettata dalla sua unita famiglia musulmana. Ai suoi parenti non sfuggì il fatto che era diviso tra il suo amore per Diana e gli obblighi ai quali sapeva di dover adempiere se desiderava intraprendere una seria carriera medica. Khan interpretò come un cattivo presagio il servizio del *Sunday Mirror* del 29 giugno, in cui si affermava che Diana e Hasnat erano « ufficiosamente fidanzati dopo l'incredibile summit di Diana con la sua famiglia » in Pakistan, a maggio.[53] All'insaputa di Diana, Simone Simmons, la sua terapista e confidente, aveva venduto per mesi storie su di lei ai giornali, inclusi i dettagli della sua relazione con Khan. Il caporedattore del *Sunday Mirror*, Chris Boffey, aveva autorizzato pagamenti alla Simmons di circa mille sterline in contanti la settimana prima di lasciare il giornale, nel febbraio di quell'anno. Durante quei dodici mesi, il *Sunday Mirror* elargì alla Simmons circa ventimila sterline.[54] È possibile che ci fosse Diana stessa dietro quella fuga di indiscrezioni? La Simmons negò di aver venduto la storia di Hasnat ai giornali, ma Diana non le credette e non le parlò mai più.

Khan, costretto a uscire allo scoperto, confidò il suo tormento a un fidato amico pakistano. Il consiglio fu inequivocabile: « Metti fine alla relazione e vai avanti con la tua vita ».[55]

Risoluto a fare proprio questo, Hasnat diede appuntamento a Diana a Hyde Park alle dieci, in una calda sera della seconda settimana di luglio.[56] Quando capì che Khan la stava lasciando, Diana lo accusò con parole dure e lacrime cocenti. Non riusciva ad accettare che fosse finita. Ma Khan non era un uomo abituato ai giochetti. In agosto, quando i parenti di Khan ripartirono per Lahore, consegnarono a Hasnat dei regali per la bella principessa che aveva fatto loro visita. Lui disse loro di spedirglieli per posta. Non l'avrebbe rivista mai più.[57]

Diana iniziò a sentirsi mancare il terreno sotto i piedi. Non aveva nessun posto dove andare, nessuno con cui condividere le proprie miserie. Aveva tagliato con Simone Simmons. Non parlava più nemmeno con sua madre Frances, che purtroppo era diventata un'alcolista. Aveva perso la patente di guida nel 1996 perché risultata positiva a un test con l'etilometro. Frances raccontò a un'amica, Barbara Gilmour, che andava in bicicletta al funerale degli amici e se pioveva si faceva dare uno strappo fino a casa dal carro funebre. I suoi commenti sulla famiglia reale erano sempre più fuori luogo: definiva i reali «dei nani tedeschi» e sosteneva che gli abiti della regina sembravano provenire dalle raccolte di indumenti usati della Croce Rossa.[58] Diana era furiosa con sua madre anche perché nel maggio del 1997 aveva rilasciato un'intervista a pagamento alla rivista *Hello!*, in cui aveva soavemente affermato che, per Diana, la perdita del titolo di Sua Altezza Reale era «una cosa assolutamente meravigliosa» poiché questo le dava finalmente la possibilità di trovare una propria identità.[59] Ma la principessa era arrabbiata con Frances soprattutto a causa della sua ferma opposizione alle relazioni che la figlia intratteneva con «uomini musulmani».[60] Diana tagliò ogni rapporto con lei a causa di questo. Le lettere di scuse che Frances mandava a Diana venivano rispedite al mittente ancora chiuse.

Sempre più sola, Diana sviluppò una morbosa dipendenza da Paul Burrell. I suoi modi da impiccione non facevano altro che alimentare le molteplici paranoie della principessa. «Non gli piaceva l'idea che qualcuno le fosse più vicino di lui», sostiene l'ex cuoco di Diana, Mervyn Wycherley. Wycherley crede di essere stato «epurato» da Burrell.[61] Sono circolate voci infondate sul fatto che abbia tentato di passare i libri di ricette di Kensington Palace a Fleet Street, ma la verità è che, dopo la separazione dei principi di Galles, era semplicemente diventato di troppo; quindi i principi lo congedarono con una cospicua buonuscita. (Un collega ricorda che durante il suo colloquio di licenziamento con Diana lei gli disse: «Si ferisce sempre chi si ama», e gli regalò un orologio da camera.)[62] Burrell aveva anche inasprito l'atteggiamento di Diana nei confronti di Fergie, insinuando che, durante il tour promozionale per il suo libro negli Stati Uniti, la duchessa stesse usando la sua relazione con la principessa per farsi pubblicità. Per onestà va detto che erano gli intervistatori a tirar fuori in continuazione il nome di Diana, e non Fergie stessa.

Nei brutti periodi come questo, l'insicura Diana si sentiva sempre osservata e spiata. Fece ispezionare le sue stanze a Kensington Palace per ben due volte, alla ricerca di cimici elettroniche. Durante un viaggio a Roma, spaventò il suo amico argentino Roberto Devorik con violenti sospetti. Un ritratto del principe Filippo appeso a una parete provocò un intenso sfogo: «Lui mi odia. Mi odia veramente e vorrebbe vedermi sparire». Disse a Devorik che sarebbe morta in un finto incidente. «Ai loro occhi sono una minaccia. Mi usano soltanto quando hanno bisogno di me per degli eventi ufficiali e poi mi lasciano ricadere nell'oscurità... non mi uccideranno avvelenandomi o facendomi precipitare con un grande aereo di linea, dove verrebbero coinvolte anche altre persone. Lo faranno mentre volerò su un piccolo aereo, mentre sarò al volante della mia automobile o mi troverò in elicottero.»[63] Devorik le chiese perché riteneva che qualcuno avesse dei motivi per ucciderla. Se era così spaventata, perché non viaggiava con la guardia del corpo che la Royal Protection Squad le metteva ancora a disposizione? Lei gli rispose che era convinta che loro la spiassero. Era stufa di essere seguita.

«Vedeva i suoi protettori come degli aggressori», osservò Clive James. «Dava l'impressione di preferire l'eventualità di perire in un attentato piuttosto che vivere nella paura.»[64]

Diana aveva paura, ma non della morte. Era ossessionata dal pensiero di essere lasciata «ricadere nell'oscurità», come disse Devorik. Aveva covato quell'oscurità dentro di sé fin da bambina. Aveva sempre lottato contro di essa con la sua capacità di risplendere. Adesso, più che mai, aveva paura di esservi lasciata sola.

«Roberto, sei così ingenuo», disse al suo amico. «Non capisci, prima mi hanno tolto il titolo di Sua Altezza Reale e adesso mi stanno lentamente portando via i miei bambini. Ora sono loro a farmi sapere quando potrò vederli.»[65]

Mentre agosto si avvicinava, la sensazione di Diana di essere emarginata si faceva via via più intensa. I suoi figli sparirono nelle selvagge brughiere ricoperte d'erica di Balmoral: loro le amavano. Dopo la sua apparizione nella trasmissione televisiva *Panorama* e il suo divorzio dal principe di Galles, veniva invitata sempre più raramente in queste isolate residenze aristocratiche dove i ragazzi potevano dilettarsi con i fucili e lei non era propensa a chiedere nuovamente aiuto a suo fratello. Quando erano con lei, William e Harry erano bloccati a Londra oppure venivano in continuazione importunati a Disney World o dovevano comportarsi bene nella residenza di campagna di qualche nuovo miliardario. Diana confidò alla scrittrice Shirley Conran, la madre di Jasper Conran, che aveva la sensazione che nessuna delle vacanze che avrebbe potuto offrire a William e Harry potesse competere con Balmoral. «Fanno tutte queste cose da maschi, come sparare e uccidere», sospirò, «e poi lì c'è quella meravigliosa pista da go-kart.»[66]

Dal momento che Eton era molto vicino a Windsor, William aveva instaurato uno stretto legame con la regina e il duca di Edimburgo. A volte, di sera, passeggiava per il grande parco di Windsor con il principe Filippo, perfettamente a suo agio con l'atteggiamento rigido e il rude senso dell'umorismo di suo nonno, cosa che infastidiva non poco il principe Carlo. Avendo fallito con quest'ultimo, Filippo vide in William il figlio che aveva sempre desiderato. Condividevano la passione per la storia militare. Questo faceva piacere a Diana, ma la rendeva anche gelosa. William era il suo più stretto confidente. «Mi disse che aveva conversazioni molto profonde e intime con lui», racconta Roberto Devorik, «e che le dava uno straordinario supporto morale.»[67] Suo figlio era più maturo della sua età, gravato tanto dalle confidenze della madre quanto dalle sue future responsabilità; Diana gli aveva persino fatto esaminare i termini di divorzio prima di accettarli. Cominciò a coinvolgerlo anche in alcuni pranzi con la stampa a Kensington Palace.

«Ora tutte le mie speranze sono riposte in William», mi disse. «Spero che crescendo diventi abile a trattare con i media come John Kennedy Jr.»[68] Ma William non era il figlio di John F. Kennedy. Era l'erede al trono d'Inghilterra. Per quanto William le assomigliasse e avesse il suo sorriso, apparteneva al principe Carlo e alla Corona quanto a Lady Diana Spencer, e forse anche di più. Inevitabilmente, William sarebbe stato «windsorizzato». Come futuro re d'Inghilterra, questo era il suo destino.

La paura di Diana di essere esclusa fu aggravata dal brusco deterioramento del suo rapporto con Carlo. Le speranze che aveva nutrito per la promettente atmosfera distensiva crollarono miseramente quando la principessa capì qual era il punto chiave del piano di Mark Bolland. Non aveva compreso che la strategia di Bolland per riabilitare l'immagine di suo marito era incentrata soprattutto sulla presentazione di Camilla al pubblico. L'amante del principe non avrebbe raccomandato Bolland per questo incarico se il programma di lavoro del funzionario fosse stato in contrasto con i suoi piani. Bolland dedicò molto tempo alla ricerca di coloro che si opponevano alla sua strategia e a fare in modo che venissero allontanati dall'ufficio del principe di Galles. Per quanto riguarda Camilla, se in precedenza non aveva mostrato alcun desiderio di sposare Carlo perché soddisfatta dello status quo, ora aveva cambiato idea. Il divorzio da Andrew l'aveva lasciata a corto di soldi. Una volta, dopo il suo divorzio, un amico la raggiunse per il pranzo nella sua residenza nel Wiltshire e rimase di stucco quando il campanello squillò e lei corse a nascondersi. «Per Dio, è il pescivendolo; non l'ho ancora pagato», esclamò. «Dobbiamo nasconderci finché non se ne va.»[69]

In ogni caso, Camilla ricevette buoni consigli finanziari che le permisero di uscire dall'imbarazzo in cui Carlo l'aveva cacciata. Dopo tutto, se non fosse stato per la sua confessione a Jonathan Dimbleby, Camilla non avrebbe nemmeno divorziato. Il punto cruciale era che avrebbe dovuto investire il milione di sterline che le spettava, dopo la divisione dei beni coniugali dei Parker Bowles, per comprarsi una casa adatta alla sua posizione. Poiché il principe di Galles doveva essere intrattenuto con uno stile alla sua altezza, Carlo si convinse a sostenere i costi associati. Camilla dovette restare «a corto di contanti», disse uno dei suoi amici, «per suscitare non tanto la compassione di Carlo quanto il suo senso di responsabilità verso la donna della sua vita.»[70]

Nel maggio del 1995, Camilla acquistò Ray Mill House, una tenuta di diciassette acri sulle sponde del fiume Avon nel Wiltshire, per 850.000 sterline e diede inizio alla sua campagna di conquista.

Lentamente ma inesorabilmente, la nuova residenza si arricchì di uno staff composto da due governanti, due giardinieri, un autista e un'automobile del parco macchine del principe Carlo, un cottage indipendente per il personale addetto alla sicurezza, incluso un ufficio di sorveglianza per Scotland Yard, e il privilegio di poter usufruire delle stalle di Highgrove. Bernie Flannery, il maggiordomo di Highgrove, fu incaricato di fare la spesa per Camilla al supermercato locale ogni volta lei lo desiderasse, e di addebitare tutto sul conto del principe. Poi, con l'argomentazione, peraltro ragionevole, che un'amante reale più in vista deve presentarsi in modo consono, a Camilla fu concesso un assegno annuale prelevato dal fondo di guerra del principe di Galles. Carlo estinse anche il suo debito con la banca Coutts, che ammontava a circa 130.000 sterline. Poi, ottenne una rendita di 120.000 sterline l'anno, in seguito aumentata a 180.000.[71] Infine, Camilla Parker Bowles diventò Sua Altezza Reale la duchessa di Cornovaglia. Concludendo – sono pronta a scommetterci – Sua Altezza Reale la duchessa di Cornovaglia diventerà regina. Ora che la trasformazione dell'immagine pubblica di Camilla è completa, i vecchi dipendenti di St James Palace scherzano sul fatto che l'argomento preferito della stampa sia la pazienza e la forza d'animo della «donna che ha saputo aspettare». Dall'interno si ha un'impressione completamente diversa. «Fu Bolland a inventare questa storia», mi disse un suo ex collega. «E le posso assicurare che fu una campagna piuttosto aggressiva.»[72]

L'ascesa di Camilla investì Diana con una violenza inaudita quando Carlo scelse Highgrove per celebrare l'imminente cinquantesimo compleanno della sua amante il 17 luglio 1997. Lo scandaloso uso della loro ex residenza coniugale fu un colpo basso gratuito per Diana, che la immerse ancora più profondamente nella sua «oscurità». Era invidiosa, oltre che profondamente ferita: mentre Carlo aveva trovato il grande amore, Diana aveva appena perso il suo. Un lusinghiero documentario televisivo su Camilla, un altro successo dell'implacabile campagna di Bolland, sparse altro sale sulle ferite. Shirley Conran la avvisò della messa in onda del servizio e le consigliò di non guardarlo, ma Diana non seppe resistere. Dopo tutto questo tempo lei non aveva ancora una risposta all'eterna domanda: perché? Perché doveva essere *quella donna* a prendersi tutto: il suo principe, la sua sicurezza emotiva, il suo destino come regina? Dopo aver visto il programma, Diana chiamò angosciata la sua astrologa Debbie Frank. «Tutto il dolore del mio passato sta riaffiorando in superficie», le disse Diana. «Mi sento malissimo... così spaventata e bisognosa.» La sua voce, racconta la Frank, suonava «senza fiato, come quella di una bambina».[73]

Diana aveva bisogno di andarsene dalla città. Per un po' aveva accarezzato l'idea di passare l'estate negli Stati Uniti e aveva chiesto a Teddy Forstmann di cercare una casa vicina alla sua, a Southampton. «Le trovai qualcosa, ma cinque giorni dopo mi richiamò e mi spiegò che quelli della sicurezza le avevano detto che Southampton era troppo esposta e quindi poco sicura.»[74] L'invito dell'insistente Mohamed Al Fayed a trascorrere qualche giorno nella sua villa nel sud della Francia con i ragazzi fu come un dono del cielo. Nella villa di Al Fayed sarebbe stata completamente protetta, non soltanto dai poliziotti della scorta reale che accompagnavano sempre i suoi figli, ma anche dalle prodigiose misure di sicurezza dello stesso Al Fayed. Lei voleva solo leccarsi le ferite. Quando la sua parrucchiera Natalie Symons arrivò a Kensington Palace la mattina dell'11 luglio, il giorno dopo la rottura tra Diana e Khan, lei stava facendo i bagagli per la vacanza piangendo a dirotto. «Mi resi conto che era completamente sconvolta, anche perché non aveva messo il mascara, e questa era sempre la prima cosa che faceva la mattina», ricorda la Symons.[75]

La spirale era iniziata. A Patrick Jephson diceva spesso: «Preparatevi a un cambio di umore, ragazzi». Ma i suoi ultimi sbalzi di umore furono talmente improvvisi che il contrasto doveva apparire ancora più scioccante. Dodi entrò in scena tre giorni dopo l'inizio delle sue vacanze nel sud della Francia, convocato dal padre, e la vulnerabile Diana abboccò all'esca. Pochi giorni dopo era in crociera da sola con Dodi. La donna che calpestava la moquette verde ornata da teste di faraoni a bordo del jet privato di Mohamed Al Fayed e che emetteva gridolini di gioia alla vista dei regali confezionati in scatole di Bulgari era la stessa donna che aveva attraversato il «viale dei cecchini» nel più cupo silenzio, in una Sarajevo distrutta, per confortare le vittime delle mine antiuomo.[76] La donna che si metteva in posa per una barca zeppa di paparazzi francesi con un costume da bagno tigrato e che chiamava il giornalista di gossip Nigel Dempster al *Daily Mail* per dirgli: «Nigel, cosa si aspetta la gente? Che trascorra l'intera estate rinchiusa a Kensington Palace?»[77] era la stessa che, soltanto poche settimane prima, aveva abbracciato teneramente una donna piegata sulla tomba del figlio in un cimitero di Sarajevo.

«Dio, laggiù abbiamo sentito storie davvero terribili», raccontava Lord Deedes, che aveva accompagnato Diana a Sarajevo. «Molto spesso parlava con le persone senza avvalersi dell'interprete e si prendeva tutto il tempo necessario per questo. C'era una giovane vedova che aveva perso suo marito. Era andato a pescare e aveva urtato una mina. Quando arrivammo, la donna era completamente devastata dal dolore, ma quando ce ne andammo aveva ritrovato la voglia di vivere. In quel momento, ho davvero pensato che Diana avesse doti curative. Non ho alcun dubbio su questo.»[78]

Non c'è dubbio neanche sul fatto che la stampa, in realtà, preferisse la principessa Di del passato. A Luanda, in Angola, Christina Lamb si intrattenne con i reporter reali nel bar dell'hotel Presidente e li sentì «ricordare con nostalgia i viaggi a Klosters e Barbuda, e rimpiangere la vecchia Diana che andava a balli e banchetti indossando Versace invece dei giubbotti antiproiettile».[79] Ritrovarono quella Diana solo pochi mesi più tardi, quando lo yacht *Jonikal* attraccò a Porto Cervo in Sardegna e Diana scese a terra per andare a fare shopping con Dodi. Diana tornò sulla nave carica di maglioni di cashmere perché Dodi aveva deciso di comprarle il maglione in ogni colore disponibile.[80] La principessa raccontò a Rosa Monckton che trovava imbarazzante lo sfrenato consumismo di Dodi, tuttavia questo non le impediva di assecondarlo.[81] Sua madre Frances era fuori di sé perché non aveva modo di comunicarle il suo profondo senso di disagio per le fotografie pubblicate sui giornali in patria. Chiamò ripetutamente il paggio della Regina Madre, William Tallon, uno dei favoriti di Diana, implorandolo di tentare di convincere sua figlia a rompere il silenzio una volta rientrata in Gran Bretagna. Tallon non ebbe successo. In quei giorni Frances confidava a un vecchio amico di famiglia: «Credo che il sole non splenderà mai più per mia figlia».[82]

L'omicidio della sfavillante star della moda, Gianni Versace, a South Beach il 15 luglio, mentre Diana si trovava a bordo dello yacht degli Al Fayed, fu come una pioggia di meteore nel cielo infuocato della sua ultima estate. Se Diana rappresentava l'anello di congiunzione tra i reali e il mondo dello spettacolo, Versace era quello tra il mondo della moda e le celebrità. Aveva trasformato uno stile volgare in alta moda, dettando legge tra le star del cinema e le icone del rock negli anni '80 e '90. Perfino una principessa come Diana trovava eccitante indossare le sue creazioni. Mandava a Diana bauli pieni di abiti di seta per le serate in cui lei voleva fare colpo. «È stato ucciso», scrisse *La Repubblica*. «Giaceva a terra come un principe riverso nel suo stesso sangue, con una mano protesa verso i suoi dipinti a olio, i suoi arazzi, il suo oro.»[83] Inizialmente, Diana sospettava che l'omicidio (in seguito sarebbe stato accertato che si era trattato del gesto folle di uno psicopatico gay) fosse in realtà un atto terroristico. La mattina seguente, la guardia del corpo di Dodi, Lee Sansum, trovò Diana sul ponte dello *Jonikal* con lo sguardo triste perso sul mare. «Crede che faranno la stessa cosa anche con me?» gli chiese.[84] Al funerale di Versace, a Milano, la principessa si rappacificò con Elton John; era seduta tra lui e Sting e teneva la mano a Elton per confortarlo – anteprima di un altro triste evento che si sarebbe verificato di lì a poco.

In quell'ultima estate, Diana oscillava avanti e indietro come un pendolo, finché, alla fine, giunse a Parigi. Eppure, persino nei giorni delle sue crociere con Dodi, sembrava avere le idee molto chiare sul suo nuovo futuro a Londra. A Shirley Conran confidò che aveva in mente un progetto che non aveva mai preso in considerazione prima di allora: una carriera. «Voleva realizzarsi professionalmente», disse la Conran. «Voleva fare qualcosa per dimostrare che non era un'idiota.»[85] E si trattava di un'idea magnifica: produrre documentari, come quello estremamente riuscito del suo viaggio in Angola, realizzato con la BBC. Questo progetto la entusiasmava: un film ogni due anni, ognuno come cardine di una campagna umanitaria. Per prima cosa, spiegò alla Conran, voleva sensibilizzare l'opinione pubblica sul problema; poi avrebbe prodotto un documentario in collaborazione con uno dei canali televisivi, e infine voleva fare in modo che venisse creata una struttura che portasse avanti nel tempo il suo impegno a favore della causa. Questa la sua versione riguardo l'idea di Clinton di un'iniziativa globale, ma lei ebbe l'idea per prima. Il problema di cui voleva anzitutto occuparsi era l'analfabetismo.

Alla fine, la Diana «dura di comprendonio» stava coltivando anche la propria istruzione. Durante il loro viaggio in Angola, Mike Whitlam della Croce Rossa le ricordò: «Non si dimentichi che nel deserto del Nord Africa ci sono dieci milioni di mine antiuomo lasciate qui dai britannici». Lei replicò: «Mike, credo che siano ventitré milioni».[86] E aveva ragione. «Tenemmo un incontro pubblico sulle mine antiuomo», racconta Lord Deedes, «e lei sapeva veramente quello che stava facendo. Non era soltanto una sovrintendente reale.»[87]

Lei non era affatto una reale, non più. Era proprio questo il bello. Se avesse vissuto, perdere il titolo di Sua Altezza Reale avrebbe potuto davvero rivelarsi la cosa migliore che le fosse mai capitata, proprio come aveva detto sua madre. Ovviamente aveva perso la maggior parte dei privilegi e la protezione del palazzo. Ma il potere del suo tocco magico con i media e con il pubblico era qualcosa che nessuno poteva toglierle. E quello che aveva guadagnato era la libertà: la libertà di agire senza le costrizioni e le limitazioni del palazzo e dei burocrati politici; di abbracciare delle cause per propria scelta, senza preoccuparsi delle possibili polemiche; la libertà di fare la differenza nelle questioni importanti e di vederne i risultati.

A Ottawa, poco tempo dopo la sua passeggiata nel campo minato, 122 governi ratificarono un trattato che mise al bando l'impiego delle mine antiuomo. Il comitato per il premio Nobel conferì alla campagna il Nobel per la pace, premiando anche la coordinatrice americana dell'iniziativa, Jodie Williams. Alla House of Commons, durante la seconda lettura della legge contro le mine antiuomo nel 1998, il ministro degli esteri, Robin Cook, spese generose parole di elogio per Diana, principessa di Galles, per il suo «immenso contributo... per avere mostrato a molti cittadini del nostro paese il costo umano delle mine antiuomo».[88]

Diana non poteva più sentirlo. Era sola su un'isola, nella sua tomba ad Althorp.

L'incidente

Senta amico, Diana probabilmente è stata uccisa da quei maledetti paparazzi, e lei sta tentando di rifilarmi le fotografie del suo cadavere ancora caldo!

(Dal diario di Piers Morgan, domenica 31 agosto 1997)

Una domenica silenziosa.

Il sabato sera, il popolo inglese era andato a dormire con la testa ancora piena delle felici immagini televisive di una giovane principessa frivola e mondana che lasciava la Sardegna in compagnia della sua nuova aitante fiamma. Al risveglio, i notiziari trasmettevano il triste annuncio del ritorno in patria della sua bara. Alcuni furono svegliati dallo squillo del telefono prima dell'alba: gli insonni e i lavoratori notturni, che per primi sentirono la notizia, chiamarono amici e familiari piangendo: «Ho solo bisogno di parlare con qualcuno». Intorno alle quattro del mattino ci fu un'improvvisa impennata nel consumo di corrente elettrica: milioni di bollitori venivano messi sul fuoco per preparare le tazze di tè che avrebbero accompagnato la lunga maratona televisiva.[1] Ogni mezzora veniva trasmesso l'inno nazionale, una cosa senza precedenti, se si considera che Diana non era più un membro della famiglia reale; ma, del resto, nulla di quello che sarebbe accaduto la settimana successiva aveva dei precedenti. L'annullamento dei programmi calcistici della giornata fu sopportato con grande coraggio. Nelle stazioni ferroviarie e negli aeroporti, i britannici, solitamente riservati, si abbracciavano a vicenda in cerca di conforto. Il proverbiale labbro superiore sempre tirato degli inglesi iniziò a tremare. Presto si sarebbe sciolto nel pianto collettivo più stupefacente che la nazione avesse mai sperimentato.

Insieme al dolore arrivò anche il bisogno di trovare un colpevole. La perdita di una persona così giovane e così speciale in circostanze tanto violente e tuttavia banali richiedeva un colpevole o persino un complotto, una spiegazione proporzionata all'intensità dello shock. A poche ore dalla morte di Diana, suo fratello, il conte Spencer, era già pronto a far salire i condannati sul patibolo. In piedi, fuori dalla villa di Cape Town, immersa nel verde, dove era in vacanza con i figli, rilasciò la seguente scottante dichiarazione: «Ho sempre pensato che la stampa l'avrebbe uccisa, prima o poi. Ma nemmeno io potevo immaginare che avrebbe avuto un ruolo così diretto nella sua morte come l'evidenza dei fatti sembra dimostrare. Pare proprio che gli editori e i redattori delle varie testate che hanno pagato per ottenere fotografie indiscrete di Diana, incoraggiando individui avidi e spietati a rischiare il tutto per tutto pur di rubare qualche scatto della principessa, oggi abbiano le mani insanguinate».[2]

I paparazzi erano davvero nei guai. Se un qualunque rappresentante di questa razza spregevole ed estranea quel giorno avesse osato farsi vedere in una qualsiasi contea o sobborgo inglese, sarebbe stato linciato e fatto a pezzi. Le cose non sarebbero potute andare peggio di così. Del gruppo che si era lanciato all'inseguimento di Diana davanti al Ritz – cinque automobili, tre motociclette e due scooter – il primo ad arrivare sul luogo dell'incidente aveva un nome che sembrava fatto su misura per un linciaggio pubblico: Romuald Rat, venticinque anni. Il fatto che si trattasse dello stesso fotografo tarchiato che quella stessa sera si era avventato su Diana e Dodi mentre stavano entrando nell'appartamento in rue Arsène-Houssaye sicuramente non giocava a suo favore.

La Honda 650 sulla quale viaggiava Rat inchiodò venti metri dopo il punto dell'incidente. Il fotografo saltò giù e raggiunse correndo la scena del disastro. Mentre correva, scattò una fotografia, poi altre due. Perché non avrebbe dovuto farlo? La scena che si presentava nel tunnel spettrale illuminato dalla luce fluorescente sotto la place d'Alma era così infernale che esigeva di essere immortalata. La lussuosa Mercedes del Ritz, che ora era rivolta nella direzione da cui era arrivata, era ridotta a un ammasso di lamiere accartocciate. Il fumo grigio del motore si mescolava all'odore della benzina e del metallo bruciato. Il clacson ululava senza sosta, schiacciato dal corpo senza vita dell'autista Henri Paul, ucciso dall'urto contro il piantone dello sterzo nell'impatto frontale con il tredicesimo pilastro di cemento del tunnel, a una velocità di circa centoventi chilometri orari.

La principessa di Galles, Dodi Al Fayed e la guardia del corpo Trevor Rees-Jones erano stati violentemente scaraventati di qua e di là nell'abitacolo dopo l'urto del veicolo, che aveva attraversato in testa-coda le due corsie per poi schiantarsi sul muro destro del tunnel. Diana giaceva sul pavimento del rottame, piegata in due con la testa incastrata tra i due sedili anteriori e con il viso rivolto verso la parte posteriore. I suoi gioielli – un braccialetto con sei fili di perle, un orologio d'oro decorato con pietre bianche – erano sparpagliati per tutta la macchina.[3]

Stando a quanto sostiene lui stesso, Rat possiede delle nozioni di pronto soccorso e rianimazione. Aprì la porta posteriore della Mercedes. Vide il corpo straziato di Dodi Al Fayed, evidentemente morto, i suoi jeans strappati a pezzi, e Diana che ancora respirava e apparentemente illesa, il corpo coperto da un tappetino. Prese il tappetino e lo usò per coprire i genitali esposti di Dodi, poi prese la mano di Diana per sentirle il polso. Lei si lamentava. «Stia tranquilla, il medico sta arrivando», le disse Rat in inglese con il forte accento francese.[4] Pronunciò le stesse rassicuranti parole a Rees-Jones, semicosciente sul sedile anteriore. Il naso e le orbite oculari della guardia del corpo erano stati compressi con una tale violenza che, di profilo, il suo volto insanguinato appariva quasi completamente piatto.[5]

Dopo appena due minuti dall'incidente, quella scena spaventosa era già costellata dal bagliore dei flash dei fotografi. Davanti alla portiera aperta dell'automobile, Rat venne urtato da un fotografo francese concorrente, Christian Martinez, quarantatré anni, il quale cercava di scattare delle fotografie di Diana da dietro le sue spalle. « Vai indietro, non fare altre foto dell'interno dell'auto », gridò Rat. «*Va te faire foutre!*» ringhiò Martinez. « Vai a farti fottere! Togliti! Faccio lo stesso lavoro che fai tu! »[6]

Il primo medico comparve poco più di un minuto dopo l'incidente. I fotografi si fecero da parte per farlo passare. Il dottor Frederic Mailliez, trentasei anni, lavorava al servizio di pronto intervento SOS Médicins, ma passò di lì per puro caso. Stava tornando a casa da una festa di compleanno quando, imboccando il tunnel in direzione opposta rispetto all'auto di Henri Paul, vide il rottame fumante e chiamò il servizio di emergenza dal suo cellulare. « La porta posteriore era già aperta quando raggiunsi la macchina... Iniziai a visitare la giovane donna sul sedile posteriore. Potevo vedere che era bella, ma in quel momento non avevo assolutamente idea di chi fosse. »[7] Diana respirava con difficoltà. Mailliez tornò di corsa alla sua macchina, prese una maschera e una bombola d'ossigeno dal bagagliaio e si precipitò a sollevarle la testa e a infilarle delicatamente la maschera. Lei oppose resistenza « lamentandosi e gesticolando in tutte le direzioni ».[8] Quando gridò lui si rese conto che era inglese. « Continuava a ripetere che stava molto male. » Non aveva lesioni esterne visibili, eccetto un taglio sulla fronte e un battito debole e accelerato. Il dottor Mailliez pensò che avesse buone probabilità di sopravvivere.[9]

Un poliziotto si fece largo tra almeno una dozzina di paparazzi esagitati, i cui flash esplodevano come mitragliatrici.[10] L'agente Sebastien Dorzee e il suo collega Lino Gagliardone stavano percorrendo cours Albert Premier verso place d'Alma per rispondere a un allarme radio quando si accorsero che i passanti indicavano freneticamente in direzione del tunnel. «C'è stato un incidente là sotto, nel tunnel, un boato terribile, come se fosse esplosa una bomba. Fate presto!»[11] Gagliardone chiese rinforzi via radio mentre Dorzee raggiunse di corsa la porta posteriore della Mercedes e si consultò brevemente con il dottor Mailliez. Erano esattamente le 0.30 di notte. Dorzee riconobbe la principessa di Galles. Diana aveva gli occhi aperti. Disse qualcosa «in una lingua straniera», lui pensò che fosse «Mio Dio» in inglese. Lei girò la testa e vide il corpo senza vita di Dodi proprio di fronte a lei, poi girò la testa in avanti, dove la guardia del corpo si contorceva per il dolore e Henri Paul giaceva morto. Si agitò, poi abbassò la testa e chiuse gli occhi.[12]

Alle 0.33 Dorzee e Mailliez si fecero da parte per lasciare spazio ai *sapeurs-pompiers*, pompieri con una formazione medica. Dieci di loro apparvero nel tunnel in T-shirt e pantaloni blu scuro, guidati dal sergente Xavier Gourmelon. Due *pompiers* tirarono fuori Dodi e iniziarono a praticargli un massaggio cardiaco, invano. Per quanto riguarda Rees-Jones, era impossibile liberarlo subito. Sarebbe stato necessario tagliare il tetto della macchina sotto la luce dei proiettori di un *camion de désincarcération* – un camion attrezzato con una specie di apriscatole mobile – e l'operazione avrebbe causato troppo fracasso, in un momento in cui anche il minimo disturbo era considerato pericoloso per Diana. Sollevarono la testa della guardia del corpo in modo che potesse respirare e applicarono un collare cervicale. Il sergente Philippe Boyer, che assisteva Diana, le infilò una nuova maschera per l'ossigeno e la coprì con una coperta termica. Gourmelon udì Diana mormorare: «Mio Dio, che cosa è successo?».[13]

La scena dell'incidente ormai era caotica. Gli automobilisti bloccati suonavano il clacson, le persone gridavano, il clacson della Mercedes continuava a ululare. Si aggiungevano poi le sirene della polizia e dei vigili del fuoco che stavano arrivando. Sotto l'effetto stroboscopico degli incessanti flash delle macchine fotografiche, le persone che si affannavano intorno alla macchina sembravano muoversi a scatti. Alcuni tra la folla che si stava rapidamente radunando intorno all'incidente gridavano insulti ai paparazzi. Dorzee tentò di mettere un freno al delirio dei fotografi ma Christian Martinez lo spinse indietro. «Togliti dai piedi, lasciami fare il mio lavoro!» gridò. «A Sarajevo, i poliziotti non ti stanno tra i piedi!»[14] (Più tardi, Dorzee asserì che «in nessun momento un fotografo si offrì di dare una mano».)[15] Nella confusione, nel tunnel arrivò rombando una motocicletta BMW; sul sellino posteriore trasportava una giovane donna vestita di pelle nera. Era Madame Maud Coujard, il sostituto procuratore. Numerosi fotografi erano fuggiti all'arrivo dei rinforzi della polizia; Madame Coujard fece arrestare quelli ancora sul posto e li fece portare via con un pulmino per essere interrogati.

Mentre la giustizia francese si prese il tempo per avviare un'indagine su nove fotografi e un corriere in motocicletta, sospettati di omicidio colposo e omissione di soccorso, in altri ambienti, per un certo periodo, l'attenzione si concentrò sul soccorso medico francese, in apparenza inadeguato. Se soltanto Diana fosse stata assistita dall'eccellente sistema sanitario britannico o americano! Avrebbe potuto essere salvata! Cinque mesi più tardi, due giornalisti del *Time*, Thomas Sancton e Scott MacLeod, esportarono oltreoceano questa tesi xenofoba citando alcuni medici americani nel loro libro *Death of a Princess* del 1998.[16] Nel 2001 il professor Christiaan Barnard, la grande speranza di Diana nella sua ricerca di un lavoro per Hasnat Khan, buttò nuovamente benzina sul fuoco scatenando un nuovo round di titoloni del tipo: DIANA POTREBBE ESSERE ANCORA VIVA.[17]

Tutti questi «Cosa sarebbe successo se?» sfociarono in una discussione sulle tecniche di pronto soccorso. In Gran Bretagna e negli Stati Uniti, la priorità è recuperare la vittima e trasportarla all'ospedale nel più breve tempo possibile. I francesi hanno optato per un sistema differente. Vanno molto fieri del loro servizio medico di pronto soccorso, conosciuto come SAMU (Services d'Aide Médicale d'Urgente), direttamente collegato agli ospedali statali. Essi partono dal presupposto che, per aumentare le probabilità di sopravvivenza, le condizioni del paziente debbano essere stabilizzate sul posto; solo in seguito la vittima viene trasferita, a una velocità adeguata, in un ospedale preallertato, dove un team di professionisti è pronto a intervenire. Le ambulanze francesi sono equipaggiate con apparecchiature di rianimazione all'avanguardia, di gran lunga superiori a quelle che si possono trovare nelle ambulanze statunitensi e britanniche convenzionali, e a bordo è sempre presente un medico specializzato in pronto soccorso. Un supervisore sul posto si tiene costantemente in contatto con la centrale del SAMU e con l'ospedale scelto.

La teoria e la prassi francesi furono messe a dura prova quando il coordinatore del SAMU, il dottor Arnaud DeRossi e il suo collega, dottor Jean-Marc Martino, un esperto di rianimazione, presero in cura Diana alle 0.40 di quella notte. Mentre il dottor Martino visitava la principessa, DeRossi si consultò con la centrale del SAMU sul miglior modo di procedere. Diana era cosciente, ma non reagiva agli stimoli se non in modo confuso. Tentò di divincolarsi quando il medico le applicò una flebo endovenosa per il trasporto in ospedale. Il suo braccio destro era piegato e slogato, perciò era estremamente complicato spostarla dall'auto. All'una di notte la pressione sanguigna e il respiro finalmente si stabilizzarono, così il dottor Martino e i vigili del fuoco la estrassero con delicatezza dallo spazio tra i sedili in cui era incastrata e l'adagiarono su una barella. Purtroppo, non appena venne distesa sulla lettiga per essere trasportata sull'ambulanza, il suo cuore cessò di battere. Questo fatto viene spesso sottovalutato o non preso in considerazione dai critici della scuola di pensiero della «corsa verso l'ospedale». Se i medici francesi avessero rimosso precipitosamente Diana dalla macchina, molto probabilmente sarebbe morta sul posto. Quando chiesi l'opinione del dottor Isadore Rosenfeld, l'illustre primario di medicina clinica e cardiologia del Weill Medical College della Cornell University, lui commentò: «Date le lesioni interne riportate, avrebbe potuto essere salvata soltanto se l'impatto a circa centoventi chilometri orari fosse avvenuto direttamente all'interno di una sala operatoria».[18] In questa situazione, invece, ci vollero diciotto minuti di rianimazione per ristabilizzare le sue condizioni al punto da poterla muovere.[19]

Dentro l'ambulanza, il dottor Martino attaccò Diana a un respiratore. La sua pressione sanguigna ebbe un nuovo crollo, perciò le somministrò una dose di dopamina per alzarla. Visitandola, scoprì un ematoma sull'emitorace destro che inizialmente non era stato individuato. Temeva che fossero in atto delle emorragie interne. Sicuramente era molto ansioso di trasferirla quanto prima all'ospedale, ben attrezzato e preallertato dal dottor DeRossi, ma era tormentato da un dilemma atroce. Sottoponendola ai sobbalzi del trasporto in ambulanza, Diana rischiava un nuovo arresto cardiaco.

All'1.41 del mattino, il dottor Martino ordinò all'ambulanza di dirigersi verso l'ospedale Pitié-Salpêtrière, situato sulla sponda sinistra della Senna oltre la cattedrale di Notre-Dame, nei pressi della Gare d'Austerlitz. Era un tragitto di sei chilometri scarsi, dieci minuti in condizioni normali di traffico. Sono state sollevate ulteriori critiche per il fatto che Diana non è stata portata all'ospedale più vicino, l'Hôtel Dieu. Ma l'Hôtel Dieu non dispone di équipe di cardiochirurgia e di neurochirurgia e non è attrezzato per trattare lesioni multiple. Il dottor DeRossi e la centrale del SAMU convennero che la soluzione migliore per Diana fosse il Pitié-Salpêtrière. Disponeva di uno staff adeguato e quella notte era in servizio un medico particolarmente qualificato per trattare le lesioni che Diana presentava: il dottor Bruno Riou, professore di anestesiologia e rianimazione,[20] che aveva rapidamente riunito l'intera équipe di rianimazione dell'ospedale.

La polizia sgombrò la strada. Questa volta i motociclisti che scortavano Diana erano i suoi protettori, non i suoi aggressori. Ma l'ambulanza avanzava in modo angosciosamente lento perché il dottor Martino era convinto che il cuore di Diana non avrebbe sopportato il minimo trauma. Le sue paure erano fondate. Quando raggiunsero i giardini botanici ed erano ormai in vista dell'ospedale, la pressione sanguigna di Diana scese di nuovo pericolosamente. Alle due del mattino il dottor Martino fece fermare l'ambulanza e aumentò il livello di dopamina per stabilizzare nuovamente le condizioni della principessa.[21] Finalmente, il corteo entrò a passo d'uomo nel cortile lastricato del Pitié-Salpêtrière.

Per l'ultimo viaggio della vita di Diana, questa era una destinazione tristemente appropriata. Se l'hotel Ritz incarna il massimo del glamour, il Pitié-Salpêtrière rappresenta storicamente il luogo d'elezione dei reietti della società, della misera gente che Diana aveva abbracciato con il suo impegno caritatevole. L'ospedale era stato costruito nel XVII secolo per ospitare le donne senzatetto e le prostitute radunate e arrestate per ordine di re Luigi XIV. Fu progettato da Louis Le Vau, il famoso architetto de Les Invalides, ed è separato dalla strada da un ampio cortile quadrato, cinto da mura. L'imponente facciata dell'edificio possiede la dignità austera e grigia di quattro secoli di sofferenze. Oggi vi lavorano alcuni tra i medici specializzati migliori di tutta Parigi. Al di là dei grandi cancelli di ferro, Diana fu tirata giù dall'ambulanza da due barellieri con l'aiuto del ministro degli interni francese, Jean-Pierre Chevènement, e del suo assistente Sami Nair.

Mentre veniva trasportata dentro al Pavilion Cordier, che ospita il reparto di pronto soccorso, Nair osservò Diana per la prima volta. «Aveva il viso coperto da un respiratore e i suoi occhi erano gonfi, ma appariva ancora bella», disse in seguito. «Il suo viso era estremamente dolce, molto fresco, molto sereno, molto giovane. Era davvero commovente. Aveva quei capelli biondi che la facevano assomigliare a un putto di Raffaello, e il ministro mi disse: 'È bella, vero? È davvero bella'.»[22]

All'interno del Pavilion Cordier ebbe luogo un'affannosa, ma controllata lotta per la vita di Diana. I raggi X rivelarono una perdita di sangue nella cavità toracica che comprimeva il cuore e il polmone destro. I medici aspirarono il sangue e le fecero una massiccia trasfusione, ma alle 2.10 il cuore si fermò di nuovo. Il dottor Riou chiese l'intervento del professor Alain Pavie, il chirurgo cardiotoracico di turno, tuttavia, Riou e Moncef Dahman, il chirurgo generico di servizio, iniziarono immediatamente ad aprire il torace di Diana per trovare la causa dell'emorragia. All'arrivo del professor Pavie la principessa fu trasferita in sala operatoria. Pavie allargò l'apertura praticata dai suoi colleghi. Fu individuata una lacerazione della vena polmonare superiore sinistra, provocata dalla violenza dello schianto, il quale aveva spostato il cuore da sinistra a destra. Cucirono la lacerazione. L'emorragia si fermò, ma il cuore di Diana cedette ancora. Per un'ora intera tentarono la rianimazione con massaggi cardiaci, adrenalina, stimolazione diretta e diverse defibrillazioni.[23]

Ma questa volta il cuore spezzato di Diana non si sarebbe più ripreso.

Fu dichiarata morta alle quattro del mattino, ma non fu portata in una camera mortuaria. Dopo l'autopsia, fu spostata in una stanza isolata al primo piano del Pavilion Cordier, coperta fino al collo con un lenzuolo bianco. Sarebbe rimasta lì per le successive dodici ore.

A Londra, Colin Tebbutt fu svegliato alle tre di notte da un addetto alla sicurezza di Balmoral. L'agente aveva sentito la notizia che l'autista di Diana era rimasto ucciso in un incidente e aveva pensato che potesse trattarsi di Tebbutt. Quest'ultimo si precipitò allarmato nel suo ufficio di Kensington Palace. Lì trovò Michael Gibbins, l'ultimo dei segretari personali di Diana, e alcuni suoi dipendenti, incluso Paul Burrell, riuniti davanti al televisore in attesa di notizie da Parigi. Proprio mentre il ministro degli esteri Robin Cook, in collegamento da Manila, comunicava al mondo intero che la principessa era rimasta ferita in un incidente, Gibbins ricevette una telefonata: la principessa era appena deceduta. Burrell iniziò a singhiozzare. Tutti erano in lacrime e sotto shock. Tutti eccetto Tebbutt. Mi disse che non poteva permettersi di mostrare le sue emozioni: «Ritornai ad applicare le tecniche da poliziotto».[24] Accompagnò Burrell, in lacrime, all'appartamento di Diana per sigillarlo ed evitare l'intrusione dei curiosi. Il maggiordomo tirò fuori da una statuetta di marmo il rosario di avorio che Madre Teresa aveva donato a Diana, un rossetto e una cipria compatta, e li ripose nella borsa a soffietto della principessa.[25] Alla scrivania, ricoperta di foglietti sui quali Diana annotava le parole con cui aveva maggiori difficoltà, non avrebbe più trovato le sue affettuose lettere di ringraziamento. Tirò le tende e ripose i gioielli in cassaforte. Tebbutt chiuse le porte del soggiorno, della camera da letto e del guardaroba e le sigillò con del nastro adesivo, aggiungendo un'etichetta firmata da entrambi gli uomini. Poi, i due più fidati collaboratori della principessa partirono per Parigi per mettere al sicuro i suoi effetti personali e occuparsi dei preparativi. Tebbutt prese in prestito una cravatta nera da un altro poliziotto in modo da raggiungere l'aeroporto in tempo per il volo.[26]

A Parigi, Tebbutt e Burrell furono accompagnati direttamente all'ambasciata britannica in rue du Faubourg Saint-Honoré. Mentre attraversavano le strade parigine alle prime ore del mattino, Tebbutt rimuginava sull'assurdità della situazione. «Eccoci qui, un autista e un maggiordomo con nessuna autorità. Dissi a Burrell: 'Non si aspetteranno un autista e un maggiordomo, si aspetteranno piuttosto un generale e delle dame di compagnia'.»[27] Ma Diana non era più un membro della famiglia reale.

All'ambasciata furono accolti dall'ambasciatore britannico a Parigi, Sir Michael Jay. Appariva provato dopo la traumatica notte che aveva trascorso al Pitié-Salpêtrière. Uno degli uomini del suo staff era svenuto nel corridoio dell'ospedale quando i medici erano usciti tutti insieme dalla sala operatoria con la sconfitta dipinta sul volto. Il giorno della sua morte, la principessa che era stata la musa ispiratrice di tutti gli stilisti del mondo non aveva nulla da indossare. Pertanto la moglie dell'ambasciatore, Lady Jay, scelse insieme a

Burrell un abito del suo guardaroba: una longuette da pomeriggio di lana nera, con un colletto a scialle e un paio di scarpe nere.[28]

Al Pitié-Salpêtrière, una capoinfermiera minuta e ben pettinata accompagnò gli improbabili custodi degli effetti personali di Diana attraverso i corridoi dell'ala dell'edificio in cui riposava la salma della principessa. La porta della stanza era piantonata da due gendarmi. All'interno, ritti in piedi contro il muro come i fregi di una tomba egizia, c'erano due impresari delle pompe funebri. La stanza era illuminata dalla luce che filtrava attraverso le veneziane e da una lampada a muro. Accanto al letto di Diana, un mazzo di rose dell'ex presidente francese Valéry Giscard d'Estaing e di sua moglie. L'unico suono udibile era il ronzio di un grosso ventilatore. Il caldo era soffocante e Tebbutt chiese un condizionatore. Quando alzò le veneziane, scorse alcuni giornalisti sull'altro lato della strada che cercavano di scattare fotografie. Mise delle coperte sulle finestre prima di guardare Diana.

I suoi occhi erano chiusi, ma il suo viso privo di lesioni era ancora bellissimo. Proprio come durante la sua vita, aveva subito delle ferite che non erano visibili in superficie. «Guardai il mio 'capo', era lì distesa e il ventilatore faceva tremare le sue palpebre», mi raccontò Tebbutt. «Per un istante ho pensato che fosse ancora viva.»[29] Burrell era talmente sconvolto che Tebbutt e un'infermiera dovettero sorreggerlo. Consegnò all'infermiera i vestiti, le scarpe e il trucco e le chiese di mettere il rosario nelle mani di Diana.[30]

Fuori dai cancelli dell'ospedale si stava accampando la stampa di tutto il mondo. I fotografi testardi che erano riusciti a non farsi arrestare si stavano moltiplicando come un virus. I furgoni delle troupe dei notiziari erano parcheggiati davanti all'ospedale per un'incessante veglia elettronica.

«*Assassin! Assassin!*» Questo è il modo in cui l'affabile fotografo del *Sun*, Arthur Edwards, fu salutato dal tassista che aveva fermato davanti all'ospedale, ansioso di trasmettere a Londra le fotografie della bara che lasciava il Pitié-

Salpêtrière dall'uscita secondaria, portata dagli impresari delle pompe funebri reali e dai soldati della guardia presidenziale.[31] L'insulto ferì profondamente Edwards, che conservava moltissimi ricordi affettuosi di Diana, avendola seguita fin dai primi giorni in cui era diventata principessa. «Anch'io ero addolorato», mi disse. «Avevo fotografato Diana per sedici anni e ora era morta.»[32] Altri membri della stampa appostati davanti al Pitié-Salpêtrière divennero bersaglio di sputi e insulti. Un funzionario dell'ospedale dovette uscire e supplicare la folla: «Comportatevi come esseri umani. Questi signori stanno solo facendo il loro lavoro».[33]

Nell'orribile narrazione della morte della principessa, inseguita da una banda di paparazzi mercenari, si fece di tutta l'erba un fascio. Ma in realtà non erano affatto tutti della stessa pasta. Edwards, ad esempio, non apparteneva a questa categoria. Era della vecchia scuola di fotografi di Fleet Street: implacabile, certo, ma contemporaneamente legato ai membri della famiglia reale per il fatto che gli veniva concesso di seguirli nei loro viaggi e nelle cerimonie di Stato. E persino tra coloro che rientrano indiscutibilmente nella categoria dei «paparazzi», esistono profonde differenze, come si scopre facilmente dando un'occhiata a tre di loro.

Rat, non certo innocuo, tuttavia mantenne un comportamento sufficientemente dignitoso sulla scena dell'incidente. Non scattò alcuna fotografia all'interno dell'automobile, ma quando qualcuno nella folla lo intravide sporgersi nell'auto accartocciata per prendere la mano di Diana, fu insultato come «il fotografo grasso».[34] Le stava controllando il polso, ma quel gesto venne interpretato come un'azione dissacrante, perché fu immediatamente associato alle immagini dei disgustosi eccessi dei suoi colleghi. In realtà, l'irritabile Rat era più un fotografo da rivista patinata che un paparazzo senza scrupoli. Questa definizione è sicuramente più adatta a Martinez, un veterano irriducibile con i capelli a spazzola che era nel giro da quindici anni, descritto da un reporter francese come «un tipo truculento, dall'animo spregevole, sempre pronto a fare rissa». Era un maestro delle fotografie ottenute mediante appostamenti che avevano tormentato Diana senza pietà.[35] Martinez (il quale, malgrado il suo atteggiamento strafottente con la polizia, non era mai stato nemmeno nelle vicinanze di Sarajevo), in seguito, fornì una spiegazione sorprendentemente introspettiva per la propria condotta: «Stare dietro un obiettivo aiuta. È uno schermo protettivo che ti permette di mantenere le distanze».[36]

Un altro membro del branco, Jacques Langevin, quarantatré anni, considerato il più tosto dei collaboratori dell'agenzia Sygma, aveva avuto una carriera antitetica a quella di Martinez. Come gli altri sei fotografi arrestati perché non si erano dileguati all'arrivo della polizia, Langevin aveva passato metà della sua vita accettando qualunque rischio pur di scovare una notizia bomba. Aveva rischiato la vita per le fotografie scattate in Ruanda, in Libano e nella Guerra del Golfo, vincendo diversi premi. Durante la rivoluzione rumena del 1989, si era persino beccato una pallottola in una gamba.[37] Aveva raggiunto l'apice del successo con i suoi reportage fotografici pubblicati su riviste come *Paris Match*, *Bunte*, *Stern*, *Gala* e il rotocalco settimanale del *Sunday Times*, ma verso la fine degli anni '90, quel tipo di coraggiosi reportage dall'estero nei quali lui – e molti suoi colleghi presenti a Parigi quella notte – eccelleva era poco richiesto. Le testate per cui lavoravano ora erano interessate solo alle celebrità. Spesso Langevin trovava il suo lavoro attuale umiliante. Si stava rilassando a una cena nel 15° arrondissement quando ricevette la chiamata della Sygma che gli ordinava di «andare a occuparsi di Diana» al Ritz. Mentre lasciava la festa mormorò: «*Scoumoune*», la parola araba per «sfortuna».[38] Arrivò all'hotel in tempo per scattare le fotografie di Diana seduta nella Mercedes che si allontanava dall'ingresso di rue Cambon. Sette minuti più tardi stava tornando alla sua cena quando attraversò per caso il tunnel e s'imbatté nell'incidente.[39]

Quello che avevano in comune tutti i fotografi, su per giù una quindicina, che quella notte si trovavano nel tunnel era il fatto di dover affrontare le mutate condizioni del mercato. Sia la qualità dei contenuti sia la professionalità dei fotografi erano notevolmente peggiorate a causa dell'appetito inesauribile dei media per le immagini delle celebrità. Dopo aver fotografato la scena dell'incidente, Romuald Rat chiamò Ken Lennox, nuovo responsabile fotografico del *Sun*, a Londra e lo svegliò. «Non sembrava turbato», dice oggi Lennox. «Sembrava ansioso di concludere l'affare. Disse che voleva 300.000 sterline per le fotografie di Diana nella macchina, scattate da una distanza di sei metri. Potevo avere l'esclusiva per un giorno. Dissi di sì, mi vestii e mi precipitai in ufficio.»[40] Mentre stava ancora lottando per la vita, Diana era già stata venduta come un'esclusiva.

Nella successiva indagine della polizia, Martinez ammise: «È vero, non abbiamo soccorso i feriti. Forse per un senso di pudore. Ci sembrava un atteggiamento arrogante aiutare le persone che stavamo inseguendo solo pochi minuti prima». Ma durante l'interrogatorio crollò. Per la legge francese, non soccorrere le vittime di un incidente è un reato. «Ero come paralizzato», disse alla polizia, «a causa dei rapporti tra me e le persone in quella macchina.»[41] Quali rapporti? Molti di questi fotografi si erano impegnati con successo per anni nel togliere a Diana ogni umanità. Lei era «la pazza», una merce, un assegno. Paradossalmente, le persone che perseguitarono maggiormente Diana quando era in vita furono quelle che subirono le perdite maggiori dopo la sua morte. La carriera di molti di loro andò a fondo dopo l'incidente. Due anni più tardi, tutti vennero assolti dall'accusa di aver causato l'incidente – nessuno si trovava abbastanza vicino alla Mercedes – ma, nel proscioglierli da tutte le accuse, il giudice Hervé Stéphan disse che il loro comportamento «sollevava interrogativi morali ed etici... La continua e insistente presenza dei fotografi aveva portato Dodi a prendere decisioni che, per quanto imprudenti, erano una reazione al fatto di sentirsi braccato».[42] La carriera di tutti quei fotografi fu irrimediabilmente macchiata dagli eventi del tunnel e pochi guadagnarono ancora bei soldi. Il quarantatreenne

Serge Benamou disse alla polizia che non voleva vedere gli scatti che aveva fatto quella notte. «Perché ho fatto le fotografie e adesso so che quelle persone sono morte. È un ricordo orribile.»[43] Certamente nessuno dei paparazzi si aspettava che il fatto che la donna più famosa del secolo fosse morta in un orribile incidente d'auto avrebbe reso le fotografie del disastro impubblicabili sui principali mass media fino a oggi.

L'opinione pubblica non si commosse per i tempi duri che i paparazzi stavano attraversando. E non era nemmeno dell'umore giusto per recepire la sottile distinzione esistente tra i fotografi freelance e quelli al servizio delle testate giornalistiche. La realtà ineluttabile della bara di Diana che usciva lentamente dalla stiva dell'aereo della RAF a Northolt, scortata dal suo ex marito e dalle due sorelle maggiori e coperta con la bandiera reale scatenò una reazione di incredulità collettiva da parte di una nazione che non aveva ancora veramente accettato la sua morte. Il lieve rumore degli scatti delle macchine fotografiche sembrava ormai soffocato dalla vergogna. Edwards presto venne nuovamente insultato quando tentò di fotografare le persone che facevano la veglia fuori da Kensington Palace. Il suo giornale, come gli altri, il giorno seguente fu assalito dai lettori infuriati. Il messaggio era: «L'avete uccisa voi, bastardi».[44]

Nelle redazioni dei giornali il panico era palpabile. Si respirava un misto di dolore e paura. I reporter di corte, chi più chi meno, erano stati tutti innamorati di Diana. Furono costretti a congelare le proprie emozioni per scrivere i loro servizi, oltretutto con la convinzione di avere in qualche modo causato la sua morte. Richard Kay si chiuse sconvolto nel suo ufficio del *Mail* e iniziò a buttare giù le memorie di Diana senza fermarsi, affinché apparissero nell'edizione straordinaria del mattino e sul giornale del giorno dopo, interamente dedicato a Diana. James Whitaker, in vacanza con la moglie in un'isola del Pacifico meridionale, passò le sette ore successive al telefono con il *Mirror* per dettare al redattore in sede un servizio di diecimila parole per un allegato di dodici pagine intitolato LA FINE DI UNA FAVOLA. «Diana è morta», iniziava il suo racconto. «Non riesco a credere che sto scrivendo queste parole, e le scrivo con gli occhi pieni di lacrime.»[45] L'art director del giornale, Simon Cosyns, che stava facendo un giro della Francia in macchina, rimase così impietrito dalla notizia che andò a sbattere con l'auto contro un muro.[46] Piers Morgan, che aveva lasciato il *News of the World* e ora lavorava come caporedattore al *Mirror*, stava «sudando per la tensione, sul punto di esplodere», e non solo a causa dell'adrenalina giornalistica che lo aveva fatto correre in ufficio. Racconta nel suo diario che lesse sul computer del responsabile grafico: «Non ho mai visto fotografie di cronaca più sensazionali di quelle»,[47] e tutto quello che desiderava fare era cancellarle dalla mente. Sempre nel diario racconta di aver detto al responsabile dell'agenzia che aveva acquistato gli scatti: «Senta amico, Diana probabilmente è stata uccisa da quei maledetti paparazzi, e lei sta tentando di rifilarmi le fotografie del suo cadavere ancora caldo! Faccia funzionare il cervello, dannazione... Prenda in mano il telefono e dica a tutti che c'è stato un terribile malinteso, che quelle fotografie non sono pubblicabili... Poi, se fossi in lei, spegnerei le macchine e lascerei il paese fino a quando questa storia non sarà passata. Se la gente scopre cosa ha fatto, lei è finito».[48] Al *Sun*, Ken Lennox esaminò le immagini esclusive da 300.000 sterline di Romuald Rat e ordinò che ogni singolo fotogramma fosse cancellato dal sistema.[49]

Si temeva seriamente che lo spirito di vendetta che aleggiava nell'aria potesse finire per ammanettare la stampa con una legge sulla privacy, la quale non solo avrebbe vietato di scattare fotografie ai personaggi pubblici, ma avrebbe anche intralciato le indagini legittime. Il fatto che la rigida legge francese sulla privacy non fosse servita a cambiare il destino di Diana fu totalmente ignorato dai politici che desideravano fare sfoggio del loro potere legislativo. La richiesta del conte Spencer di un'inchiesta parlamentare fu appoggiata da 80.000 sostenitori. In tutto il mondo, gli editori dei giornali cercavano di prevenire le condanne pubbliche con confessioni di colpevolezza. PERDONACI, PRINCIPESSA, recitava il titolo di testa sulla prima pagina del quotidiano italiano di sinistra *L'Unità*. CI VERGOGNIAMO, scrisse *Il Messaggero* di Roma. AMMALATI DI AVIDITÀ, era intitolato un editoriale tedesco. NIENTE A CHE VEDERE CON IL VERO GIORNALISMO, scrisse con rabbia il giornale spagnolo conservatore *ABC* in un appello a favore della legge sulla privacy. GIORNALISTI ASSASSINI fu il giudizio del più popolare quotidiano di Mosca, la *Komsomolskaya Pravda*.[50]

Osservare la stampa inglese che organizzava la propria difesa era come vedere un reggimento di fanteria che fa quadrato sotto il fuoco dei moschetti a Waterloo. I media televisivi ritenevano che le accuse fossero dirette alla carta stampata; per i giornali tradizionali, erano rivolte ai tabloid; per i tabloid «normali» si rivolgevano ai giornaletti scandalistici; questi ultimi le interpretavano come una critica alla stampa estera. Molti giornali, che si erano spesso vantati dei loro scoop fotografici su Diana, ora dichiaravano di non aver mai usato le fotografie dei paparazzi. Le aspre critiche del conte Spencer contro i baroni della stampa vennero abilmente trasformate in un'accusa rivolta ai paparazzi e non agli organi di stampa che li pagavano. E naturalmente, si capisce, questi paparazzi non erano inglesi. Erano «fotografi stranieri delle celebrità» (*Sun*); «spietati paparazzi stranieri» e «teppisti armati di macchina fotografica mascherati da fotoreporter» (*News of the World*); «l'equivalente dei tassisti selvaggi» (*Daily Mail*). Quando i test di laboratorio rivelarono che Henri Paul aveva un tasso alcolico tre volte superiore al limite consentito dalla legge francese (e doppio rispetto a quello britannico), i tabloid erano sollevati come se fosse improvvisamente arrivato Natale. Piers Morgan, nel suo diario, celebrò la notizia con la frase «Dio esiste».[51] L'AUTISTA DI DIANA UBRIACO COME UN MAIALE, era il titolo entusiasta dello *Star*.[52]

L'idea che a Diana fosse stato permesso di salire in macchina con un autista ubriaco era una verità ancor più sgradevole per il pubblico britannico. A dire il vero, Henri Paul non sembrava affatto ubriaco. Se fosse stato barcollante e avesse parlato in modo incomprensibile, molte persone gli avrebbero impedito di salire sulla Mercedes e si sarebbero offerte di sostituirlo alla guida dell'automobile di Diana e Dodi. Alla maggior parte delle persone che lo videro quella notte (anche se non a tutte) Henri era sembrato normale, sebbene in realtà avesse bevuto i suoi drink mischiati con dei medicinali – prozac e tiapride – che, assunti con alcol, possono rendere rischioso mettersi alla guida o utilizzare dei macchinari, come riportano le rispettive avvertenze mediche.[53]

Agli autisti della famiglia reale viene espressamente richiesto di astenersi dall'assumere alcolici per dieci ore prima di mettersi al volante. Tuttavia, dall'analisi della quantità di alcol rinvenuta nel sangue di Henri Paul risultò che l'autista aveva bevuto poco anche prima di essere inaspettatamente richiamato al Ritz alle dieci in punto. Raggiunse le guardie del corpo al bar dell'albergo, ordinò un paio di bicchieri di quello che sembrava un succo di frutta e disse scherzando che era « succo *d'ananas* ».[54] In realtà si trattava di un pastis Ricard, un aperitivo al gusto di anice molto più alcolico del vino. Robert Forrest, professore di tossicologia legale all'università di Sheffield, ha testimoniato per Paget che, prima di quei due drink, Paul poteva aver bevuto « da quattro a sei Ricard tra le 19.00, quando terminò il suo turno di lavoro ufficiale, e le 22.00, quando venne richiamato in servizio ».[55] Non era certo nelle condizioni ideali per lanciarsi a velocità folle dentro un tunnel che era stato teatro di trentaquattro incidenti e otto morti nei quindici anni precedenti. « Non avevo mai visto nessuno partire in quel modo », disse uno dei fotografi a una stazione televisiva tedesca, commentando la partenza di Henri Paul dal Ritz. « Guidava come un gangster. »[56]

L'ironia di tutta questa faccenda è che Diana stessa si lasciava raramente prendere dal panico quando veniva inseguita dai fotografi, persino negli anni di Coleherne Court. La sua amica Cosima Somerset ricorda un inseguimento in moto alla James Bond quando, nel maggio del 1996, andarono in vacanza assieme a Maiorca. « L'uomo sul sellino posteriore aveva una macchina fotografica che puntò dritta verso il finestrino dell'automobile. Mi sentivo come se Diana fosse stata assalita, ma lei rimase impassibile.»[57] Erano Dodi e Henri Paul che non riuscivano a gestire la situazione, non Diana. «Perché mai guidare a una velocità così elevata per sfuggire ai fotografi?» si chiede oggi Tebbutt. «Una macchina fotografica non ha mai ucciso nessuno.»[58] Nel suo intimo, Ken Wharfe si fece le stesse amare domande quando vide i primi bollettini medici sulle lesioni riportate da Diana. «Trevor Rees-Jones era totalmente concentrato su come salvarla dai paparazzi. Ma quello non era il suo compito. Il suo compito era di evitare che si beccasse una pallottola.»[59] È dimostrato che Diana e Dodi sarebbero sopravvissuti se avessero allacciato le cinture di sicurezza; Trevor Rees-Jones, che è sopravvissuto, ha riportato ferite molto gravi nonostante l'airbag frontale abbia attutito l'impatto, proprio perché, senza la protezione della cintura, è stato scaraventato contro gli interni dell'abitacolo.

Henri Paul non avrebbe dovuto essere alla guida di quell'automobile in quella fatale notte del 31 agosto – e se Diana non avesse rifiutato la protezione della polizia di Scotland Yard, in effetti non si sarebbe mai e poi mai trovato al volante della Mercedes. Inoltre, se lei avesse comunicato all'ambasciata britannica di trovarsi a Parigi, Sir Michael Jay avrebbe provveduto a fornirle una macchina di scorta tramite la polizia francese. Paul non era neppure qualificato per guidare una limousine. Il suo ex capo Jean-Henri Hocquet, in pensione dal giugno del 1997 come responsabile della sicurezza del Ritz, disse che in un'occasione aveva addirittura proibito a Paul di accompagnare all'aeroporto un ospite che rischiava di perdere l'aereo perché non aveva le qualifiche necessarie.[60] Hocquet riferì a uno della Operation Paget che non era affatto strano che Paul quella notte avesse acconsentito a lavorare nonostante fosse fuori servizio, semplicemente perché «Monsieur Paul era una persona gentile e, per via della sua gentilezza e della sua natura bonaria, non riusciva a dire 'no' [al figlio del capo]; per questo accettò di mettersi alla guida».[61]

Negli anni successivi alla morte di Diana, i teorici del complotto hanno indagato minuziosamente sulla vita privata di Henri Paul, scoprendo diversi elementi misteriosi – i molteplici conti bancari, la presunta abituale sobrietà, i legami con i servizi segreti francesi, le « ore di assenza » la sera della sua morte. Ma, in realtà, tutti questi presunti indizi mettono in luce solo la triste verità della sua vita quotidiana: Paul era un uomo solo e depresso, quello che i francesi chiamano un *vieux garçon,* uno scapolo incallito, che beveva in solitudine, rattoppava i suoi conti bancari grazie alle generose mance elargite dai clienti del Ritz in cambio di qualche favore e, come la metà dei maître e degli addetti alla sicurezza degli hotel a cinque stelle di tutto il mondo, veniva pagato da agenti di basso livello dei servizi segreti e della polizia per informarli sui movimenti dei clienti VIP. (L'altra metà è pagata dai giornalisti dei tabloid.) Il lavoro dell'agente di sicurezza è un ruolo che isola dagli altri. Poche persone vogliono frequentare un tizio il cui compito è anche quello di fornire informazioni sul resto del personale. Paul era l'uomo di fiducia sul posto di Mohamed Al Fayed. Con una vita privata quasi inesistente che non rischiava di interferire con il suo lavoro, era sempre pronto a intervenire. Al lavoro il suo soprannome era «*la fouine*», il ficcanaso.[62]

Il motivo per cui la storia di Henri Paul è degna di interesse è che ci offre una panoramica di un solitario uomo francese di mezza età, un borghese occhialuto con una calvizie incipiente, la cui vita si interseca quotidianamente con quella di persone ricche e potenti che non notano nemmeno la sua presenza. L'aspetto asettico del suo bilocale da scapolo nella borghese rue des Petits-Champs suscita compassione, proprio come la depressione nella quale pare fosse caduto in seguito alla fine di una relazione con un'ex segretaria dell'ufficio del personale del Ritz; non tanto perché sentisse la mancanza della ragazza, ma perché si era affezionato molto alla figlia di lei, di due anni e mezzo. Ogni tanto aveva bisogno di un drink per tirarsi su, disse la sua ex. «*Il avait le vin gai*», il vino lo rendeva allegro.[63] Di notte, quando tornava a casa, spesso parcheggiava vicino a un bar lesbo in rue de Chabanais, all'angolo della via di casa, non per una qualche bizzarra propensione al voyeurismo ma perché la proprietaria, Josiane le Tellier, era una sua intima amica. Per un uomo solo, era un buon posto per sedersi a sorseggiare un drink.

La scoperta che Henri Paul non era un autista qualificato fu un disastro per Mohamed Al Fayed e un sollievo per la stampa. Affranto per la perdita del figlio, Al Fayed provava un miscuglio di collera nei confronti del destino e di amarezza per tutti i rifiuti che aveva ricevuto nella sua vita. Ora doveva confrontarsi non solo con il fatto di aver perso il figlio maggiore, ma anche con la fine dei suoi sogni di ascesa verso le vette dell'establishment britannico.

Non appena venne messo al corrente della morte di Dodi, Al Fayed volò a Parigi con l'elicottero di Harrods. La legge musulmana impone che la sepoltura avvenga prima del tramonto; dal momento che Al Fayed desiderava che il funerale si svolgesse in Inghilterra, doveva agire velocemente. Quando arrivò al Pitié-Salpêtrière, solo un'ora e mezzo dopo la morte di Diana, gli fu detto che suo figlio non si trovava là. Venne indirizzato all'obitorio sulla riva destra della Senna. Kez Wingfield, la guardia del corpo che viaggiava con Al Fayed, si ricorda di come, all'alba, l'uomo aspettava sconsolato davanti all'obitorio mentre qualcuno cercava le chiavi. «Stava lì in piedi, sotto shock, a fissare la porta», disse Wingfield.[64] Era la metafora di una vita da emarginato. Mentre l'attenzione del mondo era concentrata sul destino di una principessa d'oro, Al Fayed era soltanto uno straniero triste e dimenticato da tutti che veniva a reclamare il figlio morto.

Il rapporto di Al Fayed con il figlio Dodi era stato complicato. A tratti lo aveva soggiogato e viziato, ma aveva anche riposto tutte le sue speranze in lui. Dodi era un'anima generosa e i suoi errori erano dovuti più che altro alla sua natura bonaria. Voleva piacere a tutti e voleva che tutti si divertissero. Non avrebbe mai aspirato a diventare l'amante della principessa di Galles se suo padre non lo avesse spinto a corteggiarla. Adesso era la salma n. 2146 in un obitorio francese.[65] «Vidi che Dodi aveva trovato la sua pace», disse in seguito Al Fayed. «Sembrava di nuovo un bambino. Per un momento pensai che la sua anima fosse rientrata nel corpo e che fosse tornato in vita, ma le lesioni sulla parte posteriore della testa erano troppo gravi.»[66]

Il dolore di Mohamed Al Fayed fu devastante. Il bisogno di trovare un colpevole diede inizio alla più lunga battaglia della sua vita. Come tutti gli altri, il responsabile del suo ufficio di relazioni pubbliche, Michael Cole, inizialmente diede la colpa ai paparazzi – «Kamikaze gallici, un mucchio di vermi schifosi» – e descrisse Henri Paul come un «sobrio impiegato modello», perfettamente in grado di guidare una Mercedes in qualità di chauffeur.[67] Se Paul non lo fosse stato, Mohamed Al Fayed stesso rischiava di doversi assumere una parte della responsabilità morale nelle morti di Dodi e Diana. Henri Paul era impiegato di un albergo di proprietà di Al Fayed e guidava un'automobile messa a disposizione dal personale di Al Fayed. Per un padre in lutto era una prospettiva angosciante. Inoltre, al dolore insopportabile si aggiungeva il timore che la gente lo additasse come responsabile dell'accaduto: nessuno lo avrebbe mai perdonato per aver strappato ai britannici la loro adorata principessa.

Michael Cole, portavoce di Al Fayed, lanciò una controffensiva estremamente discutibile. Il suo obiettivo era quello di convincere il mondo che la semplicistica spiegazione dell'autista ubriaco che andava troppo forte non era che una meschina copertura. Le analisi del sangue di Henri Paul erano state contraffatte! «L'incidente» era stato organizzato dagli agenti dei servizi segreti britannici! L'MI6 viaggiava camuffata tra i paparazzi! Diana fu imbalsamata per tenere segreta la sua gravidanza! Qualcuno aveva proiettato un'intensa luce stroboscopica nel tunnel per accecare Paul! Due agenti della SAS avevano sparato dei proiettili frangibili contro i pneumatici anteriori della macchina dal tetto del tunnel! Una Fiat Uno aveva spinto Paul contro il palo di cemento! La Fiat si era poi dileguata in direzione dell'ambasciata britannica! Oppure era stato un motociclista! Sir

Robert Fellowes si trovava a Parigi un'ora prima per organizzare l'omicidio!

Non badando a spese e non risparmiando nessuno, la ben finanziata macchina delle relazioni pubbliche di Mohamed Al Fayed creò un vero e proprio universo alternativo nel quale le fantasie diventavano fatti, i sospetti convinzioni, l'assenza di prove una prova essa stessa della loro omissione e chiunque si mostrasse scettico doveva per forza far parte del complotto oppure, secondo le parole testuali di Al Fayed, un «leccaculo».[68] Diana aveva intenzione di sposare Dodi, era già incinta di minimo due, al massimo sei settimane, e il matrimonio doveva essere assolutamente impedito per scongiurare il rischio che il futuro re d'Inghilterra si ritrovasse un fratellastro e un patrigno musulmani di origine egiziana. Chi avrebbe potuto fare una cosa del genere? Stando alle parole di Al Fayed: «Il principe Filippo è responsabile di aver dato l'ordine. È molto razzista. È di sangue tedesco e sono sicuro che è un simpatizzante dei nazisti. Anche Robert Fellowes ebbe un ruolo chiave nella faccenda. Lui è il Rasputin della monarchia britannica».[69]

Al Fayed è stato implacabile nella sua vendetta contro alcuni fotografi che non avevano avuto alcun ruolo nella vicenda della morte di Diana. Jason Fraser, fotografo delle celebrità e sindacalista, era il prediletto di Diana. Fu Fraser – su commissione di qualcuno di cui non ha mai svelato il nome, ma sicuramente per ordine di Diana – a contattare il brillante paparazzo italiano Mario Brenna per ottenere le immagini del celebre «bacio» tra Diana e Dodi durante la prima crociera della principessa a bordo dello *Jonikal*. Quando Fraser cominciò a seguire Diana e Dodi, Mohamed Al Fayed era molto compiaciuto di vedere la storia d'amore di suo figlio sbattuta sulle prime pagine dei giornali di tutto il mondo, e faceva allegri cenni di saluto dal ponte dello *Jonikal* in direzione dell'obiettivo di Fraser. Tuttavia, oggi come oggi sta ancora perseguitando Fraser tramite il tribunale civile e penale francese con l'accusa di invasione della privacy di suo figlio.

Per dieci anni Al Fayed ha condotto una campagna incessante, nonostante le confutazioni e le prove prodotte in Francia e in Gran Bretagna. Ha fatto nascere innumerevoli teorie della cospirazione – sufficienti a foraggiare, contemporaneamente, 35.000 siti web – supportato da una stampa credulona capeggiata negli ultimi anni dal *Daily Express*, il cui editore, Richard Desmond, è un intimo amico di Al Fayed. Nel febbraio del 1998, il *Mirror* diede grande rilievo a un'intervista di Al Fayed intitolandola: NON È STATO UN INCIDENTE. Quello stesso anno, più di dodici milioni di persone assistettero alla drammatizzazione delle folli teorie di Al Fayed in un ingarbugliato speciale di ITV: *Diana: The Last Days*. L'indomani, un sondaggio rivelò che il 97% degli spettatori si era fatto convincere da Al Fayed.[70] Senza dubbio, nel suo tormento Al Fayed aveva convinto anche se stesso. Per commemorare Dodi, il primo sabato dopo i funerali di Diana, camminò da solo sul campo del Fulham, la sua squadra di calcio, accompagnato dalla musica straziante di una cornamusa. La folla si alzò in piedi in un rispettoso silenzio. Sicuramente queste dimostrazioni di supporto popolare incoraggiavano Al Fayed ad andare avanti.

Poco prima del decimo anniversario dell'incidente, l'inchiesta britannica ufficiale Operation Paget, durata tre anni e condotta con estremo rigore dall'ex capo della polizia metropolitana, Lord Stevens, ha demolito una dopo l'altra tutte le accuse mosse da Al Fayed. Lo stesso vale per l'inchiesta ufficiale francese. Alle medesime conclusioni sono giunte anche alcune indagini indipendenti, in particolare quella di Martyn Gregory esposta in *Diana: The Last Days*. È normale che in un concatenarsi di eventi tanto complessi, rapidi e drammatici ci siano punti poco chiari e contraddizioni. Ma l'evidenza dei fatti è schiacciante: si è trattato di un incidente, punto. I test del DNA eseguiti dall' Operation Paget rivelarono che solamente il sangue di Paul, e quello di nessun altro, presentava un tasso alcolico superiore alla norma.[71] Nel tunnel non c'era stato alcun flash che lo aveva fatto uscire di strada e schiantare contro il pilastro; la meticolosa ricostruzione del Paget basata sull'utilizzo di laser 3D e modelli computerizzati dimostra che Paul perse il controllo prima di entrare nel tunnel. La storia del «flash prima dell'incidente» fu inventata da un presunto testimone, François (Levistre) Levi, un bugiardo patologico con un lungo elenco di reati sulla fedina penale.[72] Tra i dubbi sollevati da Al Fayed sul caso, il più fondato sembra essere quello relativo alla misteriosa Fiat Uno avvistata nel tunnel, che sul sedile posteriore trasportava un cane con la museruola; questa automobile ha dato adito a molte teorie del complotto. La Fiat si era immessa da una strada secondaria e si trovava alla destra della Mercedes di Henri Paul quando lui si lanciò nel tunnel a circa centoventi chilometri orari. Paul era ormai su una traiettoria fatale, essendosi imbattuto nel famoso punto in cui la strada presenta un avvallamento e curva leggermente. Sterzò a sinistra per evitare la Fiat, sfiorò il suo faro posteriore sinistro, grattò il terzo pilastro, sterzò a destra e poi di nuovo a sinistra prima che la macchina impattasse contro il tredicesimo pilastro. La Fiat proseguì la propria corsa e sparì. La polizia francese interrogò un vietnamita che faceva l'idraulico e la guardia notturna, Le Van Thanh, sospettando che fosse il proprietario della Fiat Uno, ma fu necessario il lavoro dei detective del Paget, nove anni più tardi, per arrivare alla conclusione che i francesi avevano effettivamente preso il loro uomo, e non era un cospiratore. Il motivo per cui Thanh, all'epoca, non aveva confessato il suo coinvolgimento e aveva riverniciato in fretta e furia la sua macchina di rosso non aveva nulla di sospetto. Era semplicemente la paura di un'immigrante di passare dei guai, visto che la legge francese punisce i conducenti che non si fermano a prestare soccorso sulla scena di un incidente.[73] La Fiat Uno rappresentò senz'altro un ostacolo per Henri Paul, ma solo perché stava guidando a una velocità troppo elevata; in realtà la Mercedes era ormai destinata all'impatto fatale.[74]

Tra le affermazioni di Mohamed Al Fayed, quella che Diana fosse incinta era la più ostinata. Il referto medico del Paget ha definitivamente chiuso la questione: non era incinta. La fotografia che, a detta di Al Fayed, mostrava una pancetta sospetta fu scattata *prima* che incontrasse Dodi. Inoltre, secondo il portavoce dell'ospedale, Thierry Meresse, l'infermiera francese che confidò le ultime parole di Diana ad Al Fayed in realtà non è mai esistita.[75] Di conseguenza, non è mai esistito nemmeno il seguente messaggio, se non nell'immaginazione di Al Fayed: «Vorrei che tutte le mie cose che si trovano nell'appartamento di Dodi venissero date a mia sorella Sarah, inclusi i miei gioielli e i vestiti, e per favore ditele di prendersi cura dei miei ragazzi». Per dare forza al messaggio, Al Fayed aggiunse: «Per me, ricevere da un'infermiera questo messaggio di una madre ai suoi figli fu davvero importante perché Diana visse quasi altre due ore in quella sala operatoria. Ma lei sentiva che stava per andarsene... io fui la prima persona ad arrivare lì».[76]

Per quanto riguarda le oscure forze che avrebbero architettato l'incidente della Mercedes, una cospirazione di tali proporzioni sarebbe andata al di là delle possibilità di qualunque servizio segreto e di tutti gli strateghi del palazzo: conoscere in anticipo le decisioni che Dodi avrebbe preso solo all'ultimo minuto; sapere che l'autista sarebbe stato Henri Paul; sapere che questi sarebbe stato ubriaco e sotto l'effetto di droghe e che non avrebbe seguito il tragitto più ovvio per raggiungere l'appartamento di Dodi; sapere che il rissoso gruppo di paparazzi e l'automobile o le motociclette coinvolte avrebbero coordinato i loro movimenti con un tempismo eccezionale; sapere che Dodi e Diana non avrebbero allacciato le cinture di sicurezza, e un'infinità di altre variabili. Si può capire perché Mohamed Al Fayed continui a vivere nel suo mondo immaginario: esso lo libera da qualunque senso di colpa. Ma, in questo modo, ha perso il contatto con la realtà.

In compenso il principe Carlo, considerando su chi sarebbe stato puntato il dito, ragionava in modo più razionale. «Accuseranno tutti me», disse al suo segretario personale Stephen Lamport. «Il mondo sta impazzendo.»[77] Il principe e sua madre, in ansia, si consultarono in vestaglia nel soggiorno della regina. Erano stati svegliati poco prima dell'una di notte dall'assistente del segretario personale di Sua Maestà, Sir Robin Janvrin, che abitava in una casa nella tenuta di Balmoral. Una delle prime persone con cui Carlo parlò tra l'una e le tre di notte, quando ancora non era chiaro quanto fosse grave la principessa, fu Mark Bolland, che si trovava a Londra. Il principe era ansioso di sapere se l'assistente del suo segretario personale fosse riuscito ad avere qualche notizia in più dalla stampa rispetto a quanto era appena stato riferito a lui e alla Regina. Carlo tentava di venire a patti con la possibilità che la madre dei suoi figli tornasse in patria con danni cerebrali permanenti oppure paralizzata. «Ho sempre pensato che Diana sarebbe ritornata da me, aveva bisogno di qualcuno che si prendesse cura di lei», rimuginava il principe Carlo con Bolland.[78]

Sarebbe ritornata da me, aveva bisogno di qualcuno che si prendesse cura di lei. La struggente tenerezza di questo commento rivela la complessità dei sentimenti di Carlo. Per il principe poteva costituire una sorta di riscatto se la sua ex moglie fosse tornata da lui in una condizione di dipendenza. Prima della festa di compleanno di Camilla a Highgrove in luglio, i loro rapporti erano migliorati. Quando il mentore di Carlo, Laurens van der Post, morì nel dicembre del 1996, Diana si rese immediatamente conto di quanto quella perdita fosse devastante per Carlo e gli scrisse una sentita lettera di condoglianze, dicendogli che sapeva cosa si prova quando si perde qualcuno cui si è fortemente legati. Carlo si commosse al punto che le telefonò per ringraziarla della sua comprensione.[79]

Nessuno può dire come si sarebbe comportato Carlo nei confronti di Camilla, se il potere ammaliatore di Diana e la sua indipendenza fossero stati limitati da una menomazione fisica o mentale. La sua linea era sempre stata che Camilla non fosse «negoziabile», ma non c'è dubbio che se Diana fosse tornata a casa con gravi lesioni, Carlo avrebbe fatto qualunque cosa per la sua guarigione.

Alle 3.15 di notte, ora di Londra, Sir Michael Jay chiamò da Parigi per confermare la morte di Diana. Il principe ebbe un tracollo emotivo. Fu assalito da un tumulto di emozioni: preoccupazione per i figli, sensi di colpa, la terribile consapevolezza di quanto la reazione della gente sarebbe stata folle. «Era profondamente sotto shock», riferì un amico di Camilla alla biografa Caroline Graham. «La sua preoccupazione principale erano i bambini. Erano in un'età in cui è terribilmente doloroso perdere la madre. Carlo è un uomo molto sensibile e anche se Diana si stava rifacendo una vita, continuava a chiedersi cosa sarebbe successo se lui avesse gestito le cose in modo diverso; forse lei non sarebbe finita tra le braccia di un playboy, una decisione che alla fine la condusse alla morte.»[80] La notizia fu devastante anche per Camilla. Aveva appena iniziato a uscire dall'ombra. Ora si vedeva nuovamente condannata a una vita da amante segreta del principe per un tempo indefinito. Finora i figli di Carlo non l'avevano neppure incontrata e certamente non avrebbero voluto farlo ora. Inoltre, sarebbe diventata una figura ancora più odiata dal popolo britannico. Nei giorni che seguirono rimase barricata nella sua casa nel Wiltshire, protetta da due agenti di Scotland Yard.[81]

Alle 7.15 di mattina, dopo aver camminato da solo per la tenuta di Balmoral, Carlo si recò nelle stanze dei ragazzi per assolvere il compito più orribile della sua vita. Prima svegliò William. Il giovane principe aveva avuto una notte agitata, forse perché aveva litigato con sua madre al telefono per via di Dodi. La terribile notizia che lo attendeva significava anche che non avrebbero mai più potuto abbracciarsi e rappacificarsi. Padre e figlio andarono insieme a comunicare la notizia a Harry. Per il figlio più giovane, il colpo fu tanto spaventoso quanto triste. A dodici anni, dietro il suo aspetto da ometto celava ancora un cuore di bambino. La cosa che preferiva fare la sera era rannicchiarsi sul divano con sua madre e guardare dei film, loro due da soli. Non era in grado di comprendere la spaventosa tragedia che era accaduta. Desiderava ardentemente accompagnare il padre a Parigi per andare a prendere la mamma. Carlo decise che sarebbe stato meglio non sottoporlo a un'esperienza tanto orribile.

Nelle situazioni di grande sofferenza, spesso si cerca di tenere a bada le emozioni ripetendo le abitudini di tutti i giorni, concentrandosi sulla forma anziché sul contenuto; un'antica e saggia consuetudine. Per i giovani principi, questo significava vestirsi come al solito e accompagnare il resto della famiglia reale in chiesa. Per Carlo e la regina voleva dire meditare su come far rientrare Diana in patria. Ben consapevole del fatto che il popolo britannico lo avrebbe incolpato della morte della sua ex moglie, Carlo decise che Diana avrebbe dovuto avere tutti gli onori e le cerimonie riservate ai reali. La regina non la vedeva allo stesso modo. Mentre la notte volgeva al termine, Carlo era sempre più ai ferri corti con la madre. Meglio litigare sulla logistica del rientro della salma che portare a galla tutta la rabbia, la gelosia, il rimorso e il senso di colpa che i reali avevano accumulato mentre Diana era in vita. Carlo era fermamente deciso a riportare Diana a casa da Parigi con una cerimonia reale e porre la sua salma nella Chapel Royal a St James Palace prima del funerale pubblico. Dal canto suo, la regina era profondamente convinta che la famiglia reale avrebbe dovuto acconsentire alla richiesta degli Spencer e spedire il corpo di Diana direttamente alla famiglia dall'obitorio di Fulham. Dal suo punto di vista, dopotutto Diana era solamente l'ex moglie di Carlo e non la futura regina. La sua morte era una faccenda privata che non riguardava il palazzo reale, né tanto meno richiedeva iniziative speciali e cerimonie reali, opinione condivisa anche dal principe Filippo. Sembrava che Carlo sarebbe stato costretto ad andare a Parigi con un volo di linea da Aberdeen. Per una volta, il principe di Galles lottò per Diana, più intensamente di quanto avesse mai fatto quando la principessa era viva. Di fronte al fatto inconfutabile che Diana, Altezza Reale o no, era la madre di William e Harry, a colazione la regina cedette e concesse a Carlo il permesso di usare un velivolo della RAF e di allestire la camera ardente nella cappella reale a St James Palace.

Nella discussione su quale fosse il funerale più adeguato per l'ex moglie del principe di Galles, il palazzo non si preoccupò di prendere in considerazione l'opinione della madre di Diana. Quando il telefono di Frances Shand Kydd squillò nel suo bungalow sull'isola di Seil, inizialmente la donna aveva sperato che dall'altro capo del filo ci fosse Diana in persona, un gesto che avrebbe potuto significare la fine della loro guerra fredda. Invece era un'amica, Janey Milne, che aveva appreso dell'incidente da un'edizione straordinaria del notiziario. Frances iniziò a buttare alla rinfusa alcuni vestiti dentro una valigia per andare a Parigi. «Mi sembrava assolutamente naturale correre dalla mia bambina ferita», raccontò successivamente ai suoi biografi, Max Riddington e Gavan Naden.[82] Ma prima che potesse partire telefonò sua figlia Jane per darle la notizia della morte. Jane era stata informata da suo marito, Sir Robert Fellowes, che, dalla loro casa a Norfolk, si teneva in stretto contatto con Parigi per conto della regina. Frances aspettò invano di ricevere istruzioni da palazzo su quando avrebbe dovuto mettersi in viaggio per riportare a casa sua figlia; nel frattempo Fellowes le fece sapere tramite Jane che non doveva parlare con nessuno finché la morte di Diana fosse stata ufficializzata. La regina non mandò mai un messaggio né fece alcuna telefonata di condoglianze alla donna che, dopotutto, aveva messo al mondo Diana. La casa reale tenne Frances al di fuori dell'organizzazione della cerimonia funebre, proprio come quando, trentotto anni prima, il conte Spencer l'aveva esclusa in occasione della morte del loro bambino John. «È alquanto ironico che, nonostante abbia dovuto seppellire due figli, per ragioni completamente diverse io non sia riuscita a vederli, toccarli o abbracciarli dopo la loro morte», disse con amarezza.[83] Non fu invitata ad andare a Parigi insieme a Carlo e alle sue due figlie maggiori a recuperare la salma di Diana (il più giovane dei fratelli di Diana, il conte Spencer, si trovava ancora in Sud Africa e non poteva raggiungere Parigi in tempo).

Appena arrivato al Pitié-Salpêtrière, Carlo mantenne un certo contegno dovuto alla formalità del cerimoniale con il quale vengono accolti i membri della famiglia reale. Ricevette le solenni condoglianze da parte delle seguenti autorità: Sir Michael Jay, il presidente francese Jacques Chirac e la sua consorte, Madame Chirac, il ministro degli esteri Robert Védrine, il ministro degli interni Jean-Pierre Chevènement e il ministro della sanità Bernard Kouchner. Carlo li ringraziò tutti per la collaborazione, rivolgendosi a loro in un francese così perfetto da risultare toccante. «La sua umanità e la sua sensibilità mi commossero», ricorda il portavoce dell'ospedale, Thierry Meresse. «Dall'inizio alla fine, mantenne un atteggiamento estremamente premuroso nei confronti della principessa di Galles.»[84]

Il principe entrò nella stanza da solo per dire addio alla sua ex moglie. Meresse racconta che, quando entrò nella camera di Diana, Carlo era ancora «calmo e padrone di sé», ma «quando uscì da quella stanza era un uomo diverso... un uomo completamente distrutto da quello che stava accadendo». Addestrato per tutta la vita, proprio come la regina, a dissimulare le sue emozioni concentrandosi su dettagli marginali, il principe si agitò per un particolare che aveva notato: durante l'incidente, Diana aveva perso uno dei suoi orecchini d'oro (sarebbe stato ritrovato due mesi più tardi sotto il cruscotto della Mercedes). «No, non può andare senza il suo orecchino!» ripeteva in modo confuso.[85] Più tardi raccontò a Camilla che vedere il corpo senza vita di Diana fu «il peggior spettacolo cui io abbia mai dovuto assistere. Riuscivo a pensare solo alla ragazza che avevo conosciuto, non alla donna che era diventata e neanche ai problemi che avevamo avuto. Ho pianto per lei, e ho pianto per i nostri ragazzi.»[86] Quando Carlo lasciò l'ospedale al fianco delle sorelle di Diana, il suo volto era quello di un uomo tormentato. Gli era stato suggerito di trasportare la salma della principessa decollando direttamente dal tetto dell'ala del pronto soccorso, dotato di un eliporto.

«No», rispose con fermezza. «Là fuori, ad aspettarla, ci sono delle persone che la amano.»[87]

Ricordatemi

È vero che la mamma è morta?
(Il principe Harry, 31 agosto 1997)

A cosa era dovuto questo immenso dolore? Usando una misteriosa formula composta da fascino, sofferenza ed esibizionismo, Diana aveva scambiato la propria identità di figlia dell'aristocrazia con quella di idolo delle masse. Per sedici anni, milioni di britannici si erano sentiti non soltanto spettatori, ma protagonisti delle sue trasformazioni e delle sue battaglie: l'adolescente timida diventata una principessa da favola e madre; la moglie tradita in cerca d'amore e continuamente delusa; la guerrigliera compassionevole che sembrava diventare più bella ogni volta che condivideva le sofferenze altrui.

Adesso non c'era più, e per piangerla affluivano a Londra seimila persone l'ora. I cancelli di Kensington Palace si erano trasformati in un enorme oceano di fiori punteggiato dalle fotografie di Diana. I fiori erano appesi persino sugli alberi e sui cespugli, come tristi decorazioni residue di un esotico ballo estivo. Montagne di mazzi di fiori, fotografie ritagliate, orsacchiotti di peluche, poesie, messaggi di addio, rosari, carte da gioco con la regina di cuori e disegni di bambini. In sottofondo, il rumoreggiare della folla: non un pianto discreto, ma singhiozzi affannosi e profondi. Il serpentone di persone in fila per firmare il registro delle condoglianze a St James Palace sembrava infinito. L'intera situazione era sbalorditiva e al contempo inquietante. L'eterogeneità della folla, così come il numero di persone che la componevano, trasformavano l'evento in una specie di miracolo: giovani, vecchi, neri, bianchi, sudasiatici e asiatici orientali, persone che indossavano pantaloncini, sari, jeans, gessati, cappellini da baseball e hijab. La morte di una ragazza aristocratica diventata principessa, ma che aveva rifiutato di lasciarsi rinchiudere dalle mura del palazzo, aveva in qualche modo fatto nascere un senso di comunione assolutamente inedito.[1] In seguito Trevor Phillips, il presidente della Commission for Equality and Human Rights, parlò a nome di tutti loro quando la acclamò come «un'eroina che ha abbracciato la Gran Bretagna moderna, multiculturale e multietnica senza riserve».[2]

Warren Hoge, allora a capo dell'ufficio di Londra del *New York Times*, rimase affascinato nel vedere e udire una nazione che stava scoprendo se stessa. La Gran Bretagna, affermò, «non aveva idea di essere un paese composto da un miscuglio di razze, guidato dalle donne e pieno di aspirazioni finché non arrivò a chiedersi: 'Chi sono tutte quelle persone che hanno occupato i parchi di Londra per commemorare Diana?'»[3]

In parte, tutto questo era dovuto al fatto che, senza alcun dubbio, Diana è stata la prima grande icona glamour vissuta e scomparsa nell'epoca dominata da un mondo globale e multimediale attivo ventiquattro ore su ventiquattro. La sua perdita fu improvvisa e se ne parlò ovunque: in televisione, per radio e in Internet, sui quotidiani e sulle riviste, attraverso i cellulari o le e-mail, dando luogo alla prima grande maratona del lutto. La sua morte, inoltre, ebbe luogo in un periodo di transizione politica. Verso la metà del 1997, il popolo britannico decise che ne aveva avuto abbastanza dei politici impettiti che dispensavano olio di ricino e dicevano alla gente di tirare la cinghia. Ecco perché a maggio il partito laburista di Tony Blair riportò una vittoria schiacciante alle elezioni, senza uguali nel XX secolo, dopo gli undici anni di governo di Margaret Thatcher, l'«infermiera cattiva» di Downing Street, i sette del governo di John Major, rigido come un ombrello chiuso, e i complessivi sedici anni durante i quali la famiglia reale non era riuscita a capire che la ragazza d'oro che viveva con loro a palazzo era la cosa migliore che le fosse capitata dalla restaurazione del principe Carlo II. Ora il desiderio represso di *sentire* del popolo britannico aveva finalmente trovato sfogo, scatenato dalla morte di una principessa che aveva sempre messo i sentimenti al primo posto.

Nella folla, le persone si confidavano le proprie depressioni, i propri disturbi alimentari e il proprio dolore per la perdita dei genitori, del fratello, della sorella, dei figli. «Cara Diana, grazie per averci trattati come esseri umani e non come criminali», recitava un biglietto affisso sulla bacheca dei giardini di Kensington. «Eri una su un milione. David Hayes e i ragazzi del penitenziario reale di Dartmoor.»[4] John Hockenberry, il telecronista dell'emittente americana NBC, ricorda la reazione del paziente di una casa di cura per malati di Aids – in cui Diana, una volta, aveva portato William e Harry – quando seppe della morte della principessa. «Ero seduto a un tavolo con un signore allegro sui sessant'anni. Nella caffetteria della casa di cura c'era una fotografia che lo ritraeva con Diana e con un altro uomo. In quell'immagine Diana sembrava contorcersi dalle risate. Gli chiesi: 'Perché diavolo stava ridendo in quel modo?' e lui mi rispose: 'Be', io ero nervoso e il mio compagno, che era molto malato – nel frattempo è morto – era seduto accanto a me ed era tutto così strano, io non sapevo cosa dire. La guardai e all'improvviso le dissi: "Lei è una principessa e io, io sono una *queen*!"' Poi scoppiò a piangere. In quel momento mi resi conto che Diana era diventata il simbolo di chi si lascia andare completamente e abbatte tutte le barriere. Anche dopo essere diventata un membro della famiglia reale e una celebrità, il suo motto era rimasto: 'Che importa, queste cose non contano'.»[5]

Altre cose invece contavano, eccome. Tony Blair comprese che parte del suo ruolo nelle settimane a venire sarebbe stato quello di analizzare lo stato d'animo della nazione e distinguere ciò che era importante da ciò che non lo era. Si trovava nel suo collegio elettorale, a Sedgefield nella contea di Durham, quando fu raggiunto telefonicamente da Sir Michael Jay nelle prime ore di domenica mattina e informato della morte di Diana. Come Carlo, anche Blair intuì che la nazione sarebbe «impazzita». «Tutto questo assumerà proporzioni assolutamente straordinarie, forse più grandi di quanto ognuno di noi possa immaginare», disse il primo ministro al suo portavoce Alastair Campbell. Si prefissò subito il compito, afferma Campbell, di «aiutare la regina ad affrontare questa situazione».[6]

Blair consolidò la sua reputazione di perfetto interprete dello *zeitgeist* rendendo omaggio a Diana con un commosso tributo mentre si recava in chiesa con la sua famiglia nel villaggio minerario di Trimdon, nella contea di Durham. Strumentalizzando la morte di Diana per la filosofia del New Labour e sfruttando in questo modo la sua influenza sul popolo a fini politici, Blair riuscì a mettere a segno un vero colpo da maestro. Con la voce rotta dall'emozione, disse: «Con un semplice sguardo o gesto che diceva più di mille parole, Diana rivelava a tutti noi la profondità della sua compassione e la sua umanità... era la principessa del popolo, e tale resterà nei nostri cuori e nella nostra memoria per sempre».[7]

Che importava se questa frase populista era stata rubata per Blair da Alastair Campbell al biografo Anthony Holden? E che alcuni sentissero l'amaro retrogusto della demagogia? («L'eroina del popolo; ne avevamo davvero bisogno?» si chiede oggi lo scrittore James Fox, frustrato. «Era la cultura delle celebrità che si sovrapponeva con la democratizzazione della monarchia.»)[8] La frase a effetto fu ripresa da tutte le testate giornalistiche il giorno seguente e divenne lo slogan dominante sulla raffica di manifesti improvvisati affissi fuori da Kensington Palace.

Non tutti però si commossero fino alle lacrime. «L'afflizione per la morte della principessa è incredibile», brontolava l'esteta del Gloucestershire James Lees-Milne nel suo diario. La sua morte, scrisse, «a lungo andare potrebbe apparirci come una benedizione.»[9] La principessa Margaret, che aveva interrotto una vacanza in Italia per tornare nel suo appartamento a Kensington Palace, era soprattutto infastidita dalla puzza dei fiori che marcivano fuori dalla sua finestra. «Tutto questo sfoggio di emotività non le piaceva affatto», spiega Lady Glenconner, la sua dama di compagnia. «Disse che l'isteria della folla si addiceva a Diana. A quanto pareva, con la sua morte aveva portato chiunque a comportarsi in modo isterico come lei.»[10]

Ma Margaret e i suoi pari erano superati, e lo sapevano bene. Diana si sbagliava su molte cose, ma su una aveva ragione: per la monarchia era giunto il momento di mostrare un volto più compassionevole e moderno. Anche il popolo britannico lo stava chiedendo. Il potere dei fiori, lo chiamava il *New York Times*.[11] Fascismo floreale, lo definivano invece i detrattori di Diana.[12] *Avanti, provate a sfidarla, se ne avete il coraggio.*

Ogni televisore del paese era acceso quando la famiglia reale fece la sua apparizione alla messa delle undici nella chiesa di Craithie, vicino a Balmoral. L'iniziale perplessità degli spettatori si trasformò rapidamente in rabbia: la famiglia reale sembrava totalmente indifferente alla morte del loro membro più amato dal popolo. I volti che si presentarono alle telecamere, quando la famiglia arrivò al gran completo per l'ufficio religioso della domenica mattina, erano apparentemente privi di qualsiasi emozione. Riguardando oggi le immagini dei ragazzi dal volto impaurito sul sedile posteriore della Daimler nera, appare evidente che in quel momento erano tutti tramortiti, impietriti da una tragedia così terribile, e che l'unica cosa che li salvava da un urlo di agonia era la routine di tutti i giorni. Ma a quel tempo questo non venne capito.

La vista dei giovani principi con le loro giacche da adulti e le cravatte nere era straziante; Carlo e Filippo invece indossavano, Dio solo sa perché, il kilt. Ancora peggio agli occhi del pubblico era il fatto che, senza dubbio, la chiesa di

Craithie fu l'unico luogo di culto del paese in cui Diana non venne inclusa nelle preghiere del mattino. Questo accadeva fin dal giorno in cui aveva perso il titolo di Sua Altezza Reale e la cosa amareggiava profondamente la principessa, come spiegò nel 1998 Oonagh Shanley-Toffolo, un'amica di Diana. « Pensava che William e Harry ne soffrissero. »[13] Un'ulteriore nota stonata fu il sermone del reverendo in visita, Adrian Varwell, un ministro della Chiesa di Scozia, completamente incentrato sull'esperienza sconvolgente del cambiare casa, condita con le storielle dello scurrile comico scozzese Billy Connolly. (Il ministro ordinario di Craithie, Robert Sloan, in seguito difese il suo collega affermando: « Tutti sapevano cos'era accaduto. Il nostro compito era quello di celebrare un normale servizio religioso »;[14] una spiegazione gradita dal pubblico britannico, per dirla con le parole di Billy Connolly, quanto un peto in una tuta spaziale.)

Forse fu proprio la circostanza surreale per cui la famiglia reale, in pubblico, evitava ogni riferimento alla perdita di Diana che portò il principe Harry a chiedere a suo padre: « È vero che la mamma è morta? ». Considerando che c'erano così poche prove tangibili della sua scomparsa, non stupisce che il figlio minore di Diana chiedesse con tanta insistenza di « riportare a casa la mamma ».[15]

Il distacco della regina dal suo popolo era aggravato da quello che i suoi collaboratori definiscono « l'effetto Balmoral », il singolare senso di isolamento che caratterizza la residenza scozzese. Il castello appartiene più a un romanzo di Walter Scott che non al mondo moderno. Quando la famiglia reale vi dimora, non è soltanto lontana fisicamente, ma si rifugia in un passato che può controllare. Questa impressione fu intensificata dalla decisione della regina di proteggere William e Harry: ordinò di rimuovere da Balmoral o di nascondere tutti i televisori e gli apparecchi radio in modo che i ragazzi non vedessero o sentissero le trasmissioni sulla morte di Diana. La sovrana e il principe Filippo seguivano gli sviluppi della vicenda sull'unico apparecchio disponibile, quello nel loro salotto privato. Per tutta la settimana, lo staff di Balmoral seguì le notizie in gran segreto su televisori nascosti negli armadi o dietro ai divani.

Per ironia della sorte, il paese era attraversato da sentimenti antimonarchici per via dell'«insensibilità» della regina nei confronti della morte di Diana proprio quando, per la prima volta in cinquant'anni, la sovrana stava mettendo i bisogni della sua famiglia davanti al dovere, i suoi nipoti davanti ai sudditi. L'intera famiglia si strinse intorno a William e Harry. Un membro dello staff di Balmoral osservò che il principe Filippo sembrava il più adatto a offrire conforto ai nipoti, forse perché aveva a sua volta perso la madre all'età di dieci anni, quando lei fu internata per tre anni in un manicomio in Svizzera. Li trattava con una dolcezza un po' rude e li coinvolgeva in attività all'aria aperta come la caccia o l'escursionismo per farli stancare. La principessa Anna fu particolarmente gentile con Harry, la cui fragilità era evidente. Lo portò con sé a esplorare le zone selvagge di Balmoral a piedi e a cavallo. Chiese aiuto anche ai figli che aveva avuto con Mark Phillips, il ventenne Peter e la sedicenne Zara. Per natura più adatta dei suoi fratelli a diventare sovrana, Anna aveva cresciuto i suoi figli in modo che fossero in grado di costruirsi una propria indipendenza e di vivere anche senza i titoli reali. Per William e Harry, Peter e Zara si rivelarono dei modelli di comportamento cui ispirarsi e degli amici. Il principe Carlo, d'altro canto, evocava i bei momenti che la famiglia aveva trascorso insieme, sfogliando i vecchi album e soffermandosi sulle fotografie in cui erano tutti insieme nei momenti più felici. Tiggy Legge-Bourke fu convocata per confortare i ragazzi e per distrarli con attività all'aria aperta. In effetti, gli sforzi congiunti della famiglia per non lasciare soli i ragazzi furono così efficaci da non dare loro quasi il tempo per piangere. I Windsor sono fatti così.

Le sofferenze private della famiglia non erano mai state di dominio pubblico. Mostrandosi impassibili, i Windsor facevano ciò che avevano sempre fatto: rifiutavano «di esibire un dolore privato in pubblico», come disse una volta la principessa Alice di Athlone.[16] Ma il popolo britannico non era più disposto a restare escluso dalla vita privata di una famiglia il cui scopo, dopotutto, era quello di rappresentare la nazione. Diana aveva insegnato loro a pretendere un maggiore coinvolgimento. La regina non capiva che nell'era dei media la comunicazione è un valore fondamentale, almeno quanto lo stoicismo. Fino a quel momento, aveva sempre compreso perfettamente quando era il momento di tacere; anzi, gran parte della magia della sovrana e del suo potere si basava sulla dignità del suo silenzio in una cultura basata sui pettegolezzi. Ma ci sono anche momenti, altrettanto importanti, in cui il silenzio non serve a nulla e le parole rappresentano una consolazione indispensabile. «Per tutta la settimana non desiderammo altro che la regina dicesse che stava soffrendo con noi, ma non lo fece», affermò Sam Stark, quarantatré anni, uno dei tanti che si era unito alla folla brulicante davanti a Buckingham Palace con la sua nipotina: «Quando i tuoi genitori non ti ascoltano, tu ti ribelli».[17] Il silenzio della casa reale non fece che rafforzare la sensazione che la principessa avesse dovuto sopportare un'assenza di empatia da parte della famiglia anche durante la sua vita e rievocava i tristi e immensi occhi blu della principessa durante la trasmissione *Panorama – You see*.

Tony Blair annusò presto il potenziale pericolo. Offrì alla famiglia reale il supporto di Alastair Campbell e di Anji Hunter, un altro assistente di spicco a Downing Street, per gestire i preparativi del funerale.[18] I due raggiunsero Lord Airlie, il Lord ciambellano, Sir Robert Fellowes, Richard Aylard e gli uomini della regina a Buckingham Palace. La sovrana sperava ancora che si potesse celebrare una cerimonia privata a Windsor e poi un funerale a Frogmore; come era avvenuto per l'altra scomoda anomalia, la duchessa di Windsor.[19] Da domenica pomeriggio tuttavia era ormai chiaro a tutti, tranne che alla regina, che sarebbe stato necessario celebrare una messa di commemorazione con tutti i crismi nell'abbazia di Westminster. Intelligentemente, Carlo coinvolse Blair affinché lo aiutasse a convincere sua madre. Gli incontri organizzativi si svolgevano nella stanza delle Cineserie di Buckingham Palace, alla presenza dei rappresentanti della famiglia Spencer, dello staff di Carlo, degli uomini della regina, di Downing Street, delle forze dell'ordine e della polizia municipale per la gestione del traffico cittadino. Sir Robin Janvrin era in collegamento da Balmoral in viva voce. «Ci fu una discussione riguardo al ruolo che avrebbero dovuto rivestire i ragazzi», mi disse uno dei partecipanti. «I Windsor si opponevano al fatto che venissero troppo coinvolti, perché ritenevano che non avrebbero retto una cosa del genere. Ci fu un momento straordinario in cui eravamo convinti di essere collegati in viva voce solo con Janvrin, quando, improvvisamente, dall'altoparlante tuonò la voce del principe Filippo. I rappresentanti della famiglia Spencer erano stati chiari sul ruolo che pensavano dovessero svolgere i bambini e Filippo esplose: 'Smettetela di dirci cosa dobbiamo fare con quei ragazzi! Hanno perso la madre! State parlando di loro come se fossero delle merci! Avete una vaga idea di cosa stanno passando?' Fu un momento incredibile. La sua voce era piena di emozione e dell'autentica preoccupazione di un nonno per i suoi nipoti.» Più avanti, nel corso della settimana, il duca si intromise nuovamente in una teleconferenza. «La nostra preoccupazione al momento è William. È fuggito sulla collina e non riusciamo a trovarlo. È l'unica cosa che ci interessa in questo momento.»[20]

Per ironia della sorte, fu una banale questione pratica che diede il via alla famosa polemica della bandiera a mezz'asta. Il palazzo non aveva predisposto un numero sufficiente di registri per le condoglianze a St James Palace. L'attesa interminabile lasciò alle persone in fila tutto il tempo di concentrare l'attenzione su una lacuna evidente: l'asta della bandiera sul tetto di Buckingham Palace era spoglia.

Stando al protocollo, non c'era motivo per cui la bandiera avrebbe dovuto essere issata. L'asta di Buckingham Palace è strettamente riservata allo stendardo reale con le lire e i leoni rampanti, e lo stendardo viene issato solo quando la sovrana si trova nella residenza. È una specie di segnale che indica se il monarca è «presente» o «assente», piuttosto che una bandiera. Lo stendardo reale non viene mai issato a mezz'asta, nemmeno in caso di decesso del monarca, semplicemente perché, in tal caso, sul trono siede automaticamente un nuovo sovrano. E tanto meno la famiglia reale fa mai issare la *Union Jack*; non è accaduto nemmeno alla morte di un eroe nazionale come Winston Churchill. Ma le usanze che erano andate bene ai britannici per cento anni, o fino a cinque giorni prima, nella nuova era di Diana erano improvvisamente divenute arcaiche.

Anthony Holden, il biografo reale, aveva passato la maggior parte della settimana fuori da Buckingham Palace con le troupe televisive americane. Improvvisamente si trasformò in un improbabile Robespierre e diede voce a un nascente sentimento repubblicano. Mentre si sottoponeva al compito frustrante di spiegare al pubblico americano le arcane tradizioni britanniche riguardanti la bandiera, la telecamera faceva una panoramica degli edifici circostanti, mostrando che tutti gli altri palazzi di Whitehall e Westminster avevano le bandiere a mezz'asta, e la folla radunata attorno alla pedana iniziò a rumoreggiare esortandolo a pronunciarsi in favore del popolo. Incitato dai dirigenti televisivi di New York che urlavano: « È grandioso! Fatelo! Fatelo! »[21] Holden diventò il megafono che esprimeva il disappunto della folla a milioni di spettatori. Sulla scia di Holden, altri reporter televisivi iniziarono a camminare su e giù lungo la fila rivolgendo alle persone la semplice domanda: « Allora, cosa ne pensa del fatto che lassù non ci sia la bandiera issata a mezz'asta? ». Il secondo giorno, durante il tragitto verso il suo incontro delle dieci del mattino a palazzo, Alastair Campbell si rese conto che l'umore della folla era cambiato. « Mi ricordava la sensazione che si prova quando si esce da una partita di calcio e si ha paura di essere aggrediti da qualcuno »,[22] mi disse.

Per i tabloid, era il titolo perfetto per il terzo giorno. Superato l'imbarazzo grazie alle rivelazioni sull'ubriachezza di Henri Paul, la stampa popolare si era lanciata in un nuovo sport: dare la caccia alla regina. Come poteva restare lontana dal suo palazzo di Londra? Si levarono le protesta: la regina avrebbe dovuto essere nella capitale, accanto al suo popolo in lutto. Le prime pagine dei giornali ormai erano dei cori greci: CI DIMOSTRI CHE LE IMPORTA (*Express*), DOV'È LA NOSTRA REGINA? DOV'È LA SUA BANDIERA? (*Sun*), IL SUO POPOLO STA SOFFRENDO – PARLI CON NOI (*Mirror*). Un editoriale del *Sun* recitava: «L'assenza della bandiera su quell'asta alla fine del Mall è un'offesa alla memoria di Diana. Chi se ne importa delle antiquate regole del protocollo?».[23] Il quotidiano istituì una linea diretta sulla questione e 40.000 lettori telefonarono per esprimere la loro indignazione.

Molti oppositori della monarchia sono convinti che senza l'intervento e la mediazione di Tony Blair sarebbe avvenuta una rivolta che avrebbe trasformato la Gran Bretagna in una repubblica. Personalmente ne dubito. I britannici non hanno mai avuto la seria intenzione di sostituire la monarchia, per quanto piena di difetti, con un regime capeggiato da qualche anonimo funzionario in giacca e cravatta. Ne hanno già sperimentato gli effetti dopo la decapitazione di Carlo I e nessuno, all'epoca, è stato particolarmente soddisfatto dei risultati. Per la maggior parte dei britannici, la Corona è il filo dorato che lega i cittadini ai momenti più gloriosi della loro storia e rappresenta una forza stabilizzante in un mondo che si trasforma a un ritmo insostenibile. Non è un caso che l'età elisabettiana e quella vittoriana sono state chiamate con i nomi di queste due grandi sovrane. Il fatto che la Corona è un'istituzione al di sopra della politica viene visto come un fattore rassicurante, che protegge la nazione dall'ego dei politici più potenti (che in altri paesi e in altre epoche hanno instaurato delle dittature). C'era qualcosa di gratificante nel fatto che Alastair Campbell, il turbolento assistente di Blair, fosse costretto a scarpinare da Downing Street a Buckingham Palace per partecipare alle riunioni di pianificazione, quando normalmente era il resto del mondo a dover andare da lui.

Perfino nell'onda dell'isteria per la morte per Diana, due terzi dei britannici, intervistati per un sondaggio, si dichiararono convinti che la Gran Bretagna se la passava meglio di altri paesi grazie alla monarchia. Oltretutto, Diana certamente non desiderava abolire la monarchia: il rispetto della principessa nei confronti di questa veneranda istituzione sembrava aumentare man mano che si allontanava dalla famiglia che la incarnava. «Desidero fermamente che la monarchia sopravviva e so quali sono i cambiamenti necessari affinché 'lo spettacolo' si svolga su binari nuovi e sani. Comprendo anche le paure che la famiglia reale nutre nei confronti del cambiamento, ma dobbiamo affrontarlo se vogliamo rassicurare il popolo; l'indifferenza del popolo è un'assurdità e mi turba profondamente»[24] scrisse Diana in uno dei suoi solitari biglietti notturni a Paul Burrell.

Secondo una leggenda metropolitana, l'autorità della regina è talmente radicata nel subconscio nazionale, che la maggior parte dei sudditi l'ha sognata almeno una volta.

Se non altro, il matrimonio e la morte di Diana esaltarono la stessa visione della monarchia. Il fascino che esercitarono sul resto del mondo ha fatto della Gran Bretagna qualcosa di speciale e di completamente diverso dagli altri Stati europei, i cui presidenti vengono eletti tramite procedure che nessuno riesce a comprendere, e dall'America, che venera la ricchezza e la fama in un modo che i britannici trovano malsano. Nelle parole dello storico Andrew Roberts: «È difficile immaginare che due miliardi di persone in tutto il mondo si prendano il disturbo di guardare la cerimonia funebre dell'ex nuora del presidente di una repubblica».[25]

In fondo, la scomparsa di Diana rappresentò il momento della verità per la monarchia, in quanto la costrinse a riconoscere la propria incapacità di stare al passo coi tempi. Era necessario dare una scossa al sistema, non solo secondo l'opinione di Diana ma anche secondo tutta l'opinione pubblica, la cui disapprovazione non poteva più essere ignorata a lungo. La Corona, in modo meschino, aveva privato Diana del titolo di Sua Altezza Reale, ma il pubblico voleva gradualmente restituirle la sua dignità. Le forti emozioni del popolo fecero vacillare il rigido protocollo che la principessa aveva sfidato nel corso della sua vita. La regina fu costretta a lasciare Balmoral e a tornare a Londra per un bagno di folla tra il dolore e i fiori fuori da Buckingham Palace; fu obbligata a fare la sua prima apparizione televisiva di fronte alla nazione per esprimere un'empatia che di sicuro non provava e dovette accettare che la *Union Jack* venisse issata sul tetto di Buckingham Palace. E quando la bara passò davanti al palazzo, la sovrana, in piedi, compì un gesto che in passato aveva usato solo per rendere omaggio a un capo di Stato: chinò il capo.

Una delle molte cose straordinarie accadute nei giorni che seguirono la scomparsa della principessa fu il fatto che le due tendenze delineate da Diana, ovvero la volontà di preservare la monarchia e la necessità di modernizzarla, si svilupparono contemporaneamente a Buckingham Palace. Dalla tomba, Diana ottenne qualcosa che non era riuscita a ottenere in tutta la sua vita: fare in modo che il palazzo la ascoltasse. «La morte di Diana portò l'istituzione a compiere un'autocritica», ammette Sir Robin Janvrin. «Era l'occasione di smuovere alcune cose che non erano mai state discusse in passato. Chi c'è sulla lista degli ospiti di Buckingham Palace? Quali impegni vogliamo prenderci? La scomparsa della principessa è stata un'opportunità per scuotere il sistema.»[26] «Si trattava di gestire il cambiamento arrivato tramite una disgrazia», ha affermato un altro funzionario di palazzo.[27]

E così, come per miracolo, tutti coloro che presenziarono agli incontri di pianificazione a palazzo si accorsero che non era importante la cerimonia in sé, ma il fatto che fosse caratterizzata dall'assenza del solito timore reverenziale nei confronti della monarchia e dall'amore. Diana non sarebbe stata trasportata su un carro funebre chiuso, con un vetro che la separava dalla folla, ma su uno completamente aperto. La processione dietro alla sua bara non sarebbe stata composta solo da soldati e bande militari, ma dalle molte centinaia di volontari e impiegati degli enti di beneficenza che lei aveva sostenuto. La musica nell'abbazia di Westminster non sarebbe stata solo quella di Verdi o del patriottico inno vittoriano che aveva scelto per il suo matrimonio, *I Vow to Thee My*

Country, ma ci sarebbe stata anche una performance del suo amico Elton John, il quale avrebbe eseguito *Candle in the Wind,* scritta in origine per Marilyn Monroe, la stella infelice con cui Diana sentiva una grande affinità. Il funerale sarebbe stato trasmesso in televisione e, lungo l'intero tragitto verso l'abbazia, sarebbero stati allestiti dei maxi schermi per consentire alla folla di seguire la cerimonia.

La bara di Diana trascorse l'ultima notte prima del funerale a Kensington Palace, fiancheggiata da candele tremolanti. Un cortigiano racconta che prima che la bara lasciasse la cappella reale di St James Palace, la Regina Madre chiese a William Tallon, il suo paggio, di portare dei fiori a nome suo. Tallon aveva già detto addio a Diana quella mattina, ma nelle prime ore della sera vi ritornò per soddisfare la richiesta della Regina Madre. Mise i propri fiori sotto alla bara e quelli della Regina Madre in cima. Poi notò che la bara era posizionata più in basso rispetto a come l'aveva vista la mattina e ne chiese il motivo al cappellano. «Oh, è per i ragazzi. Stanno aspettando oltre quella porta, nella sagrestia, per fare visita alla principessa quando lei se ne sarà andato», rispose il cappellano. Quello, disse Tallon ad alcuni amici, fu il momento in cui si rese davvero conto di ciò che era successo. Non poté più trattenere le lacrime.[28]

Alle otto in punto, la bara percorse il tragitto di venti minuti che la separava da Kensington Palace in una processione composta da quattro automobili, attraversando il Mall, lungo Constitution Hill, poi fino a Hyde Park Corner e da lì verso Kensington Palace. Cinquemila persone in lutto guardavano in silenzio il carro funebre pieno di fiori che superava lentamente Hyde Park Corner sotto una scrosciante pioggia estiva. Una volta giunta a destinazione, solo la famiglia Spencer fu autorizzata a vegliare la bara. La luce delle candele, nel vestibolo, rimase per tutta la notte, brillava facendo risplendere i fiori preferiti di Diana: gigli bianchi, tulipani bianchi e rose bianche.[29] Per Frances Shand Kydd queste ore rappresentarono il suo vero addio a Diana. Considerava l'abbazia di Westminster una scelta infelice come luogo per la cerimonia funebre del giorno seguente. Nella sua mente, associava ancora l'abbazia al suo matrimonio con Johnnie Spencer, che si era svolto tra quelle stesse mura nel giugno del 1954; il matrimonio, alla fine, le aveva causato molto dolore e non desiderava prendere parte all'ostentazione e al cerimoniale dei Windsor. Per alleviare la sua sofferenza, vagò fuori dal palazzo per la maggior parte della notte, confortando la gente in lutto.

Il giorno del funerale era illuminato da un sole splendente. La bara era avvolta dallo stendardo reale e coperta da gigli, una corona di rose rosa e un piccolo bouquet di rose color panna che spezzò i cuori di tutte le madri del mondo: il biglietto scritto a mano da Harry diceva, semplicemente, «Mamma». Quando la bara uscì dai cancelli di Kensington Palace sull'affusto trainato da sei cavalli neri alle 9.08, dalla folla si levarono dei lamenti strazianti e indimenticabili. La bara raggiunse St James Palace, dove gli uomini della famiglia reale – il principe Carlo, il duca di Edimburgo e le due figure pallide e risolute dei principini William e Harry – si unirono al corteo insieme al conte Spencer. Era stato il principe Filippo a preparare i ragazzi al duro compito di dover marciare dietro alla bara della loro mamma. «Non ho intenzione di marciare in nessuna stupidissima parata»,[30] aveva affermato William. Filippo con gentilezza lo aveva persuaso dicendogli: «Se io vado, verrai anche tu insieme a me?».[31] Il conte Spencer si oppose violentemente, sostenendo che Diana non avrebbe voluto che i suoi figli affrontassero una simile prova. Penso che si sbagliasse. Secondo la filosofia di Diana, bisogna reagire anche nei momenti di più grande angoscia. Lei non deludeva mai il pubblico. Per evitare che i ragazzi crollassero lungo la strada, Filippo, a voce bassa, parlava loro delle insegne storiche di Londra che superavano durante il tragitto. Come apparivano seri i rappresentanti di tre generazioni della dinastia dei Windsor, mentre percorrevano il Mall uno accanto all'altro. Le loro virilità unite irradiavano un senso di continuità e di forza nelle avversità.

La cupa processione, con i ragazzi che tenevano il capo

abbassato, passò sotto l'arco della Horse Guards, poi proseguì per Whitehall verso l'abbazia di Westminster. La scena era piena di immagini straordinarie, ma erano i rumori che restavano impressi: lo stridio delle ruote del carro funebre; lo scalpitare degli zoccoli dei cavalli; il fruscio di migliaia di mazzi di fiori lanciati sull'asfalto; le voci dalla folla che gridavano «Dio ti benedica, William», «Dio ti benedica, Harry»; il rumore in sottofondo delle persone che singhiozzavano tirando su con il naso. Il corteo funebre raggiunse il portone occidentale dell'abbazia alle undici. «Sentivi di trovarti nel cuore di un mondo afflitto dal dolore», dice Geordie Greig, uno degli ospiti.[32]

All'interno dell'abbazia si udivano suoni ancora più indimenticabili: i rintocchi solenni della campana tenore; lo scricchiolio degli stivali delle guardie reali nel momento in cui gli otto uomini del Primo Battaglione delle Welsh Guards portarono la bara pesante più di trecento chili fino a un catafalco davanti all'altare maggiore; e i lunghi secondi di silenzio incredulo che seguirono l'insolenza compiaciuta dell'elogio funebre del conte Spencer, un silenzio così penetrante, ricorda Meredith Etherington-Smith, che «fu come essere avvolti in un drappo di velluto nero, una sensazione quasi fisica».[33]

Con l'intenzione evidente di rimproverare la regina che aveva tolto personalmente a Diana il titolo di Sua Altezza Reale, il conte Spencer disse di sua sorella: «Dimostrò di non aver bisogno di alcun titolo reale per continuare a irradiare la sua particolare magia... Diana, ti prometto solennemente che noi, la tua vera famiglia, faremo tutto il possibile per continuare a educare questi due straordinari giovani con la tua creatività e il tuo calore, in modo che le loro anime non vengano sommerse solo dal dovere e dalla tradizione, ma possano dispiegarsi liberamente come tu avresti voluto».[34]

La tua vera famiglia! Era la seconda volta in ventidue mesi che la regina riceveva un colpo basso da questa stirpe di *Whigs* progressisti e fuori di testa. (Il primo fu l'intervista di Diana per *Panorama*.) Il discorso del conte Spencer – scritto di getto durante il suo viaggio di ritorno in aereo dal Sud Africa – non fu un insulto solo per la sovrana, ma impietrì l'intera famiglia Windsor e rappresentò l'azione più simile a un atto di sedizione alla fine del XX secolo. Il silenzio nell'abbazia venne interrotto da un suono che tutti, in un primo momento, interpretarono come il rumore della pioggia. In realtà si trattava dello scroscio di applausi che si levò dalla folla all'esterno. Penetrò attraverso il portone occidentale e si diffuse lungo la navata fino a quando, per la prima volta nella storia della celebre abbazia, tutti – tranne i membri della famiglia reale – applaudirono a loro volta. Pochi secoli prima, il conte Spencer sarebbe finito dritto alla Torre di Londra. Per come stavano le cose, la regina, che è la madrina del conte, si limitò a fissare impassibile un punto davanti a sé. Il principe Carlo era così furioso che dovette essere trattenuto dal rilasciare delle dichiarazioni sull'accaduto. «Molto insolente», commentò la Regina Madre con supponenza durante il suo successivo soggiorno in Scozia.[35] Il principe Filippo considerò l'elogio funebre una questione abbastanza grave da ritenere necessario consultare, qualche tempo dopo, il suo intimo amico e produttore cinematografico Lord Brabourne per chiedergli quale pensava dovesse essere la reazione della famiglia reale. Brabourne, un raffinato esperto dei media, gli disse di non fare *assolutamente nulla* e gli raccomandò di tenere a freno l'impulsività istintiva di Carlo.[36] Ciò che pensava la regina stessa lo si può dedurre da quello che disse al conte Spencer durante la cerimonia di inaugurazione della fontana commemorativa di Diana a Hyde Park nell'estate del 2004. «Spero che ora tu sia soddisfatto», la sentì dire qualcuno al suo figlioccio prima di allontanarsi.[37]

Diana avrebbe approvato l'imprudente elogio funebre del fratello? E in particolare: avrebbe tenuto lei stessa un discorso del genere? La risposta, ovviamente, è sì (sebbene in seguito avrebbe licenziato tutti coloro che l'avevano aiutata a scriverlo). L'incidente possedeva tutte le caratteristiche degli splendidi errori tipici degli Spencer: prodotto al momento giusto, concepito e realizzato in modo brillante e carico di conseguenze disastrose per il futuro. Frances Shand Kydd, ripudiata dai Windsor dal giorno in cui aveva lasciato Johnnie Spencer, personalmente non aveva dubbi sulla sua correttezza: «Per quanto strano possa sembrare, il funerale di Diana è stato probabilmente il giorno in cui mi sono sentita più fiera come madre. Fiera di Diana, delle altre mie figlie, che hanno recitato stoicamente le letture, e di mio figlio, che le diede l'ultimo tributo di amore fraterno».[38] Frances e il conte Spencer scelsero insieme il luogo della sepoltura: Diana non avrebbe riposato con il padre e i suoi antenati nella tomba di famiglia nella chiesa di Great Brington, risalente al XIII secolo, bensì su un isolotto ad Althorp, conosciuto come l'Isola Ovale, in mezzo a un suggestivo lago a poco più di duecento metri dalla residenza. L'isolamento della tomba, che può essere raggiunta solo con una barca a remi, avrebbe protetto Diana dalle violazioni della privacy che avevano caratterizzato la sua vita: fu costruito un ponte di legno provvisorio per permettere il trasporto della bara, sorretta sulle spalle da otto uomini del reggimento personale di Diana, il Princess of Wales Regiment.[39]

I cancelli di Althorp si aprirono alle 15.30 per far entrare il carro funebre, ancora cosparso dei petali dei fiori lanciati dalla folla disposta lungo tutto il tragitto di oltre centoventi chilometri che separa Londra da Northampton. Una volta giunti al vialetto della residenza avita degli Spencer, i funzionari reali che scortavano il feretro rimossero con cura lo stendardo reale e lo sostituirono con la bandiera bianca, rossa e dorata della famiglia Spencer. Solo i parenti stretti, insieme a Paul Burrell e Colin Tebbutt, furono autorizzati ad assistere alla sepoltura. Gli Spencer, con il principe Carlo e i suoi figli, erano arrivati un'ora prima con il treno reale, dopo un viaggio durato novanta minuti e carico di tensione a causa della performance del conte Spencer all'abbazia. Al gruppo esausto di familiari in lutto fu servito caffè al tavolo di palissandro in salotto, con i giovani principi seduti accanto a Carlo che rimuginava in silenzio. Un maggiordomo entrò e il conte Spencer lasciò la stanza. Quando ritornò, disse semplicemente: « Diana è a casa ».[40]

E così la tanto perseguitata Diana fu tumulata nella bellezza e nella tranquillità dell'Isola Ovale con il rosario di Madre Teresa tra le mani e i biglietti dei suoi nipoti e dei suoi due figli come ricordi eterni.

Dopo dieci anni come primo ministro, quando ormai non era più il giovane riformatore impaziente che aveva conquistato i britannici nel 1997, ma un uomo temprato dalle vicissitudini e dall'isolamento del potere, chiesi a Tony Blair cosa avesse significato la vita di Diana, se mai aveva significato qualcosa. Un nuovo modo di essere un membro della famiglia reale? « No. Diana ci ha insegnato un nuovo modo di essere britannici », mi rispose senza esitazione.[41]

Aveva fatto proprio questo. Ma aveva insegnato, e appreso, anche molto altro. Quando era venuta al mondo, all'inizio degli anni '60, essere britannici significava quasi sempre vivere una vita senza sorprese, seguire un sentiero dettato dalle circostanze della propria nascita e dagli usi e costumi della classe sociale di appartenenza. Questo valeva in particolare per le donne, e soprattutto per le donne che provenivano dall'ambiente di Diana, tanto limitato quanto privilegiato. « Diana è a casa », diceva suo fratello. Per certi versi, non avrebbe potuto dire nulla di più sbagliato. Althorp non era la casa di Diana da molto tempo, e forse non lo era mai stata. Era il luogo da cui era fuggita, forse senza averne davvero l'intenzione.

Come l'eroina di una favola, diventò una principessa. Ma il suo rifiuto istintivo di rivestire il ruolo che le era stato assegnato nel modo previsto, la sua ostinazione a vivere intensamente (in contrapposizione al semplice vivere per sempre felice e contenta) e la sua non pianificata e infinita ricerca della felicità secondo il suo personalissimo punto di vista, le permisero di evadere per diventare una cittadina del mondo e trovare il suo posto lontano dai bavosi e lugubri funzionari con la parrucca che avevano fatto parte del passato ancestrale degli Spencer e che facevano ancora parte del presente stagnante delle tradizioni incrostate dei Windsor. Il potere politico della monarchia si è lentamente dissanguato per quasi quattrocento anni e, a voler guardare bene, nel corso dell'ultimo secolo è completamente svanito. Diana inciampò in un nuovo tipo di potere e mostrò al mondo cosa è possibile fare con la vecchia generosità reale collegando il dramma delle questioni umanitarie con i punti giusti del sistema nervoso dei mezzi di comunicazione globali.

Oggi «l'effetto Diana» si può riconoscere persino nella regina stessa. Durante gli attentati terroristici di Londra del 7 luglio 2005, per la prima volta dall'inizio del suo regno la sovrana ha compiuto un atto spontaneo che ricorda quello della Regina Madre durante i bombardamenti tedeschi della Seconda guerra mondiale. Non attese, come invece avrebbe fatto in passato, che nella sua agenda si liberasse un momento propizio per una visita ai feriti, ma decollò in elicottero dal castello di Windsor il giorno dopo, per andare a visitare il Royal London Hospital a Whitechapel nell'East End. Un'altra novità: la regina tenne un discorso nel contesto informale della mensa dell'ospedale. «Gli attentati di ieri ci hanno colpiti tutti profondamente», disse al personale dell'ospedale che l'acclamava e l'applaudiva. «So di parlare a nome di tutti esprimendo la mia solidarietà a coloro che sono stati coinvolti in questi avvenimenti e, soprattutto, ai parenti e agli amici di coloro che hanno perso la vita.»[42] E quando la Gran Bretagna, a una settimana dalla tragedia, osservò due minuti di silenzio, la regina ruppe ancora una volta con le consuetudini reali. Mentre i solenni rintocchi del Big Ben risuonavano in tutta la città nel cielo di mezzogiorno, lei apparve nel cortile di Buckingham Palace, affiancata dal suo intero staff, dai funzionari di alto livello ai giovani valletti.[43]

Questo è stato il regalo di Diana alla monarchia: la capacità di comprendere il grande potere dei semplici gesti di cortesia. Ma Diana ha fatto molto di più. Ha interpretato il suo ruolo innovativo pur adempiendo al compito familiare più importante e atavico che le era stato assegnato: la generazione di eredi maschi. Ha regalato ai Windsor, all'Inghilterra e ai fotografi di tutto il mondo due principi di sangue reale alti e belli, ma poi li ha cresciuti con il calore e l'informalità della gente comune. Quando il principe Harry, che ora è secondo sottotenente nei Blues and Royals, un reggimento della Household Cavalry, insistette per andare a prestare servizio in Iraq, nelle sue parole riecheggiava la voce della madre: «Non ho sudato sui libri a Sandhurst per restarmene qui seduto mentre i miei ragazzi sono là fuori a combattere per il paese», dichiarò in un'intervista alla BBC in occasione del suo ventunesimo compleanno.[44] E il principe William, l'erede al trono, prima di andare a Sandhurst è stato ben felice di frequentare la University of St Andrews invece di limitarsi a premere i bottoni giusti per essere iscritto a Oxford o Cambridge. Il suo primo vero confronto con la stampa, inoltre, non ha avuto luogo a St James Palace, ma al bancone del pub Hare and Hounds a Tetbury. William indossava un paio di jeans larghi e una felpa rossa e sfoggiava un sorriso adorabile. Era rilassato e sicuro di sé, ma nei novanta minuti di chiacchiere cortesi con i reporter dei tabloid che pendevano dalle sue labbra affascinati, riuscì a dire esattamente quello che voleva, ovvero: nulla di nulla. William è un principe che ha imparato dall'esperienza di Diana, un principe come lo intendeva Diana. L'eredità della principessa è in buone mani.

Epilogo

Martin Bashir ha contribuito alla caduta di Michael Jackson con l'intervista del 2003 realizzata per l'emittente ITV. In seguito, la popstar è stata indagata per pedofilia. Bashir aveva ottenuto l'intervista promettendo a Jackson che lo avrebbe presentato a Kofi Annan, segretario generale delle Nazioni Unite. Nel 2004 Bashir si è trasferito negli Stati Uniti, dove ha lavorato come reporter per il programma *20/20* della ABC e successivamente come co-conduttore di *Nightline*.

Paul Burrell nel 2002 era sotto processo presso l'Old Bailey di Londra con l'accusa di appropriazione indebita di alcuni oggetti personali della principessa di Galles, quando alla regina sovvenne improvvisamente di avergli sentito dire che voleva tenere d'occhio alcuni effetti personali di Diana per evitare che « sparissero ». Il procedimento giudiziario fu interrotto e tutte le accuse vennero ritirate. I due libri che Burrell ha scritto sulla principessa lo hanno reso abbastanza famoso da garantirgli un'apparizione, nel 2004, nel reality show della ITV *I'm a Celebrity, Get Me Out of Here!*. Burrell ha riscosso un certo successo di pubblico accettando sfide come quella di mangiare il testicolo di un canguro. Nel 2007 ha presentato una propria linea di vini, la Royal Butler Wine Collection, presso l'Olimpia National Hall di Londra, « prodotti gastronomici di lusso alla portata di tutti ».

Il dottor James Colthurst ha abbandonato la medicina tradizionale e ha rinunciato alla sua carriera come radiologo al St Thomas Hospital di Londra e alla docenza presso il Royal College of Surgeons di Edimburgo per diventare un pioniere delle terapie basate sull'elettrostimolazione. Ha fondato la società Eumedic per sviluppare un apparecchio digitale denominato «Fenzian», un piccolo dispositivo tascabile simile a un telecomando che sembra in grado di stimolare i meccanismi di autodifesa del corpo umano in un'ampia gamma di patologie. Attualmente, è in corso una sperimentazione clinica del sistema per verificare se è capace di trattare con successo anche forme inguaribili di asma e angina.

Sir Robert Fellowes ha ricoperto il ruolo di segretario privato della regina fino al 1999, quando è stato nominato barone Fellowes di Shotesham e insignito di diversi titoli. Nel 2000 è diventato direttore della Barclays Private Bank e oggi presiede anche il Prison Reform Trust.

James Hewitt non ha avuto fortuna con la sua scuola di equitazione ed è stato costretto a dichiarare il fallimento. Nel febbraio del 2003, la BBC ha riferito che Hewitt stava tentando di vendere le lettere d'amore di Diana. In precedenza, era stato sedotto da un'avventuriera italiana sulla riviera ligure, la quale aveva sottratto le lettere dalla sua cassaforte e aveva cercato di venderle al *Daily Mirror*. Il giornale le aveva rifiutate in quanto beni rubati e le lettere sono ritornate al legittimo proprietario. Nel 2004 Hewitt è stato arrestato al Cactus Blue Bar di Chelsea perché sospettato di essere in possesso di cocaina. Nel 2006 ha conosciuto un breve ritorno di popolarità grazie al reality show televisivo *The X Factor: Battle of the Stars*. Secondo le ultime notizie, ora sta cercando di aprire un bar sulla Costa del Sol in Spagna.

Patrick Jephson, dopo gli anni trascorsi al servizio della famiglia reale, dal 1996 ha intrapreso una carriera come giornalista per lo *Spectator*, il *Sunday Telegraph* e il *Newsweek*.

Ha partecipato come produttore alla realizzazione di alcuni documentari televisivi sull'uragano Katrina, sulla salute mentale e sui viaggi, e attualmente lavora come inviato speciale da Buckingham Palace per la trasmissione *Early Show* della CBS. Nell'edizione di *Spectator* del 30 dicembre 2006, memore della sua esperienza al servizio di Diana, ha dato a Kate Middleton, la possibile futura principessa di Galles, il seguente consiglio: «Quando avrete dei problemi – come sicuramente accadrà – parlatene tra voi, non con il mondo intero».

Hasnat Khan lavora come specialista in cardiochirurgia presso il London Chest Hospital. Nel maggio del 2006 ha sposato la ventottenne Hadia Sher Ali, discendente della famiglia reale afghana, con una cerimonia musulmana tradizionale nei pressi della residenza di famiglia a Jhelum, in Pakistan. Sua moglie è la figlia di un intimo amico di famiglia.

Tiggy Legge-Bourke ha continuato a fungere da «sorella maggiore» per i principini William e Harry nonostante le molte gaffe pubbliche. Si è attirata le ire degli amanti degli animali portando i due ragazzi a una battuta di caccia alla volpe nella tenuta dei Beaufort, dove ha distribuito bicchieri di gin alle prugnole. Nell'ottobre del 1999 ha sposato il suo amore d'infanzia Charles Pettifer, un ex capitano delle Coldstream Guards. Il matrimonio è stato celebrato nella cappella della proprietà di oltre 2400 ettari dei suoi genitori nel Galles e alla presenza di due festosi William e Harry. A Capodanno del 2000 è stata insignita del Royal Victorian Order per i servigi resi al principe di Galles.

Piers Morgan è stato licenziato dal *Daily Mirror* nel 2004, in seguito alla scoperta che alcune fotografie da lui pubblicate, nelle quali comparivano dei soldati britannici intenti a torturare i prigionieri iracheni, erano contraffatte. È diventato una celebrità televisiva d'oltreoceano partecipando come membro della giuria nella trasmissione televisiva della NBC

America's Got Talent e nella serie della BBC *You Can't Fire Me, I'm Famous*. Nell'aprile del 2007 ha pubblicato un sequel dei suoi diari (*The Insider*, 2005) intitolato *Don't You Know Who I Am?*.

Andrew Morton ha bissato il successo dei suoi libri sulla principessa di Galles con una biografia autorizzata su Monica Lewinsky, diventata un bestseller, e una biografia non autorizzata sul campione di calcio David Beckham e sua moglie Victoria, l'ex Posh Spice. Il suo prossimo lavoro sarà un libro rivelatore su Tom Cruise. L'unico autore in grado di tenere testa al successo di vendita dei libri di Morton su Diana è stato Paul Burrell, del quale Morton ironicamente dice: « È molto bravo a servire il tè ».

Camilla Parker Bowles ha sposato il principe Carlo con una cerimonia civile l'8 aprile 2005 presso la Guildhall a Windsor, seguita da una messa nella St George Chapel del castello di Windsor in cui gli sposi hanno ricevuto la benedizione alla presenza della regina. In qualità di consorte del principe di Galles, dal punto di vista strettamente giuridico la donna è la legittima principessa di Galles, ma il suo titolo è quello di Sua Altezza Reale, duchessa di Cornovaglia. A quanto si dice, quando il principe Carlo salirà al trono, Camilla diventerà Sua Altezza Reale la principessa consorte. Nel suo brindisi di auguri durante il rinfresco nuziale, la regina ha paragonato l'amore di Carlo al concorso ippico del Grand National svoltosi quello stesso giorno: « Nonostante i fossi e gli ostacoli e una lunga serie di altri terribili impedimenti, mio figlio alla fine ce l'ha fatta... ».

Frances Shand Kydd, dopo essersi convertita al cattolicesimo nel 1994, ha vissuto sola e sostenuta dalla fede sull'isola di Seil fino alla morte, avvenuta nel 2004 all'età di sessantotto anni. Ogni anno, la donna si recava in pellegrinaggio a Lourdes come accompagnatrice di gruppi di disabili e a Oban era diventata una leggenda per il suo impegno nelle diverse associazioni benefiche del luogo. Percorreva lunghe distanze al volante della sua automobile per portare conforto alle famiglie dei pescatori scomparsi in mare e alle madri che avevano perso i propri figli. Ha abbracciato i genitori di Henri Paul, affermando che loro avevano sofferto «il dolore più grande di tutti». In qualità di esecutore testamentario del patrimonio di Diana, è sempre rimasta in stretto contatto con William e Harry.

Raine Spencer nel 1996 ha divorziato dal suo terzo marito, il conte Jean-François Pineton de Chambrun, un discendente del marchese de Lafayette, e ha ripreso a farsi chiamare contessa Spencer. Attualmente lavora per Mohamed Al Fayed come direttrice di Harrods e degli Harrods Estates, e continua a rappresentare un'istituzione nella scena mondana di Londra.

Colin Tebbutt ha mantenuto stretti rapporti con la famiglia di Diana ed è stato l'autista di Frances Shand Kydd nei suoi viaggi a Londra fino alla morte della donna, cenando spesso con lei per scambiare ricordi su Diana. La notizia del decesso della signora Shand Kydd gli è giunta durante uno degli interrogatori cui è stato sottoposto nell'ambito dell'inchiesta denominata Operation Paget. Attualmente continua a lavorare come autista per la duchessa di York e le sue due figlie, le principesse Beatrice ed Eugenie.

Ken Wharfe è un intrattenitore molto richiesto per gli eventi serali e ha creato un *one-man-show* chiamato *An Evening With Ken Wharfe*. I suoi cavalli di battaglia sono le imitazioni del principe Carlo, del duca di Edimburgo e di Paul Burrell. È un sostenitore dell'English Chamber Choir e continua a sfruttare i suoi trentacinque anni di esperienza nella polizia metropolitana per fornire commenti sulla sicurezza della famiglia reale. A tale proposito, ha espresso aspre critiche sull'assenza di protezione di Kate Middleton, l'ex fidanzata del principe William.

La duchessa di York ha estinto i debiti con le entrate delle attività commerciali e letterarie negli Stati Uniti. Nel 2007 ha celebrato il suo decimo anniversario come portavoce per la Weight Watchers. Ha inoltre fondato Hartmoor, una società che commercializza prodotti design e lifestyle. Nel 2008 verrà pubblicato il suo primo romanzo d'amore storico, anch'esso intitolato *Hartmoor* e ambientato nel 1812. La protagonista del romanzo dai capelli rosso fuoco è la figlia di un conte che affronta tribolazioni simili a quelle dell'autrice. La duchessa intrattiene ancora rapporti amichevoli con il principe Andrea e, a volte, lo accompagna nei suoi viaggi negli Stati Uniti.

Bibliografia

Volumi

BARRY, STEPHEN, *Royal Service: My Twelve Years as Valet to Prince Charles*, Avon Books, New York, 1983.

BEDELL SMITH, SALLY, *Diana: In Search of Herself*, Random House, New York, 1999.

BIRT, JOHN, *The Harder Path: The Autobiography*, Time Warner Books, London, 2002.

BOTHAM, NOEL, *The Murder of Princess Diana*, Pinnacle Books, New York, 2004.

BOWER, TOM, *Fayed: The Unauthorised Biography*, Macmillan, London, 1998.

BRADFORD, SARAH, *Elizabeth: A Biography of Her Majesty the Queen*, Heinemann, London, 1996.

BRADFORD, SARAH, *Diana*, Penguin, London, 2006.

BRANDRETH, GYLES, *Charles & Camilla: Portrait of a Love Affair*, Century, London, 2005.

BROWN, TINA, *Loose Talk: Adventures on the Street of Shame*, Michael Joseph, London, 1979.

BURGESS, COLIN, *Behind Palace Doors: My Service as the Queen Mother's Equerry*, John Blake, London, 2006.

BURRELL, PAUL, *A Royal Duty*, Penguin, London, 2004 (trad. it.: *Al servizio della mia regina*, TEA, Milano, 2004).

BURRELL, PAUL, *The Way We Were: Remembering Diana*, HarperCollins, London, 2006 (trad. it.: *Come eravamo*, TEA, Milano, 2007).

CAMPBELL, BEATRIX, *Diana, Princess of Wales: How Sexual Politics Shook the Monarchy*, Women's Press, London, 1998.

CAMPBELL, LADY COLIN, *The Real Diana*, Arcadia Books, London, 2004.

CARADEC'H, JEAN-MICHEL, *Lady Diana: L'enquête criminelle*, Michel Lafon, Paris, 2006.

CLARKE, MARY, *Diana: Once Upon a Time*, Sidgwick & Jackson, London, 1994.

CLAYTON, TIM, e PHIL CRAIG, *Diana: Story of a Princess*, Hodder & Stoughton, London, 2001.

CLIFFORD, MAX, e ANGELA LEVIN, *Max Clifford: Read All About It*, Virgin Books, London, 2005.

COWARD, ROSALIND, *Diana: The Portrait*, HarperCollins, London, 2004.

CURTIS, SARAH (a cura di), *The Journals of Woodrow Wyatt*, Vol. 1, Macmillan, London, 1998.

CURTIS, SARAH (a cura di), *The Journals of Woodrow Wyatt*, Vol. 2, Macmillan, London, 1999.

CURTIS, SARAH (a cura di), *The Journals of Woodrow Wyatt*, Vol. 3, Pan Books, London, 2001.

DAVIES, NICHOLAS, *Diana: A Princess and Her Troubled Marriage*, Birch Lane Press, New York, 1992.

DEMPSTER, NIGEL, e PETER EVANS, *Behind Palace Doors: Marriage and Divorce in the House of Windsor*, G. P. Putnam's Sons, New York, 1993.

DEMPSTER, NIGEL, e PETER EVANS, *Behind Palace Doors*, Orion, London, 1993.

DE ZENGOTITA, THOMAS, *Mediated: How the Media Shapes Your World and the Way You Live in It*, Bloomsbury USA, New York, 2005.

DIMBLEBY, JONATHAN, *The Prince of Wales: A Biography*, Little, Brown, London, 1994.

EDWARDS, ARTHUR, *I'll Tell the Jokes Arthur. Diana, How I Saw Her Laughter Turn to Tears*, Blake Publishing, London, 1993.

EVANS, HAROLD, *Good Times, Bad Times*, Atheneum, New York, 1984.

GRAHAM, CAROLINE, *Camilla: Her True Story*, John Blake, London, 2003.

GREENSLADE, ROY, *Press Gang*, Macmillan, London, 2003.
GREGORY, MARTYN, *Diana: The Last Days*, Virgin Books, London, 2004.
HASTINGS, MAX, *Editor: An Inside Story of Newspapers*, Macmillan, London, 2002.
HEWITT, JAMES, *Love and War*, Blake Publishing, London, 1999.
HOEY, BRIAN, *At Home with the Queen: The Inside Story of the Royal Household*, HarperCollins, London, 2002.
HOLDEN, ANTHONY, *The Tarnished Crown: Diana and the House of Windsor*, Bantam Press, London, 1993.
HOLDEN, ANTHONY, *Charles: A Biography*, Bantam Press, London, 1998.
HOWELL, GEORGINA, *Diana: Her Life in Fashion*, Pavilion, London, 1998.
HURD, DOUGLAS, *Memoirs*, Little, Brown, London, 2003.
JEBB, MILES (a cura di), *The Diaries of Cynthia Gladwyn*, Constable, London, 1995.
JEPHSON, P. D., *Shadows of a Princess: An Intimate Account by Her Private Secretary*, HarperCollins, London, 2000.
JUNOR, PENNY, *The Firm: The Troubled Life of the House of Windsor*, HarperCollins, London, 2005.
KELLEY, KITTY, *The Royals*, Warner Books, New York, 1998 (trad. it.: *I segreti della Corona*, Sperling & Kupfer, Milano, 1998).
LACEY, ROBERT, *Royal: Her Majesty Queen Elizabeth II*, Little, Brown, London, 2002.
LEES-MILNE, JAMES, *Deep Romantic Chasm: Diaries 1979-1981*, John Murray, London, 2003.
LEES-MILNE, JAMES, *The Milk of Paradise: Diaries 1993-1997*, John Murray, London, 2005.
LEVIN, ANGELA, *Raine & Johnnie: The Spencers and the Scandal of Althorp*, Weidenfeld & Nicolson, London, 1993.
LINDLEY, RICHARD, *Panorama: Fifty Years of Pride and Paranoia*, Politico's Publishing, London, 2003.
LOWRY, SUZANNE, *Cult of Diana: The Princess in the Mirror*, Clio Press, Oxford, 1987.
MACARTHUR, BRIAN (a cura di), *Requiem: Diana, Princess of Wales 1961-1997. Memories and Tributes*, Arcade Publishing, New York, 1997.

MARTIN, RALPH G., *Charles and Diana*, Putnam, New York, 1995 (trad. it.: *Carlo e Diana*, Sperling & Kupfer, 1986).
MORGAN, PIERS, *The Insider: The Private Diaries of a Scandalous Decade*, Ebury Press, London, 2005.
MORROW, ANN, *Without Equal: H.M. Queen Elizabeth, the Queen Mother*, House of Stratus, Thirsk, 2002.
MORTON, ANDREW, *Diana: Her True Story*, Simon & Schuster, New York, 1992.
MORTON, ANDREW, *Diana: Her New Life*, Michael O'Mara Books, London, 1994.
MORTON, ANDREW, *Diana: Her True Story – In Her Own Words*, edizione completamente rivista, Michael O'Mara Books, London, 1997 (trad. it.: *Diana: la sua vera storia raccontata da lei stessa*, nuova edizione ampliata, Sonzogno, Milano, 1997).
MORTON, ANDREW, *Diana: In Pursuit of Love*, Michael O'Mara Books, London, 2004 (trad. it.: *Diana alla ricerca d'amore*, Sonzogno, Milano, 2004).
NADEN, GAVAN, e MAXINE RIDDINGTON, *Lilac Days*, HarperCollins, London, 2005.
NEIL, ANDREW, *Full Disclosure*, Pan Books, London, 1997.
OLDFIELD, BRUCE, con FANNY BLAKE, *Rootless: An Autobiography*, Arrow, London, 2005.
PAXMAN, JEREMY, *On Royalty*, Viking, London, 2006.
PIMLOTT, BEN, *The Queen: A Biography of Elizabeth II*, HarperCollins, London, 1996.
PONTAUT, JEAN-MARIE, e JÉRÔME DUPUIS, *Enquête sur la mort de Diana*, Stock, Paris, 1998.
REES-JONES, TREVOR, con MOIRA JOHNSTON, *The Bodyguard's Story: Diana, the Crash, and the Sole Survivor*, Warner Books, New York, 2000.
RIDDINGTON, MAX, e GAVAN NADEN, *Frances: The Remarkable Story of Princess Diana's Mother*, Michael O'Mara Books, London, 2003.
ROBERTSON, GEOFFREY, *The Justice Game*, Vintage Books, London, 1999.
ROBERTSON, MARY, *The Diana I Knew: The Story of my Son's Nanny who Became Princess of Wales*, Cliff Street Books, New York, 1998.

SANCTON, THOMAS, e SCOTT MACLEOD, *Death of a Princess: An Investigation*, Weidenfeld & Nicolson, London, 1998 (trad. it.: *Diana: Morte di una principessa*, Mondadori, Milano, 1998).

SAUNDERS, MARK, e GLENN HARVEY, *Dicing With Di: The Amazing Adventures of Britain's Royal Chasers*, Blake Publishing, London, 1996.

SHEA, MICHAEL, *A View from the Sidelines*, Sutton, Stroud, 2003.

SIMMONS, SIMONE, con SUSAN HILL, *Diana: The Secret Years*, Michael O'Mara Books, London, 1998.

SIMMONS, SIMONE, con INGRID SEWARD, *Diana: The Last Word*, Orion, London, 2006.

SNELL, KATE, *Diana: Her Last Love*, Granada, London, 2002.

SPENCER, CHARLES, *Althorp: The Story of an English House*, Viking, London, 1998.

STOTT, RICHARD, *Dogs and Lampposts*, Metro, London, 2002.

STRONG, ROY, *The Roy Strong Diaries 1967-1987*, Weidenfeld & Nicolson, London, 1997.

VICKERS, HUGO, *Elizabeth: The Queen Mother*, Hutchinson, London, 2005.

WHARFE, KEN, con ROBERT JOBSON, *Diana: A Closely Guarded Secret*, Michael O'Mara Books, London, 2003.

WHITAKER, JAMES, *Diana v. Charles*, Signet, London, 1993 (trad. it.: *Diana contro Carlo*, Rizzoli, Milano, 1993).

WILSON, A. N., *The Rise and Fall of the House of Windsor*, W. W. Norton & Company, New York, 1993.

YORK, SARAH, DUCHESSA DI, con JEFF COPLON, *My Story*, Pocket Books, London, 1997 (trad. it.: *Io, Sarah: la duchessa di York*, Sonzogno, Milano, 1996).

Documenti

Operation Paget Inquiry, nell'ambito dell'inchiesta sulla cospirazione per l'assassinio di Diana, principessa di Galles, e Emad El-Din Mohamed Abdel Moneim Fayed, supervisione e rapporto di Lord Stevens di Kirkwhelpington, 14 dicembre 2006.

Note

Un tunnel a Parigi

1 Intervista ad Arthur Edwards, 16 novembre 2005
2 Tina Brown, « A Woman in Earnest », *New Yorker*, 15 settembre 1997
3 Kate Snell, *Diana: Her Last Love*, 120
4 Tim Clayton e Phil Craig, *Diana: Story of a Princess*, 333
5 Trevor Rees-Jones, *The Bodyguard's Story*, 19
6 *Daily Mirror*, 20 dicembre 1997
7 « The Diana Files », *Sunday Mirror*, 13 dicembre 1998
8 Baronessa Jay in una conversazione con l'autore
9 *Washington Post*, Tina Brown, 6 novembre 2003
10 Osservazione a registratore spento
11 Intervista a Colin Tebbutt, 24 agosto 2006
12 Kate Snell, 98
13 *Daily Mirror*, 20 dicembre 1997
14 Intervista a David Tang, 20 giugno 2006
15 Intervista a Lord Palumbo, 27 settembre 2005
16 Intervista a Lord Puttnam, 26 luglio 2005
17 Intervista a Marie Helvin, 18 settembre 2006
18 Intervista a Colin Tebbutt, 24 agosto 2006
19 Trevor Rees-Jones, 17
20 Ibid., 33
21 *News of the World*, 31 agosto 1997
22 Tim Clayton e Phil Craig, 336
23 *Sunday Times*, Christina Lamb, 7 settembre 1997
24 Geoffrey Robertson, *The Justice Game*, 364
25 Tom Bower, *Fayed: The Unauthorised Biography*, 347
26 Martyn Gregory, *Diana: The Last Days*, 42 e 107
27 Operation Paget Inquiry, 55
28 *Sunday Telegraph*, 15 febbraio 1998
29 Martyn Gregory, 25
30 Sarah Bradford, *Diana*, 367
31 Trevor Rees-Jones, 79
32 Intervista a Hassan Yassin, 24 settembre 2006
33 Kate Snell, 212
34 Ibid., 193
35 Operation Paget Inquiry, 14 dicembre 2006, 30

Una vita in mostra

1 Rosalind Coward, *Diana: The Portrait*, 37
2 Andrew Morton, *Diana: Her True Story – In Her Own Words*, 23
3 Intervista a Rosa Monckton, 2 agosto 2005

Donne difficili

1 Sito web ufficiale di Barbara Cartland: www.barbaracartland.com
2 Gyles Brandreth, *Charles & Camilla*, 225
3 Registrazioni di Settelen, NBC *Dateline*, 6 dicembre 2004
4 Nicholas Davies, *Diana: A Princess and Her Troubled Marriage*, 36
5 Sarah Bradford, *Elizabeth: A Biography of Her Majesty the Queen*, 430
6 Intervista a Barbara Gilmour, 27 settembre 2005
7 Intervista a Lady Glenconner, 30 settembre 2005
8 Gavan Naden e Maxine Riddington, *Lilac Days*, 296-297
9 Max Riddington e Gavan Naden, *Frances*, 42
10 *Independent*, 24 settembre 2006
11 Intervista a David Cannadine, 27 giugno 2006
12 Osservazione a registratore spento
13 Intervista a Lord Glenconner, 26 settembre 2005
14 Intervista a Lady Glenconner, 30 settembre 2005
15 *Evening Standard*, 22 maggio 1953
16 *Hello!*, 24 maggio 1997
17 Angela Levin, *Raine & Johnnie*, 29
18 Ibid., 17
19 Intervista al conte Spencer, 12 febbraio 2007
20 Intervista a Lord Glenconner, 26 settembre 2005
21 Lady Colin Campbell, *The Real Diana*, 13-14
22 *Hello!*, 15 giugno 2004
23 *Daily Mail*, 7 ottobre 2003
24 Max Riddington e Gavan Naden, *Frances*, 26
25 *The Times*, 3 luglio 1961
26 Ibid., 31 agosto 1961
27 Ibid., 15 luglio 1964
28 *Sunday Mirror*, 9 novembre 1980
29 James Whitaker, *Diana v. Charles*, 95
30 Osservazione a registratore spento
31 *Hello!*, 24 maggio 1997
32 Lady Colin Campbell, 16
33 Angela Levin, 48
34 *Sunday Express*, 28 settembre 2003
35 Intervista a Lady Glenconner, 30 settembre 2005
36 Sally Bedell Smith, *Diana: In Search of Herself*, 19
37 Osservazione a registratore spento
38 Andrew Morton, *Diana: Her True Story – In Her Own Words*, 70
39 Intervista a Barbara Gilmour, 27 settembre 2005
40 *Hello!*, 15 giugno 2004
41 Lady Colin Campbell, 16
42 Registrazioni di Settelen, NBC *Dateline*, 29 novembre 2004
43 *Evening Standard*, 15 aprile 1969
44 Intervista a Barbara Gilmour, 27 settembre 2005
45 Lady Colin Campbell, 18
46 Ibid.
47 Sarah Bradford, *Elizabeth*, 432
48 Andrew Morton, *Diana: Her True Story – In Her Own Words*, 25
49 Mary Clarke, *Diana: Once Upon a Time*, 151
50 *The Times*, 8 settembre 1997, Charles Spencer, Elogio funebre, 6 settembre 1997
51 *Birmingham Evening Mail* Special, « Diana – The Early Years », 1 settembre 1997
52 Intervista a Lord Glenconner, 26 settembre 2005
53 Andrew Morton, *Diana: Her True Story – In Her Own Words*, 75
54 *Birmingham Evening Mail* Special, « Diana – The Early Years », 1 settembre 1997
55 Intervista a Robert Spencer, 14 gennaio 2006
56 Andrew Morton, *Diana: Her True Story – In Her Own Words*, 80

57 *Sunday Herald*, 14 febbraio 1993
58 Andrew Morton, *Diana: Her True Story – In Her Own Words*, 28
59 Intervista a Lord Glenconner, 26 settembre 2005
60 *Daily Telegraph*, 17 novembre 1954
61 Ibid., 27 novembre 1954
62 Osservazione a registratore spento
63 Roy Strong, *Diaries 1967-1987*, 73
64 Intervista a Lord Glenconner, 26 settembre 2005
65 Osservazione a registratore spento
66 Intervista a Kenneth Rose, 18 novembre 2005
67 Angela Levin, 131
68 Andrew Morton, *Diana: Her True Story – In Her Own Words*, 29
69 Ibid., 28
70 Mary Clarke, 192
71 Kitty Kelley, *The Royals*, 259
72 Registrazioni di Settelen, NBC *Dateline*, 29 novembre 2004
73 *Sunday Mirror*, 9 novembre 1980
74 Intervista a Kenneth Rose, 18 novembre 2005
75 Ibid.
76 Ibid.
77 Osservazione a registratore spento
78 Sally Bedell Smith, 50

Una sloane fuori dal comune

1 *Woman's Own*, 8 aprile 1978
2 Sally Bedell Smith, *Diana: In Search of Herself*, 38
3 *Sunday Mirror*, Graham Dudman, 23 agosto 1998
4 Angela Levin, *Raine & Johnnie*, 131
5 Sally Bedell Smith, 54
6 Andrew Morton, *Diana: Her True Story – In Her Own Words*, 87
7 Ibid.
8 Sally Bedell Smith, 48
9 Andrew Morton, *Diana: Her True Story – In Her Own Words*, 28
10 Intervista a Geordie Greig, 16 novembre 2005
11 Tim Clayton e Phil Craig, *Diana: Story of a Princess*, 16
12 Andrew Morton, *Diana: Her True Story – In Her Own Words*, 75
13 Angela Levin, 138-139
14 Jonathan Dimbleby, *The Prince of Wales: A Biography*, 279
15 Nigel Dempster e Peter Evans, *Behind Palace Doors*, UK edn 98
16 Registrazioni di Settelen, NBC *Dateline*, 29 novembre 2004
17 Tim Clayton e Phil Craig, 22
18 Nigel Dempster e Peter Evans, *Behind Palace Doors*, UK edn, 101
19 Intervista a Paul Johnson, 1 agosto 2005
20 Rosalind Coward, *Diana: The Portrait*, 67-68
21 Tim Clayton e Phil Craig, 17
22 Rosalind Coward, 68
23 Tim Clayton e Phil Craig, 17-18
24 Ibid., 18
25 Ibid.
26 Ibid., 19
27 Simone Simmons, *Diana: The Last Word*, 15
28 Lord Glenconner in una conversazione con l'autore
29 *Le Monde*, 27 agosto 1997
30 Sally Bedell Smith, 56
31 Kitty Kelley, *The Royals*, 258
32 Andrew Morton, *Diana: Her True Story – In Her Own Words*, 98
33 Ibid., 100
34 Ibid., 31
35 James Whitaker, *Diana v. Charles*, xi
36 Andrew Morton, *Diana: Her True Story – In Her Own Words*, 60
37 Sally Bedell Smith, 60
38 Andrew Morton, *Diana: Her True Story – In Her Own Words*, 127
39 Intervista a Mary Clarke, 11 marzo 2006
40 Intervista a Peter York, 28 settembre 2005

41 Ibid.
42 Ralph G. Martin, *Charles and Diana*, 89
43 Andrew Morton, *Diana: Her True Story – In Her Own Words*, 102
44 Intervista a Danae Brook, 14 giugno 2006
45 Intervista a Dmitri Kasterine, 24 aprile 2006
46 Andrew Morton, *Diana: Her True Story – In Her Own Words*, 103
47 *Daily Mirror*, 19 novembre 1980
48 Intervista a Mary Robertson, 11 aprile 2006
49 Ibid.
50 Ibid.
51 Mary Robertson, *The Diana I Knew*, 20-21
52 Intervista a Mary Robertson, 11 aprile 2006
53 Mary Robertson, 23-24
54 Intervista a Mary Robertson, 11 aprile 2006
55 Ibid.
56 Mary Robertson, 33
57 Intervista a Mary Robertson, 11 aprile 2006
58 Gabé Doppelt in una conversazione con l'autore
59 *Tatler*, « The Lady Di Set March », 1981
60 Ibid.
61 Intervista a Peter York, 19 giugno 2006
62 Sally Bedell Smith, 60
63 Andrew Morton, *Diana: Her True Story – In Her Own Words*, 105
64 Ibid., 104
65 Ibid., 188
66 Intervista a James Colthurst, 13 giugno 2006
67 Ibid.
68 Tim Clayton e Phil Craig, 26
69 Email di Simon Berry all'autore, 8 marzo 2007
70 Intervista a James Colthurst, 13 giugno 2006
71 Mary Robertson, 38
72 Ibid., 43
73 *Sun*, 4 dicembre 1993

L'ascesa della bestia

1 Intervista a Shaun Plunket, 4 febbraio 2006
2 A. N. Wilson, *The Rise and Fall of the House of Windsor*, 71
3 PBS *Frontline*, « The Princess and the Press », John Grigg, 16 novembre 1997
4 PBS *Frontline*, « The Princess and the Press », the Royals and the Press Timeline
5 PBS *Frontline*, « The Princess and the Press », Harry Arnold, 16 novembre 1997
6 Roy Greenslade, *Press Gang*, 85
7 Robert Lacey, *Royal*, 194
8 Ibid., 195
9 *Daily Mirror*, Emma Hibbs, 11 febbraio 2002
10 Intervista a John Lahr, 2 giugno 2006
11 Intervista a Sir David Frost, 24 maggio 2006
12 PBS *Frontline*, « The Princess and the Press », Harry Arnold, 16 novembre 1997
13 Statistica del *Daily Mail*
14 Tina Brown, *Loose Talk*, 58
15 *Sunday Times*, 2 agosto 1998
16 Intervista a Peter McKay, 20 giugno 2006
17 Tina Brown, 58
18 Ibid., 77
19 Intervista a Hugo Vickers, 11 novembre 2005
20 PBS *Frontline*, « The Princess and the Press », Richard Stott, 16 novembre 1997
21 Arthur Edwards, *I'll Tell the Jokes Arthur*, 276
22 Piers Morgan, *The Insider*, 178
23 *Woman's Own*, 8 aprile 1978
24 Ibid.

25 Sally Bedell Smith, *Diana: In Search of Herself*, 64

Alla ricerca di una sposa vergine

1 Andrew Morton, *Diana: Her True Story – In Her Own Words*, 105
2 Intervista a Stephen Fry, 21 settembre 2005
3 Sito web del Ducato di Cornovaglia: Income & Expenditure Account Year ended 31 marzo 2006
4 Anthony Holden, *Charles: A Biography*, 82
5 Nigel Dempster e Peter Evans, *Behind Palace Doors*, UK edn, 80
6 Ibid.
7 Osservazione a registratore spento
8 Brian Hoey, *At Home with the Queen*, 21
9 Gyles Brandreth, *Charles & Camilla*, 114
10 Osservazione a registratore spento
11 Osservazione a registratore spento
12 *Daily Mail*, 8 maggio 1993
13 Intervista a Michael Shea, 19 settembre 2006
14 *Daily Telegraph*, 22 maggio 2001
15 Ann Morrow, *Without Equal*, 201
16 Jeremy Paxman, *On Royalty*, 4
17 Nigel Dempster e Peter Evans, UK edn, 98
18 Intervista a Sabrina Guinness, 26 settembre 2005
19 FDCH Political Transcripts, 2 novembre 2005
20 Nigel Dempster e Peter Evans, UK edn, 85
21 Intervista a Hugo Vickers, 11 novembre 2005
22 Ibid., 28 luglio 2005
23 *Sunday Telegraph*, Selina Hastings, 13 novembre 2005
24 Roy Strong, *Diaries 1967-1987*, 314
25 Hugo Vickers, *Elizabeth: The Queen Mother*, 485
26 Intervista a Douglas Keay, 15 febbraio 2007
27 Jonathan Dimbleby, *The Prince of Wales: A Biography*, 205
28 Ibid., 190
29 Ibid., 261
30 Nigel Dempster e Peter Evans, US edn, 77
31 Jonathan Dimbleby, 261-262
32 Gyles Brandreth, 201
33 James Whitaker, *Diana v. Charles*, 30
34 Gyles Brandreth, 54
35 Intervista a Marie Helvin, 18 settembre 2006
36 Gyles Brandreth, 46
37 Ibid.
38 Kitty Kelley, *The Royals*, 289
39 Gyles Brandreth, 183-184
40 *Sunday Times*, Minette Marrin, 13 febbraio 2005
41 Sarah Bradford, *Diana*, 56
42 Jonathan Dimbleby, 191
43 Nigel Dempster e Peter Evans, US edn, 69
44 Intervista a Marie Helvin, 18 settembre 2006
45 Osservazione a registratore spento
46 Osservazione a registratore spento
47 Nigel Dempster e Peter Evans, UK edn, 72
48 Jonathan Dimbleby, 266
49 Lettera di India Hicks allo zio, Lord Brabourne, 26 maggio 2005
50 Osservazione a registratore spento
51 Nigel Dempster e Peter Evans, UK edn, 115
52 Anthony Holden, *Charles: A Biography*, 137
53 Osservazione a registratore spento
54 Anthony Holden, *Charles: A Biography*, 132
55 *Daily Mail*, 10 giugno 1980
56 Anthony Holden, *Charles: A Biography*, 138-139
57 Ibid., 139
58 Email di Simon Berry all'autore, 8 marzo 2007

59 Suzanne Lowry, *Cult of Diana: The Princess in the Mirror*, 24
60 Nigel Dempster e Peter Evans, UK edn, 65
61 Lady Colin Campbell, *The Real Diana*, 60
62 Roy Strong, 316-317
63 PA News, Andrew Woodcock, 25 novembre 1995

Il cacciatore e la preda

1 Rosalind Coward, *Diana: The Portrait*, 72
2 Andrew Morton, *Diana: Her True Story – In Her Own Words*, 32
3 Gyles Brandreth, *Charles & Camilla*, 208
4 Intervista a Sabrina Guinness, 26 settembre 2005
5 Tim Clayton e Phil Craig, *Diana: Story of a Princess*, 32
6 Andrew Morton, *Diana: Her True Story – In Her Own Words*, 32
7 Intervista a Sabrina Guinness, 26 settembre 2005
8 Andrew Morton, *Diana: Her True Story – In Her Own Words*, 31
9 Ibid., 32
10 Ibid.
11 Ibid.
12 Intervista a Oliver Everett, 9 marzo 2006
13 Stephen Barry, *Royal Service*, 189-190
14 Andrew Morton, *Diana: Her True Story – In Her Own Words*, 32
15 Jonathan Dimbleby, *The Prince of Wales: A Biography*, 280
16 Intervista a Victoria Mather, 22 maggio 2006
17 Osservazione a registratore spento
18 Andrew Morton, *Diana: Her True Story – In Her Own Words*, 32
19 *Daily Mail*, Gordon Rayner, 20 settembre 2005
20 Gyles Brandreth, 208
21 Andrew Morton, *Diana: Her True Story – In Her Own Words*, 32
22 Ibid., 33
23 Jonathan Dimbleby, 280
24 Osservazione a registratore spento
25 Lady Colin Campbell, *The Real Diana*, 56
26 Jonathan Dimbleby, 282
27 Lady Colin Campbell, 61-62
28 Robert Lacey, *Royal*, 271
29 *Daily Star*, 8 settembre 1980
30 Tim Clayton e Phil Craig, 42
31 Ibid.
32 *Daily Star*, 11 settembre 1980
33 *Tatler*, « Pretty Amazing », settembre 1981
34 Lady Colin Campbell, 41
35 *Tatler*, « Pretty Amazing », settembre 1981
36 PBS *Frontline*, « The Princess and the Press », Ken Lennox, 16 novembre 1997
37 PBS *Frontline*, « The Princess and the Press », James Whitaker, 16 novembre 1997
38 Intervista a Judy Wade, 10 maggio 2006
39 *Sunday Mirror*, 16 novembre 1980
40 Ibid.
41 Andrew Morton, *Diana: Her True Story – In Her Own Words*, 31
42 Intervista a Steve Wood, 7 giugno 2006
43 Tim Clayton e Phil Craig, 47
44 *Telegraph*, 21 gennaio 1987
45 Intervista ad Ashley Walton, 15 dicembre 2006
46 Andrew Morton, *Diana: Her True Story – In Her Own Words*, 33
47 *The Times*, 7 agosto 1980
48 Lady Colin Campbell, 62
49 *Sunday Mirror*, 16 novembre 1980
50 Stephen Barry, 223
51 *Sunday Mirror*, 16 novembre 1980
52 Ibid.
53 Ibid., 23 novembre 1980
54 Ibid.

55 *Daily Mail*, 24 novembre 1980
56 Anthony Holden, *Charles: A Biography*, 145
57 *Daily Star*, 28 novembre 1980
58 Intervista a Robert Edwards, 26 giugno 2006
59 Intervista a Wensley Clarkson, 26 giugno 2006
60 Ibid.
61 *Daily Star*, 10 novembre 1980
62 Intervista a Robert Edwards e Wensley Clarkson, 26 giugno 2006
63 Intervista a Wensley Clarkson, 26 giugno 2006
64 Intervista a Danae Brook, 14 giugno 2006
65 *The Times*, 2 dicembre 1980
66 James Whitaker, *Diana v. Charles*, 112

Innamorati... qualunque cosa significhi

1 Nigel Dempster e Peter Evans, *Behind Palace Doors*, UK edn, 29
2 Tim Clayton e Phil Craig, *Diana: Story of a Princess*, 62
3 Robert Lacey, *Royal*, 278
4 United Press International, Gregory Jensen, 25 luglio 1981
5 Intervista a Mark Bolland, 27 giugno 2006
6 Osservazione a registratore spento
7 Intervista a Mark Bolland, 27 giugno 2006
8 Osservazione a registratore spento
9 Jonathan Dimbleby, *The Prince of Wales: A Biography*, 284
10 Osservazione a registratore spento
11 PBS *Frontline*, « The Princess and the Press », Arthur Edwards, 16 novembre 1997
12 Mary Robertson, *The Diana I Knew*, 47
13 Jonathan Dimbleby, 283
14 Lady Colin Campbell, *The Real Diana*, 72
15 James Whitaker, *Diana v. Charles*, 113
16 Sally Bedell Smith, *Diana: In Search of Herself*, 95
17 Osservazione a registratore spento
18 Mary Robertson, 53
19 Intervista a Mary Robertson, 11 aprile 2006
20 Gyles Brandreth, *Charles & Camilla*, 224
21 Penny Junor, *The Firm*, 69
22 Lady Colin Campbell, 72
23 Gyles Brandreth, 233
24 Sally Bedell Smith, 96
25 Jonathan Dimbleby, 283
26 Andrew Morton, *Diana: Her True Story – In Her Own Words*, 33
27 Ibid., 34
28 Ibid., 117
29 Ibid., 34
30 Ibid.
31 Osservazione a registratore spento
32 Osservazione a registratore spento
33 Sarah Bradford, *Elizabeth*, 436
34 Intervista a Lord Glenconner, 26 settembre 2005
35 James Whitaker, 116
36 Ibid.
37 Georgina Howell, *Diana: Her Life in Fashion*, 25
38 Gyles Brandreth, 238
39 Stephen Barry, *Royal Service*, 202
40 Andrew Morton, *Diana: Her True Story – In Her Own Words*, 36
41 Intervista a William Tallon, 11 marzo 2006
42 Andrew Morton, *Diana: Her True Story – In Her Own Words*, 38
43 Osservazione a registratore spento
44 Andrew Morton, *Diana: Her True Story – In Her Own Words*, 119
45 Paul Burrell, *A Royal Duty*, 23-24
46 Ibid., 303
47 Osservazione a registratore spento
48 Sally Bedell Smith, 104
49 Andrew Morton, *Diana: Her True Story – In Her Own Words*, 37

50 Intervista a Mary Robertson, 11 aprile 2006
51 Lady Colin Campbell, 81
52 Elizabeth Emanuel in una conversazione con l'autore
53 Gyles Brandreth, 227
54 Osservazione a registratore spento
55 Osservazione a registratore spento
56 Andrew Morton, *Diana: Her True Story – In Her Own Words*, 38
57 Gyles Brandreth, 228
58 PA News, Andrew Woodcock, 24 novembre 1995
59 Andrew Morton, *Diana: Her True Story – In Her Own Words*, 37
60 Hugo Vickers, *Elizabeth: The Queen Mother*, 422
61 Andrew Morton, *Diana: Her True Story – In Her Own Words*, 121
62 Sally Bedell Smith, 98
63 Jonathan Dimbleby, 284
64 Osservazione a registratore spento
65 Osservazione a registratore spento
66 Osservazione a registratore spento
67 Jonathan Dimbleby, 287
68 Gyles Brandreth, 229
69 Andrew Morton, *Diana: Her True Story – In Her Own Words*, 39
70 *Daily Mirror*, 27 luglio 1981
71 *Spectator*, 28 febbraio 1981
72 Kitty Kelley, *The Royals*, 376
73 Gyles Brandreth, 236
74 BBC/ITV, intervista prematrimoniale al principe Carlo e a Lady Diana
75 Ibid.
76 Ibid.
77 Dempster ed Evans, UK edn, 135
78 Stephen Barry, 169
79 James Lees-Milne, *Diaries 1979-1981*, 164-165
80 Hugo Vickers, 426
81 Andrew Morton, *Diana: Her True Story – In Her Own Words*, 124
82 Intervista a William Dartmouth, marzo 2006
83 Jonathan Dimbleby, 288
84 Andrew Morton, *Diana: Her True Story – In Her Own Words*, 41
85 Intervista a William Tallon, 11 marzo 2006
86 Hugo Vickers, 426
87 Andrew Morton, *Diana: Her True Story – In Her Own Words*, 41
88 Intervista a William Tallon, 11 marzo 2006
89 Tim Clayton e Phil Craig, 81
90 Andrew Morton, *Diana: Her True Story – In Her Own Words*, 42
91 *Observer*, 2 agosto 1997
92 Andrew Morton, *Diana: Her True Story – In Her Own Words*, 42

L'urlo

1 Osservazione a registratore spento
2 Nigel Dempster e Peter Evans, *Behind Palace Doors*, UK edn, 136
3 Andrew Morton, *Diana: Her True Story – In Her Own Words*, 42
4 Caroline Graham, *Camilla: Her True Story*, 85
5 Gyles Brandreth, *Charles & Camilla*, 236-237
6 Simone Simmons, *Diana: The Last Word*, 41
7 Andrew Morton, *Diana: Her True Story – In Her Own Words*, 42
8 Caroline Graham, 88
9 Kitty Kelley, *The Royals*, 288
10 Ibid.
11 Jonathan Dimbleby, *The Prince of Wales: A Biography*, 294
12 Stephen Barry, *Royal Service*, 220-221
13 Paul Burrell, *A Royal Duty*, 27
14 *Daily Mail*, 6 novembre 2002
15 Intervista a Paul Johnson, 1 agosto 2005
16 Lady Colin Campbell, *The Real Diana*, 117
17 Osservazione a registratore spento
18 Osservazione a registratore spento
19 Stephen Barry, 228

20 Intervista a Paul Johnson, 1 agosto 2005
21 Tim Clayton e Phil Craig, *Diana: Story of a Princess*, 91
22 Rosalind Coward, *Diana: The Portrait*, 109
23 Simone Simmons, *Diana: The Last Word*, 41
24 Nicholas Davies, *Diana: A Princess and Her Troubled Marriage*, 126
25 Ibid., 129
26 *News of the World*, 20 settembre 1981
27 Andrew Morton, *Diana: Her True Story – In Her Own Words*, 43
28 James Whitaker, *Diana v. Charles*, 122
29 Osservazione a registratore spento
30 Osservazione a registratore spento
31 Osservazione a registratore spento
32 Penny Junor, *The Firm*, 78
33 Ibid., 77
34 Osservazione a registratore spento
35 Osservazione a registratore spento
36 Andrew Morton, *Diana: Her True Story – In Her Own Words*, 44
37 Ibid.

Problemi di concorrenza

1 Myles Jebb (ed.), *The Diaries of Cynthia Gladwyn*, 206-207
2 Ibid., 207
3 Intervista a Edward Mirzoeff, 11 maggio 2005
4 Gyles Brandreth, *Charles & Camilla*, 245
5 Intervista a Meredith Etherington-Smith, 26 luglio 2005
6 Nigel Dempster e Peter Evans, *Behind Palace Doors*, UK edn, 139
7 *Time*, 9 giugno 1961
8 ITV *Diana: The Story of a Princess*, seconda parte, giugno 2001
9 Diario di Tina Brown
10 *Vanity Fair*, « The Mouse That Roared », ottobre 1985
11 Andrew Morton, *Diana: Her True Story – In Her Own Words*, 44
12 Intervista a Victoria Mather, 17 novembre 2005
13 Jonathan Dimbleby, *The Prince of Wales: A Biography*, 295
14 Tim Clayton e Phil Craig, *Diana: Story of a Princess*, 94
15 Arthur Edwards, *I'll Tell the Jokes Arthur*, 10
16 Tim Clayton e Phil Craig, 94
17 Ibid., 95
18 Ibid., 94
19 Ralph G. Martin, *Charles and Diana*, 233
20 Ibid., 235
21 ITV *Diana: The Story of a Princess*, seconda parte, giugno 2001
22 Tim Clayton e Phil Craig, 96
23 Ralph G. Martin, 234
24 Tim Clayton e Phil Craig, 96-97
25 ITV *Diana: The Story of a Princess*, seconda parte, giugno 2001
26 BBC *Panorama*, intervista, 20 novembre 1995
27 Sally Bedell Smith, *Diana: In Search of Herself*, 125
28 Intervista a James Colthurst, 13 giugno 2006
29 *Evening Standard*, 3 maggio 2002
30 Roy Strong, *Diaries 1967-1987*, 291
31 Ralph G. Martin, 243
32 *Daily Express*, 6 novembre 1981
33 *News of the World*, 15 novembre 1981
34 Simone Simmons, *Diana: The Secret Years*, 26
35 Intervista a David Griffin, 30 agosto 2006
36 Simone Simmons, *Diana: The Last Word*, 263
37 Paul Burrell, *The Way We Were*, 140
38 Simone Simmons, *Diana: The Last Word*, 33
39 Osservazione a registratore spento

40 Intervista a Michael Shea, 19 settembre 2006
41 Simone Simmons, *Diana: The Last Word*, 224
42 Ibid., 219
43 Intervista a Jasper Conran, 9 ottobre 2006
44 Ibid.
45 Dempster ed Evans, UK edn, 146-147
46 Osservazione a registratore spento
47 Andrew Morton, *Diana: Her True Story – In Her Own Words*, 45
48 James Whitaker, *Diana v. Charles*, 126
49 Tim Clayton e Phil Craig, 235
50 Ralph G. Martin, 313
51 Ibid.
52 Osservazione a registratore spento
53 Intervista a Michael Shea, 19 settembre 2006
54 Osservazione a registratore spento
55 Andrew Morton, *Diana: Her True Story – In Her Own Words*, 38
56 *Daily Mirror*, 3 novembre 1981
57 Michael Shea, *A View from the Sidelines*, 121
58 Intervista ad Ashley Walton, 7 giugno 2006
59 Tim Clayton e Phil Craig, 101
60 *The Times*, 1 dicembre 1992
61 Harold Evans, *Good Times, Bad Times*, 314
62 Ibid., 315-316
63 Ibid., 316
64 Ralph G. Martin, 282
65 Sally Bedell Smith, 130

Polvere di stelle

1 Ralph G. Martin, *Charles and Diana*, 289
2 *Daily Mail*, 24 giugno 1982
3 Anthony Holden, *Charles: A Biography*, 174
4 Jonathan Dimbleby, *The Prince of Wales: A Biography*, 304
5 Ibid., 332
6 Andrew Morton, *Diana: Her True Story – In Her Own Words*, 53
7 Hugo Vickers, *Elizabeth: The Queen Mother*, 463
8 Ibid., 491
9 Colin Burgess, *Behind Palace Doors*, 138
10 Michael Shea, *A View from the Sidelines*, 110
11 Ralph G. Martin, 316
12 BBC *Panorama*, intervista, 20 novembre 1995
13 Osservazione a registratore spento
14 Andrew Morton, *Diana: Her True Story – In Her Own Words*, 139
15 Intervista a Lucia van der Post, 13 marzo 2006
16 Lady Colin Campbell, *The Real Diana*, 110
17 BBC *Panorama*, intervista, 20 novembre 1995
18 *Daily Mirror*, 11 gennaio 1983
19 *Daily Express*, 19 gennaio 1983
20 Tim Clayton e Phil Craig, *Diana: Story of a Princess*, 121
21 *Sun*, 16 agosto 1982
22 *Daily Telegraph*, 27 febbraio 1981
23 *Daily Mail*, 24 giugno 1982
24 Roy Strong, *Diaries 1967-1987*, 317
25 Sally Bedell Smith, *Diana: In Search of Herself*, 140
26 *Observer*, 2 agosto 1981
27 James Whitaker, *Diana v. Charles*, 129
28 Osservazione a registratore spento
29 Kitty Kelley, *The Royals*, 308
30 *The Times*, 18 settembre 1982
31 Osservazione a registratore spento
32 ITV *Diana: The Story of a Princess*, seconda parte, giugno 2001
33 Jonathan Dimbleby, 303
34 ITV *Diana: The Story of a Princess*, seconda parte, giugno 2001
35 Osservazione a registratore spento
36 ITV *Diana: The Story of a Princess*, seconda parte, giugno 2001

37 Diario di Sir Harold Evans
38 Osservazione a registratore spento
39 Anthony Holden, *Charles: A Biography*, 227
40 Ralph G. Martin, 329
41 Ibid., 323
42 Rosalind Coward, *Diana: The Portrait*, 110
43 Andrew Morton, *Diana: Her True Story – In Her Own Words*, 48
44 Rosalind Coward, 115
45 Jonathan Dimbleby, 332
46 James Whitaker, 37
47 Jonathan Dimbleby, 333
48 Ralph G. Martin, 328
49 Andrew Morton, *Diana: Her True Story – In Her Own Words*, 49
50 Kitty Kelley, 306
51 Jonathan Dimbleby, 332
52 Andrew Morton, *Diana: Her True Story – In Her Own Words*, 49
53 Intervista ad Ashley Walton, 7 giugno 2006
54 James Whitaker, 132
55 Intervista a Ken Wharfe, 15 marzo 2006
56 Intervista ad Andrew Barrow, 15 novembre 2005
57 Osservazione a registratore spento
58 Osservazione a registratore spento
59 Osservazione a registratore spento

Dinasty Di

1 Intervista a Jasper Conran, 9 ottobre 2006
2 Sir Nicholas Lloyd, in una conversazione con l'autore, 21 giugno 2006
3 *Evening Standard*, 18 luglio 2006
4 A. N. Wilson, *The Rise and Fall of the House of Windsor*, 24
5 Gyles Brandreth, *Charles & Camilla*, 247
6 James Whitaker, *Diana v. Charles*, 138
7 Jeremy Paxman, *On Royalty*, 10
8 Osservazione a registratore spento
9 *Vanity Fair*, «The Mouse That Roared», ottobre 1985
10 Osservazione a registratore spento
11 Roy Strong, *Diaries 1967–1987*, 361
12 Intervista a Meredith Etherington-Smith, 26 luglio 2005
13 Intervista a Lady Puttnam, 26 luglio 2006
14 *Daily Mail*, 6 ottobre 2006
15 *Daily Mirror*, 11 maggio 1983
16 Intervista a Lady Puttnam, 26 luglio 2005
17 Sarah Bradford, *Diana*, 140
18 Anthony Holden, *Charles: A Biography*, 196
19 Sito web del principe di Galles: http://www.princeofwales.gov.uk/speechesandarticles/a_speech_by_hrh_the_prince_of_wales_titled_islam_and_the_wes_425873846.html
20 *Vanity Fair*, «The Mouse That Roared», ottobre 1985
21 Andrew Neil, *Full Disclosure*, 256
22 Intervista a James Colthurst, 13 giugno 2006
23 Nigel Dempster e Peter Evans, *Behind Palace Doors*, UK edn, 163
24 Ibid., 165
25 *Sunday Mirror*, 13 dicembre 1998
26 Sarah Bradford, *Diana*, 131
27 John Whitehead in una conversazione con l'autore, 17 ottobre 2006
28 Bruce Oldfield, *Rootless: An Autobiography*, 261
29 Intervista a Stephen Fry, 21 settembre 2005
30 Osservazione a registratore spento
31 Registrazioni di Settelen, NBC *Dateline*, 29 novembre 2004
32 Intervista a Jasper Conran, 9 ottobre 2006
33 Andrew Morton, *Diana: Her True Story – In Her Own Words*, 51

34 Intervista a Jasper Conran, 9 ottobre 2006
35 Andrew Morton, *Diana: Her True Story – In Her Own Words*, 51
36 Gyles Brandreth, 249
37 Anthony Holden, *Charles: A Biography*, 180
38 Andrew Morton, *Diana: Her True Story – In Her Own Words*, 147
39 Intervista a Marie Helvin, 18 settembre 2006
40 Sally Bedell Smith, *Diana: In Search of Herself*, 134
41 Rapporto dell'ufficio di Stuart Higgins all'autore
42 Osservazione a registratore spento
43 Intervista a Wayne Sleep, 17 settembre 2006
44 *Evening Standard*, 28 aprile 2003
45 Intervista a Mikhail Baryshnikov, 18 ottobre 2006
46 Intervista a John Travolta, 6 aprile 2006
47 Ibid.
48 Intervista a Mikhail Baryshnikov, 18 ottobre 2006
49 Ibid.
50 Intervista a Beverly Sills, 16 ottobre 2006
51 Jonathan Dimbleby, *The Prince of Wales: A Biography*, 384
52 Intervista a John Travolta, 6 aprile 2006
53 Intervista a Beverly Sills, 16 ottobre 2006
54 Intervista a Mikhail Baryshnikov, 18 ottobre 2006
55 Ibid.
56 Tim Clayton e Phil Craig, *Diana: Story of a Princess*, 140
57 Intervista a John Travolta, 6 aprile 2006

Pianti e pettegolezzi

1 Paul Burrell, *A Royal Duty*, 110
2 James Hewitt, *Love and War*, 33
3 *Daily Mail*, Anne de Courcy, 16 marzo 1993
4 Gyles Brandreth, *Charles & Camilla*, 215
5 Ibid., 268
6 Nigel Dempster e Peter Evans, *Behind Palace Doors*, UK edn, 148
7 Intervista ad Anne de Courcy, 8 marzo 2006
8 Intervista a Ken Wharfe, 15 marzo 2006
9 Intervista a Mervyn Wycherley, 5 settembre 2006
10 Intervista a Colin Tebbutt, 24 agosto 2006
11 Ibid.
12 Intervista a Ken Wharfe, 3 agosto 2006
13 *West Essex Gazette*, 22 maggio 1987
14 Intervista a Mervyn Wycherley, 5 settembre 2006
15 Intervista a Ken Wharfe, 3 agosto 2006
16 Osservazione a registratore spento
17 Osservazione a registratore spento
18 Registrazioni di Settelen, NBC *Dateline*, 29 novembre 2004
19 Intervista a Ken Wharfe, 3 agosto 2006
20 Osservazione a registratore spento
21 Intervista a Ken Wharfe, 3 agosto 2006
22 Registrazioni di Settelen, NBC *Dateline*, 29 novembre 2004
23 Intervista a James Colthurst, 13 giugno 2006
24 James Hewitt, 50
25 Sally Bedell Smith, *Diana: In Search of Herself*, 161
26 *Daily Express*, 8 dicembre 2004
27 Simone Simmons, *Diana: The Last Word*, 62-63
28 Osservazione a registratore spento
29 Registrazioni di Settelen, NBC *Dateline*, 29 novembre 2004

30 *Guardian & Gazette Newspapers* (Essex), 23 luglio 1987
31 Intervista a Joy Chopp, 22 luglio 2006
32 Registrazioni di Settelen, NBC *Dateline*, 29 novembre 2004
33 Ibid.
34 Kitty Kelley, *The Royals*, 346
35 Registrazioni di Settelen, NBC *Dateline*, 29 novembre 2004
36 Osservazione a registratore spento
37 Osservazione a registratore spento
38 Intervista a Jasper Conran, 9 ottobre 2006
39 Sarah Curtis (ed.), *The Journals of Woodrow Wyatt*, Vol. 1, 189
40 Osservazione a registratore spento
41 Intervista a Wayne Sleep, 17 settembre 2006
42 Osservazione a registratore spento
43 Osservazione a registratore spento
44 Sally Bedell Smith, 194-195
45 Sarah, duchessa di York, *My Story*, 58
46 Osservazione a registratore spento
47 Sarah, duchessa di York, 92
48 Ibid., 85
49 Sarah Curtis (ed.), *The Journals of Woodrow Wyatt*, Vol. 1, 377
50 Intervista a Lord Glenconner, 26 settembre 2006
51 Sarah Bradford, *Diana*, 214
52 Intervista a Edward Mirzoeff, 11 maggio 2005
53 Max Riddington e Gavan Naden, *Frances*, 42
54 Sarah, duchessa di York, 43-44
55 Ibid., 44
56 Ibid., 60
57 Ibid.
58 Diario di Tina Brown
59 PBS *Frontline*, « The Princess and the Press », Harry Arnold, 16 novembre 1997
60 Ben Pimlott, *The Queen*, 523
61 Anthony Holden, *Charles: A Biography*, 200
62 Sally Bedell Smith, 170
63 Andrew Morton, *Diana: Her True Story – In Her Own Words*, 58
64 Sarah, duchessa di York, 2
65 Ibid.
66 Andrew Morton, *Diana: Her True Story – In Her Own Words*, 59
67 Email di Michael Shea all'autore, 6 febbraio 2007
68 Paul Burrell, *A Royal Duty*, 164
69 *Sunday Mirror*, 14 gennaio 1996
70 Intervista a Selina Hastings, 14 marzo 2006
71 Intervista a Mervyn Wycherley, 5 settembre 2005
72 BBC *Panorama*, intervista, 20 novembre 1995
73 Andrew Morton, *Diana: Her True Story – In Her Own Words*, 55
74 Ibid.
75 Beatrix Campbell, *Diana, Princess of Wales*, 159
76 Sarah Curtis (ed.), *The Journals of Woodrow Wyatt*, Vol. 1, 189

Due tipi di amore

1 James Hewitt, *Love and War*, 51
2 Simone Simmons, *Diana: The Last Word*, 68
3 Intervista a Sir Jeremy Greenstock, 27 settembre 2005
4 James Hewitt, 20
5 Ibid., 9
6 Ibid., 18
7 Intervista a Ken Wharfe, 15 marzo 2006
8 Intervista a Mervyn Wycherley, 5 settembre 2006
9 Tim Clayton e Phil Craig, *Diana: Story of a Princess*, 166
10 Ibid., 163
11 Ibid., 169
12 James Whitaker, *Diana v. Charles*, 47
13 *Daily Telegraph* (Australia), 22 giugno 1987
14 Osservazione a registratore spento

15 Intervista a James Fox, 25 settembre 2005
16 James Hewitt, 175
17 Intervista a Ken Wharfe, 15 marzo 2006
18 Sally Bedell Smith, *Diana: In Search of Herself*, 183
19 *Sunday Times*, 18 settembre 1988
20 *News of the World*, 24 marzo 1991
21 James Hewitt, 65
22 Simone Simmons, *Diana: The Last Word*, 68
23 James Hewitt, 62
24 Ken Wharfe, *Diana: A Closely Guarded Secret*, 77
25 Andrew Morton, *Diana: Her True Story – In Her Own Words*, 188
26 *Daily Mail*, 18 febbraio 1987
27 Sarah Bradford, *Diana*, 182
28 Intervista a Peter York, 19 giugno 2006
29 Intervista a Marie Helvin, 18 settembre 2006
30 Bruce Oldfield, *Rootless: An Autobiography*, 244
31 Intervista a Lord Puttnam, 26 luglio 2005
32 Rosalind Coward, *Diana: The Portrait*, 175
33 Intervista a Marjatta van Boeschoten, 15 settembre 2006
34 Osservazione a registratore spento
35 Beatrix Campbell, *Diana, Princess of Wales*, 166
36 Sally Bedell Smith, 202
37 P. D. Jephson, *Shadows of a Princess*, 153
38 Intervista a Jasper Conran, 9 ottobre 2006
39 Rosalind Coward, 179
40 Ibid.
41 P. D. Jephson, 145
42 Intervista a Nicky Haslam, 2 agosto 2005
43 Andrew Morton, *Diana: Her True Story – In Her Own Words*, 174
44 Osservazione a registratore spento
45 Intervista a Ken Wharfe, 15 marzo 2006
46 Intervista a Jasper Conran, 9 ottobre 2006
47 *Sun*, 15 maggio 1987
48 Tim Clayton e Phil Craig, 198-199
49 James Hewitt, 143
50 Intervista a Ken Lennox, 30 gennaio 1997
51 Ken Wharfe, 139
52 *News of the World*, 17 marzo 1991
53 Tim Clayton e Phil Craig, 278
54 Ken Wharfe, 140
55 Intervista a Harry Arnold, 30 gennaio 2007
56 *Daily Mail*, 30 giugno 1993
57 Max Clifford e Angela Levin, *Read All About It*, 171
58 *Daily Mirror*, 19 settembre 2005
59 Intervista a Jasper Conran, 9 ottobre 2006
60 Osservazione a registratore spento

Sesso, bugie e intercettazioni

1 Garrick Alder Research, 12
2 *Sunday Times*, 4 ottobre 1998
3 John Cassidy, *New Yorker*, 15 settembre 1997
4 PBS *Frontline*, « The Princess and the Press », Roy Greenslade, 16 novembre 1997
5 Osservazione a registratore spento
6 *Advertiser*, Bruce Wilson, 26 giugno 1987
7 Osservazione a registratore spento
8 *Sunday Times*, 18 settembre 1988
9 Simone Simmons, *Diana: The Last Word*, 23
10 Intervista a Judy Wade, 10 maggio 2006
11 Anthony Holden, *The Tarnished Crown*, 89
12 Sarah, duchessa di York, *My Story*, 165
13 Ibid., 192-193
14 James Whitaker, *Diana v. Charles*, 167

15 Nigel Dempster e Peter Evans, *Behind Palace Doors*, UK edn, 201
16 *Sunday Times*, 16 aprile 1989
17 Ibid., 18 settembre 1988
18 Paul Burrell, *A Royal Duty*
19 P. D. Jephson, *Shadow of a Princess*, 97
20 Sarah Bradford, *Diana*, 205
21 James Whitaker, 162
22 *The Times*, 12 marzo 1989
23 Andrew Morton, *Diana: Her True Story – In Her Own Words*, 62
24 Intervista a Ken Wharfe, 15 marzo 2006
25 Andrew Morton, *Diana: Her True Story – In Her Own Words*, 63
26 Intervista a Ken Wharfe, 15 marzo 2006
27 Registrazioni di Settelen, NBC *Dateline*, 6 dicembre 2004
28 James Whitaker, 192
29 Osservazione a registratore spento
30 Gyles Brandreth, *Charles & Camilla*, 268
31 Ibid., 260
32 *Oxford Mail*, 9 settembre 1992
33 Tim Clayton e Phil Craig, *Diana: Story of a Princess*, 188
34 Ibid., 189
35 Dempster ed Evans, *Behind Palace Doors*, U.S. edition, 240-264
36 Tim Clayton e Phil Craig, 189
37 Email di Andrew Knight all'autore, 26 novembre 2006
38 Richard Stott, *Dogs and Lampposts*, 17
39 Ibid.
40 John Nelson, « A Technical Analysis of the 'Dianagate' Tape », 22 gennaio1993
41 Email di John Nelson all'autore, 24 novembre 2006
42 John Nelson, « A Technical Analysis of the 'Dianagate' Tape », 22 gennaio 1993
43 Intervista a John Nelson, 20 novembre 2006
44 Email di John Nelson all'autore, 24 novembre 2006
45 Email di Duncan Campbell all'autore, 25 novembre 2006
46 Lord Rees-Mogg in una conversazione con l'autore
47 *Daily Mail*, 13 maggio 1993
48 Gyles Brandreth, 253
49 Harold Evans, *Good Times, Bad Times*, 44
50 Email di John Nelson all'autore, 24 novembre 2006
51 Conversazione con Andrew Tilberis, dicembre 2006
52 Email di John Nelson all'autore, 24 novembre 2006
53 *Guardian*, 14 gennaio 1993
54 Ibid.
55 Ibid.
56 Ibid.
57 *Sun*, 5 settembre 1992
58 Sally Bedell Smith, *Diana: In Search of Herself*, 204
59 *Sunday Times*, 7 luglio 1991
60 Andrew Neil, *Full Disclosure*, 260
61 James Whitaker, 165
62 Andrew Morton, *Diana: In Pursuit of Love*, 37
63 P. D. Jephson, 377
64 Andrew Morton, *Diana: In Pursuit of Love*, 49

Il velo si squarcia

1 Robert Lacey, *Royal*, 317
2 Paul Burrell, *A Royal Duty*, 112
3 Osservazione a registratore spento
4 P. D. Jephson, *Shadows of a Princess*, 330-331
5 Tim Clayton e Phil Craig, *Diana: Story of a Princess*, 225
6 Jonathan Dimbleby, *The Prince of Wales: A Biography*, 486
7 *Sun*, 14 febbraio 1992, fotografati da Arthur Edwards
8 Andrew Morton, *Diana: In Pursuit of Love*, 128

9 Sarah, duchessa di York con Jeff Coplon, *My Story*, 201
10 Sally Bedell Smith, *Diana: In Search of Herself*, 222
11 *Spectator*, 6 giugno 1992
12 *Sunday Times*, 7 luglio 1991
13 Intervista a James Colthurst, 13 giugno 2006
14 Ibid., 1 dicembre 2006
15 Andrew Morton, *Diana: In Pursuit of Love*, 24
16 Ibid., 45
17 ITV *Diana: The Story of a Princess*, terza parte, intervista a Felix Lyle, giugno 2001
18 Ibid.
19 Andrew Morton, *Diana: In Pursuit of Love*, 35
20 Intervista a James Colthurst, 1 dicembre 2006
21 Andrew Morton, *Diana: Her True Story – In Her Own Words*, 41
22 Ibid., 51
23 Ibid., 38
24 Ibid., 19
25 Ibid., 46
26 Sarah, duchessa di York, 199
27 Ibid., 4
28 Andrew Morton, *Diana: In Pursuit of Love*, 50
29 Ibid., 34
30 Ibid., 47
31 Ibid., 48
32 Andrew Morton, *Diana: Her True Story*, 5th edn
33 Intervista a James Colthurst, 27 novembre 2006
34 Tim Clayton e Phil Craig, 229
35 Andrew Neil, *Full Disclosure*, 261
36 Ibid., 265
37 Ken Wharfe, *Diana: A Closely Guarded Secret*, 162
38 *The Times*, 2 aprile 1992
39 Ibid.
40 Ibid.
41 Andrew Morton, *Diana: Her True Story – In Her Own Words*, 181
42 Angela Levin, *Raine & Johnnie*, 271
43 Intervista con Vivienne Parry, 5 marzo 2007
44 Paul Burrell, *A Royal Duty*, 153
45 Andrew Morton, *Diana: In Pursuit of Love*, 54
46 *Mail on Sunday*, 30 agosto 1992
47 Jonathan Dimbleby, 479
48 Robert Lacey, 317
49 Andrew Neil, 267
50 *The Times*, 30 giugno 1992
51 *Spectator*, 6 giugno 1992
52 Max Hastings, *Editor*, 328
53 Jonathan Dimbleby, 477
54 Andrew Morton, *Diana: In Pursuit of Love*, 57
55 Andrew Morton, *Diana: Her New Life*, 33
56 Ibid.
57 Paul Burrell, *A Royal Duty*, 158
58 Robert Lacey, 319
59 Paul Burrell, *A Royal Duty*, 159
60 Ibid.
61 Andrew Morton, *Diana: Her New Life*, 33-34
62 Ibid., 34
63 Paul Burrell, *A Royal Duty*, 159
64 Robert Lacey, 317
65 Intervista al dottor Jill Wellbourne, 6 marzo 2007
66 *Sun*, 18 giugno 1992
67 Paul Burrell, *A Royal Duty*, 162
68 Ibid., 163
69 Ibid., 164
70 *Daily Telegraph*, 22 maggio 2001
71 Intervista ad Amanda Platell, 31 ottobre 2006
72 PBS *Frontline*, « The Princess and the Press », Richard Stott, 16 novembre 1997
73 Richard Stott, *Dogs and Lampposts*, 23
74 Sarah, duchessa di York, 10
75 Richard Stott, 24
76 Sarah, duchessa di York, 14

77 Sarah Curtis (ed.), *The Journals of Woodrow Wyatt*, Vol. 3, 59
78 PBS *Frontline*, « The Princess and the Press », Stuart Higgins, 16 novembre 1997
79 Tim Clayton e Phil Craig, 240
80 Intervista a Dickie Arbiter, 14 dicembre 2006
81 *The Times*, 24 novembre 1992
82 *Daily Telegraph*, 19 dicembre 1992
83 Osservazione a registratore spento
84 Jonathan Dimbleby, 489
85 Intervista a Dickie Arbiter, 14 dicembre 2006
86 Noel Botham, *The Murder of Princess Diana*, 111
87 Nigel Dempster e Peter Evans, *Behind Palace Doors*, UK edn, 23
88 Paul Burrell, *A Royal Duty*, 168
89 Ibid., 176

Santa e peccatrice

1 Patrick Jephson all'autore, 15 gennaio 2007
2 Ibid.
3 Osservazione a registratore spento
4 Paul Burrell, *The Way We Were*, 89-90
5 Rosalind Coward, *Diana: The Portrait*, 256
6 Ibid., 261
7 *Daily Mail*, 28 aprile 1993
8 Beatrix Campbell, *Diana, Princess of Wales*, 171
9 *The Times*, 9 dicembre 1992
10 Douglas Hurd, *Memoirs*, 501
11 Ibid., 430
12 Ibid., 501
13 Ken Wharfe, *Diana: A Closely Guarded Secret*, 229
14 *Daily Mail*, 13 luglio 1993
15 Ken Wharfe, 231
16 P. D. Jephson, *Shadows of a Princess*, 438
17 Anthony Holden, *Vanity Fair*, febbraio 1993
18 Sarah Curtis (ed.), *The Journals of Woodrow Wyatt*, Vol. 3, 389
19 Patrick Jephson all'autore, 17 gennaio 2007
20 P. D. Jephson, 470
21 Ibid., 444
22 Arthur Edwards, *I'll Tell the Jokes Arthur*, 324
23 *Chatelaine*, settembre 1993
24 Charles Spencer, *Althorp: The Story of an English House*, 55
25 Paul Burrell, *A Royal Duty*, 183
26 Tim Clayton e Phil Craig, *Diana: Story of a Princess*, 261
27 Intervista a Lady Palumbo, 18 novembre 2005
28 Ibid.
29 Osservazione a registratore spento
30 Intervista a Dickie Arbiter, 14 dicembre 2006
31 Ken Wharfe, 212
32 Intervista a Marguerite Littman, 21 luglio 2005
33 Intervista a Ken Wharfe, 3 agosto 2006
34 Paul Burrell, *The Way We Were*, 51
35 Ken Wharfe, 227
36 Intervista a Paul Johnson, 1 agosto 2005
37 Intervista a Lady Palumbo, 18 novembre 2005
38 Sally Bedell Smith, *Diana: In Search of Herself*, 258
39 Ibid., 259
40 Ibid., 258
41 Tim Clayton e Phil Craig, 275
42 Intervista a Ken Wharfe, 3 agosto 2006
43 Osservazione a registratore spento
44 Mark Saunders e Glenn Harvey, *Dicing with Di*, 6
45 Ibid.
46 Ibid., 7-8
47 Andrew Morton, *Diana: In Pursuit of Love*, 85
48 Tim Clayton e Phil Craig, 270
49 Mark Saunders e Glenn Harvey, 35

50 Ibid., vii
51 Ibid., 39
52 Email di Geoffrey Robertson, 31 gennaio 2007
53 *Sunday Mirror*, 7 novembre 1993
54 *The Times*, 9 novembre 1993
55 Kitty Kelley, *The Royals*, 452
56 Sarah Bradford, *Diana*, 271
57 Marie Brenner, *New Yorker*, 9 giugno 1995
58 Intervista a Teddy Forstmann, 6 dicembre 2006
59 Ibid.
60 Ibid.
61 Marie Brenner, *New Yorker*, 9 giugno 1995
62 Intervista a Teddy Forstmann, 6 dicembre 2006
63 P. D. Jephson, 149
64 Ken Wharfe, 243
65 Sally Bedell Smith, 230
66 Osservazione a registratore spento
67 Tim Clayton e Phil Craig, 250
68 Intervista a James Colthurst, 13 giugno 2006
69 Intervista a Teddy Forstmann, 6 dicembre 2006
70 Intervista a Ken Wharfe, 3 agosto 2006
71 Osservazione a registratore spento
72 Sarah Bradford, *Diana*, 190
73 Simone Simmons, *Diana: The Last Word*, 24
74 Ibid.
75 Intervista a Lord Puttnam, 26 luglio 2005
76 BBC *Panorama* interview, 20 novembre 1995
77 *The Times*, 4 dicembre 1993
78 Intervista a Lady Palumbo, 18 novembre 2005
79 Ibid.

La bestia torna all'attacco

1 *Sun*, 1 marzo 1993
2 Jonathan Dimbleby, *The Prince of Wales: A Biography*, xviii
3 Intervista a Dickie Arbiter, 14 dicembre 2006
4 PBS *Frontline*, « The Princess and the Press », Max Hastings, 16 novembre 1997
5 *Sunday Times*, 3 luglio 1994
6 Jonathan Dimbleby, 528
7 *Daily Mail*, 30 giugno 1994
8 *Maclean's*, 11 luglio 1994
9 Gyles Brandreth, *Charles & Camilla*, 249
10 *Evening Standard*, 1 luglio 1994
11 *New York Times*, 30 giugno 1994
12 Tim Clayton e Phil Craig, *Diana: Story of a Princess*, 267
13 Intervista a Richard Kay, 3 novembre 2006
14 Intervista a Jasper Conran, 9 ottobre 2006
15 *Daily Express*, 25 marzo 1994
16 Diario di Tina Brown
17 Ibid.
18 Osservazione a registratore spento
19 Georgina Howell, *Diana: Her Life in Fashion*, 154, 156
20 *Sunday Times*, 3 luglio 1994
21 Intervista a Mark Bolland, 13 maggio 2005
22 Ibid.
23 Intervista a Geordie Greig, 16 novembre 2005
24 Piers Morgan, *The Insider*, 117
25 Ibid., 116
26 *Daily Mail*, 14 luglio 1993
27 Piers Morgan, 42
28 Intervista a Richard Kay, 3 novembre 2006
29 *Daily Mail*, 22 agosto 1994
30 Sally Bedell Smith, *Diana: In Search of Herself*, 262
31 *News of the World*, 21 agosto 1994
32 *Daily Mail*, 22 agosto 1994
33 Piers Morgan, 43
34 Intervista a Paul Johnson, 1 agosto 2005
35 Piers Morgan, 44
36 *Daily Mail*, 20 febbraio 1995

37 *BBC News*, 10 gennaio 2003
38 Simone Simmons, *Diana: The Last Word*, 70
39 Robert Lacey, *Royal*, 332
40 *The Times*, 17 ottobre 1994
41 Nigel Dempster e Peter Evans, *Behind Palace Doors*, UK edn, 214
42 Osservazione a registratore spento
43 Sarah Curtis (ed.), *The Journals of Woodrow Wyatt*, Vol. 3, 563
44 Osservazione a registratore spento

Tutto o niente

1 Mark Saunders e Glenn Harvey, *Dicing With Di*, 216
2 Andrew Morton, *Diana: In Pursuit of Love*, 123
3 Intervista ad Anouska Hempel [Lady Weinberg], 1 febbraio 2007
4 Intervista a Sir Ronald Grierson, 8 maggio 2006
5 P. D. Jephson, *Shadows of a Princess*, 538
6 BBC *Panorama*, intervista, 20 novembre 1995
7 Ibid.
8 Ibid.
9 Intervista a Dickie Arbiter, 14 dicembre 2006
10 P. D. Jephson, 536
11 Ibid., 538
12 John Birt, *The Harder Path*, 409
13 Ibid., 414
14 Intervista a Lord Puttnam, 25 maggio 2005
15 John Birt, 413
16 *Sunday Times*, 26 novembre 1995
17 Tina Brown, *Washington Post*, 10 marzo 2005
18 Clive James, «Requiem», *New Yorker*, 15 settembre 1997
19 Richard Lindley, *Panorama*, 373
20 Piers Morgan, *The Insider*, 103
21 Richard Lindley, 368
22 James Lees-Milne, *Diaries 1993-1997*, 195
23 BBC *Panorama*, intervista, 20 novembre 1995
24 Ibid.
25 Ibid.
26 James Hewitt, *Love and War*, 4
27 Osservazione a registratore spento
28 BBC *Panorama*, intervista, 20 novembre 1995
29 Sarah Curtis (ed.), *The Journals of Woodrow Wyatt*, Vol. 3, 576
30 PA News, Andrew Woodcock, 25 novembre 1995
31 Sarah Bradford, *Diana*, 296
32 *Sunday Times*, 26 novembre 1995
33 Sarah Curtis (ed.), *The Journals of Woodrow Wyatt*, Vol. 3, 596
34 *Sunday Times*, 26 novembre 1995
35 Ibid., 3 dicembre 1995
36 *People*, 22 dicembre 1995
37 *Sunday Times*, 26 novembre 1995
38 *The Times*, 23 gennaio 1996
39 *Daily Mail*, 13 dicembre 1995
40 *Daily Mirror*, 13 dicembre 1995
41 *Daily Mail*, 13 dicembre 1995
42 *Evening Standard*, 12 dicembre 1995
43 Intervista al dottor Henry Kissinger, 27 giugno 2005
44 *Sunday Times*, 28 gennaio 1996
45 Paul Burrell, *A Royal Duty*, 322
46 Operation Paget Inquiry, 14 dicembre 2006, 102
47 *Daily Mail*, 14 dicembre 2006
48 Paul Burrell, *A Royal Duty*, 217
49 Ibid., 218
50 Ibid.
51 Ibid., 219
52 *Daily Telegraph*, 22 dicembre 1995
53 Ibid.
54 Paul Burrell, *A Royal Duty*, 222
55 Ibid.
56 Osservazione a registratore spento
57 Sally Bedell Smith, *Diana: In Search of Herself*, 314
58 *Sunday Times*, 21 aprile 1996
59 Osservazione a registratore spento
60 Osservazione a registratore spento

61 Simone Simmons, *Diana: The Last Word*, 24
62 Georgina Howell, *Diana: Her Life in Fashion*, 139
63 Robert Lacey, *Royal*, 343
64 Paul Burrell, *A Royal Duty*, 226
65 Andrew Morton, *Diana: In Pursuit of Love*, 212
66 Ibid., 210
67 *The Times*, 29 febbraio 1996
68 Robert Lacey, 343
69 Ibid.
70 *Sunday Times*, 21 luglio 1996
71 *CNN News*, 4 gennaio 1996
72 *Daily Telegraph*, 13 luglio 1996
73 *The Times*, 11 maggio 1996
74 Paul Burrell, *A Royal Duty*, 232
75 Ibid., 237
76 Andrew Morton, *Diana: In Pursuit of Love*, 212
77 *Sunday Times*, 14 luglio 1996
78 Paul Burrell, *A Royal Duty*, 242
79 Ibid., 236
80 *Sunday Times*, 14 luglio 1996
81 Osservazione a registratore spento
82 Paul Burrell, *A Royal Duty*, 239

L'ultimo spettacolo

1 Osservazione a registratore spento
2 Paul Burrell, *The Way We Were*, 29
3 Ibid., 30
4 Intervista a Colin Tebbutt, 24 agosto 2006
5 Ibid.
6 Paul Burrell, *The Way We Were*, 51
7 Cortesemente da Andrew Tilberis
8 Paul Burrell, *The Way We Were*, 34
9 *Washington Post*, 7 settembre 1997
10 Intervista a David Tang, 20 giugno 2006
11 Simone Simmons, *Diana: The Last Word*, 154
12 Intervista a Colin Powell, 9 febbraio 2007
13 Operation Paget Inquiry, 109
14 Brian MacArthur (ed.), *Requiem*, 57
15 Intervista a Hamish Bowles, 22 settembre 2005
16 Intervista a Jacques Azagury, 4 settembre 2006
17 Introduzione di Meredith Etherington-Smith, in Mario Testino, *Diana*
18 Intervista a Meredith Etherington-Smith, 26 luglio 2005
19 *People*, 7 luglio 1997
20 *International Herald Tribune*, 13 maggio 1997
21 Osservazione a registratore spento
22 Kate Snell, *Diana: Her Last Love*, 85
23 Andrew Morton, *Diana: In Pursuit of Love*, 152
24 Osservazione a registratore spento
25 Sally Bedell Smith, *Diana: In Search of Herself*, 289
26 *News of the World*, 3 dicembre 1995
27 Sally Bedell Smith, 316
28 Kate Snell, 99
29 Paul Burrell, *The Way We Were*, 153
30 Kate Snell, 122
31 Paul Burrell, *The Way We Were*, 152
32 Operation Paget Inquiry, 122
33 *Sunday Times*, 19 gennaio 1997
34 Intervista ad Arthur Edwards, 16 novembre 2005
35 Tim Clayton e Phil Craig, *Diana: Story of a Princess*, 315
36 Ibid., 316
37 *The Times*, 16 gennaio 1997
38 Osservazione a registratore spento
39 *Sunday Times*, 19 gennaio 1997
40 Tim Clayton e Phil Craig, 317
41 Ibid.
42 *The Times*, 16 gennaio 1997
43 *Spectator*, 5 luglio 1997
44 Kate Snell, 137
45 Ibid., 138
46 Operation Paget Inquiry, 123
47 *Daily Express*, 9 febbraio 1997

48 Kate Snell, 168
49 Intervista a Hugo Swire, 10 maggio 2005
50 Clive James, « Requiem », *New Yorker*, 15 settembre 1997
51 Tina Brown, « A Woman in Earnest », *New Yorker*, 15 settembre 1997
52 Kate Snell, 136
53 Sally Bedell Smith, 336
54 Intervista a Chris Boffey, 8 marzo 2007
55 Kate Snell, 184
56 Intervista a David Tang, 20 giugno 2006
57 Kate Snell, 184
58 *Daily Mirror*, 29 agosto 2005
59 *Hello!*, 31 maggio 1997
60 Operation Paget Inquiry, 134
61 Intervista a Mervyn Wycherley, 5 settembre 2006
62 Osservazione a registratore spento
63 Operation Paget Inquiry, 108-109
64 Clive James, « Requiem », *New Yorker*, 15 settembre 1997
65 Operation Paget Inquiry, 108
66 Intervista a Shirley Conran, 9 febbraio 2007
67 Sally Bedell Smith, 312
68 Tina Brown, « A Woman in Earnest », *New Yorker*, 15 settembre 1997
69 Osservazione a registratore spento
70 *Daily Mail*, 29 ottobre 2005
71 Ibid.
72 Osservazione a registratore spento
73 Sally Bedell Smith, 335
74 Intervista a Teddy Forstmann, 12 dicembre 2006
75 Sally Bedell Smith, 336
76 Brian MacArthur (ed.), 63-64
77 Sally Bedell Smith, 337
78 Intervista a Lord Deedes, 4 agosto 2005
79 Brian MacArthur (ed.), 126
80 *News of the World*, 7 dicembre 1997
81 Brian MacArthur (ed.), 63
82 Osservazione a registratore spento
83 *New Yorker*, 28 luglio 1997
84 Operation Paget Inquiry, 111
85 Intervista a Shirley Conran, 9 febbraio 2007
86 Tim Clayton e Phil Craig, 312
87 Intervista a Lord Deedes, 4 agosto 2005
88 House of Commons, 10 luglio 1998, *Hansard*, col. 1349-1350

L'incidente

1 Email di Ashley Walton all'autore, 17 febbraio 2007
2 Bollettino della *NBC News*, 31 agosto 1997
3 Jean-Marie Pontaut e Jérôme Dupuis, *Enquête sur la mort de Diana*, 97
4 Ibid., 91
5 Trevor Rees-Jones, *The Bodyguard's Story*, 106
6 Jean-Marie Pontaut e Jérôme Dupuis, 93
7 *The Times*, 22 novembre 1997
8 Ibid., 2 settembre 1997
9 Ibid., 22 novembre 1997
10 Jean-Michel Caradec'h, *Lady Diana: L'enquête criminelle*, 30
11 Ibid., 29
12 Jean-Marie Pontaut e Jérôme Dupuis, 97
13 Operation Paget Inquiry, 513
14 Jean-Marie Pontaut e Jérôme Dupuis, 98
15 Ibid., 97
16 Thomas Sancton e Scott MacLeod, *Death of a Princess*, 29-33
17 *Standard* (Ontario), 12 marzo 2001
18 Intervista al dottor Isadore Rosenfeld, 20 febbraio 2007
19 Operation Paget Inquiry, 514
20 Ibid., 517
21 Ibid., 514
22 Tim Clayton e Phil Craig, *Diana: Story of a Princess*, 351-352

23 Operation Paget Inquiry, 512
24 Intervista a Colin Tebbutt, 24 agosto 2006
25 Paul Burrell, *A Royal Duty*, 286
26 Ibid.
27 Intervista a Colin Tebbutt, 24 agosto 2006
28 Tim Clayton e Phil Craig, 355
29 Intervista a Colin Tebbutt, 24 agosto 2006
30 Paul Burrell, *A Royal Duty*, 288-289
31 Intervista ad Arthur Edwards, 18 febbraio 2007
32 Email di Arthur Edwards all'autore, 15 febbraio 2007
33 Email di Ashley Walton all'autore, 17 febbraio 2007
34 Jean-Marie Pontaut e Jérôme Dupuis, 89
35 Thomas Sancton e Scott MacLeod, 201
36 Jean-Michel Caradec'h, 110
37 Thomas Sancton e Scott MacLeod, 199
38 Osservazione a registratore spento
39 Jean-Michel Caradec'h, 115-116
40 Email di Ken Lennox all'autore, 12 febbraio 2007
41 Jean-Michel Caradec'h, 110
42 Trevor Rees-Jones, 310
43 Jean-Michel Caradec'h, 238-239
44 John Cassidy, *New Yorker*, 15 settembre 1997
45 Email di James Whitaker all'autore, 26 febbraio 2007
46 Piers Morgan, *The Insider*, 172
47 Ibid., 170
48 Ibid.
49 Email di Ken Lennox all'autore, 12 febbraio 2007
50 *The Times*, 2 settembre 1997
51 Piers Morgan, 171
52 Tom Bower, *Fayed: The Unauthorised Biography*, 432
53 Operation Paget Inquiry, 309
54 Trevor Rees-Jones, 81
55 Operation Paget Inquiry, 362
56 *CNN News*, 5 settembre 1997
57 Brian MacArthur (ed.), *Requiem*, 78
58 Intervista a Colin Tebbutt, 24 agosto 2006
59 Intervista a Ken Wharfe, 3 agosto 2006
60 Operation Paget Inquiry, 163
61 Ibid.
62 Intervista a Jean-Michel Caradec'h, 16 settembre 2006
63 Thomas Sancton e Scott MacLeod, 177
64 Trevor Rees-Jones, 117
65 Jean-Michel Caradec'h, 429
66 Tom Bower, 429
67 Ibid., 431
68 *National Post* (Canada), 20 dicembre 2005
69 Gerald Posner, « Al Fayed's Rage », *Talk Magazine*, settembre 1999
70 *Press Gazette*, 13 agosto 1999
71 Operation Paget Inquiry, 356
72 *The Spectator*, 8 gennaio 2000
73 *Daily Mail*, 23 dicembre 2006
74 Operation Paget Inquiry, 500
75 Martyn Gregory, 89
76 *Daily Mirror*, 12 febbraio 1998
77 Robert Lacey, *Royal*, 352
78 Intervista a Mark Bolland, 27 giugno 2006
79 Kate Snell, *Diana: Her Last Love*, 211
80 Caroline Graham, *Camilla: Her True Story*, 303
81 Osservazione a registratore spento
82 Max Riddington e Gavan Naden, *Frances*, 157
83 Ibid., 165
84 Tim Clayton e Phil Craig, 356
85 Ibid.
86 Caroline Graham, 301
87 Tim Clayton e Phil Craig, 356

Ricordatemi

1 Brian MacArthur (ed.), *Requiem*, 133
2 Thomas de Zengotita, *Mediated*, 151
3 Intervista a Warren Hoge, 18 febbraio 2007
4 *Sunday Times*, 7 settembre 1997
5 Intervista a John Hockenberry, 10 febbraio 2007
6 Intervista as Alastair Campbell, 21 settembre 2005
7 *The Times*, 1 settembre 1997
8 Intervista a James Fox, 25 settembre 2005
9 James Lees-Milne, *Diaries 1993-1997*, 288
10 Intervista a Lady Glenconner, 30 settembre 2005
11 *New York Times*, 8 settembre 1997
12 *Guardian*, 27 dicembre 1997
13 Email di Oonagh Shanley-Toffolo all'autore, 17 marzo 2007
14 *The Times*, 1 settembre 1997
15 Osservazione a registratore spento
16 Intervista a Dickie Arbiter, 14 dicembre 2005
17 *Sunday Times*, 7 settembre 1997
18 Robert Lacey, *Royal*, 361
19 Sarah Bradford, *Diana*, 377
20 Osservazione a registratore spento
21 Tim Clayton e Phil Craig, *Diana: Story of a Princess*, 364
22 Intervista ad Alastair Campbell, 21 settembre 2005
23 *Sun*, 4 settembre 1997
24 Paul Burrell, *A Royal Duty*, 303
25 Intervista ad Andrew Roberts, 22 febbraio 2007
26 Intervista a Robin Janvrin, 11 novembre 2005
27 Osservazione a registratore spento
28 Osservazione a registratore spento
29 Paul Burrell, 296
30 Osservazione a registratore spento
31 Robert Lacey, 374
32 Intervista a Geordie Greig, 16 novembre 2005
33 Intervista a Meredith Etherington-Smith, 26 luglio 2005
34 *Washington Post*, 7 settembre 1997
35 Intervista a Hugo Vickers, 28 luglio 2005
36 Osservazione a registratore spento
37 Osservazione a registratore spento
38 Max Riddington e Gavan Naden, *Frances*, 174
39 Paul Burrell, 305
40 *Daily Mail*, 9 novembre 2002
41 Intervista a Tony Blair, 20 giugno 2006
42 *Journal* (Newcastle), 9 luglio 2005
43 *Daily Express*, 15 luglio 2005
44 *New York Times*, 23 febbraio 2007

Indice dei nomi

Acton, Sir Harold 146, 313
Adeane, Edward 155, 183, 217, 278, 301, 309, 310, 314
Adeane, Sir Michael 446
Adler, professor Michael 374
Airlie, David Ogilvy, Lord 610
Airy, Sir Christopher 362
Alexandra, principessa 519, 522
Alice di Athlone, principessa 96, 146, 609
Alice di Grecia, principessa 136
Allen, Violet 86, 96
Allison, Ronald 256
Altrincham, Lord (John Grigg) 115
Anderson, Mabel 49, 208, 278
Andrea, principe, duca di York 64, 69, 126, 134, 181, 207, 224, 237, 273, 276, 287, 288, 337, 340-345, 347, 349, 353, 356, 385, 386, 388-390, 429, 451, 526, 629
Andrea di Grecia, principe 136
Andrews, Betty 87
Anna, principessa reale 126, 149, 168, 169, 178, 181, 207, 216, 226, 237, 254, 258, 269, 274, 280, 299, 301, 332, 333, 351, 371, 385, 386, 390, 391, 443, 489, 522, 609
Anna, regina 88
Anson, Charles 430, 532
Anson, Lady Elizabeth 205, 220
Arbiter, Dickie 435, 450, 453, 467, 490, 492, 493, 512
Argyll, duca e duchessa di 115, 125, 415
Arnold, Harry 120, 127, 163, 272, 274, 348, 381, 424, 447
Askew, Barry 273
Assheton, Nicholas 280
Atkinson, Jane 526, 531, 541
Attenborough, Sir Richard 304, 515
Aylard, Richard 436, 437, 453, 463, 490, 492, 546, 610
Azagury, Jacques 238, 371

Barnard, professor Christiaan 559, 576
Barnes, Barbara 278
Barrantes, Hector 346, 347, 389
Barrow, Andrew 295
Barry, Stephen 152, 181, 196, 222, 223, 232, 235, 236, 239, 248, 251, 269, 373
Bartholomew, Carolyn (*nata* Pride) 85, 101, 109, 204, 208, 357, 420, 425, 437, 482
Bartholomew, William 431, 457
Baryshnikov, Mikhail 320-322, 324
Bashir, Martin 147, 185, 257, 281, 283, 488, 506-508, 511-518, 525, 541, 624
Bassey, Shirley 368
Basualdo, Luis 91
Beard, James 141
Beaton, Sir Cecil 106, 142, 248, 249
Beatrice, principessa 389, 443, 526, 628
Beaufort, duca di 97, 329, 360
Beckwith-Smith, Anne 254, 270, 291, 510

Bell, Ron 291
Benamou, Serge 586
Benjamin, Philip 232, 233
Benson, Carolyn 150
Berni, Mara 363, 483
Berry, Simon 107, 109, 110, 157, 176
Berry, Wendy 326, 358, 453
Birley, Mark 393, 394
Birt, John 513, 514
Black, Conrad 438
Blair, Cherie 168, 169, 279
Blair, Tony 7, 553-555, 604-606, 610, 613, 621
Boeschoten, Marjatta van 370
Boffey, Chris 559
Bolland, Mark 193, 194, 498, 522, 546, 563, 565, 598
Bolton, Anne 101
Bone, James 86
Bono 459
Borsage, Cristabel Barria 90, 140
Botham, Noel 414, 449
Boughey, James 176
Bowes-Lyon, John 149
Bowie, David 123
Bowker, Lady Elsa 23, 40, 196, 471, 549
Bowker, Sir James 23
Bowles, Hamish 544
Boyer, sergente Philippe 575
Brabourne, la vedova Lady 148, 152, 273
Brabourne, John Knatchbull, 7° barone 144, 148, 152, 153, 273, 619
Brabourne, Lady Patricia *vedi* Mountbatten, Patricia, contessa
Bradford, Sarah 200
Brandreth, Gyles 47, 148, 202, 249, 317, 318, 401, 412, 493
Branson, Sir Richard 464, 467
Brenna, Mario 40, 594
Brinkley, Christie 298
Brook, Danae 102, 103, 185, 188, 189
Brown, Carolan 455, 472
Brown, Harold 263
Browne-Wilkinson, Hilary 546
Bryan, John 447, 448
Burnet, Sir Alastair 303, 304, 416
Burrell, Maria (*nata* Cosgrove) 24, 211, 452,
Burrell, Paul 24, 26, 35, 206, 207, 211, 235, 263, 264, 322, 324, 327, 392, 420, 436, 441, 442, 445, 452, 453, 456, 468, 523-525, 529, 534, 536, 539, 541, 549, 550, 560, 561, 580-582, 614, 620, 624, 627, 628
Bush, Barbara 375
Bush, George, Sr 101, 379
Bush, Lauren 141
Butler, Richard Austen (Rab) 133

Callaghan, James 121
Cameron, David 311
Camilla, duchessa di Cornovaglia 23, 40, 49, 91, 106, 131, 137, 144-152, 154-157, 159, 160, 171, 181, 183, 185-187, 193, 194, 196, 203, 208, 212- 215, 217, 218, 222, 223, 227, 229, 232, 234, 236, 243, 245, 261, 270, 274, 282, 306, 307, 312, 317, 318, 319, 328, 329, 331, 339, 351, 352, 360, 378, 382, 393-395, 397-403, 409, 417, 428, 430, 431, 442, 445, 446, 449, 450, 454, 469, 471, 483, 485, 492, 493, 497, 505, 506, 509, 519, 522, 523, 534, 536, 546, 563-565, 598, 599, 602, 627
Campbell, Alastair 7, 606, 610, 612, 613
Campbell, Beatrix 372
Campbell, Lady Colin 108, 196, 268, 283, 415, 417, 429
Campbell, Lord Colin 415
Campbell, Lady Elizabeth 238
Campbell, Naomi 298
Cannadine, David 56, 99
Carey, George, arvivescovo di Canterbury 525
Carling, Julia 473, 509, 524
Carling, Will 473, 509, 517
Carlo, principe di Galles 17, 22, 23, 28, 36, 40, 49, 51, 59, 64, 68, 72, 88-91, 98, 102, 104, 107, 108-112, 115, 123, 126, 128-135, 137-145, 147-152, 154, 155-166, 168-175, 177, 178, 180-189, 191-204, 207-223, 225, 229-246, 248, 250-262, 265, 267-271, 274, 276, 278-280, 282-285, 287-293, 295,

300-304, 306-323, 326-330, 333-335, 337, 339-341, 345, 349, 351-353, 355, 357, 358, 360, 361, 364, 371, 372, 377-380, 382, 384, 385, 391-395, 397-403, 408-410, 412, 415-422, 426, 428, 429-431, 433-436, 440-442, 445, 446, 449, 450, 453-456, 461-473, 476, 477, 482-486, 488-498, 503-505, 508, 509, 511, 512, 514, 515, 521-525, 527, 528, 531, 533-536, 540, 542, 543, 546, 562-565, 597-602, 607, 609, 610, 617, 619, 620, 627
Carlo II 88, 158
Carolina, regina consorte 453
Carolina di Monaco, principessa 141, 286
Carter-Ruck, Peter 524
Cartland, Barbara 47-49, 73, 74, 110, 111, 164, 220, 259, 381, 503, 543
Chalker, baronessa Lynda 462
Chambrun, conte Jean-François de 542, 628
Chancellor, Alexander 220
Chapman, Victor 293
Charteris, Martin, Lord 158, 171, 249
Chevènement, Jean-Pierre 579, 602
Chirac, presidente Jacques e Mme 602
Choo, Jimmy 544
Chopp, Joy 338
Chopp, Nicola 338
Churchill, Sir Winston 114, 170, 612
Clark, Alan 296
Clarke, Kenneth 412
Clarke, Mary 50, 70, 72, 73, 77, 99
Clarkson, Wensley 182, 186, 188
Clifford, Max 40, 381, 382
Clinton, Hillary 19, 398, 458, 543
Clooney, George 39, 459
Colborne, Michael 215-217, 243-245, 315
Cole, Michael 33, 424, 593
Coleridge, Nicholas 177
Collins, Joan 106, 297, 298, 368
Collison, Violet 67
Colloms, Martin 410
Colthurst, Dominique 427
Colthurst, dottor James 109, 110, 231, 242, 257, 313, 337, 409, 413, 417, 418, 424-431, 440, 441, 444, 455, 458, 482, 624
Connolly, Cyril 57
Conran, Jasper 266, 267, 297, 316, 340, 366, 373, 377, 382, 495, 562
Conran, Shirley 562, 565, 568
Costantino, re di Grecia 165
Cook, Robin 569, 580
Cooper, Lady Diana 106, 126, 213
Cornish, Francis 22
Cortot, Alfred 53
Cossiga, Francesco, presidente d'Italia 346
Cosyns, Simon 587
Coujard, Maud 576
Coward, Noël 139
Craig, Philip 427
Crane, Inga 61
Crawford, Cindy 298
Crawford, Geoffrey 453, 512
Cudlipp, Hugh 116
Cunard, Lady Emerald 143

Dacre, Paul 121, 501
Dahman, Moncef 580
Daley, Janet 451
Dartmouth, Gerald Legge, 9° conte di 73, 74, 75, 76, 78
Dartmouth, William Legge, 10° conte di 224
Deedes, Lord William 31, 551, 553, 567, 569
de la Billière, General Sir Peter 553
Delorm, René 35
Dempster, Nigel 40, 121, 123, 124, 133, 155, 156, 179, 222, 313, 379, 416, 566
de Pass, Philip e Philippa 162, 164
de Pass, comandante Robert 162, 164
DeRossi, dottor Arnaud 577, 578
Desmond, Richard 595
Devonshire, Andrew, duca di 351
Devonshire, Deborah, duchessa di 351
Devonshire, Georgiana, duchessa di 88
Devorik, Roberto 543, 561-563
Dimbleby, Jonathan 192, 193, 212, 217, 317, 464, 488-493, 495-498, 504, 505, 508, 546, 564
Dipendra, principe ereditario 462

Doppelt, Gabé 106
Dorzee, Sebastien 574-576
Douglas-Home, Lady Margaret 60
Driver, Ronnie 330
Dunne, Philip 317, 318, 360, 363, 364

Eastwood, Clint 321
Edelstein, Victor 320, 545
Edoardo, principe 69, 126, 207, 237, 386
Edoardo VII 146, 262
Edoardo VIII *vedi* Windsor, duca di
Edwards, Arthur 17, 18, 127, 163, 173, 174, 195, 254, 274, 464, 552, 582, 583, 586
Edwards, John 219
Edwards, Robert 183, 184, 185, 188,
Eliot, George 48
Elisabetta, Regina Madre 50, 59, 63, 71, 96, 114, 137, 139, 142-144, 148, 149, 158, 159, 162, 166, 167, 169, 172, 194, 202, 203, 216, 225, 226, 233, 237, 242, 248, 268, 280, 301, 340, 343, 344, 346, 350, 376, 386, 397, 398, 407, 429, 443, 444, 455, 470, 475, 530, 567, 616, 619, 622
Elisabetta II 57, 63, 113, 114, 116, 134, 144, 156, 158, 171, 207, 258, 277, 280, 289, 433
Elliot, Annabel 393
Emanuel, David 209, 213, 219, 224, 227, 242, 305, 309
Emanuel, Elizabeth 204, 209, 210, 213, 219, 224, 227, 242, 305, 309
English, Sir David 121, 302, 432, 498, 499, 501
Epstein, Edward Jay 309
Etherington-Smith, Meredith 250, 305, 544, 545, 618
Eugenie, principessa 526, 628
Everett, Oliver 165, 166, 215, 216, 270, 301, 303, 304
Everett, Rupert 106

Fagan, Michael 281
Fahd, re dell'Arabia Saudita 305
Fairbanks, Douglas 388
Farrer, Matthew 452
Fawcett, Michael 235, 269, 524
Fayed, Dodi 17, 18, 22, 23, 28-34, 40, 41, 49, 147, 567, 573, 592-594, 597
Fayed, Mohamed Al 21-23, 25, 28-36, 40, 41, 368, 566, 567, 591-597, 628
Fellowes, Lady Jane (sorella di Diana) 103, 166, 352, 364
Fellowes, Sir Robert 95, 98, 158, 166, 209, 227, 265, 428, 430, 436, 437, 442, 464, 493, 513, 523, 524, 535, 538, 594, 601, 610, 625
Fellowes, Sir William 95
Ferguson, maggiore Ronald 343, 344, 346, 347, 367, 430
Ferguson, Sarah *vedi* York, duchessa di
Ferguson, Susan (*nata* Wright) 343, 344, 346, 347
Fermoy, Edmund Roche, 5° barone 52, 53, 187, 340
Fermoy, Frank 53
Fermoy, Mary 54, 57, 59
Fermoy, Maurice Roche, 4° barone (nonno di Diana) 51, 53, 54, 59, 92, 101
Fermoy, Lady Ruth (*nata* Gill, nonna di Diana) 47, 49, 50, 51, 53-55, 57, 58, 61, 62, 66, 69-71, 81, 158, 159, 200, 201, 225, 285, 340, 397, 421, 475
Fielding, Helen 417
Filippo, principe, duca di Edimburgo 115, 117, 123, 127, 135-139, 162, 163, 165, 168, 170, 171, 197, 198, 207, 231, 233, 237, 243, 249, 251, 258, 289, 295, 331, 349, 350, 351, 387, 388, 437, 440, 441, 442, 445-447, 478, 498, 505, 506, 562, 600, 607-609, 611, 617, 619
Fincher, Jayne 254, 255, 256, 290
Fisher, Alan 301
Fisher, Kelly 22, 32, 35
Flannery, Bernie 564
Flecha de Lima, Lucia 314, 445, 467, 469, 485, 523, 543
Flecha de Lima, Paolo Tarso 392, 469
Foot, Sir Hugh 433
Foot, Oliver 433
Forrest, professor Robert 589
Forstmann, Theodore (Teddy) 479-482, 565
Foster, Lady Elizabeth 88

Fox, James 360, 606
Foxwell, Lady Edith 159
Frank, Debbie 565
Fraser, Lady Antonia 124
Fraser, Sir Hugh 124
Fraser, Jason 40, 594
Fraser, Malcolm 278, 290, 293
Frears, Stephen 9, 405
Freud, Lucian 57, 150
Frost, David 120
Fry, Stephen 132, 315

Gagliardone, Lino 574, 575
Gardner, Andrew 221, 271
Garrard (gioielliere reale) 202
Gavin, Kent 283, 290, 432
Giacomo I 55
Giacomo II 158, 224, 277
Giorgio I 55, 56
Giorgio III 56, 536
Giorgio IV 235, 453
Giorgio V 51, 53, 54, 264
Giorgio VI (*già* duca di York) 57, 114, 135, 142, 158, 277
Giorgio principe di Danimarca 198
George, Susan 91
Gibbins, Michael 580
Gilbey, James 108, 109, 363-365, 398, 402, 403, 406-410, 420, 431, 439, 448, 449, 482
Gilmour, Barbara 51, 57, 67, 69, 560
Giscard d'Estaing, presidente Valéry 582
Gladwyn, Cynthia 248
Glenconner, Lady Anne (*nata* Coke) 51, 57, 66, 81, 278, 607
Glenconner, Lord Colin Tennant 49, 57, 61, 71, 74, 75, 201, 240, 345
Gloucester, duca e duchessa di 264, 265
Goldsmith, Lady Annabel 393, 394, 418, 550
Goldsmith, Sir James 123, 393, 394, 550
Goodman, Lord Arnold 440
Goodman, Clive 548
Gourmelon, sergente Xavier 575
Grace, principessa di Monaco 213, 214, 286, 287
Graham, Caroline 599
Graham, Katharine (Kay) 479, 541, 543
Greenslade, Roy 385
Greenstock, Sir Jeremy 355, 356
Greer, Ian 33
Gregory, Martyn 8, 36, 595
Greig, Geordie 86, 499, 618
Greig, Laura 499
Grierson, Sir Ronald 510, 542
Grosvenor, Gerald 89, 90
Grosvenor, Lady Leonora *vedi* Lichfield, Leonora, contessa di
Guinness, James 140
Guinness, Jasper 107
Guinness, Sabrina 140, 162, 164, 169, 364

Haldane, Brodrick 69
Hall, Stuart 387
Hall, Tony 516
Hambro, Rupert 151, 152
Hamilton, Neil 33
Hamilton, Willie 277
Hammer, Armand 309
Harbord-Hammond, Caroline 107
Hare, David 528
Harris, Robert 532
Harry, principe 21, 30, 45, 46, 168, 299, 316, 317, 319, 322, 330, 331, 358, 376, 381-383, 395, 396, 428, 454, 465, 468, 469, 473, 476, 491, 507, 522, 524, 529, 541, 556, 562, 599, 600, 603, 605, 608, 609, 617, 618, 623, 626, 628
Harvey, Anna 266
Harvey, Glenn 474, 475, 476
Harvey, Lucinda Craig 102
Haslam, Nicky 106
Hastings, Sir Max 438, 439, 490
Hawke, Hazel 293
Hawke, Robert (Bob) 290, 293
Hayes, David 605
Helvin, Marie 25, 29, 147, 151, 318, 367
Hempel, Anouska 510
Hesketh, Lord 107, 449
Hewitt, James 26, 48, 335, 337, 354-359, 361-363, 378-383, 397, 404, 415, 473, 503, 504, 509, 517, 518, 558, 625
Hewitt, Shirley 361

Hicks, David 262
Hicks, India 152
Hicks, Lady Pamela 154,
Higgins, Stuart 318, 319, 408, 409, 414, 449
Hitchens, Christopher 324
Hoare, Diane de Waldner 472
Hoare, Oliver 471, 480, 485, 500-502, 509, 517, 558
Hockenberry, John 605
Hocquet, Jean-Henri 590
Hodge, Barry 471
Hodgins, Edith Howitt 52
Hoey, Brian 134, 520
Hoge, Warren 604
Holden, Anthony 215, 309, 317, 318, 385, 606, 612
Holmes, dottor Thomas 268
Honeycombe, Gordon 284
Horley, Sandra 468, 469
Howe, Lord 552
Howell, Georgina 361, 391, 497
Humphries, Barry (Edna Everage) 368
Hunt, John Ward 264
Hunter, Anji 610
Hurd, Douglas 461
Hussein, re 514
Hussey, Marmaduke, barone 513, 514
Hussey, Lady Susan 210, 211, 225, 306

Ingram, Sue 397

Jackson, Michael 515, 624
Jagger, Mick 106
James, Clive 124, 228, 285, 515, 558, 561
Janvrin, Sir Robin 436, 513, 598, 611, 615
Jay, Margaret, Baroness 374
Jay, Sir Michael 581, 590, 598, 602, 606
Jephson, Patrick 372, 373, 375, 392, 417, 421, 436, 449, 453, 457, 458, 463, 464, 467, 469, 481, 484, 510, 512, 520, 536, 566, 625
John, Elton 458, 541, 568, 616
Johnson, Basia 375
Johnson, John Seward 375
Johnson, Paul 92, 235, 239, 470, 502
Johnson, Tom 444
Johnston, Sir Charles 224
Jolie, Angelina 459
Jones, Gary 500
Juliana, regina d'Olanda 257
Julius, Anthony 460, 478, 524, 527, 528, 533, 534
Junor, Penny 92, 245

Kasterine, Dmitri 102
Kattan, Essam 356
Kay, Richard 40, 307, 374, 379, 414, 429, 482, 495, 498, 501, 502, 532, 541, 543, 555, 556, 586
Keay, Douglas 143
Keeler, Christine 119
Kennedy, John F. 251, 563
Kent, Edward, duca di 63, 246, 265
Kent, Katharine Worsley, duchessa di 246, 265
Keppel, Alice 146
Kerr, Sir John 292, 293
Keswick, Sarah 506
Khan, Hadia 428
Khan, Hasnat 546-550, 555, 556, 558-560, 566, 576, 626
Khan, Imran 550, 557
Khan, Jemima 550
Khan, dottor Rashid 557
Kimball, Sophie 107
Kimes, Robert 456
Kissinger, Henry 458, 520, 521, 553
Klossowski, principe Stash 107
Knatchbull, Amanda 143, 145, 238
Knatchbull, Nicholas 152
Knatchbull, Timothy 152
Knight, Andrew 409, 432
Kouchner, Bernard 602
Kroft, Steve 191

Lacey, professor Hubert 270
Lacey, Robert 443
Lahr, John 119
Lalvani, Gulu 27
Lamb, Christina 31, 552, 567
Lambton, Lady 106
Lamport, Sir Stephen 496, 597
Langevin, Jacques 584
Lansdowne, Charles Petty-Fitzmaurice, 9° marchese di 401

Lascelles, Sir Alan (Tommy) 117, 446
Laurence, Commander Tim 391
Le Van, Thanh 596
Lees-Milne, James 223, 517, 606
Legge-Bourke, Alexandra (Tiggy) (*in* Pettifer) 522, 546, 609, 626
Leicester, Conte di 57
Lely, Sir Peter 88
Lennox, Ken 127, 128, 173, 177, 179, 274, 379, 585, 587
Le Tellier, Josiane 592
Levi (Levistre), François 596
Levin, Angela 435
Lichfield, Leonora, contessa di 91, 142
Lichfield, Patrick, conte di 142, 301
Lindsay, maggiore Hugh 391, 392
Littman, Marguerite 468
Llewellyn, Roddy 120, 263
Lloyd, Sir Nicholas 297, 298
Longford, Elizabeth 210
Lowry, Suzanne 157
Loyd, Sir Julian 66
Lyle, Felix 427

McCorquodale, Alexander 73
McCorquodale, Neil Edmund 95
McCorquodale, Lady Sarah (sorella di Diana) 45, 50, 61, 63, 68, 77, 78, 82-84, 86, 89-93, 95, 96, 101, 102, 105, 106, 112, 128-130, 140, 157, 161, 178, 179, 195, 205, 209, 218, 224, 286, 317, 456, 472, 597
McDowell, Malcolm 106
McGlashan, dottor Alan 283
McGregor, Oliver Ross, Lord 437, 438
MacKenzie, Kelvin 272, 385, 409, 449
McLaren, Malcolm 125
MacLeod, Scott 576
McNally, Paddy 341
Madonna 459
Mailliez, dottor Frederic 574, 575
Major, John 32, 33, 265, 412, 452, 453, 462, 520, 522, 525, 605
Mandela, Nelson 31
Mannakee, Barry 331, 333-341, 353, 354, 356, 504
Margaret, principessa 54, 94, 115-120, 123, 126, 129, 149, 157, 159, 171, 182, 186, 196, 201, 224, 237, 238, 240, 241, 246, 248, 250, 262-264, 281, 282, 299, 332, 368, 540, 607
Marie Astrid, principessa di Lussemburgo 141
Marks, Lana 23
Marlborough, John Churchill, duca di 55, 88
Marlborough, John Spencer-Churchill, 11° duca di 97
Marlborough, Sarah Churchill, duchessa di 88
Marrin, Minette 148
Martinez, Christian 574, 576, 583-585
Martino, dottor Jean-Marc 577-579
Mather, Victoria 254
Maxwell, Paul 152
Mendham, Victoria 542
Menkes, Suzy 546
Menzies, Kate 363
Meresse, Thierry 597
Michael di Kent, principe 264
Michael di Kent, principessa 264, 265, 304, 332, 334, 530, 535
Middleton, Kate 82, 626, 628
Milligan, Spike 119, 223, 253
Milne, Janey 601
Minihan, John 174
Mirzoeff, Edward 249, 346
Mishcon, Lord Victor 527, 528, 534
Mishcon de Reya (avvocati) *vedi* Julius, Anthony
Mitchell, dottor David 283
Mitterrand, Danielle 287, 545
Mitterrand, François 177, 313, 461, 545
Monckton, Rosa 35, 46, 239, 367, 445, 544, 567
Monroe, Marilyn 616
Montefiore, reverendo Hugh 454
Montgomery-Massingberd, Hugh 439
Moore, Charles 438
Moore, Derry 214
Moore, Sir Philip 287
Morgan, Piers 128, 488, 499, 500, 501, 502, 516, 571, 587, 588, 626
Morton, Andrew 67, 76, 86, 109, 164, 168, 169, 178, 181, 185, 193, 199, 200, 212, 217, 225, 229, 231, 232,

242, 246, 253, 268, 277, 279, 282, 283, 293, 294, 316, 318, 337, 338, 349, 350, 394, 395, 415, 418-433, 435-443, 447, 449, 455, 460, 465, 469, 475, 478, 481, 482, 488, 490, 491, 505, 512, 514, 627
Mountbatten, Edwina, contessa 132, 138, 144, 202, 231, 388, 389, 397
Mountbatten, Louis, conte 96, 132, 138, 139, 143, 144, 152, 154, 164, 172, 231, 233, 238, 243, 262, 302, 309, 389
Mountbatten, Patricia, contessa 144, 148, 154, 198, 231, 278
Mubarak, presidente Hosni 461
Mugabe, presidente Robert 462
Murdoch, Rupert 119, 120, 272, 273, 385, 409, 432, 452, 488, 502

Naden, Gavan 601
Nair, Samir 579
Nehru, Jawaharlal (Pandit) 138, 389
Neil, Andrew 312, 314, 416, 432, 433, 436, 438, 439
Nelson, John 384, 410, 411, 413
Nelson, Nigel 128
Nevill, Lord Rupert 198
Nixon, Tricia 141
Norfolk, vedova duchessa di 458
Norgrove, Jane 408, 410, 413, 414
Norwich, Peter John Nott, vescovo di 405

Officer, Paul 203, 301
Oldfield, Bruce 266, 297, 314, 315, 368
O'Mara, Michael 423, 428, 430, 432, 438
Onassis, Aristotele 26
Onassis, Jacqueline Kennedy 20, 26, 71, 252
Orbach, Susie 475
Ormeley Lodge, Richmond 394
O'Toole, Peter 466

Paley, Bill 388
Palmer, Lilli 240
Palmer, Sonia 182, 209
Palmer-Tomkinson, Charles 170-172, 198, 402
Palmer-Tomkinson, Patti 170-172, 198, 391, 402, 537
Palumbo, Lady Hayat 466, 467, 470, 485-487, 541
Palumbo, Lord Peter 28, 466, 478, 515, 541
Parker Bowles, Andrew 148-150, 154, 155, 173, 326, 343, 362, 398, 431, 443, 454, 505
Parker Bowles, Camilla *vedi* Camilla, duchessa di Cornovaglia
Parker Bowles, Derek 148
Parker Bowles, Richard 160, 212, 519
Parker Bowles, Tom 227
Parry, Vivienne 436, 482
Parsons, padre Tony 550
Pasternak, Anna 381, 503, 504
Paul, Henri 38, 41, 42, 573-575, 588-593, 596, 597, 612, 628
Pavie, professor Alain 580
Paxman, Jeremy 137, 300
Peebles, Catherine 208
Pendrey, Ainsley 64, 78
Penny, Roy 182
Pettifer, Charles 626
Philby, Kim 413
Phillips, capitano Mark 126, 299, 385, 609
Phillips, Peter 609
Phillips, Trevor 604,
Phillips, Zara 609
Pimlott, Ben 349
Pinter, Harold 125
Pitman, Virginia 101, 107
Platell, Amanda 447
Plumptre, onorevole George 176
Plunket, Shaun 114
Polan, Brenda 352
Poplak, Dudley 262, 465
Porter, Henry 439
Powell, General Colin 520, 543
Pride, Carolyn *vedi* Bartholomew, Carolyn
Profumo, John 119, 432
Puttnam, Lord David 28, 36, 306, 369, 422, 423, 484, 514, 515
Puttnam, Lady Patsy 306, 308

Rae, Tony 382
Rahe, Richard 268
Ranieri di Monaco, principe 287
Rat, Romuald 572, 585, 587
Reagan, Nancy 223, 287, 298, 308, 312, 320, 322, 324
Reagan, Ronald 298, 308, 312, 320, 324
Redgrave, Corin 188
Redgrave, Deirdre 189
Reenan, Cyril 408-411, 413, 414
Rees-Jones, Trevor 22, 29, 30, 573, 575, 590
Rees-Mogg, Lord William 412, 463, 514
Repossi, Alberto e Angela 34-36
Rhodes, Margaret 135
Riddington, Max 601
Ridsdale, Elizabeth 83
Rimington, Dame Stella 412
Riou, dottor Bruno 578, 580
Rippon, Angela 221, 222, 271
Roberts, Andrew 614
Robertson, Geoffrey, QC 32, 477, 478, 504
Robertson, Mary 103-106, 108, 110, 111, 166, 195, 197, 198, 208, 209, 224
Robertson, Patrick 103, 104, 197
Robinson, David 301
Rocco, Fiammetta 351
Romsey, Lord Norton 172, 243, 436, 534
Romsey, Lady Penelope 172, 243, 534
Rook, Jean 105, 260, 284
Rose, Kenneth 78, 79
Rosenfeld, dottor Isadore 577
Rothschild, Lord 458, 463, 479
Roulet, Claude 35, 37
Rudge, Ruth 85
Runcie, Robert, arcivescovo di Canterbury 285
Russell, Adam 176, 224
Russell, Elizabeth 98
Russell, Georgiana 139
Russell, Sir John 139

Sadat, presidente Anwar e Jihan 22, 234, 235, 236
St John of Fawsley, Lord 434, 439
Samuel, Julia 109, 363, 364
Sancton, Thomas 576
Sanders, Joseph 380, 467, 472, 500, 528
Sansum, Lee 568
Santa Cruz, Lucia 133
Saunders, Mark 474, 476, 508
Savile, Jimmy 404
Schwarzkopf, generale Norman 553
Scott, Rory 99, 108, 224, 363
Secombe, Harry 223
Serota, Angela 375, 376, 420, 482
Seth-Smith, Kay 102, 174, 175
Settelen, Peter 90, 91, 192, 316, 335, 336, 338, 339, 396, 455, 484
Sex Pistols 123
Shackleton, Fiona 527, 533
Shand, Annabel 146
Shand, Major Bruce 146, 151
Shand, Mark 106, 146, 147, 151, 318
Shand, onorevole Rosalind 146, 151
Shand Kydd, Adam 284
Shand Kydd, Frances (*nata* Fermoy, madre di Diana) 44-46, 50, 53-55, 57-59, 61-70, 98, 159, 168, 186, 189, 200, 201, 205, 209, 277, 284, 285, 291, 329, 341, 343, 347, 396, 397, 469, 519, 560, 567, 601, 616, 620, 627, 628
Shand Kydd, Janet 65, 67
Shand Kydd, Peter 58, 65-69, 205, 285, 347
Shanley, Kevin 203
Shanley-Toffolo, Oonagh 431, 547, 608
Shaw, Pauline 435
Shea, Michael 136, 183, 184, 257, 264, 269, 271, 272, 289, 351, 388
Sheffield, Davina 134, 141
Short, Clare 555
Sills, Beverly 322, 324
Simmons, Simone 26, 94, 265, 484, 504, 549, 559, 560
Simpson, Wallis *vedi* Windsor, duchessa di
Singleton, Sir Roger 368, 370
Sleep, Wayne 314, 319, 320, 342, 366, 373
Sloan, Robert 608

Smith, Graham 333
Smith, John 465
Smith, Sally Bedell 8, 318, 337
Snowdon, Anthony Armstrong-Jones, conte di 119, 120, 171
Soames, Charlotte 154
Soames, Lord Christopher 154
Soames, Nicholas 170, 181, 198, 519, 520, 525,
Somerset, Bunter *vedi* Worcester, marchese di
Somerset, Lady Cosima 66, 550, 589
Spencer, Charles, 9° conte (fratello di Diana) 50, 56, 60, 63, 64, 66, 67, 70, 71, 72, 77, 78, 82, 86, 87, 199, 395, 396, 435
Spencer, Cynthia, contessa (nonna di Diana) 49, 60, 61, 66, 81, 158, 369
Spencer, Lady Jane (sorella di Diana) *vedi* Fellowes, Lady Jane
Spencer, John, 5° conte (Red Earl) 50, 317
Spencer, John (Jack), 7° conte (nonno di Diana) 55, 60, 76, 87
Spencer, John, 8° conte (padre di Diana) 44, 45, 55-61, 63-66, 68-71, 75, 76, 79, 80, 84, 87, 200, 202, 239, 284, 397, 433, 435, 617, 620
Spencer, Raine, contessa (*nata* McCorquodale; matrigna di Diana) 49, 73-80, 84, 89, 105, 196, 202, 220, 239, 242, 267, 270, 340, 396, 397, 435, 542, 628
Spencer, Robert, barone 55
Spencer, Robert (cugino di Diana) 72, 84, 196
Spencer, Lady Sarah (sorella di Diana) *vedi* McCorquodale, Lady Sarah
Spencer, Lady Victoria (*nata* Lockwood) 395, 396
Spencer-Churchill, Lord Charles 505
Spencer-Churchill, Lady Sarah 68
Stark, Koo 342
Stark, Sam 610
Stéphan, Hervé 585
Stevens, Lord John 36, 500, 523, 595
Stevens, Lady Maritza 500
Stevens, Maureen 540
Stevens, Muriel 92, 93
Stevens of Ludgate, Lord 500
Stewardson, Emma 362, 379
Stewart-Richardson, Mary Ann 107
Stoppard, Tom 253
Stott, Richard 126, 410, 447, 450
Strathclyde, Jane 452
Strombolian, Christina 497
Stronach, Ken 301
Strong, Sir Roy 75, 143, 258, 259, 285, 304
Swire, Hugo 558
Symons, Natalie 566

Tallon, William 203, 226, 567, 616
Tang, David (Tango) 27, 542
Taylor, Bryce 477, 478
Te Kanawa, Kiri 222
Tebbutt, Colin 25, 29, 332, 336, 540, 580, 581, 582, 590, 620, 628
Temple, Jack 484
Tendil, François 38
Teresa, Madre 421, 459, 581
Testino, Mario 544
Thatcher, Margaret 75, 96, 223, 224, 258, 264, 296-298, 365, 366, 369, 386, 387, 398, 463, 605
Thatcher, Mark 299
Thatcher, Denis 252
Thompson, Janet 49, 64
Three Degrees 91, 189
Tilberis, Andrew 413
Tilberis, Liz 413, 541
Timms, Barbara 77
Tippett, viceammiraglio Sir Anthony 370
Toffolo, Joseph 547
Tollemache, Lord e Lady 170
Tory, Peter 124
Townsend, Peter 116-118
Travis, Edith 52
Travolta, John 298, 320-324, 545
Trestrail, Michael 136, 137, 301
Trimming, Colin 335, 337, 339
Trump, Donald e Marla 520
Tryon, Lord Anthony 91, 140, 152, 170
Tryon, Lady Dale (Kanga) 91, 140, 152, 170, 171, 193, 214, 215, 222, 227, 267, 292

Turner, Graham 137, 446
Twigg, Stephen 484

Vacani, Madame 85, 101
van Cutsem, Hugh 170, 279, 401
van Cutsem, Emilie 170, 279, 401, 402
van der Post, Laurens 111, 233, 282, 309, 377, 483, 598
van der Post, Lucia 282
Varwell, Adrian 608
Vasso, Madame 388
Védrine, Robert 602
Verey, Rosemary 330
Versace, Gianni 458, 542, 567, 568
Vickers, Hugo 143, 225, 280
Vittoria, regina 143, 108, 234
Viggers, Peter 552
Vizinczey, Stephen 188

Wade, Judy 178, 255, 284, 421
Waldegrave, Lady Caroline 306, 308
Waldegrave, Lord William 306, 308
Walker, Catherine 19, 266, 305
Walker, Penny 91
Wallace, Anna 155, 156, 159, 162, 164, 193, 318, 360
Walters, Barbara 520
Walton, Ashley 9, 127, 180, 271, 294
Ward, Jane 139
Ward, Tracy *vedi* Worcester, marchesa di
Ward-Jackson, Adrian 375, 376
Warwick, conte di 125
Waterhouse, David 363
Watkins, Laura Jo 134
Watson, Fiona 141
Waugh, Auberon 303
Waugh, Evelyn 70
Wellbourne, dottor Jill 444
Wellesley, Lady Jane 91, 141, 145, 238
Wellington, duca e duchessa di 91
West, Hazel 356, 357
Westminster, Anne, duchessa di 334
Westminster, Dowager (Nancy) duchessa di 398, 399
Westminster, Sally, duchessa di 223, 224
Wharfe, Ken 294, 330-333, 336, 357, 358, 361, 363, 364, 376, 379, 380, 382, 394, 395, 433, 434, 435, 462, 468, 472, 481, 483, 485, 494, 495, 590, 628
Whitaker, James 98, 127-129, 155, 158, 173-175, 177, 186, 187, 189, 196, 201, 243, 268, 274, 275, 286, 299, 317, 359, 360, 390, 393, 424, 447, 448, 586
Whitehead, John 314
Whitelaw, William 137, 277
Whiting, Audrey 116, 178
Whitlam, Gough 135, 292
Whitlam, Mike 376, 378, 388
Willcocks, Sir David 159
William, principe 21, 30, 31, 46, 82, 141, 168, 276, 277, 278, 294, 305, 309, 322, 330, 331, 358, 376, 381, 382, 393, 416, 428, 429, 454, 461, 465, 468, 469, 473, 476, 482, 491, 507, 508, 517, 522, 524, 529, 534, 535, 541, 545, 556, 562, 563, 599, 600, 605, 608, 609, 611, 617, 623, 626, 628
Williams, Jodie 569
Willoughby de Brooke, David Verney, barone 401
Wilson, Harold 123
Windsor, duchessa di (Wallis Simpson) 30, 33, 34, 54, 116, 143, 529, 530
Windsor, Edoardo, duca di 32, 33, 54, 91, 142, 143, 145, 157, 257
Wingfield, Alexander (Kez) 22, 29, 38, 592
Wintour, Anna 19
Wood, Steve 107, 179, 180
Woodward, Dean 378
Woodward, Robert (Bob) 424
Worcester, Henry (Bunter) Somerset, marchese di 317, 360
Worcester, Tracy Somerset (*nata* Ward) marchesa di 317, 360
Work, Fanny 101

Worsthorne, Sir Peregrine 438
Wyatt, Steve 389-390
Wyatt of Weeford, Lord Woodrow 149, 185, 301, 340, 345, 353, 463, 506, 519
Wycherley, Mervyn 331, 333, 352, 358, 501, 560-561

Yacoub, professor Sir Magdi 547, 548
Yassin, Hassin 17, 39
York, duca di *vedi* Andrea, principe
York, Sarah (Fergie), duchessa di 337, 340-350, 353, 356, 365, 367, 386-391, 402, 404, 422, 429, 430, 443, 447-449, 507, 526- 528, 530, 542, 561, 628, 629
York, Peter 99, 366

Zeigler, Philip 439

Indice

Ringraziamenti	7
Un tunnel a Parigi	17
Una vita in mostra	43
Donne difficili	47
Una *sloane* fuori dal comune	82
L'ascesa della bestia	112
Alla ricerca di una sposa vergine	131
Il cacciatore e la preda	161
Innamorati... qualunque cosa significhi	191
L'urlo	229
Problemi di concorrenza	248
Polvere di stelle	276
Dynasty Di	297
Pianti e pettegolezzi	326
Due tipi di amore	354
Sesso, bugie e intercettazioni	384
Il velo si squarcia	419
Santa e peccatrice	457
La bestia torna all'attacco	488
Tutto o niente	507
L'ultimo spettacolo	539
L'incidente	571
Ricordatemi	603
Epilogo	624
Bibliografia	630
Note	635
Indice dei nomi	659

Finito di stampare
nel mese di ottobre 2007
per conto della Casa Editrice Corbaccio s.r.l.
dalla Mondadori Printing S.p.A.
Stabilimento N.S.M. – Cles (TN)
Printed in Italy